企业所得税法
企业会计准则
与
差异分析

高金平◎著

中国财经出版传媒集团
中国财政经济出版社

图书在版编目(CIP)数据

企业所得税法与企业会计准则差异分析 / 高金平著. —北京：中国财政经济出版社，2018.12

ISBN 978-7-5095-8664-8

Ⅰ. ①企…　Ⅱ. ①高…　Ⅲ. ①企业所得税-税法-研究-中国 ②企业-会计准则-研究-中国　Ⅳ. ①D922.222.4 ②F279.23

中国版本图书馆CIP数据核字(2018)第259940号

责任编辑：陆宗祥　　　　责任印制：刘春年
责任校对：胡永立　　　　封面设计：孙俪铭

中国财政经济出版社 出版

URL：http：//www.cfeph.cn

E-mail：cfeph @cfemg.cn

社址：北京市海淀区阜成路甲28号　邮政编码：100142

营销中心电话：010-88191537

北京时捷印刷有限公司印刷　各地新华书店经销

787×1092毫米　16开　37.5印张　764 000字

2019年2月第1版　2019年2月北京第1次印刷

定价：158.00元

ISBN 978-7-5095-8664-8

序

会计是税收的载体，离开了会计，税收就成了水中月、雾中花。然而，由于税法与会计各自的目标不同，服务的对象不同，税法又独立于会计。《中华人民共和国企业所得税法》第二十一条规定：“在计算应纳税所得额时，企业财务、会计处理办法与税收法律、行政法规的规定不一致的，应当依照税收法律、行政法规的规定计算。”纳税人必须将会计利润按照税收法律、行政法规的规定调整为应纳税所得额，据此计算应纳所得税额。

掌握税法与会计的差异及其纳税调整方法是办理企业所得税汇算清缴以及所得税会计核算的前提。高金平教授在这方面作了大量的研究工作，曾针对诸如股权代持及归位的所得税处理、股权并购对赌模式涉及或有对价的所得税处理等特殊业务发表过很有见地的文章，并对《中华人民共和国企业所得税暂行条例》与《企业会计制度》、《中华人民共和国外商投资企业和外国企业所得税法》与《企业会计制度》、《中华人民共和国企业所得税法》与《企业会计准则》做过系统的比较研究。我国市场经济正在不断发展，资本市场日益规范，会计与税收政策也日趋完善，在此背景下出版《企业所得税法与企业会计准则差异》一书很有时代意义，可喜可贺。

读罢全书，主要有四个特色：

第一，在研究方法上，他摒弃以收入总额和扣除项目为研究对象的传统方法，而是以具体会计准则为主线，对会计要素的确认和计量两方面与企业所得税政策逐项比较，系统梳理两者之间的差异，并在所得税会计一章中对所有永久性差异和暂时性差异进行了总结。

第二，在研究企业所得税与具体会计准则差异的同时，对较为复杂的企业所得税政策从出台意图、出台背景、出台依据、适用范围、历史沿革、执行时间、新旧衔接等角度进行了深层次的专业解读，分析其变革的原因，并从新会计准则的理念与实务以及有利征管、反避税等角度发表了许多独到的见解，对今后修订、完善税收法规有着重要的启示与参考。

第三，在研究企业所得税与具体会计准则差异的同时，对特殊业务涉及的相关税种一并作了专业的解析。例如，租赁准则与税法差异一章中对融资租赁和售后回租两项业务，以案例为载体，以业务流程为主线，对出租方和承租方的会计、增值税、企业所得税进行了深层次讲解，以便读者融会贯通。

第四，企业会计准则和企业所得税法内容较为专业，对初学者有一定难度，但全书文字流畅，通俗易懂，大量贴近实务的案例，易于读者消化和吸收。

税法与会计差异及纳税调整是税务会计学科的重要内容。本书对企业所得税与具体会计准则的差异研究比较深入、系统，其中不乏真知灼见。世上没有完美的事物。如果能够在各章节后附上一定的习题和参考答案则更有利于读者消化和吸收。

希望高金平教授继续努力，在今后的研究工作中取得更大成绩。

乐之为序。

[illegible]

2018年12月25日

前言

新会计准则体系自2007年1月1日实施以来，财政部又陆续出台新的具体会计准则，并对基本会计准则和部分具体会计准则进行了修订和完善，截至2018年10月31日，共出台了一项基本准则、42项具体会计准则。新会计准则体系由基本准则、具体会计准则、会计准则应用指南、会计准则解释四个部分组成。新会计准则体系的发布是中国会计准则建设的重要跨越和重大突破。企业会计准则体系确立的管理理念、核算原则、方法体系，适应了经济社会发展要求，符合经济全球化和会计国际化的潮流，为促进改革开放、推动资本市场发展，奠定了坚实的会计基础。

税收与会计是两个不同的领域，但又密不可分，由于各自的目标不同、服务对象不同，两者之间必然存在着分歧和差异。《中华人民共和国企业所得税法》及其实施条例从2008年1月1日实施至今已有十年，其间，财政部、国家税务总局先后发布了与企业所得税政策及税务管理相关的文件近800条，企业所得税法与企业会计准则存在约120项差异，纳税人既要按照会计准则体系的要求对会计要素进行确认、计量和报告，又要严格按照税法的规定准确计算应纳税额、办理纳税申报。

本书以具体会计准则为主线，以企业所得税作为主要研究对象，全面、细致地分析了两者的差异、纳税调整，及所得税会计方法。为便于比较，本书对部分特殊业务涉及增值税纳税义务发生时间及企业所得税收入确认时间等也作了较为详细的阐述。全书坚持理论联系实际原则，对企业所得税法与企业会计准则差异的具体项目及其处理进行了细腻讲解，深层次挖掘新准则体系与企业所得税法的精神实质，评析具体会计准则的方法特征及其对企业纳税实务的影响，并通过大量案例进行贴近实务的剖析与诠释，力争使读者对税法与会计准则的差异有一个较为系统的认识和把握。

“税法与会计差异”是税务机关从事税务稽查、纳税评估、反避税等工作必备的知识，也是企业财务人员做好办税工作，以及中介机构提供审计、税务代理服务必备的技能。目前该课题已经成为一门独立的学科，学习和掌握这门学科对于规范税务管理，防范纳税风险具有重要意义。

本书涉及的所有会计准则和税收规定均以最新颁布的文件为依据。虽然企业会计准则体系日趋成熟，企业所得税政策也相对稳定，但如果实际工作中出现了新业务、新问题，会计准则与税法的制定和完善将不会停止，读者应适时关注财税政策的变化，与日俱新。对书中的疏漏和不足，亦请广大读者朋友批评指正，不吝赐教。

心如止水搞科研，激情澎湃上讲台。从教十五年，写作成了我的最爱。感谢几年来许多业界同仁和朋友对我的抬爱。单位领导的支持、理解和关怀是本人从事教研工作的无穷动力。在本书即将出版之际，国家税务总局税务干部进修学院曾光辉书记还在百忙中欣然为本书撰写了序言。本书修订过程中得到了我院同仁，以及部分税务机关、会计师事务所、税务师事务所、上市公司财务总监的支持，书中的内容不乏他们的智慧。中国财政经济出版社是我多年的合作单位，他们认真而严谨的编辑工作让我深受感动，在此一并致以诚挚的谢意！

最后，我要代表广大读者感谢我的爱人赵清女士，我的每一部作品都凝聚了她辛勤的劳动，她帮助我整理资料、校对书稿、复核数据，没有赵老师的支持，就不会有本书的面世。

高金平

2019年1月26日

目录

第一章

税法与会计差异的根源

2006年2月15日，财政部发布新的会计准则和审计准则体系，其中新会计准则于2007年1月1日起在上市公司中执行，鼓励其他企业执行。本次新会计准则的发布是中国会计准则建设的重要跨越和重大突破。另外，期盼已久的“两税合并”也终于出炉，2007年3月16日，第十届全国人民代表大会第五次会议表决通过了《中华人民共和国企业所得税法》，并于2008年1月1日起施行。企业所得税法与企业会计准则之间约有120余项差异。本章分析企业会计准则与企业所得税法产生差异的根源，以及如何正确处理会计与税法之间的差异。

第一节 会计制度与税法的基本框架

一、我国会计制度的结构

会计制度是指全部与会计工作和会计核算有关的法律、法规、部门规章及其他规范性文件。我国现行的会计法规体系非常繁杂，重叠交叉，一直处于改革、探索和完善之中。

1992年，财政部发布了《企业会计准则》、《企业财务通则》、13个行业会计制度和10项行业财务制度。1993年，财政部与国家体改委联合发布了《股份制试点企业会计制度》，并于1998年修订为《股份有限公司会计制度》。从1997年开始，财政部先后发布并实施了《企业会计准则——关联方关系及其交易的披露》等16项具体会计准则。1999年10月31日，第九届全国人大常委会第十二次会议修订通过了新的《中华人民共和国会计法》。2000年，国务院发布了《企业财务会计报告条例》。此后，财政部先后发布了《企业会计制度》、《金融企业会计制度》、《小企业会计制度》。2006年2月—2017年5月，财政部共发布了42项会计准则（修订后的基本准则、修订了16项具体会计准则、新发布了26项具体会计准则），并与《企业会计准则——应用指南》、《企业会计准则讲解》及会计准则相关解释共同构成现行会计准则体系。2011年10月18日，财政部出台了《小企业会计准则》，自2013年1月1日起在小企业范围内施行。2006年12月4日，财政部对《企业财务通则》进行了修订，并于2007年1月1日起施行。由此，一部具有中国特色的、独立完整的会计法规体系正在逐步建立和完善（见表1.1）。

表 1.1 我国企业会计法规体系

层次	名称	制定部门	主要规范
第一层次	会计法律	全国人大及其常委会	中华人民共和国会计法
第二层次	会计行政法规	国务院	企业财务会计报告条例、总会计师条例等
第三层次	会计规章制度	财政部	会计核算、会计监督、会计人员管理和会计工作管理等方面的规章制度，包括企业会计制度、企业会计准则、小企业会计准则、企业财务通则、分行业财务制度、特殊业务会计核算办法等
第四层次	会计具体办法和补充规定等	国务院有关部门、解放军总后勤部	行业、系统内具体的会计核算、会计监督（控制）办法等
		省、自治区、直辖市财政部门	会计管理工作规定、办法、规则、通知等

企业现行会计核算的主要依据是《企业会计准则》。具体会计准则是针对

各类特殊业务进行单项专门规范，在制定会计准则时，既要比照国际会计准则，又要考虑中国国情。随着会计理论研究的不断深入，具体会计准则将会陆续颁布和不断修订补充，目前已发布42项具体会计准则。企业应当参照基本会计准则和具体会计准则的精神结合行业特点及本企业经营情况，制定一套适用于本企业的会计核算办法，将企业日常业务及特定事项的会计处理要求和方法涵盖其中。

二、我国现行税法体系

我国现行税收法律体系是在原有税制基础上，经过1994年工商税制改革逐渐完善形成的。现共有18个税种，按其性质和作用大致分为六类：

1.流转税类。包括增值税、消费税。主要在生产、流通或者服务业中发挥调节作用。

2.资源税类。包括资源税、城镇土地使用税。主要是对因开发和利用自然资源差异而形成的级差收入发挥调节作用。

3.所得税类。企业所得税、个人所得税。主要是在国民收入形成后，对生产经营者的利润和个人的纯收入发挥调节作用。

4.特定目的税。包括城市维护建设税、土地增值税、车辆购置税、耕地占用税、烟叶税、环境保护税。主要目的是为了达到特定目的，对特定对象和特定行为发挥调节作用。

5.财产和行为税类。包括房产税、车船税、船舶吨税、印花税、契税。主要是对某些财产和行为发挥调节作用。

6.关税。主要对进出我国国境的货物、物品征收。

上述税种中的关税和船舶吨税由海关负责征收管理，其他税种由税务机关负责征收管理。除《中华人民共和国企业所得税法》、《中华人民共和国个人所得税法》、《车船税法》、《船舶吨税法》、《环境保护税法》是以国家法律的形式发布实施外，其他各税种都是经全国人民代表大会授权立法，由国务院以暂行条例的形式发布实施的。这18个税收法律、法规组成了我国的税收实体法体系。

除税收实体法外，我国对税收征收管理适用的法律制度，是按照税收管理机关的不同而分别规定的：

1.由税务机关负责征收的税种的征收管理，按照《中华人民共和国税收征收管理法》、《中华人民共和国发票管理办法》、《全国人民代表大会常务委员会关于惩治虚开、伪造和非法出售增值税专用发票的决定》等有关规定执行；

2.由海关机关负责征收的税种的征收管理，按照《中华人民共和国海关法》、《中华人民共和国进出口关税条例》及《中华人民共和国船舶吨税暂行办法》等有关规定执行。

构成我国程序税法体系主体的是《中华人民共和国税收征收管理法》；构成我国税收处罚法的则是《税收征收管理法》中的“法律责任”一章对税收违法的行政处罚和《中华人民共和国刑法》中对“危害税收征管罪”设定的刑事罚则；构成我国税收争讼法的是《中华人民共和国行政诉讼法》、《中华人民共和国行政复议法》和国家税务总局制定的《税务行政复议规则》。

上述税收实体法、税收征管程序法，以及税收争讼的法律制度构成了我国现行税法体系。

第二节 会计与税法产生差异的根源

会计与税法的目标不同，决定了其基本前提和遵循的原则存在一定差别，这是会计与税法产生差异的根源。“在我国，要使会计制度得以很好地贯彻，并与国际会计惯例协调，必须遵循会计与税收相分离的原则[①]”。

一、目标不同

会计的目标是为了客观、公允地反映企业的财务状况、经营成果、现金流量，以及财务状况变动的信息，反映企业管理层受托责任履行情况，有助于股东（或业主）、债权人、企业管理者、政府及其有关部门和社会公众等做出经济决策。企业应当以实际发生的交易或者事项为依据进行会计确认、计量和报告，如实反映符合确认和计量要求的各项会计要素及其他相关信息，保证会计信息真实可靠、内容完整，目的是有助于财务会计报告使用者对企业过去、现在或者未来的情况做出评估或者预测。

税法的目标主要是为了组织国家财政收入，对经济和社会发展进行调节，保护纳税人合法权益。

由于会计和税法目标的不同，决定了其对同一经济行为或事项有时会做出不同的规范要求。例如，企业销售商品时向客户收取的违约金，在会计上将其作为利得处理而不确认收入，但税法要求必须作为“价外费用”并入销售额计算增值税。显然，税法这样规定是防止纳税人分解收入逃避增值税。会计与税法的差异，更多地体现在所得税法规（包括企业所得税和经营所得项目的个人所得税）之中。例如，企业发生的公益性捐赠应当据实列入当期损益，而税法对其扣除金额明确了一定的标准，这样规定既是为了体现一定的社会经济政策，同时又为了保护税基不受侵犯。又如，企业发生的研究支出全部列入当期损益，符合条件的开发支出要求资本化处理，而税法为了鼓励企业开发新产品、新工

① 刘玉廷：“企业会计制度的中国特色及与国际惯例的协调”，《会计研究》，2001年第3期。

艺、新技术，除对企业发生的研究与开发支出允许据实扣除外，还可以按照实际发生额的一定比例加计扣除。

二、基本前提不同

会计核算的前提包括：会计主体、持续经营、会计分期、货币计量。会计计量属性和权责发生制是企业会计核算的基础。

1.会计主体

会计主体是明确会计所服务的对象，亦是明确会计核算的范围。会计主体不限于一个经营企业，一个企业也未必只有一个会计主体。会计主体既可以扩大至专业公司，乃至由若干个企业通过控股关系组织起来的企业集团，也可以是一个企业内部的各责任单位（独立核算）。由此可见，会计主体是根据会计信息需求者的要求进行会计核算的单位，可以是一个法律主体，也可以是一个经济主体。

纳税主体，亦称纳税义务人（简称“纳税人”），是指税收法律关系中负有纳税义务的一方当事人。按照纳税人身份的不同，纳税主体可以分为法人和自然人两类。在纳税人之外，纳税主体还应包括纳税担保人，即以自己的信誉和财产或第三人的信誉和财产保证纳税人履行纳税义务者。每个自然人都是个人所得税的纳税义务人，但通常情况下自然人不是会计主体。《中华人民共和国企业所得税法》第五十条规定：“居民企业在中国境内设立不具有法人资格的营业机构的，应当汇总计算并缴纳企业所得税。”由此可见，分公司不是独立的企业所得税纳税主体，但分公司可以是会计主体。

2.持续经营

持续经营是指在可以预见的将来，企业将会按当前的规模和状态继续经营下去，不会停业，也不会大规模削减业务。在持续经营的前提下，会计核算应当以企业持续、正常的生产经营活动为前提。持续经营的会计假设，为会计中许多常见的资产计价和费用摊销、分配方法等提供了理论依据。

由于持续经营是根据企业发展的一般情况所做的设定，而任何企业都存在破产、清算的风险，也就是说，企业不能持续经营的可能性总是存在的。为此，需要企业定期对持续经营基本前提做出分析和判断。如果可以判断企业不会持续经营，就应当改变会计核算的原则和方法，并在企业财务会计报告中作相应披露。

企业所得税法也以企业持续经营这一假设为前提，但当企业判断不会持续经营而改变会计核算的原则和方法时，税法的规定是不变的。此外，在过去的颁布的很多法规中常常出现“过度假设”这一不合理现象。例如，《企业所得税法实施条例》第四十四条规定：“企业发生的符合条件的广告费和业务宣传费支出，除国务院财政、税务主管部门另有规定外，不超过当年销售（营业）收入15%的部分，准予扣除；超过部分，准予在以后纳税年度结转扣除。”税法允许无限期结转扣除是以企业持续经营为前提，如果企业每年均需发生超过销售（营业）收入15%的广告费，企业在以前年度超支的广告费是无法在税前扣除的，即使是终止经营计算清算所得时也不能扣除。

3.会计分期

会计分期（也称会计期间）将企业持续的经营活动划分为一个个连续的、长短时间相同的期间。会计分期的目的是，将持续经营的生产经营活动划分成连续、相等的期间，据以结算盈亏，按期编报财务会计报告，从而及时向各方面提供有关企业财务状况、经营成果和现金流量的信息。我国年报的会计期间是公历1月1日至12月31日。为满足人们对会计信息的需要，也要求企业按短于一个完整的会计年度的期间编制财务报告，半年、季度、月度均称之为会计中期。

为便于税款征缴，企业所得税按纳税年度计算，纳税年度自公历1月1日起至12月31日止。但由于会计制度与税法两者的目标不同，对收益、费用、资产、负债等的确认时间和范围也不同，从而导致税前会计利润与应税所得之间产生暂时性差异。例如，企业发生的广告及宣传费支出，应当据实列支，而税法规定，企业每一纳税年度允许扣除的广告费和宣传费支出，不得超过销售（营业）收入的15%，超过部分可以无限期结转以后年度扣除。又如会计上确认的预计负债，税法只允许在实际履行时据实扣除。

4.货币计量

货币计量，是指会计主体在会计核算过程中采用货币作为计量单位，计量、记录和报告会计主体的生产经营活动。《企业会计准则第19号——外币折算》规定，企业通常应选择人民币作为记账本位币。业务收支以人民币以外的货币为主的企业，可以选定其中一种货币作为记账本位币。但是，编报的财务报表应当折算为人民币。在境外设立的中国企业向国内报送的财务会计报告，应当折算为人民币。

《企业所得税法》第五十六条规定，企业所得税以人民币计算。所得以人民币以外的货币计算的，应当折合成人民币计算并缴纳税款。

会计核算选择了货币为计量单位，但影响财务状况和经营成果的因素并不都能用货币来计量，比如自创的商誉、经营战略、优越的地理位置等等，对这些因素可以通过文字对会计报表进行必要的补充。税务机关在作税源分析或纳税评估时同样会考虑企业的盈利能力和经营风险。

5.会计计量属性

会计计量属性主要包括历史成本、重置成本、可变现净值、现值、公允价值。企业在对会计要素进行计量时，一般应当采用历史成本，采用其他计量属性计量时，应当保证所确定的会计要素金额能够取得并可靠计量。

税法规定，纳税人的存货、固定资产、无形资产和投资等各项资产成本的确定应遵循历史成本原则。如果有关资产背离历史成本必须以有关资产隐含的增值或损失按税法规定的适当方式反映或确认为前提。由此可见，税法对资产计税成本的要求是链条完整，不重不漏。非现金资产在持有期间，无论会计上是否按公允价值计量，均不确认所得或损失，资产计税基础以历史成本为原则。

由于接受捐赠资产、非现金资产交换、盘盈资产均需确认计税收入，因此接受捐赠的非现金资产、以非现金资产交换方式取得的资产、盘盈资产的计税成本应当参照当时的市场价格计算或估定，这里采用的是重置成本。

税法坚持取得资产的计税成本以约定支付对价的实际成本为前提，通常不采用现值和可变现净值计量，不考虑货币的时间价值，除资产发生永久实质性损害（法定资产损失）外，在资产未处置前，不确认任何资产减值损失，但考虑到贷款业务的特殊性，按照传统的做法允许扣除一定比例的呆账准备。

6.权责发生制

权责发生制，是指已经实现的收入和已经发生或应负担的费用，不论款项是否收付，都应当作为本期的收入和费用处理；凡是不属当期的收入和费用，即使款项已经在当期收付，也不应作为当期收入和费用。

增值税纳税义务发生时间与会计收入确认时间完全不同。企业所得税应纳税所得额的计算也基本遵循权责发生制原则，基于不同时期企业享受的税收政策可能不同，特别强调企业收入、费用、损失的确认时间不能提前或滞后。例如，《国家税务总局关于企业所得税应纳税所得额若干税务处理问题的公告》（国家税务总局公告2012年第15号）规定，对企业发现以前年度实际发生的、按照税收规定应在企业所得税前扣除而未扣除或者少扣除的支出，企业做出专项申报及说明后，准予追补至该项目发生年度计算扣除（而不能在发现的当期扣除），但追补确认期限不得超过5年。

为保证财政收入的均衡入库、便于征管和反避税的需要，税法有时也采用收付实现制。例如，企业计提的工资只有在实际发放时方可扣除；对房地产企业以预收账款方式销售开发产品在计算增值税、土地增值税和企业所得税时，采用收付实现制与权责发生制相结合的办法；对工资薪金所得项目应纳个人所得税也采用收付实现制。

三、遵循的原则不同

由于会计与税法的目标不同，导致两者为实现各自不同目的所遵循的原则也存在很大差异，基本原则决定了方法的选择，并且是进行职业判断的依据。原则的差异导致会计和税法对有关业务的处理方法和判断依据产生差别。税法也遵循一些会计核算的基本原则，但基于税法坚持的法定原则、收入均衡原则、公平原则、反避税原则和便利征管原则等，在诸如稳健或谨慎性原则等许多会计基本原则的使用中又有所背离（见表1.2）。

表 1.2　　会计与税法遵循原则比较

会计信息质量要求	税法原则	比较举例
可靠性 可靠性要求企业应当以实际发生的交易或者事项为依据进行会计确认、计量和报告，如实反映符合确认和计量要求的各项会计要素及其他相关信息，保证会计信息真实可靠、内容完整。	真实性 真实性要求企业应纳税额的计算必须以真实的交易为基础，各项会计记录必须完整、准确，有合法凭证作为记账依据。 受法定性原则修正，客观性原则在税收中并未完全贯彻。	（1）企业 2013 年度为粉饰会计报表虚增利润 500 万元，多缴所得税 165 万元。2017 年 6 月公司主动纠正这一重大会计差错。征管法第 51 条规定，纳税人多缴税款超过三年不得退还。 （2）企业实际发生研究开发费 100 万元，税法按 175 万元扣除。
相关性 要求企业提供的会计信息应当与财务报告使用者的经济决策需要相关，有助于财务报告使用者对企业过去、现在或者未来的情况做出评价或者预测。	相关性 纳税人可扣除的费用从性质和根源上必须与取得应税收入相关，与免税收入直接相关的费用不得申报扣除。	（1）会计制度要求对停用设备计提折旧，但税法认为停用设备与取得的应税收入无关，因而不允许在税前扣除。 （2）企业的不征税收入用于支出所形成的费用或者财产，不得扣除或者计算对应的折旧、摊销扣除。 （3）基于会计信息的相关性，要求收入与成本配比，但考虑到交易的真实性原则，税法强调未取得合法有效凭证的成本不得在税前扣除。
谨慎性 谨慎性是指在存在不确定因素的情况下做出判断时，保持必要的谨慎，对于可能发生的损失和费用应当加以合理估计。	确定性 纳税人可扣除的费用不论何时支付，其金额必须是确定的。但也有例外，考虑到金融保险行业的高风险性，允许扣除一定比例的呆账准备。	（1）为防止企业自行确定资产减值金额的不可控性，税法规定企业计提的存货跌价准备、固定资产减值准备等不得在税前扣除。 （2）会计上允许按最佳估计数计提预计负债，税法要求按照实际支付的金额在支付的当期扣除。
可比性 可比性要求企业提供的会计信息应当具有可比性，包括横向可比和纵向可比。横向可比是指不同企业发生的相同或者相似的交易或者事项，应当采用规定的会计政策，确保会计信息口径一致、相互可比。纵向可比是指同一企业不同时期发生的相同或者相似的交易或者事项，应当采用一致的会计政策，不得随意变更。确需变更的，应当在附注中说明。	稳定性与灵活性、公平性 稳定性原则要求企业采用的税收政策前后一致，便于征管。 公平性原则要求不同地区、不同行业间及多种经济成分之间的实际税负必须尽可能公平。 但根据社会经济情况的变化以及征管过程中出现的问题，对税收政策进行修订，会影响税收政策的稳定性。同样，出于税收调节社会经济的需要，税法可能对特定地区、特定企业、特定事项给予税收优惠而与公平性原则相背离。	（1）上市公司执行财政部统一颁布的企业会计准则，对同一事项的会计处理原则是一致的，但不同类型的上市公司适用的所得税政策可能不同。例如，企业所得税法定税率为 25%，而高新技术企业适用 15% 的优惠税率。 （2）会计估计变更采用未来适用法，但税务处理方法不变。 （3）会计政策变更，采用追溯调整法或未来适用法，但税务处理方法不变。 （4）固定资产会计折旧年限确定后一般保持不变。财税［2018］54 号规定，企业在 2018 年 1 月 1 日至 2020 年 12 月 31 日期间新购进的设备、器具，单位价值不超过 500 万元的，允许一次性扣除。这一规定，使得税法折旧额前后不可比。
重要性 重要性原则是指在选择会计方法和程序时，要考虑经济业务本身的性质和规模，根据特定的经济业务对经济决策影响的大小，来选择合适的会计方法和程序。	法定性 法定性原则是指税法主体的权利义务必须由法律加以规定，包括课税要素法定、课税要素明确和依法稽征三个具体原则。纳税人在记录、计算和缴纳税款时，必须以法律为准绳，企业的税款计算正确与否必须以税法为判断标准。	税法不遵循重要性原则，只要是应纳税收入或不得扣除的项目，无论金额大小，均需按规定计算所得。对以前年度的涉及损益的非重大会计差错，会计可以直接调整发现期的损益，但税法规定应当调整所属年度的应纳税所得额和应纳所得税额。

续表

会计信息质量要求	税法原则	比较举例
实质重于形式 实质重于形式要求企业应当按照交易或者事项的经济实质进行会计确认、计量和报告，不应仅以交易或者事项的法律形式为依据。在实务中，交易或者事项的法律形式并不总能完全真实地反映其实质内容。所以，会计信息要想反映其所应反映的交易或事项，就必须根据交易或事项的实质和经济现实来进行判断，而不能仅仅根据它们的法律形式。	实质重于形式 税法中实质重于形式原则主要运用于反避税规制当中。比如非居民企业通过实施不具有合理商业目的的安排，间接转让中国居民企业股权等财产，规避企业所得税纳税义务的，应按照企业所得税法第四十七条的规定，重新定性该间接转让交易，确认为直接转让中国居民企业股权等财产。 会计应用实质重于形式主要靠财务人员依据职业判断，但税法主要是根据此原则制定出非常明确的具体规定，而绝不能由税务人员根据此原则对经济业务进行判断，以防止滥用。另外，如果税法不强调法律形式，而给纳税人和税务人员更多的余地进行职业判断，又会导致无数的纳税争议。	企业在销售某商品的同时又与客户签订了售后回购协议。在这种情况下，就需要按照销售的经济实质来判断是否应当确认销售收入。如果企业已将商品所有权上的主要风险和报酬转移给购货方，满足了收入确认的各项条件，则销售实现，应当确认收入；如果企业没有将商品所有权上的主要风险和报酬转移给购货方，没有满足收入确认的各项条件，即使企业已将商品交付给购货方，销售也没有实现，不应当确认收入。通常应当将该售后回购协议作为融资协议来处理。 国税函［2008］875 号规定，融资性售后回购，回购价与售价之间的差额作为借款费用处理，允许在税前扣除。国家税务总局 2010 年第 13 号公告：融资性售后回租按照融资业务处理，融资费用可以在税前扣除。
及时性 及时性要求企业对于已经发生的交易或者事项，应当及时进行会计确认、计量和报告，不得提前或者延后。 在会计确认、计量和报告过程中贯彻及时性，一是要求及时收集会计信息；二是要求及时处理会计信息；三是要求及时传递会计信息。	及时性 税法中的及时性原则表现在两方面：一是对企业发生的涉税事项必须及时确认计税收入或损失，不得提前或滞后；二是应纳税额必须及时申报缴纳，逾期会加收滞纳金，并处以罚款。 及时性原则的作用主要是强化征管和反避税。	企业免税期间的资产损失如果递延到征税期会导致税款流失。基于此，税法要求，企业的各项资产损失，应在损失发生当年申报扣除，不得提前或延后。 同样，免税期满前提前确认收入会导致少缴所得税。

第三节　会计与税法差异的处理方法

由于会计制度与税法规范的对象和目标不同，两者的差异无法消除。如果以税法为依据进行会计核算，会导致会计信息失真，如果以会计核算的收入和利润作为计算流转税和所得税的计税依据将会弱化税收职能，因此“财税合一”的思路是行不通的，我国采取了国际通行的做法——财税适度分离。我国 2017 年版本的企业所得税纳税申报表结构，采取“会计利润+纳税调整=应纳税所得额”模式，显示出税法与会计制度的“独立性”。随着会计、税收理论研究的进一步深入，会计与税法的差异也会越来越大。

一、处理原则

对会计与税法差异的处理应坚持统一性与独立性两项原则。

1.统一性原则

如前所述，会计与税法的差异是无法避免的，但如果制定税法时完全不考虑会计处理方法，将会无端产生许多不必要的差异。在处理税法与会计的差异时，除无法协调的情况外，应尽可能减少税法与会计准则的差异，降低税收管理成本和税法遵从成本。

从提高税法的操作性而言，财务会计无疑为税务会计提供了一个基点。也就是说，税法不是确定税收会计规则的唯一法典，如果公认的会计准则和财会法律法规能够更好在反映纳税人在纳税年度取得的应税所得，它也可以从这些准则和法律法规中获得一些框架性和原则性的支持。

对于企业财务、会计处理办法有规定，而税收法律、行政法规没有规定的，总体处理原则是按照已有的财务会计规定处理。这既有利于缩小和协调税法与会计的差异，也有利于减轻纳税人财务核算成本、纳税遵从成本和降低税务机关的管理成本。

2.独立性原则

只有会计处理和税务处理保持各自的独立性，才能保证会计信息的真实性和应纳税额的准确性。《税收征管法》第二十条规定："纳税人、扣缴义务人的财务、会计制度或者财务、会计处理办法与国务院或者国务院财政、税务主管部门有关税收的规定抵触的，依照国务院或者国务院财政、税务主管部门有关税收的规定计算应纳税款、代扣代缴和代收代缴税款。"《企业所得税法》第二十一条规定："在计算应纳税所得额时，企业财务、会计处理办法与税收法律、行政法规的规定不一致的，应当依照税收法律、行政法规的规定计算纳税。"因此，在进行会计核算时，所有企业都必须严格执行会计制度的相关要求，进行会计要素的确认、计量和报告。在完成纳税义务时，必须按照税法的规定计算税额，及时申报缴纳。

二、处理方法

1.纳税调整

（1）流转税。流转税与会计的差异主要有二，一是增值税和消费税纳税义务发生时间与会计收入确认时点不同；二是增值税和消费税的销售额（计税依据）与会计收入不同，如增值税价外费用的规定。这两方面的差异通过流转税会计（独立于收入会计）和纳税申报表解决。

（2）所得税。企业所得税和个人所得税（指个体工商户和个人独资企业的业主，以及合伙企业的自然人合伙人的经营所得）实行按月或按季预缴，年终汇算清缴，多退少补的征收方式。企业在报送年度所得税纳税申报表时，需要针对会计与税法的差异项目进行纳税调整，调整过程通过申报表的明细项目反映。

2.所得税会计

由于会计制度与税法在资产、负债、收益、费用或损失方面的确认和计量原则不同，从而导致按照会计制度计算的税前利润与按照税法规定计算的应纳税所得额之间会产生差异，即永久性差异和暂时性差异。

永久性差异在本期发生，不会在以后各期转回，永久性差异与会计利润之和乘以适用税率计算的应交所得税作为当期所得税费用。

暂时性差异是指资产或负债的账面价值（会计成本）与其计税基础（计税成本）之间的差额；未作为资产和负债确认的项目，按照税法规定可以确定其计税基础的，该计税基础与其账面价值之间的差额，也属于暂时性差异。暂时性差异分为应纳税暂时性差异和可抵扣暂时性差异。根据《企业会计准则第18号——所得税》规定，对暂时性差异统一采用资产负债表债务法进行会计核算，对应纳税暂时性差异和可抵扣暂时性差异分别确认递延所得税负债和递延所得税资产，以后年度申报所得税时可直接依据账面应转回的金额填制企业所得税纳税申报表。

对于不符合递延所得税资产确认条件的暂时性差异需通过纳税调整台账留存备查，以便在以后年度作纳税调减处理。

企业会计准则与企业所得税法存在的差异项目及其所得税会计方法参见本书“第二十六章 所得税会计”。

第二章

存货准则与税法差异分析

存货，是指企业在日常活动中持有以备出售的产成品或商品、处在生产过程中的在产品、在生产过程或提供劳务过程中耗用的材料和物料等。《企业会计准则第1号——存货》规范了存货的确认、计量和相关信息的披露。本章分析企业所得税法及其实施条例与存货准则的差异及纳税调整方法。

第一节　存货初始计量与计税基础的差异

存货应当按照成本进行初始计量。存货成本包括采购成本、加工成本和其他成本。

一、外购存货初始计量与计税基础的差异

1.外购存货的初始计量

原材料、商品、低值易耗品等通过购买而取得的存货的初始成本由采购成本构成。存货的采购成本，包括购买价款、相关税费、运输费、装卸费、保险费以及其他可归属于存货采购成本的费用。

商品流通企业在采购商品过程中发生的运输费、装卸费、保险费以及其他可归属于存货采购成本的费用等，应当计入存货的采购成本，也可以先进行归集，期末再根据所购商品的存销情况进行分摊。对于已售商品的进货费用，计入当期损益；对于未售商品的进货费用，计入期末存货成本。企业采购商品的进货费用金额较小的，可以在发生时直接计入当期损益。

但是，对于采购过程中发生的物资毁损、短缺等，除合理的损耗应作为存货的“其他可归属于存货采购成本的费用”计入采购成本外，应区别不同情况进行会计处理：（1）应从供应单位、外部运输机构等收回的物资短缺或其他赔款，冲减物资的采购成本；（2）因遭受意外灾害发生的损失和尚待查明原因的途中损耗，不得增加物资的采购成本，应暂作为待处理财产损溢进行核算，在查明原因后再作处理。

2.外购存货的计税基础

《企业所得税法实施条例》第三十条、七十二条规定，通过支付现金方式取得的存货，以购买价款和支付的相关税费为成本。商业企业外购存货的发生的费用，已计入存货成本的，不再作为营业费用扣除。由此可见，外购存货的计税基础采取了与会计准则一致的规定。但需注意，如果存货未按规定取得合法的税前扣除凭证，则其计税基础为零。

3.纳税调整方法

根据《企业所得税税前扣除凭证管理办法》（国家税务总局公告2018年第28号）、《增值税发票开具指南》（税总货便函［2017］127号）等文件规定，境内采购的存货应当取得发票，其增值税发票开具的时间为增值税纳税义务发生时间的当月。增值税纳税义务发生时间应根据采购合同中约定的货款结算方式，结合《增值税暂行条例》第十九条及其实施细则第三十八条的规定进行判定。

企业所得税汇算清缴期满前，纳税年度允许扣除的金额（指计入损益类科

目主营业务成本的金额），应当取得增值税发票却未取得发票的部分，暂不允许在税前扣除，待取得补开发票时，追补扣除，追补期五年。应当取得发票是指属于增值税发票开具的范围，且开具时间应在汇缴期满前。如供应商采取赊销或分期收款方式销售商品的，增值税发票应于合同约定的收款日期开具，则购货单位在取得存货年度汇缴期满期前无需取得发票。

对于主营业务成本中应取得未取得发票的金额进行纳税调整时，需考虑存货计价方法确定领用原材料的计税基础，并按照期末在产品、产成品、本年度已销产品成本的比例计算本年度已销产品成本中未取得发票的金额。

【例2-1】某工业企业，2018年期初原材料1 000万元（均已取得发票），本期购进原材料5 000万元，公司采用的存货发出计价方法为加权平均法，生产领用原材料成本5 400万元，期末原材料余额600万元。期末在产品、产成品、本年度已销产品成本分别为：1 200万元、800万元、6 000万元。

假设本期购进5 000万元中800万元为应当在2019年5月31日之前开具增值税发票却没有取得发票的金额，因此，该800万元计税基础为零，即，本期购进的存货的计税基础为4 200万元，生产领用5 400万元中，未取得发票的金额为：800×［5 400÷（1 000+5 000）］=720（万元）。

2018年度应调增所得额=720×［6 000÷（1 200+800+6 000）］=540（万元）。

二、自制存货初始计量与计税基础的差异

1.自制存货的初始计量

新准则规定，存货应当按照成本进行初始计量。自制存货成本包括采购成本、加工成本和其他成本。其他成本是指除采购成本、加工成本以外的，使存货达到目前场所和状态所发生的其他支出。

根据该规定，需要经过相当长时间（达1年以上）的购建或生产活动才能达到可使用或者可销售状态的存货如大型设备、造船、开发产品等，也属于借款费用资本化的资产范围。

2.自制存货的计税基础

自制存货的计税基础与会计处理基本相同。《企业所得税法实施条例》第三十七条规定，企业在生产经营活动中发生的合理的不需要资本化的借款费用，准予扣除。企业经过12个月以上的建造才能达到预定可销售状态的存货发生借款的，在有关资产购置、建造期间发生的合理的借款费用，应当作为资本性支出计入有关资产的成本，并依照本条例的规定扣除。

但如果计入存货成本的借款费用因下列原因导致超过税法规定的标准，则应将超过标准的部分从计税基础中剔除：

（1）《企业会计准则第17号——借款费用》规定，可以资本化的借款金额包括专门借款和一般借款。《企业所得税法实施条例》第三十八条规定："非金融企业向非金融企业借款的利息支出，不超过按照金融企业同期同类贷款

利率计算的数额的部分，允许在税前扣除，超过部分的利息支出不得在税前扣除。”

（2）《国家税务总局关于企业投资者投资未到位而发生的利息支出企业所得税前扣除问题的批复》（国税函［2009］312号）规定，凡企业投资者在规定期限内未缴足其应缴资本额的，该企业对外借款所发生的利息，相当于投资者实缴资本额与在规定期限内应缴资本额的差额应计付的利息，不得在计算企业应纳税所得额时扣除。

（3）《企业所得税法》第四十六条及《企业所得税法实施条例》第一百一十九条规定：“企业从其关联方接受的债权性投资与权益性投资的比例超过规定标准而发生的利息支出，不得在计算应纳税所得额时扣除。”

上述不得扣除的借款费用，如果已按借款费用准则进行资本化处理，会导致存货的计税基础小于会计成本，以后期间，当存货成本在会计上结转损益时需作纳税调增处理。

三、受赠存货初始计量与计税基础的差异

1.受赠存货初始计量

接受捐赠的存货，应当按照公允价值计量；公允价值不能可靠取得的，按照名义金额计量。受赠资产附带有关文件、协议、发票、报关单等凭证注明的价值与公允价值差异不大的，应当以有关凭证中注明的价值作为公允价值；如没有注明价值或注明价值与公允价值差异较大、但有活跃市场的，应当根据有确凿证据表明的同类或类似资产市场价格作为公允价值；如没有注明价值，且没有活跃市场、不能可靠取得公允价值的，应当按照名义金额计量，名义金额为1元。

2.受赠存货计税基础的确定

依据《企业所得税法实施条例》规定，企业接受的来自其他企业、组织或者个人无偿给予的货币性资产、非货币性资产，应当并入实际收到捐赠资产当年度的应纳税所得总额征收企业所得税。接受捐赠的非现金资产，按照公允价和应支付的相关税费作为计税基础。

《国家税务总局关于企业所得税应纳税所得额若干问题的公告》（国家税务总局公告2014年第29号）规定，企业接收股东划入资产（包括股东赠予资产），凡合同、协议约定作为资本金（包括资本公积）且在会计上已做实际处理的，不计入企业的收入总额，企业应按公允价值确定该项资产的计税基础。企业接收股东划入资产，凡作为收入处理的，应按公允价值计入收入总额，计算缴纳企业所得税，同时按公允价值确定该项资产的计税基础。

对于受赠固定资产、无形资产、生物资产、投资等资产，也比照上述方法处理。

四、接受投资的存货初始计量与计税基础的差异

1. 接受投资存货的初始计量

新准则规定，投资者投入存货的成本，应当按照投资合同或协议约定的价值确定，但合同或协议约定价值不公允的除外。

2. 接受投资存货计税基础的确定

接受投资的存货其初始计量与计税基础相同。如果纳税人通过非商业目的实施避税，由减免税或实行核定征收方式的企业通过非法手段提高评估价格，来增加被投资方资产的计税基础，税务机关可以依据《企业所得税法》第四十一条、第四十七条等规定，对接受投资资产的计税基础进行合理调整。会计上也应按公允价值调整账面成本。

企业以资产收购方式取得的存货，若适用特殊性税务处理办法，则收购方取得存货的计税基础按照转让方原持有存货的计税基础确定。此外，按照《财政部、国家税务总局关于促进企业重组有关企业所得税处理问题的通知》（财税[2014]109号）规定，对100%直接控制的居民企业之间，以及受同一或相同多家居民企业100%直接控制的居民企业之间按账面净值划转存货且符合相关条件的，则划入方企业取得被划存货的计税基础，以被划转存货的原计税基础确定。

对于接受投资的固定资产、无形资产，也比照上述方法处理。

五、以非货币性资产交换方式取得存货初始计量与计税基础的差异

1. 以非货币性资产交换方式取得存货的初始计量

（1）公允价值模式计量：具有商业实质且其换入或换出资产的公允价值能够可靠地计量的非货币性资产交换，不涉及补价的，应当按照换出资产的公允价值作为确定换入存货成本的基础，但有确凿证据表明换入存货的公允价值更加可靠的，则以换入存货的公允价值作为确定换入存货成本的基础。换出资产账面价值与其公允价值之间的差额，计入当期损益。

（2）成本模式计量：如果非货币性资产交换交易不具有商业实质，换入存货的成本按照换出资产的账面价值加上应支付的相关税费确定，不确认损益。非货币性交易虽具有商业实质，但换入资产或换出资产的公允价值不能可靠计量的，按照不具有商业实质的非货性资产交换的原则进行会计处理。

2. 以非货币性资产交换方式取得存货计税基础的确定

依据《企业所得税法实施条例》第七十二条规定，以非货币性资产交换方式取得存货的计税基础按照公允价值和应支付的相关税费之和确定。

由此可见，采用公允价值模式计量的存货，其计税基础与会计成本相同。采用成本模式计量的存货，其计税基础与会计成本不同。换出资产需视同销售

调整应纳税所得，未来处置换入的存货时，作相反方向的纳税调整。

此外，如果非货币性资产交换符合资产收购重组，适用特殊性税务处理办法的，则收购方取得的存货，按照转让方原持有存货的计税基础确定。

以非货币性资产交换方式取得的固定资产、无形资产、投资的会计成本与计税基础的差异参照上述方法处理。

六、以债务重组方式取得存货初始计量与计税基础的差异

1. 以债务重组方式取得存货的初始计量

《企业会计准则第12号——债务重组》第十条规定：以存货清偿债务的，债权人应当对受让的存货按其公允价值入账，重组债权的账面余额与受让的存货的公允价值之间的差额，计入当期损益。债权人已对债权计提减值准备的，应当先将该差额冲减减值准备，减值准备不足以冲减的部分，计入当期损益。

2. 以债务重组方式取得存货计税基础的确定

依据《企业所得税法实施条例》第二十五条、《国家税务总局关于企业处置资产所得税处理问题的通知》（国税函［2009］828号）规定，以存货抵偿债务，应视同销售计算资产转让所得，因此以债务重组方式取得的存货的计税基础，应当按照抵偿债务的金额确定。由此可见，以债务重组方式换入存货的计税基础与会计成本是一致的。在以非现金资产抵偿债务方式的债务重组业务中，债权人只涉及坏账准备的纳税调整，债务人可能涉及存货跌价准备的纳税调整。

以债务重组方式取得固定资产、无形资产、投资的会计成本与计税基础差异的处理参照上述原则处理。

七、以企业合并方式取得存货的初始计量与计税基础的差异

以企业合并方式取得资产（含存货）的初始计量按照合并准则执行，计税基础按照《关于企业重组业务企业所得税管理若干问题的通知》（财税［2009］59号）规定执行。现将企业合并适用一般性税务处理和特殊性税务处理两种情形下的计税基础与初始计量对比如表2.1和表2.2。具体内容参见本书第十八章“企业合并准则与税法差异分析”。

表2.1　企业合并适用一般性税务处理办法资产及负债计税基础与初始计量对比表

会计分类	一般重组		备注
	初始计量	计税基础	
同一控制	原账面价值	公允价值	非同一控制下的企业合并，合并方确认的商誉的计税基础与初始计量金额相同。商誉不得摊销扣除，在合并方未来计算清算所得时一次性扣除。
非同一控制	公允价值	公允价值	

表 2.2　企业合并适用特殊性税务处理办法资产及负债计税基础与初始计量对比表

会计分类	特殊重组		备注
	初始计量	计税基础	
同一控制	原账面价值	原计税基础＋非股权支付额所蕴含的应税所得或损失	非同一控制下的企业合并，合并方确认的商誉的计税基础与初始计量金额相同。商誉不得摊销扣除，在合并方未来计算清算所得时一次性扣除。
非同一控制	公允价值	原计税基础＋非股权支付额所蕴含的应税所得或损失	

八、通过提供劳务取得存货会计成本与计税基础的差异

1.通过提供劳务取得存货的初始计量

通过提供劳务取得的存货，其成本按从事劳务提供人员的直接人工和其他直接费用以及可归属于该存货的间接费用规定。

2.通过提供劳务取得存货计税基础的确定

以提供劳务换取存货，应当确认劳务收入，劳务收入扣除相应的成本（从事劳务提供人员的直接人工、流转税费，以及其他直接费用）后的差额并入当期所得征税。劳务收入的公允价与存货的公允价应当相等，为关联方提供劳务也应按照独立交易原则处理。

对于以提供劳务方式取得存货的会计成本与计税基础的差额，应当于存货处置时进行纳税调整。

第二节　存货发出计价方法的差异

企业发出的存货，可以按实际成本核算，也可以按计划成本核算，但资产负债表日均应调整为按实际成本核算。企业应当采用先进先出法、加权平均法（包括移动加权平均法和月末一次加权平均法）或者个别计价法确定发出存货的实际成本。对于性质和用途相似的存货，应当采用相同的成本计算方法确定发出存货的成本。对于不能替代使用的存货、为特定项目专门购入或制造的存货以及提供的劳务，通常采用个别计价法确定发出存货的成本。商品流通企业发出的存货，通常还可以采用毛利率法或售价金额核算法等方法进行核算。

《企业所得税法实施条例》第七十三条规定：“企业使用或者销售的存货的成本计算方法，可以在先进先出法、加权平均法、个别计价法中选用一种。计价方法一经选用，不得随意变更。”

会计准则取消了后进先出法，税法对后进先出法也禁止使用。存货领用与发出的计价方法，其会计与税务处理协调一致，以便实际操作。

此外，对于采用个别计价法的企业，如果其实物流程与“后进先出”一致，其成本的结转效果与后进先出法是一致的，由于会计与税法均允许采用个别计价法，两者仍然没有差异。

需要说明的是，纳税人的存货计价方法一经确定，不得随意改变，如确需改变的，应当在会计报表附注中说明变更的原因，并采用未来适用法处理。纳税人改变成本计算方法、间接成本分配方法、存货计价方法，主管税务机关应重点审查纳税人改变计算方法的原因、程序，改以成本变计算方法前后衔接是否合理，有无计算错误等有关事项，税务机关可以要求纳税人在年度纳税申报时附报改变计算方法的情况，说明改变计算方法的原因，并附股东大会或董事会、经理（厂长）会议等类似机构批准的文件。纳税人年度纳税申报时，未说明上述三种计算方法变更的原因、不能提供有关资料，或虽说明但变更没有合理的经营和会计核算需要，以及改变计算方法前后衔接不合理、存在计算错误的，主管税务机关应对纳税人由于改变计算方法而减少的应纳税所得额进行纳税调整，并补征税款。

第三节　存货摊销方法的差异

存货准则规定：“企业应当采取一次性转销法或者五五摊销法对低值易耗品和包装物进行摊销，计入相关资产的成本或当期损失。”

未作为固定资产管理的工具、器具等，作为低值易耗品，属于存货的范畴，《企业所得税法》第十五条规定：“企业使用或者销售存货，按照规定计算的存货成本，准予在计算应纳税所得额时扣除。”由此可见，低值易耗品可以在实际领用时一次性扣除。

会计准则取消了分期摊销法。会计与税务处理方法的不同会导致会计利润与应纳税所得之间存在差异，例如，会计选择五五摊销法，而税法选择一次摊销法，若该项低值易耗品或包装物领用与报废分属于两个不同的年度，则领用的年度应当调减所得，实际报废的年度作相反方向的纳税调整。

第四节　存货期末计量的差异

一、存货期末计量原则

资产负债表日，存货应当按照成本与可变现净值孰低计量。存货成本高于其可变现净值的，应当计提存货跌价准备，计入当期损益。其中，可变现净值，是指在日常活动中，存货的估计售价减去至完工时估计将要发生的成本、估计的销售费用以及相关税费后的金额；存货成本，是指期末存货的实际成本。如企业在存货成本的日常核算中采用计划成本法、售价金额核算法等简化核算方法，则成本应为经调整后的实际成本。

二、存货期末计量方法

（一）存货减值迹象的判断

存货存在下列情况之一的，表明存货的可变现净值低于成本：

1.该存货的市场价格持续下跌，并且在可预见的未来无回升的希望。

2.企业使用该项原材料生产的产品的成本大于产品的销售价格。

3.企业因产品更新换代，原有库存原材料已不适应新产品的需要，而该原材料的市场价格又低于其账面成本。

4.因企业所提供的商品或劳务过时或消费者偏好改变而使市场的需求发生变化，导致市场价格逐渐下跌。

5.其他足以证明该项存货实质上已经发生减值的情形。

存货发生永久或实质性损害，表明存货的可变现净值为零：

1.已霉烂变质的存货。

2.已过期且无转让价值的存货。

3.生产中已不再需要，并且已无使用价值和转让价值的存货。

4.其他足以证明已无使用价值和转让价值的存货。

（二）存货跌价准备的核算

1.存货跌价准备的计提

资产负债表日，存货的成本高于其可变现净值的．企业应当计提存货跌价准备。计提方法可以根据存货的特点在单项计提法、分类计提法、综合计提法中合理选择。

2.存货跌价准备的转回

当以前减记存货价值的影响因素已经消失，减记的金额应当予以恢复，并在原已计提的存货跌价准备金额内转回，转回的金额计入当期损益。导致存货跌价准备转回的是以前减记存货价值的影响因素的消失，而不是在当期造成存货可变现净值高于其成本的其他影响因素。如果本期导致存货可变现净值高于其成本的影响因素不是以前减记该存货价值的影响因素，则企业会计准则不允许将该存货跌价准备转回。

3.存货跌价准备的结转

企业计提了存货跌价准备，如果其中有部分存货已经销售，则企业在结转销售成本时，应同时结转对其已计提的存货跌价准备。对于因债务重组、非货币性交易转出的存货，应同时结转已计提的存货跌价准备，并按债务重组准则和非货币性资产交换准则的要求进行会计处理。

如果按存货类别计提存货跌价准备的，应按比例结转相应的存货跌价准备。公式如下：

因销售、债务重组、非货币性交易应结转的存货跌价准备＝上期末该类存货所计提的存货跌价准备账面余额÷上期末该类存货的账面余额×（因销售、债务重组、非货币性交易而转出的存货的账面余额）

三、存货减值的税务处理

会计上根据谨慎性原则，对企业存货发生减值时要求提取存货跌价准备，这主要是防止企业虚增资产价值，使会计报表对资产披露失去真实性。企业所得税前允许扣除的项目，原则上必须遵循据实扣除的原则，除国家税收规定外，企业提取的各种跌价、减值准备，在计算应纳税所得额时不得扣除。只有在该项资产实际发生损失时，其损失金额才能从应纳税所得中扣除。企业已提取减值准备的资产，如果在纳税申报时已调增所得，因价值恢复或转让处置有关资产而冲销的准备允许企业作相反的纳税调整。

当存货发生法定资产损失（虽未实际处置、转让上述资产，但损失已实际发生），且在会计上已作损失，当年度允许扣除。以后年度取得的变价收入或赔偿收入等，应直接并入取得年度的应纳税所得总额征税。

存货跌价准备的纳税调整方法为：

年末余额－年初余额＞0，应调增应纳税所得额＝年末余额－年初余额

年末余额－年初余额＜0，应调减应纳税所得额＝年末余额－年初余额

【例2-2】某股份有限公司采用类别法计提存货跌价准备。

（1）2017年12月31日，存货的账面余额为100万元，预计可变现净值为90万元，应计提的存货跌价准备为10万元。账务处理如下：

借：资产减值损失　　1 000 000

　　贷：存货跌价准备　　100 000

税务处理：调增应纳税所得100 000元。

（2）2018年12月31日该批存货的预计可变现净值为85万元，则应计提的存货跌价准备为5万元。账务处理为：

借：资产减值损失　　50 000

　　贷：存货跌价准备　　50 000

税务处理：调增应纳税所得额50 000元。

（3）2019年12月31日，该存货的可变现净值有所恢复，预计可变现净值为97万元，则应冲减计提的存货跌价准备12万元，账务处理为：

借：存货跌价准备　　120 000

　　贷：资产减值损失　　120 000

税务处理：调减应纳税所得额120 000元。

（4）2020年5月，将该批存货的80%对外出售，取得收入100万元，年末未对存货跌价准备作调整。对外出售时，账务处理为：

借：银行存款　　1 170 000

　　贷：主营业务收入　　1 000 000

　　　　应交税费——应交增值税（销项税额）　　170 000

借：主营业务成本　　776 000

　　存货跌价准备　24 000［（100 000+50 000−120 000）×80%］

　　贷：库存商品　　800 000（1 000 000×80%）

税务处理：调减应纳税所得额24 000元。

第五节　存货盘亏与毁损的差异

一、会计处理

存货应当定期盘点，每年至少盘点一次。盘点结果如果与账面记录不符，应于期末前查明原因，并根据企业的管理权限，经股东大会或董事会，或经理（厂长）会议或类似机构批准后，在期末结账前处理完毕。盘盈的存货，应冲减当期的管理费用；盘亏的存货，在减去过失人或者保险公司等赔款和残料价值之后，计入当期管理费用，属于非常损失的，计入营业外支出。

盘盈或盘亏的存货，如在期末结账前尚未经批准的，应在对外提供财务会计报告时先按上述规定进行处理，并在会计报表附注中作出说明；如果其后批准处理的金额与已处理的金额不一致，应按其差额调整会计报表相关项目的年初数。

账务处理规则如下：发生盘亏和毁损的存货，在报经批准以前，应按其成本（计划成本或实际成本）转入“待处理财产损溢——待处理流动资产损溢”科目。报经批准以后，再根据造成盘亏和毁损的原因，分别以下情况处理：

（1）属于自然损耗产生的定额内损耗，经批准后转作管理费用；

（2）属于计量收发差错和管理不善等原因造成的存货短缺或毁损，应先扣除残料价值、可以收回的保险赔偿和过失人的赔偿，然后将净损失计入管理费用；

（3）属于自然灾害或意外事故造成的存货毁损，应先扣除残料价值和可以收回的保险赔偿，然后将净损失转作营业外支出。

二、税务处理

《财政部、国家税务总局关于企业资产损失税前扣除政策的通知》（财税［2009］57号）规定，对企业盘亏的存货，以该存货的成本减除责任人赔偿后的余额，作为存货盘亏损失在计算应纳税所得额时扣除；对企业毁损、报废的存货，以该存货的成本减除残值、保险赔款和责任人赔偿后的余额，作为存货毁损、报废损失在计算应纳税所得额时扣除；对企业被盗的存货，以该存货的成本减除保险赔款和责任人赔偿后的余额，作为存货被盗损失在计算应纳税所得额时扣除；企业因存货盘亏、毁损、报废、被盗等原因不得从增值税销项税额中抵扣的进项税额，可以与存货损失一起在计算应纳税所得额时扣除；企业在计算应纳税所得额时已经扣除的资产损失，在以后纳税年度全部或者部分收回时，其收回部分应当作为收入计入收回当期的应纳税所得额。

依据《企业资产损失所得税税前扣除管理办法》（国家税务总局公告2011年第25号）、《国家税务总局关于企业所得税资产损失资料留存备查有关事项的公告》（国家税务总局公告2018年第15号）规定，存货损失应将下列证据资料留存备查：

1.存货盘亏损失应依据以下证据材料确认：

（1）存货计税成本确定依据；

（2）企业内部有关责任认定、责任人赔偿说明和内部核批文件；

（3）存货盘点表；

（4）存货保管人对于盘亏的情况说明。

2.存货报废、毁损或变质损失应依据以下证据材料确认：

（1）存货计税成本的确定依据；

（2）企业内部关于存货报废、毁损、变质、残值情况说明及核销资料；

（3）涉及责任人赔偿的，应当有赔偿情况说明；

（4）该项损失数额较大的（指占企业该类资产计税成本10%以上，或减少当年应纳税所得、增加亏损10%以上，下同），应有专业技术鉴定意见或法定资质中介机构出具的专项报告等。

3.存货被盗损失应依据以下证据材料确认：

（1）存货计税成本的确定依据；

（2）向公安机关的报案记录；

（3）涉及责任人和保险公司赔偿的，应有赔偿情况说明等。

【例2-3】某企业盘亏原材料一批，价格为210 000元，经查明属于保管不善造成的原材料损失200 000元，另外10 000元属于自然损耗。原材料增值税税率为16%。相关处理如下：

存货盘亏时，分录如下：

借：待处理财产损溢——待处理流动资产损溢　　210 000

　　贷：原材料　　210 000

查明原因后，自然损耗部分的进项税额允许抵扣，对因保管不善造成的原材料变质，其进项税不得抵扣，应作进项税额转出。

借：待处理财产损溢——待处理流动资产损溢　　32 000

　　贷：应交税费——应交增值税（进项税额转出）　　32 000

根据企业内部的管理权限，报经股东大会或董事会，或经理（厂长）会议或类似机构批准后，在期末结账前处理完毕。

借：管理费用——盘亏损失　　10 000

　　营业外支出——盘亏损失　　232 000

　　贷：待处理财产损溢——待处理流动资产损溢　　242 000

所得税处理：资产损失允许税前扣除，企业应将相关证据资料留存备查。

第三章

长期股权投资准则与税法差异分析

按照现行会计准则，对构成控制（子公司）、共同控制（合营企业）和重大影响（联营企业）的投资，作为长期股权投资核算，对于不构成控制、共同控制或重大影响的股权投资，按照持有意图、持有时间长短、公允价值能否确定划分为交易性金融资产或其他权益工具投资核算，其中股改中持有限售股按照其他权益工具投资核算。

会计分类方法的不同导致会计处理方法不同，但无论会计上对股权投资如何分类，其所得税处理原则一致，企业每一年度与股权投资相关的应纳税所得额与会计损益的差异，需要年度申报企业所得税时作纳税调整。

关于股权投资的基本涉税规定主要有：

1.企业在转让或者处置投资资产时，投资资产的成本，准予扣除。通过支付现金方式取得的投资资产，以购买价款为成本；通过支付现金以外的方式取得的投资资产，以该资产的公允价值和支付的相关税费为成本。

2.股息、红利等权益性投资收益，除国务院财政、税务主管部门另有规定外，按照被投资方作出利润分配决定的日期确认收入的实现。

3.居民企业从直接投资的另一居民企业取得的股息、红利等权益性投资收益，除持有上市公司股票不满12个月期间取得的股息、红利外，免征企业所得税。居民企业从境外取得的股息性所得依法缴纳企业所得税的同时，允许抵免境外已纳税额。

4.企业取得长期股权投资而发生的审计、评估等直接费用，应作为一项管理费用在发生的当期直接扣除。企业为发行权益性证券支付给有关证券承销机构的手续费及佣金不得在税前扣除。

本章共五节，主要介绍对子公司、合营和联营企业的长期股权投资的税会差异，对于股权投资分类为交易性金融资产和其他权益工具投资的税会差异参见本书第二十章金融工具确认和计量准则与税法差异分析。

第一节 长期股权投资初始计量的差异

按照是否构成合并，长期股权投资划分为两类：对子公司的投资和对合营、联营企业的投资。需要说明的是，企业所得税纳税人以法人为单位，故长期股权投资的税会差异是指企业所得税法与个别会计报表会计处理方法的差异。本文分析长期股权投资初始计量的差异。

一、对合营企业及联营企业投资初始计量的差异

（一）会计处理

对联营企业、合营企业的投资成本，遵循市场交易理念，按照公允价值计量。支付对价中包含的已宣告但尚未发放的现金股利或利润属于代垫性质，计入“应收股利”，不列入投资成本。为取得长期股权投资而发生的审计、评估等费用，应理解为沉没成本，并非购买过程中发生的必要手续费，不应计入投资成本，而应与合并方式取得的长期股权投资一致，计入当期损益（管理费用）。

1.支付现金取得的长期股权投资

初始投资成本包括实际支付的价款、直接相关费用（如股票交易手续费）、税金及其他必要支出。

2.发行权益性证券取得的长期股权投资

发行权益性证券取得的长期股权投资其初始投资成本按照发行的权益性证券的公允价值计量，为发行权益性证券支付给有关证券承销机构的手续费、佣金等与权益性证券发行直接相关的费用，不构成取得长期股权投资的成本，该部分费用应在权益性证券的溢价发行收入中扣除，溢价收入不足冲减的，应冲减盈余公积和未分配利润。

3.以非货币性资产对外投资取得的长期股权投资

按照长期股权投资的公允价值确定成本。

4.以非货币性资产交换或债务重组方式取得的长期股权投资的投资成本

分别按照《非货币性资产交换准则》和《债务重组准则》的有关规定确定。总的原则是：按照长期股权投资的公允价值确定，但在交易不具有商业实质或公允价值无法取得时，以投出资产账面价值以及支付的增值税（销项税额或简易计税金额）确定。取得投资直接相关费用计入投资成本。

5.企业进行公司制改建取得的长期股权投资

对资产、负债的账面价值按照评估价值调整的，长期股权投资应以评估价值作为改制时的认定成本，评估值与原账面价值的差异应计入资本公积（资本溢价或股本溢价）。

（二）税会差异

对合营企业、联营企业投资的计税基础与初始计量基本是一致的，均以投资资产的公允价值和支付的相关税费确定。下列情形除外：

第一，企业改制按照评估价值调整长期股权投资成本的，长期股权投资的计税基础不变，仍按照原有计税基础确定。

第二，以非货币性资产交换和非货币性资产抵偿债务方式取得的长期股权投资，在交易不具有商业实质或公允价值无法取得的情况下，会计上以投出资产的账面价与相关税费进行初始计量，税收方面划分为转让非货币性资产和购买长期股权投资两项交易分别处理，相应地，长期股权投资的计税基础应当按照非货币性资产的公允价值与相关税费之和确定。

第三，以非货币性资产（包括长期股权投资）作为对价取得长期股权投资需划分为视同销售和购买长期股权投资处理，当视同销售但选择适用递延纳税政策时，其取得长期股权投资的计税基础按照下列情形执行：

（1）根据《财政部、国家税务总局关于企业重组业务企业所得税处理若干问题的通知》（财税［2009］59号）第六条规定，非货币性资产增资方式取得长期股权投资，符合资产收购特殊性税务处理条件的，长期股权投资计税基础按照投出资产的原计税基础确定；以控股子公司的股权作为对价取得的长期股权投资，符合股权收购特殊性税务处理条件的，取得长期股权投资的计税基础按照转让方原持有该项股权的计税基础确定。

（2）根据《财政部、国家税务总局关于非货币性资产投资企业所得税政策问题的通知》（财税［2014］116号）及《国家税务总局关于非货币性资产投资企业所得税有关征管问题的公告》（国家税务总局公告2015年第33号）规定，非货币性资产对外投资选择按五年平均确认资产转让所得的，长期股权投资的计税基础按照投出非货币性资产的计税基础与已确认应税所得之和确定。

（3）根据《财政部、国家税务总局关于完善股权激励和技术入股有关所得税政策的通知》（财税［2016］101号）第三条第（一）项规定，企业以技术成果投资入股到境内居民企业，被投资企业支付的对价全部为股票（权）的，经向主管税务机关备案，投资入股当期可暂不纳税，长期股权投资的计税基础按照技术成果原值确定。

（4）根据《财政部、国家税务总局关于促进企业重组有关企业所得税处理问题的通知》（财税［2014］109号）第三条规定，对100%直接控制的居民企业之间，以及受同一或相同多家居民企业100%直接控制的居民企业之间按账面净值划转股权或资产，凡具有合理商业目的、不以减少、免除或者推迟缴纳税款为主要目的，股权或资产划转后连续12个月内不改变被划转股权或资产原来实质性经营活动，且划出方企业和划入方企业均未在会计上确认损益的，可以选择按以下规定进行特殊性税务处理：

①划出方企业和划入方企业均不确认所得。

②划入方企业取得被划转股权或资产的计税基础，以被划转股权或资产的原计税基础确定。

③划入方企业取得的被划转资产，应按其原账面净值原计税基础计算折旧扣除。

《关于资产［股权］划转企业所得税征管问题的公告》（国家税务总局公告2015年第40号）进一步明确，财税［2014］109号文件第三条所称“100%直接控制的居民企业之间，以及受同一或相同多家居民企业100%直接控制的居民企业之间按账面净值划转股权或资产”，限于以下情形：

①100%直接控制的母子公司之间，母公司向子公司按账面净值划转其持有的股权或资产，母公司获得子公司100%的股权支付。母公司按增加长期股权投资处理，子公司按接受投资（包括资本公积，下同）处理。母公司获得子公司股权的计税基础以划转股权或资产的原计税基础确定。

②100%直接控制的母子公司之间，母公司向子公司按账面净值划转其持有的股权或资产，母公司没有获得任何股权或非股权支付。母公司按冲减实收资本（包括资本公积，下同）处理，子公司按接受投资处理。

③100%直接控制的母子公司之间，子公司向母公司按账面净值划转其持有的股权或资产，子公司没有获得任何股权或非股权支付。母公司按收回投资处理，或按接受投资处理，子公司按冲减实收资本处理。母公司应按被划转股权或资产的原计税基础，相应调减持有子公司股权的计税基础。

④受同一或相同多家母公司100%直接控制的子公司之间，在母公司主导下，一家子公司向另一家子公司按账面净值划转其持有的股权或资产，划出方没有获得任何股权或非股权支付。划出方按冲减所有者权益处理，划入方按接受投资处理。

二、对子公司投资初始计量的差异

（一）同一控制下控股合并形成的长期股权投资

1.会计处理

同一控制下控股合并形成的长期股权投资，遵循非市场交易理念，不以公允价值计量，不确认损益。基本原则：长期股权投资的初始投资成本是取得的被合并方所有者权益在最终控制方合并财务报表中的账面价值（即包含商誉）的份额。合并方所支付的合并对价账面价值与初始投资成本之间的差额调整资本公积（资本溢价或股本溢价）；资本公积（资本溢价或股本溢价）不足冲减的，调整留存收益。注意事项：

（1）被合并方在合并日的净资产账面价值为负数的，长期股权投资成本按零确定，同时在备查账簿中予以登记。

（2）如果被合并方在被合并以前，是最终控制方通过非同一控制下的企业合并所控制的，则合并方长期股权投资的初始投资成本还应包含相关的商誉金额（商誉不需要考虑母公司的持股比例）。

长期股权投资的初始投资成本＝子公司自购买日开始持续计算的可辨认净资产公允价值×母公司持股比例＋母公司在合并财务报表中确认的商誉

（3）如果子公司按照改制时确定的资产、负债经评估确认的价值调整资产、负债账面价值的，合并方应当按照取得子公司经评估确认的可辨认净资产账面价值的份额作为长期股权投资的初始投资成本。

（4）合并方发生的审计、法律服务、评估咨询等中介费用以及其他相关管理费用（如财经公关费、上市酒会费、广告和路演等宣传费）于发生时计入"管理费用"，但以下两种情况除外：

①与发行债务性工具作为合并对价直接相关的佣金、手续费，应当计入债务性工具的初始确认金额（"应付债券——利息调整"）；

②与发行的权益性工具作为合并对价直接相关的交易费用（支付给券商的股票承销费或佣金），应当冲减资本公积（资本溢价或股本溢价），资本公积（资本溢价或股本溢价）不足冲减的，依次冲减盈余公积和未分配利润。

（5）通过多次交换交易，分步取得股权最终形成控股合并的，区别情况处理：属于"一揽子交易"的，合并方应当将各项交易作为一项取得控制权的交易进行会计处理。不属于"一揽子交易"的，取得控制权日，投资企业应按照以下步骤进行会计处理：

①确定同一控制下企业合并形成的长期股权投资的初始投资成本。在个别财务报表中，应当以持股比例计算的合并日应享有被合并方账面所有者权益份额作为该项投资的初始投资成本。

②长期股权投资初始投资成本与合并对价账面价值之间的差额的处理：调整资本公积（资本溢价或股本溢价）；资本公积不足冲减的，冲减留存收益。

③合并日之前持有的股权投资，因采用权益法核算或金融工具确认和计量准则核算而确认的其他综合收益，暂不进行会计处理。

2.税会差异

同一控制下控股合并形成的长期股权投资的计税基础与会计初始计量金额不同，计税基础按照合并方实际支付对价的公允价值及支付的增值税（销项税额或简易计税金额）确定，其中以非货币性资产作为对价的，应视同销售处理，相应地合并方实际支付对价的公允价值应以非货币性资产的公允价为基础确定。合并方发生的费用的税务处理与会计处理一致，即，审计、评估等中介费用及其他相关管理费用，可在发生的当期据实扣除，支付给券商的股票承销费、佣金不得在税前扣除。

长期股权投资的计税基础与初始计量的差异在处置股权时作纳税调整。

3.例题

【例3-1】甲公司2016年7月1日向母公司定向增发1 000万股普通股（每股面值为1元，市价为8.68元）自母公司取得乙公司80%股权，当日，乙公司个别财务报表中净资产账面价值为2 200万元。该股权系母公司于2014年6月以非同一控制下企业合并的方式购入，母公司在购入乙公司80%股权时确认了500万元商誉。2016年7月1日，按母公司取得该股权时乙公司可辨认净资产公允价值为基础持续计算的乙公司可辨认净资产价值为3 500万元，不考虑其他因素。

会计处理：

本例中，甲公司在合并日应确认对乙公司的长期股权投资，初始投资成本为应享有乙公司在母公司合并财务报表中的净资产账面价值的份额及相关商誉。

甲公司应确认对乙公司股权投资的初始投资成本=3 500 × 80%+500=3 300（万元）。

会计处理如下：

借：长期股权投资	33 000 000
贷：股本	10 000 000
资本公积——股本溢价	23 000 000

税务处理：甲公司为取得乙公司80%股权的计税基础应按照支付对价1 000万股普通股的公允价值确定，即8 680万元。

【例3-2】 2 × 12年1月1日，甲公司取得A公司25%的股份，实际支付款项6 000万元，能够对A公司施加重大影响，同日A公司可辨认净资产账面价值为22 000万元（假设与公允价值相等）。2 × 12年及2 × 13年度，A公司共实现净利润1 000万元，无其他所有者权益变动。

2 × 14年1月1日，甲公司以定向增发股票的方式购买同一集团内另一企业持有的A公司40%股权。进一步取得投资后，甲公司能够对A公司实施控制。为取得该股权，甲公司增发2 000万股普通股，每股面值为1元，每股公允价值为4.5元。2 × 14年1月1日，A公司在最终控制方合并财务报表中的净资产的账面价值为23 000万元。

假定甲公司和A公司采用的会计政策和会计期间相同，按照10%的比例提取盈余公积。甲公司和A公司一直同受同一最终控制方控制。上述交易不属于一揽子交易。不考虑相关税费等其他因素影响。

会计处理：

（1）确定合并日长期股权投资的初始投资成本=23 000 × 65%=14 950（万元）；

（2）长期股权投资初始投资成本与合并对价账面价值之间的差额的处理：

原25%的股权投资采用权益法核算，在合并日的原账面价值=6 000+1 000 × 25%=6 250（万元）；

追加投资（40%）所支付对价的账面价值=2 000 × 1=2 000（万元）；合并对价账面价值=6 250+2 000=8 250（万元）；

长期股权投资初始投资成本与合并对价账面价值之间的差额=14 950−8 250=6 700（万元）。

（3）甲公司会计处理如下：

借：长期股权投资	149 500 000

贷：长期股权投资——投资成本　　60 000 000
　　　　　　　　——损益调整　　2 500 000
　　股本　　20 000 000
　　资本公积——股本溢价　　67 000 000

税务处理：股权投资未处置，故不确认投资所得。投资计税基础=初始投资计税基础+追加投资计税基础=6 000+2 000×4.5=15 000（万元）。

（二）非同一控制下的控股合并形成的长期股权投资

1.会计处理

非同一控制下的企业合并遵循市场交易理念，以公允价值计量，可以确认损益。基本原则：长期股权投资的初始投资成本为合并对价或合并成本。合并成本为购买日购买方支付资产、承担债务、发行权益性证券的公允价值。合并成本=支付价款或付出资产的（含税）公允价值+发生或承担的负债的公允价值+发行的权益性证券的公允价值。注意事项：

（1）非同一控制下的企业合并以及合营、联营方式取得的长期股权投资，投出资产为非货币性资产时，投出资产公允价值与其账面价值的差额应分别不同资产进行会计处理：

①合并对价为固定资产、无形资产的，公允价值与账面价值的差额，计入资产处置损益。

②合并对价为长期股权投资或金融资产的，公允价值与其账面价值的差额，计入投资收益。

③合并对价为存货的，应当作为销售处理，以其公允价值确认收入，同时结转相应的成本。

④合并对价为投资性房地产的，以其公允价值确认其他业务收入，同时结转其他业务成本。

（2）换出资产为长期股权投资还应将计入“其他综合收益”（可以转损益部分）、“资本公积——其他资本公积”科目金额对应部分转入“投资收益”科目；换出资产为以公允价值计量且其变动计入其他综合收益金融资产的，还应将原计入“其他综合收益”科目金额对应部分转入“投资收益”科目。

（3）为合并发生的相关费用的会计处理与同一控制下的企业合并相同，即：非同一控制下的企业合并中，购买方为企业合并发生的审计、法律服务、评估咨询等中介费用，应当于发生时计入当期损益（管理费用）。购买方作为合并对价发行的权益性工具或债务性工具的交易费用，应当计入权益性工具的初始确认金额（依次冲减资本公积、盈余公积、未分配利润）或债务性工具的初始确认金额（应付债券——利息调整）。

（4）企业合并成本与合并中取得的被购买方可辨认净资产公允价值份额的差额，个别报表不作处理，合并报表正差列示为商誉，负差应计入合并当期损益（营业外收入）。

（5）多次交易分步实现非同一控制下企业合并的会计处理。

①购买日之前持有的股权采用权益法核算。

a.应当按照原持有的股权投资的账面价值加上新增投资成本之和，作为改按成本法核算的初始投资成本；

b.相关其他综合收益和其他所有者权益变动暂不进行会计处理。

②购买日之前持有的股权投资采用公允价值计量。

a.应当将按照原持有的股权投资的公允价值加上新增投资成本之和，作为改按成本法核算的初始投资成本；

b.原持有股权的公允价值与账面价值之间的差额以及原计入其他综合收益的累计公允价值变动应当全部转入改按成本法核算的当期投资收益。

2.税会差异

非同一控制下企业合并形成的长期股权投资的计税基础与个别财务报表初始计量金额一致，但下列情形除外：

（1）多次交易分步实现非同一控制下的企业合并，其长期股权投资计税基础按照原计税基础与追加投资计税基础之和确定，原计税基础与追加投资计税基础均按照为取得股权实际支付对价的公允价值确定。购买日之前持有的股权投资采用公允价值计量的，会计上视同"先卖出，再买入"确认的投资收益，不确认应税所得，需作纳税调减处理。

（2）如果以非货币性资产（包括长期股权投资）作为对价按视同销售处理且适用递延纳税政策的，其取得长期股权投资的计税基础按照财税［2009］59号、财税［2014］116号、财税［2016］101号文件执行，参见本文"对合营企业、联营企业投资初始计量的差异"。

【例3-3】A公司于20×6年3月31日取得了B公司70%的股权。合并中，A公司支付的有关资产在购买日的账面价值与公允价值如表3.1所示。合并中，A公司为核实B公司的资产价值，聘请专业资产评估机构对B公司的资产进行评估，以银行存款支付评估费用300万元。本例中假定合并前A公司与B公司不存在任何关联方关系，不考虑增值税等因素。

表3.1 20×6年3月31日，单位：万元

项　目	账面价值	公允价值
土地使用权	6 000 （成本7 000，累计摊销1 000）	9 600
专利技术	2 400 （成本2 600，累计摊销200）	3 000
银行存款	2 400	2 400
合　计	10 800	15 000

会计处理：

本例中因A公司与B公司在合并前不存在任何关联方关系，应作为非同一控制下的企业合并处理。长期股权投资应按支付对价的公允价值15 000万元确定其初始投资成本。账务处理为：

借：长期股权投资　　150 000 000
　　管理费用　　3 000 000
　　累计摊销　　12 000 000
　　贷：无形资产　　96 000 000
　　　　银行存款　　27 000 000
　　　　资产处置损益　　42 000 000

税务处理：企业支付的评估费用可以当期直接扣除。长期股权投资计税基础按照支付对价的公允价值（含增值税）15 000万元确定，以无形资产作为对价应视同销售计算资产转让所得，假设资产的账面值与计税基础相同，则应确认资产转让所得4 200万元，该金额与会计上的资产处置收益金额一致，年度申报企业所得税时，无需作纳税调整。

【例3–4】A公司于20×8年3月以2 000万元取得B上市公司5%的股权，对B公司不具有重大影响，A公司将其分类为以公允价值计量且其变动计入其他综合收益的非交易性权益工具投资，按公允价值计量。

20×9年4月1日，A公司又斥资25 000万元自C公司取得B公司另外50%的股权。假定A公司在取得对B公司长期股权投资后，B公司未宣告发放现金股利。

A公司原持有B公司5%的股权于20×9年3月31日的公允价值为2 500万元（与账面价值相等），累计计入其他综合收益的金额为500万元。A公司与C公司不存在任何关联方关系。

会计处理：

（1）长期股权投资初始投资成本=2 500+25 000=27 500（万元）。

（2）会计处理：

借：长期股权投资——投资成本　　275 000 000
　　贷：其他权益工具投资　　25 000 000
　　　　银行存款　　250 000 000
借：其他综合收益　　5 000 000
　　贷：投资收益　　5 000 000

税务处理：尽管会计上视同按公允价2 500万元转让了B公司5%，再以27 500万元购入B公司55%的股权，但实际B公司5%的股权并未转让，而是增持了50%，故投资收益500万元不确认所得，年度申报所得税时作纳税调减处理，A公司持有B公司55%的股权的计税基础=原计税基础+追加投资计税基础=2 000+25 000=27 000（万元）。

(三)企业合并涉及或有对价时长期股权投资成本的计量

1.会计处理

(1)同一控制下企业合并涉及或有对价。同一控制下企业合并形成的控股合并，在确认长期股权投资初始投资成本时，应按照《企业会计准则第13号——或有事项》的规定，判断是否应就或有对价确认预计负债或者确认资产，以及确认的金额；确认预计负债或资产的，该预计负债或资产金额有对价结算金额的差额不影响当期损益，应当调整资本公积(资本溢价或股本溢价)，资本公积(资本溢价或股本溢价)不足冲减的，调整留存收益。

(2)非同一控制下企业合并涉及或有对价。会计准则规定，购买方应当将合并协议约定的或有对价作为企业合并转移对价的一部分，按照其在购买日的公允价值计入企业合并成本。

①或有对价符合权益工具和金融负债定义的，购买方应当将支付或有对价的义务确认为一项权益或负债；符合资产定义并满足资产确认条件的，购买方应当将符合合并协议约定条件的、可收回的部分已支付合并对价的权利确认为一项资产。

②购买日12个月内出现对购买日已存在情况的新的或进一步证据需要调整或有对价的，应当予以确认并对原计入合并商誉的金额进行调整；

③其他情况下发生的或有对价变化或调整，应当区分情况进行会计处理：

或有对价为权益性质的，不进行会计处理；或有对价为资产或负债性质的，如果属于会计准则规定的金融工具，应当采用公允价值计量，公允价值变动视有关金融工具的分类计入当期损益或其他综合收益。如不属于会计准则规定的金融工具，则应按照或有事项等准则的规定处理。

2.税会差异

无论是同一控制还是非同一控制，对于合并方而言，买卖双方的交易价格即为合并方取得目标公司股权的计税基础，该项投资计税基础只有在未来处置股权(转让、清算、减资或撤回)时才涉及税前扣除问题。该项投资计税基础应按实际成本确定，即按照或有对价最终实际发生的金额调整投资计税基础。

对于转让方来说，其股权转让收入也应随着或有对价的实际发生作相应调整，并按照《中华人民共和国企业所得税法实施条例》第九条规定的权责发生制原则，调整股权转让所得所属年度的应纳税所得额，涉及应补退税款的，按照规定的程序办理。

【例3-5】A公司为上市公司。2011年2月，A公司收购B公司60%的股权，完成非同一控制下的企业合并。

1.收购定价的相关约定如下：股权收购协议约定转让价款区间为5 900万—12 470万元，最终的转让价款与B公司在未来两年(2011—2012年)实现的业绩挂钩，按照协议的具体规定计算确定。价款支付方式具体如下：

(1)转让协议签署生效后，A公司支付首期收购价款人民币1 200万元。

（2）协议签署之后3个月内支付4 700万元。

（3）自B公司经A公司指定的会计师事务所完成2011年度财务报表审计后1个月内，A公司支付第三期收购价款，该价款按照B公司2011年税后净利润的2倍为基础计算，并设上限。计算方式为：B公司2011年税后净利润×2×60%，如果B公司2011年税后净利润超过人民币2 300万元1.5倍上限的，按上限计算，即价款不超过人民币2 300×1.5×2×60%=4 140（万元）。

（4）自B公司经A公司指定的会计师事务所完成2012年度财务报表审计后1个月内，A公司支付第四期收购价款，该价款按照B公司2012年税后净利润的1倍为基础计算，并设上限。计算方式为：B公司2012年税后净利润×1×60%，如果B公司2012年税后净利润超过人民币2 700万元1.5倍上限的，按上限计算，即价款不超过2700×1.5×1×60%=2 430（万元）。

2.利润分配。2011年及2012年利润分配：弥补亏损并提取公积金后，如B公司实现承诺利润，则按照股权比例进行分配。如B公司未实现承诺利润，A公司有权按承诺利润的相应比例优先获得利润分配，即B公司2011年度未完成2 300万元净利润，A公司有权优先分配1 380万元，如实际利润不足1 380万元，则由B公司原股东现金补齐不足部分。2012年度未完成2 700万元净利润，A公司有权优先分配1 620万元，如实际利润不足1 620万元，则由B公司原股东现金补齐不足部分。

3.业绩承诺。B公司承诺2011年实现税后净利润人民币2 300万元，2012年实现税后净利润人民币2 700万元。若2011年B公司实际完成净利润不足2 300万元、2012年实际完成净利润不足2 700万元，由原股东以其所持B公司股权无偿赠予A公司。所需无偿转让的B公司股权比例的计算方式为：（承诺净利润－当年度B公司实际完成净利润）÷承诺净利润×60%。该等无偿股权赠予应在上市公司聘请的会计师出具审计报告后30个工作日内完成。

会计处理：

购买日合并成本的计量。本案例中，合并成本的计量需要考虑以下合同条款：

1.合同中所约定的交易价格。本案例中，A公司需要支付的转让价款为5 900万元至12 470万元，其中5 900万元为固定金额，其余6 570万元为变动金额，与B公司在未来两年（2011—2012年）业绩挂钩，这部分变动金额即为或有对价，属于一项金融负债。假定A公司在购买日判断，B公司的盈利承诺（2011年度净利润2 300万元；2012度净利润2 700万元）已经属于最佳估计，A公司基于此盈利承诺判断这部分或有对价的公允价值为，2 300×2×60%+2 700×1×60%=4 380（万元）。

2.以被收购公司利润分配的形式来体现的价格调整。如果B公司未能达到约定的盈利水平（2011年度净利润2 300万元；2012年度净利润2 700万元），A公司仍然能够按照约定盈利水平，按照60%的比例分配利润或者从B公司原股东得到补偿。这种情况下，A公司所分享的B公司利润超过其按照持股比例应分享的部分。例如：假设B公司2011年度净利润为2 000万元，则A公司按照持股比例60%应享有1 200万元，但根据收购协议，A公司可以获得的利润分配金额为2 300 × 60%=1 380（万元）。超过A公司按照持股比例应分享的部分，超出金额为180万元。这部分多出的180万元实质上是出售方（即B公司原股东）通过B公司利润分配的形式，返还A公司一部分合并对价，也是基于B公司盈利情况的付款，属于或有对价，应该分类为一项金融资产。按照第1段的假定，在购买日这部分或有对价的公允价值为0。

3.出售方的其他承诺。根据股权转让协议约定，若2011年B公司实际完成净利润不足2 300万元、2012年实际完成净利润不足2 700万元，由原股东以其所持B公司股权按一定比例无偿赠予A公司。无偿转让股权的约定，实质也是一项基于被购买方未来盈利情况的或有对价，应该分类为一项权益工具。在购买日也应该对这部分或有对价的公允价值进行估计并在购买日确定取得的被购买方权益份额时予以考虑。按照第1段的假定，这部分或有对价的公允价值为0。

综上所述，在考虑了各项或有对价在购买日的公允价值之后，A公司此次企业合并的合并对价为，5 900+4 380=10 280（万元）。

4.购买日后对原合并成本的调整。购买日之后，第1和第2项或有对价，由于其分类为金融负债和金融资产，后续应该按照公允价值计量，且其公允价值的变动计入当期损益；第3项或有对价分类为权益工具，后续如果发生股权的无偿赠送，A公司在合并报表中直接调整少数股东权益和资本公积。

税务处理：

（1）A公司取得B公司60%股权的计税基础的确定：A公司购买B公司股权的计税基础首先按照5 900万元确定，然后根据或有对价实际发生额对计税基础进行调整。

（2）A公司及B公司原股东从B公司取得股息分配的税务处理：A公司、B公司原股东从B公司按股权比例取得的税后分配，享受免征企业所得税优惠；若B公司盈利未达到预期水平，A公司取得的超过股权比例部分的分配，应由B公司原股东支付（而不是B公司），无论B公司原股东的资金来源于B公司的税后分配，还是另筹资金，对A公司而言，均应冲减对B公司60%股权的计税基础，相应地，B公司原股东应调减股权转让收入。

（3）A公司取得的因B公司2011年、2012年度实现的净利润低于承诺净利润由B公司原股东另行转让的股权（假设占B公司2%），由于不再支付对价，应理解为：A公司上述投资计税基础为取得B公司62%股权所支付的对价。对B公司原股东而言，应理解为：B公司原股东合计转让了B公司62%的股权，取得了上述对价。

综上所述，B公司原股东转让B公司62%股权的转让收入=A公司持有B公司62%股权的计税基础=5 900万元+（第三期、第四期支付价款）－从B公司原股东取得的现金补偿（超额分配）。

（4）尽管上述股权转让业务属于“一揽子”交易，但基于现行税法的规定，B公司原股东仍应分别于B公司60%股权、2%股权变更之日分期确认股权转让所得的实现，其中，2011年度60%股权转让收入暂按5 900万元确定，待2012年度取得第三期对价、支付的补偿金额确定后，再追溯调整2011年度股权转让收入，B公司原股东还需在2013年取得第四期对价、支付补偿金额、办理2%股权变更登记后，将全部股权转让收入按照60%：2%的比例进行分配，并追溯调整2011年、2013年度应纳税所得额，涉及应补退税款的，按照规定程序办理。

第二节　长期股权投资后续计量成本法核算的差异

投资方持有的对子公司投资应当采用成本法核算，投资方为投资性主体且子公司不纳入其合并财务报表的除外。

一、会计处理

1.在追加投资时，按照追加投资支付的成本的公允价值及发生的相关交易费用增加长期股权投资的账面价值。

2.被投资单位宣告分派现金股利或利润的，投资方根据应享有的部分确认当期投资收益；不再划分是否属于投资前和投资后被投资单位实现的净利润。

投资企业按照上述规定确认自被投资单位应分得的现金股利或利润后，应当考虑长期股权投资是否发生减值。在判断该类长期股权投资是否存在减值迹象时，应当关注长期股权投资的账面价值是否大于享有被投资单位净资产（包括相关商誉）账面价值的份额等类似情况。

3.子公司将未分配利润或盈余公积直接转增股本（实收资本），且未向投资方提供等值现金股利或利润的选择权时，投资方并没有获得收取现金股利或者利润的权力，该类交易通常属于子公司自身权益结构的重分类，投资方不应确认相关的投资收益。

二、税会差异

企业在追加投资时应按照实际出资额的公允价值追加投资计税基础，税务处理与会计处理一致。

被投资方宣告分配股息时，投资方确认股息所得。居民企业从直接投资的另一居民企业取得的股息，除持有上市公司股票不满12个月期间宣告分配的股息外，均可免征企业所得税。对于免税的股息，应将“投资收益”科目的金额作纳税调减处理。

居民企业从境外取得的股息所得按税法规定计算应纳税额，并允许按税法规定计算抵免境外已纳税款。年度企业所得税申报时将“投资收益”科目的金额作纳税调减，同时计算境外所得应纳税额及抵免税额，填报纳税申报表。

被投资方用留存收益转增股本（实收资本），投资方不作账务处理，税务上视同“先分配，再增资”，按股息所得进行税务处理的同时，允许追加投资计税基础。本期计提的长期股权投资减值准备不得在企业所得税税前扣除，企业不因计提长期股权投资减值准备而改变投资计税基础。

【例3-6】2×13年1月，甲公司以现金4 000万元自非关联方取得对乙公司60%的股权，另发生审计、评估费100万元，相关手续于当日完成，并能够对乙公司实施控制。2×13年7月，甲公司追加对乙公司投资，又取得乙公司20%股权，支付现金1 250万元，其中包含交易手续费50万元。2×14年3月，乙公司宣告分派现金股利，甲公司按其持股比例可取得5万元。

会计处理：

初始投资成本为4 000万元，审计、评估费100万元计入当期损益（管理费用）；在追加投资时，按照追加投资支付的成本的公允价值及发生的相关交易费用增加长期股权投资的账面价值。不考虑其他因素，2×14年年末，甲公司该项长期股权投资的账面价值=4 000+1 250=5 250（万元）

2×14年3月甲公司应收股利5万元确认为投资收益。

税务处理：甲公司购买乙公司60%股权生的审计、评估费100万元在发生的当期一次性扣除，追加投资发生的交易手续费50万元计入投资计税基础。2×14年3月甲公司投资收益5万元免征企业所得税。甲公司持有乙公司长期股权投资计税基础=4 000+1 250=5 250（万元）。

第三节 长期股权投资后续计量权益法核算的差异

权益法是将投资企业与被投资单位作为一个整体对待，权益法核算的特点是投资方以初始投资成本计量后，在投资持有期间根据投资企业享有被投资单位所有者权益份额的变动对长期股权投资的账面价值进行调整。权益法适用于对合营企业和联营企业投资的后续计量，下列情形除外：

（1）风险投资机构、共同基金以及类似主体持有的、在初始确认时按照《企业会计准则第22号——金融工具确认和计量》的规定以公允价值计量且其变动计入当期损益的金融资产，无论以上主体是否对这部分投资具有重大影响，应按照《企业会计准则第22号——金融工具确认和计量》的规定进行确认和计量。

（2）投资方对联营企业的权益性投资，其中一部分通过风险投资机构、共同基金等类似主体间接持有的，无论以上主体是否对这部分投资具有重大影响，投资方都可以对间接持有的该部分投资选择以公允价值计量且其变动计入损益，并对其余部分采用权益法核算。

一、会计处理

1.“长期股权投资——投资成本”明细科目的核算

（1）长期股权投资的初始投资成本大于投资时应享有被投资单位可辨认净资产公允价值份额，不调整长期股权投资的初始投资成本；

（2）长期股权投资的初始投资成本小于投资时应享有被投资单位可辨认净资产公允价值份额的差额计入当期损益，同时调整长期股权投资的成本。

借：长期股权投资——投资成本

　　贷：营业外收入（差额）

投资方追加投资但仍采用权益法核算时，应当综合考虑与原持有投资和追加投资相关的商誉或计入损益的金额。

2.“长期股权投资——损益调整”明细科目的核算

权益法下，是将投资企业与被投资单位作为一个整体对待，作为一个整体其所产生的损益，应当在一致的会计政策基础上确定，被投资企业采用的会计政策与投资企业不同的，投资企业应当基于重要性原则，按照本企业的会计政策对被投资单位的损益进行调整。另外，投资企业与被投资单位采用的会计期间不同的，也应进行相关调整。

投资收益的确认应以取得投资时被投资单位可辨认净资产的公允价值为基础，即应按投资时被投资单位可辨认净资产的公允价值，调整被投资单位净利润后，再按权益法确认投资收益，借记“长期股权投资——损益调整”，贷记“投资收益（调整后净利润 × 投资份额）”，如为净亏损，作相反分录。如果投资方无法合理取得被投资方各项可辨认净资产等的公允价值，则按照账面净利润确认投资收益。在实务中，如果净利润无法调整或调整意义不大时，可以不调整。此外，由于被投资方的企业所得税是按照个别会计报表中资产的计税基础计算的，按可辨认净资产公允价值为基础计算净利润时，通常不涉及企业所得税的调整。

被投资单位净利润的调整主要涉及下列事项：

（1）固定资产、无形资产的折旧额或摊销额、减值准备金额。

（2）按投资时被投资单位该存货的公允价值调整账面价值确定的存货销售成本，调整被投资单位净利润后，再按权益法确认投资收益。

【例3-7】20×1年7月1日，甲公司发行1 000万股普通股换取丙公司原股东持有的丙公司20%有表决权股份。甲公司取得丙公司20%有表决权股份后，派出一名代表作为丙公司董事会成员，参与丙公司的财务和经营决策。股份发行日，甲公司每股股份的市场价格为2.5元，发行过程中支付券商手续费50万元；丙公司可辨认净资产的公允价值为13 000万元，账面价值为12 000万元，其差额为丙公司一项无形资产增值。该无形资产预计尚可使用5年，预计净残值为零，按直线法摊销。20×1年度，丙公司按其净资产账面价值计算实现的净利润为1 200万元，其中，1至6月份实现净利润500万元；无其他所有者权益变动事项。甲公司在购买丙公司的股份之前，他们不存在关联方关系。

会计处理：

①甲公司对丙公司的投资成本=2.5×1 000=2 500（万元）。

借：长期股权投资——投资成本　　25 000 000

　　贷：股本　　10 000 000

　　　　银行存款　　500 000

　　　　资本公积——股本溢价　　14 500 000

②甲公司因为投资后对丙公司实施重大影响，所以是采用权益法对长期股权投资进行后续计量。对初始投资成本的调整金额=13 000×20%−2 500=100（万元）。

借：长期股权投资——投资成本　　1 000 000

　　贷：营业外收入　　1 000 000

③期末应确认的投资收益金额=［1 200−500−（13 000−12 000）÷5×6÷12］×20%=120（万元）。

借：长期股权投资——损益调整　　1 200 000

　　贷：投资收益　　1 200 000

（3）对于投资企业与其联营企业及合营企业之间发生的未实现内部交易损益应予以抵销。

①无论投资企业卖产品给被投资企业（顺流交易），还是被投资企业卖产品给投资企业（逆流交易），这两个方向的交易都会出现未实现的损益（投资方持股比例对应的部分），都要进行抵销；对于未实现内部交易损益的界定：如果购入方作为存货，指的是未将商品销售给第三方（非关联方企业）；购入方作为固定资产核算，则指的是未提取折旧部分。

②投资企业与被投资单位发生的无论是顺流交易还是逆流交易产生的未实现内部交易损失，其中属于所转让资产发生减值损失的，有关未实现内部交易损失，不应予以抵销，应当全额确认，即相关损失与转让交易无关。

第一种情形：逆流交易的处理

逆流交易是指联营企业或合营企业向投资企业出售资产。在该交易存在未实现内部交易损益的情况下，投资企业在采用权益法计算确认应享有联营企业或合营企业的投资损益时，应抵销该未实现内部交易损益的影响；待以后投资企业出售该资产实现内部交易损益时，再确认这部分的投资收益。

【例3-8】甲公司于2×13年1月1日取得乙公司20%有表决权股份，能够对乙公司施加重大影响。甲公司取得该项投资时，乙公司各项可辨认资产、负债的公允价值与其账面价值相同。2×13年8月，乙公司将其成本为900万元的某商品以1 500万元的价格出售给甲公司，甲公司将取得的商品作为存货。至2×13年12月31日，甲公司仍未对外出售该存货。乙公司2×13年实现净利润

4 800万元。假定不考虑所得税因素，甲公司在按照权益法确认应享有乙公司2×13年净损益=（4 800−600）×20%=840（万元）

借：长期股权投资——乙公司——损益调整　　　8 400 000

　贷：投资收益　　　8 400 000

第二种情形：顺流交易的处理

顺流交易是指投资企业向联营企业或合营企业出售资产。在该交易存在未实现内部交易损益的情况下，投资企业在采用权益法计算确认应享有联营企业或合营企业的投资损益时，应抵销该未实现内部交易损益的影响，同时调整对联营企业或合营企业长期股权投资的账面价值。待以后被投资企业出售该资产实现内部交易损益时，再确认这部分的投资收益。

【例3−9】公司持有乙公司30%的表决权，能够对乙公司施加重大影响。2×14年3月，甲公司将其账面价值为900万元的商品以1 500万元的价格出售给乙公司。至2×14年12月31日，乙公司将该批商品的40%出售给外部第三方。甲公司取得该项投资时，乙公司各项可辨认资产、负债的公允价值与其账面价值相同，两者在以前期间未发生过内部交易。乙公司2×14年实现净利润3 000万元。假定不考虑所得税因素，甲公司按照权益法计算确认投资损益=［（3 000−600×60%）×30%］=792（万元）。

借：长期股权投资——乙公司——损益调整　　　7 920 000

　贷：投资收益　　　7 920 000

（4）取得现金股利或利润的处理

权益法下，投资方自被投资单位取得的现金股利或利润，应抵减长期股权投资的账面价值。被投资企业分派股票股利，不影响被投资企业所有者权益总额，投资企业不作账务处理。被投资方宣告分配现金股利时，借记“应收股利”，贷记“长期股权投资——××公司（损益调整）”

（5）超额亏损的处理

①投资企业确认应分担被投资单位发生的亏损时，应当按照以下顺序进行处理：

首先，减记长期股权投资的账面价值。

其次，在长期股权投资的账面价值减记至零的情况下，对于未确认的投资损失，应当以其他实质上构成对被投资单位净投资的长期权益账面价值（不包括企业与被投资单位之间因销售商品、提供劳务等日常活动所产生的长期债权）为限继续确认投资损失，冲减长期权益的账面价值。

再次，在进行上述处理后，按照投资合同或协议约定企业仍承担额外义务的，应按预计承担的义务确认预计负债，计入当期投资损失。

最后，按上述顺序确认投资损失后仍有未确认的亏损分担额，应在账外备查登记。

会计分录：

借：投资收益

贷：长期股权投资——损益调整

长期应收款

预计负债

②被投资单位以后期间实现盈利的，扣除未确认的亏损分担额后，应按与上述相反的顺序处理，即，先冲减原已确认的预计负债；再恢复长期权益的账面价值；最后恢复长期股权投资的账面价值。

3.“长期股权投资——其他综合收益”明细科目的核算

被投资单位其他综合收益发生变动的，投资方应当按照归属于本企业的部分，相应调整长期股权投资的账面价值，同时增加或减少其他综合收益。借记“长期股权投资——××公司——其他综合收益”，贷记“其他综合收益”，或作相反分录。

投资方全部处置权益法核算的长期股权投资时，原权益法核算的相关其他综合收益应当在终止采用权益法核算时全部计入投资收益；投资方部分处置权益法核算的长期股权投资，剩余股权仍采用权益法核算的，原权益法核算的相关其他综合收益按比例结转计入投资收益，但由于被投资方重新计量设定受益计划净负债或净资产变动而产生的其他综合收益除外。

4.“长期股权投资——其他权益变动”明细科目的核算

（1）被投资单位除净损益、其他综合收益以及利润分配以外的所有者权益的其他变动的因素，主要包括被投资单位接受其他股东的资本性投入、被投资单位发行可分离交易的可转债中包含的权益成分、以权益结算的股份支付等。

（2）投资方应按所持股权比例计算应享有的份额，借记“长期股权投资——××公司——其他权益变动”，贷记“资本公积——其他资本公积”。投资方在后续处置股权投资但对剩余股权仍采用权益法核算时，应按处置比例将这部分资本公积转入当期投资收益：对剩余股权终止权益法核算时，将这部分资本公积全部转入当期投资收益。

（3）如果在投资后被投资单位仅就所有者权益各项目所作调整，并不影响所有者权益总额的变化，则长期股权投资账面价值保持不变。

5.权益法核算需要注意的其他问题：

（1）在评估投资方对被投资单位是否具有重大影响时，应当考虑潜在表决权的影响，但在确定应享有的被投资单位实现的净损益、其他综合收益和其他所有者权益变动的份额时，潜在表决权所对应的权益份额不应予以考虑。

（2）如果被投资单位发行了分类为权益的可累积优先股等类似的权益工具，无论被投资单位是否宣告分配优先股股利，投资方计算应享有被投资单位的净利润时，均应将归属于其他投资方的累积优先股股利予以扣除。

（3）被投资单位编制合并财务报表的，投资方应当以被投资单位合并财务报表中的金额为基础进行会计处理。

（4）根据长期股权投资准则第十一条规定，“投资方对于被投资单位除净损益、其他综合收益和利润分配以外所有者权益的其他变动，应当调整长期股权投资的账面价值并计入所有者权益。”据此，如果以前年度在权益法核算中，在合营企业和联营企业中所占股权比例因其他股东单方面增资而被稀释，但所占权益份额增加，且仍作为合营企业或联营企业以权益法核算的情况下，本企业将所增加享有的权益份额计入投资收益而不是资本公积的，则在新准则生效日也应按照新准则的上述规定进行追溯调整。

二、税会差异

对于股权投资业务而言，持有股权期间只涉及股息、红利所得的税务处理。当被投资方宣告分配现金股利或用留存收益转增股本（实收资本）时，投资方按照股息、红利所得进行税务处理。投资计税基础=初始投资计税基础+追加投资计税基础（含被投资方用留存收益转增股本的份额）。

权益法核算下，投资方涉及的纳税调整主要有：

1.初始投资成本小于被投资方可辨认净资产公允价值份额的金额，计入营业外收入，不确认所得，作纳税调减处理。

2.被投资方宣告分配股利或用留存收益转增股本，投资方需调增所得，符合免税条件的，再作纳税调减处理。

3.投资方按照被投资方实现的净利润或净亏损确认的投资收益，不确认所得或损失，需作纳税调整。

4.长期股权投资减值准备不得扣除，当期提取金额需作纳税调增处理。

第四节　长期股权投资转换的差异

长期股权投资核算方法在成本法、权益法、公允价值计量之间转换，共有六种情形。对投资人而言，长期股权投资承担的是经营风险，而公允价值计量的金融资产承担的是市场风险，因而分别适用不同的会计准则。税收方面，除股权处置需确认资产转让所得或损失外，持有投资资产的计税基础不因会计核算方法的转换而改变。

一、公允价值计量转权益法核算的差异

（一）会计处理

1.权益法核算的初始投资成本按照原持有的股权投资的公允价值与新增投资成本（公允价值）之和确定；

2.原持有的股权投资分类为以公允价值计量且其变动计入其他综合收益的金融资产的，其公允价值与账面价值之间的差额转入改按权益法核算的当

期损益；

3.原计入其他综合收益的累计公允价值变动应当转入改按权益法核算的当期损益；

会计处理：

借：长期股权投资——投资成本（原持有股权投资公允价值+新增投资支付对价公允价值）

贷：其他权益工具投资（原持有的股权投资的账面价值）

投资收益（原持有的股权投资的公允价值与账面价值的差额）

银行存款等（新增投资而应支付对价的公允价值）

借：其他综合收益（原计入其他综合收益的累计公允价值变动）

贷：投资收益（或相反分录）

4.比较上述计算所得的初始投资成本与按照追加投资后全新的持股比例计算确定的应享有被投资单位在追加投资日可辨认净资产公允价值份额之间的差额，前者大于后者的，不调整长期股权投资的账面价值；前者小于后者的，差额应调整长期股权投资的账面价值，并计入当期营业外收入。

（二）税会差异

公允价值计量与权益法转换，因股权投资未转让，故不确认所得，会计上确认的投资收益及营业外收入需作纳税调整处理，投资计税基础按照原有计税基础与新增投资计税基础之和确定。

【例3-10】2×12年2月，A公司以600万元现金自非关联方处取得B公司10%的股权。A公司根据金融工具确认和计量准则将其作为以公允价值计量且其变动计入其他综合收益的非交易性权益工具投资。2×13年1月2日，A公司又以1 200万元的现金自另一非关联方处取得B公司12%的股权，相关手续于当日完成。

当日，B公司可辨认净资产公允价值总额为8 000万元，A公司对B公司的其他权益工具投资的账面价值1 000万元，计入其他综合收益的累计公允价值变动为400万元，A公司对B公司的其他权益工具投资的公允价值1 100万元。取得该部分股权后，按照B公司章程规定，A公司能够对B公司施加重大影响，对该项股权投资转为采用权益法核算。不考虑相关税费等其他因素影响。

会计处理：

（1）A公司对B公司22%股权的初始投资成本=原持有10%股权的公允价值1 100万元+新增投资而支付对价的公允价值1 200万元=2 300（万元）。

（2）原其他权益工具投资的公允价值与账面价值之间的差额为1 100-1 000=100（万元）转入改按权益法核算的当期损益。

（3）其他综合收益的累计公允价值变动为400万元转入当期损益。

（4）由于初始投资成本2 300万元大于A公司应享有B公司可辨认净资产公允价值的份额为1 760万元（8 000万元×22%）。A公司无需调整长期股权投资的成本。

会计处理如下：

借：长期股权投资——B公司——投资成本　　23 000 000

　　贷：其他权益工具投资——成本　　6 000 000

　　　　　　　　　　　　——公允价值变动　　4 000 000

　　　　投资收益　　1 000 000

　　　　银行存款　　12 000 000

借：其他综合收益　　4 000 000

　　贷：投资收益　　4 000 000

税务处理：A公司未转让B公司股权而是对B公司追加投资，故不确认资产转让所得，投资收益500万元应作纳税调减处理。A公司持有B公司22%股权的计税基础=初始计税基础+追加投资计税基础=600+1 200=1 800（万元）。

二、公允价值计量转成本法核算的差异

（一）同一控制下企业合并

1.会计处理

（1）按照被合并方所有者权益在最终控制方合并财务报表中的账面价值（即包含商誉）的份额确定合并日长期股权投资的初始投资成本。

（2）合并日长期股权投资的初始投资成本与达到合并前的金融资产账面价值加上合并日进一步取得股份新支付对价的账面价值之和的差额，调整资本公积（溢价），资本公积不足冲减的，冲减留存收益。

（3）合并日之前持有股权投资，因采用金融工具确认和计量准则核算而确认的其他综合收益，暂不进行会计处理。

2.税会差异

公允价值计量转换为成本法核算，会计上不涉及损益科目核算，税收上亦不确认所得，不涉及纳税调整，但长期股权投资的计税基础与会计初始成本不同，投资计税基础按照原有计税基础与新增投资计税基础之和确定，未来处置股权时，计税基础与账面价值的差额需作纳税调整处理。

（二）非同一控制下企业合并

1.会计处理

（1）应当将按照股权投资的公允价值加上新增投资成本之和，作为改按成本法核算的初始投资成本；

（2）原持有股权的公允价值与账面价值之间的差额以及原计入其他综合收益的累计公允价值变动应当全部转入改按成本法核算的当期投资收益。

会计处理：

借：长期股权投资（原持有的股权投资公允价值+新增投资公允价值）

贷：其他权益工具投资

银行存款等

投资收益（原持有股权的公允价值与账面价值之间的差额）

借：其他综合收益

贷：投资收益

或作相反会计分录。

2.税会差异

公允价值计量与成本法转换，因金融资产未转让，故不确认所得，会计上确认的投资收益需作纳税调整。长期股权投资的计税基础与会计初始成本亦有所不同，投资计税基础按照原计税基础与新增计税基础之和确定。

【例3-11】甲公司20×6年和20×7年投资业务资料如下：

（1）20×6年4月1日，甲公司以每股5元的价格购入乙上市公司的股票500万股，并由此持有乙公司5%的股权。甲公司与乙公司不存在任何关联方关系。甲公司将对乙公司的投资划分为其他权益工具投资进行会计处理。20×6年12月31日该股票的收盘价格为每股7元。

（2）20×7年4月1日，甲公司以银行存款52 200万元为对价，向乙公司大股东收购乙公司55%的股权，相关手续于当日完成。假设甲公司前后两次购买乙公司股权不构成“一揽子交易”，甲公司取得乙公司控制权之日为20×7年4月1日，原5%股权的公允价值为4 800万元。假定不考虑相关税费等其他因素影响。

要求：

（1）作出甲公司20×6年投资相关的会计处理；

（2）计算购买日甲公司对子公司按成本法核算的初始投资成本；

（3）计算对甲公司20×7年个别财务报表投资收益影响金额；

（4）作出甲公司20×7年投资相关的会计处理。

会计处理：

（1）甲公司20×6年投资相关的会计处理：

借：其他权益工具投资——成本 25 000 000（5 000 000×5）

贷：银行存款 25 000 000

借：其他权益工具投资——公允价值变动 10 000 000

贷：其他综合收益 10 000 000（5 000 000×2）

（2）甲公司购买日对子公司按成本法核算的初始投资成本=购买日前原持有其他权益工具投资的公允价值4 800万元+追加投资应支付对价的公允价值52 200万元=57 000万元。

（3）影响甲公司20×7年个别财务报表投资收益=原持有5%股权的公允价值与账面价值的差额1 300（4 800-3 500）+其他综合收益1 000=2 300（万元）；

（4）甲公司20×7年投资相关的会计处理：

①

借：长期股权投资　　570 000 000

　　贷：其他权益工具投资——成本　　25 000 000

　　　　——公允价值变动　　10 000 000

　　　　投资收益　　13 000 000

　　　　银行存款　　522 000 000

②购买日前原持有其他权益工具投资相关的其他综合收益为1 000万元，购买日该其他综合收益转入购买日所属当期投资收益。

借：其他综合收益　　10 000 000

　　贷：投资收益　　10 000 000

税务处理：20×6年4月1日，甲公司出资2 500万元购买乙公司5%的股权，投资计税基础为2 500万元，20×6年乙公司5%股权的公允价为3 500万元，投资计税基础不变，仍为2 500万元。20×7年4月1日，甲公司未转让股权，而是追加投资52 200万元，故不确认资产转让所得，投资收益2 300万元作纳税调减处理，至此，甲公司持有乙公司60%股权的计税基础=初始计税基础+追加投资计税基础=2 500+52 200=54 700（万元）。

三、权益法核算转成本法核算的差异

（一）同一控制下企业合并

1.会计处理

（1）按照购买日购买方支付资产、承担债务、发行权益性证券的公允价值确定长期股权投资的初始投资成本。

（2）合并日长期股权投资的初始投资成本与达到合并前的长期股权投资账面价值加上合并日进一步取得股份新支付对价的账面价值之和的差额，调整资本公积（溢价），资本公积不足冲减的，冲减留存收益。

（3）合并日之前持有的股权投资，因采用权益法核算而确认的其他综合收益，暂不进行会计处理。

2.税会差异

权益法核算转换为成本法核算，会计上不涉及损益，税收方面因股权未转让，故不确认所得，不涉及纳税调整。长期股权投资的计税基础按照原计税基础与新增计税基础之和确定，未来处置股权时，计税基础与账面价值的差额需作纳税调整。

（二）非同一控制下企业合并

1.会计处理

（1）应当将按照原股权投资的账面价值加上新增投资成本（公允价值）之和，作为改按成本法核算的初始投资成本；

借：长期股权投资（原持有的股权投资账面价值+新增投资公允价值）

贷：长期股权投资——投资成本

——损益调整

——其他综合收益

——其他权益变动

银行存款等

（2）购买日之前持有的股权采用权益法核算的，相关其他综合收益、其他资本公积不作会计处理，在实际处置该项投资时相应转入处置期间的当期损益。

2.税会差异

权益法核算转换为成本法核算，会计上不涉及损益，税收方面因投资未转让，故不确认所得，不涉及纳税调整。长期股权投资的计税基础按照原计税基础与追加投资计税基础之和确定，未来处置股权时，计税基础与账面价值的差额需作纳税调整。

四、权益法核算转公允价值计量的差异

（一）会计处理

1.投资方因处置部分股权投资等原因丧失对被投资单位的共同控制或重大影响的，处置后的剩余股权应改按《企业会计准则第22号——金融工具确认和计量》的规定核算；

2.剩余部分在丧失共同控制或重大影响之日的公允价值与账面价值之间的差额计入当期损益；

借：银行存款

其他权益工具投资（原持有的股权投资的公允价值）

贷：长期股权投资（原持有的股权投资的账面价值）

投资收益（或在借方）

3.原采用权益法核算的相关其他综合收益应当在终止采用权益法核算时转入投资收益，但由于被投资方重新计量设定受益计划净负债或净资产变动而产生的其他综合收益除外；

4.因被投资方除净损益、其他综合收益和利润分配以外的其他所有者权益变动而确认的所有者权益，应当在终止采用权益法核算时全部转入当期损益。

借：其他综合收益

资本公积——其他资本公积

贷：投资收益

或做相反分录。

（二）税会差异

会计上视同全部处置长期股权投资，确认投资收益，再按照公允价值购买金融资产，而税法是按照实际处置的金额扣除处置部分股权的计税基础计算资

产转让所得，资产转让所得与投资收益的差额作纳税调整处理。企业持有其他权益工具投资的计税基础与处置部分股权的计税基础按照比例划分。

【例3-12】甲公司持有乙公司30%的有表决权股份，能够对乙公司施加重大影响，对该股权投资采用权益法核算。2×12年10月，甲公司将该项投资中的50%出售给非关联方，取得价款1 800万元。相关手续于当日完成。甲公司无法再对乙公司施加重大影响，将剩余股权投资转为其他权益工具投资。

出售时，该项长期股权投资的账面价值为3 200万元，其中投资成本为2 600万元，损益调整为300万元，其他综合收益为200万元（性质为被投资单位的其他权益工具投资的累计公允价值变动），除净损益、其他综合收益和利润分配外的其他所有者权益变动为100万元。剩余股权的公允价值为1 800万元。假设甲公司持有乙公司30%股份的计税基础为2 600万元，不考虑相关税费等其他因素影响。

会计处理：

借：银行存款	18 000 000	
其他权益工具投资	18 000 000	
贷：长期股权投资——投资成本		26 000 000
——损益调整		3 000 000
——其他综合收益		2 000 000
——其他权益变动		1 000 000
投资收益		4 000 000
借：其他综合收益	2 000 000	
资本公积——其他资本公积	1 000 000	
贷：投资收益		3 000 000

税务处理：本期应确认股权转让所得=股权转让收入－投资计税基础=1 800－2 600×50%=500（万元）。会计上投资收益700万元与股权转让所得500万元的差，作纳税调减处理。其他权益工具投资的计税基础=2 600－2 600×50%=1 300（万元）。

五、成本法核算转公允价值计量的差异

（一）会计处理

1.因处置投资等原因导致对被投资单位由能够实施控制转为公允价值计量的，首先应按处置投资的比例结转应终止确认的长期股权投资成本。

2.在丧失控制权之日剩余股权的公允价值与账面价值之间的差额计入当期投资收益。

借：银行存款

　　其他权益工具投资（公允价值）

　　贷：长期股权投资（账面价值）

　　　　投资收益

（二）税会差异

会计上视同全部处置长期股权投资再按照公允价购买金融资产，而税法是按照实际处置的金额扣除处置部分股权的计税基础计算资产转让所得，资产转让所得与“投资收益”的差额作纳税调整处理。

剩余股权的账面初始成本与计税基础亦有所不同，剩余股权的计税基础与处置部分股权的计税基础按比例对原计税基础划分确定。

【例3-13】甲公司持有乙公司60%的有表决权股份，能够对乙公司实施控制，对该股权投资采用成本法核算。2×12年10月，甲公司将该项投资中的80%出售给非关联方，取得价款8 000万元。相关手续于当日完成。

甲公司无法再对乙公司实施控制，也不能施加共同控制或重大影响，将剩余股权投资转为其他权益工具投资。出售时，该项长期股权投资的账面价值为8 000万元，剩余股权投资的公允价值为2 000万元。假设长期股权投资计税基础与账面价值相同，不考虑相关税费等其他因素影响。

会计处理：

借：银行存款　　80 000 000

　　其他权益工具投资　　20 000 000

　　贷：长期股权投资　　80 000 000

　　　　投资收益　　20 000 000

税务处理：

资产转让所得=转让收入-计税基础=8 000-8 000×80%=1 600（万元），而会计上体现投资收益2 000万元，故应调减应纳税所得额400万元。其他权益工具投资计税基础=8 000×20%=1 600（万元）。

六、成本法核算转权益法核算的差异

（一）会计处理

1.按处置或收回投资的比例结转应终止确认的长期股权投资成本；

2.比较剩余长期股权投资的成本与按照剩余持股比例计算原投资时应享有被投资单位可辨认净资产公允价值的份额，前者大于后者的，属于投资作价中体现的商誉部分，不调整长期股权投资的账面价值；前者小于后者的，在调整长期股权投资成本的同时，调整留存收益。会计处理如下：

借：长期股权投资——投资成本

　　贷：盈余公积

　　　　利润分配——未分配利润

3.对于原取得投资时至处置投资时之间被投资单位实现净损益中投资方应享有的份额，应当调整长期股权投资的账面价值，同时，对于原取得投资时至处置投资当期期初被投资单位实现的净损益（扣除已宣告发放的现金股利和利润）中应享有的份额，调整留存收益，对于处置投资当期期初至处置投资之日被投资单位实现的净损益中享有的份额，调整当期损益；在被投资单位其他综合收益变动中应享有的份额，在调整长期股权投资账面价值的同时，应当计入其他综合收益；除净损益、其他综合收益和利润分配外的其他原因导致被投资单位其他所有者权益变动中应享有的份额，在调整长期股权投资账面价值的同时，应当计入资本公积（其他资本公积）。

会计处理如下：

借：长期股权投资——损益调整

——其他综合收益

——其他权益变动

贷：盈余公积

利润分配——未分配利润

投资收益

其他综合收益

资本公积——其他资本公积

或作相反会计处理。

（二）税会差异

会计上视同全部处置长期股权投资，确认投资收益，再按照公允价值购买金融资产，而税法是按照实际处置的金额扣除处置部分股权的计税基础计算资产转让所得，资产转让所得与投资收益的差额作纳税调整处理。剩余股权的计税基础与处置股权的计税基础按比例划分。

【例3-14】 20×7年1月1日，甲公司支付600万元取得乙公司100%的股权，投资当时乙公司可辨认净资产的公允价值为500万元，有商誉100万元。20×7年1月1日至20×8年12月31日，乙公司的净资产增加了75万元，其中按购买日公允价值计算实现的净利润50万元，持有其他权益工具投资的公允价值升值25万元。

20×9年1月8日，甲公司转让乙公司60%的股权，收取现金480万元存入银行，转让后甲公司对乙公司的持股比例为40%，能对其施加重大影响。20×9年1月8日，即甲公司丧失对乙公司的控制权日，乙公司剩余40%股权的公允价值为320万元。假定甲、乙公司提取盈余公积的比例均为10%。假定乙公司未分配现金股利，并且不考虑其他因素。

会计处理：

20×9年1月8日，甲公司持有乙公司100%股权的账面价值为600万元，处置60%股权的账面价值为600×60%=360（万元），作：

借：银行存款	4 800 000	
贷：长期股权投资		3 600 000
投资收益		1 200 000

剩余40%的股权按照权益法作追溯调整：40%股权的初始投资成本为240

万元（600×40%），大于投资时乙公司可辨认净资产公允价值份额200万元（500×40%），故不调整长期股权投资账面价值；乙公司按照所有者权益变化，甲公司需作相应调整。

借：长期股权投资——损益调整　　200 000（500 000×40%）
　　　　　　　——其他综合收益　　100 000（250 000×40%）
　贷：盈余公积　　20 000
　　　利润分配——未分配利润　　180 000
　　　其他综合收益　　100 000

税务处理：甲公司处置乙公司60%的股权应确认资产转让所得为，480-360=120（万元）；剩余40%股权的账面价值为270万元，而计税基础为240万元。

七、长期股权投资核算方法转换差异一览表

为便于比较，现将上述六种情形的会计与税务处理列为表3.2：

表 3.2　　长期股权投资核算方法转换差异一览表

情形	形式	个别财务报表会计处理	税务处理
1	公允价值计量转权益法	先出售金融资产，再购买长期股权投资	未转让，不确认资产转让所得，计税基础按照初始计税基础与追加计税基础之和确定。（1）
	公允价值计量转成本法	先出售金融资产，再购买长期股权投资，但转换为同一控制下企业合并，其他综合收益不作账务处理	同（1）
	权益法转公允价值计量	先出售长期股权投资，再购买金融资产	按照部分处置计算资产转让所得，剩余股权的计税基础按比例对原计税基础划分（2）
	成本法转公允价值计量	先出售长期股权投资，再购买金融资产	同（2）
2	权益法转成本法	不视同销售，其他综合收益和资本公积不作账务处理	同（1）
	成本法转权益法	按照部分出售处理，剩余长期股权投资按权益法追溯调整	同（2）

第五节　长期股权投资处置的差异

长期股权投资的处置包括转让、撤资（减资）、清算，会计处置损益与应纳税所得额计算的口径不同，两者差异需作纳税调整处理。

一、会计处理

长期股权投资的处置应按账面价值结转，处置收入与账面价值的差额计入投资收益。处置权益法核算的长期股权投资时，其他综合收益、资本公积（其他资本公积）的处理如下：

1.投资方全部处置权益法核算的长期股权投资时，原权益法核算的相关其他综合收益应当在终止采用权益法核算时采用与被投资单位直接处置相关资产或负债相同的基础进行会计处理。

（1）如果被投资单位存在设定受益性质的离职后福利计划，其在每期期末按照职工薪酬准则的规定重新计量设定受益计划净负债或净资产导致的变动所形成的其他综合收益，投资方在权益法核算时按股权比例计算应享有或承担的部分，在后续处置投资或终止采用权益法核算时，投资方将这部分其他综合收益不允许转回至损益，但可以在权益范围内将原计入其他综合收益的部分全部结转至未分配利润。

（2）除上述情况外，与长期股权投资权益法核算相关的其他综合收益在后续处置投资或终止采用权益法核算时应当转入损益（投资收益）。

2.因被投资方除净损益、其他综合收益和利润分配以外的其他所有者权益变动而确认的所有者权益，应当在终止采用权益法核算时全部转入当期投资收益。

被投资单位除净损益、其他综合收益以及利润分配以外的所有者权益的其他变动的因素，主要包括被投资单位接受其他股东的非货币性资本性投入、被投资单位发行可分离交易的可转债中包含的权益成分、以权益结算的股份支付、其他股东对被投资单位增资导致投资方持股比例变动等。投资方应按所持股权比例计算应享有的份额，调整长期股权投资的账面价值，同时计入资本公积（其他资本公积），并在备查簿中予以登记，投资方在后续处置股权投资但对剩余股权仍采用权益法核算时，应按处置比例将这部分资本公积转入当期投资收益；对剩余股权终止权益法核算时，将这部分资本公积全部转入当期投资收益。

3.投资方部分处置权益法核算的长期股权投资。

（1）剩余股权仍采用权益法核算的，原权益法核算的相关其他综合收益应当采用与被投资单位直接处置相关资产或负债相同的基础处理并按比例结转，因被投资方除净损益、其他综合收益和利润分配以外的其他所有者权益变动而确认的所有者权益，应当按比例结转入当期投资收益。

（2）终止采用权益法核算，原权益法核算的相关其他综合收益应当在终止采用权益法核算时采用与被投资单位直接处置相关资产或负债相同的基础进行会计处理。因被投资方除净损益、其他综合收益和利润分配以外的其他所有者权益变动而确认的所有者权益，应当在终止采用权益法核算时全部转入当期投资收益。

4.企业通过同一控制下企业合并取得的股权投资，其初始投资成本与合并对价之间的差额，应当调整资本公积；资本公积不足冲减的，调整留存收益。企业在以后期间将该股权投资处置给控股股东或其控制的子公司时，其账面价值与转让对价之间的差额，应当按照以上相反的顺序分别计入留存收益和资本公积。同时，对于处置后的剩余股权（如有），应当按其账面价值确认为长期股权投资或其他相关金融资产。处置后的剩余股权能够对原有子公司实施共同控制或重大影响的，按照成本法转权益法的规定进行会计处理。

二、税务处理

（一）股权处置的税务处理

投资方处置股权需根据处置方式分别确认应税所得。

1.股权转让

《国家税务总局关于贯彻落实企业所得税法若干税收问题的通知》（国税函［2010］79号）规定，企业转让股权收入，应于转让协议生效、且完成股权变更手续时，确认收入的实现。转让股权收入扣除为取得该股权所发生的成本后，为股权转让所得。企业在计算股权转让所得时，不得扣除被投资企业未分配利润等股东留存收益中按该项股权所可能分配的金额。

股权转让所得=股权转让收入−投资计税基础

2.撤资或减资

《国家税务总局关于企业所得税若干问题的公告》（国家税务总局公告2011年第34号）规定，投资企业从被投资企业撤回或减少投资，其取得的资产中，相当于初始出资的部分，应确认为投资收回；相当于被投资企业累计未分配利润和累计盈余公积按减少实收资本比例计算的部分，应确认为股息所得；其余部分确认为投资资产转让所得。

3.清算

《财政部、国家税务总局关于企业清算业务企业所得税处理若干问题的通知》（财税［2009］60号）规定，被清算企业的股东分得的剩余资产的金额，其中相当于被清算企业累计未分配利润和累计盈余公积中按该股东所占股份比例计算的部分，应确认为股息所得；剩余资产减除股息所得后的余额，超过或低于股东投资成本的部分，应确认为股东的投资转让所得或损失。

【例3−15】A公司持有B公司40%的股权并采用权益法核算。2016年7月1日，A公司将B公司20%的股权出售给第三方C公司，取得股权转让价格为800万元，对剩余20%的股权仍采用权益法核算。A公司为取得B公司40%股权对价为1 000万元，A公司取得B公司股权至2016年7月1日期间，确认的“损益调整”为300万元，相关其他综合收益为200万元（其中：175万元为按比例享有的B公司其他权益工具投资的公允价值变动，25万元为按比例享有的B公司重新计量设定受益计划净负债或净资产所产生的变动），享有B公司除净损益、其他综合收益和利润分配以外的其他所有者权益变动为50万元。不考虑相关税费等其他因素影响。

会计处理：

（1）按处置比例结转账面价值

借：银行存款	8 000 000	
贷：长期股权投资——投资成本		5 000 000
——损益调整		1 500 000
——其他综合收益		1 000 000
——其他权益变动		250 000
投资收益		250 000

（2）其他综合收益的处理

其他综合收益属于被投资单位重新计量设定受益计划净负债或净资产所产生的变动，由于剩余股权仍继续根据长期股权投资准则采用权益法进行核算，因此，应按处置比例（20%/40%）并按照被投资单位处置相关资产或负债相同的基础进行会计处理，即25万元其他综合收益不作处理。

其他综合收益属于被投资单位其他权益工具投资的公允价值变动，由于剩余股权仍继续根据长期股权投资准则采用权益法进行核算，因此，应按处置比例（20%÷40%）相应结转计入当期投资收益的金额=175÷2=87.5（万元）。

借：其他综合收益	875 000	
贷：投资收益		875 000

（3）其他所有者权益变动

由于剩余股权仍继续根据长期股权投资准则采用权益法进行核算，因此应按处置比例（20%÷40%）相应结转计入当期投资收益的金额=50÷2=25（万元）。

借：资本公积——其他资本公积	250 000	
贷：投资收益		250 000

税务处理：股权转让所得=股权转让收入-投资计税基础=800-500=300（万元），纳税调增金额=300-（87.5+25+25）=162.5（万元）。

（二）投资抵扣税收优惠

为进一步鼓励和支持创业投资沿着健康的轨道蓬勃发展，《财政部、税务总局关于创业投资企业和天使投资个人有关税收试点政策的通知》（财税［2017］38号）明确在京津冀、上海、广东等8个全面创新改革试验地区和苏州工业园区开展创业投资企业和天使投资个人税收政策试点，《国家税务总局关于创业投资企业和天使投资个人税收试点政策有关问题的公告》（国家税务总局公告2017年第20号，以下简称“20号公告”）进一步明确了政策执行口径，《财政部、税务总局关于创业投资企业和天使投资个人有关税收政策的通知》（财税［2018］55号）规定该政策扩大到全国范围，其中天使投资个人所得税政策自

2018年7月1日起执行，其他各项政策自2018年1月1日起执行。

1.基本规定

公司制创投企业、有限合伙制创投企业的法人合伙人和个人合伙人、天使个人投资初创科技型企业和未上市的中小高新技术企业，可以按投资额的70%抵扣应纳税所得额。现将优惠办法及适用条件列为表3.3：

表 3.3 公司制创业投资企业、有限合伙制创业投资企业及天使个人投资企业等优惠办法及适用条件一览表

	公司制创业投资企业	有限合伙制创业投资企业		天使个人投资企业
		法人合伙人	个人合伙人	
税收优惠	投资满2年（24个月，下同），可按投资额的70%在股权持有满2年的当年抵扣公司应纳税所得额；当年不足抵扣的，结转以后年度抵扣。	投资满2年，可按投资额的70%抵扣法人合伙人从合伙创投企业分得的所得；当年不足抵扣的，结转以后年度抵扣。	投资满2年，可按投资额的70%抵扣个人合伙人从该合伙创投企业分得的经营所得；当年不足抵扣的，结转以后年度抵扣。	投资满2年，可按投资额的70%抵扣转让该被投资企业股权取得的应纳税所得额；当期不足抵扣的，结转以后取得股权转让所得时抵扣。在试点地区投资多个初创科技型企业的，对其中办理注销清算，天使投资个人对其投资额的70%尚未抵扣完的，可自注销清算之日起36个月内抵扣天使投资个人转让其他初创科技型企业股权取得的应纳税所得额。
创业投资企业及天使个人适用优惠政策需符合的条件	1.在中国境内（不含港、澳、台地区）注册成立、实行查账征收的居民企业或合伙创投企业，且不属于被资初创科技型企业的发起人。 2.符合《创业投资企业管理暂行办法》或《私募投资基金监督管理暂行办法》进行备案。 3.投资后2年内，创业投资企业及其关联方持有被投资初创科技型企业的股权比例合计低于50%。			1.不属于被投资初创科技型企业的发起人、雇员或其亲属（包括配偶、父母、子女、祖父母、外祖父母、孙子女、外孙子女、兄弟姐妹）、无劳务派遣关系。 2.投资后2年内，本人及其亲属持有被投资初创科技型企业股权比例合计应低于50%。 3.享受投资抵扣优惠的投资仅限于通过向被投资初创科技型企业直接支付现金方式取得的股权投资，不包括受让其他股东的存量股权。
初创科技型企业需符合的条件	1.在中国境内（不包括港、澳、台地区）注册成立、实行查账征收的居民企业。 2.接受投资时，从业人数不超过200人，其中具有大学本科以上学历的从业人数不低于30%；资产总额和年销售收入均不超过3 000万元（从业人数、资产总额的计算均为接受投资前连续12个月的平均数，不足12个月的，按实际月数平均计算）。 3.接受投资时设立时间不超过60个月。 4.接受投资时以及接受投资后2年内未在境内外证券交易所上市。 5.接受投资当年及下一纳税年度，研发费用总额合计占同期成本费用总额合计的比例不低于20%。			
未上市的中小高新技术企业	除通过高新技术企业认定以外，还应符合职工人数不超过500人，年销售（营业）额不超过2亿元，资产总额不超过2亿元的条件。			
投资形式	增资（不含设立、受让股权）			
出资方式	现金			

2.操作要点

（1）研发费用口径，按照《财政部、国家税务总局、科技部关于完善研究开发费用税前加计扣除政策的通知》（财税［2015］119号）等规定执行。

研发费用总额占成本费用支出的比例，是指企业接受投资当年及下一纳税年度的研发费用总额合计占同期成本费用总额合计的比例。

（2）从业人数，包括与企业建立劳动关系的职工人员及企业接受的劳务派遣人员。从业人数及资产总额指标，按照初创科技型企业接受投资前连续12个月的平均数计算，不足12个月的，按实际月数平均计算。具体计算公式如下：

月平均数=（月初数+月末数）÷2

接受投资前连续12个月平均数=接受投资前连续12个月平均数之和÷12

销售收入，包括主营业务收入与其他业务收入；年销售收入指标，按照企业接受投资前连续12个月的累计数计算，不足12个月的，按实际月数累计计算。

成本费用，包括主营业务成本、其他业务成本、销售费用、管理费用、财务费用。

（3）“投资满2年”的解释。投资满2年是指公司制或有限合伙制创投企业、天使投资个人实缴投资初创科技型企业满2年，投资时间从初创科技型企业接受投资并完成工商变更登记的日期算起。对于合伙人或合伙人数变动的情况，无论新的合伙人持有合伙企业份额是否满2年，均不影响新合伙人享受税收优惠。例如，A合伙企业于2017年1月1日投资B初创科技型企业，2018年3月1日，新合伙人入伙，至2019年1月1日，合伙A对B企业投资满2年，新合伙人可享受投资抵扣税收优惠。

（4）“投资额”的计算。投资额，按照创业投资企业或天使投资个人对初创科技型企业的实缴投资额确定。

合伙创投企业的合伙人对初创科技型企业的投资额，按照合伙创投企业对初创科技型企业的实缴投资额和合伙协议约定的合伙人占合伙创投企业的出资比例计算确定。合伙人从合伙创投企业分得的所得，按照《财政部、国家税务总局关于合伙企业合伙人所得税问题的通知》（财税［2008］159号）规定计算。

出资比例，按投资满2年当年年末各合伙人对合伙创投企业的实缴出资额占所有合伙人全部实缴出资额的比例计算。

有限合伙创投企业的法人合伙人和个人合伙人的投资额=有限合伙创投企业对初创科技型企业的实缴投资额×投资满2年当年年末各合伙人对有限合伙创投的实缴出资比例。

对于合伙企业的合伙人或合伙人数变动的情况下，仅限于合伙企业对初创科技型企业投资满2年的当年年末的合伙人适用，并按照当年年末的各合伙人实缴出资比例计算投资额。投资满2年年末之后进入的合伙人，在有限合伙创投下一次投资满2年年末时计算抵扣额度。

比如，有限合伙创投企业A原有合伙人甲、乙、丙，2017年9月1日，A企业投资初创科技型企业B，2018年11月3日，丁受让合伙人甲的全部出资份额成为A的合伙人，2019年9月1日，A投资B满2年，2019年10月1日，戍以增资的方式入伙A企业，2020年1月5日，申以增资的方式入伙A企业，A企业在2020年3月31日之前进行个人合伙人投资抵扣备案时，仅就2019年12月31日的合伙人乙、丙、丁、戍的实缴出资比例计算这四位合伙人的投资抵扣额度。

（5）初创科技型企业接受天使投资个人投资满2年，在上海证券交易所、深圳证券交易所上市的，天使投资个人转让该企业股票时，按照现行限售股有关规定执行，其尚未抵扣的投资额，在税款清算时一并计算抵扣。

（6）法人合伙人投资于多个符合条件的合伙创投企业，可合并计算其可抵扣的投资额和分得的所得。当年不足抵扣的，可结转以后纳税年度继续抵扣；当年抵扣后有结余的，应按照企业所得税法的规定计算缴纳企业所得税

（7）可用于抵扣的所得范围。

①公司制创投企业可用于抵扣的所得范围为：投资满2年的当年及以后年度的应纳税所得额。

②天使投资个人可用于抵扣的所得范围为：投资满2年的当年及以后年度转让该初创科技型企业股权取得的应纳税所得额（不含股息红利所得）。

③有限合伙创投企业的法人合伙人可用于抵扣的所得范围为：投资满2年的当年及以后年度通过该合伙创投企业实现的应纳税所得额（不仅包括合伙创投企业转让该初创型科技企业股权取得的所得，还包括该合伙创投企业的其他股权转让所得、股息红利所得等）。法人合伙人投资多家有限合伙创投企业（含投资于未上市的中小高新技术企业的有限合伙制创投企业）的，可以合并计算通过各合伙企业实现的应纳税所得额与抵扣额。

有限合伙创投企业的个人合伙人可用于抵扣的所得范围为：投资满2年的当年及以后年度通过该有限合伙创投企业实现的经营所得（不含股息红利所得），不仅包括合伙创投企业转让该初创型科技企业的股权取得的所得，还包括该合伙创投企业的其他股权转让所得等。初创科技型企业注销清算的，天使投资个人有尚未抵扣完毕的投资额的，可以在36个月内转让其他符合投资抵扣条件的初创科技型企业股权时进行抵扣。个人合伙人投资多家有限合伙创投企业的，不得跨企业计算抵扣额。

法人合伙人通过合伙创投企业实现的所得、个人合伙人通过合伙创投企业实现的经营所得，无论合伙企业是否实际分配，均需按照财税［2008］159号文件规定的分配比例计算各合伙人的应纳税所得额，即：

①合伙企业的合伙人以合伙企业的生产经营所得和其他所得，按照合伙协议约定的分配比例确定应纳税所得额。

②合伙协议未约定或者约定不明确的，以全部生产经营所得和其他所得，按照合伙人协商决定的分配比例确定应纳税所得额。

③协商不成的，以全部生产经营所得和其他所得，按照合伙人实缴出资比例确定应纳税所得额。

④无法确定出资比例的，以全部生产经营所得和其他所得，按照合伙人数量平均计算每个合伙人的应纳税所得额。

合伙协议不得约定将全部利润分配给部分合伙人。

（8）政策衔接办法。上述企业所得税政策自2018年1月1日起施行，个人所得税自2018年7月1日施行，同时可向前追溯2年适用，即2016年1月1日以后发生的投资，至2018年1月1日之后投资满2年，且符合其他条件的，可享受税收优惠。对于有限合伙创投企业的个人合伙人，个人所得税政策虽然自2018年7月1日起施行，但是20号公告明确规定，2018年度投资初创科技型企业满2年的合伙创投企业个人合伙人，在办理年度个人所得税纳税申报时，投资额的70%可抵扣个人合伙人当年自合伙创投企业分得的经营所得。

3.例题

【例3-16】2014年3月，张先生、李先生成立初创科技型企业A，甲公司2015年3月1日以现金300万元对A公司增资，取得A公司10%的股权，2015年4月1日，甲公司再次出资350万元受让李先生持有的A公司10%股权。2017年度甲公司经纳税调整后的应纳税所得额为280万元。

甲公司当年实际应纳税所得额计算如下：

甲公司可以抵扣的投资额不含通过受让股权取得的存量股权，可以抵扣的投资额=300×70%=210（万元），小于当年应纳税所得额280万元，允许在当年一次性抵扣，抵扣后甲公司当年应纳税所得额=280-210=70（万元）。

【例3-17】A有限合伙创投（以下简称“合伙企业A”）成立于2016年5月，合伙人为甲公司（GP）实缴出资50万元，张先生（LP）实缴出资950万元，双方实缴出资比例为5%：95%，双方约定分配比例为30%：70%。2017年8月1日，合伙企业A投资于初创科技型企业B，实缴出资500万元，取得B公司20%股权。2017年、2018年，合伙企业A应纳税所得额均为零，2019年3月1日，张先生将持有合伙企业A95%的份额以1 800万元的价格转让给王先生，2019年9月1日，合伙企业A转让B企业10%股权，取得股权转让所得1 000万元。

假设A企业2019年度应纳税所得额为1 100万元，上述业务甲公司、张先生、王先生2019年度实际应纳税所得额计算如下：

（1）可抵扣的投资额：

2019年8月1日，合伙企业A对B企业投资满两年，可以享受投资抵扣应纳税所得额优惠。2019年12月31日，甲公司和王先生的实缴出资比例为5%：95%。

甲公司可以抵扣的投资额=甲公司对初创科技型企业的投资额×70%=（合伙企业A对B公司的实缴出资×甲公司对合伙企业A的实缴出资比例）×70%=（500×5%）×70%=17.5（万元）。

张先生因合伙份额已经转让，不再适用投资额抵扣的税收优惠，须就合伙份额转让所得缴纳个人所得税。王先生受让张先生的合伙份额后，可以享受投资额抵扣优惠。

王先生可以抵扣的投资额=王先生对初创科技型企业的投资额 × 70%=（合伙企业A对B公司的实缴出资 × 王先生在合伙企业A的实缴出资比例）× 70%=（500 × 95%）× 70%=332.5（万元）。

（2）抵扣后的实际应纳税所得额：

甲公司当年通过合伙企业实现的应纳税所得额，无论合伙企业是否实际分配，均需并入甲公司当年应纳税所得总额办理纳税申报。甲公司当年通过合伙企业实现的应纳税所得额=合伙企业A应纳税所得额 × 合伙协议约定的分配比例=1 100 × 30%=330（万元），抵扣后实际应纳税所得额=330−17.5=312.5（万元）。

王先生当年通过合伙企业实现的应纳税所得额，无论合伙企业是否实际分配，均需缴纳个人所得税，王先生当年应纳税所得额=合伙企业A应纳税所得额 × 合伙协议约定的分配比例=1 100 × 70%=770（万元），抵扣后实际应纳税所得额=770−332.5=437.5（万元）。

【例3-18】2017年1月7日，自然人王某与李某成立A有限合伙创投企业（以下简称"合伙企业A"），王某（GP）实缴出资200万元，李某（LP）实缴出资2 800万元。合伙企业A对外投资如下：

（1）2017年8月1日合伙企业A出资1 000万元对初创科技型企业甲增资扩股，占甲公司股权比例的20%；

（2）2017年8月15日出资2 000万元对初创科技型企业乙增资扩股，占乙公司股权比例的20%；

（3）2017年8月20日出资300万元对非初创科技型企业丙增资扩股，占丙公司股权比例的30%。

2018年3月，天成公司与自然人张某作为LP加入合伙企业A，天成公司实缴出资6 000万元，张某实缴出资1 000万元，至此，王某、李某、天成公司、张某出资比例分别为2%、28%、60%、10%。

此外，2017年9月，天成公司与张某还共同成立有限合伙创投B（以下简称"合伙企业B"），天成公司（GP）实缴出资100万元，张某（LP）实缴出资900万元。同月，合伙企业B出资2 000万元以增资扩股方式投资于初创科技型企业丁，占丁公司股权比例的40%。

2019年12月，合伙企业A以1 500万元的价格转让所持甲企业20%的股权，以2 000万元的价格平价转让所持乙企业20%的股权，以200万元的价格转让所持丙企业30%的股权。合伙企业B以10 000万元的价格转让所持丁企业40%的股权。

假设不考虑合伙企业的期间费用、投资者本人的法定扣除费用及其他纳税调整项目，合伙企业A与合伙企业B的分配比例与出资比例相同，出资比例至2019年年底无变化，上述业务天成公司及张某2019年度实际应纳税所得额计算如下：

（1）可抵扣的投资额：

合伙企业A于2019年8月对甲、乙投资满2年，合伙企业B于2019年9月对丁企业投资满2年，均可以享受投资额抵扣优惠。

天成公司投资合伙企业A，可抵扣的投资额=（1 000+2 000）×60%×70%=1 260（万元）；

天成公司投资合伙企业B，可抵扣的投资额=2 000×10%×70%=140（万元）；

张某投资合伙企业A，可抵扣的投资额=（1 000+2 000）×10%×70%=210（万元）；

张某投资合伙企业B，可抵扣的投资额=2 000×90%×70%=1 260（万元）。

（2）合伙企业A、B，2019年度应纳税所得额：

合伙企业A 2019年度应纳税所得额=（1 500−1 000）+（2 000−2 000）+（200−300）=400（万元）。

合伙企业B 2019年度应纳税所得额=10 000−2 000=8 000（万元）。

（3）抵扣后的实际应纳税所得额：

① 天成公司。

天成公司通过合伙企业A实现的应纳税所得额=400×60%=240（万元）。

天成公司通过合伙企业B实现的应纳税所得额=8 000×10%=800（万元）。

2019年度天成公司从合伙企业A、B取得的实际应纳税所得额=应纳税所得额−可抵扣的投资额=（240+800）−1 040=0（万元），剩余未抵扣金额360万元（1 260+140−1 040）可以用以后年度来自于符合条件的合伙创投企业实现的所得额继续抵扣。

② 张某。

张某通过合伙企业A实现的应纳税所得额=400×10%=40（万元）。

张某通过合伙企业B实现的应纳税所得额=8 000×90%=7 200（万元）。

因个人投资多个合伙企业的，投资额不得跨企业抵扣，因此，张某通过合伙企业A实际的应纳税所得额=40−40=0（万元）（40<210，即实际抵扣40万元），剩余170万元（210−40=170）结转以后年度抵扣。

张某通过合伙企业B实现的应纳税所得额7 200万元，扣除允许抵扣的投资额1 260万元后，实际应纳税所得额为5 940。

当年张某实际应纳税所得额合计=0+5 940=5 940（万元）。

【例3-19】天使投资人李先生2017年7月2日投资西安的初创科技型企业A、B，2018年3月1日投资天津的初创科技型企业C，实缴出资均为1 000万元，占三家公司股权均为10%。2019年9月3日，李先生转让A公司10%股权，获得现金2 000万元。2019年10月7日，B公司破产清算，李先生获得清算分配50万元，并将未抵扣完的投资额结转至未来转让C公司股权时抵扣。2020年3月14日，李先生转让C公司6%股权，取得现金1 800万元，转让后李先生仍持有C公司4%的股权。

上述业务李先生2019年、2020年实际应纳税所得额分析如下：

李先生对A、B、C公司的投资可以抵扣的投资额均为700万元（1 000×70%）。

2019年李先生转让A公司股权，应纳税所得额=2 000−1 000=1 000（万元），可以抵扣700万元，抵扣后实际应纳税所得额=1 000−700=300（万元）。

2019年李先生从B公司取得清算分配50万元，因清算分配小于初始投资额，故不需要缴纳个人所得税，投资损失亦不得冲抵其他项目的投资所得，天使投资个人在试点地区投资多个初创科技型企业的，对其中办理注销清算的初创科技型企业B，天使投资个人对其投资额的70%（700万元）尚未抵扣完的，可自注销清算之日起36个月内抵扣天使投资个人转让其他初创科技型企业股权取得的应纳税所得额。

2020年，李先生转让C公司股权，应纳税所得额=1 800−1 000 ÷ 10% × 6%=1 800−600=1 200（万元），因李先生将对B公司投资允许抵扣的700万元从转让C公司股权实现的所得中抵扣，至此，张先生对B、C公司投资合计允许抵扣的投资额=700+700=1 400（万元），大于应纳税所得额1 200万元，实际应纳税所得额=1 200−1 200=0（万元），尚余未抵扣完的200万元（1 400−1 200）可于规定期限内在转让C公司4%的其股权取得的所得中继续抵扣。

第四章

投资性房地产准则与税法差异分析

投资性房地产，是指为赚取租金或资本增值，或两者兼有而持有的房地产。主要包括已出租的土地使用权、持有并准备增值后转让的土地使用权和已出租的建筑物。投资性房地产应当能够单独计量和出售。自用房地产和作为存货的房地产，不作为投资性房地产处理。《企业所得税法》及其《实施条例》没有将投资性房地产单独列出，而是作为固定资产或无形资产处理。由于投资性房地产核算方法的特殊性，导致所得税处理与会计准则存在较大的差异。本章重点分析投资性房地产在初始计量、后续计量、转换、处置等方面的差异及税务处理方法。

第一节 投资性房地产初始计量与计税基础的差异

一、会计处理

1.外购的投资性房地产

企业购入房地产，自用一段时间之后再改为出租或用于资本增值的，应当先将外购的房地产确认为固定资产或无形资产，自租赁期开始日或用于资本增值之日起，再从固定资产或无形资产转换为投资性房地产。

对于企业外购的房地产，只有在购入房地产的同时开始对外出租（自租赁期开始日起，下同）或用于资本增值，才能称之为外购的投资性房地产。外购投资性房地产的成本，包括购买价款、相关税费和可直接归属于该资产的其他支出。

2.自行建造的投资性房地产

企业自行建造房地产达到预定可使用状态后一段时间才对外出租或用于资本增值的，应当先将自行建造的房地产确认为固定资产、无形资产或存货，自租赁期开始日或用于资本增值之日起，从固定资产、无形资产或存货转换为投资性房地产。

企业自行建造（或开发，下同）的房地产，只有在自行建造或开发活动完成（即达到预定可使用状态）的同时开始对外出租或用于资本增值，才能将自行建造的房地产确认为投资性房地产。自行建造投资性房地产的成本，由建造该项房地产达到预定可使用状态前发生的必要支出构成。

二、差异分析

投资性房地产在《企业所得税法》中是作为"固定资产——房屋"和"无形资产——土地使用权"处理的。外购投资性房地产的初始计量与税法的差异有两点：

外购或自行建造投资性房地产初始计量与计税基础的差异表现在以下两方面：

1.借款费用资本化的金额不同

如果计入投资性房地产成本的借款费用因下列原因导致超过税法规定的标准，则应将超过标准的部分从计税基础中剔除：

（1）《企业会计准则第17号——借款费用》规定，可以资本化的借款金额包括专门借款和一般借款。《企业所得税法实施条例》第三十八条规定："非金融企业向非金融企业借款的利息支出，不超过按照金融企业同期同类贷款利率计算的数额的部分，允许在税前扣除，超过部分的利息支出不得在税前扣除。"

（2）《国家税务总局关于企业投资者投资未到位而发生的利息支出企业所得

税前扣除问题的批复》(国税函［2009］312号)规定，凡企业投资者在规定期限内未缴足其应缴资本额的，该企业对外借款所发生的利息，相当于投资者实缴资本额与在规定期限内应缴资本额的差额应计付的利息，不得在计算企业应纳税所得额时扣除。

(3)《企业所得税法》第四十六条及《企业所得税法实施条例》第一百一十九条规定："企业从其关联方接受的债权性投资与权益性投资的比例超过规定标准而发生的利息支出，不得在计算应纳税所得额时扣除。"

上述不得扣除的借款费用，如果已按借款费用准则进行资本化处理，会导致投资性房地产的计税基础小于会计成本，以后期间，只能按照计税基础计算折旧在税前扣除。

2.投资性房地产计量属性的差异

企业购买投资性房地产通常在正常信用条件期限内付款，但也会发生超过正常信用条件购买固定资产的经济业务事项，如采用分期付款方式购买资产，且在合同中规定的付款期限比较长，超过了正常信用条件，通常在3年以上。在这种情况下，该类购货合同实质上具有融资租赁性质，购入资产的成本不能以各期付款额之和确定，而应以各期付款额的现值之和确定。购入投资性房地产时，按购买价款的现值，借记"投资性房地产"科目；按应支付的金额，贷记"长期应付款"科目；按其差额，借记"未确认融资费用"科目。投资性房地产购买价款的现值，应当按照各期支付的购买价款选择恰当的折现率进行折现后的金额加以确定。折现率是反映当前市场货币时间价值和延期付款债务特定风险的利率。该折旧率实质上是供货企业的必要报酬率。各期实际支付的价款与购买价款的现值之间的差额，符合《企业会计准则第17号——借款费用》中规定的资本化条件的，应当计入投资性房地产成本，其余部分应当在信用期间内确认为财务费用，计入当期损益。

《企业所得税法实施条例》第五十六条规定："资产的计税基础指企业取得该项资产时实际发生的支出作为历史成本计价。"由此可见，投资性房地产的计税基础不按现值计价，不对支付价款折现。由于上述缘故，导致超过正常信用条件期限付款的投资性房地产的会计成本小于计税基础。

第二节　采用成本模式后续计量与转换的差异

投资性房地产的后续计量具有成本和公允价值两种模式，通常应当采用成本模式计量，满足特定条件时可以采用公允价值模式计量。但是，同一企业只能采用一种模式对所有投资性房地产进行后续计量，不得同时采用两种计量模式。本节讲解投资性房地产采用成本模式计量的转换、后续计量与税法的差异。

一、采用成本模式后续计量的差异

（一）会计处理

采用成本模式进行后续计量的投资性房地产，应当遵循以下会计处理：

1.外购投资性房地产或自行建造的投资性房地产达到预定可使用状态时，按照其实际成本，借记“投资性房地产”科目，贷记“银行存款”、“在建工程”等科目。

2.按照固定资产或无形资产的有关规定，按期（月）计提折旧或进行摊销，借记“其他业务成本”等科目，贷记“投资性房地产累计折旧（摊销）”科目。

3.取得的租金收入，借记“银行存款”等科目，贷记“其他业务收入”等科目。

4.投资性房地产存在减值迹象的，应当适用资产减值的有关规定。经减值测试后确定发生减值的，应当计提减值准备，借记“资产减值损失”科目，贷记“投资性房地产减值准备”科目。由于固定资产、无形资产、投资性房地产、长期股权投资等价值较大的非流动资产发生减值，按照资产减值准则计提减值损失后，价值恢复的可能极小或不存在，发生的资产减值应当视为永久性减值，依据《企业会计准则第8号——资产减值》规定，长期资产减值损失一经确认不得转回。

（二）税务处理

1.对外出租的房产，允许按税法规定扣除折旧。

2.依据《企业所得税法》第十条、《企业所得税法实施条例》第五十五条规定，投资性房地产减值准备不得扣除。

纳税调整方法如下：

若，（本期会计折旧或摊销额+本期计提减值准备）-按税法规定本期允许扣除的折旧或摊销额大于0，说明投资性房地产账面价值小于计税基础，形成可抵扣暂时性差异，也可能是本期转回前期的应纳税暂时性差异，应调增所得额=（本期会计折旧或摊销额+本期计提减值准备）-按税法规定本期允许扣除的折旧或摊销额

若，（本期会计折旧或摊销额+本期计提减值准备）-按税法规定本期允许扣除的折旧或摊销额小于0，说明投资性房地产账面价值大于计税基础，形成应纳税暂时性差异，也可能是本期转回前期的可抵扣时间性差异，应调减所得额=（本期会计折旧或摊销额+本期计提减值准备）-按税法规定本期允许扣除的折旧或摊销额

处置投资性房地产时，对投资性房地产会计成本与计税基础净值的差额进行纳税调整。

会计账面价值=初始计量–已计提折旧或摊销额–已计提减值准备

计税基础净值=初始计税基础–已扣除折旧或摊销额

若，会计账面价值>计税基础净值，应调增所得额=会计账面价值–计税基础净值

若，会计账面价值<计税基础净值，应调减所得额=会计账面价值–计税基础净值

至此，应纳税暂时性差异或可抵扣暂时性差异全部转回。

二、采用成本模式房地产转换的差异

房地产的转换，实质上是因房地产用途发生改变而对房地产进行的重新分类。企业有确凿证据表明房地产用途发生改变，且满足下列四个条件之一的，应当将投资性房地产转换为其他资产或者将其他资产转换为投资性房地产：（1）投资性房地产开始自用；（2）作为存货的房地产改为出租；（3）自用建筑物或土地使用权停止自用改为出租；（4）自用土地使用权停止自用改用于资本增值。

（一）投资性房地产转为自用房地产

企业将采用成本模式计量的投资性房地产转为自用房地产时，应当按该项投资性房地产在转换日的账面余额、累计折旧、减值准备等，分别转入“固定资产”、“累计折旧”、“固定资产减值准备”等科目。

【例4–1】20×7年7月末，甲企业将出租在外的厂房收回，8月1日开始用于本企业的商品生产，该厂房相应由投资性房地产转换为自用房地产。该项房地产在转换前采用成本模式计量，截至20×7年7月31日，账面价值为37 650 000元，其中，原价50 000 000元，累计已提折旧12 350 000元。

甲企业20×7年8月1日的账务处理如下：

借：固定资产	50 000 000	
投资性房地产累计折旧（摊销）	12 350 000	
贷：投资性房地产——××厂房		50 000 000
累计折旧		12 350 000

税务处理：投资性房地产转换为自用房地产，因其所有权未转让，因此不征增值税、土地增值税、契税，也不确认资产转让所得。如果投资性房地产计提折旧或摊销额的年限、残值、方法与税法存在差异的，仍按固定资产折旧差异的调整方法处理即可。

（二）作为存货的房地产转换为采用成本模式计量的投资性房地产

企业将作为存货的房地产转换为采用成本模式计量的投资性房地产时，应当按该项存货在转换日的账面价值，借记“投资性房地产”科目；原已计提跌价准备的，借记“存货跌价准备”科目，按其账面余额，贷记“开发产品”等

科目。

【例4-2】甲企业是从事房地产开发业务的企业，20×7年3月10日，甲企业与乙企业签订了租赁协议，将其开发的一栋写字楼整体出租给乙企业使用，租赁期开始日为20×7年4月15日。20×7年4月15日，该写字楼的账面余额为450 000 000元，未计提存货跌价准备，转换后采用成本模式计量。

甲企业20×7年4月15日的账务处理如下：

借：投资性房地产——××写字楼　　450 000 000

　　贷：开发产品　　450 000 000

税务处理：房地产企业将开发产品对外出租，因其所有权未转让，故不征增值税、土地增值税、契税。依据《企业所得税法实施条例》第二十五条、《国家税务总局关于企业处置资产所得税处理问题的通知》（国税函［2008］828号）规定，在转换过程中，因其所有权未转让，不作视同销售处理，不确认资产转让所得。

（三）自用土地使用权或建筑物转换为以成本模式计量的投资性房地产

企业将自用土地使用权或建筑物转换为以成本模式计量的投资性房地产时，应当按该项土地使用权或建筑物在转换日的原价、累计折旧、减值准备等，分别转入“投资性房地产”、“投资性房地产累计折旧（摊销）”、“投资性房地产减值准备”科目。

【例4-3】甲企业拥有一栋办公楼，用于本企业总部办公。20×7年3月10日，甲企业与乙企业签订了经营租赁协议，将这栋办公楼整体出租给乙企业使用，租赁期开始日为20×7年4月15日，为期5年。20×7年4月15日，这栋办公楼的账面余额为450 000 000元，已计提折旧3 000 000元。假设甲企业所在城市没有活跃的房地产交易市场。

甲企业20×7年4月15日的账务处理如下：

借：投资性房地产——××写字楼　　450 000 000

　　累计折旧　　3 000 000

　　贷：固定资产　　450 000 000

　　　　投资性房地产累计折旧（摊销）　　3 000 000

税务处理：自用房地产转换为投资性房地产，不涉及流转税、土地增值税、所得税问题。因会计折旧额（或摊销额）与税法折旧额（或摊销额）的差异，比照固定资产、无形资产处理。

第三节　采用公允价值模式后续计量与转换的差异

企业只有存在确凿证据表明投资性房地产的公允价值能够持续可靠取得，才可以采用公允价值模式对投资性房地产进行后续计量。企业一旦选择采用公允价值计量模式，就应当对其所有投资性房地产均采用公允价值模式进行后续计量。采用公允价值模式进行后续计量的投资性房地产，应当同时满足以下两个条件：（1）投资性房地产所在地有活跃的房地产交易市场。“所在地”一般是指投资性房地产所在的大中型城市的城区。（2）企业能够从活跃的房地产交易市场上取得同类或类似房地产的市场价格及其他相关信息，从而对投资性房地产的公允价值作出科学合理的估计。“同类或类似的房地产”，对建筑物而言，是指所处地理位置和地理环境相同、性质相同、结构类型相同或相近、新旧程度相同或相近、可使用状况相同或相近的建筑物；对土地使用权而言，是指同一城区、同一位置区域、所处地理环境相同或相近、可使用状况相同或相近的土地。不具备上述条件的，不得采用公允价值模式。

一、采用公允价值模式进行后续计量的差异

（一）会计处理

采用公允价值模式进行后续计量的投资性房地产，应当遵循以下会计处理：

1.外购投资性房地产或自行建造的投资性房地产达到预定可使用状态时，按照其实际成本，借记“投资性房地产（成本）”科目，贷记“银行存款”、“在建工程”等科目。

2.不对投资性房地产计提折旧或摊销。企业应当以资产负债表日投资性房地产的公允价值为基础调整其账面价值，公允价值与原账面价值之间的差额计入当期损益。

资产负债表日，投资性房地产的公允价值高于原账面价值的差额，借记“投资性房地产（公允价值变动）”科目，贷记“公允价值变动损益”科目；公允价值低于原账面价值的差额，做相反的会计分录。

3.取得的租金收入，借记“银行存款”等科目，贷记“其他业务收入”等科目。

（二）税务处理

由于投资性房地产在税法中是作为固定资产或无形资产处理的，因此，投资性房地产公允价值的变动，无论增减均不确认所得或损失，可以按税法规定扣除折旧或摊销。投资性房地产处置时，按计税基础净值扣除，计税基础净值为初始计税基础扣除税法折旧或摊销额。对外出租的投资性房地产取得的租金收入按规定计征增值税，如果是坐落在城市、县城、建制镇和工矿区范围内的房屋，还需缴纳房产税。租金收入扣除税法折旧或摊销额后的差额，应当并入当期应纳税所得额计征企业所得税。

纳税调整方法：将“公允价值变动损益”科目的金额，从利润总额中剔除，同时对税法折旧或摊销额作纳税调减处理。

【例4-4】甲房地产开发公司于20×7年8月与乙公司签订租赁协议，约定将甲公司开发的一栋精装修的写字楼于开发完成的同时开始租赁给乙公司使用，租赁期为10年。当年9月30日，该写字楼开发完成并开始起租，写字楼的造价为90 000 000元，租期十年，年租金为9 000 000元，分别于每月月初支付当月租金750 000元。由于该栋写字楼地处商业繁华区，所在城区有活跃的房地产交易市场，而且能够从房地产交易市场上取得同类房地产的市场报价，甲公司决定采用公允价值模式对该项出租的房地产进行后续计量。20×7年12月31日，该写字楼的公允价值为92 000 000元。20×8年12月31日，该写字楼的公允价值为91 600 000元。甲公司为增值税一般纳税人，该写字楼于营改增之后建造。

甲公司的账务处理如下：

（1）20×7年9月30日，甲公司开发完成写字楼并出租

借：投资性房地产——××写字楼（成本）　　90 000 000

　　贷：开发产品　　90 000 000

税务处理：甲公司将开发产品用于对外出租，不确认资产转让所得。投资性房地产计税基础与会计成本一致，为90 000 000元。

（2）20×7年10月1日，收到当月租金750 000元

借：银行存款　　750 000

　　贷：其他业务收入　　681 818.18

　　　　应交税费——应交增值税——销项税额

　　　　　　68 181.82（750 000 ÷ 1.1 × 10%）

应纳房产税=681 818.18 × 12%=81 818.18元

借：税金及附加　　81 818.18

　　贷：应交税费——应交房产税　　81 818.18

以后各月分录相同。

（3）20×7年12月31日，以公允价值为基础调整其账面价值，公允价值与原账面价值之间的差额计入当期损益

借：投资性房地产——××写字楼（公允价值变动）　　2 000 000

　　贷：公允价值变动损益　　2 000 000

税务处理：当年允许扣除折旧额=90 000 000 ×（1−10%）÷ 20年 ÷ 12月 × 3月=1 012 500（元）

应调减所得=2 000 000+1 012 500=3 012 500（元）。

（4）20×8年12月31日，公允价值又发生变动

借：公允价值变动损益　　400 000

　　贷：投资性房地产——××写字楼（公允价值变动）　　400 000

税务处理：调增应纳税所得额400 000元。同时应调减当年允许扣除的折旧额=90 000 000 ×（1−10%）÷ 20年=4 050 000（元）

应调减所得=4 050 000−400 000=3 650 000（元）

二、后续计量模式变更的差异

（一）会计处理

企业对投资性房地产的计量模式一经确定，不得随意变更。成本模式转为公允价值模式的，应当作为会计政策变更处理，将计量模式变更时公允价值与账面价值的差额，调整期初留存收益（未分配利润）。企业变更投资性房地产计量模式时，应当按照计量模式变更日投资性房地产的公允价值，借记“投资性房地产（成本）”科目，按照已计提的折旧或摊销，借记“投资性房地产累计折旧（摊销）”科目，原已计提减值准备的，借记“投资性房地产减值准备”科目，按照原账面余额，贷记“投资性房地产——成本”科目，按照公允价值与其账面价值之间的差额，贷记或借记“利润分配——未分配利润”、“盈余公积”等科目。

已采用公允价值模式计量的投资性房地产，不得从公允价值模式转为成本模式。

（二）税务处理

成本模式转为公允价值模式，其公允价值与账面价值的差额不确认所得，由于账务处理是调整期初留存收益，不影响当期损益，因此无需作纳税调整。投资性房地产计税基础净值为初始计税基础（通常等于初始会计成本）扣除税法折旧或摊销额。转换为公允价值模式后，按照公允价值模式后续计量的会计与税务处理办法进行纳税调整。

【例4-5】甲企业将其一栋写字楼租赁给乙公司使用，并一直采用成本模式进行后续计量。20×9年1月1日，甲企业认为，出租给乙公司使用的写字楼，其所在地的房地产交易市场比较成熟，具备了采用公允价值模式计量的条件，决定对该项投资性房地产从成本模式转换为公允价值模式计量。该写字楼的原造价为90 000 000元，已计提折旧2 700 000元，账面价值为87 300 000元。20×9年1月1日，该写字楼的公允价值为95 000 000元。假设甲企业按净利润的10%计提盈余公积。

甲企业的账务处理如下：

借：投资性房地产——××写字楼（成本）	95 000 000	
投资性房地产累计折旧（摊销）	2 700 000	
贷：投资性房地产——××写字楼		90 000 000
利润分配——未分配利润		6 930 000
盈余公积		770 000

税务处理：转换业务不确认所得或损失。如果写字楼以前年度的会计折旧与税法折旧相同，则计税基础仍为87 300 000元，而会计成本为95 000 000元。20×9年及以后年度，应对当年度确认的“公允价值变动损益”科目的金额作

纳税调整，同时调减按税法规定计算的折旧额。

三、公允价值模式下转换的差异

(一)采用公允价值模式计量的投资性房地产转为自用房地产

1.会计处理

企业将采用公允价值模式计量的投资性房地产转为自用房地产时，应当以其转换当日的公允价值作为自用房地产的账面价值，公允价值与原账面价值的差额计入当期损益。转换日，按该项投资性房地产的公允价值，借记“固定资产”或“无形资产”科目；按该项投资性房地产的成本，贷记“投资性房地产(成本)”科目，按该项投资性房地产的累计公允价值变动，贷记或借记“投资性房地产(公允价值变动)”科目，按其差额，贷记或借记“公允价值变动损益”科目。

2.税务处理

投资性房地产转为自用房地产，不确认所得或损失，应将“公允价值变动损益”科目的金额从利润总额中剔除。对年初至转换当月应扣除的折旧作纳税调减处理。从转换的次月起，会计上应当计提固定资产折旧或无形资产摊销，税法折旧额(或摊销额)与会计折旧额(或摊销额)如果不一致，对其差额作纳税调整处理。处置固定资产(或无形资产)计算资产转让所得时，按计税基础净值扣除。转让收益与处置所得之间的差异，必须作纳税调整。其中，

计税基础净值=初始计税基础-已扣除的折旧或摊销额

至此，投资性房地产后续计量、转换形成的暂时性差异将全部转回。

【例4-6】20×8年10月15日，甲企业因租赁期满，将出租的写字楼收回，准备作为办公楼用于本企业的行政管理。20×8年12月1日，该写字楼正式开始自用，相应由投资性房地产转换为自用房地产，当日的公允价值为48 000 000元。该项房地产在转换前采用公允价值模式计量，原账面价值为47 500 000元，其中，成本为45 000 000元，公允价值变动为增值2 500 000元。

甲企业的账务处理如下：

借：固定资产	48 000 000	
贷：投资性房地产——写字楼(成本)		45 000 000
——写字楼(公允价值变动)		2 500 000
公允价值变动损益		500 000

税务处理：调减应纳税所得额500 000元。

(二)作为存货的房地产转换为采用公允价值模式计量的投资性房地产

1.会计处理

企业将作为存货的房地产转换为采用公允价值模式计量的投资性房地产时，

应当按该项房地产在转换日的公允价值，借记“投资性房地产（成本）”科目；原已计提跌价准备的，借记“存货跌价准备”科目，按其账面余额，贷记“开发产品”等科目。同时，转换日的公允价值小于账面价值的，按其差额，借记“公允价值变动损益”科目；转换日的公允价值大于账面价值的，按其差额，贷记“其他综合收益”科目。待该项投资性房地产处置时，因转换计入其他综合收益的部分应转入当期的其他业务收入，借记“其他综合收益”科目，贷记“其他业务收入”科目。

2.税务处理

开发产品转换为投资性房地产，因其所有权未转让，因此不征增值税、土地增值税、契税、企业所得税；转让投资性房地产需缴纳增值税、土地增值税、企业所得税。

【例4-7】甲房地产开发企业于2018年3月10日与乙企业签订了租赁协议，将其开发的一栋写字楼整体出租给乙企业使用，租赁期开始日为2018年4月15日。2018年4月15日，该写字楼的账面余额为4.5亿元，未计提存货跌价准备，假设转换后采用公允价值模式计量，4月15日该写字楼的公允价值为4.7亿元。2018年12月31日，该项投资性房地产的公允价值为4.8亿元。2019年4月租赁期届满，甲企业收回该项投资性房地产，并于2019年6月以5.5亿元出售，出售款项已收讫。甲公司销售不动产适用一般计税方法，增值税税率10%。

甲企业的账务处理如下：

（1）2018年4月15日：

借：投资性房地产——××写字楼（成本）　　470 000 000

　　贷：开发产品　　450 000 000

　　　　其他综合收益　　20 000 000

税务处理：其他综合收益属于权益类科目，不影响当期利润，故不涉及纳税调整。投资性房地产计税基础按照历史成本4.5亿元确定。

（2）2018年12月31日：

借：投资性房地产——××写字楼（公允价值变动）　　10 000 000

　　贷：公允价值变动损益　　10 000 000

税务处理：调减所得1 000万元，同时调减折旧额=4.7×（1-5%）÷20年÷12个月×8个月=1 488.33（万元）。

（3）2019年6月，出售时：

借：银行存款　　550 000 000

　　贷：其他业务收入　　500 000 000

　　　　应交税费——应交增值税——销项税额　　50 000 000

借：其他业务成本　　480 000 000

　　贷：投资性房地产——××写字楼（成本）　　470 000 000

　　　　　　　　　　——××写字楼（公允价值变动）　　10 000 000

出售投资性房地产应纳土地增值税计算及分录略。

同时，将投资性房地产累计公允价值变动转入其他业务收入

借：公允价值变动损益　　　　10 000 000

　　贷：其他业务收入　　　　10 000 000

同时，将转换时原计入其他综合收益的部分转入其他业务收入

借：其他综合收益　　　　20 000 000

　　贷：其他业务收入　　　　20 000 000

税务处理：2019年应调减折旧=4.7×（1−5%）÷20年÷12个月×6个月

=1 116.25（万元）

资产转让，允许扣除的计税基础=45 000−1 488.33−1 116.25=42 395.42（万元）

资产转让所得=转让收入−计税基础=50 000−42 395.42=7 604.58（万元），会计损益=（50 000−48 000）−1 000+1 000+2 000=4 000（万元），应调增应纳税所得额：7 604.58−4 000=3 604.58（万元）。

为直观地反映上述暂时性差异的纳税调整及转回过程，列出表4.1如下：

表 4.1　　2018—2019 年度纳税调整及转回一览表　　单位：万元

年度	调增所得	调减所得	合计
2018		（1）1 000	调减 2 488.33
		（2）1 488.33	
2019	3 604.58	1 116.25	调增 2 488.33
合计	3 604.58	3 604.58	0

（三）自用土地使用权或建筑物转换为采用公允价值模式计量的投资性房地产

企业将自用土地使用权或建筑物转换为采用公允价值模式计量的投资性房地产时，应当按该项土地使用权或建筑物在转换日的公允价值，借记“投资性房地产（成本）”科目，按其账面余额，贷记“固定资产”或“无形资产”科目；按已计提的累计摊销或累计折旧，借记“累计摊销”或“累计折旧”科目，原已计提减值准备的，借记“无形资产减值准备”、“固定资产减值准备”科目，同时，转换日的公允价值小于账面价值的，按其差额借记“公允价值变动损益”科目；转换日的公允价值大于账面价值的，按其差额，贷记“其他综合收益”科目。待该项投资性房地产处置时，因转换计入其他综合收益的部分转入当期的其他业务收入，借记“其他综合收益”科目，贷记“其他业务收入”科目。

自用土地使用权或建筑物转换为采用公允价值模式计量的投资性房地产的税务处理，与开发产品转换为投资性房地产处理基本一致，不再赘述。

第四节　投资性房地产处置的差异

当投资性房地产被处置，或者永久退出使用且预计不能从其处置中取得经济利益时，应当终止确认该项投资性房地产。企业出售、转让、报废投资性房地产或者发生投资性房地产毁损，应当将处置收入扣除其账面价值和相关税费后的金额计入当期损益。

一、成本模式计量的会计处理

处置采用成本模式计量的投资性房地产时，应当按实际收到的金额，借记“银行存款”等科目，贷记“其他业务收入”科目；按该项投资性房地产的累计折旧或累计摊销，借记“投资性房地产累计折旧（摊销）”科目，按该项投资性房地产的账面余额，贷记“投资性房地产”科目，按其差额，借记“其他业务成本”科目。已计提减值准备的，还应同时结转减值准备。

二、公允价值模式计量的会计处理

处置采用公允价值模式计量的投资性房地产时，应按实际收到的金额，借记“银行存款”等科目，贷记“其他业务收入”科目。按该项投资性房地产的账面余额，借记“其他业务成本”科目，贷记“投资性房地产（成本）”科目、贷记或借记“投资性房地产（公允价值变动）”科目；同时，按该项投资性房地产的公允价值变动，借记或贷记“公允价值变动损益”科目，贷记或借记“其他业务收入”科目。按该项投资性房地产在转换日计入其他综合收益的金额，借记“其他综合收益”科目，贷记“其他业务收入”科目。

三、税务处理

关于投资性房地产处置时会计及税务处理，在前面的例题中已作详细讲解，需要补充的是，企业将投资性房地产如果用于抵偿债务或者换取其他资产，也应当视同转让，缴纳增值税和土地增值税。依据《财政部、国家税务总局关于继续实施企业改制重组有关土地增值税政策的通知》（财税［2018］57号）规定，房地产企业将房屋、土地使用权对外股权投资或其他单位、个人将房屋、土地使用权投资于房地产企业需视同转让缴纳土地增值税，其他投资情形，免征土地增值税。

《企业所得税法实施条例》第二十五条规定，以非现金资产（包括投资性房地产）对外投资，应视同销售计算资产转让所得，投资方取得的投资资产计税基础，以及被投资方取得资产的计税基础均以公允价值为基础确定。

《财政部、国家税务总局关于非货币性资产投资企业所得税政策问题的通知》（财税［2014］116号）、《国家税务总局关于非货币性资产投资企业所得税有关征管问题的公告》（国家税务总局公告2015年第33号）规定，实行查账征收的居民企业以非货币性资产对外投资确认的非货币性资产转让所得，可自确认非货币性资产转让收入年度起不超过连续5个纳税年度的期间内，分期均匀计入相应年度的应纳税所得额，按规定计算缴纳企业所得税。企业以非货币性资产对外投资而取得被投资企业的股权，应以非货币性资产的原计税成本为计税基础，加上每年确认的非货币性资产转让所得，逐年进行调整。被投资企业取得非货币性资产的计税基础，应按非货币性资产的公允价值确定。

符合财税［2014］116号文件规定的企业非货币性资产投资行为，同时又符合《财政部、国家税务总局关于企业重组业务企业所得税处理若干问题的通知》（财税［2009］59号）、《财政部、国家税务总局关于促进企业重组有关企业所得税处理问题的通知》（财税［2014］109号）等文件规定的特殊性税务处理条件的，可由企业选择其中一项政策执行，且一经选择，不得改变。

【例4-8】甲公司自建房产一幢原价3 000万元，于2017年12月6日达到预定可使用状态，并于当天对外签订出租合同，租赁2018年至2020年。甲公司采用公允价值模式核算投资性房地产。该房产计算企业所得税时，残值率按10%，采用直线法计算折旧扣除，折旧年限20年。企业所得税税率为25%，该房屋为营改增前自建，出租收入选择按简易计税方法计算增值税，征收率为5%。有关资料及财税处理如下：

（1）2017年12月6日：

借：投资性房地产——成本　　30 000 000

　贷：在建工程　　30 000 000

（2）2018年12月31日该房产公允价为3 600万元：

借：投资性房地产——公允价值变动　　60 000 000

　贷：公允价值变动损益　　60 000 000

税务处理：当年税法折旧=3 000×90%÷20=135（万元），因此，本年度应调减：600+135=735（万元）。投资性房地产账面价值3 600万元，而计税基础净值=3 000-135=2 865（万元），差额=3 600-2 865=735（万元），递延所得税735×25%=183.75（万元）。

借：所得税费用——递延所得税费用　　1 837 500

　贷：递延所得税负债——投资性房地产　　1 837 500

若2018年会计利润为4 000万元，不考虑其他纳税调整因素，应纳所得税额=（4 000-735）×25%=816.25（万元）。

借：所得税费用——当期所得税费用　　8 162 500

　贷：应交税费——应交所得税　　8 162 500

所得税费用合计=183.75+816.25=1 800（万元）

（3）2019年4月，公司将房产收回并对外转让，转让价为6 300万元，应纳增值税为300万元，不考虑城市维护建设税、教育费附加、土地增值税。

借：银行存款　63 000 000

　　贷：其他业务收入　60 000 000

　　　　应交税费——简易计税　3 000 000

借：其他业务成本　36 000 000

　　贷：投资性房地产——成本　30 000 000

　　　　　　　　　　——公允价值变动　6 000 000

借：公允价值变动损益　6 000 000

　　贷：其他业务收入　6 000 000

2019年税法折旧：3 000 × 90% ÷ 20 ÷ 12 × 4=45（万元）

转让时，账面价值为3 600万元，计税基础净值=3 000−135−45=2 820（万元），差额为780万元。

2019年年度所得税申报时，应调增应纳税所得为780万元，同时调减税法折旧45万元，累计调增735万元。原递延所得税负债在本期全部转回。

借：递延所得税负债——投资性房地产　1 837 500

　　贷：所得税费用——递延所得税费用　1 837 500

若2019年度会计利润为5 000万元，则应纳税额=（5 000+735）× 25%=1 433.75（万元）

借：所得税费用——当期所得税费用　14 337 500

　　贷：应交税费——应交所得税　14 337 500

所得税费用合计=1 433.75−183.75=1 250（万元）。

第五章

固定资产准则与税法差异分析

固定资产作为企业重要的生产力要素，是会计准则和税收制度规范的重要内容。固定资产的会计处理与税法之间的差异体现在以下几个方面：（1）固定资产概念；（2）固定资产初始计量；（3）固定资产后续计量；（4）固定资产处置。

第一节 固定资产概念的差异比较

一、会计概念

固定资产是指为生产商品、提供劳务、对外出租或经营管理而持有的，使用寿命超过一个会计年度的有形资产。固定资产同时满足下列条件的，才能予以确认：（1）与该固定资产有关的经济利益很可能流入企业；（2）该固定资产的成本能够可靠地计量。固定资产不包括投资性房地产、生物资产。

二、税法概念

《企业所得税法实施条例》第五十七条："固定资产，是指企业为生产产品、提供劳务、出租或者经营管理而持有的、使用时间超过12个月的非货币性资产，包括房屋、建筑物、机器、机械、运输工具以及其他与生产经营活动有关的设备、器具、工具等。"

三、差异比较

会计准则对固定资产的定义只是作了原则性规定，在会计实务中，每个企业需根据企业经营规模、资产特征，按照会计准则的规定制定本公司的固定资产标准，并据以确认和计量。为了减少与会计准则的差异，《企业所得税法实施条例》采用了与会计准则似乎一致的标准。但会计准则将投资性房地产（对外出租的房屋）从固定资产和无形资产（对外出租的土地使用权）中独立出来，而税法仍将其作为固定资产和无形资产处理。

第二节 固定资产初始计量的差异

固定资产的初始计量，是指固定资产初始成本的确定。固定资产的成本，是指企业购建某项固定资产达到预定可使用状态前所发生的一切合理、必要的支出。这些支出包括直接发生的购买价款、运杂费、包装费和安装成本等，也包括间接发生的，如应承担的借款利息、外币借款折算差额以及应分摊的其他间接费用。对于特定行业的特定固定资产，确定其成本时，还应考虑预计弃置费用因素，如核电站核设施的处置等。

固定资产初始计量与计税基础的差异主要体现在以下几个方面。

一、外购及自行建造固定资产初始计量与计税基础的差异

企业外购固定资产的初始计量与计税基础相同，均以购买价款和支付的相关税费以及直接归属于使该资产达到预定用途发生的可归属于该项资产的运输费、装卸费、安装费和专业人员服务费及其他支出计价。

但自行建造的固定资产的计税基础与会计计量在表述方法上有所不同。《企业所得税法实施条例》第五十八条规定："自行建造的固定资产，以竣工结算前发生的支出为计税基础。"而会计准则规定："所建造的固定资产已达到预定可使用状态，但尚未办理竣工决算的，应当自达到预定可使用状态之日起，根据工程预算、造价或者工程实际成本等，按估计的价值转入固定资产，并按本准则关于计提固定资产折旧的规定，计提固定资产的折旧。待办理了竣工决算手续后，再按实际成本调整原来的暂估价值，但不需要调整原已计提的折旧额。"由此可见，对于已达到预定可使用状态而尚未办理竣工决算的固定资产，虽然暂估价值与计税基础不同，但最终还是以竣工决算的成本对固定资产进行计量。在实际操作中，视同自行建造的固定资产的初始计量与计税基础相同。

但须注意，会计上办理了竣工决算手续后调整原来的暂估价值时，不需要调整原已计提的折旧额，但由于企业所得税存在定期减免税、弥补亏损等政策性因素，必须准确计算每一纳税年度的应纳税所得额。《企业所得税法实施条例》第九条规定，除本条例和国务院财政、税务主管部门另有规定者外，企业应纳税所得额的计算以权责发生制为原则。《国家税务总局关于企业所得税应纳税所得额若干税务处理问题的公告》（国家税务总局公告2012年第15号）规定，对企业发现以前年度实际发生的、按照税收规定应在企业所得税前扣除而未扣除或者少扣除的支出，企业做出专项申报及说明后，准予追补至该项目发生年度计算扣除，但追补确认期限不得超过5年。企业由于上述原因多缴的企业所得税税款，可以在追补确认年度企业所得税应纳税款中抵扣，不足抵扣的，可以向以后年度递延抵扣或申请退税。亏损企业追补确认以前年度未在企业所得税前扣除的支出，或盈利企业经过追补确认后出现亏损的，应首先调整该项支出所属年度的亏损额，然后再按照弥补亏损的原则计算以后年度多缴的企业所得税款，并按前款规定处理。据此，当企业按照实际竣工决算价值调整原暂估价或发现原计价有错误等原因调整固定资产价值时，以后年度补提的折旧，不允许在补提年度扣除，应相应调整原所属年度的应纳税所得额。

外购或自行建造固定资产初始计量与计税基础的差异还表现在以下几个方面：

1.借款费用资本化的金额不同

（1）《企业会计准则第17号——借款费用》规定，可以资本化的借款金额包括专门借款和一般借款。《企业所得税法实施条例》第三十八条规定："非金融企业向非金融企业借款的利息支出，不超过按照金融企业同期同类贷款利率

计算的数额的部分，允许在税前扣除，超过部分的利息支出不得在税前扣除。”

（2）《国家税务总局关于企业投资者投资未到位而发生的利息支出企业所得税前扣除问题的批复》（国税函［2009］312号）规定，凡企业投资者在规定期限内未缴足其应缴资本额的，该企业对外借款所发生的利息，相当于投资者实缴资本额与在规定期限内应缴资本额的差额应计付的利息，不得在计算企业应纳税所得额时扣除。

（3）《企业所得税法》第四十六条及《企业所得税法实施条例》第一百一十九条规定：“企业从其关联方接受的债权性投资与权益性投资的比例超过规定标准而发生的利息支出，不得在计算应纳税所得额时扣除。”

上述不得扣除的借款费用，如果已按借款费用准则进行资本化处理，会导致固定资产的计税基础小于会计成本，以后期间，按计税基础计算的固定资产折旧与会计折旧之间的差异，需作纳税调增处理。

2.外购固定资产或工程物资的手续费及佣金资本化金额不同

企业外购固定资产或工程物资发生的手续费及佣金应全额计入固定资产成本，但依据《财政部、国家税务总局关于企业手续费及佣金支出税前扣除政策的通知》（财税［2009］29号）规定，允许税前扣除的佣金及手续费不得超过合同金额的5%，除委托个人代理外，企业以现金等非转账方式支付的手续费及佣金不得在税前扣除。

3.固定资产计量属性的差异

企业购买固定资产通常在正常信用条件期限内付款，但也会发生超过正常信用条件购买固定资产的经济业务事项，如采用分期付款方式购买资产，且在合同中规定的付款期限比较长，超过了正常信用条件，通常在3年以上。在这种情况下，该类购货合同实质上具有融资租赁性质，购入资产的成本不能以各期付款额之和确定，而应以各期付款额的现值之和确定。购入固定资产时，按购买价款的现值，借记“固定资产”或“在建工程”科目；按应支付的金额，贷记“长期应付款”科目；按其差额，借记“未确认融资费用”科目。固定资产购买价款的现值，应当按照各期支付的购买价款选择恰当的折现率进行折现后的金额加以确定。折现率是反映当前市场货币时间价值和延期付款债务特定风险的利率。该折现率实质上是供货企业的必要报酬率。各期实际支付的价款与购买价款的现值之间的差额，符合《企业会计准则第17号——借款费用》中规定的资本化条件的，应当计入固定资产成本，其余部分应当在信用期间内确认为财务费用，计入当期损益。

《企业所得税法实施条例》第五十六条规定：“资产的计税基础指企业取得该项资产时，以实际发生的支出作为历史成本计价。”由此可见，固定资产的计税基础不按现值计价，不对支付价款折现。由于上述缘故，会导致超过正常信用条件期限付款的固定资产的会计成本小于计税基础。

【例5-1】2017年1月1日，甲公司与乙公司签订一项购货合同，从乙公司购入一台需要安装的大型机器设备，收到的增值税专用发票上注明的设备价款为9 000 000元，增值税税额为1 530 000元。合同约定，甲公司于2017—2021年5年内，每年的12月31日支付2 106 000元。2017年1月1日，甲公司收到该设备并投入安装，发生保险费、装卸费等7 000元；2017年12月31日，该设备安装完毕达到预定可使用状态，共发生安装费50 000元，款项均以银行存款支付。假定甲公司综合各方面因素后决定采用10%作为折现率，不考虑其他因素。甲公司的账务处理如下：

（1）2017年1月1日，确定购入固定资产成本的金额，包括购买价款、增值税税款、保险费、装卸费等：

购入固定资产成本=2 106 000 × 3.7908+7 000=7 990 424.8（元）

借：在建工程　　7 990 424.8

　　未确认融资费用　　2 546 575.2

　　贷：长期应付款　　10 530 000

　　　　银行存款　　7 000

税务处理：在建工程计税基础为10 537 000元。

（2）2017年度发生安装费用50 000元：

借：在建工程　　50 000

　　贷：银行存款　　50 000

税务处理：在建工程计税基础追加50 000元，累计计税基础为10 587 000元。

（3）确定未确认融资费用在信用期间的分摊额如表5.1所示：

表5.1　未确认融资费用在信用期间的分摊额一览表　单位：元

日期	分期付款额	确认的融资费用	应付本金减少额	应付本金余额
	（1）	（2）=期初（4）×10%	（3）=（1）-（2）	期末（4）=期初（4）-（3）
2017.1.1				7 983 424.80
2017.12.31	2 106 000	798 342.48	1 307 657.52	6 675 767.28
2018.12.31	2 106 000	667 576.73	1 438 423.27	5 237 344.01
2019.12.31	2 106 000	523 734.40	1 582 265.60	3 655 078.41
2020.12.31	2 106 000	365 507.84	1 740 492.16	1 914 586.25
2021.12.31	2 106 000	191 413.75*	1 914 586.25	0
合计	10 530 000	2 546 575.20	7 983 424.80	

* 尾数调整

（4）2017年12月31日，分摊未确认融资费用、结转工程成本、支付款项：

借：在建工程　　798 342.48

　　贷：未确认融资费用　　798 342.48

借：固定资产　　8 838 767.28

　　贷：在建工程　　8 838 767.28

借：长期应付款　　2 106 000

　　贷：银行存款　　2 106 000

税务处理：固定资产计税基础仍为10 587 000元，而固定资产会计成本为8 838 767.28元，差异金额=10 587 000−8 838 767.28=1 748 232.72（元）。由于计税基础大于会计成本导致以后期间税收折旧大于会计折旧的金额，应当分别调减各年度应纳税所得额。

（5）2018年12月31日，分摊未确认融资费用、支付款项：

借：财务费用　　667 576.73

　　贷：未确认融资费用　　667 576.73

借：长期应付款　　2 106 000

　　贷：银行存款　　2 106 000

2019—2021年分摊未确认融资费用、支付款项的账务处理比照2018年的相关账务处理。

税务处理：由于固定资产计税基础大于会计成本的金额已通过固定资产折旧方式获得扣除，因此，“未确认融资费用”转入“财务费用”科目的金额不得重复扣除，2018—2021年累计应调增应纳税所得额=667 576.73+523 734.40+365 507.84+191 413.75=1 748 232.72（元）。

二、融资租入固定资产初始计量与计税基础的差异

融资租赁，是指实质上转移了与资产所有权有关的全部风险和报酬的租赁。其所有权最终可能转移，也可能不转移。企业与出租人签订的租赁合同应否认定为融资租赁合同，不在于租赁合同的形式，而应视出租人是否将租赁资产的风险和报酬转移给了承租人而定。如果实质上转移了与资产所有权有关的全部风险和报酬，则该项租赁应认定为融资租赁；如果实质上并没有转移与资产所有权有关的全部风险和报酬，则该项租赁应认定为经营租赁。

（一）会计处理

企业采用融资租赁方式租入的固定资产，虽然在法律形式上资产的所有权在租赁期间仍然属于出租人，但由于资产的租赁期基本上包括了资产的有效使用年限，承租企业实质上获得了租赁资产所能提供的主要经济利益，同时承担了与资产所有权有关的风险。因此，承租企业应将融资租入资产作为一项固定资产入账，同时确认相应的负债，并采用与自有应折旧资产相一致的折旧政策计提折旧。

为与企业自有固定资产相区别，企业应对融资租入固定资产单设“融资租入固定资产”明细科目进行核算。企业应在租赁期开始日，将租赁开始日租赁资产的公允价值与最低租赁付款额现值两者中较低者，加上在租赁谈判和签订租赁合同过程中发生的、可直接归属于租赁项目的手续费、律师费、差旅费、

印花税等初始直接费用，作为租入资产的入账价值，借记“固定资产——融资租入固定资产”科目；按最低租赁付款额，贷记“长期应付款”科目；按发生的初始直接费用，贷记“银行存款”、“库存现金”等科目；按其差额，借记“未确认融资费用”科目。每期支付租金费用时，借记“长期应付款”科目，贷记“银行存款”科目。如果支付的租金中包含履约成本，按履约成本金额，借记“制造费用”、“管理费用”等科目，贷记“银行存款”科目。每期采用实际利率法分摊未确认融资费用时，按当期应分摊的未确认融资费用金额，借记“财务费用”科目，贷记“未确认融资费用”科目。租赁期届满，如合同规定将租赁资产所有权转归承租企业的，企业应进行转账，将固定资产从“融资租入固定资产”明细科目转入有关明细科目。

（二）税务处理

1. 融资租赁与经营租赁区分标准与会计处理一致

早在两税合并前，国家税务总局就明确，融资租赁与经营租赁的划分标准与会计处理一致。国税发［2003］45号规定：“企业在对租赁资产进行税务处理时，须正确区分融资租赁与经营租赁。区分融资租赁与经营租赁标准按企业执行的《企业会计制度》或《企业会计准则第21号——租赁》执行。”实施条例没有也无需进一步明确。

2. 融资租入固定资产的初始计量与计税基础不同

会计准则规定，在租赁期开始日，承租人应当将租赁资产公允价值与最低租赁付款额的现值两者中较低者作为租入资产的入账价值，将最低租赁付款额作为长期应付款的入账价值，其差额作为未确认融资费用。承租人在租赁谈判和签订租赁合同过程中发生的，可归属于租赁项目的手续费、律师费、差旅费、印花税等初始直接费用，应当计入租入资产价值。在具体核算时，应该注意：所谓最低租赁付款额，是指在租赁期内，承租人应支付或者可能被要求支付的款项（不包括或有租金和履约成本），加上由承租人或者与其有关的第三方担保的资产余值。承租人有购买租赁资产的选择权，所订立的购买价款预计将远低于行使选择权时租赁资产的公允价值，因而在租赁开始日就可以合理确定承租人将会行使这种选择权的，购买价款应当计入最低租赁付款额。承租人在计算最低租赁付款额的现值时，能够取得出租人租赁内含利率的，应当采用租赁内含利率作为折现率；否则，应当采用租赁合同规定的利率作为折现率。承租人无法取得出租人的租赁内含利率且租赁合同没有规定利率的，应当采用同期银行贷款利率作为折现率。未确认融资费用应当在租赁期内按实际利率法在各个期间进行分摊，计入财务费用。

《企业所得税法实施条例》第五十八规定：“融资租入的固定资产，以租赁合同约定的付款总额和承租人在签订租赁合同过程中发生的相关费用为计税基础，租赁合同未约定付款总额的，以该资产的公允价值和承租人在签订租赁合同过程中发生的相关费用为计税基础。”条款并未规定最低租赁付款额的现值，这与会计准则的规定不同，由此导致固定资产的计税基础大于会计成本，以后期间，会计折旧与财务费用（如果计提减值准备的，还应加上减值准备）之和，与税法折旧的差额，作纳税调整处理。该项差异对应纳税所得额的影响很小。

【例5-2】2016年12月1日，甲公司与乙租赁公司签订了一份矿泉水生产线融资租赁合同。租赁合同规定：租赁期开始日为2017年1月1日；租赁期为3年，每年年末支付租金为2 000 000元；租赁期届满，矿泉水生产线的估计残余价值为400 000元，其中甲公司担保余值为300 000元，未担保余值为100 000元。

该矿泉水生产线于2016年12月31日运抵甲公司，当日投入使用；甲公司采用年限平均法计提固定折旧，于每年年末一次确认融资费用并计提折旧。假定该矿泉水生产线为全新生产线，租赁开始日的公允价值为6 000 000元；租赁内含利率为6%。2019年12月31日，甲公司将该矿泉水生产线归还给乙租赁公司。

甲公司的账务处理如下：

（1）2016年12月31日，租入固定资产最低租赁付款额现值=2 000 000 × 2.6730+300 000 × 0.8396=5 597 880（元）

融资租入固定资产入账价值=5 597 880（元）

未确认融资费用=6 300 000-5 597 880=702 120（元）

借：固定资产——融资租入固定资产　　5 597 880

　　未确认融资费用　　702 120

　　贷：长期应付款　　6 300 000

税务处理：融资租入固定资产的计税基础为6 000 000元。

（2）2017年12月31日，支付租金、分摊融资费用并计提折旧。未确认融资费用的分摊结果如表5.2所示：

表5.2　　未确认融资费用分摊一览表　　单位：元

日期	租金	确认的融资费用	应付本金减少额	应付本金余额
	（1）	（2）=期初（4）×6%	（3）=（1）-（2）	（4）=期初（4）-（3）
2017年初				5 597 880
2017年末	2 000 000	335 872.8	1 664 127.2	3 933 752.8
2018年末	2 000 000	236 025.17	1 763 974.83	2 169 777.97
2019年末	2 000 000	130 222.03*	1 869 777.97	300 000
合计	6 000 000	702 120	5 297 880	

* 尾数调整。

应计提折旧=（5 597 880-300 000）÷ 3=1 765 960（元）

借：长期应付款　　2 000 000

　　贷：银行存款　　2 000 000

借：财务费用　　335 872.8

　　贷：未确认融资费用　　335 872.8

借：制造费用　　1 765 960

　　贷：累计折旧　　1 765 960

2018年及2019年支付租金、分摊融资费用并计提折旧的账务处理，比照2017年相关账务处理。

（3）2019年12月31日，归还矿泉水生产线：

借：长期应付款　　300 000

　　累计折旧　　5 297 880

　　贷：固定资产——融资租入固定资产　　5 597 880

税务处理：由于该项固定资产的实际使用期为三年，而且租赁期满设备的所有权归出租方，因此应不留残值，折旧期为三年，若采用直线法折旧，则每年允许扣除折旧额=6 000 000 ÷ 3=2 000 000（元）。

2017—2019年纳税调整数列示如表5.3所示：

表 5.3　　2017—2019 年纳税调整一览表　　单位：万元

项目 年度	会计折旧 （1）	财务费用 （2）	税法折旧 （3）	纳税调整（4） （4）=（1）+（2）-（3）
2017	1 765 960	335 872.8	2 000 000	+101 832.8
2018	1 765 960	236 025.17	2 000 000	+1 985.17
2019	1 765 960	130 222.03	2 000 000	-103 817.97
合计	5 297 880	702 120	6 000 000	0

三、存在弃置业务的固定资产初始计量与计税基础的差异

（一）会计处理

对于特殊行业的特定固定资产，确定其初始入账成本时还应考虑弃置费用。弃置费用通常是指根据国家法律和行政法规、国际公约等规定，企业承担的环境保护和生态恢复等义务所确定的支出，如核电站核设施等的弃置和恢复环境等义务。对于这些特殊行业的特定固定资产，企业应当根据《企业会计准则第13号——或有事项》的规定，按照弃置费用的现值计入相关固定资产的成本，同时确认相应的预计负债。石油天然气开采企业应当按照油气资产的弃置费用现值计入相关油气资产的成本。在固定资产或油气资产的使用寿命内，按照预计负债的摊余成本和实际利率计算确定的利息费用，应当在发生时计入财务费用。

一般工商企业的固定资产发生的报废清理费用，不属于弃置费用，应当在发生时作为固定资产处置费用处理。

（二）税务处理

因或有事项而确认的预计负债，是纳税人根据有关情况预计的，实际尚未

发生，金额也是合理估计的。根据税法规定，外购固定资产的计税基础，是指固定资产达到预定可使用状态前实际发生的各项支出之和。因此，固定资产的计税基础不含弃置费用。因弃置费折现形成的财务费用与会计折旧之和，与税法折旧之间的差异，应当调增所得。固定资产报废时发生的弃置费用允许在报废的当期据实扣除，申报所得税时，将前期累计计提的弃置费作一次性纳税调减处理。前期累计调增的金额与处置年度一次性调减的金额应当相等。

【例5-3】经国家审批，某企业计划建造一个核电站，其主体设备核反应堆将会对当地的生态环境生产一定的影响。根据法律规定，企业应在该项目设备使用期满后将其拆除，并对造成的污染进行整治。2017年12月31日，该项设备建造完成并交付使用，建造成本共80 000 000元。预计使用寿命10年，预计弃置费用为1 000 000元。假定折现率（即为实际利率）为10%。假定会计及税法折旧均采用直线法，会计净残值与税法净残值均为零。

（1）计算已完工的固定资产的成本。

2017年12月，弃置费用的现值=1 000 000×（P/F，10%，10）=1 000 000×0.3855=385 500（元）

固定资产入账价值=80 000 000+385 500=80 385 500（元）

借：固定资产　　80 385 500

　　贷：在建工程　　80 000 000

　　　　预计负债　　385 500

税务处理：固定资产的账面原价为80 385 500元，而计税基础为80 000 000元，两者的差异将通过固定资产折旧进行纳税调整，十年期间累计调增应纳税所得额为385 500元。

（2）计算第1年应负担的利息。

借：财务费用　　38 550

　　贷：预计负债　　38 550

税务处理：调增应纳税所得38 550元。

（3）计算第2年应负担的利息（按实际利率法计算）=（385 500+38 550）×10%=42 405（元）

借：财务费用　　42 405

　　贷：预计负债　　42 405

税务处理：调增应纳税所得42 405元。

以后会计年度的会计处理及纳税调整略。财务费用累计调增应纳税所得614 500元。

（4）若固定资产报废时，实际发生弃置费用1 200 000元：

借：固定资产清理　　200 000

　　预计负债　　1 000 000

　　贷：银行存款　　1 200 000

税务处理：纳税调减1 000 000元。至此，因弃置费用计入固定资产会计成本形成的可抵减暂时性差异对所得税的影响全部转回。

四、以其他方式取得固定资产初始计量与计税基础的差异

企业以非货币性资产交换、债务重组、资产收购、公司合并、公司分立方式取得的固定资产的计税基础区分一般性税务处理与特殊性税务处理分别确定，其与会计准则的差异参见本书其他章节相关内容。

第三节　固定资产后续计量的差异

固定资产后续计量与税法差异的主要包括固定资产折旧的计提、减值损失的确定，以及后续资本化支出的计量。

固定资产会计折旧，是指在固定资产使用寿命内，按照确定的方法对应计折旧额进行系统分摊。固定资产税法折旧，是指固定资产按税法规定的折旧年限、折旧方法确定每一纳税年度允许在所得税前扣除的折旧。影响固定资产折旧的因素有：折旧范围、折旧基数、折旧年限、预计净残值、折旧方法、会计估计变更、税法政策变更等。由于会计目标与税收职能的不同，导致上述因素均存在着较大的差异。这种差异既可能是未来应纳税暂时性差异，也可能是未来可抵扣暂时性差异，最终通过固定资产折旧项目纳税调整加以解决。

一、折旧范围的差异

固定资产准则规定，企业应对所有固定资产（包括融资租入的固定资产）计提折旧，但是，已提足折旧仍继续使用的固定资产和单独计价入账的土地除外。

《企业所得税法》第十一条规定，下列固定资产不得计算折旧扣除：

（1）房屋、建筑物以外未投入使用的固定资产；

（2）以经营租赁方式租入的固定资产；

（3）以融资租赁方式租出的固定资产；

（4）已足额提取折旧仍继续使用的固定资产；

（5）与经营活动无关的固定资产；

（6）单独估价作为固定资产入账的土地；

（7）其他不得计算折旧扣除的固定资产。

依据上述规定，房屋、建筑物以外未投入使用的固定资产、与经营活动无关的固定资产、其他不得计算折旧扣除的固定资产按会计准则规定计提的折旧，不得在税前扣除。需要注意的是，房屋、建筑物以外的未投入使用或者停用的固定资产随着时间的推移，因计提折旧或减值准备，导致账面价值不断减少，但由于该项资产的税法折旧为零，其计税基础仍以初始成本确定，在固定资产

转让或报废时，应按计税基础扣除，即前期会计折旧及减值准备调增的金额，在转让或报废时一次性纳税调减。

与经营活动无关的固定资产，以及用不征税收入购置的固定资产的计税基础为零，持有期间计提的折旧以及处置时，均不得在税前扣除。

二、折旧基数的差异

固定资产折旧基数在会计和税法中分别指固定资产初始计量和计税基础。固定资产折旧基数扣除净残值后的差额为折旧总额。固定资产折旧基数的差异除初始计量与计税基础的差异外，还应关注下列内容：

1.已计提减值准备的固定资产折旧基数的差异

（1）会计处理。应计折旧额，是指应当计提折旧的固定资产的原价扣除其预计净残值后的金额。已计提减值准备的固定资产，还应当扣除已计提的固定资产减值准备累计金额。

（2）税务处理。由于固定资产减值准备不得在税前扣除，因此，固定资产的折旧基数是不变的，采取直接法计算折旧扣除的固定资产，以初始计税基础扣除税法残值后的差额作为折旧基数；采取余额递减法计算折旧扣除的固定资产，其折旧基数为初始计税基础减去已扣除的折旧额。

2.固定资产的后续支出

（1）会计处理。固定资产的后续支出是指固定资产使用过程中发生的更新改造支出、修理费用等。后续支出的处理原则为：与固定资产有关的更新改造等后续支出，符合固定资产确认条件的，应当计入固定资产成本，同时将被替换部分的账面价值扣除；与固定资产有关的修理费用等后续支出，不符合固定资产确认条件的，应当计入当期损益。

固定资产装修费用，如果满足固定资产的确认条件，装修费用应当计入固定资产账面价值，并在“固定资产”科目下单设“固定资产装修”明细科目进行核算，在两次装修间隔期间与固定资产尚可使用年限两者中较短的期间内，采用合理的方法单独计提折旧。如果在下次装修时，与该项固定资产相关的“固定资产装修”明细科目仍有账面价值，应将该账面价值一次全部计入当期资产处置损益。

经营租入固定资产发生的改良支出，应通过“长期待摊费用”科目核算，并在剩余租赁期与租赁资产尚可使用年限两者中较短的期间内，采用合理的方法进行摊销。

会计实务中，应当资本化的后续支出，通常是指固定资产的改建或固定资产大修理，也叫固定资产技术改造，是指企业为了改进产品性能，提高产品质量，增加产品品种，降低能源和原材料消耗而对原有固定资产进行技术改造，使固定资产在原来基础上增添新的功能，增加了价值，延长使用年限。如对原机器设备进行改装，对房屋建筑物进行扩建、改建、易地重建等。应当费用化的后续支出，通常是指固定资产日常修理费用，一般是指为了恢复固定资产原状或维持其原有效能而发生的费用支出。如对固定资产进行周期性的修理；对机器设备、运输工具等进行全部拆卸、更换部分主要部件、配件；对窑、炉进行岁修或定期大修；对房屋、建筑物进行检修和局部翻修等支出。

（2）差异分析。自有尚未提足折旧的房屋、建筑物发生的改建支出，会计处理应当增加固定资产原价，重新估计尚可使用的年限、净残值，计提折旧。《企业所得税法实施条例》第六十八条规定，自有尚未提足折旧的房屋、建筑物发生的改建支出，应当增加固定资产原价，延长使用年限的，应当适当延长折旧年限。已足额提取折旧的固定资产的改建支出，按照固定资产预计尚可使用年限分期摊销。由此可见，会计处理与应纳税所得额的计算结果是一致的，两者没有差异。

根据条例对固定资产改建支出的定义，改建支出是指改变房屋或者建筑物结构、延长使用年限等发生的支出。固定资产装修费用与房屋的日常检修不同，应将其作为固定资产的改建支出处理。会计准则要求，在“固定资产”科目下单设“固定资产装修”明细科目进行核算，在两次装修间隔期间与固定资产尚可使用年限两者中较短的期间内，采用合理的方法单独计提折旧。在两次装修期间小于固定资产尚可使用年限的情况下，会计折旧期与税法折旧或摊销期有一定的差异，但从实质上，如果房屋、建筑物尚可使用，而装修已经报废，该项改建支出也应作为一项财产损失在税前扣除。会计处理对应纳税所得额的影响甚微，基于此，笔者建议，对自用固定资产的装修费用，按会计准则进行会计处理，可以不作纳税调整。

《国家税务总局关于企业所得税若干问题的公告》（国家税务总局公告2011年第34号）规定，企业对房屋、建筑物固定资产在未足额提取折旧前进行改扩建的，如属于推倒重置的，该资产原值减除提取折旧后的净值，应并入重置后的固定资产计税成本，并在该固定资产投入使用后的次月起，按照税法规定的折旧年限，一并计提折旧；如属于提升功能、增加面积的，该固定资产的改扩建支出，并入该固定资产计税基础，并从改扩建完工投入使用后的次月起，重新按税法规定的该固定资产折旧年限计提折旧，如该改扩建后的固定资产尚可使用的年限低于税法规定的最低年限的，可以按尚可使用的年限计提折旧。

经营租入固定资产发生的改良支出，应通过“长期待摊费用”科目核算，并在剩余租赁期与租赁资产尚可使用年限两者中较短的期间内，采用合理的方法进行摊销。实施条例要求，租入固定资产的改建支出，按照租赁合同约定的剩余租赁期限分期摊销。通常情况下，租入房屋、建筑物，承租方是不得改变房屋结构的（至少要经过出租方同意），这类改良支出，一般是指租入房屋的装修费。在剩余租赁期短于固定资产尚可使用年限的情况下，其会计处理与税务处理是一致的。

设备的大修理支出，会计处理应当增加固定资产原价，重新估计使用年限和净残值，计提折旧。实施条例要求，按照固定资产尚可使用的年限分期摊销。显然，会计处理与应纳税所得额的计算结果也是一致的，两者没有差异。为了严格区分应当资本化的固定资产的大修理支出与应当费用化的日常维修支出，《企业所得税法实施条例》第六十九条规定，只有同时符合下列条件的支出才作为固定资产大修理处理。

①修理支出达到取得固定资产时的计税基础50%以上；

②修理后固定资产的使用年限延长2年以上。

通常情况下，设备的最低使用年限在5至10年，如果大修理投入占固定资产原价的50%，尚不能使使用年限延长2年，企业出于成本管理的考虑，会放弃大修，而购置新的设备。因此，在实际操作中，如果能够满足上述第一个条件，基本可以判断同时符合第二个条件。以此作为衡量固定资产大修理的依据，会减少更多的纳税争议。

三、折旧年限及预计净残值的差异

折旧年限是指固定资产使用寿命，即企业使用固定资产的预计期间，或者该固定资产所能生产产品或提供劳务的数量。应计折旧额，是指应当计提折旧的固定资产的原价扣除其预计净残值后的金额。已计提减值准备的固定资产，还应当扣除已计提的固定资产减值准备累计金额。预计净残值，是指假定固定资产预计使用寿命已满并处于使用寿命终了时的预期状态，企业目前从该项资产处置中获得的扣除预计处置费用后的金额。

1.会计处理

固定资产准则规定，企业应当根据固定资产的性质和使用情况，合理确定固定资产的使用寿命和预计净残值。固定资产的使用寿命、预计净残值一经确定，不得随意变更。

根据《企业会计准则第42号——持有待售的非流动资产、处置组和终止经营》，企业对于持有待售的固定资产，应当调整该项固定资产的预计净残值，使该固定资产的预计净残值反映其公允价值减去处置费用后的金额，但不得超过符合持有待售条件时该项固定资产的原账面价值，原账面价值高于调整后的预计净残值的差额，应作为资产减值损失计入当期损益。同时满足下列条件的非流动资产应当划分为持有待售：

（1）企业已经就处置该非流动资产作出决议；

（2）企业已经与受让方签订了不可撤销的转让协议；

（3）该项转让将在一年内完成。

2.税务处理

（1）折旧年限。《企业所得税法实施条例》第六十条规定，除国务院财政、税务主管部门另有规定外，固定资产计算折旧的最低年限如下：

①房屋、建筑物，为20年；

②飞机、火车、轮船、机器、机械和其他生产设备，为10年；

③与生产经营活动有关的器具、工具、家具等，为5年；

④飞机、火车、轮船以外的运输工具，为4年；

⑤电子设备，为3年。

企业购置已使用过的固定资产，其最低折旧年限不得低于实施条例规定的最低折旧年限减去已使用年限后剩余年限。

（2）预计净残值。《企业所得税法实施条例》第五十九条规定："企业应当根据固定资产的性质和使用情况，合理确定固定资产的预计净残值。固定资产的预计净残值一经确定，不得变更。"为减少纳税成本，计算税法折旧的预计净残值应于会计折旧预计净残值保持一致。

四、折旧方法的差异

（一）会计处理

固定资产准则规定，企业应当根据与固定资产有关的经济利益的预期实现方式，合理选择固定资产折旧方法。可选用的折旧方法包括年限平均法、工作量法、双倍余额递减法和年数总和法等。固定资产的折旧方法一经确定，不得随意变更。

（二）税务处理

1.折旧方法

为进一步支持科技创新，促进企业提质增效，财政部、税务总局先后于2009年、2012年、2014年、2015年、2018年多次下发文件出台了多种固定资产税收折旧政策。目前，固定资产税收折旧可能因行业不同、取得方式不同、购买时间不同，单位价值不同，企业性质不同，具体用途不同，而适用不同的税收折旧政策。现将现行有效的固定资产税收折旧方法列表比对如表5.4所示：

表5.4　　固定资产税收折旧方法比对表

折旧方法	适用范围	备注	政策依据
一次性扣除	1.从2014年1月1日起，企业持有的固定资产，单位价值不超过5000元的，可以一次性扣除。企业在2013年12月31日前持有的单位价值不超过5000元的固定资产，其折余价值部分，2014年1月1日以后可以一次性在计算应纳税所得额时扣除。 2.所有企业在2018年1月1日至2020年12月31日以货币形式新购进的单位价值不超过500万元的设备、器具（指除房屋、建筑物以外的固定资产，下同）。 （1）新购进（下同）包括以货币方式购进和自行建造，不包括其他取得方式。新购进的固定资产包括使用过的旧固定资产。 （2）设备购置时间（下同）应以设备发票开具时间为准。采取分期付款或赊销方式取得设备的，以设备到货时间为准。企业自行建造的固定资产，其购置时间点原则上应以建造工程竣工决算的时间点为准。 （3）单位价值的计算方法与固定资产计税基础的计算方法一致。	1.六大行业、四个领域重点行业按照《国民经济行业分类与代码》确定，判定标准：固定资产投入使用当年主营业务收入占企业收入总额（指企业所得税法第六条的收入总额）50%（不含）以上的企业。以后年度指标发生变化的，不影响企业享受优惠政策。	国税发［2009］81号、财税［2012］27号、财税［2014］75号、财税［2015］106号、财税［2018］54号、国家税务总局公告2016年第64号、2015年第68号、2018年第46号。

续表

折旧方法	适用范围	备注	政策依据
按企业所得税法最低折旧年限的60%缩短折旧年限或选择采取双倍余额递减法或年数总和法加速折旧	1. 所有企业由于技术进步产品更新换代较快，或常年处于强震动、高腐蚀状态的主要固定资产。 2. 生物药品制造业，专用设备制造业，铁路、船舶、航空航天和其他运输设备制造业，计算机、通信和其他电子设备制造业，仪器仪表制造业，信息传输、软件和信息技术服务业等六大行业的企业2014年1月1日后新购进的固定资产（包括房屋、建筑物）。其中2018年1月1日-2020年12月31日新购进的单位价值在500万元（含）以内的仪器、设备可选择一次性扣除政策。 3. 轻工、纺织、机械、汽车等四个领域重点行业的企业2015年1月1日后新购进的固定资产（包括房屋、建筑物）。	2. 企业购置已使用过的固定资产，其最低折旧年限不得低于实施条例规定的最低折旧年限减去已使用年限后剩余年限的60%。最低折旧年限一经确定，一般不得变更。 3. 企业同时符合多项折旧扣除政策的，可以自行选择。一经选择，不得改变。	
折旧年限缩短的特殊规定	1. 企业外购的软件，凡符合固定资产或无形资产确认条件的，可以按照固定资产或无形资产进行核算，其折旧或摊销年限可以适当缩短，最短可为2年（含）。 2. 集成电路生产企业的生产设备，其折旧年限可以适当缩短，最短可为3年（含）。		
按企业所得税法最低折旧年限直线法扣除	除符合上述一次性扣除政策或加速扣除政策外的其他固定资产。		

2.研发用仪器、设备折旧方法

根据《财政部、国家税务总局关于完善固定资产加速折旧企业所得税政策的通知》（财税［2014］75号）、《国家税务总局关于固定资产加速折旧税收政策有关问题的公告》（国家税务总局公告2014年第64号）、《国家税务总局关于设备、器具扣除有关企业所得税政策执行问题的公告》（国家税务总局公告2018年第46号）、《国家税务总局关于研发费用税前加计扣除归集范围有关问题的公告》（国家税务总局公告2017年第40号）等文件规定，研发用仪器、设备的折旧及加计扣除方法按下列口径执行：

（1）对所有行业企业2014年1月1日后新购进的专用或兼用于研发的仪器、设备，单位价值不超过100万元的（2018年1月1日-2020年12月31日新购进的单位价值不超过500万元），允许一次性扣除；单位价值超过100万元的（2018年1月1日-2020年12月31日新购进的单位价值超过500万元），可缩短折旧年限或采取加速折旧的方法。

（2）对六大行业中的小型微利企业2014年1月1日后购进的研发和生产经营共用的仪器、设备，以及四大领域的小型微利企业2015年1月1日后新购进的研发和生产经营共用的仪器、设备，单位价值不超过100万元的，允许一次性扣除。单位价值超过100万元的，允许按不低于《企业所得税法》规定折旧年限的60%缩短折旧年限，或选择采取双倍余额递减法或年数总和法进行加速折旧。

对小型微利企业当年购置固定资产享受加速折旧优惠的，即使以后年度不再符合小型微利企业标准，该固定资产的折旧扣除方法不再调整。

（3）用于研发活动的仪器、设备，同时用于非研发活动的，企业应对其仪器设备使用情况做必要记录，并将其实际发生的折旧费按实际工时占比等合理方法在研发费用和生产经营费用间分配，未分配的不得加计扣除；

（4）企业用于研发活动的仪器、设备，符合税法规定且选择加速折旧优惠政策的，在享受研发费用税前加计扣除政策时，按照税前扣除的折旧金额计算加计扣除。

3.税务管理

为使政策及时落地，企业在预缴时就可以享受加速折旧政策。六大行业和四个领域重点行业的企业在预缴申报时，由于无法取得主营业务收入占收入总额的比重数据，可以由企业合理预估，先行享受。到年底时如果不符合规定比例，则在汇算清缴时一并进行纳税调整。

按照《国家税务总局关于发布修订后的〈企业所得税优惠政策事项办理办法〉的公告》（国家税务总局公告2018年第23号）的规定，符合条件且选择一次性扣除政策或加速折旧扣除政策的企业应将下列资料留存备查：

（1）有关固定资产购进时点的资料（如以货币形式购进固定资产的发票，以分期付款或赊销方式购进固定资产的到货时间说明，自行建造固定资产的竣工决算情况说明等）；

（2）固定资产记账凭证；

（3）核算有关资产税务处理与会计处理差异的台账。

此外，依据《企业所得税税前扣除凭证管理办法》（国家税务总局公告2018年第28号）规定，允许扣除的折旧，其固定资产必须取得合法有效的凭据。但需注意，如增值税发票应于纳税年度汇缴期满后开具的，当年度折旧扣除无需纳税调整。企业在汇缴期满前应取得未取得税前扣除凭证（符合规定的发票及其他外部凭证）的，暂不允许扣除折旧，需作纳税调增处理；企业在汇缴期满后五年内自行取得补开或换开税前扣除凭证的，允许追补扣除；汇缴期满之后税务机关发现企业应取得未取得税前扣除凭证并告知企业限期补开、换开期限届满仍未取得的，不得在税前扣除。

五、折旧年限、预计净残值、折旧方法会计变更的差异

企业至少应当于每年年度终了，对固定资产的使用寿命、预计净残值、折旧方法进行复核。如果固定资产的使用寿命、预计净残值的预期数与原先估计数有差异的，应当相应调整固定资产使用寿命、预计净残值。如果与固定资产有关的经济利益预期实现方式有重大改变的，应当相应改变固定资产的折旧方法。折旧年限、预计净残值、折旧方法的改变，均按照未来适用法进行会计处理。

无论会计方法如何改变，计算所得税时仍按税法规定的方法计算折旧扣除。

六、固定资产折旧差异纳税调整方法

固定资产折旧额由折旧基数、折旧年限、预计净残值和折旧方法决定，应

当分别计算会计折旧和税法折旧，企业实际计提的折旧与当年允许扣除折旧的差额，调整应纳税所得额。具体应注意下列问题：

1.固定资产按月计提折旧，计提的折旧通过“累计折旧”科目核算，并根据用途计入相关资产的成本或者当期损益。例如，企业自行建造固定资产过程中使用的固定资产，其计提的折旧应计入在建工程成本；基本生产车间所使用的固定资产，其计提的折旧应计入制造费用；管理部门所使用的固定资产，其计提的折旧应计入管理费用；销售部门所使用的固定资产，其计提的折旧应计入销售费用；经营租出的固定资产，其计提的折旧额应计入其他业务成本。由此可见，直接计入管理费用、销售费用、其他业务成本的折旧额减少了当期利润，而期末库存产成品成本中包含生产设备的折旧额，只有在实际销售时才会减少会计利润额。在对折旧进行纳税调整时，不对会计折旧按固定资产用途进行分解，无论是计入当期损益，还是计入制造费用，只要本期会计折旧与税法折旧存在差异，则必须按照税法折旧扣除。

2.《国家税务总局关于企业所得税应纳税所得额若干问题的公告》（国家税务总局公告2014年第29号）规定，固定资产折旧的企业所得税处理如下：

（1）企业固定资产会计折旧年限如果短于税法规定的最低折旧年限，其按会计折旧年限计提的折旧高于按税法规定的最低折旧年限计提的折旧部分，应调增当期应纳税所得额；企业固定资产会计折旧年限已期满且会计折旧已提足，但税法规定的最低折旧年限尚未到期且税收折旧尚未足额扣除，其未足额扣除的部分准予在剩余的税收折旧年限继续按规定扣除。

（2）企业固定资产会计折旧年限如果长于税法规定的最低折旧年限，其折旧应按会计折旧年限计算扣除，税法另有规定除外。

（3）企业按会计规定提取的固定资产减值准备，不得税前扣除，其折旧仍按税法确定的固定资产计税基础计算扣除。

（4）企业按税法规定实行加速折旧的，其按加速折旧办法计算的折旧额可全额在税前扣除。

（5）石油天然气开采企业在计提油气资产折耗（折旧）时，由于会计与税法规定计算方法不同导致的折耗（折旧）差异，应按税法规定进行纳税调整。

第四节　固定资产处置的差异

一、会计处理

固定资产处置，包括固定资产的出售、转让、报废和毁损、对外投资、非货币性资产交换、债务重组等。企业出售、转让、报废固定资产或发生固定资产毁损，应当将处置收入扣除账面价值和相关税费后的金额计入当期损益。固定资产的账面价值是固定资产成本扣减累计折旧和累计减值准备后的金额。固定资产处置一般通过“固定资产清理”科目进行核算。

企业因出售、报废或毁损、对外投资、非货币性资产交换、债务重组等处置固定资产，其会计处理一般经过以下几个步骤：

第一，固定资产转入清理。出售、报废或毁损的固定资产转入清理时，按固定资产账面价值，借记“固定资产清理”科目，按已计提的累计折旧，借记“累计折旧”科目，按已计提的减值准备，借记“固定资产减值准备”科目，按固定资产原价，贷记“固定资产”科目。

第二，发生的清理费用。固定资产清理过程中发生的相关税费及其他费用，借记“固定资产清理”科目，贷记“银行存款”“应交税费”等科目。

第三，收回残料或出售价款或保险赔偿。收回残料或出售价款、计算或收到应收保险公司或过失人赔偿的损失等，借记“银行存款”“原材料”“其他应收款”等科目，贷记“固定资产清理”科目。

第四，清理净损益的处理。固定资产清理完成后，属于出售划分为持有待售的固定资产确认的处置利得或损失，以及处置未划分为持有待售的固定资产的处置利得或损失，借记“固定资产清理”科目，贷记“资产处置损益”科目核算。如为处置损失作相反分录。如果属于报废损失，通过“营业外支出——非流动资产毁损报废损失”科目核算。属于自然灾害等非正常原因造成的损失，借记“营业外支出——非常损失”科目核算。固定资产在财产清查中盘亏的固定资产，通过“待处理财产损溢——待处理固定资产损溢”科目核算，盘亏造成的损失，通过“营业外支出——盘亏损失”科目核算，应当计入当期损益。企业在财产清查中盘盈的固定资产，作为前期差错处理。盘盈的固定资产通过“以前年度损益调整”科目核算。

二、税务处理

固定资产处置时会计上按照账面价值结转，计算企业所得税时按照计税基础净值扣除。固定资产盘亏、丢失、被盗、报废、毁损等损失允许在税前扣除。依据《企业资产损失所得税税前扣除管理办法》（国家税务总局公告2011年第25号）、《国家税务总局关于企业所得税资产损失资料留存备查有关事项的公告》（国家税务总局公告2018年第15号）规定，从2017年度开始，企业向税务机关申报扣除资产损失，仅需填报企业所得税年度纳税申报表——资产损失税前扣除及纳税调整明细表，不再报送资产损失相关资料。企业应将下列资料留存备查。

1.固定资产盘亏、丢失损失，为其账面净值扣除责任人赔偿后的余额，应依据以下证据材料确认：

（1）企业内部有关责任认定和核销资料；

（2）固定资产盘点表；

（3）固定资产的计税基础相关资料；

（4）固定资产盘亏、丢失情况说明；

（5）损失金额较大的，应有专业技术鉴定报告或法定资质中介机构出具的专项报告等。

2. 固定资产报废、毁损损失，为其账面净值扣除残值和责任人赔偿后的余额，应依据以下证据材料确认：

（1）固定资产的计税基础相关资料；

（2）企业内部有关责任认定和核销资料；

（3）企业内部有关部门出具的鉴定材料；

（4）涉及责任赔偿的，应当有赔偿情况的说明；

（5）损失金额较大的或自然灾害等不可抗力原因造成固定资产毁损、报废的，应有专业技术鉴定意见或法定资质中介机构出具的专项报告等。

3. 固定资产被盗损失，为其账面净值扣除责任人赔偿后的余额，应依据以下证据材料确认：

（1）固定资产计税基础相关资料；

（2）公安机关的报案记录，公安机关立案、破案和结案的证明材料；

（3）涉及责任赔偿的，应有赔偿责任的认定及赔偿情况的说明等。

第六章

生物资产准则与税法差异分析

生物资产是指与农业生产相关的有生命的动物和植物。生物资产包括消耗性生物资产、生产性生物资产和公益性生物资产。《企业会计准则第5号——生物资产》(以下简称"生物资产准则")规范了与农业生产相关的生物资产的确认、计量和相关信息披露要求。企业所得税法及其实施条例,只针对生产性生物资产的税务处理作出了单独规定,对消耗性生物资产和公益性生物资产的税务处理,一般可按照会计准则的规定执行。本章讲解生物资产准则与税法差异及其纳税调整方法。

第一节 生物资产概述

一、生物资产的特征

（一）生物资产是有生命的动物或植物

有生命的动物和植物具有能够进行生物转化的能力。生物转化，指导致生物资产质量或数量发生变化的生长、蜕化、生产和繁殖的过程。其中，生长是指动物或植物体积、重量的增加或质量的提高，例如，农作物从种植开始到收获前的过程；蜕化是指动物或植物产出量的减少或质量的退化，例如，奶牛产奶能力的不断下降；生产是指动物或植物本身产出农产品，例如，蛋鸡产蛋、奶牛产奶、果树产水果等；繁殖是指产生新的动物或植物，例如，奶牛产牛犊、母猪生小猪等。

这种生物转化能力是其他通常意义上的资产（如存货、固定资产、无形资产等）所不具有的，也正是生物资产的特性。因此，生物资产的形态、价值以及产生经济利益的方式，都会随着自身的出生、成长、衰老、死亡等自然规律和生产经营活动不断变化，尽管其在所处生命周期中的不同阶段而具有类似于不同资产类别（存货或固定资产）的特点，但是其会计处理与存货、固定资产等常规资产有所不同，因此有必要对生物资产的确认、计量和披露等会计处理进行单独规范，以更准确地反映企业的生物资产信息。

将生物资产定义为“有生命的动物和植物”，意味着一旦原有动植物停止其生命活动就不再是“生物资产”。这一界限对生物资产和农产品进行了本质的区分。农产品与生物资产密不可分，当其附着在生物资产上时，作为生物资产的一部分，不需要单独进行会计处理，而当其从生物资产上收获时开始，离开生物资产这一母体，一般具有鲜活、易腐的特点，因此应当区别于工业企业一般意义上的产成品单独核算。基于此，生物资产准则对收获时点的农产品的会计处理进行了规范，即应当采用规定的方法，从消耗性生物资产或生产性生物资产生产成本中转出，确认为收获时点的农产品的成本；而收获时点之后的农产品的加工、销售等会计处理，应当适用《企业会计准则第1号——存货》。

（二）生物资产与农业生产密切相关

《生物资产准则》中所称“农业”是广义的范畴，即“农林牧副渔”，包括种植业、畜牧养殖业、林业和水产业等行业。企业从事农业生产就是要增强生物转化能力，最终获得更多的符合市场需要的农产品。农业生产管理的对象包括如下两个部分：

1.将生物资产转化为农产品的活动

这主要是指通过消耗性生物资产的生产和收获而获得农产品的活动过程，以及利用生产性生物资产产出农产品的活动过程。例如，种植业作物的生长和收获而获得稻谷、小麦等农产品的活动过程；畜牧养殖业试验和收获而获得仔猪、肉猪、鸡蛋、牛奶等畜产品的活动过程；林业中用材林的生产和管理而获得林产品、经济林木的生产和管理获得水果等的活动过程；水产业中的养殖获得水产品等活动过程，都属于将生物资产转化为农产品的活动。

2.其他生物资产的生物转化的活动

这主要是指除上一部分之外的生物资产的生长和管理。例如，经济林木在达到预定生产经营目的前的生产和管理、奶牛在第一次产奶前的饲养等管理活动。

农业生产与收获时点的农产品相关，但与对收获后的农产品进行加工的活动（以下简称“加工活动”）必须严格加以区分。农业生产活动针对的是有生命的生物资产，而加工活动针对的是收获后的农产品，例如，将绵羊产出的羊毛加工成毛毯、将收获的甘蔗加工成蔗糖、将奶牛产出的牛奶加工成奶酪、将从果树采摘的水果加工成水果罐头、将用材林采伐下的原木用于盖厂房等。因此，加工活动并不包含在生物资产准则所指的农业生产范畴之内。

二、生物资产的分类

从会计核算的角度来看，生物资产通常分为消耗性生物资产、生产性生物资产和公益性生物资产三大类。

（一）消耗性生物资产

消耗性生物资产，是指为出售而持有的，或在将来收获为农产品的生物资产。消耗性生物资产是具有生命的劳动对象，包括生长中的大田作物、蔬菜、用材林以及存栏待售的牲畜等。一般而言，消耗性生物资产要经过培育、长成、处置等阶段，如用材林就要经过培植、郁闭成林和采伐处置等阶段。

消耗性生物资产通常是一次性消耗并终止其服务能力或未来经济利益，因此在一定程度上具有存货的特征，应当作为存货在资产负债表中列报。

（二）生产性生物资产

生产性生物资产，是指为产出农产品、提供劳务或出租等目的而持有的生物资产。生产性生物资产具备自我生长性，能够在持续的基础上予以消耗并在未来的一段时间内保持其服务能力或未来经济利益，属于有生命的劳动手段，包括经济林、薪炭林、产畜和役畜等。生产性生物资产一般要经过培育、成熟投产和更新处置等阶段。

与消耗性生物资产相比较，生产性生物资产的最大不同在于，生产性生物资产具有能够在生产经营中长期、反复使用，从而不断产出农产品或者是长期役用的特征。消耗性生物资产收获农产品之后，该资产就不复存在；而生产性生物资产产出农产品之后，该资产仍然保留，并可以在未来期间继续产出农产品，如薪炭林收获柴薪但仍保留树干等。因此，通常认为生产性生物资产在一定程度上具有固定资产的特征，例如，果树每年产出水果、奶牛每年产奶等。一般而言，生产性生物资产通常需要生长到一定阶段才开始具备生产的能力。根据其是否具备生产能力（即是否达到预定生产经营目的），可以对生产性生物资产进行进一步的划分。所谓达到预定生产经营目的，是指生产性生物资产进入正常生产期，可以多年连续稳定产出农产品、提供劳务或出租。由此，生产性生物资产可以划分为未成熟和成熟两类，前者指尚未达到预定生产经营目的、还不能够多年连续稳定产出农产品、提供劳务或出租的生产性生物资产，例如，尚未开始挂果的果树、尚未开始产奶的奶牛等，后者则指已经达到预定生产经营目的的生产性生物资产。

（三）公益性生物资产

公益性生物资产，是指以防护、环境保护为主要目的的生物资产，包括防风固沙林、水土保持林和水源涵养林等。

从目的上来看，公益性生物资产与消耗性生物资产和生产性生物资产有本质不同。后两者的目的是为了直接给企业带来经济利益，而公益性生物资产主要是出于防护、环境保护等目的，尽管其不能直接给企业带来经济利益，但具有服务潜能，有助于企业从相关资产获得经济利益，如防风固沙林和水土保持林能带来防风固沙、保持水土的效能，风景林具有美化环境、休息游览的效能等，因此应当确认为生物资产，并且应当单独核算。

生物资产准则着重解决了生物资产的确认和初始计量、后续计量以及收获和处置的会计处理问题。

第二节　生物资产初始计量与计税基础的差异

生物资产准则规定，生物资产应当按照成本进行初始计量。生物资产取得方式的不同，其成本确定和会计处理也有所不同。

一、生物资产的初始计量

（一）外购的生物资产

无论是消耗性生物资产、生产性生物资产还是公益性生物资产，外购的生物资产的成本包括购买价款、相关税费、运输费、保险费以及可直接归属于购买该资产的其他支出。其中，可直接归属于购买该资产的其他支出包括场地整理费、装卸费、栽植费、专业人员服务费等。

企业外购的生物资产，按应计入生物资产成本的金额，借记“消耗性生物资产”“生产性生物资产”“公益性生物资产”等科目，贷记“银行存款”“应付账款”“应付票据”等科目。

企业一笔款项一次性购入多项生物资产时，购买过程中发生的相关税费、运输费、保险费等可直接归属于购买该资产的其他支出，应当按照各项生物资产的价款比例进行分配，分别确定各项生物资产的成本。

【例6-1】2018年2月，甲农业企业从市场上一次性购买了6头种牛、15头种猪和600头猪苗，单价分别为4 000元、1 400元和250元，支付的价款共计195 000元，此外，发生的运输费为4 500元，保险费为3 000元，装卸费为2 250元，款项全部以银行存款支付。

有关计算如下：

（1）确定应分摊的运输费、保险费和装卸费分摊比例=（4 500+3 000+2 250）÷195 000=5%

因此，6头种牛应分摊：6×4 000×5%=1 200（元）

15头种猪应分摊：15×1 400×5%=1 050（元）

600头猪苗应分摊：600×250×5%=7 500（元）

（2）确定种牛、种猪和猪苗的入账价值

6头种牛的入账价值：6×4 000+1 200=25 200（元）

15头种猪的入账价值：15×1 400+1 050=22 050（元）

600头猪苗的入账价值：600×250+7 500=157 500（元）

甲农业企业的账务处理如下：

借：生产性生物资产——种牛	25 200	
——种猪	22 050	
消耗性生物资产——猪苗	157 500	
贷：银行存款		204 750

（二）自行繁殖、营造的生物资产

对于企业自行营造的生物资产，应当按照不同的种类核算，分别按照消耗性生物资产、生产性生物资产和公益性生物资产确定其取得的成本，并分别借记“消耗性生物资产”、“生产性生物资产”或“公益性生物资产”科目，贷记“银行存款”等科目。

1.自行繁殖、营造的消耗性生物资产

对自行繁殖、营造的消耗性生物资产而言，其成本确定的一般原则是按照自行繁殖或营造（即培育）过程中发生的必要支出确定，既包括直接材料、直接人工、其他直接费，也包括应分摊的间接费用。

（1）不同种类消耗性生物资产的成本构成。

①自行栽培的大田作物和蔬菜的成本，包括在收获前耗用的种子、肥料、

农药等材料费、人工费和应分摊的间接费用等必要支出。

②自行营造的林木类消耗性生物资产的成本，包括郁闭前发生的造林费、抚育费、营林设施费、良种试验费、调查设计费和应分摊的间接费用等必要支出。

③自行繁殖的育肥畜的成本，包括出售前发生的饲料费、人工费和应分摊的间接费用等必要支出。

④水产养殖的动物和植物的成本，包括在出售或入库前耗用的苗种、饲料、肥料等材料费、人工费和应分摊的间接费用等必要支出。

【例6-2】甲企业2018年3月使用一台拖拉机翻耕土地100公顷用于小麦和玉米的种植，其中60公顷种植玉米、40公顷种植小麦。该拖拉机原值为60 300元，预计净残值为300元，按照工作量法计提折旧，预计可以翻耕土地6 000公顷。

有关计算如下：

应当计提的拖拉机折旧=（60 300-300）÷6 000×100=1 000（元）

玉米应当分配的机械作业费=1 000×60÷（60+40）=600（元）

小麦应当分配的机械作业费=1 000×40÷（60+40）=400（元）

甲公司的账务处理如下：

借：消耗性生物资产——玉米　　600

　　　　　　　　　——小麦　　400

　贷：累计折旧　　1 000

（2）林木类消耗性生物资产成本确定的特殊问题。

①郁闭及郁闭度的概念。郁闭是林木类消耗性生物资产成本确定中的一个重要界限。郁闭为林学概念，通常是指一块林地上的林木的树干、树冠生长达到一定标准，林木成活率和保持率达到一定的技术规程要求。郁闭通常指林木类消耗性资产的郁闭度达0.20以上（含0.20）。郁闭度是指森林中乔木树冠遮蔽地面的程度，它是反映林分密度的指标，以林地树冠垂直投影面积与林地面积之比表示，以十分数表示，完全覆盖地面为1。根据联合国粮农组织规定，郁闭度达0.20以上（含0.20）的为郁闭林［其中一般以0.20～0.70（不含0.70）为中度郁闭，0.70以上（含0.70）为密郁闭］；0.20以下（不含0.20）的为疏林（即未郁闭林）。

不同林种、不同林分等对郁闭度指标的要求有所不同，比如，生产纤维原料的工业原材料林一般要求郁闭度相对较高；而以培育珍贵大径材为主要目标的林木要求郁闭度相对较低。企业应当结合历史经验数据和自身实际情况，确定林木类消耗性生物资产的郁闭度及是否达到郁闭。各类林木类消耗性生物资产的郁闭度一经确定，不得随意变更。

②林木类消耗性生物资产郁闭前的相关支出应予资本化，郁闭后的相关支出计入当期费用。郁闭是判断消耗性生物资产相关支出（包括借款费用）资本化或者是费用化的时点。郁闭之前的林木类消耗性生物资产处在培植阶段，需要发生较多的造林费、抚育费、营林设施费、良种试验费、调查设计费相关支出，这些支出应予以资本化计入成本；郁闭之后的林木类消耗性生物资产进入稳定

的生长期，基本上可以比较稳定地成活，主要依靠林木本身的自然生长，一般只需要发生较少的管护费用，从重要性和谨慎性考虑应当计入当期费用。

2. 自行繁殖、营造的生产性生物资产

对自行繁殖、营造的生产性生物资产而言，如企业自己繁育的奶牛、种猪，自行营造的橡胶树、果树、茶树等，其成本确定的一般原则是按照其达到预定生产经营目的前发生的必要支出确定，包括直接材料、直接人工、其他直接费和应分摊的间接费用。

未成熟生产性生物资产达到预定生产经营目的时，按其账面余额，借记“生产性生物资产——成熟生产性生物资产”科目，贷记“生产性生物资产——未成熟生产性生物资产”科目，未成熟生产性生物资产已计提减值准备的，还应同时结转已计提的减值准备。

自行营造的林木类生产性生物资产的成本，包括达到预定生产经营目的前发生的造林费、抚育费、营林设施费、良种试验费、调查设计费和应分摊的间接费用等必要支出；自行繁殖的产畜和役畜的成本，包括达到预定生产经营目的（成龄）前发生的饲料费、人工费和应分摊的间接费用等必要支出。

其中，生产性生物资产达到预定生产经营目的，是指生产性生物资产进入正常生产期，可以多年连续稳定产出农产品、提供劳务或出租。达到预定生产经营目的是区分生产性生物资产成熟和未成熟的分界点，同时也是判断其相关费用停止资本化的时点，是区分其是否具备生产能力、从而是否计提折旧的分界点。企业应当根据具体情况，结合正常生产期的确定，对生产性生物资产是否达到预定生产经营目的进行判断。例如，一般就海南橡胶园而言，同林段内离地100厘米处、树围50厘米以上的芽接胶树，占林段总株数的50%以上时，该橡胶园就属于进入正常生产期，即达到预定生产经营目的。

生产性生物资产在达到预定生产经营目的之前，其用途一般是已经确定的，如尚未开始挂果的果树、未开始产奶的奶牛等；但是，如果其未来用途不确定，应当作为消耗性生物资产核算和管理，待确定用途后，再按照用途转换进行处理。

【例6-3】甲企业自2018年开始自行营造100公顷橡胶树，当年发生种苗费189 000元，平整土地和定植所需的机械作业费55 500元，定植当年抚育发生肥料及农药费250 500元、人员工资等450 000元。该橡胶树达到正常生产期为6年，从定植后至2018年共发生管护费用2 415 000元，以银行存款支付。

甲企业的账务处理如下：

借：生产性生物资产——未成熟生产性生物资产（橡胶树）	945 000
贷：原材料——种苗	189 000
——肥料及农药	250 500
应付职工薪酬	450 000
累计折旧	55 500

借：生产性生物资产——未成熟生产性生物资产（橡胶树）

2 415 000

贷：银行存款 2 415 000

因此，该100公顷橡胶树的成本为：

189 000+55 500+250 500+450 000+2 415 000=3 360 000（元）

借：生产性生物资产——成熟生产性生物资产（橡胶树）

3 360 000

贷：生产性生物资产——未成熟生产性生物资产（橡胶树）

3 360 000

3.自行营造的公益性生物资产

对自行营造的公益性生物资产而言，其成本确定的一般原则是按照郁闭前发生的造林费、抚育费、森林保护费、营林设施费、良种试验费、调查设计费和应分摊的间接费用等必要支出确定。

（三）天然起源的生物资产

1.天然起源的生物资产的确认

天然林等天然起源的生物资产，仅在企业有确凿证据表明能够拥有或者控制该生物资产时，才能予以确认。

企业拥有或控制的天然起源的生物资产，通常企业并未进行相关的农业生产，主要通过政府补助的方式取得，如政府向企业直接无偿划拨天然林等，或者政府向企业无偿划拨土地、河流湖泊从而企业间接取得其上天然生长的天然林、水生动植物等。

2.天然起源的生物资产的初始计量

对于天然起源的生物资产，企业通常几乎没有投入，因此，其成本难以按照外购、自行营造方式下发生的必要支出，或者是非货币性资产交换、债务重组和企业合并方式下确定的对价来确定。若以公允价值作为天然起源的生物资产的成本，在我国当前生物资产市场还不发达的情况下，天然起源生物资产公允价值的取得存在相当的困难。鉴于天然起源的生物资产的公允价值无法可靠地取得，应按名义金额确定生物资产的成本，同时计入当期损益，名义金额为1元人民币，即借记“消耗性生物资产”、“生产性生物资产”或“公益性生物资产”科目，贷记“营业外收入”科目。

（四）生物资产相关的后续支出

1.生物资产郁闭或达到预定生产经营目的后的管护费用

生物资产在郁闭或达到预定生产经营目的之前，经过培植或饲养，其价值能够继续增加，因此饲养、管护费用应资本化计入生物资产成本；而生物资产在郁闭或达到预定生产经营目的后，为了维护或提高其使用效能，需要对其进行管护、饲养等，但此时的生物资产能够产出农产品，带来现实的经济利益，因此所发生的这类后续支出应当予以费用化，计入当期损益。借记“管理费用”科目，贷记“银行存款”等科目。

管护费用是指为了维持郁闭后的消耗性林木资产或公益性生物资产的正常存在或为了维持已经达到预定生产经营目的的成熟生产性生物资产进行正常生产而发生的有关费用，例如，为果树剪枝发生的费用、为果树灭虫发生的人工和药物费用、对产奶奶牛的饲养管理费用等。

2.林木类生物资产补植

在林木类生物资产的生长过程中，为了使其更好地生长，往往需要进行择伐、间伐或抚育更新性质采伐（这些采伐并不影响林木的郁闭状态），并且在采伐之后进行相应的补植。在这种情况下发生的后续支出，应当予以资本化，计入林木类生物资产的成本。借记“消耗性生物资产”、“生产性生物资产”或“公益性生物资产”科目，贷记“库存现金”、“银行存款”、“其他应付款”等科目。

【例6-4】2018年5月，甲林业有限责任公司对乙林班用材林择伐迹地进行更新造林，应支付临时人员工资15 000元，领用材料20 000元。

甲企业的账务处理如下：

借：消耗性生物资产——用材林	35 000	
贷：应付职工薪酬		15 000
原材料		20 000

【例6-5】甲林业有限责任公司下属的乙林班统一组织培植管护一片森林，2018年3月，发生森林管护费用共计40 000元，其中人员工资20 000元，尚未支付；使用库存肥料16 000元；管护设备折旧4 000元。管护总面积为5 000公顷，其中作为用材林的杨树林共计4 000公顷，已郁闭的占75%，其余的尚未郁闭；作为水土保持林的马尾松共计1 000公顷，全部已郁闭。假定管护费用按照森林面积比例进行分配。

有关计算如下：

未郁闭杨树林应分配共同费用的比例=4 000×（1-75%）÷5 000=0.2

已郁闭杨树林应分配共同费用的比例=4 000×75%÷5 000=0.6

已郁闭马尾松应分配共同费用的比例=1 000÷5 000=0.2

未郁闭杨树林应分配的共同费用=40 000×0.2=8 000（元）

已郁闭杨树林应分配的共同费用=40 000×0.6=24 000（元）

已郁闭马尾松应分配的共同费用=40 000×0.2=8 000（元）

甲公司的账务处理如下：

借：消耗性生物资产——用材林（杨树）	8 000	
管理费用	32 000	
贷：应付职工薪酬		20 000
原材料		16 000
累计折旧		4 000

二、生物资产的计税基础

《企业所得税法实施条例》第六十二条规定："生产性生物资产按照以下方法确定计税基础：

（1）外购的生产性生物资产，以购买价款和支付的相关税费为计税基础；

（2）通过捐赠、投资、非货币性资产交换、债务重组等方式取得的生产性生物资产，以该资产的公允价值和支付的相关税费为计税基础。"

可见，新税法并未对企业自行营造或繁殖的生产性生物资产的计税基础以及相关后续支出作出规定。依据"税收规定不明确的，在没有明确规定之前，暂按国家统一会计制度计算"（《A100000〈中华人民共和国企业所得税年度纳税申报表（A类）〉填报说明》）之精神，鉴于生产性生物资产与固定资产类似，均通过持续的使用行为发挥经济价值，因此应参照自建固定资产的处理办法，以达到预定生产经营目的前发生的支出作为计税基础。

会计准则对于如何确定自行营造或繁殖的生产性生物资产的成本作出了明确规定，自行营造的林木类生产性生物资产的成本，包括达到预定生产经营目的前发生的造林费、抚育费、营林设施费、良种试验费、调查设计费和应分摊的间接费用等必要支出；自行繁殖的产畜和役畜的成本，包括达到预定生产经营目的（成龄）前发生的饲料费、人工费和应分摊的间接费用等必要支出。达到预定生产经营目的，是指生产性生物资产进入正常生产期，可以多年连续稳定产出农产品、提供劳务或出租。

另外，会计准则规定，择伐、间伐或抚育更新性质采伐而补植林木类生物资产发生的后续支出，应当计入林木类生物资产的成本。

第三节 生物资产后续计量采用成本模式的差异

一、采用成本模式计量生物资产的后续计量

在我国，处于不同生长阶段的各类生物资产尚缺乏成熟的市场，公允价值有时难以取得，因此，生物资产准则规定一般应当采用历史成本对生物资产进行后续计量，但有确凿证据表明其公允价值能够持续可靠取得的除外。

具体而言，消耗性生物资产按成本减累计跌价准备计量；未成熟的生产性生物资产按成本减累计减值准备计量，成熟的生产性生物资产按成本减累计折旧及累计减值准备计量；公益性生物资产按成本计量。

（一）对成熟的生产性生物资产计提折旧

成熟的生产性生物资产进入正常生产期，可以多年连续稳定产出农产品、提供劳务或出租。因此，应当按期计提折旧，以与其给企业带来的经济利益流入相配比。例如，已经开始挂果的苹果树的折旧额与从苹果树上采摘的苹果取得的收入相配比，役牛每期的折旧额与其犁地为企业带来的经济利益流入相配比等。

生产性生物资产的折旧，是指在生产性生物资产的使用寿命内，按照确定的方法对应计折旧额进行系统分摊。其中，应计折旧额是指应当计提折旧的生产性生物资产的原价扣除预计净残值后的余额；如果已经计提减值准备，还应当扣除已计提的生产性生物资产减值准备累计金额。预计净残值是指预计生产性生物资产使用寿命结束时，在处置过程中所发生的处置收入扣除处置费用后的余额。

1.需要计提折旧的生产性生物资产的范围

当期增加的成熟生产性生物资产应当计提折旧，一旦提足折旧，不论能否继续使用，均不再计提折旧。需要注意的是，以融资租赁租入的生产性生物资产和以经营租赁方式租出的生产性生物资产，应当计提折旧；以融资租赁租出的生产性生物资产和以经营租赁方式租入的生产性生物资产，不应计提折旧。

2.预计生产性生物资产的使用寿命

企业确定生产性生物资产的使用寿命，应当考虑下列因素：

（1）该资产的预计产出能力或实物产量；

（2）该资产的预计有形损耗，如产畜和役畜衰老、经济林老化等；

（3）该资产的预计无形损耗，如因新品种的出现而使现有的生产性生物资产的产出能力和产出农产品的质量等方面相对下降、市场需求的变化使生产性生物资产产出的农产品相对过时等。

在具体实务中，企业应在考虑这些因素的基础上，结合不同生产性生物资产的具体情况做出判断，例如，在考虑林木类生产性生物资产的使用寿命时，可以考虑诸如温度、湿度和降雨量等生物特征、灌溉特征、嫁接和修剪程序、植物的种类和分类、植物的株间距、所使用初生主根的类型、采摘或收割的方法、所生产产品的预计市场需求等。在相同的环境下，同样的生产性生物资产的预计使用寿命应该基本相同。

3.生产性生物资产的折旧方法

生物资产准则规定了企业可选用的折旧方法包括年限平均法、工作量法、产量法等。在具体运用时，企业应当根据生产性生物资产的具体情况，合理选择相应的折旧方法。

4.合理确定生产性生物资产的使用寿命、预计净残值和折旧方法

企业应当结合本企业的具体情况，根据生产性生物资产的类别，制定适合本企业的生产性生物资产目录、分类方法。对于达到预定经营目的的生产性生物资产，还应根据生产性生物资产的性质、使用情况和有关经济利益的预期实现方式，合理确定生产性生物资产的使用寿命、预计净残值和折旧方法，作为进行生产性生物资产核算的依据。

企业制定的生产性生物资产目录、分类方法、预计使用寿命、预计净残值、折旧方法等，应当编制成册，并按照管理权限，经股东大会或董事会，或经理（场长）会议或类似机构批准，按照法律、行政法规的规定报送有关各方备案，同时备置于企业所在地，以供投资者等有关各方查阅。企业已经确定并对外报送，或备置于企业所在地的有关生产性生物资产目录、分类方法、预计净残值、预计使用寿命、折旧方法等，一经确定不得随意变更，如需变更，应仍然按照上述程序，经批准后报送有关各方备案，并在报表附注中予以说明。

此外，生物资产准则规定，企业至少应当于每年年度终了对生产性生物资产的使用寿命、预计净残值和折旧方法进行复核。如果生产性生物资产的使用寿命或预计净残值的预期数与原先估计数有差异的，或者有关经济利益预期实现方式有重大改变的，企业应当作为会计估计变更，按照《企业会计准则第28号——会计政策、会计估计变更和差错更正》的规定进行会计处理，调整生产性生物资产的使用寿命或预计净残值或者改变折旧方法。

5.生产性生物资产计提折旧的账务处理

企业应当按期对达到预定生产经营目的的生产性生物资产计提折旧，并根据受益对象分别计入将收获的农产品成本、劳务成本、出租费用等。对成熟生产性生物资产按期计提折旧时，借记“生产成本”、“管理费用”等科目，贷记“生产性生物资产累计折旧”科目。

（二）生物资产减值

生物资产准则规定，企业至少应当于每年年度终了对消耗性生物资产和生产性生物资产进行检查，有确凿证据表明上述生物资产发生减值的，应当计提生物资产跌价准备或减值准备。企业首先应当注意消耗性生物资产和生产性生物资产是否有发生减值的迹象，如有，在此基础上计算确定消耗性生物资产的可变现净值或生产性生物资产的可收回金额。

1.判断消耗性生物资产和生产性生物资产减值的主要迹象

对生物资产减值的会计处理，生物资产准则的规定比《企业会计准则第8号——资产减值》中根据有关减值迹象的判断等进行减值测试的方法有所简化，这主要是考虑到生物资产与其他资产相比具有显著的特点，即生物资产本身具有自我生长性，有时短暂的减值可能会通过以后的自我生长而得以恢复其价值，特别是林木资产生长周期短则几十年、长则上百年。因此，生物资产准则对消耗性生物资产和生产性生物资产的减值采取了易于判断的方式，即企业至少应当于每年年度终了对消耗性生物资产和生产性生物资产进行检查，有确凿证据表明由于遭受自然灾害、病虫害、动物疫病侵袭或市场需求变化等原因的情况下，上述生物资产才可能存在减值迹象。具体来说，消耗性生物资产和生产性生物资产存在下列情形之一的，通常表明可变现净值或可收回金额低于其账面价值：

（1）因遭受火灾、旱灾、水灾、冻灾、台风、冰雹等自然灾害，造成消耗性生物资产或生产性生物资产发生实体损坏，影响该资产的进一步生长或生产，从而降低其产生经济利益的能力。

（2）因遭受病虫害或者疯牛病、禽流感、口蹄疫等动物疫病侵袭，造成消耗性生物资产或生产性生物资产的市场价格大幅度持续下跌，并且在可预见的未来无回升的希望。

（3）因消费者偏好改变而使企业的消耗性生物资产或生产性生物资产收获的农产品的市场需求发生变化，导致市场价格逐渐下跌。与工业产品不同，一般情况下技术进步不会对生物资产的价值产生明显的影响。

（4）因企业所处经营环境，如动植物检验检疫标准等发生重大变化，从而对企业产生不利影响，导致消耗性生物资产或生产性生物资产的市场价格逐渐下跌。

（5）其他足以证明消耗性生物资产或生产性生物资产实质上已经发生减值的情形。

2. 计提减值准备

消耗性生物资产的可变现净值或生产性生物资产的可收回金额低于其账面价值时，企业应当按照可变现净值或可收回金额低于账面价值的差额，计提生物资产跌价准备或减值准备，借记“资产减值损失”科目，贷记“存货跌价准备——消耗性生物资产”或“生产性生物资产减值准备”科目。

消耗性生物资产的可变现净值是指在日常活动中，消耗性生物资产的估计售价减去至出售时估计将要发生的成本、估计的销售费用以及相关税费后的金额，其确定应当遵循《企业会计准则第1号——存货》。生产性生物资产的可收回金额根据其公允价值减去处置费用后的净额与资产预计未来现金流量的现值两者之间较高者确定，应当遵循《企业会计准则第8号——资产减值》。

【例6-6】甲农业企业种植玉米150公顷，已发生成本330 000元。2018年7月遭受冰雹，致使玉米严重受灾，期末玉米的可变现净值估计为300 000元。

甲企业的账务处理如下：

借：资产减值损失——消耗性生物资产（玉米）　　30 000

　　贷：存货跌价准备——消耗性生物资产（玉米）　　30 000

3. 已确认的消耗性生物资产跌价损失的转回

企业在每年年度终了对消耗性生物资产进行检查时，如果消耗性生物资产减值的影响因素已经消失的，减记金额应当予以恢复，并在原已计提的跌价准备金额内转回，转回的金额计入当期损益，借记“存货跌价准备——消耗性生物资产”科目，贷记“资产减值损失”科目。

此外，值得注意的是，根据《企业会计准则第8号——资产减值》的规定，生产性生物资产减值准备一经计提，不得转回。

（三）公益性生物资产不计提减值准备

对于公益性生物资产而言，由于其持有目的与消耗性生物资产和生产性生物资产有本质不同，主要是出于防护、环境保护等特殊公益性目的，具有非经营性的特点，因此生物资产准则规定公益性生物资产不计提减值准备。

二、生物资产后续计量采用成本模式的差异

（一）税法规定

《企业所得税法实施条例》第六十三条、六十四条规定："生产性生物资产按照直线法计算的折旧，准予扣除。企业应当自生产性生物资产投入使用月份的次月起计算折旧；停止使用的生产性生物资产，应当自停止使用月份的次月起停止计算折旧。企业应当根据生产性生物资产的性质和使用情况，合理确定生产性生物资产的预计净残值。生产性生物资产的预计净残值一经确定，不得变更。"

"生产性生物资产计算折旧的最低年限如下：（1）林木类生产性生物资产，为10年；（2）畜类生产性生物资产，为3年。"

（二）纳税调整方法

生产性生物资产的计税基础如果与会计成本相同，其后续计量与税法的差异项目及纳税调整办法与固定资产相同。

若会计计提折旧金额大于税法折旧的，应调增所得；小于税法折旧的，应当参照《国家税务总局关于企业所得税应纳税所得额若干问题的公告》（国家税务总局公告2014年第29号）规定，按会计折旧年限计算扣除，不作纳税调减。企业计提的资产减值准备不得在税前扣除，并作专项纳税调整。

生产性生物资产处置年度应就计税基础与账面价值的差额作纳税调整。

消耗性生物资产的调整方法与存货相同。

第四节　生物资产后续计量采用公允价值模式的差异

一、采用公允价值模式后续计量的会计处理

（一）采用公允价值计量的条件

根据生物资产准则的规定，生物资产通常按照成本计量，但有确凿证据表明其公允价值能够持续可靠取得的除外。对于采用公允价值计量的生物资产，

生物资产准则规定了严格的条件，应当同时满足下列两个条件：

1.生物资产有活跃的交易市场，即该生物资产能够在交易市场中直接交易

活跃的交易市场，是指同时具有下列特征的市场：

（1）市场内交易的对象具有同质性；

（2）可随时找到自愿交易的买方和卖方；

（3）市场价格信息是公开的。

从我国目前的情况而言，生长中的生物资产尚不存在活跃市场，可验证的市场价格尚难以取得，比如生长中的果园、生长中的林木等。因此，企业在对生物资产应用公允价值时应当特别注意。

2.能够从交易市场上取得同类或类似生物资产的市场价格及其他相关信息，从而对生物资产的公允价值作出科学合理的估计

同类或类似的生物资产，是指品种相同、质量等级相同或类似、生长时间相同或类似、所处气候和地理环境相同或类似的有生命的动物和植物。这一规定表明，企业能够客观而非主观随意地使用公允价值。

（二）公允价值模式下的会计处理

在公允价值模式下，企业不对生物资产计提折旧和计提跌价准备或减值准备，应当以资产负债表日生物资产的公允价值减去估计销售时所发生费用调整其账面价值，其与原账面价值之间的差额计入当期损益。一般情况下，企业对生物资产的计量模式一经确定，不得随意变更。

二、采用公允价值模式生物资产的后续计量的差异

税法要求按历史成本计价，公允价值变动既不确认所得，也不确认损失。实际处置时，按照历史成本计算扣除。

第五节　生物资产的收获及处置的差异

一、生物资产的收获

收获，是指消耗性生物资产生长过程的结束，如收割小麦、采伐用材林等，以及农产品从生产性生物资产上分离，如从苹果树上采摘下苹果、奶牛产出牛奶、绵羊产出羊毛等。

（一）收获农产品成本核算的一般要求

农产品按照所处行业，一般可以分为种植业产品（如小麦、水稻、玉米、

棉花、糖料、烟叶等）、畜牧养殖业产品（如牛奶、羊毛、肉类、禽蛋等）、林产品（如苗木、原木、水果等）和水产品（如鱼、虾、贝类等）。企业应当按照成本核算对象（消耗性生物资产、生产性生物资产、公益性生物资产和农产品）设置明细账，并按成本项目设置专栏，进行明细分类核算。

从收获农产品成本核算的截止时点来看，由于种植业产品和林产品一般具有季节性强、生产周期长、经济再生产与自然再生产相交织的特点，种植业产品和林产品成本计算期因不同产品的特点而异。因此，企业在确定收获农产品的成本时，应特别注意成本计算的截止时点，而在收获时点之后的农产品应当适用《企业会计准则第1号——存货》。一般而言：

1.种植业产品

粮豆的成本算至入库或能够销售；棉花算至皮棉；纤维作物、香料作物、人参、啤酒花等算至纤维等初级产品；草成本算至干草；不入库的鲜活产品算至销售；入库的鲜活产品算至入库；年底尚未脱粒的作物，其产品成本算至预提脱粒费用等。

2.林产品

育苗的成本计算截至出圃；采割阶段，林木采伐算至原木产品；橡胶算至加工成干胶或浓缩胶乳；茶的成本计算截至各种毛茶；水果等其他收获活动计算至产品能够销售等。

（二）收获农产品的会计处理

1.消耗性生物资产收获农产品的会计处理

从消耗性生物资产上收获农产品后，消耗性生物资产自身完全转为农产品而不复存在，如肉猪宰杀后的猪肉、收获后的蔬菜、用材林采伐后的木材等，企业应当将收获时点消耗性生物资产的账面价值结转为农产品的成本。借记“农产品”科目，贷记“消耗性生物资产”科目，已计提跌价准备的，还应同时结转跌价准备，借记“存货跌价准备——消耗性生物资产”科目；对于不通过入库直接销售的鲜活产品等，按实际成本，借记“主营业务成本”科目，贷记“消耗性生物资产”科目。

【例6-7】甲种植企业2018年6月入库小麦20吨，成本为12 000元。

甲企业的账务处理如下：

借：农产品——小麦　　12 000

　贷：消耗性生物资产——小麦　　12 000

2.生产性生物资产收获农产品的会计处理

生产性生物资产具备自我生长性，能够在生产经营中长期、反复使用，从而不断产出农产品。从生产性生物资产上收获农产品后，生产性生物资产这一母体仍然存在，如奶牛产出牛奶、从果树上采摘下水果等。农业生产过程中发生的各项生产费用，按照经济用途可以分为直接材料、直接人工等直接费用以及间接费用，企业应当区别处理：

（1）农产品收获过程中发生的直接材料、直接人工等直接费用，直接计入相关成本核算对象，借记“农业生产成本——农产品”科目，贷记“库存现金”、“银行存款”、“原材料”、“应付职工薪酬”、“生产性生物资产累计折旧”等科目。

【例6-8】甲奶牛养殖企业2018年1月发生奶牛（已进入产奶期）的饲养费用如下：领用饲料5 000公斤，计1 200元，应付饲养人员工资3 000元，以现金支付防疫费500元。

甲企业的账务处理如下：

借：生产成本——农业生产成本（牛奶）	4 700	
贷：原材料		1 200
应付职工薪酬		3 000
库存现金		500

（2）农产品收获过程中发生的间接费用，如材料费、人工费、生产性生物资产的折旧费等应分摊的共同费用，应当在生产成本归集，借记“农业生产成本——共同费用”科目，贷记“库存现金”、“银行存款”、“原材料”、“应付职工薪酬”、“生产性生物资产累计折旧”等科目；在会计期末按一定的分配标准，分配计入有关的成本核算对象，借记“农业生产成本——农产品”科目，贷记“农业生产成本——共同费用”科目。

实务中，常用的间接费用分配方法通常以直接费用或直接人工为基础，直接费用比例法以生物资产或农产品相关的直接费用为分配标准，直接人工比例法以直接从事生产的工人工资为分配标准，其公式为：

间接费用分配率=间接费用总额÷分配标准（直接费用总额或直接人工总额）×100%

某项生物资产或农产品应分配的间接费用额=该项资产相关的直接费用或直接人工×间接费用分配率

除此之外，还可以直接材料、生产工时等为基础进行分配，实际工作中，可以根据实际情况加以选用。例如，蔬菜的温床费用分配计算公式如下：

蔬菜应分配的温床（温室）费用=［温床（温室）费用总额÷实际使用的格日（平方米日）总数］×该种蔬菜占用的格日（平方米日）数

其中，温床格日数是指某种蔬菜占用温床格数和在温床生产日数的乘积，温室平方米日数是指某种蔬菜占用位的平方米数和在温室生长日数的乘积。

【例6-9】甲农场利用温床培育丝瓜、西红柿两种秧苗，温床费用为3 200元，其中丝瓜占用温床40格，生长期为30天；西红柿占用温床10格，生长期为40天。秧苗育成移至温室栽培后，发生温室费用15 200元，其中丝瓜占用温室1 000平方米，生长期为70天；西红柿占用温室1 500平方米，生长期为80天。两种蔬菜发生的直接生产费用为3 000元，其中丝瓜1 360元，西红柿1 640元。应负担的间接费用共计4 500元，采用直接费用比例法分配。丝瓜和西红柿两种蔬菜的产量分别为38 000千克和29 000千克。

有关计算如下：

丝瓜应分配的温床费用=3 200÷（40×30+10×40）×40×30=2 400（元）

丝瓜应分配的温室费用=15 200÷（1 000×70+1 500×80）×1 000×70
=5 600（元）

丝瓜应分配的间接费用=4 500÷（1 360+1 640）×1 360=2 040（元）

西红柿应分配的温床费用=3 200÷（40×30+10×40）×10×40=800（元）

西红柿应分配的温室费用=15 200÷（1 000×70+1 500×80）×1 500×80
=9 600（元）

西红柿应分配的间接费用=4 500÷（1 360+1 640）×1 640=2 460（元）

（三）成本结转方法

在收获时点，企业应当将该时点归属于某农产品生产成本的账面价值结转为农产品的成本，借记“农产品”科目，贷记“农业生产成本——农产品”科目。具体的成本结转方法包括加权平均法、个别计价法、蓄积量比例法、轮伐期年限法等。各种方法各有其特点，企业可以根据实际情况选用合适的成本结转方法，但是一经确定，不得随意变更。加权平均法和个别计价法是十分常用的方法，不再赘述。

【例6-10】甲畜牧养殖企业2018年5月末养殖的肉猪账面余额为24 000元，共计40头；6月6日花费7 000元新购入一批肉猪养殖，共计10头；6月30日屠宰并出售肉猪20头，支付临时工屠宰费用100元，出售取得价款16 000元；6月份共发生饲养费用500元（其中，应付专职饲养员工资300元，饲料200元）。甲企业采用移动加权平均法结转成本。

甲企业的账务处理如下：

平均单位成本=（24 000+7 000+500）÷（40+10）=630（元）

出售猪肉的成本=630×20=12 600（元）

借：消耗性生物资产——肉猪	7 000	
贷：银行存款		7 000
借：消耗性生物资产——肉猪	500	
贷：应付职工薪酬		300
原材料		200
借：农产品——猪肉	12 700	
贷：消耗性生物资产		12 600
库存现金		100
借：库存现金	16 000	
贷：主营业务收入		16 000
借：主营业务成本	12 700	
贷：农产品——猪肉		12 700

此外，生物资产准则中规定的蓄积量比例法、轮伐期年限法等方法都是林

业中通常使用的方法，具有林业的特殊性，以下分述之：

1.蓄积量比例法

蓄积量比例法以达到经济成熟可供采伐的林木为“完工”标志，将包括已成熟和未成熟的所有林木按照完工程度（林龄、林木培育程度、费用发生程度等）折算为达到经济成熟可供采伐的林木总体蓄积量，然后，按照当期采伐林木的蓄积量占折算的林木总体蓄积量的比例，确定应该结转的林木资产成本。该方法主要适用于择伐方式和林木资产由于择伐更新使其价值处于不断变动的情况下。计算公式如下：

某期应结转的林木资产成本=（当期采伐林木的蓄积量 ÷ 林木总体蓄积量）×期初林木资产账面总值

2.轮伐期年限法

轮伐期年限法将评估确认的林木价值、培育和购买的林木原始价值按照可持续经营的要求，在其轮伐期的年份内平均摊销，并结转林木资产成本。其中，轮伐期是指将一块林地上的林木均衡分批、轮流采伐一次所需要的时间（通常以年为单位计算）。计算公式如下：

某期应结转的林木资产成本=林木资产原值 ÷ 轮伐期

3.折耗率法

折耗率法也是林业上常用的方法之一。该方法按照采伐林木所消耗林木蓄积量占到采伐为止预计该地区、该树种可能达到的总蓄积量摊销、结转所采伐林木资产成本。计算公式如下：

采伐的林木应摊销的林木资产价值=折耗率 × 所采伐林木的蓄积量

折耗率=林木资产总价值 ÷ 到采伐为止预计的总蓄积量

其中的折耗率应分树种、地区分别测算；林木资产总价值是指该地区、该树种的营造林历史成本总和；预计总蓄积量是指到采伐为止预计该地区、该树种可能达到的总蓄积量。

二、生物资产的处置

（一）生物资产出售

生物资产出售时，应当按照其账面价值结转成本。企业应按实际收到的金额，借记“银行存款”等科目，贷记“主营业务收入”等科目；应按其账面余额，借记“主营业务成本”等科目，贷记“生产性生物资产”、“消耗性生物资产”等科目，已计提跌价或减值准备或折旧的，还应同时结转跌价或减值准备或累计折旧。

【例6-11】甲畜牧养殖企业于2018年1月将育成的40头仔猪出售给乙食品加工厂，价款总额为20 000元，货款尚未收到。出售时仔猪的账面余额为12 000元，未计提跌价准备。

甲企业的账务处理如下：

借：应收账款——乙食品加工厂　　20 000

　　贷：主营业务收入　　20 000

借：主营业务支出　　12 000

　　贷：消耗性生物资产——育肥猪　　12 000

（二）生物资产盘亏或死亡、毁损

生物资产盘亏或死亡、毁损时，应当将处置收入扣除其账面价值和相关税费后的余额先计入“待处理财产损溢”科目，待查明原因后，根据企业的管理权限，经股东大会、董事会、经理（场长）会议或类似机构批准后，在期末结账前处理完毕。生物资产因盘亏或死亡、毁损造成的损失，在减去过失人或者保险公司等的赔款和残余价值之后，计入当期管理费用；属于自然灾害等非常损失的，计入营业外支出。生物资产因盘亏或死亡、毁损造成的损失，如在期末结账前尚未经批准的，应在对外提供财务报表时先按上述规定进行处理，并在报表附注中作出说明；如果其后批准处理的金额与已处理的金额不一致，应按其差额调整财务报表相关项目的年初数。

【例6-12】2018年1月10日，甲养猪企业死亡2—4个月幼猪3头，其账面余额为300元；1月28日，经查明，这3头幼猪是因为体弱而被其他幼猪踩踏而死。

甲企业的账务处理如下：

1月10日

借：待处理财产损溢　　300

　　贷：消耗性生物资产——2—4个月幼猪　　300

1月28日

借：管理费用　　300

　　贷：待处理财产损溢　　300

【例6-13】甲养猪企业于2018年8月4日丢失两头种猪，账面原值为1 600元，已经计提折旧600元；8月29日经查实，饲养员赵五应赔偿300元。

甲企业的账务处理如下：

借：待处理财产损溢　　1 000

　　生产性生物资产累计折旧　　600

　　贷：生产性生物资产——种猪　　1 600

借：其他应收款——赵五　　300

　　管理费用　　700

　　贷：待处理财产损溢　　1 000

（三）生物资产转换

生物资产改变用途后的成本应当按照改变用途时的账面价值确定，也就是说，将转出生物资产的账面价值作为转入资产的实际成本。通常包括如下情况：

1.产畜或役畜淘汰转为育肥畜，或者林木类生产性生物资产转为林木类消耗性生物资产时，按转群或转变用途时的账面价值，借记“消耗性生物资产”科目，按已计提的累计折旧，借记“生产性生物资产累计折旧”科目，按其账面余额，贷记“生产性生物资产”科目。已计提减值准备的，还应同时结转已计提的减值准备。

育肥畜转为产畜或役畜，或者林木类消耗性生物资产转为林木类生产性生物资产时，应按其账面余额，借记“生产性生物资产”科目，贷记“消耗性生物资产”科目。已计提跌价准备的，还应同时结转跌价准备。

【例6-14】2018年4月，甲企业自行繁殖的50头种猪转为育肥猪，此批种猪的账面原价为500 000元，已经计提的累计折旧为200 000元，已经计提的资产减值准备为30 000元。

甲企业的账务处理如下：

借：消耗性生物资产——育肥猪　　270 000

　　生产性生物资产累计折旧　　200 000

　　生产性生物资产减值准备　　30 000

　　贷：生产性生物资产——成熟生产性生物资产（种猪）　　500 000

2.消耗性生物资产、生产性生物资产转为公益性生物资产时，应按其账面余额或账面价值，借记“公益性生物资产”科目，按已计提的生产性生物资产累计折旧，借记“生产性生物资产累计折旧”科目，按账面余额，贷记“消耗性生物资产”、“生产性生物资产”科目。已计提跌价准备或减值准备的，还应同时结转跌价准备或减值准备。

公益性生物资产转为消耗性生物资产或生产性生物资产时，应按其账面余额，借记“消耗性生物资产”或“生产性生物资产”科目，贷记“公益性生物资产”科目。

【例6-15】2018年7月，由于区域生态环境的需要，甲林业有限责任公司的12公顷造纸原料林（杨树）被划为防风固沙林，仍由公司负责管理，该林的账面余额为80 000元，已经计提的跌价准备为5 000元。

甲企业的账务处理如下：

借：公益性生物资产——防风固沙林（杨树）　　75 000

　　存货跌价准备——消耗性生物资产　　5 000

　　贷：消耗性生物资产——造纸原料林（杨树）　　80 000

【例6-16】2018年9月，甲林业有限责任公司根据所属区域的林业发展规划和相关政策调整，将以马尾松为主的800公顷防风固沙林，全部转为以采脂为目的的商品林，该马尾松的账面价值为2 000 000元。其中，已经具备采脂条件的为600公顷，账面价值为1 600 000元，其余的尚不具备采脂条件。2018年11月，甲公司根据国家政策规定，将乙林班100公顷作为防风固沙林的杨树转为作为造纸原料的商品林，该杨树的账面余额为180 000元。

甲企业的账务处理如下：

2018年9月

借：生产性生物资产——成熟生产性生物资产（马尾松）
1 600 000
生产性生物资产——未成熟生产性生物资产（马尾松）
400 000
贷：公益性生物资产——防风固沙林（马尾松） 2 000 000

2018年11月

借：消耗性生物资产——造纸原料林（杨树） 180 000
贷：公益性生物资产——防风固沙林（杨树） 180 000

三、差异分析

根据《增值税暂行条例》第十五条规定，农业生产者销售的自产农业产品免征增值税。《关于印发〈农业产品征税范围注释〉的通知》（财税［1995］52号）规定：《中华人民共和国增值税暂行条例》第十五条所列免税项目的第一项所称的“农业生产者销售的自产农业产品”，是指直接从事植物的种植、收割和动物的饲养、捕捞的单位和个人销售的注释所列的自产农业产品；对上述单位和个人销售的外购的农业产品，以及单位和个人外购农业产品生产、加工后销售的仍然属于注释所列的农业产品，不属于免税的范围，当按照规定税率征收增值税。

《企业所得税法实施条例》第七十二条规定：“生产性生物资产收获的农产品，以产出或者采收过程中发生的材料费、人工费和分摊的间接费用等必要支出为成本。”

生物资产出售时，应当将处置收入扣除其计税基础和相关税费后的余额计入当期应纳税所得额。成本结转的方法可采用加权平均法或个别计价法。农产品会计成本与计税基础不一致的，需作纳税调整处理。

生物资产盘亏或死亡、毁损等损失，作资产损失申报，相关资料留存备查后准予扣除，具体而言：

1.生产性生物资产盘亏损失，为其账面净值扣除责任人赔偿后的余额，并依据以下证据材料确认：生产性生物资产盘点表；生产性生物资产盘亏情况说明；生产性生物资产损失金额较大的，企业应有专业技术鉴定意见和责任认定、赔偿情况的说明等。

2.因森林病虫害、疫情、死亡而产生的生产性生物资产损失，为其账面净值扣除残值、保险赔偿和责任人赔偿后的余额，并依据以下证据材料确认：损失情况说明；责任认定及其赔偿情况的说明；损失金额较大的，应有专业技术鉴定意见。

3.对被盗伐、被盗、丢失而产生的生产性生物资产损失，为其账面净值扣除保险赔偿以及责任人赔偿后的余额，并依据以下证据材料确认：生产性生物资产被盗后，向公安机关的报案记录或公安机关立案、破案和结案的证明材料；责任认定及其赔偿情况的说明。

第七章

无形资产准则与税法差异分析

无形资产，是指企业拥有或者控制的没有实物形态的可辨认非货币性资产，主要包括专利权、非专利技术、商标权、著作权、特许权等。商誉的存在无法与企业自身分离，不具有可辨认性，不属于会计准则规定的无形资产。土地使用权通常作为无形资产核算，但属于投资性房地产或者作为固定资产核算的土地使用权，应当按投资性房地产或固定资产的核算原则进行会计处理。无形资产准则与税法差异主要包括：初始计量与计税基础的差异；研究开发费计量与税法差异；无形资产后续计量与税法差异；无形资产处置的差异。

第一节 无形资产初始计量与计税基础的差异

无形资产应当按照成本进行初始计量，即以取得无形资产并使之达到预定用途而发生的全部支出作为无形资产的成本。对于不同来源取得的无形资产，其成本构成也不尽相同。本节讲解以不同方式取得无形资产的初始计量与计税基础的差异。

一、外购无形资产初始计量与计税基础的差异

（一）会计处理

外购无形资产的成本，包括购买价款、相关税费以及直接归属于使该项资产达到预定用途所发生的其他支出。其中，直接归属于使该项资产达到预定用途所发生的其他支出，是指使无形资产达到预定用途所发生的专业服务费用、测试无形资产是否能够正常发挥作用的费用等，但不包括为引入新产品进行宣传发生的广告费、管理费用及其他间接费用，也不包括在无形资产已经达到预定用途以后发生的费用。

购买无形资产的价款超过正常信用条件延期支付，实质上具有融资性质的，无形资产的初始成本以购买价款的现值为基础确定。实际支付的价款与购买价款的现值之间的差额，除按照借款费用准则的有关规定应予资本化以外，应当在信用期间内采用实际利率法进行摊销，计入当期损益。

（二）差异分析

《企业所得税法实施条例》第六十六条第一款规定："外购的无形资产，按购买价款、相关税费以及直接归属于使该项资产达到预定用途所发生的其他支出计价。"由此可见，通常情况下，外购无形资产的初始计量与计税基础是一致的，但对于购买无形资产的价款超过正常信用条件（一般指付款期三年以上）延期支付，实质上具有融资性质的，无形资产初始成本按购买价款的现值计价，而《企业所得税法实施条例》第五十六条规定："企业的各项资产，包括固定资产、无形资产、长期待摊费用、投资资产、存货等，以历史成本计价。历史成本，是指企业取得该项资产时实际发生的支出。"购入无形资产时，按购买价款的现值，借记"无形资产"科目；按应支付的金额，贷记"长期应付款"科目；按其差额，借记"未确认融资费用"科目。无形资产购买价款的现值，应当按照各期支付的购买价款选择恰当的折现率进行折现后的金额加以确定。各期实际支付的价款与购买价款的现值之间的差额，一般不符合借款费用资本化条件，应当在信用期间内确认为财务费用，计入当期损益。

无形资产应按实际应付金额作为计税基础，确定允许在税前扣除的无形资产摊销额以及无形资产计税基础净值。以后年度由“未确认融资费用”科目转入“财务费用”科目的金额，不允许在税前重复扣除。具体纳税调整方法参见“外购固定资产初始计量与计税基础的差异”。

二、接受投资无形资产初始计量与计税基础的差异

(一)会计处理

投资者投入无形资产的成本，应当按照投资合同或协议约定的价值确定，但合同或协议约定价值不公允的除外。对于接受投资的土地使用权，在办理权属变更登记时缴纳的契税，属于该项资产达到预定用途所发生的支出，会计上也应计入无形资产的成本。

(二)税务处理

《企业所得税法实施条例》第六十六条第三款规定：“通过捐赠、投资、非货币性资产交换、债务重组等方式取得的无形资产，以该资产的公允价值和支付的相关税费为计税基础。”通过比较可以得到结论，接受投资的无形资产的初始计量与计税基础是一致的，两者无差异。

三、以其他方式取得无形资产初始计量与计税基础的差异

企业以非货币性资产交换、债务重组、企业合并等方式取得无形资产初始计量与计税基础的差异，分别参见本书“第八章　非货币性资产交换准则与税法差异分析”、“第十二章　债务重组准则与税法差异分析”、“第十八章　企业合并准则与税法差异分析”中相关内容。

四、土地使用权的会计与税务处理差异

(一)会计处理

企业取得的土地使用权，通常应当按照取得时所支付的价款及相关税费确认为无形资产。土地使用权用于自行开发建造厂房等地上建筑物时，土地使用权的账面价值不与地上建筑物合并计算其成本，而仍作为无形资产进行核算。但是，如果房地产开发企业取得的土地使用权用于建造对外出售的房屋建筑物的，其相关的土地使用权的价值应当计入所建造的房屋建筑物成本。

企业外购房屋建筑物所支付的价款中包括土地使用权以及建筑物的价值的，则应当对实际支付的价款按照合理的方法(例如，公允价值相对比例)在土地使用权和地上建筑物之间进行分配；如果确实无法在土地使用权和地上建筑物之

间进行合理分配的，应当全部作为固定资产，按照固定资产确认和计量的原则进行处理。

首次执行日之前已计入在建工程和固定资产的土地使用权，符合无形资产准则的应当单独确认为无形资产的，首次执行日应当进行重分类，将归属于土地使用权的部分从原资产账面价值中分离，作为土地使用权的认定成本，按照无形资产准则的规定处理。

企业改变土地使用权的用途，停止自用土地使用权而用于赚取租金或资本增值时，应将其账面价值转为投资性房地产。

（二）税务处理

1.通常情况下，土地使用权的初始计量与计税基础是一致的，均以实际成本计量。但如果是以非货币性资产交换或企业合并方式取得的土地使用权，其会计成本与计税基础可能不同。有关这方面的内容参见“第八章　非货币性资产交换准则与税法差异分析”、“第十八章　企业合并准则与税法差异分析”。土地使用权的后续计量，其会计处理与税务处理是一致的，会计及税法的摊销年限均为土地使用权证书（现为“不动产权证”）中注明的使用年限。

2.《财政部、国家税务总局关于安置残疾人就业单位城镇土地使用税等政策的通知》（财税［2010］121号）规定，对按照房产原值计税的房产，无论会计上如何核算，房产原值均应包含地价，包括为取得土地使用权支付的价款、开发土地发生的成本费用等。宗地容积率低于0.5的，按房产建筑面积的2倍计算土地面积并据此确定计入房产原值的地价。

【例7-1】20×6年1月1日，A股份有限公司购入一块土地的使用权，以银行存款转账支付土地出让金及契税90 000 000元，并在该土地上自行建造厂房等工程，发生材料支出100 000 000元，工资费用50 000 000元，其他相关费用100 000 000元等。该工程已经完工并达到预定可使用状态。假定土地使用权的使用年限为50年，该厂房的使用年限为25年，两者都没有净残值，都采用直线法进行摊销和计提折旧。为简化核算，不考虑其他相关税费。

本例中，A公司购入的土地使用权使用年限为50年，表明它属于使用寿命有限的无形资产，因此，应将该土地使用权和地上建筑物分别作为无形资产和固定资产进行核算，并分别摊销和计提折旧。

A公司的账务处理如下：

（1）支付转让价款：

借：无形资产——土地使用权	90 000 000	
贷：银行存款		90 000 000

（2）在土地上自行建造厂房：

借：在建工程	250 000 000	
贷：工程物资		100 000 000
应付职工薪酬		50 000 000

银行存款 100 000 000

（3）厂房达到预定可使用状态：

借：固定资产 250 000 000

贷：在建工程 250 000 000

（4）每年分期摊销土地使用权和对厂房计提折旧：

借：管理费用 1 800 000

制造费用 10 000 000

贷：累计摊销 1 800 000

累计折旧 10 000 000

企业所得税处理：土地使用权的摊销年限会计与税务处理一致，申报所得税不作纳税调整。

第二节　研究开发费计量的差异

无形资产准则将研究与开发分为两个阶段，研究阶段发生的支出，应当费用化处理，对于开发阶段发生的各项支出，如果符合资本化的条件，应当确认为无形资产。为了鼓励企业开发新产品、新技术、新工艺，税法规定企业开展研发活动中实际发生的研发费用，未形成无形资产计入当期损益的，在按规定据实扣除的基础上，按照实际发生额的50%（2018—2020年为75%）在税前加计扣除；形成无形资产的，在按照无形资产成本的150%（2018—2020年为175%）在税前摊销。本节分析研究开发费的会计与税务处理及其纳税调整方法。

一、研究开发费的会计处理

（一）研究与开发阶段的区分

对于企业自行进行的研究开发项目，应当区分研究阶段与开发阶段分别进行核算。

1.研究阶段

研究，是指为获取并理解新的科学或技术知识而进行的独创性的有计划调查。研究活动的例子包括：意在获取知识而进行的活动；研究成果或其他知识的应用研究、评价和最终选择；材料、设备、产品、工序、系统或服务的替代品的研究；新的或经改进的材料、设备、产品、工序、系统或服务的可能替代品的配制、设计、评价和最终选择等。

研究阶段是探索性的，是为进一步的开发活动进行资料及相关方面的准备，已进行的研究活动将来是否会转入开发、开发后是否会形成无形资产等均具有较大的不确定性。在这一阶段不会形成阶段性成果。因此，研究阶段的有关支出，在发生时应当费用化计入当期损益。

2. 开发阶段

开发，是指在进行商业性生产或使用前，将研究成果或其他知识应用于某项计划或设计，以生产出新的或具有实质性改进的材料、装置、产品等。开发活动的例子包括：①生产或使用前的原型和模型的设计、建造和测试；②含新技术的工具、夹具、模具和冲模的设计；③不具有商业性生产经济规模的试生产设施的设计、建造和运营；④新的或经改造的材料、设备、产品、工序、系统或服务所选定的替代品的设计、建造和测试等。

相对于研究阶段而言，开发阶段应当是已完成研究阶段的工作，在很大程度上具备了形成一项新产品或新技术的基本条件。此时，如果企业能够证明开发支出符合无形资产的定义及相关确认条件，则可将其确认为无形资产。

（二）开发阶段相关支出资本化的条件

在开发阶段，可将有关支出资本化计入无形资产的成本，但必须同时满足以下条件：

1. 完成该无形资产以使其能够使用或出售在技术上具有可行性

企业在判断无形资产的开发在技术上是否具有可行性，应当以目前阶段的成果为基础，并提供相关证据和材料，证明企业进行开发所必需的技术条件等已经具备，不存在技术上的障碍或其他不确定性。例如，企业已经完成了全部计划、设计和测试活动，这些活动是使资产能够达到设计规划书中的功能、特征和技术所必需的活动，或经过专家鉴定等。

2. 具有完成该无形资产并使用或出售的意图

企业研发项目形成成果以后，是对外出售，还是使用并从使用中获得经济利益，应当由管理当局的意图而定。企业的管理当局应当能够说明其开发无形资产的目的，并具有完成该项无形资产开发并使其能够使用或出售的可能性。

3. 无形资产产生经济利益的方式

包括能够证明运用该无形资产生产的产品存在市场或无形资产自身存在市场，无形资产将在内部使用的，应当证明其有用性。

很可能为企业带来未来经济利益是确认一项无形资产最基本的条件。就其能够为企业带来未来经济利益的方式来讲，如果有关的无形资产在形成以后，主要是用于生产新产品，企业应当对运用该无形资产生产的产品的市场情况进行可靠预计，应当能够证明所生产的产品存在市场，并能够带来经济利益的流入；如果有关的无形资产开发以后主要是用于对外出售的，则企业应当能够证明市场上存在对该类无形资产的需求，其开发以后存在外在的市场可以出售并能够带来经济利益的流入；如果无形资产开发以后，不是用于生产产品，也不是用于对外出售，而是在企业内部使用的，则企业应当能够证明其对企业的有用性。

4.有足够的技术、财务和其他资源支持，以完成该无形资产的开发，并有能力使用或出售该无形资产

这一条件主要包括：

（1）为完成该项无形资产的开发具有技术上的可靠性。开发无形资产并使其形成成果在技术上的可靠性，是继续开发活动的关键。因此，必须有确凿证据证明企业继续开发该项无形资产有足够的技术支持和技术能力。

（2）财务和其他资源支持。财务和其他资源支持是能够完成相关无形资产开发的经济基础，因此，企业必须能够证明可以取得无形资产开发所必需的财务和其他资源，以及获得这些资源的相关计划。

（3）能够证明企业可以取得无形资产开发所必需的技术、财务和其他资源，以及获得这些资源的相关计划。如企业自有资金不足以提供支持的，应能够证明存在外部其他方面的资金支持，如银行等金融机构声明愿意为该无形资产的开发提供所需资金等。

5.归属于该无形资产开发阶段的支出能够可靠地计量

企业对于开发活动所发生的支出应当单独核算，例如，直接发生的开发人员工资、材料费以及相关设备折旧费等。在企业同时从事多项开发活动的情况下，所发生的支出同时用于支持多项开发活动的，应按照合理的标准在各项开发活动之间进行分配；无法合理分配的，应予费用化计入当期损益，不计入开发活动的成本。

无法区分研究阶段和开发阶段的支出，应当在发生时作为管理费用，全部计入当期损益。

（三）内部开发无形资产成本的计量

内部研发形成的无形资产的成本，由可直接归属于该资产的创造、生产并使该资产能够以管理层预定的方式运作的所有必要支出组成。可直接归属成本包括，开发该无形资产时耗费的材料、劳务成本、注册费、在开发该无形资产过程中使用的其他专利权和特许权的摊销，以及按照借款费用的处理原则可以资本化的利息支出。在开发无形资产过程中发生的，除上述可直接归属于无形资产开发活动之外的其他销售费用、管理费用等间接费用，无形资产达到预定用途前发生的可辨认的无效和初始运作损失，为运行该无形资产发生的培训支出等不构成无形资产的开发成本。

值得说明的是，内部开发无形资产的成本仅包括在满足资本化条件的时点至无形资产达到预定用途前发生的支出总和，对于同一项无形资产在开发过程中达到资本化条件之前已经费用化计入当期损益的支出不再进行调整。

（四）内部研究开发费用的会计处理

企业自行开发无形资产发生的研发支出，无论是否满足资本化条件，均应先在“研发支出”科目中归集，期末，对于不符合资本化条件的研发支出，转入当期管理费用；符合资本化条件但尚未完成的开发费用，继续保留在“研发支出”科目中，待开发项目完成达到预定用途形成无形资产时，再将其发生的实际成本转入无形资产。

外购或以其他方式取得的、正在研发过程中应予资本化的项目，先计入“研发支出”科目，其后发生的成本比较上述原则进行处理。

二、研究开发费用加计扣除的税务处理

研发费加计扣除的优惠政策，财政部、国家税务总局先后下发过《企业研究开发费用税前扣除管理办法（试行）》（国税发［2008］116号）、《财政部、国家税务总局关于研究开发费用税前加计扣除有关政策问题的通知》（财税［2013］70号），从2016年1月1日起统一执行《财政部、国家税务总局、科技部关于完善研究开发费用税前加计扣除政策的通知》（财税［2015］119号，以下简称“119号文”）、《国家税务总局关于企业研究开发费用税前加计扣除政策有关问题的公告》（国家税务总局公告2015年第97号，以下简称“97号公告”）、《国家税务总局关于研发费用税前加计扣除归集范围有关问题的公告》（国家税务总局公告2017年第40号，以下简称“40号公告”）、《财政部、税务总局、科技部关于企业委托境外研究开发费用税前加计扣除有关政策问题的通知》（财税［2018］64号）、《财政部、税务总局、科技部关于提高研究开发费用税前加计扣除比例的通知》（财税［2018］99号，以下简称“99号文”）。研究开发费除加计扣除优惠政策外，还涉及研发用设备及仪器加速折旧、技术转让所得减免、无形资产对外投资递延纳税等企业所得税优惠。

《企业所得税法实施条例》第九十五条规定，企业研发活动中实际发生的符合加计扣除条件的研发费用，未形成无形资产计入当期损益的，在按规定据实扣除的基础上，按照本年度实际发生额的50%从当期应纳税所得额中扣除；形成无形资产的，按照无形资产成本的150%在税前扣除。《财政部、国家税务总局、科技部关于提高科技型中小企业研究开发费用税前加计扣除比例的通知》（财税［2017］34号）规定，科技型中小企业开展研发活动中实际发生的研发费用，未形成无形资产计入当期损益的，在按规定据实扣除的基础上，在2017年1月1日至2019年12月31日期间，再按照实际发生额的75%在税前加计扣除；形成无形资产的，在上述期间按照无形资产成本的175%在税前摊销。99号文规定，企业开展研发活动中实际发生的研发费用，未形成无形资产计入当期损益的，在按规定据实扣除的基础上，在2018年1月1日至2020年12月31日期间，再按照实际发生额的75%在税前加计扣除；形成无形资产的，在上述期间按照无形资产成本的175%在税前摊销。

（一）适用对象

享受研发费加计扣除的企业必须是会计核算健全、实行查账征收并能够准

确归集研发费用的居民企业。119号文对于可以加计扣除的研发活动及行业采取负面清单方式进行限制。

1.对烟草制造业、住宿和餐饮业、批发和零售业、房地产业、租赁和商务服务业、娱乐业，以及财政部和国家税务总局规定的其他行业不得享受税前加计扣除。执行口径为前述行业业务为主营业务，其研发费用发生当年的主营业务收入占企业按《企业所得税法》第六条规定计算的收入总额减除不征税收入和投资收益的余额50%（不含）以上的企业。

2.下列与研发不直接相关的活动不适用税前加计扣除政策：

（1）企业产品（服务）的常规性升级；

（2）对某项科研成果的直接应用，如直接采用公开的新工艺、材料、装置、产品、服务或知识等；

（3）企业在商品化后为顾客提供的技术支持活动；

（4）对现存产品、服务、技术、材料或工艺流程进行的重复或简单改变；

（5）市场调查研究、效率调查或管理研究；

（6）作为工业（服务）流程环节或常规的质量控制、测试分析、维修维护；

（7）社会科学、艺术或人文学方面的研究。

119号文件规定，企业为获得创新性、创意性、突破性的产品进行创意设计活动而发生的相关费用，可以在税前加计扣除。创意设计活动是指多媒体软件、动漫游戏软件开发，数字动漫、游戏设计制作；房屋建筑工程设计（绿色建筑评价标准为三星）、风景园林工程专项设计；工业设计、多媒体设计、动漫及衍生产品设计、模型设计等。

企业取得作为不征税收入处理的财政性资金用于研发活动所形成的费用或无形资产，不得计算加计扣除或摊销。

（二）允许加计扣除的范围

1.人员人工费用

指直接从事研发活动人员的工资薪金、基本养老保险费、基本医疗保险费、失业保险费、工伤保险费、生育保险费和住房公积金，以及外聘研发人员的劳务费用。

（1）直接从事研发活动人员包括研究人员、技术人员、辅助人员。研究人员是指主要从事研究开发项目的专业人员；技术人员是指具有工程技术、自然科学和生命科学中一个或一个以上领域的技术知识和经验，在研究人员指导下参与研发工作的人员；辅助人员是指参与研究开发活动的技工。外聘研发人员是指与本企业或劳务派遣企业签订劳务用工协议（合同）和临时聘用的研究人员、技术人员、辅助人员。

接受劳务派遣的企业按照协议（合同）约定支付给劳务派遣企业，且由劳务派遣企业实际支付给外聘研发人员的工资薪金等费用，属于外聘研发人员的劳务费用。

（2）工资薪金包括按规定可以在税前扣除的对研发人员股权激励的支出。

（3）直接从事研发活动的人员、外聘研发人员同时从事非研发活动的，企业应对其人员活动情况做必要记录，并将其实际发生的相关费用按实际工时占比等合理方法在研发费用和生产经营费用间分配，未分配的不得加计扣除。

2.直接投入费用

指研发活动直接消耗的材料、燃料和动力费用；用于中间试验和产品试制的模具、工艺装备开发及制造费，不构成固定资产的样品、样机及一般测试手段购置费，试制产品的检验费；用于研发活动的仪器、设备的运行维护、调整、检验、维修等费用，以及通过经营租赁方式租入的用于研发活动的仪器、设备租赁费。

（1）以经营租赁方式租入的用于研发活动的仪器、设备，同时用于非研发活动的，企业应对其仪器设备使用情况做必要记录，并将其实际发生的租赁费按实际工时占比等合理方法在研发费用和生产经营费用间分配，未分配的不得加计扣除。

（2）企业研发活动直接形成产品或作为组成部分形成的产品对外销售的，研发费用中对应的材料费用不得加计扣除。

产品销售与对应的材料费用发生在不同纳税年度且材料费用已计入研发费用的，可在销售当年以对应的材料费用发生额直接冲减当年的研发费用，不足冲减的，结转以后年度继续冲减。

3.用于研发活动的仪器、设备折旧费

用于研发活动的仪器、设备，同时用于非研发活动的，企业应对其仪器设备使用情况做必要记录，并将其实际发生的折旧费按实际工时占比等合理方法在研发费用和生产经营费用间分配，未分配的不得加计扣除。企业用于研发活动的仪器、设备，符合税法规定且选择加速折旧优惠政策的，在享受研发费用税前加计扣除政策时，就税前扣除的折旧部分计算加计扣除。税法关于加速折旧的相关政策如下：

（1）《国家税务总局关于固定资产加速折旧税收政策有关问题的公告》（国家税务总局公告2014年第64号）规定，企业在2014年1月1日后购进并专门用于研发活动的仪器、设备，单位价值不超过100万元的，可以一次性在计算应纳税所得额时扣除；单位价值超过100万元的，允许按不低于企业所得税法规定折旧年限的60%缩短折旧年限，或选择采取双倍余额递减法或年数总和法进行加速折旧。

对生物药品制造业，专用设备制造业，铁路、船舶、航空航天和其他运输设备制造业，计算机、通信和其他电子设备制造业，仪器仪表制造业，信息传输、软件和信息技术服务业六大行业企业中的小型微利企业研发和生产经营共用的仪器、设备，可以执行上述加速折旧。

（2）《国家税务总局关于进一步完善固定资产加速折旧企业所得税政策有关问题的公告》（国家税务总局公告2015年第68号）规定，对轻工、纺织、机械、汽车等四个领域重点行业小型微利企业2015年1月1日后新购进的研发和生产经营共用的仪器、设备，单位价值不超过100万元（含）的，允许在计算应纳税所得额时一次性全额扣除；单位价值超过100万元的，允许缩短折旧年限或采取加速折旧方法。

（3）《财政部、税务总局关于设备、器具扣除有关企业所得税政策的通知》（财税［2018］54号）规定，企业在2018年1月1日至2020年12月31日期间新购进的设备、器具，单位价值不超过500万元的，允许一次性计入当期成本费用在计算应纳税所得额时扣除，不再分年度计算折旧；单位价值超过500万元的，仍按企业所得税法实施条例、《财政部、国家税务总局关于完善固定资产加速折旧企业所得税政策的通知》（财税［2014］75号）、《财政部、国家税务总局关于进一步完善固定资产加速折旧企业所得税政策的通知》（财税［2015］106号）等相关规定执行。

4.无形资产摊销费用

指用于研发活动的软件、专利权、非专利技术（包括许可证、专有技术、设计和计算方法等）的摊销费用。

（1）用于研发活动的无形资产，同时用于非研发活动的，企业应对其无形资产使用情况做必要记录，并将其实际发生的摊销费按实际工时占比等合理方法在研发费用和生产经营费用间分配，未分配的不得加计扣除。

（2）用于研发活动的无形资产，符合税法规定且选择缩短摊销年限的，在享受研发费用税前加计扣除政策时，就税前扣除的摊销部分计算加计扣除。

5.新产品设计费、新工艺规程制定费、新药研制的临床试验费、勘探开发技术的现场试验费

指企业在新产品设计、新工艺规程制定、新药研制的临床试验、勘探开发技术的现场试验过程中发生的与开展该项活动有关的各类费用。

6.其他相关费用

指与研发活动直接相关的其他费用，如技术图书资料费、资料翻译费、专家咨询费、高新科技研发保险费，研发成果的检索、分析、评议、论证、鉴定、评审、评估、验收费用，知识产权的申请费、注册费、代理费，差旅费、会议费，职工福利费、补充养老保险费、补充医疗保险费。

此类费用总额不得超过可加计扣除研发费用总额的10%。

其他相关费用限额=允许加计扣除的研发费用中的第1项至第5项的费用之和×10%÷（1-10%）

（三）委托开发

企业委托境内外部机构或个人开展研发活动发生的费用，可以据实扣除，但加计扣除时按照研发活动发生费用的80%作为加计扣除基数。委托个人研发的，应凭个人出具的发票等合法有效凭证在税前加计扣除。

企业委托境外机构进行研发活动所发生的费用，可以据实扣除，并可按照费用实际发生额的80%与境内符合加计扣除条件的研发费用的三分之二孰低原则，按规定在企业所得税前加计扣除。委托境外个人进行研发活动发生的支出据实扣除，但不得加计扣除。

上述费用实际发生额应按照独立交易原则确定。委托方与受托方存在关联关系的，受托方应向委托方提供研发项目费用支出明细情况。

委托境外进行研发活动应签订技术开发合同，并由委托方到科技行政主管部门进行登记。相关事项按技术合同认定登记管理办法及技术合同认定规则执行。企业应在年度申报享受优惠时，按照《企业所得税优惠政策事项办理办法》（国家税务总局公告2018年第23号）的规定办理有关手续，并留存备查以下资料：

1.自主、委托、合作研究开发项目计划书和企业有权部门关于自主、委托、合作研究开发项目立项的决议文件。

2.自主、委托、合作研究开发专门机构或项目组的编制情况和研发人员名单。

3.经科技行政主管部门登记的委托、合作研究开发项目的合同。

4.从事研发活动的人员（包括外聘人员）和用于研发活动的仪器、设备、无形资产的费用分配说明（包括工作使用情况记录及费用分配计算证据材料）。

5.集中研发项目研发费决算表、集中研发项目费用分摊明细情况表和实际分享收益比例等资料。

6.“研发支出”辅助账及汇总表。

7.企业如果已取得地市级（含）以上科技行政主管部门出具的鉴定意见，应作为资料留存备查。

（四）集团开发

企业集团根据生产经营和科技开发的实际情况，合理确定研发费用的分摊方法，在受益成员企业间进行分摊，由相关成员企业分别计算加计扣除。

（五）核算要求

企业应按照国家财务会计制度要求，对研发支出进行会计处理。研发项目立项时应设置研发支出辅助账，由企业留存备查；年末汇总分析填报研发支出辅助账汇总表，并在报送《年度财务会计报告》的同时随附注一并报送主管税务机关。

（六）其他事项

1.企业取得的政府补助，会计处理时采用直接冲减研发费用方法且税务处理时未将其确认为应税收入的，应按冲减后的余额计算加计扣除金额。

2.企业取得研发过程中形成的下脚料、残次品、中间试制品等特殊收入，在计算确认收入当年的加计扣除研发费用时，应从已归集研发费用中扣减该特殊收入，不足扣减的，加计扣除研发费用按零计算。

3.企业开展研发活动中实际发生的研发费用形成无形资产的，其资本化的时点与会计处理保持一致。

4.失败的研发活动所发生的研发费用可享受税前加计扣除政策。

5.国家税务总局公告2015年第97号第三条所称“研发活动发生费用”是指委托方实际支付给受托方的费用。无论委托方是否享受研发费用税前加计扣除政策，受托方均不得加计扣除。

委托方委托关联方开展研发活动的，受托方需向委托方提供研发过程中实际发生的研发项目费用支出明细情况。

（七）税收管理

企业年度纳税申报时，填报年度申报表附表“研发费用加计扣除优惠明细表”。居民企业享受研究开发费用加计扣除应按照国家税务总局公告2018年第23号文件附件《企业所得税优惠事项管理目录（2017年版）》中“开发新技术、新产品、新工艺发生的研究开发费用加计扣除”优惠事项要求的主要留存备查资料归集备查。

三、研究开发费高新技术企业认定口径相关规定

《高新技术企业认定管理办法》（国科发火［2016］32号）第十一条规定：认定为高新技术企业须同时满足以下条件：

企业近三个会计年度（实际经营期不满三年的按实际经营时间计算，下同）的研究开发费用总额占同期销售收入总额的比例符合如下要求：

1. 最近一年销售收入小于5 000万元（含）的企业，比例不低于5%。

2. 最近一年销售收入在5 000万元至2亿元（含）的企业，比例不低于4%。

3. 最近一年销售收入在2亿元以上的企业，比例不低于3%。

其中，企业在中国境内发生的研究开发费用总额占全部研究开发费用总额的比例不低于60%。

《科技部、财政部、国家税务总局关于修订印发〈高新技术企业认定管理工作指引〉的通知》（国科发火［2016］195号）第三条“认定条件”第（六）项：企业研究开发费用占比是企业近三个会计年度的研究开发费用总额占同期销售收入总额的比值。

1. 企业研究开发活动确定

研究开发活动是指，为获得科学与技术（不包括社会科学、艺术或人文学）新知识，创造性运用科学技术新知识，或实质性改进技术、产品（服务）、工艺而持续进行的具有明确目标的活动。不包括企业对产品（服务）的常规性升级或对某项科研成果直接应用等活动（如直接采用新的材料、装置、产品、服务、工艺或知识等）。

2. 研究开发费用的归集范围

（1）人员人工费用。包括企业科技人员的工资薪金、基本养老保险费、基本医疗保险费、失业保险费、工伤保险费、生育保险费和住房公积金，以及外聘科技人员的劳务费用。

（2）直接投入费用。直接投入费用是指企业为实施研究开发活动而实际发生的相关支出。包括：

①直接消耗的材料、燃料和动力费用；

②用于中间试验和产品试制的模具、工艺装备开发及制造费，不构成固定资产的样品、样机及一般测试手段购置费，试制产品的检验费；

③用于研究开发活动的仪器、设备的运行维护、调整、检验、检测、维修等费用，以及通过经营租赁方式租入的用于研发活动的固定资产租赁费。

（3）折旧费用与长期待摊费用。折旧费用是指用于研究开发活动的仪器、设备和在用建筑物的折旧费。

长期待摊费用是指研发设施的改建、改装、装修和修理过程中发生的长期待摊费用。

（4）无形资产摊销费用。无形资产摊销费用是指用于研究开发活动的软件、知识产权、非专利技术（专有技术、许可证、设计和计算方法等）的摊销费用。

（5）设计费用。设计费用是指为新产品和新工艺进行构思、开发和制造，进行工序、技术规范、规程制定、操作特性方面的设计等发生的费用。包括为获得创新性、创意性、突破性产品进行的创意设计活动发生的相关费用。

（6）装备调试费用与试验费用。装备调试费用是指工装准备过程中研究开发活动所发生的费用，包括研制特殊、专用的生产机器，改变生产和质量控制程序，或制定新方法及标准等活动所发生的费用。

为大规模批量化和商业化生产所进行的常规性工装准备和工业工程发生的费用不能计入归集范围。

试验费用包括新药研制的临床试验费、勘探开发技术的现场试验费、田间试验费等。

（7）委托外部研究开发费用。委托外部研究开发费用是指企业委托境内外其他机构或个人进行研究开发活动所发生的费用（研究开发活动成果为委托方企业拥有，且与该企业的主要经营业务紧密相关）。委托外部研究开发费用的实际发生额应按照独立交易原则确定，按照实际发生额的80%计入委托方研发费用总额。

（8）其他费用。其他费用是指上述费用之外与研究开发活动直接相关的其他费用，包括技术图书资料费、资料翻译费、专家咨询费、高新科技研发保险费，研发成果的检索、论证、评审、鉴定、验收费用，知识产权的申请费、注册费、代理费，会议费、差旅费、通讯费等。此项费用一般不得超过研究开发总费用的20%，另有规定的除外。

3. 企业在中国境内发生的研究开发费用

企业在中国境内发生的研究开发费用，是指企业内部研究开发活动实际支出的全部费用与委托境内其他机构或个人进行的研究开发活动所支出的费用之和，不包括委托境外机构或个人完成的研究开发活动所发生的费用。受托研发的境外机构是指依照外国和地区（含港澳台）法律成立的企业和其他取得收入的组织；受托研发的境外个人是指外籍（含港澳台）个人。

4. 企业研究开发费用归集办法

企业应正确归集研发费用，由具有资质并符合本《工作指引》相关条件的中介机构进行专项审计或鉴证。

企业的研究开发费用是以单个研发活动为基本单位分别进行测度并加总计算的。企业应对包括直接研究开发活动和可以计入的间接研究开发活动所发生的费用进行归集，并填写附件2“高新技术企业认定申请书”中的“企业年度研究开发费用结构明细表”。

企业应按照“企业年度研究开发费用结构明细表”设置高新技术企业认定专用研究开发费用辅助核算账目，提供相关凭证及明细表，并按本《工作指引》要求进行核算。

5. 销售收入

销售收入为主营业务收入与其他业务收入之和。

主营业务收入与其他业务收入按照企业所得税年度纳税申报表的口径计算。

四、高新企业研发费、加计扣除研发费与会计核算范围比较

见表7.1。

表 7.1　　研发费用归集口径比较

费用项目	研发费用加计扣除	高新技术企业认定	会计规定	备注
人员人工费用	直接从事研发活动人员的工资薪金、基本养老保险费、基本医疗保险费、失业保险费、工伤保险费、生育保险费和住房公积金，以及外聘研发人员的劳务费用。	企业科技人员的工资薪金、基本养老保险费、基本医疗保险费、失业保险费、工伤保险费、生育保险费和住房公积金，以及外聘科技人员的劳务费用。	企业在职研发人员的工资、奖金、津贴、补贴、社会保险费、住房公积金等人工费用以及外聘研发人员的劳务费用。	会计核算范围大于税收范围。高新技术企业人员人工费用归集对象是科技人员。
直接投入费用	（1）研发活动直接消耗的材料、燃料和动力费用。	（1）直接消耗的材料、燃料和动力费用。	（1）研发活动直接消耗的材料、燃料和动力费用。	
	（2）用于中间试验和产品试制的模具、工艺装备开发及制造费，不构成固定资产的样品、样机及一般测试手段购置费，试制产品的检验费。	（2）用于中间试验和产品试制的模具、工艺装备开发及制造费，不构成固定资产的样品、样机及一般测试手段购置费，试制产品的检验费。	（2）用于中间试验和产品试制的模具、工艺装备开发及制造费，样品、样机及一般测试手段购置费，试制产品的检验费等。	
	（3）用于研发活动的仪器、设备的运行维护、调整、检验、维修等费用，以及通过经营租赁方式租入的用于研发活动的仪器、设备租赁费。	（3）用于研究开发活动的仪器、设备的运行维护、调整、检验、检测、维修等费用，以及通过经营租赁方式租入的用于研发活动的固定资产租赁费。	（3）用于研发活动的仪器、设备、房屋等固定资产的租赁费，设备调整及检验费，以及相关固定资产的运行维护、维修等费用。	房屋租赁费不计入加计扣除范围。

续表

费用项目	研发费用加计扣除	高新技术企业认定	会计规定	备注
折旧费用与长期待摊费用	用于研发活动的仪器、设备的折旧费。	用于研究开发活动的仪器、设备和在用建筑物的折旧费。 研发设施的改建、改装、装修和修理过程中发生的长期待摊费用。	用于研发活动的仪器、设备、房屋等固定资产的折旧费。	房屋折旧费不计入加计扣除范围。
无形资产摊销	用于研发活动的软件、专利权、非专利技术（包括许可证、专有技术、设计和计算方法等）的摊销费用。	用于研究开发活动的软件、知识产权、非专利技术（专有技术、许可证、设计和计算方法等）的摊销费用。	用于研发活动的软件、专利权、非专利技术等无形资产的摊销费用。	
设计试验等费用	新产品设计费、新工艺规程制定费、新药研制的临床试验费、勘探开发技术的现场试验费。	符合条件的设计费用、装备调试费用、试验费用（包括新药研制的临床试验费、勘探开发技术的现场试验费、田间试验费等）。		
其他相关费用	与研发活动直接相关的其他费用，如技术图书资料费、资料翻译费、专家咨询费、高新科技研发保险费，研发成果的检索、分析、评议、论证、鉴定、评审、评估、验收费用，知识产权的申请费、注册费、代理费，差旅费、会议费，职工福利费、补充养老保险费、补充医疗保险费。此项费用总额不得超过可加计扣除研发费用总额的10%。	与研究开发活动直接相关的其他费用，包括技术图书资料费、资料翻译费、专家咨询费、高新科技研发保险费，研发成果的检索、论证、评审、鉴定、验收费用，知识产权的申请费、注册费、代理费，会议费、差旅费、通讯费等。此项费用一般不得超过研究开发总费用的20%，另有规定的除外。	与研发活动直接相关的其他费用，包括技术图书资料费、资料翻译费、会议费、差旅费、办公费、外事费、研发人员培训费、培养费、专家咨询费、高新科技研发保险费用等。研发成果的论证、评审、验收、评估以及知识产权的申请费、注册费、代理费等费用。	加计扣除政策及高新研发费用范围中对其他相关费用总额有比例限制。

资料来源：研发费用加计扣除政策执行指引（1.0版）。

五、研究开发费的差异及纳税调整

有关企业研发费及形成的无形资产在税会差异上主要体现于以下方面：

（一）费用加计扣除

企业研发费加计扣除范围的费用化支出可享受50%（或75%）加计扣除，直接作纳税调减处理。

（二）无形资产摊销期和摊销方法

无形资产的摊销期自其可供使用时（即其达到预定用途）开始至终止确认时止。在无形资产的使用寿命内系统地分摊其应摊销金额，存在多种方法。这些方法包括直线法、生产总量法等。

企业的研发费用以是否形成无形资产为标准，划分为费用化和资本化两种方式加计扣除。两种方式准予税前扣除的总额是一样的。

企业需要注意的是，研发费用的核算无论是计入当期损益还是形成无形资产，可加计扣除的研发费用都应属于119号文及97号公告、40号公告规定的范围，同时应符合法律、行政法规和财税部门税前扣除的相关规定，即不得税前扣除的项目也不得加计扣除。对于研发支出形成无形资产的，其摊销年限应符合企业所得税法实施条例规定，除法律法规另有规定或合同约定外，摊销年限不得低于10年。

（三）无形资产减值准备

已经计提减值准备的无形资产，会计上计算摊销额时应扣除减值准备的金额。由于无形资产减值准备不得在税前扣除，因此，无形资产的计税基础不得剔除减值准备。

（四）无形资产处置

无形资产处置时，会计上处置非流动资产损益=转让收入－账面价值－相关税费。其中，账面价值=初始计量－累计摊销－无形资产减值准备；

税法上资产转让所得（或损失）=转让收入－计税基础净值－相关税费。其中，计税基础净值=初始计税基础－累计扣除额。

上式中“初始计税基础”及“累计扣除额”均不含享受加计扣除的税收优惠金额。

对符合企业所得税法及其实施条例、《国家税务总局关于技术转让所得减免企业所得税有关问题的通知》（国税函［2009］212号）、《财政部、国家税务总局关于居民企业技术转让有关企业所得税政策问题的通知》（财税［2010］111号）、《国家税务总局关于技术转让所得减免企业所得税有关问题的公告》（国家税务总局公告2013年第62号）及《国家税务总局关于许可使用权技术转让所得企业所得税有关问题的公告》（国家税务总局公告2015年第82号）的技术转让所得，年度不超过500万元的部分，免征企业所得税；超过500万元的部分，减半征收企业所得税。

（五）特殊事项

企业内部研发形成的无形资产，在摊销过程中对外转让时，会计上一次性按账面价值结转，计算所得税时允许按照计税基础净值的150%扣除。但在计算技术转让所得时，只能按照按计税基础净值扣除。

【例7-2】20×6年1—5月，甲高新技术企业研究开发A专利技术，其中“研发支出——费用化支出140万元”列支内容如下：

（1）研发人员工资及“五险一金”60万元、职工教育经费5万元；

（2）直接消耗的材料、燃料和动力费用20万元、用于研发活动的仪器租赁费5万元、与研发活动有关的房屋租赁费10万元；

（3）办公用房折旧费15万元；

（4）新型专利设计费5万元；

（5）与研发活动直接相关的技术图书资料费、资料翻译费、专家咨询费、高新科技研发保险费等其他相关费用20万元。

20×6年6月1日开始资本化处理，20×7年1月17日，该专利达到预定可使用状态，于是，甲公司将“研发支出——资本化支出”科目余额300万元转入“无形资产”科目（假设资本化支出部分均符加计扣除范围），企业按预计使用寿命10年摊销，20×7年会计摊销额30万元。由于类似技术推陈出新，年末同时计提减值准备30万元。

20×8年1月3日，甲公司将该专利作价1 000万元投资于乙公司，取得乙公司50%的股权。该专利转让免征增值税，假设不考虑其他相关税费，相关年度内无其他技术转让，有关税务处理如下：

（1）20×6年：根据119号文及40号公告，人员人工费用中的职工教育经费5万元，研发活动有关的房屋租赁费10万元、办公用房折旧费15万元，不得享受加计扣除。剔除其他相关费用，允许享受加计扣除费用的金额=140–5–10–15–20=90（万元），允许享受加计扣除的其他相关费用限额=90÷（1–10%）×10%=10（万元）。据此，甲公司20×6年允许享受加计扣除的研发费总额=90+10=100（万元），加计扣除额为100×50%=50（万元）。

（2）20×7年：由于会计摊销年限与税法摊销年限一致，均为10年，当年会计摊销额30万元，享受加计扣除15万元作纳税调减处理。企业计提无形资产减值准备不得税前扣除，须纳税调增30万元。

无形资产计税基础净值=300–30=270（万元）

（3）20×8年：甲公司以该专利技术对外投资时，账务处理如下：

借：长期股权投资——乙公司	10 000 000	
无形资产减值准备	300 000	
累计摊销	300 000	
贷：无形资产——A专利技术		3 000 000
资产处置损益		7 600 000

税务处理：

技术转让所得=1 000–270=730（万元）。根据《财政部、国家税务总局关于非货币性资产投资企业所得税政策问题的通知》（财税［2014］116号）规定，甲公司可就非货币性资产转让所得于5年内分期均匀计入相应年度的应纳税所得额，同时根据《企业所得税法实施条例》第九十条规定，对于技术转让所得年度不超过500万元的部分免征企业所得税，超过500万元部分减半征收企业所得税。

甲公司就该专利技术转让所得730万元，每年确认应纳税所得额146万元（730÷5）应纳税所得额，其中第一年、第二年、第三年146万元免征企业所得税，第四年62万元（500–146×3）免征企业所得税，84万元（146–62）减半征收企业所得税，第五年146万元减半征收企业所得税。

第1年（20×8年），调减资产处置损益760万元；无形资产处置减值准备转出，需调减30万元；调增技术转让所得146万元；同时享受所得减免146万元；由于无形资产处置，20×8年允许按照无形资产计税基础净值的50%加计扣除，纳税调减135万元（270×50%）。

第2年、第3年，调增技术转让所得146万元，同时所得减免146万元。

第4年：调增技术转让所得146万元，同时所得减免62+84÷2=104（万元）；

第5年：调增技术转让所得146万元，同时所得减免146÷2=73（万元）。

甲公司需就专利技术转让递延确认所得的，应按照《国家税务总局关于非货币性资产投资企业所得税有关征管问题的公告》（国家税务总局公告2015年第33号）规定向主管税务机关报送《非货币性资产投资递延纳税调整明细表》。

需要说明的是，甲公司也可以选择执行《财政部　国家税务总局关于完善股权激励和技术入股有关所得税政策的通知》（财税［2016］101号）适用递延纳税优惠政策，即投资时暂不确认所得，允许递延至转让股权时，按照股权转让收入减去计税基础270万元计算缴纳所得税。

第三节　无形资产后续计量与税法差异

一、会计处理

（一）无形资产后续计量的原则

无形资产初始确认和计量后，在其后使用该项无形资产期间内应以成本减去累计摊销额和累计减值损失后的余额计量。要确定无形资产在使用过程中的累计摊销额，基础是估计其使用寿命，只有使用寿命有限的无形资产才需在估计的使用寿命内采用系统合理的方法进行摊销，对于使用寿命不确定的无形资产则不需要摊销。

（二）无形资产使用寿命的确定

无形资产的使用寿命包括法定寿命和经济寿命。无形资产的经济寿命往往短于法定寿命，因此，在估计无形资产的使用寿命时，应当综合考虑各方面相关因素的影响，合理确定无形资产使用寿命。

企业应当于取得无形资产时分析判断其使用寿命。无形资产的使用寿命如为有限的，应当估计该使用寿命的年限或者构成使用寿命的产量等类似计量单位数量；无法预见无形资产为企业带来经济利益期限的，应当视为使用寿命不确定的无形资产。

某些无形资产的取得源自于合同性权利或其他法定权利，其使用寿命不应超过合同性权利或其他法定权利规定的期限。但如果企业使用资产的预期期限短于合同性权利或其他法定权利规定的期限的，则应当按照企业预期使用的期限来确定其使用寿命。例如，企业取得的某项实用新型专利权，法律规定的保护期限为10年，企业预计运用该项实用新型专利权所生产的产品在未来6年内会为企业带来经济利益。则该项实用新型专利权的预计使用寿命为6年。

如果合同性权利或其他法定权利能够在到期时因续约等延续，当有证据表明企业续约不需要付出重大成本时，续约期才能够包括在使用寿命的估计中。

没有明确的合同或法律规定无形资产的使用寿命的，企业应当综合各方面情况，例如企业经过努力，聘请相关专家进行论证、与同行业的情况进行比较以及参考企业的历史经验等，来确定无形资产为企业带来未来经济利益的期限。如果经过这些努力，仍确实无法合理确定无形资产为企业带来经济利益期限的，才能将其作为使用寿命不确定的无形资产。

（三）无形资产使用寿命的复核

企业至少应当于每年年度终了，对无形资产的使用寿命及摊销方法进行复核，如果有证据表明无形资产的使用寿命及摊销方法不同于以前的估计，则对于使用寿命有限的无形资产，应改变其摊销年限及摊销方法，并按照会计估计变更进行处理。例如，企业使用的某项专利权，原预计使用寿命为10年，使用至第2年年末时，该企业计划再使用2年即不再使用，为此，在第2年年末，企业应当变更该项无形资产的使用寿命，并作为会计估计变更进行处理。又如，某项无形资产计提了减值准备，这可能表明企业原估计的摊销期限需要作出变更。

对于使用寿命不确定的无形资产，如果有证据表明其使用寿命是有限的，则应视为会计估计变更，应当估计其使用寿命并按照使用寿命有限的无形资产的处理原则进行处理。

（四）摊销期及摊销方法

1.使用寿命有限的无形资产

使用寿命有限的无形资产，应在其预计的使用寿命内采用系统合理的方法对应摊销金额进行摊销。应摊销金额，是指无形资产的成本扣除残值后的金额。已计提减值准备的无形资产，还应扣除已计提的无形资产减值准备累计金额。使用寿命有限的无形资产，其残值应当视为零。

（1）摊销期和摊销方法。无形资产的摊销期自其可供使用（即其达到预定用途）时起至终止确认时止。在无形资产的使用寿命内系统地分摊其应摊销金额，存在多种方法。这些方法包括直线法、生产总量法等。企业选择的无形资产摊销方法，应当能够反映与该项无形资产有关的经济利益的预期实现方式，并一致地运用于不同会计期间；无法可靠确定其预期实现方式的，应当采用直线法进行摊销。

无形资产的摊销金额一般应当计入当期损益，但如果某项无形资产是专门用于生产某种产品或者其他资产，其所包含的经济利益是通过转入到所生产的产品或其他资产中实现的，则无形资产的摊销金额应当计入相关资产的成本。例如，某项专门用于生产过程中的无形资产，其摊销金额应构成所生产产品成本的一部分，计入该产品的制造费用。

（2）残值的确定。无形资产的残值一般为零，但下列情况除外：

①有第三方承诺在无形资产使用寿命结束时购买该无形资产；

②可以根据活跃市场得到预计残值信息，并且该市场在无形资产使用寿命结束时可能存在。

无形资产的残值意味着，在其经济寿命结束之前，企业预计将会处置该无形资产，并且从该处置中获得利益。估计无形资产的残值应以资产处置时的可收回金额为基础，此时的可收回金额是指在预计出售日，出售一项使用寿命已满且处于类似使用状况下，同类无形资产预计的处置价格（扣除相关税费）。残值确定以后，在持有无形资产的期间内，至少应于每年年末进行复核，预计其残值与原估计金额不同的，应按照会计估计变更进行处理。如果无形资产的残值重新估计以后高于其账面价值的，则无形资产不再摊销，直至残值降至低于账面价值时再恢复摊销。

（3）使用寿命有限的无形资产摊销的会计处理。使用寿命有限的无形资产应当在使用寿命内，采用合理的摊销方法进行摊销。摊销时，应当考虑该项无形资产所服务的对象，并以此为基础将其摊销。摊销时，应当考虑该无形资产所服务的对象，并以此为基础将其摊销价值计入相关资产的成本或者当期损益。

【例7-3】甲公司从外单位购入某项专利权的成本为6 000 000元，估计使用寿命为8年，该项专利用于产品的生产；同时，购入一项商标权，实际成本为8 000 000元，估计使用寿命为10年。假定这两项无形资产的净残值均为零。购买价款均已以银行存款支付。

本例中，甲公司外购的专利权的估计使用寿命为8年，表明是使用寿命有限的无形资产，且该项无形资产用于产品的生产，因此应当将其摊销金额计入相关产品的制造成本。甲公司外购商标权的摊销金额通常直接计入当期管理费用。

据此，甲公司的账务处理如下：

（1）取得无形资产时

借：无形资产——专利权　　6 000 000

　　　　　　——商标权　　8 000 000

　　贷：银行存款　　14 000 000

（2）按年摊销

借：制造费用——专利权摊销　　750 000

　　管理费用——商标权摊销　　800 000

　　贷：累计摊销　　1 550 000

2.使用寿命不确定的无形资产

根据可获得的相关信息判断，如果无法合理估计某项无形资产的使用寿命的，应将其作为使用寿命不确定的无形资产进行核算。对于使用寿命不确定的无形资产，在持有期间内不需要进行摊销，但应当在每个会计期间进行减值测试。其减值测试的方法按照判断资产减值的原则进行处理，如经减值测试表明已发生减值，则需要计提相应的减值准备，其相关的账务处理为：借记“资产减值损失”科目，贷记“无形资产减值准备”科目。无形资产减值准备一经计提，不得转回。处置无形资产时，一并结转无形资产减值准备。

二、差异分析

无形资产后续计量的差异主要表现在摊销方法、摊销年限、减值准备等方面。

（一）使用寿命有限的无形资产

使用寿命有限的无形资产的后续计量，其影响损益的金额有两项：一是摊销，二是减值准备。其中，无形资产摊销的差异表现在以下方面：

1.无形资产初始计量与计税基础的差异

参见本章第一节“无形资产初始计量与计税基础的差异”。

2.残值的差异

无形资产的残值一般为零，但如果有第三方承诺在无形资产使用寿命结束时购买该无形资产，或者可以根据活跃市场得到预计残值信息，并且该市场在无形资产使用寿命结束时可能存在时，应当保留残值，而计算税法摊销额时不要求保留残值。

3.摊销方法的差异

会计摊销方法有直线法、生产总量法等；《企业所得税法实施条例》第六十七条明确规定，税法摊销方法只允许采用直线法。

4.摊销年限的差异

会计摊销年限为无形资产的经济使用寿命，而税法摊销年限为法定使用寿命。《企业所得税法实施条例》第六十七条规定，作为投资或者受让的无形资产，在协议、合同或有关法律中规定使用年限的，可以按照协议、合同或有关法律规定使用年限分期摊销。税法同时规定，如果协议、合同或有关法律没有规定使用年限的，摊销期不得少于10年。

《财政部、国家税务总局关于进一步鼓励软件产业和集成电路产业发展企业所得税政策的通知》（财税［2012］27号）规定，企业外购的软件，凡符合固定资产或无形资产确认条件的，可以按照固定资产或无形资产进行核算，其折旧或摊销年限可以适当缩短，最短可为2年［含］。需要注意的是，企业享受该政策，需按照《企业所得税优惠政策事项办理办法》（国家税务总局公告2018年第23号）附件《企业所得税优惠事项管理目录（2017年版）》规定的“外购软件拟缩短折旧或摊销年限情况的说明、购入软件的发票、记账凭证”等资料归集备查。

5.无形资产减值准备的差异

已经计提减值准备的无形资产，在计算摊销额时应扣除减值准备的金额。

由于无形资产减值准备不得在税前扣除，因此，无形资产的计税基础不得剔除减值准备。

税法摊销额=无形资产计税基础 ÷ 税法摊销年限

纳税调整方法为：

（本期会计摊销额+本期计提的无形资产减值准备）>税法摊销额，调增所得。

（本期会计摊销额+本期计提的无形资产减值准备）<税法摊销额，调减所得。

无形资产账面价值=无形资产初始计量金额－累计摊销－无形资产减值准备

无形资产计税基础净值=无形资产初始计税基础－按税法规定计算的累计摊销额

处置无形资产时，按无形资产计税基础净值计算扣除。

（二）使用寿命不确定的无形资产

按照无形资产准则规定，对于使用寿命不确定的无形资产，在持有期间内不需要摊销，需要计提减值准备的，相应计提减准备。税法规定，使用寿命不确定的无形资产，采用直线法摊销，摊销年限不得少于十年。因此，在税法摊销期内，应当分期调减应纳税所得；如果本期计提了减值准备，应按减值准备与税法摊销额之间的差异作纳税调整，其中减值准备小于税法摊销额，应调减所得；反之应调增所得。

无形资产账面价值=无形资产初始计量－无形资产减值准备

无形资产计税基础净值=无形资产初始计税基础－按税法规定计算的累计摊销额

处置无形资产时，按无形资产计税基础净值计算扣除。

需要注意的是，税法允许扣除的无形资产必须与生产、经营有关，凡是与生产、经营无关的无形资产在摊销或转让时均不得在税前扣除。

（三）商誉的会计及税务处理

由于商誉不可辨认，不符合会计准则关于无形资产的定义，因此会计上将商誉从无形资产中独立出去，作为一项独立的特殊资产处理。自创的商誉不得作价入账，外购的商誉可以作价入账。外购的商誉是指在非同一控制下的吸收合并当中，合并成本大于合并中取得的被购买方可辨认净资产公允价之间的差额。有一种特殊情况，同一控制下的吸收合并，按照被合并方资产的账面金额结转至合并方账下，因此，如果被合并方账面原有商誉，也应当结转至合并方账下。

商誉在确认以后，持有期间不要求摊销，每一会计年度末，企业应当根据《企业会计准则第8号——资产减值》的规定对其进行减值测试，按照账面价值与可收回金额孰低的原则计量，对于可收回金额低于账面价值的部分，计提减值准备，有关减值准备在提取以后，不能够转回。

税法仍将商誉作为一项无形资产处理。由于商誉是指合并成本大于合并中取得的被购买方可辨认净资产公允价之间的差额，因此，合并无论采用一般性税务处理还是特殊性税务处理，其商誉的计税基础均以实际成本确定，与初始会计成本一致。《企业所得税法实施条例》第六十七条第四款规定："外购商誉的支出，在企业整体转让或者清算时，准予扣除。"

清算所得中允许扣除的商誉，是指商誉的计税基础（不得扣除减值准备）。

依据《企业所得税法实施条例》第十一条规定，

清算所得=清算日全部资产变现收入-全部资产计税基础净值-清算费用以及相关税费+债务清偿损益-弥补亏损

这里，允许扣除的资产计税基础净值包括商誉的计税基础（不得扣除减值准备）。

对于非同一控制下的控股合并形成的商誉，构成长期股权投资的会计成本，而没有在个别会计报表中单独反映。由于外购长期股权投资的计税基础是以取得该项投资发生的实际支出确定的，因此长期股权投资的计税基础包含商誉，长期股权投资成本在持有期间不得扣除，处置长期股权投资时，商誉作为投资计税基础的一部分，一并扣除。

第四节　无形资产处置的差异

无形资产的处置，主要是指无形资产出售、对外出租、对外捐赠，或者是无法为企业带来经济利益时，应予转销并终止确认。

一、无形资产出租的差异

企业让渡无形资产使用权形成的租金收入和发生的相关费用，分别确认为其他业务收入和其他业务成本。其他业务成本包括摊销出租无形资产的成本，以及与出租无形资产有关的各项税费。

无形资产出租业务的所得税处理应关注会计摊销与税法摊销的金额可能不同，其纳税调整方法参见本章第三节"无形资产后续计量的差异"。

二、无形资产出售的差异

（一）会计处理

企业出售某项无形资产，表明企业放弃该无形资产的所有权，应将所取得的价款与该无形资产账面价值的差额计入当期损益。但是，值得注意的是，企业出售无形资产确认其利得的时点，应按照收入确认中相关原则进行确定。

企业出售无形资产，应当将取得的价款与该无形资产账面价值（成本减去累计摊销和已计提的减值准备）的差额，确认为处置非流动资产的利得或损失，计入当期资产处置损益。

（二）税务处理

企业转让无形资产的所有权，计算会计损益应按账面价值结转成本，而按税法规定计算资产转让所得只能按计税基础净值扣除，两者之间的差异应当作纳税调整。

【例7-4】甲公司于20×1年1月1日拥有的某项商标权的成本为5 000 000元，计税基础与会计成本一致，会计及税法均按十年摊销。20×5年末累计摊销金额为2 500 000元，通过减值测试计提减值准备为400 000元。该公司于20×6年1月出售该商标权的所有权，取得出售收入2 120 000元。增值税税率为6%，不考虑城市维护建设税和教育费附加。甲公司的账务处理如下：

借：银行存款	2 120 000	
累计摊销	2 500 000	
无形资产减值准备	400 000	
资产处置损益	200 000	
贷：无形资产		5 000 000
应交税费——应交增值税——销项税额		120 000

税务处理：20×5年计提减值准备应调增所得40万元。处置该项无形资产时，账面价值=初始计量－累计摊销－无形资产减值准备=500－250－40=210（万元）；计税基础净值=初始计税基础－已扣除的摊销额=500－250=250（万元）。处置非流动资产损益=转让收入－账面价值－相关税费=200－210－10=－20（万元）；资产转让所得（或损失）=转让收入－计税基础净值－相关税费=200－250－10=－60（万元），因此应调减所得额40万元。

通过本例可以看出，在无形资产持有期间，只需对本期摊销及计提减值准备的金额合计数与本期允许扣除的摊销额进行对比，对其差额进行纳税调整。无形资产处置时，将无形资产账面价值与计税基础净值的差额进行纳税调整。如果无形资产的初始计量与计税基础相同，那么，持有期间与处置年度纳税调整的方向相反，总额相等。

此外，《企业所得税法实施条例》第九十条规定“居民企业每一纳税年度实现的技术转让所得不超过500万元的部分，免征企业所得税；超过500万元的部分，减半征收企业所得税。”因此，按照上述方法计算的技术转让所得还需作相应的纳税调减处理。

三、无形资产报废的差异

如果无形资产预期不能为企业带来经济利益，例如，该无形资产已被其他新技术所替代，则应将其报废并予转销，其账面价值转作当期损益。转销时，应按已计提的累计摊销，借记“累计摊销”科目；按其账面余额，贷记“无形资产”科目；按其差额，借记“营业外支出”科目。已计提减值准备的，还应同时结转减值准备。

依据《企业资产损失所得税税前扣除管理办法》（国家税务总局公告2011年第25号）、《国家税务总局关于企业所得税资产损失资料留存备查有关事项的公告》（国家税务总局公告2018年第15号）规定，被其他新技术所代替或已经超过法律保护期限，已经丧失使用价值和转让价值，尚未摊销的无形资产损失，允许税前扣除。企业应将以下证据留存备查：

（1）会计核算资料；

（2）企业内部核批文件及有关情况说明；

（3）技术鉴定意见和企业法定代表人、主要负责人和财务负责人签章证实无形资产已无使用价值或转让价值的书面申明；

（4）无形资产的法律保护期限文件。

【例7-5】2018年12月31日，甲企业某项专利权的账面原价为6 000 000元。该专利权的摊销期限为10年。无形资产初始计量与计税基础相同，会计与税法的摊销期相同，均采用直线法进行摊销，已摊销5年。该专利权的残值为零，已累计计提减值准备1 600 000元。假定以该专利权生产的产品已没有市场，预期不能再为企业带来经济利益。

假定不考虑其他因素，甲企业的账务处理如下：

借：累计摊销	3 000 000	
无形资产减值准备	1 600 000	
营业外支出——处置非流动资产损失	1 400 000	
贷：无形资产——专利权		6 000 000

税务处理：企业应按无形资产计税基础净值作为财产损失申报扣除。无形资产净值=初始计税基础-已扣除的累计摊销额=6 000 000-3 000 000=3 000 000（元）。会计处置损失1 400 000元，还需调减1 600 000元。计提减值准备时形成的可抵扣暂时性差异，在处置无形资产时得到转回。

第八章

非货币性资产交换准则与税法差异分析

非货币性资产交换是指交易双方主要以存货、固定资产、无形资产和长期股权投资等非货币性资产进行的交换。该交换不涉及或只涉及少量的货币性资产。非货币性交易不涉及下列交易和事项：一是与所有者或所有者以外方面的非货币性资产非互惠转让。如政府补助、以非货币性资产支付股利、非现金资产对外捐赠等。二是以企业合并、债务重组、发行股票方式取得的非货币性资产。非货币性资产交换的会计方法有公允价值模式和成本模式两种。本章分析在公允价值和成本模式下，换出资产损益（或所得）的确认以及换入资产成本计量的差异。

第一节 非货币性资产交换采用公允价值模式计量的差异

非货币性资产交换一般不涉及或只涉及少量货币性资产，即涉及少量的补价。在涉及少量补价的情况下，以补价占整个资产交换金额的比例低于25%作为参考。支付的货币性资产占换入资产公允价值（或者占换出资产的公允价值与支付的货币性资产之和）的比例低于25%（不含25%），视为非货币性资产交换；高于25%（含25%）的，则视为以货币性资产交换，适用《收入准则》的有关规定。

一、会计处理

非货币性资产交换采用公允价值模式计量必须具备两个条件，即该项交换具有商业实质，并且换入资产或换出资产的公允价值能够可靠计量。公允价值模式计量要求，以换出资产的公允价值和应支付的相关税费作为换入资产的成本，公允价值与换出资产账面价值的差额计入当期损益。

一项非货币性资产交换具有下列条件之一的，视同具有商业实质：

（1）换入资产的未来现金流量在风险、时间和金额方面与换出资产显著不同。

（2）换入资产与换出资产的预计未来现金流量现值不同，且其差额与换入资产和换出资产的公允价值相比是重大的。

在确定非货币性资产交换是否具有商业实质时，企业应当关注交易各方之间是否存在关联方关系。关联方关系的存在可能导致发生的非货币性资产交换不具有商业实质。

（一）不涉及补价的会计处理

具有商业实质且其换入或换出资产的公允价值能够可靠地计量的非货币性资产交换，不涉及补价的，应当按照换出资产的公允价值作为确定换入资产成本的基础，但有确凿证据表明换入资产的公允价值更加可靠的，则以换入资产的公允价值作为确定换入资产成本的基础。换出资产账面价值与其公允价值之间的差额，计入当期损益。计入损益的方法视换出资产的类别不同而有所区别：

1.换出资产为存货的，应当按照《收入准则》的规定，按照公允价值确认销售收入，同时结转销售成本。

2.换出资产为固定资产、无形资产的，换出资产公允价值和换出资产账面价值的差额计入资产处置损益。

3.换出资产为长期股权投资、公允价值计量且其变动计入其他综合收益的金融资产的，换出资产公允价值和换出资产账面价值的差额计入投资收益。

4.换入资产与换出资产涉及相关税费的，按照有关税收规定计算确定。

（二）涉及补价的会计处理

非货币性资产交换具有商业实质且公允价值能够可靠计量的，在发生补价的情况下，应当分别下列情况处理：

1.支付补价的，应当以换出资产的公允价值加上支付的补价（或换入资产的公允价值）和应支付的相关税费，作为换入资产的成本。

2.收到补价的，应当以换出资产的公允价值减去收到的补价（或换入资产的公允价值）加上应支付的相关税费，作为换入资产的成本。

（三）换入多项资产的会计处理

具有商业实质且换入资产的公允价值能够可靠计量的非货币性资产交换，在同时换入多项资产的情况下，应当按照换入各项资产的公允价值占换入资产公允价值总额的比例，对换入资产的成本总额进行分配，确定各项换入资产的成本。

二、税务处理

（一）流转税处理

1.以存货（不含开发产品）换取其他资产，应当视同销售按适用税率计算增值税。如果是自产应税消费品，还需缴纳消费税。计算增值税时，销售额依次按纳税人最近时期同类货物的平均销售价格、其他纳税人最近时期同类货物的平均销售价格和组成计税价格确定。但计算消费税时，计税依据应按最高售价计算。金银首饰以旧换新业务，收到补价的一方，按补价计征增值税和消费税。

2.以无形资产、不动产、投资性房地产、房地产开发企业开发产品向对方换取除自身股权之外的其他非现金资产，应当视同销售并区分情况按照《财政部、国家税务总局关于全面推开营业税改征增值税试点的通知》（财税［2016］36号，以下简称“36号文”）、《国家税务总局关于发布〈纳税人转让不动产增值税征收管理暂行办法〉的公告》（国家税务总局公告2016年第14号）、《国家税务总局关于发布〈房地产开发企业销售自行开发的房地产项目增值税征收管理暂行办法〉的公告》（国家税务总局公告2016年第18号）等文件规定计征增值税，计算增值税时，销售额按照下列顺序确定：

（1）按照纳税人最近时期销售同类服务、无形资产或者不动产的平均价格确定。

（2）按照其他纳税人最近时期销售同类服务、无形资产或者不动产的平均价格确定。

（3）按照组成计税价格确定。组成计税价格的公式为：

组成计税价格=成本×（1+成本利润率）

成本利润率由国家税务总局确定。

上述资产转移涉及土地增值税的应按照《土地增值税暂行条例》及其实施细则等文件规定计征土地增值税，《国家税务总局关于房地产开发企业土地增值税清算管理有关问题的通知》（国税发［2006］187号）规定，房地产开发企业将开发产品用于换取其他单位和个人的非货币性资产，发生所有权转移时应视同销售房地产，其收入按下列方法和顺序确认：

（1）按本企业在同一地区、同一年度销售的同类房地产的平均价格确定；

（2）由主管税务机关参照当地当年、同类房地产的市场价格或评估价值确定。

3.以使用过的固定资产换取其他资产，区分以下情况分别处理：

（1）按增值税适用税率的处理。

①销售2008年12月31日之前购进的固定资产。根据《财政部、国家税务总局关于全国实施增值税转型改革若干问题的通知》（财税［2008］170号，以下简称"170号文"）规定，对2008年12月31日以前已纳入扩大增值税抵扣范围试点的纳税人，如果销售自己使用过的在本地区扩大增值税抵扣范围试点以后购进或者自制的固定资产（进项税已抵扣），按照适用税率征收增值税。主要适用于东北地区、中部地区、汶川地震受灾严重地区等实行扩大增值税抵扣范围试点的地区。

②销售2009年1月1日以后购进的固定资产。根据170号文规定，纳税人销售自己使用过的2009年1月1日以后购进或者自制的固定资产（进项税已抵扣），按照适用税率征收增值税。

③销售营改增试点地区购进的固定资产。根据36号文规定，营改增一般纳税人销售自己使用过的、纳入营改增试点实施之日（含）以后购进或自制的固定资产（进项税已抵扣），按照适用税率征收增值税。

（2）按增值税征收率减2%征税的处理。根据《国家税务总局关于简并增值税征收率有关问题的公告》（国家税务总局公告2014年第36号）规定，自2014年7月1日起，增值税一般纳税人销售使用过的固定资产（进项税未抵扣），可按简易办法依3%征收率减按2%征收增值税，同时不得开具增值税专用发票。

①销售2008年12月31日之前购进的固定资产。根据170号文规定，转为消费型增值税之前购进或者自制的固定资产（进项税未抵扣），一律按照简易办法征收增值税。一是2008年12月31日以前未纳入扩大增值税抵扣范围试点的纳税人，销售自己使用过的2008年12月31日以前购进或者自制的固定资产，按照简易办法征收增值税。主要适用于除东北地区、中部地区、汶川地震受灾严重地区等实行扩大增值税抵扣范围试点的地区之外的所有地区。二是2008年12月31日以前已纳入扩大增值税抵扣范围试点的纳税人，销售自己使用过的在本地区扩大增值税抵扣范围试点以前购进或者自制的固定资产，按照简易办法征收增值税。

②销售2009年1月1日之后购进的固定资产。根据《增值税暂行条例实施

细则》和36号文规定，2013年8月1日之前，纳税人自用的应征消费税的摩托车、汽车、游艇，其进项税额不得从销项税额中抵扣。自2013年8月1日起，原增值税一般纳税人自用的应征消费税的摩托车、汽车、游艇，其进项税额准予从销项税额中抵扣。

根据《财政部、国家税务总局关于部分货物适用增值税低税率和简易办法征收增值税政策的通知》（财税［2009］9号）和《增值税暂行条例》规定，一般纳税人销售自己使用过的属于此条例第十条规定不得抵扣且未抵扣进项税额的固定资产，按照简易办法征收增值税。主要是指：专门用于简易计税方法计税项目、非增值税应税项目、免征增值税项目、集体福利或者个人消费的固定资产不得抵扣进项税额。

③销售营改增试点地区购进的固定资产。根据《财政部、国家税务总局关于将铁路运输和邮政业纳入营业税改征增值税试点的通知》（财税［2013］106号）文件规定，一般纳税人销售自己使用过的本地区试点实施之日以前购进或者自制的固定资产，按照简易办法征收增值税。2014年7月1日后依3%征收率减按2%征收增值税（注：营改增试点时限：上海市2012年1月1日；北京市2012年9月1日；江苏省、安徽省2012年10月1日；福建省、广东省2012年11月1日；天津市、浙江省、湖北省2012年12月1日）。自2013年8月1日起，在全国范围内开展交通运输业和部分现代服务业营改增试点。自2014年1月1日起，在全国范围内开展铁路运输和邮政业营改增试点。自2016年5月1日起，在全国范围内全面推开营改增试点。同时，根据财税36号文规定，试点一般纳税人销售自己使用过的、纳入营改增试点之日前取得的固定资产，按照现行旧货相关增值税政策执行。

④销售为小规模纳税人期间购入的固定资产。根据《国家税务总局关于一般纳税人销售自己使用过的固定资产增值税有关问题的公告》（国家税务总局公告2012年第1号，以下简称“1号公告”）规定，纳税人购进或者自制固定资产时为小规模纳税人，认定为一般纳税人后销售该固定资产的，可按简易办法征收增值税，同时不得开具增值税专用发票。

⑤销售按简易办法管理期间的固定资产。根据1号公告规定，增值税一般纳税人发生按简易办法征收增值税应税行为的，销售其按照规定不得抵扣且未抵扣进项税额的固定资产的，可按简易办法征收增值税，同时不得开具增值税专用发票。

需要注意的是，根据《国家税务总局关于营业税改征增值税试点期间有关增值税问题的公告》（国家税务总局公告2015年第90号）、《国家税务总局货物和劳务税司关于做好增值税发票使用宣传辅导有关工作的通知》（税总货便函［2017］127号）规定，纳税人销售自己使用过的固定资产，适用简易办法依照3%征收率减按2%征收增值税政策的，可以放弃减税，按照简易办法依照3%征收率缴纳增值税，并可以自开或代开增值税专用发票。

4.增值税一般纳税人换入存货、固定资产、无形资产、不动产等取得增值税专用发票的，符合抵扣条件的，应当确认可抵扣的进项税额。

（二）企业所得税处理

1.《企业所得税法实施条例》第二十五条规定，除税收法律、行政法规另有规定者外，企业以非货币资产与其他企业的资产相互交换，应当视同销售货物、转让财产按照公允价值确定收入。

2.《企业所得税法实施条例》第五十八条、六十二条、六十六条、七十一条、七十二条规定，以非现金资产交换方式取得的固定资产、生物资产、无形资产、存货、投资资产，按照该项资产的公允价值和支付的相关税费作为计税基础。

3.《国家税务总局关于企业处置资产所得税处理问题的通知》（国税函[2008]828号）、《国家税务总局关于企业所得税有关问题的公告》（国家税务总局公告2016年第80号）规定，企业将资产移送他人的，因资产所有权属已发生改变而不属于内部处置资产，应按规定视同销售确定收入，除另有规定外，应按照被移送资产的公允价值确定销售收入。

通过比较发现，非货币性资产交换采用公允价值模式核算，对资产转让计税收入和换入资产计税基础的确定与会计处理是一致的。对于涉及补价的交换业务，由于现金的账面价值与公允价值相同，因此，支付补价的一方，换出资产的公允价值加上支付的补价，实际仍是换出总资产的公允价值，同理，收到补价的一方，换出资产的公允价值减去收到的补价，实际仍是换出总资产的公允价值。在非货币性资产交换当中，如果换入的是多项非货币性资产，必须将换出资产的总计税基础采用合理的分配方法计入各项资产的计税基础，以便摊销和处置各项资产时准确计算应纳税所得额。会计上采用各项资产的公允价值占换入资产公允价值总额的比例，对换入资产的成本总额进行分配的方法，也适用于税务处理。

应当注意，在公允价值模式下，如果换出资产的账面价值与计税基础存在差异，必然会导致当期会计损益与资产转让所得存在差异，申报所得税时需要对此作纳税调整。例如，当资产发生减值时，会计准则要求提取资产减值准备，而《企业所得税法》第十条规定，不符合国务院财政、税务主管部门规定的各项资产减值准备、风险准备等准备金支出不得扣除；又如，新会计准则要求对停止使用的固定资产仍应计提折旧，而《企业所得税法实施条例》第五十九条规定，停止使用的固定资产，应当自停止使用月份的次月起停止计算折旧。这些规定均会导致资产的会计成本与计税基础产生差异。

【例8-1】甲公司于2018年9月以其停用的账面价值为830 000元（原价为1 000 000元，累计折旧为150 000元，其中停用后累计折旧为50 000元，另停用后计提减值准备20 000元）的一台设备换入乙公司生产的一批钢材，钢材的账面价值为800 000元。甲公司换入钢材作为原材料用于生产产品，乙公司换入设备作为固定资产管理。设备的公允价值为1 000 000元，钢材的公允价值为

1 000 000元。甲公司和乙公司均为增值税一般纳税人，适用的增值税税率均为16%，计税价格等于公允价值。假定甲、乙公司不存在关联方关系，交易价格公允，交易过程除增值税以外不考虑其他税费。固定资产原价、会计残值率、折旧年限、折旧方法与税务处理一致，钢材账面价值与计税基础相同。

本例中，甲公司以其停用的设备换入乙公司的一批钢材，换入的钢材作为原材料并用于生产产品，其流动性相对较强，而原自己生产使用的设备价值随着使用而逐渐地转换至所生产的产品成本中，并通过产品的出售而收回。甲公司换入钢材的未来现金流量在风险、时间和金额方面与换出的设备显著不同，因而该交换交易具有商业实质。同时，甲公司和乙公司换出和换入资产的公允价值均能够可靠地计量，并且原材料的公允价值更可靠。

据此，甲公司与乙公司的账务处理如下：

（1）甲公司：

甲公司换入钢材的公允价值比换出设备的公允价值更加可靠，所以甲公司以换入的钢材作为入账成本。

借：原材料	1 000 000	
应交税费——应交增值税（进项税额）	160 000	
累计折旧	150 000	
固定资产减值准备	20 000	
贷：固定资产		1 000 000
应交税费——应交增值税（销项税额）		160 000
资产处置损益		170 000

税务处理：由于固定资产减值准备及停用设备计提折旧不得在税前扣除，因此该固定资产计税基础为：1 000 000－100 000=900 000（元），资产转让所得=1 000 000－900 000=100 000（元）。资产处置损益与资产转让所得的差异70 000元，实际就是设备停用期间计提的折旧50 000元和固定资产减值准备20 000元在处置时转回的金额。

若甲公司2018年会计利润为3 000 000元，适用企业所得税税率为25%，不考虑其他纳税调整因素，应纳企业所得税=（3 000 000－70 000）×25%=732 500（元）

借：所得税费用——递延所得税费用	17 500	
贷：递延所得税资产——停用设备折旧		12 500
——固定资产减值准备		5 000
借：所得税费用——当期所得税费用	732 500	
贷：应交税费——应交所得税		732 500

（2）乙公司：

借：固定资产	1 000 000	
应交税费——应交增值税（进项税额）	160 000	
贷：主营业务收入		1 000 000

应交税费——应交增值税（销项税额）　　160 000

借：主营业务成本　　800 000

贷：库存商品　　800 000

税务处理：税务处理与会计处理一致，不作纳税调整。

【例8-2】甲公司和乙公司均为增值税一般纳税人企业，其适用的增值税税率均为16%。甲公司为适应经营业务发展的需要，经与乙公司协商，将甲公司原生产用的厂房、机床以及库存原材料，与乙公司的办公楼、小轿车、客运大轿车交换（均作为固定资产核算）。甲公司换出厂房（营改增之前购买）的账面原价为1 500 000元，已提折旧为300 000元，公允价值为1 000 000元；换出机床的账面原价为1 200 000元，已提折旧为600 000元，公允价值为800 000元；换出原材料的账面价值为3 000 000元，公允价值和计税价格均为3 500 000元。乙公司换出办公楼（营改增之前购买）的账面原价为1 500 000元，已提折旧为500 000元，公允价值为1 500 000元；换出小轿车的账面原价为2 000 000元，已提折旧为900 000元，公允价值为1 000 000元；客运大轿车的账面原价为3 000 000元，已提折旧为800 000元，公允价值为2 400 000元，另支付补价400 000元。假定甲公司和乙公司换出资产均未计提减值准备，且在交换过程中除增值税以外未发生其他相关税费。甲公司换入的乙公司的办公楼、小轿车、客运大轿车均作为固定资产核算。乙公司换入的甲公司的厂房、机床作为固定资产核算，换入的甲公司的原材料作为库存原材料核算。

假定该交易具有商业实质，且公允价值均能够可靠计量。

据此，甲公司与乙公司的会计处理步骤如下：

第一步，计算换入换出资产的账面价值与公允价值

甲公司换出资产的账面价值合计为4 800 000元，公允价值合计为5 300 000元；乙公司换出资产的账面价值合计为4 300 000元，公允价值合计为4 900 000元。同时，乙公司支付给甲公司400 000元补价。

第二步，计算换入资产价值总额

（1）计算甲公司应分配的换入资产价值总额。

甲公司换入资产价值总额＝换出资产公允价值＋应支付的相关税费－收到的补价＝5 300 000+3 500 000 × 16%+800 000 × 16%−400 000 = 5 588 000（元）

（2）计算乙公司应分配的换入资产价值总额。

乙公司换入资产价值总额＝换出资产公允价值＋应支付的相关税费＋支付的补价－可抵扣的增值税进项税额=4 900 000+0+400 000−3 500 000 × 16%−800 000 × 16%=4 612 000（元）

第三步，计算各项换入资产的入账价值

（1）甲公司换入各项资产的入账价值。

甲公司换入乙公司办公楼应分配的价值=1 500 000 ÷ 4 900 000 × 5 588 000=1 710 600（元）

甲公司换入乙公司小轿车应分配的价值=1 000 000 ÷ 4 900 000 × 5 588 000=

1 140 400（元）

甲公司换入乙公司客运大轿车应分配的价值=2 400 000 ÷ 4 900 000 × 5 588 000=2 737 000（元）

（2）乙公司换入各项资产的入账价值。

乙公司换入甲公司厂房应分配的价值=1 000 000 ÷ 5 300 000 × 4 612 000=870 200（元）

乙公司换入甲公司机床应分配的价值=800 000 ÷ 5 300 000 × 4 612 000=696 100（元）

乙公司换入甲公司原材料应分配的价值=3 500 000 ÷ 5 300 000 × 4 612 000=3 045 700（元）

第四步，账务处理

（1）甲公司的账务处理：

借：固定资产清理	1 800 000	
累计折旧	900 000	
贷：固定资产		2 700 000
借：固定资产——办公楼	1 710 600	
——小轿车	1 140 400	
——客运大轿车	2 737 000	
银行存款	400 000	
贷：固定资产清理		1 800 000
应交税费——应交增值税（销项税额）		688 000
其他业务收入		3 500 000
借：其他业务成本	3 000 000	
贷：原材料		3 000 000

（2）乙公司的账务处理：

借：固定资产清理	4 300 000	
累计折旧	2 200 000	
贷：固定资产		6 500 000
借：固定资产——厂房	870 200	
——机床	696 100	
原材料	3 045 700	
应交税费——应交增值税（进项税额）	688 000	
贷：固定资产清理		4 300 000
银行存款		400 000
资产处置损益		600 000

税务处理：换入资产的计税基础与会计成本一致。换出资产公允价值与计税基础之间的差额应当确认资产转让所得，如果换出资产的计税基础与会计成本一致，则无需作纳税调整。

第二节 非货币性资产交换采用成本模式计量的差异

一、会计处理

如果非货币性资产交换交易不具有商业实质，或者非货币性交易虽具有商业实质，但换入资产或换出资产的公允价值不能可靠计量的，应采用成本模式核算。即，换入资产的成本按照换出资产的账面价值加上应支付的相关税费确定，不确认损益。

（一）不涉及补价情况下的会计处理

在不具有商业实质的非货币性资产交换中，不涉及补价的，企业换入的资产应当按换出资产的账面价值加上应支付的相关税费，作为换入资产的成本。

（二）涉及补价情况下的会计处理

不具有商业实质的非货币性资产交换中，在涉及补价的情况下，换入资产的入账价值应分别确定：

1.支付补价的，按换出资产账面价值加上支付的补价和应支付的相关税费，作为换入资产的入账价值，不确认损益。其计算公式为：

换入资产入账价值=换出资产账面价值+支付的补价+应支付的相关税费

2.收到补价的，按换出资产账面价值，减去收到的补价加上应支付的相关税费，作为换入资产的入账价值，不确认损益。其计算公式为：

换入资产入账价值=换出资产账面价值-收到的补价+应支付的相关税费

（三）换入多项资产的会计及税务处理

1.不涉及补价情况下的会计处理

在确定各项换入资产的入账价值时，按照换入资产各项资产的原账面价值占换入资产原账面价值总额的比例，对换入资产的成本总额进行分配，确定各项换入资产的成本。

2.涉及补价情况下的会计处理

换入多项资产涉及补价的交易与单项资产的会计处理原则基本相同，即按收到补价和支付补价情况分别确定换入资产的入账价值。涉及补价的多项资产交换与单项资产交换的主要区别在于，需要对换入各项资产的价值进行分配，其分配方法与不涉及补价的多项资产交换的原则相同，即按各项换入资产的账面价值与换入资产账面价值总额的比例进行分配，以确定换入各项资产的入账价值。

二、差异分析

换出资产涉及的流转税征免问题，在本章第一节已作介绍。非货币性资产交换采用成本模式核算与所得税政策存在以下差异：

1.换出资产会计上按账面价值结转，不确认损益。《企业所得税法实施条例》第二十五条规定，除税收法律、行政法规另有规定者外，企业以非货币资产与其他企业的资产相互交换，应当视同销售货物、转让财产，按照公允价值确定收入。相应地，换出资产的计税基础允许在税前扣除。

资产转让所得=换出资产的公允价值－换出资产的计税基础－允许在当期扣除的相关税费

2.换入资产的会计成本以换出资产的账面价值为基础确定。依据《企业所得税法实施条例》规定，以非货币性资产交换方式取得的非现金资产的计税基础，按照该项资产的公允价值和应支付的相关税费确定。

三、案例分析

【例8-3】甲公司以其运输产品的货运汽车与其控股70%的乙公司拥有的一辆小轿车进行交换。甲公司换出货车的账面原价为120 000元，已提折旧为20 000元，已提减值准备10 000元，公允价110 000元。为此项交换，甲公司以银行存款支付了设备清理费用100元；乙公司换出小轿车的账面原价为140 000元，已提折旧为30 000元，公允价值为125 000元。乙公司未对换出小轿车计提减值准备。甲、乙公司货运汽车、小轿车的固定资产原价与计税基础相同，会计折旧年限、残值率也与税法一致。上述关联交易不具有商业实质，在不考虑增值税等其他税费的情况下，甲公司的账务处理如下：

（1）将固定资产净值转入固定资产清理：

借：固定资产清理	90 000	
累计折旧	20 000	
固定资产减值准备	10 000	
贷：固定资产		120 000

（2）支付清理费用：

借：固定资产清理	100	
贷：银行存款		100

（3）换入货运汽车的入账价值=90 000+100=90 100（元）：

借：固定资产	90 100	
贷：固定资产清理		90 100

税务处理：资产转让所得=换出资产的公允价值−换出资产的计税基础−支付的相关税费=110 000−（120 000−20 000）−100=9 900（元）。

换入小轿车的计税基础=换入小轿车的公允价+支付的相关税费=125 000+100=125 100（元）。

该计税基础将作为后期计算折旧扣除的依据。

【例8−4】甲公司以其距主要生产基地较远的仓库（营改增前自建）与距甲公司主要生产基地较近的乙公司的办公楼进行交换。甲公司换出仓库的账面原价为3 800 000元，已提折旧500 000元；乙公司换出办公楼的账面原价为4 500 000元，已计提折旧800 000元。甲公司另支付现金100 000元给乙公司。假定甲公司换入的办公楼作为办公用房，其换入资产的公允价值不能可靠计量，换出资产的公允价值为3 630 000元，甲公司换出资产的计税基础与账面价值相等，甲公司换出资产缴纳相关税费为50 000元。契税税率为3%，增值税适用简易计税，征收率为5%，不考虑房地产交换过程中应纳的土地增值税、城市维护建设税和教育费附加，且甲公司换入的办公楼未能取得增值税专用发票。甲公司的账务处理如下：

借：固定资产	3 584 500	
累计折旧	500 000	
贷：固定资产		3 800 000
银行存款		100 000
应交税费——简易计税		181 500
——应交契税		3 000

换入办公楼的入账价值为3 453 000元。

税务处理：资产转让所得=换出资产计税收入−换出资产计税基础−允许在当期扣除的增值税=3 630 000−3 300 000−181 500=148 500（元）。换入资产的计税基础应以换入资产的公允价值加上支付的相关税费确定，由于换入资产的公允价值难以确定，通常是以换出资产的公允价值为基础确定。换入资产的计税基础=换出资产的公允价值+支付的补价+当期未扣除的契税= 3 630 000+100 000+3 000=3 733 000（元）。

若当年会计利润为5 000 000元，企业所得税税率为25%，不考虑其他纳税调整因素，应纳企业所得税=（5 000 000+148 500）×25%=1 287 125（元）。固定资产账面价值小于计税基础形成可抵扣暂时性差异：（3 733 000−3 584 500）×25%=37 125（元）。分录如下：

借：递延所得税资产——××办公楼	37 125	
贷：所得税费用——递延所得税费用		37 125
借：所得税费用——当期所得税费用	1 287 125	
贷：应交税费——应交所得税		1 287 125

第三节　适用特殊性税务处理办法的非货币性资产交换

非货币性资产交换业务，如果符合《财政部、国家税务总局关于企业重组业务企业所得税处理若干问题的通知》(财税［2009］59号)规定的资产收购或股权收购采用特殊性税务处理办法条件的，可选择适用特殊性税务处理办法。需要注意的是在股权收购和资产收购业务中，股权、资产收购方以自身股权作为对价换取转让方股权、资产的，不属于非货币性资产交换业务，应按照长期股权投资业务进行会计与税务处理。股权、资产收购方只有用其持有的股权作为对价换取转让方股权、资产的业务，才属于非货币性资产交换业务。

一、股权收购、资产收购重组适用特殊性税务处理原则

适用特殊重组应具备下列基本条件：

1. 具有合理的商业目的，且不以减少、免除或者推迟缴纳税款为主要目的。

2. 被收购部分的资产或股权比例符合税法规定的比例。

3. 企业重组后的连续12个月内不改变重组资产原来的实质性经营活动。

4. 重组交易对价中涉及股权支付金额符合税法规定的比例。

5. 企业重组中取得股权支付的原主要股东，在重组后连续12个月内，不得转让所取得的股权。

二、非货币性资产交换适用特殊性税务处理办法的情形

(一)股权收购的特殊性税务处理

股权收购，收购企业购买的股权不低于被收购企业全部股权的50%，且收购企业以控股子公司股权(以下称“股权支付额”)作为对价不低于其交易支付总额的85%，可以选择按以下规定处理：

1.转让方企业取得的股权支付额不确认有关资产的转让所得或损失，转让方取得收购企业控股子公司股权的计税基础，以被收购股权的原有计税基础确定。但转让方取得的非股权支付额应在交易当期确认相应的资产转让所得或损失，并调整相应资产的计税基础。

被收购企业的股东取得的非股权支付对应的资产转让所得或损失 =（被转让资产的公允价值－被转让资产的计税基础）×（非股权支付金额 ÷ 被转让资产的公允价值）

被收购企业的股东取得新股（收购企业或其控股公司股权）的计税基础 = 所放弃旧股（被收购股权）原有计税基础 + 支付的补价（或减去收到的非股权支付额）+ 收到非股权支付额对应的资产转让所得或损失

上式中，“支付的补价”是指收购方支付的对价大于被收购股权公允价值的部分，应由被收购企业的股东向收购方支付的差额。如果是用非现金资产支付补价，也应视同销售确认资产转让所得，相应地，这里的补价应按非现金资产的公允价值确定。

（2）收购企业取得被收购企业股权的计税基础，以被收购股权的原有计税基础确定，涉及补价的，需调整相应资产的计税基础。计算公式如下：

收购企业取得资产的计税基础 = 被转让股权的原有计税基础 ×（股权支付额 ÷ 全部支付额）+ 支付的补价（或减去收到的补价）

【例8-5】甲公司持有M公司90%的股权，投资计税基础1 000万元，公允价值为6 000万元。乙公司持有N公司85%的股权，投资计税基础为5 500万元，公允价值也为6 000万元。甲、乙双方约定：甲公司以其持有的M公司90%的股权作为对价，收购乙公司持有的N公司85%的股权以获得其控股权。该项股权收购具有商业目的，且符合特殊重组其他条件。

根据现行税法规定，乙公司暂不确认所得，乙公司取得M公司90%股权的计税基础为5 500万元。甲公司取得N公司85%股权计税基础亦为5 500万元。

（二）资产收购特殊重组的税务处理

资产收购，受让企业收购的资产不低于转让企业全部资产的50%，且受让企业在该资产收购发生时的股权支付金额不低于其交易支付总额的85%，可以选择按以下规定处理：

1.转让企业的税务处理

取得的股权支付额不确认资产转让所得或损失，其取得受让企业或其控股公司的股权的计税基础，以被转让资产的原有计税基础确定。转让企业其取得的非股权支付额仍应在交易当期确认相应的资产转让所得或损失，并调整相应资产的计税基础。

转让方取得非股权支付对应的资产转让所得或损失 =（被转让资产的公允价值－被转让资产的计税基础）×（非股权支付金额 ÷ 被转让资产的公允价值）

转让方取得新股（收购企业或其控股公司股权）的计税基础 = 所转让资产原有计税基础 + 支付的补价（或减去收到的非股权支付额）+ 收到非股权支付额对应的资产转让所得或损失

上式中，“支付的补价”，是指收购方支付的对价大于被收购资产公允价值的部分，应由被收购企业的股东向收购方支付的差额。如果是用非现金资产支付补价，也应视同销售确认资产转让所得，相应地，这里的补价应按非现金资产的公允价值确定。

2.受让企业的税务处理

受让企业取得资产的计税基础，以被转让资产的原有计税基础确定，涉及补价的，需调整相应资产的计税基础。计算公式如下：

受让企业取得资产的计税基础=被转让资产的原有计税基础×（股权支付额÷全部支付额）+支付的补价（或减去收到的补价）

【例8-6】甲公司以其持有的M公司60%的股权作价6 000万元受让乙公司实质经营性资产。乙公司资产总额公允价值为7 000万元，其中，被转让实质经营性资产的计税基础为2 000万元，公允价值6 000万元。由于用于交换的股权和资产的公允价值相等，因此不涉及补价。

本例中，乙公司转让资产公允价值占全部资产公允价值的比例为：6 000÷7 000×100%=85.71%，大于50%，且对价全部为股权支付额，可享受特殊重组待遇。

乙公司不确认资产转让所得，乙公司取得M公司60%股权的计税基础为2 000万元。根据财税［2009］59号文件规定，甲公司取得乙公司资产的计税基础亦为2 000万元。

三、非货币性资产交换适用特殊性税务处理管理办法

非货币性资产交换适用股权收购或资产收购特殊性税务处理办法时，当事各方应将下列资料报主管税务机关备案：

（一）股权收购备案资料

1.股权收购业务总体情况说明，包括股权收购方案、基本情况，并逐条说明股权收购的商业目的。

2.股权收购、资产收购业务合同（协议），需有权部门（包括内部和外部）批准的，应提供批准文件。

3.相关股权评估报告或其他公允价值证明。

4.12个月内不改变重组资产原来的实质性经营活动、原主要股东不转让所取得股权的承诺书。

5.工商管理部门等有权机关登记的相关企业股权变更事项的证明材料。

6.重组当事各方一致选择特殊性税务处理并加盖当事各方公章的证明资料。

7.涉及非货币性资产支付的，应提供非货币性资产评估报告或其他公允价值证明。

8.重组前连续12个月内有无与该重组相关的其他股权、资产交易，与该重

组是否构成分步交易、是否作为一项企业重组业务进行处理情况的说明。

9.按会计准则规定当期应确认资产（股权）转让损益的，应提供按税法规定核算的资产（股权）计税基础与按会计准则规定核算的相关资产（股权）账面价值的暂时性差异专项说明。

（二）资产收购备案资料

1.资产收购业务总体情况说明，包括资产收购方案、基本情况，并逐条说明资产收购的商业目的。

2.资产收购业务合同（协议），需有权部门（包括内部和外部）批准的，应提供批准文件。

3.相关资产评估报告或其他公允价值证明。

4.被收购资产原计税基础的证明。

5. 12个月内不改变资产原来的实质性经营活动、原主要股东不转让所取得股权的承诺书。

6.工商管理部门等有权机关登记的相关企业股权变更事项的证明材料。

7.重组当事各方一致选择特殊性税务处理并加盖当事各方公章的证明资料。

8.涉及非货币性资产支付的，应提供非货币性资产评估报告或其他公允价值证明。

9.重组前连续12个月内有无与该重组相关的其他股权、资产交易，与该重组是否构成分步交易、是否作为一项企业重组业务进行处理情况的说明。

10.按会计准则规定当期应确认资产（股权）转让损益的，应提供按税法规定核算的资产（股权）计税基础与按会计准则规定核算的相关资产（股权）账面价值的暂时性差异专项说明。

第九章

资产减值准则与税法差异分析

《企业会计准则第8号——资产减值》(以下简称“资产减值准则”)主要规范了企业非流动资产的减值会计问题。本章分析资产减值与税法差异及纳税调整方法，其内容不仅包括资产减值准则规范的资产减值，还包括由其他准则规范的存货减值、采用公允价值模式计量的投资性房地产减值、消耗性生物资产减值、递延所得税减值、融资租赁中出租人未担保余值的减值、金融资产的减值、持有待售资产的减值、与合同成本有关的资产的减值，以及未探明石油天然气矿区权益的减值。

第一节　资产减值准则概述

一、资产可能发生减值的认定

（一）资产减值概念

资产减值，是指资产的可收回金额低于其账面价值。为了反映资产的实际价值，当企业资产的可收回金额低于其账面价值时，企业应当确认资产减值损失，并把资产的账面价值减记至可收回金额。企业所有的资产在发生减值时，原则上都应当及时加以确认和计量。但是由于有关资产特性不同，其减值会计处理也有所差别，因而所适用的具体准则不尽相同。《企业会计准则第8号——资产减值》（以下简称资产减值准则）主要规范了企业非流动资产的减值会计问题，具体包括以下资产的减值：①对子公司、联营企业和合营企业的长期股权投资；②采用成本模式进行后续计量的投资性房地产；③固定资产；④生产性生物资产；⑤无形资产；⑥商誉；⑦探明石油天然气矿区权益和井及相关设施等。

本章所指资产，除特别说明外，包括单项资产和资产组。

（二）资产减值的迹象

企业在资产负债表日应当判断资产是否存在可能发生减值的迹象；对于存在减值迹象的资产，应当进行减值测试，计算可收回金额，可收回金额低于账面价值的，应当按照可收回金额低于账面价值的金额，计提减值准备。

资产可能发生减值的迹象主要包括以下方面：

1.资产的市价当期大幅度下跌，其跌幅明显高于因时间的推移或者正常使用而预计的下跌。

2.企业经营所处的经济、技术或者法律等环境以及资产所处的市场在当期或者将在近期发生重大变化，从而对企业产生不利影响。

3.市场利率或者其他市场投资报酬率在当期已经提高，从而影响企业计算资产预计未来现金流量现值的折现率，导致资产可收回金额大幅度降低。

4.有证据表明资产已经陈旧过时或者其实体已经损坏。

5.资产已经或者将被闲置、终止使用或者计划提前处置。

6.企业内部报告的证据表明资产的经济绩效已经低于或者将低于预期，如资产所创造的净现金流量或者实现的营业利润（或者亏损）远远低于（或者高于）预计金额等。

7.其他表明资产可能已经发生减值的迹象。

需要指出的是，因企业合并所形成的商誉和使用寿命不确定的无形资产，无论是否存在减值迹象，每年都应当进行减值测试。

二、资产可收回金额的计量

根据资产减值准则的规定，资产存在减值迹象的，应当估计其可收回金额。资产的可收回金额应当根据资产的公允价值减去处置费用后的净额与资产预计未来现金流量的现值两者之间较高者确定。因此，计算确定资产可收回金额应当经过以下步骤：

第一步，计算确定资产的公允价值减去处置费用后的净额；

第二步，计算确定资产预计未来现金流量的现值；

第三步，比较资产的公允价值减去处置费用后的净额和资产预计未来现金流量的现值，取其较高者作为资产的可收回金额。

三、资产减值损失的确定与会计处理

（一）资产减值损失的确定

企业在对资产进行减值测试并计算了资产可收回金额后，如果资产的可收回金额低于其账面价值的，应当将资产的账面价值减记至可收回金额，减记的金额确认为资产减值损失，计入当期损益，同时计提相应的资产减值准备。

资产减值损失确认后，减值资产的折旧或者摊销费用应当在未来期间作相应调整，以使该资产在剩余使用寿命内，系统地分摊调整后的资产账面价值（扣除预计净残值）。比如，固定资产计提了减值准备后，固定资产账面价值将根据计提的减值准备相应抵减，因此，固定资产在未来计提折旧时，应当按照新的固定资产账面价值为基础计提每期折旧。

考虑到固定资产、无形资产、商誉等资产发生减值后，一方面价值回升的可能性比较小，通常属于永久性减值；另一方面从会计信息谨慎性要求考虑，为了避免确认资产重估增值和操纵利润，资产减值准则规定，资产减值损失一经确认，在以后会计期间不得转回。以前期间计提的资产减值准备，在资产处置、出售、对外投资、以非货币性资产交换方式换出、在债务重组中抵偿债务等时，才可予以转出。

（二）资产减值损失的账务处理

为了正确核算企业确认的资产减值损失和计提的资产减值准备，企业应当设置“资产减值损失”科目，按照资产类别进行明细核算，反映各类资产在当期确认的资产减值损失金额；同时，应当根据不同的资产类别，分别设置“固定资产减值准备”、“在建工程减值准备”、“投资性房地产减值准备”、“无形资产减值准备”、“商誉减值准备”、“长期股权投资减值准备”、“生产性生物资产减值准备”等科目。

当企业根据资产减值准则规定确定资产发生了减值的，应当根据所确认的资产减值金额，借记“资产减值损失”科目，贷记“固定资产减值准备”、“在建工程减值准备”、“投资性房地产减值准备”、“无形资产减值准备”、“商誉减值准备”、“长期股权投资减值准备”、“生产性生物资产减值准备”等科目。在期末，企业应当将“资产减值损失”科目余额转入“本年利润”科目，结转后该科目应当没有余额。各资产减值准备科目累积每期计提的资产减值准备，直至相关资产被处置等时才予以转出。

四、资产组的认定及减值处理

（一）资产组的认定

资产减值准则规定，如果有迹象表明一项资产可能发生减值的，企业应当以单项资产为基础估计其可收回金额。但是在企业难以对单项资产的可收回金额进行估计的情况下，应当以该资产所属的资产组为基础确定资产组的可收回金额。因此，资产组的认定十分重要。

资产组是企业可以认定的最小资产组合，其产生的现金流入应当基本上独立于其他资产或者资产组。资产组应当由创造现金流入相关的资产组成。

资产组的认定，应当以资产组产生的主要现金流入是否独立于其他资产或者资产组的现金流入为依据。

资产组一经确定后，在各个会计期间应当保持一致，不得随意变更。如需变更，企业管理层应当证明该变更是合理的，并在附注中作相应说明。

（二）资产组减值测试

根据减值测试的结果，资产组（包括资产组组合）的可收回金额如低于其账面价值的，应当确认相应的减值损失。减值损失金额应当按照下列顺序进行分摊：

（1）首先抵减分摊至资产组中商誉的账面价值；

（2）然后根据资产组中除商誉之外的其他各项资产的账面价值所占比重，按比例抵减其他各项资产的账面价值。

以上资产账面价值的抵减，应当作为各单项资产（包括商誉）的减值损失处理，计入当期损益。抵减后的各资产的账面价值不得低于以下三者之中最高者：该资产的公允价值减去处置费用后的净额（如可确定的）、该资产预计未来现金流量的现值（如可确定的）和零。因此而导致的未能分摊的减值损失金额，应当按照相关资产组中其他各项资产的账面价值所占比重进行分摊。

（三）总部资产的减值测试

企业总部资产包括企业集团或其事业部的办公楼、电子数据处理设备、研发中心等资产。总部资产的显著特征是难以脱离其他资产或者资产组产生独立的现金流入，而且其账面价值难以完全归属于某一资产组。因此，总部资产通常难以单独进行减值测试，需要结合其他相关资产组或者资产组组合进行。资产组组合，是指由若干个资产组组成的最小资产组组合，包括资产组或者资产组组合，以及按合理方法分摊的总部资产部分。

在资产负债表日，如果有迹象表明某项总部资产可能发生减值的，企业应当计算确定该总部资产所归属的资产组或者资产组组合的可收回金额，然后将其与相应的账面价值相比较，据以判断是否需要确认减值损失。

企业对某一资产组进行减值测试时，应当先认定所有与该资产组相关的总部资产，再根据相关总部资产能否按照合理和一致的基础分摊至该资产组分别下列情况处理：

（1）对于相关总部资产能够按照合理和一致的基础分摊至该资产组的部分，应当将该部分总部资产的账面价值分摊至该资产组，再据以比较该资产组的账面价值（包括已分摊的总部资产的账面价值部分）和可收回金额，并按照前述有关资产组减值测试的顺序和方法处理。

（2）对于相关总部资产中有部分资产难以按照合理和一致的基础分摊至该资产组的，应当按照下列步骤处理：

①在不考虑相关总部资产的情况下，估计和比较资产组的账面价值和可收回金额，并按照前述有关资产组减值测试的顺序和方法处理。

②认定由若干个资产组组成的最小的资产组组合，该资产组组合应当包括所测试的资产组与可以按照合理和一致的基础将该部分总部资产的账面价值分摊其上的部分。

③比较所认定的资产组组合的账面价值（包括已分摊的总部资产的账面价值部分）和可收回金额，并按照前述有关资产组减值测试的顺序和方法处理。

五、商誉减值测试与处理

（一）商誉减值测试的基本要求

企业合并所形成的商誉，至少应当在每年年度终了进行减值测试。由于商誉难以独立产生现金流量，因此，商誉应当结合与其相关的资产组或者资产组组合进行减值测试。这些相关的资产组或者资产组组合应当是能够从企业合并的协同效应中受益的资产组或者资产组组合，但不应当大于企业所确定的报告分部。

为了资产减值测试的目的，对于因企业合并形成的商誉的账面价值，应当自购买日起按照合理的方法分摊至相关的资产组；难以分摊至相关的资产组的，应当将其分摊至相关的资产组组合。

企业因重组等原因改变了其报告结构，从而影响到已分摊商誉的一个或者若干个资产组或者资产组组合构成的，应当按照合理的方法，将商誉重新分摊至受影响的资产组或者资产组组合。

（二）商誉减值测试的方法与会计处理

企业在对包含商誉的相关资产组或者资产组组合进行减值测试时，如与商誉相关的资产组或者资产组组合存在减值迹象的，应当首先对不包含商誉的资产组或者资产组组合进行减值测试，计算可收回金额，并与相关账面价值相比较，确认相应的减值损失。然后再对包含商誉的资产组或者资产组组合进行减值测试，比较这些相关资产组或者资产组组合的账面价值（包括所分摊的商誉的账面价值部分）与其可收回金额，如相关资产组或者资产组组合的可收回金额低于其账面价值的，应当就其差额确认减值损失，减值损失金额应当首先抵减分摊至资产组或者资产组组合中商誉的账面价值；再根据资产组或者资产组组合中除商誉之外的其他各项资产的账面价值所占比重，按比例抵减其他各项资产的账面价值。和资产减值测试的处理一样，以上资产账面价值的抵减，也都应当作为各单项资产（包括商誉）的减值损失处理，计入当期损益。抵减后的各资产的账面价值不得低于以下三者之中最高者：该资产的公允价值减去处置费用后的净额（如可确定的）、该资产预计未来现金流量的现值（如可确定的）和零。因此而导致的未能分摊的减值损失金额，应当按照相关资产组或者资产组组合中其他各项资产的账面价值所占比重进行分摊。

由于按照《企业会计准则第20号——企业合并》的规定，因企业合并所形成的商誉是母公司根据其在子公司所拥有的权益而确认的商誉，子公司中归属于少数股东的商誉并没有在合并财务报表中予以确认。因此，在对与商誉相关的资产组或者资产组组合进行减值测试时，由于其可收回金额的预计包括归属于少数股东的商誉价值部分，因此为了使减值测试建立在一致的基础上，企业应当调整资产组的账面价值，将归属于少数股东权益的商誉包括在内，然后根据调整后的资产组账面价值与其可收回金额进行比较，以确定资产组（包括商誉）是否发生了减值。

上述资产组如发生减值的，应当首先抵减商誉的账面价值，但由于根据上述方法计算的商誉减值损失包括了应由少数股东权益承担的部分，而少数股东权益拥有的商誉价值及其减值损失都不在合并财务报表中反映，合并财务报表只反映归属于母公司的商誉减值损失，因此应当将商誉减值损失在可归属于母公司和少数股东权益部分之间按比例进行分摊，以确认归属于母公司的商誉减值损失。

第二节　资产减值的差异及纳税调整

一、资产减值与计税基础的差异

税法明确规定，企业的存货、固定资产、无形资产、投资等各类资产，按照国务院财政、税务主管部门规定的具体税务处理办法计算的折旧、摊销、成本和净值等，可在计算应纳税所得额时扣除。与会计“账面价值”相对照，《企业会计准则第18号——所得税》规定，企业收回资产账面价值过程中，计算应纳税所得额时按税法规定可以从应纳税所得中扣除的金额，称作该项资产的“计税基础”。

资产的计税基础是与资产的账面价值相对应的，有时两者一致，但有时也会产生差异。

《企业所得税法实施条例》第五十六条规定，企业的各项资产，包括固定资产、生物资产、无形资产、长期待摊费用、投资资产、存货等，以历史成本为计税基础。历史成本，是指企业取得该项资产时实际发生的支出。

企业持有各项资产期间资产增值或者减值，除国务院财政、税务主管部门规定的企业重组适用一般性税务处理办法可以确认损益（指应纳税所得额）外，不得调整该资产的计税基础。与之相对应，《企业所得税法实施条例》第五十五条规定，不符合国务院财政、税务主管部门规定的各项资产减值准备、风险准备等准备金支出不得在税前扣除。

企业转让资产计算会计损益时，按账面价值结转；而计算资产转让所得，应当按资产的净值扣除。资产净值是指有关资产、财产的计税基础减除已经按照规定扣除的折旧、折耗、摊销、准备金等后的余额。

企业发生合并、分立、股权收购、资产收购等改组业务，按照税法规定，若适用一般性税务处理，相关资产应当按照交易价格重新确定计税基础，反之，按照税法规定可以适用递延纳税的特殊性税务处理，相关资产应当按照改组前的原计税基础结转。

二、纳税调整方法

基于会计准则对资产减值会计处理方法的不同，纳税调整方法也各有其特点。

1.存货减值

（1）会计处理。资产负债表日，企业根据存货准则确定存货发生减值的，按存货可变现净值低于成本的差额计提存货跌价准备：

借：资产减值损失

　　贷：存货跌价准备

已计提跌价准备的存货价值以后又得以恢复，应在原已计提的存货跌价准备金额内，按恢复增加的金额：

借：存货跌价准备

　　贷：资产减值损失

发出存货应结转计提的存货跌价准备。

借：存货跌价准备

贷：主营业务成本

（2）税务处理。应调整应纳税所得额=存货跌价准备科目年末余额－年初余额。计算结果大于零，应调增应纳税所得额；反之，应调减应纳税所得额。

2.固定资产的减值

（1）会计处理。资产负债表日，企业根据资产减值准则确定固定资产发生减值的，按应减记的金额，计提减值准备。

借：资产减值损失

贷：固定资产减值准备

固定资产减值准备不得转回，处置固定资产时，应同时结转已计提的固定资产减值准备。

借：固定资产清理

累计折旧

固定资产减值准备

贷：固定资产

已计提减值准备的固定资产在计提折旧时，应当按照该项固定资产的账面价值（即固定资产原价减去累计折旧和已计提的减值准备，下同），以及尚可使用年限重新计算确定折旧率和折旧额；如果已计提减值准备的固定资产价值又得以恢复，该项固定资产的折旧率和折旧额的确定方法，按照固定资产价值恢复后的账面价值，以及尚可使用年限重新计算确定折旧率和折旧额。

因计提固定资产减值准备而调整固定资产折旧率和折旧额时，对未计提固定资产减值准备前已计提的累计折旧不作调整。

（2）税务处理。固定资产账面价值是指固定资产初始计量（或会计成本）减去已提折旧和减值准备后的价值；固定资产计税基础是指固定资产初始计税基础减去已扣除的折旧额。由于固定资产折旧和减值准备的差异，导致固定资产账面价值与计税基础不一致，从而产生应纳税暂时性差异或可抵扣暂时性差异。从开始折旧的年度（会计与税法开始折旧的时间一致）起，到固定资产处置的年度止，纳税调增总额与纳税调减总额的金额是相等的。

固定资产减值准备不得转回，处置固定资产时一并结转。由于已计提减值准备的固定资产是按账面价值（账面价值=固定资产原价－累计折旧－固定资产减值准备）计提折旧的，因此，计提减值准备实质上相当于当期多提折旧。纳税调整方法，只需将固定资产减值准备当作会计折旧即可。

本年纳税调整额=（本期计提折旧+本期计提减值准备）－本期税法折旧。结果大于零，调增所得；结果小于零，调减所得。

固定资产处置年度纳税调整额=会计残值－税法残值。结果大于零，调增所得；结果小于零，调减所得。

3.采用成本模式进行后续计量的投资性房地产的减值

采用成本模式进行后续计量的投资性房地产发生减值的，应设置“投资性房地产减值准备”科目核算，其会计及税务方法参照固定资产减值处理。

4.无形资产的减值

（1）会计处理。资产负债表日，企业根据资产减值准则确定无形资产发生减值的，按应减记的金额计提减值准备。

借：资产减值损失

　　贷：无形资产减值准备

无形资产减值准备不得转回，处置无形资产时，应同时结转已计提的无形资产减值准备。

借：银行存款

　　累计摊销

　　无形资产减值准备

　　贷：无形资产

　　　　资产处置损益

（2）税务处理。

①使用寿命有限的无形资产。使用寿命有限的无形资产的后续计量，其影响损益的金额有两项：一是摊销，二是减值准备。

已经计提减值准备的无形资产，在计算摊销额时应扣除减值准备的金额。由于无形资产减值准备不得在税前扣除，因此，无形资产的计税基础不得剔除减值准备。

税法摊销额=无形资产计税基础÷税法摊销年限

纳税调整方法为：

（本期会计摊销额+本期计提的无形资产减值准备）>税法摊销额，按差额调增所得。

（本期会计摊销额+本期计提的无形资产减值准备）<税法摊销额，按差额调减所得。

无形资产账面价值=无形资产初始计量金额－累计摊销－无形资产减值准备

无形资产计税基础净值=无形资产初始计税基础－按税法规定计算的累计摊销额

处置无形资产时，按无形资产计税基础净值计算扣除。

②使用寿命不确定的无形资产。按照无形资产准则规定，对于使用寿命不确定的无形资产，在持有期间内不需要摊销，需要计提减值准备的，相应计提减准备。税法规定，使用寿命不确定的无形资产，采用直线法摊销，摊销年限不得少于十年。因此，在税法摊销期内，应当分期调减应纳税所得额；如果本期计提了减值准备，应按减值准备与税法摊销额之间的差异作纳税调整，其中减值准备小于税法摊销额，应按差额调减所得额；反之应调增所得额。

无形资产账面价值=无形资产初始计量－无形资产减值准备

无形资产计税基础净值=无形资产初始计税基础－按税法规定计算的累计摊销额

处置无形资产时，按无形资产计税基础净值计算扣除。

需要注意的是，税法允许扣除的无形资产必须与生产、经营有关，凡是与生产、经营无关的无形资产在摊销或转让时均不得在税前扣除。

5. 持有待售资产的减值

（1）会计处理。企业初始计量或在资产负债表日重新计量持有待售的非流动资产或处置组时，其账面价值高于公允价值减去出售费用后的净额的，应当将账面价值减记至公允价值减去出售费用后的净额，减记的金额确认为资产减值损失，计入当期损益，同时计提持有待售资产减值准备。

借：资产减值损失

贷：持有待售资产减值准备

后续资产负债表日，持有待售的非流动资产或处置组中的资产减值转回的，按允许转回的金额：

借：持有待售资产减值准备

贷：资产减值损失

（2）税务处理。应调整应纳税所得额=持有待售资产减值准备科目年末余额-年初余额。计算结果大于零，应调增应纳税所得额，反之，应调减应纳税所得额。

6. 商誉的减值

（1）会计处理。对于非同一控制下企业合并中取得的商誉价值，应设置“商誉”科目核算。商誉发生减值的，应在本科目设置“减值准备”明细科目进行核算，也可以单独设置“商誉减值准备”科目进行核算。

企业应按企业合并准则确定的商誉价值，借记本科目，贷记有关科目。资产负债表日，企业根据资产减值准则确定商誉发生减值的，按应减记的金额计提减值准备。

借：资产减值损失

贷：商誉减值准备

公司清算时，按账面价值结转。

借：清算损益

商誉减值准备

贷：商誉

（2）税务处理。《企业所得税法实施条例》第六十七条第四款规定：“外购商誉的支出，在企业整体转让或者清算时，准予扣除。”

清算所得中允许扣除的商誉，是指商誉的计税基础（不得扣除减值准备）。

依据《企业所得税法实施条例》第十一条规定，清算所得=清算日全部资产变现收入-全部资产计税基础净值-清算费用以及相关税费-弥补亏损。这里，允许扣除的资产计税基础净值包括商誉的计税基础（不得扣除减值准备）。

因此，本期计提的商誉减值准备应当调增所得，计算清算所得时，调减所得。

对于非同一控制下的控股合并形成的商誉，构成长期股权投资的会计成本，而没有在个别会计报表中单独反映。由于外购长期股权投资的计税基础是以取得该项投资发生的实际支出确定的，因此长期股权投资的计税基础包含商誉，长期股权投资成本在持有期间不得扣除，处置长期股权投资时，商誉作为投资计税基础的一部分，一并扣除。

7.生产性生物资产的减值

比照固定资产减值处理。

8.消耗性生物资产的减值

消耗性生物资产减值准备，通过“存货跌价准备”科目核算，其纳税调整方法与存货减值相同。

9.长期股权投资的减值

（1）会计处理。资产负债表日，企业根据资产减值或金融工具确认和计量准则确定长期股权投资发生减值的，按应减记的金额计提减值准备。

借：资产减值损失

　　贷：长期股权投资减值准备

处置长期股权投资时，应同时结转已计提的长期股权投资减值准备。

借：银行存款

　　长期股权投资减值准备

　　贷：长期股权投资

　　　　投资收益

（2）税务处理。长期股权投资的计税基础不因计提减值准备而减少，企业计提的长期股权投资减值准备，应当调增应纳税所得。实际处置该项股权时，仍按计税基础扣除。

例外的情况是，《财政部、国家税务总局关于企业资产损失税前扣除政策的通知》（财税［2009］57号）第六条规定，企业的股权投资符合下列条件之一的，减除可收回金额后确认的无法收回的股权投资，可以作为股权投资损失在计算应纳税所得额时扣除：

①被投资方依法宣告破产、关闭、解散、被撤销，或者被依法注销、吊销营业执照的；

②被投资方财务状况严重恶化，累计发生巨额亏损，已连续停止经营3年以上，且无重新恢复经营改组计划的；

③对被投资方不具有控制权，投资期限届满或者投资期限已超过10年，且被投资单位因连续3年经营亏损导致资不抵债的；

④被投资方财务状况严重恶化，累计发生巨额亏损，已完成清算或清算期超过3年以上的；

⑤国务院财政、税务主管部门规定的其他条件。

依据《企业资产损失所得税税前扣除管理办法》第三条、《国家税务总局关于企业所得税资产损失资料留存备查有关事项的公告》（国家税务总局公告2018年第15号）规定，上述法定资产损失，企业虽未实际处置、转让上述资产，允许在会计上已作损失处理（即一次性提足减值准备）的年度申报扣除。企业需将下列资料留存备查：

①股权投资计税基础证明材料；

②被投资企业破产公告、破产清偿文件；

③工商行政管理部门注销、吊销被投资单位营业执照文件；

④政府有关部门对被投资单位的行政处理决定文件；

⑤被投资企业终止经营、停止交易的法律或其他证明文件；

⑥被投资企业资产处置方案、成交及入账材料；

⑦企业法定代表人、主要负责人和财务负责人签章证实有关投资（权益）性损失的书面申明；

⑧会计核算资料等其他相关证据材料。

被投资企业依法宣告破产、关闭、解散或撤销、吊销营业执照、停止生产经营活动、失踪等，应出具资产清偿证明或者遗产清偿证明。上述事项超过三年以上且未能完成清算的，应出具被投资企业破产、关闭、解散或撤销、吊销等的证明以及不能清算的原因说明。

长期股权投资发生上述情形，应扣除按税法规定计算的预计可收回金额后，再确认发生的财产损失。

本期应确认财产损失＝长期股权投资计税基础－预计可收回金额

纳税调整方法如下：

（1）长期股权投资发生实质性损害的年度，根据税务机关审批的财产损失，直接作纳税调减处理。

（2）长期股权投资处置（指被投资单位清算）的年度，按税法规定计算实际财产损失额＝长期股权投资计税基础－取得的清算分配额＋责任及保险赔款。如果实际损失金额与原已申报扣除的预计损失数额有差异，两者的差额，必须作纳税调整。如果实际损失金额大于原已申报扣除的预计损失额，调减应纳税所得额，反之，应调增应纳税所得额。

（3）由于长期股权投资账面价值与计税基础的差异，导致长期股权投资处置损益与股权转让所得（或损失）金额不同。在以会计利润为基础的纳税申报体系中，必须将“投资收益（股权处置损益）”科目的金额从利润总额中剔除，否则会导致重复扣除。

10.融资租赁中出租人未担保余值的减值

（1）会计处理。资产负债表日，企业根据租赁准则确定未担保余值发生减值的，按应减记的金额计提减值准备。

借：资产减值损失

　　贷：未担保余值减值准备

已计提未担保余值减值准备的未担保余值价值以后又得以恢复，应在原已计提的未担保余值减值准备金额内，按恢复增加的金额作相反的会计分录。

借：未担保余值减值准备

贷：资产减值损失

（2）税务处理。应调整应纳税所得额=未担保余值减值准备科目年末余额-年初余额。计算结果大于零，应调增应纳税所得额，反之，应调减应纳税所得额。

11.金融资产的减值

（1）应收款项减值。

①会计处理。计提坏账准备时：

借：资产减值损失

贷：坏账准备

实际发生坏账时：

借：坏账准备

贷：应收账款等科目

本期收到前期已核销的应收账款时：

借：应收账款等科目

贷：坏账准备

借：银行存款

贷：应收账款等科目

②税务处理。税法规定，计提的坏账准备不得在税前扣除。企业实际发生的坏账损失符合国家税务总局公告（2011年第25号）规定条件的可在税前扣除。本期收到的前期已作坏账损失在税前扣除的应收款项，应当并入所得额征税。但前期会计上已作坏账损失处理但在税收上未能获得税前扣除的坏账损失，实际收到时，无需确认所得，否则会导致重复征税。

纳税调整方法为：

应调整应纳税所得额=（本期通过损益科目计提金额-本期通过损益金额转回金额）-（本期按税法规定允许扣除的坏账损失-本期收回前期已作为坏账损失在税前扣除的应收款项）

计算结果大于零，调增所得；反之，计算结果小于零，调减所得。

【例9-1】甲公司应收款项年初账面余额2 200万元，“坏账准备”科目余额800万元，累计已扣除坏账准备300万元（2007年底前，按照税法规定，企业按应收款项余额的万分之五计算的坏账准备允许在税前扣除），计税基础1 900万元。“递延所得税资产-坏账准备”余额125万元。年末应收款项账面余额3 600万元，本年度会计确认坏账损失150万元，其中经批准允许扣除的坏账损失为140万元。本期收回的以前年度已确认为坏账损失90万元，其中有40万元在以前年度已获得税前扣除，另50万元不符合税法规定的确认条件，未获得扣除。企业按照相当于整个存续期内预计信用损失金额计提坏账准备，年末计提坏账准备210万元，坏账准备余额950万元。

本年度应调整应纳税所得额=（本期通过损益科目计提金额－本期通过损益科目转回金额）－（本期按税法规定允许扣除的坏账损失－本期收回前期已作为坏账损失在税前扣除的应收款项）=210－（140－40）=110（万元）

借：递延所得税资产——坏账准备　　275 000

　　贷：所得税费用——递延所得税费用　　275 000

若本年利润为1 000万元，不考虑其他纳税调整因素，则应纳所得税额=（1 000+110）×25%=277.50（万元）

借：所得税费用——当期所得税费用　　2 775 000

　　贷：应交税费——应交所得税　　2 775 000

（2）贷款减值。

①会计处理。计提贷款损失准备的资产包括客户贷款、拆出资金、贴现资产、银团贷款、贸易融资、协议透支、信用卡透支、转贷款和垫款等。企业（保险）的保户质押贷款计提的减值准备、企业（典当）的质押贷款、抵押贷款计提的减值准备，也通过“贷款损失准备”科目核算。

资产负债表日，企业根据金融工具确认和计量准则确定发生减值，按应减记的金额，借记“资产减值损失”科目，贷记本科目。已计提贷款损失准备的贷款价值以后又得以恢复，应在原已计提的贷款损失准备金额内，按恢复增加的金额，借记本科目，贷记“资产减值损失”科目。

对于确实无法收回的各项贷款，按管理权限报经批准后转销各项贷款，借记“贷款损失准备”，贷记“贷款”等科目。

企业收回贷款时，应结转该项贷款计提的贷款损失准备。

②税务处理。《财政部、国家税务总局关于金融企业贷款损失准备金企业所得税税前扣除有关问题的通知》（财税［2015］9号）规定，政策性银行、商业银行、财务公司和城乡信用社等国家允许从事贷款业务的金融企业提取的贷款损失准备允许按照贷款资产余额的1%在税前扣除。《财政部、税务总局关于小额贷款公司有关税收政策的通知》（财税［2017］48号）规定，对经省级金融管理部门（金融办、局等）批准成立的小额贷款公司，自2017年1月1日至2019年12月31日，按年末贷款余额的1%计提的贷款损失准备金准予在企业所得税税前扣除。

准予提取贷款损失准备的贷款资产范围包括：贷款（含抵押、质押、担保等贷款）；银行卡透支、贴现、信用垫款（含银行承兑汇票垫款、信用证垫款、担保垫款等）、进出口押汇、同业拆出等各项具有贷款特征的风险资产；由金融企业转贷并承担对外还款责任的国外贷款，包括国际金融组织贷款、外国买方信贷、外国政府贷款、日本国际协力银行不附条件贷款和外国政府混合贷款等资产。

金融企业的委托贷款、代理贷款、国债投资、应收股利、上交央行准备金，以及金融企业剥离的债权和股权、应收财政贴息、央行款项等不承担风险和损失的资产，不得提取贷款损失准备在税前扣除。

金融企业发生的符合条件的贷款损失，应先冲减已在税前扣除的贷款损失准备，不足冲减部分可据实在计算当年应纳税所得额时扣除。

纳税调整方法为：

本年度允许扣除的贷款损失准备（A）=按税法规定本年末允许计提贷款损失准备的资产余额×扣除比率-（截至上年末累计扣除的贷款损失准备-本年度允许税前扣除的贷款损失+本年度收回以前年度已获得扣除的贷款损失）

本年度末账面计提或冲销的贷款损失准备（B）=按会计准则规定本年末允许计提贷款损失准备的资产余额×计提比率-（期初贷款损失准备账面余额-本年度账务已核销的贷款损失+本年度收回以前年度已核销的贷款损失）

或者，B=年末贷款损失准备余额-年初贷款损失准备余额

若B>A，应调增应纳税所得额=B-A，并确认递延所得税资产。

若A>B，应首先在前期已调增的应纳税所得额范围内，调减所得，并相应转回递延所得税资产。

对保险公司提取农业巨灾风险准备金、金融企业涉农贷款和中小企业贷款损失准备金、中小企业信用担保机构有关准备金、保险公司准备金、证券行业准备金支出的扣除及纳税调整办法参照上述方法执行。

实际操作中，应结合上式计算结果，根据企业所得税申报表填报规则填写纳税申报表。

另财税［2015］9号规定，金融企业涉农贷款和中小企业贷款损失准备金的税前扣除政策，凡按照《财政部、国家税务总局关于金融企业涉农贷款和中小企业贷款损失准备金税前扣除有关问题的通知》（财税［2015］3号）的规定执行的，不再适用本通知第一条至第四条的规定。据此，金融企业涉农贷款和中小企业贷款正常类不得计提扣除贷款损失准备。

（3）以公允价值计量且其变动计入其他综合收益的金融资产

①会计处理。资产负债表日，企业根据金融工具确认和计量准则确定持有至到期投资发生减值的，按应减记的金额计提减值准备。

借：资产减值损失

　　贷：其他综合收益——损失准备

已计提减值准备的持有至到期投资价值以后又得以恢复，应在原已计提的减值准备金额内，按恢复增加的金额作相反的会计分录。

借：其他综合收益——损失准备

　　贷：资产减值损失

②税务处理。以公允价值计量且其变动计入其他综合收益的金融资产减值准备不得在税前扣除。资产的计税基础不因计提减值准备而改变。

纳税调整方法：申报所得税时，将本期“资产减值损失”科目的金额从利润总额中剔除。

12. 采用公允价值模式计量的投资性房地产的减值

采用公允价值模式核算的投资性房地产，其公允价值的变动，通过“公允价值变动损益”科目核算，同时调整“投资性房地产——公允价值变动”科目。

申报所得税时，只需将本年度公允价值变动损益的变动数作纳税调整即可。

13. 石油天然气矿区权益和井及相关设施的减值

石油天然气开采企业应通过“油气资产减值准备”科目核算，其会计及税务处理参照固定资产减值。

14. 递延所得税的减值

企业应当对递延所得税资产的账面价值进行复核。如果未来期间很可能无法获得足够的应纳税所得额用以抵扣递延所得税资产的利益，按原已确认的递延所得税资产中应减记的金额，借记“所得税费用——递延所得税费用”、“资本公积——其他资本公积”等科目，贷记“递延所得税资产”科目。在很可能获得足够的应纳税所得额时，减记的金额应当转回。

递延所得税减值与计算应纳税所得额无关，不涉及纳税调整问题。

第十章

职工薪酬准则与税法差异分析

职工薪酬，是指企业为获得职工提供的服务或解除劳动关系而给予的各种形式的报酬或补偿。职工薪酬包括短期薪酬、离职后福利、辞退福利和其他长期职工福利。《企业会计准则第9号——职工薪酬准则》(以下简称“职工薪酬准则”)规范了职工薪酬的确认、计量和相关信息的披露。本章分析《企业所得税法》及其实施条例与职工薪酬准则的差异及纳税调整方法。

第一节 职工薪酬会计核算

一、职工薪酬的内容

职工薪酬，是指企业为获得职工提供的服务或解除劳动关系而给予的各种形式的报酬或补偿。职工薪酬包括短期薪酬、离职后福利、辞退福利和其他长期职工福利。企业提供给职工配偶、子女、受赡养人、已故员工遗属及其他受益人等的福利，也属于职工薪酬。

其中，职工，是指与企业订立劳动合同的所有人员，含全职、兼职和临时职工，也包括虽未与企业订立劳动合同但由企业正式任命的人员。未与企业订立劳动合同或未由其正式任命，但向企业所提供服务与职工所提供服务类似的人员，也属于职工的范畴，包括通过企业与劳务中介公司签订用工合同而向企业提供服务的人员。

根据新的职工薪酬准则分类，职工薪酬主要包括以下内容：

（一）短期薪酬

短期薪酬，是指企业在职工提供相关服务的年度报告期间结束后12个月内需要全部予以支付的职工薪酬，因解除与职工的劳动关系给予的补偿除外。短期薪酬具体包括：职工工资、奖金、津贴和补贴，职工福利费，医疗保险费、工伤保险费和生育保险费等社会保险费，住房公积金，工会经费和职工教育经费，短期带薪缺勤，短期利润分享计划，非货币性福利以及其他短期薪酬。带薪缺勤，是指企业支付工资或提供补偿的职工缺勤，包括年休假、病假、短期伤残、婚假、产假、丧假、探亲假等。利润分享计划，是指因职工提供服务而与职工达成的基于利润或其他经营成果提供薪酬的协议。

（二）离职后福利

离职后福利，是指企业为获得职工提供的服务而在职工退休或与企业解除劳动关系后，提供的各种形式的报酬和福利，短期薪酬和辞退福利除外。

（三）辞退福利

辞退福利，是指企业在职工劳动合同到期之前解除与职工的劳动关系，或者为鼓励职工自愿接受裁减而给予职工的补偿。

（四）其他长期职工福利

其他长期职工福利，是指除短期薪酬、离职后福利、辞退福利之外所有的职工薪酬，包括长期带薪缺勤、长期残疾福利、长期利润分享计划等。

二、职工薪酬的确认和计量

（一）短期薪酬的会计处理

企业应当在职工为其提供服务的会计期间，将实际发生的短期薪酬确认为负债，并计入当期损益，其他会计准则要求或允许计入资产成本的除外。

1.职工福利费

企业发生的职工福利费，应当在实际发生时根据实际发生额计入当期损益或相关资产成本。职工福利费为非货币性福利的，应当按照公允价值计量。企业将拥有的房屋等资产无偿提供给职工使用的，应当根据受益对象，将该住房每期应计提的折旧计入相关资产成本或当期损益，同时确认应付职工薪酬。租赁住房等资产供职工无偿使用的，应当根据受益对象，将每期应付的租金计入相关资产成本或当期损益，并确认应付职工薪酬。难以认定受益对象的非货币性福利，直接计入当期损益和应付职工薪酬。

【例10-1】甲公司是一家彩电生产企业，有职工200名，其中一线生产工人为170名，总部管理人员为30名。2018年6月，甲公司决定以其生产的液晶彩色电视机作为福利发放给职工。该彩色电视机单位成本为10 000元，单位计税价格（公允价值）为14 000元，适用的增值税税率为16%。甲公司的账务处理如下：

（1）决定发放非货币性福利：

借：生产成本	2 760 800	
管理费用	487 200	
贷：应付职工薪酬		3 248 000

计入生产成本的金额为：170 × 14 000 ×（1+16%）=2 760 800（元）

计入管理费用的金额为：30 × 14 000 ×（1+16%）=487 200（元）

（2）实际发放非货币性福利：

借：应付职工薪酬	3 248 000	
贷：主营业务收入		2 800 000
应交税费——应交增值税（销项税额）		448 000
借：主营业务成本	2 000 000	
贷：库存商品		2 000 000

应交的增值税销项税额=170 × 14 000 × 16%+30 × 14 000 × 16%=448 000（元）

【例10-2】乙公司决定为每位部门经理提供轿车免费使用，同时为每位副总裁租赁一套住房免费使用。乙公司部门经理共有20名，副总裁共有5名。假定每辆轿车月折旧额为1 000元，每套住房月租金为8 000元。乙公司的账务处理如下：

（1）计提轿车折旧

借：管理费用	20 000	

贷：应付职工薪酬　　20 000

借：应付职工薪酬　　20 000

贷：累计折旧　　20 000

（2）确认住房租金费用

借：管理费用　　40 000

贷：应付职工薪酬　　40 000

借：应付职工薪酬　　40 000

贷：银行存款　　40 000

2. 三险一金等费用

企业为职工缴纳的医疗保险费、工伤保险费、生育保险费等社会保险费和住房公积金，以及按规定提取的工会经费和职工教育经费，应当在职工为其提供服务的会计期间，根据规定的计提基础和计提比例计算确定相应的职工薪酬金额，并确认相应负债，计入当期损益或相关资产成本。

3. 带薪缺勤

带薪缺勤分为累积带薪缺勤和非累积带薪缺勤。累积带薪缺勤，是指带薪缺勤权利可以结转下期的带薪缺勤，本期尚未用完的带薪缺勤权利可以在未来期间使用。企业应当在职工提供服务从而增加了其未来享有的带薪缺勤权利时，确认与累积带薪缺勤相关的职工薪酬，并以累积未行使权利而增加的预期支付金额计量。

非累积带薪缺勤，是指带薪缺勤权利不能结转下期的带薪缺勤，本期尚未用完的带薪缺勤权利将予以取消，并且职工离开企业时也无权获得现金支付。企业应当在职工实际发生缺勤的会计期间确认与非累积带薪缺勤相关的职工薪酬。

4. 利润分享计划

利润分享计划同时满足下列条件的，企业应当确认相关的应付职工薪酬：

（1）企业因过去事项导致现在具有支付职工薪酬的法定义务或推定义务。

（2）因利润分享计划所产生的应付职工薪酬义务金额能够可靠估计。属于下列三种情形之一的，视为义务金额能够可靠估计：①在财务报告批准报出之前企业已确定应支付的薪酬金额；②该短期利润分享计划的正式条款中包括确定薪酬金额的方式；③过去的惯例为企业确定推定义务金额提供了明显证据。

职工只有在企业工作一段特定期间才能分享利润的，企业在计量利润分享计划产生的应付职工薪酬时，应当反映职工因离职而无法享受利润分享计划福利的可能性。如果企业在职工为其提供相关服务的年度报告期间结束后12个月内，不需要全部支付利润分享计划产生的应付职工薪酬，该利润分享计划应作为其他长期职工福利处理。

（二）离职后福利

企业应当将离职后福利计划分类为设定提存计划和设定受益计划，作不同会计处理。离职后福利计划，是指企业与职工就离职后福利达成的协议，或者企业为向职工提供离职后福利制定的规章或办法等。

设定提存计划，是指向独立的基金缴存固定费用后，企业不再承担进一步支付义务的离职后福利计划，典型如社会养老保险。企业应当在职工为其提供服务的会计期间，将根据设定提存计划计算的应缴存金额确认为负债，并计入当期损益或相关资产成本。根据设定提存计划，预期不会在职工提供相关服务的年度报告期结束后12个月内支付全部应缴存金额的，企业应当将全部应缴存金额以折现后的金额计量应付职工薪酬。

设定受益计划，是指除设定提存计划以外的离职后福利计划，如企业年金。设定受益计划的会计处理如下：

1.企业应根据设定受益计划条款，划分设定受益计划全部义务的归属期间。归属期间是指从职工提供服务以获取企业在未来报告期间预计支付的设定受益计划福利开始，至职工的继续服务不会导致这一福利金额显著增加之日为止。全部义务可能划分至数个归属期间，每一归属期间可能涵盖数个会计年度。若划分为数个归属期间的，则要判断是否需将作归属期间进行合并：除来自薪金增长外，若职工后续年度的服务将导致其享有的单位年度设定受益计划福利水平显著高于以前年度时，应合并归属期间，合并后的归属期间为职工提供服务而导致企业第一次产生设定受益计划福利义务至职工提供服务不再导致该单位年度福利义务显著增加的期间。《企业会计准则》认为是由于职工提供的整个服务而不是单单的以后年度服务才使以后年度获得的福利显著高于以前年度提供的服务，因此这种情况下需要合并归属期，将福利平均分摊至整个服务期间。

【例10-3】某企业设定了一项受益计划，规定员工退休后可自公司一次性获得退休补贴，总额为各服务年度确定的金额合计，各服务年度金额为企业利润总额的5%。该案例中归属期间为各服务年度，每一归属期间仅包含一个会计年度。

【例10-4】某企业实施了一项设定受益计划，员工退休后可领取10年退休金。退休前累计服务年限在10—20年的，退休后每年年末领取退休福利3万元；累计服务年限在20年以上的，每年可领取4万元。该案例中，对于预期服务年限在10—20年的，因为职工在后10年（10—20年）期间的服务未导致福利金额增加，因此归属期间为前10年（1—10年）。若预期服务年限超过20年的，每年可多领取的1万元，是基于后10年的劳动投入，因此后10年构成了第二个归属期间。此时要判断是否需将作归属期间进行合并：前10年的单位年度设定受益计划福利水平3万元显著高于后10年的1万元，因此无需合并归属期，前30万元归属于第一个10年，后10万元归属于第二个10年。

承**【例10-4】**，重新假设累计服务年限在20年以上的，每年可领取9万元。此时，后10年的单位年度设定受益计划福利水平6万元（9-3）显著高于前10年的3万元，因此应将归属期间合并，合并后的归属期间为前20年（1—20年），全部义务为90万元。

2.采用无偏且相互一致的精算假设对有关人口统计变量和财务变量等作出估计，分别计量上述归属期间对应义务在退休年度的现值总额。精算假设包括离职率、工作年限、预期寿命、工资增长情况等。折现时所采用的折现率应当根据资产负债表日与设定受益计划义务期限和币种相匹配的国债或活跃市场上的高质量公司债券的市场收益率确定。

承【例10-4】，假设折现率为4%，已知年金终值系数（P/A，4%，10）=8.1109，那么第一个10年归属期间对应义务30万元在退休年度的现值总额=3×（P/A，4%，10）=24.3327（万元），第二个10年归属期间对应义务10万元在退休年度的现值总额=1×（P/A，4%，10）=8.1109（万元）。

3.根据归属期间所包含的年度数，对上述现值总额取算数平均值，并分别贴现至归属期间包含的各年度，分别计入对应年度的当期损益或相关资产成本，相应确认应付职工薪酬。

承【例10-4】，计划施行后王某入职，预期其工作至退休，累计工作年限为25年，复利现值系数（P/F，4%，25）=0.3751。假设企业仅王某一人为设定受益计划受益人。王某工作第一年时，公司应确认的设定受益计划负债金额计算如下：

第一年属于第一个10年归属期间中的一个年度，该年度应确认负债在退休年度的终值=24.3327÷10=2.43327（万元），设定义务现值=2.43327×（P/F，4%，25）=0.9128（万元），即第一年公司应确认设定受益计划负债金额为0.9128万元，会计分录为（单位：元，下同）：

借：管理费用　　9 128

　　贷：应付职工薪酬——设定受益计划　　9 128

期末根据设定受益计划的期初摊余成本和折现率，计算计入本期的财务费用。因第一年期初余额为零，当年不确认财务费用，第二年确认的财务费用=0.9128×4%=0.0365（万元）。

借：财务费用　　365

　　贷：应付职工薪酬——设定受益计划　　365

4.特殊事项的处理。

（1）若设定受益计划修改，导致以前期间职工服务相关的设定受益计划义务现值的增加或减少的，应相应调整设定受益计划负债金额，同时计入当期损益。

（2）企业为了消除设定受益计划所产生的部分或所有未来义务进行的交易，而不是根据计划条款和所包含的精算假设向职工支付福利，应按照以下金额的差额确认一项设定受益计划结算利得或损失：在结算日确定的设定受益计划义务现值；结算价格，包括转移的计划资产的公允价值和企业直接发生的与结算相关的支付。

（三）辞退福利的确认和计量

1.辞退福利是在职工劳动合同尚未到期前，企业决定解除与职工的劳动关系而给予的补偿，或为鼓励职工自愿接受裁减而给予的补偿。企业应当按照辞退计划条款的规定，合理预计并确认辞退福利产生的应付职工薪酬。辞退福利必须同时满足下列条件，才能确认预计负债：

（1）企业已经制定正式的解除劳动关系计划或提出自愿裁减建议，并即将实施。该计划或建议应当包括：拟解除劳动关系或裁减的职工所在部门、职位及数量；根据有关规定按工作类别或职位确定的解除劳动关系或裁减补偿金额；拟解除劳动关系或裁减的时间等。

辞退计划或建议应当经过董事会或类似权力机构的批准，除因付款程序等原因使部分付款推迟至一年以上外，辞退工作一般应当在一年内实施完毕。

（2）企业不能单方面撤回解除劳动关系计划或裁减建议。

2.企业如有实施的职工内部退休计划，虽然职工未与企业解除劳动关系，但由于这部分职工未来不能给企业带来经济利益，企业承诺提供实质上类似于辞退福利的补偿，符合上述辞退福利计划确认预计负债条件的，比照辞退福利处理。企业应当将自职工停止提供服务日至正常退休日的期间拟支付的内退人员工资和缴纳的社会保险费等，确认为应付职工薪酬（辞退福利），不得在职工内退后各期分期确认因支付内退职工工资和为其缴纳社会保险费而产生的义务。

3.辞退工作在一年内实施完毕、补偿款项超过一年支付的辞退计划（含内退计划），企业应当选择恰当的折现率，以折现后的金额进行计量，计入当期管理费用。折现后的金额与实际应支付的辞退福利的差额，作为未确认融资费用，在以后各期实际支付辞退福利款项时计入财务费用。应付辞退福利款项与其折现后金额相差不大的，也可不予折现。

【例10-5】丙公司主要从事家用电器的生产和销售。2017年11月，丙公司为在2018年顺利实施转产，公司管理层制定了一项辞退计划，规定自2018年1月1日起，以职工自愿方式，辞退平面直角彩色电视机生产车间职工。辞退计划的详细内容，包括拟辞退职工所在部门、数量、各级别职工能够获得的补偿标准以及计划实施时间等均已与职工协商一致。该辞退计划已于2017年12月15日经公司董事会正式批准，并将在2018年实施完毕。辞退计划的有关内容见表10.1。

表10.1　　丙公司平面直角彩色电视机生产车间职工辞退计划一览表

职位	拟辞退数量	工龄（年）	补偿标准（元）
车间主任	10	1 ~ 10	100 000
		11 ~ 20	200 000
		21 ~ 30	300 000
高级技工	50	1 ~ 10	80 000
		11 ~ 20	180 000
		21 ~ 30	280 000
一般技工	100	1 ~ 10	50 000
		11 ~ 20	150 000
		21 ~ 30	250 000
合计			1 590 000

2017年12月31日，丙公司根据表10.1的资料，预计平面直角彩色电视机生产车间职工接受辞退数量的最佳估计数及应支付的补偿金额见表10.2。

表10.2　　丙公司平面直角彩色电视机生产车间职工接受辞退及补偿金额一览表

职 位	拟辞退数量	工龄（年）	接受辞退计划职工人数	每人补偿标准（元）	补偿金额（元）
车间主任	10	1 ~ 10	5	100 000	500 000
		11 ~ 20	2	200 000	400 000
		21 ~ 30	1	300 000	300 000
高级技工	50	1 ~ 10	20	80 000	1 600 000
		11 ~ 20	10	180 000	1 800 000
		21 ~ 30	5	280 000	1 400 000
一般技工	100	1 ~ 10	50	50 000	2 500 000
		11 ~ 20	20	150 000	3 000 000
		21 ~ 30	10	250 000	2 500 000
合 计	160		123		14 000 000

根据表10.2的资料，丙公司的账务处理如下：

借：管理费用　　　　　　　　　　　　　14 000 000

　　贷：应付职工薪酬　　　　　　　　　　　14 000 000

（四）其他长期职工福利

企业向职工提供的其他长期职工福利，符合设定提存计划条件的，应当适用前述设定提存计划的有关规定进行处理。除此以外，企业应当适用设定受益计划的有关规定，确认和计量其他长期职工福利净负债或净资产。以企业年金形式的其他长期职工福利为例，企业设计设定受益计划，往往将企业年金作为配套制度，即企业每年向基金缴存资金，由管理人运用基金资产从事投资活动，从而确保基金资产的保值增值，以尽可能覆盖设定受益计划未来的支付义务。如果年金不足以支付到期义务，设定受益计划的企业负有补充支付义务。基金资产与企业破产相隔离，《企业年金管理办法》规定，为企业年金提供服务的自然人、法人或其他组织终止清算的，企业年金基金财产不属于清算财产。企业年金形式的其他长期职工福利会计处理要点如下：

年度中，企业向基金缴存款项或收到基金退款的，计入设定受益计划资产；基金支付离职后福利的，同时冲减设定受益计划的资产和负债。期末，企业应根据上年度设定受益计划资产的期末余额和折现率，计算冲减财务费用。在此基础上，企业根据设定受益计划资产的本年期末余额与当前余额的差额，计入其他综合收益，并相应调整设定受益计划资产。上述设定受益计划资产期末余额等于设定受益计划义务现值加上设定受益计划净资产。设定受益计划净资产为设定受益计划的盈余和资产上限两项的孰低者。盈余是指设定受益计划义务现值小于设定受益计划资产公允价值所形成的金额。资产上限，是指企业可从设定受益计划退款或减少未来对设定受益计划缴存资金而获得的经济利益的现值。

【例10-6】某企业2017年期初实施了一项设定受益计划，并配套企业年金制度保障义务履行，折现率为5%。2017年设定受益计划资产和负债的期末余额分别为40万元和30万元。2018年发生如下事项：①缴存年金60万元；②确认设定受益计划负债50万元（不含离职后福利的支付部分）；③基金支付离职后福利5万元，退还企业2万元。期末基金公允价值为130万元，资产上限现值为15万元。企业会计处理如下：

①借：设定受益计划资产　　600 000
　　贷：银行存款　　600 000

②借：管理费用　　500 000
　　贷：应付职工薪酬——设定受益计划　　500 000

③借：应付职工薪酬——设定受益计划　　50 000
　　银行存款　　20 000
　　贷：设定受益计划资产　　70 000

④借：设定受益计划资产　　20 000（400 000 × 5%）
　　贷：财务费用　　20 000

此时，企业设定受益计划资产余额=40+60-7+2=95（万元），设定受益计划负债现值=30+50-5=75（万元）。

⑤2018年期末设定受益计划净资产=Min（盈余，资产上限）=Min（设定受益计划资产公允价值-设定受益计划义务现值，资产上限）=Min（130-75，15）=15（万元）

2017年设定受益计划资产的期末余额=设定受益计划净资产+设定受益计划负债现值=15+75=90（万元），较当前余额95万元少5万元，所以会计处理为：

借：其他综合收益　　50 000
　　贷：设定受益计划资产　　50 000

（五）以现金结算的股份支付

对职工以现金结算的股份支付，应当按照企业承担的以股份或其他权益工具为基础计算确定的负债的公允价值计量。除授予后立即可行权的以现金结算的股份支付外，授予日一般不进行会计处理。授予日，是指股份支付协议获得批准的日期。其中，获得批准是指企业与职工就股份支付的协议条款和条件已达成一致，该协议获得股东大会或类似机构的批准。

授予后立即可行权的以现金结算的股份支付，应当在授予日以企业承担负债的公允价值，借记“管理费用”、“生产成本”、“制造费用”等科目，贷记“应付职工薪酬”科目。完成等待期内的服务或达到规定业绩条件以后才可行权的以现金结算的股份支付，在等待期内的每个资产负债表日，按当期应确认的成本费用金额，借记“管理费用”、“生产成本”、“制造费用”等科目，贷记“应付职工薪酬”科目。在可行权日之后，以现金结算的股份支付当期公允价值的变动金额，借记或贷记“公允价值变动损益”科目，贷记或借记“应付职工薪酬”科目。

【例10-7】2017年1月1日，经股东大会批准，乙公司为其200名中层以上管理人员每人授予100份现金股票增值权，条件是自2017年1月1日起必须在公司连续服务3年，即可自2019年12月31日起根据股价增长幅度获得现金。该增值权应在2021年12月31日之前行使完毕。乙公司估计，该增值权在负债结算之前每一资产负债表日以及结算日的公允价值和可行权后的每份增值权现金支出额见表10.3。

表10.3　乙公司现金股票增值权的公允价值及现金支出一览表

年份	公允价值（增值额/份）	支付现金（元/份）
2017	14	
2018	15	
2019	18	16
2020	21	20
2021		25

第一年有20名管理人员离开公司，乙公司估计三年中还将有15名管理人员离开；第二年又有10名管理人员离开公司，乙公司估计还将有10名管理人员离开；第三年又有15名管理人员离开。第三年年末，有70人行使股票增值权获得了现金。第四年年末，有50人行使股票增值权；第五年年末，剩余35人全部行使股票增值权。

根据上述资料，乙公司计算各期应确认的应付职工薪酬和计入当期损益的金额，见表10.4。

表10.4　应付职工薪酬和计入当期损益一览表　单位：元

年份	应付职工薪酬（1）	支付现金（2）	当期损益（3） （3）=（1）-［上期（1）-（2）］
2017	（200−35）×100×14×1/3=77 000		77 000
2018	（200−40）×100×15×2/3=160 000		83 000
2019	（200−45−70）×100×18=153 000	70×100×16=112 000	105 000
2020	（200−45−70−50）×100×21=73 500	50×100×20=100 000	20 500
2021	73 500−73 500=0	35×100×25=87 500	14 000
		299 500	299 500

根据表10.4的资料，乙公司的账务处理如下：

（1）2017年1月1日，不作处理。

（2）2017年12月31日：

借：管理费用　　77 000

　　贷：应付职工薪酬　　77 000

（3）2018年12月31日：

借：管理费用　　83 000

　　贷：应付职工薪酬　　83 000

（4）2019年12月31日：

借：管理费用　　105 000

　　贷：应付职工薪酬　　105 000

借：应付职工薪酬　　112 000

　　贷：银行存款　　112 000

（5）2020年12月31日：

借：公允价值变动损益　　20 500

　　贷：应付职工薪酬　　20 500

借：应付职工薪酬　　100 000

　　贷：银行存款　　100 000

（6）2021年12月31日：

借：公允价值变动损益　　14 000

　　贷：应付职工薪酬　　14 000

借：应付职工薪酬　　87 500

　　贷：银行存款　　87 500

三、新旧准则的衔接

对于本准则施行日存在的离职后福利计划、辞退福利、其他长期职工福利，应当按照《企业会计准则第28号——会计政策、会计估计变更和差错更正》的规定采用追溯调整法处理，即重新计量的职工薪酬负债余额与账面金额的差额，调整期初留存收益。

第二节　工资薪金的税务处理

一、工资薪金支出的税务处理

《企业所得税法实施条例》第三十四条规定："工资薪金，是指企业每一纳税年度支付给在本企业任职或者受雇的员工的所有现金形式或者非现金形式的劳动报酬，包括基本工资、奖金、津贴、补贴、年终加薪、加班工资，以及与员工任职或者受雇有关的其他支出。企业发生的合理的工资薪金支出，准予扣除。”

正确执行理解上述规定，必须从工资薪金支出的对象、核算范围、扣除标准等方面加以理解。

二、工资薪金支出对象的税务处理

工资薪金支出的对象是在本单位任职或受雇的员工。根据《国家税务总局关于企业所得税应纳税所得额若干税务处理问题的公告》（国家税务总局公告2012年第15号）规定，除了一般用工外，企业员工也包括季节工、临时工、实习生、返聘离退休人员。注意的是，企业雇员与独立劳务相区别，员工受到单位的支配管理，并对其劳动时间而非劳动成果负责。雇员取得的工资薪金不征增值税，应采用自制内部凭证处理。企业接受外单位（单位外）个人提供的独立劳务，属于增值税的征收范围，根据《企业所得税税前扣除凭证管理办法》（国家税务总局公告2018年第28号）规定，金额未超过起征点的，可采用内部凭证处理。否则，需凭税务机关开具的发票据以入账。

关于劳务派遣用工问题，根据《国家税务总局关于企业工资薪金和职工福利费等支出税前扣除问题的公告》（国家税务总局公告2015年第34号）规定，企业接受外部劳务派遣用工所实际发生的费用，应分两种情况按规定在税前扣除：按照协议（合同）约定直接支付给劳务派遣公司的费用，应作为劳务费支出；直接支付给员工个人的费用，应作为工资薪金支出和职工福利费支出。其中属于工资薪金支出的费用，准予计入企业工资薪金总额的基数，作为计算其他各项相关费用扣除的依据。而会计处理层面，是否直接支付给派遣员工，并不影响职工薪酬的认定。

三、职工薪酬支出范围的差异

（一）工资薪金支出的差异

职工薪酬准则规定，凡是企业为获得职工提供的服务所给予或付出的所有代价（对价），均构成职工薪酬，多方位、多角度地规范了职工薪酬的内容：无论是货币性还是非货币性薪酬，无论是在职还是离职后薪酬，无论是计量相对直接明确的常规性薪酬还是以权益工具为计量基础的现代薪酬（现金结算的股份支付），无论是提供给职工本人的薪酬还是提供给职工配偶、子女或其他被赡养人福利，无论是物质性薪酬，还是教育性福利，均属于职工薪酬。

税法规定的工资薪金支出范围是指本企业任职或者受雇的员工的所有现金形式或者非现金形式的劳动报酬，包括基本工资、奖金、津贴、补贴、年终加薪、加班工资，以及与员工任职或者受雇有关的其他支出。这里是指企业因接受雇员服务而支付给职工的各种现金和非现金资产，企业向员工集资而支付的利息，因与接受雇员服务无关，故不在其列。

根据《国家税务总局关于企业工资薪金及职工福利费扣除问题的通知》（国税函［2009］3号）规定，合理工资薪金是指企业按照股东大会、董事会、薪酬委员会或相关管理机构制订的工资薪金制度规定实际发放给员工的工资薪金。“合理工资薪金”，是指企业按照股东大会、董事会、薪酬委员会或相关管理机构制订的工资薪金制度规定实际发放给员工的工资薪金。税务机关在对工资薪金进行合理性确认时，可按以下原则掌握：企业制订了较为规范的员工工资薪金制度；企业所制订的工资薪金制度符合行业及地区水平；企业在一定时期所发放的工资薪金是相对固定的，工资薪金的调整是有序进行的；企业对实际发放的工资薪金，已依法履行了代扣代缴个人所得税义务。有关工资薪金的安排，不以减少或逃避税款为目的。

所谓实际发放，是指收付实现制，并且根据《国家税务总局关于企业工资薪金和职工福利费等支出税前扣除问题的公告》（国家税务总局公告2015年第34号）规定，已预提汇缴年度工资薪金，只要企业在年度汇算清缴结束前向员工实际支付，准予在汇缴年度按规定扣除。注意的是，一是并非汇算清缴截止时“应付职工薪酬”有余额的必然作纳税调增，因为余额往往是本年计提金额，工资的发放通常是“先进先出法”；二是如同固定资产折旧一样，无论是本月计提的工资薪金，还是实际支出的工资薪金都未必全部影响当期损益。期末库存在产品、产成品均包含一定的工资成本，甚至在建工程科目也有本单位人员的工资成本。税法对此不作分解，只要在汇算清缴前未实际发放，一律作纳税调整。

工资薪金支出具体内容包括：

（1）“应付职工薪酬——职工工资、奖励、津贴和补贴”；

（2）“应付职工薪酬——商业保险”。即以工资薪金名义为职工缴纳的商业保险。相当于以工资薪金名义发放给职工，再由职工自行参保，或企业代办。

（3）通过“应付职工薪酬——股份支付”科目核算的现金结算的股份支付。在等待期内，由于股份支付尚未实际支付，需作纳税调增处理。待行权后实际发放时，再根据实际发放数额，作纳税调减处理。行权后发生的公允价值变动损益，同样根据应付职工薪酬科目对应发生额作纳税调整处理。

（4）按照股份支付准则规定，未通过“应付职工薪酬”科目核算，而直接计入成本费用和所有者权益（资本公积——其他资本公积）的权益结算的股份支付，按照《国家税务总局关于我国居民企业实行股权激励计划有关企业所得税处理问题的公告》（国家税务总局公告2012年第18号）的相关规定在税前扣除。

（二）职工福利费的差异

《关于企业加强职工福利费财务管理的通知》（财企［2009］242号）规定，企业为职工提供的交通、住房、通讯待遇，已经实行货币化改革的，按月按标准发放或支付的住房补贴、交通补贴或者车改补贴、通讯补贴，应当纳入职工工资总额，不再纳入职工福利费管理。根据《国家税务总局关于企业工资薪金和职工福利费等支出税前扣除问题的公告》（国家税务总局公告2015年第34号）规定，列入企业员工工资薪金制度、固定与工资薪金一起发放的福利性补贴，符合《国家税务总局关于企业工资薪金及职工福利费扣除问题的通知》（国税函［2009］3号）第一条规定的，可作为企业发生的工资薪金支出，按规定在税前扣除，否则应作为职工福利费，按规定计算限额税前扣除。根据上述规定，国税函［2009］3号文件规定的为职工卫生保健、生活、住房、交通等所发放的各项补贴，财务上作为工资发放的，列入工资总额计算扣除。

《企业所得税法实施条例》第四十条规定："企业发生的职工福利费支出，不超过工资薪金总额14%的部分，准予扣除。"这里的"工资薪金总额"是指允许扣除的工资薪金总额，即全年实际支出数。

（三）工会经费的差异

依据会计准则，工会经费仍实行计提、划拨办法。即财务上按照计提工资总额的2%计提工会经费。依据财建［2006］317号规定，计提工会经费和职工教育经费的基数，是指国家统计局《关于工资总额组成的规定》（国家统计局1990年第1号令）的口径，即工资总额由计时工资、计件工资、奖金、津贴和补贴、加班加点工资、特殊情况下支付的工资等六个部分组成，也即"应付职工薪酬——工资、奖金、津贴和补贴"科目的贷方累计发生额。账务处理为：借记成本费用类科目，贷记"应付职工薪酬——工会经费"，然后再划拨给企业工会组织，凭企业工会组织开具的"工会经费拨缴款专用收据"入账。

《企业所得税法实施条例》第四十一条规定："企业拨缴的工会经费，不超过工资薪金总额2%的部分，准予扣除。"即，企业拨缴的工会经费，不得超过税法口径的工资薪金实际发放数的2%，超过部分不得扣除。根据《国家税务总局关于工会经费企业所得税税前扣除凭据问题的公告》（国家税务总局公告2010年第24号）和《国家税务总局关于税务机关代收工会经费企业所得税税前扣除凭据问题的公告》（国家税务总局公告2011年第30号）规定，企业凭工会组织开具的《工会经费收入专用收据》在企业所得税税前扣除。在委托税务机关代收工会经费的地区，企业拨缴的工会经费，也可凭合法、有效的工会经费代收凭据依法在税前扣除。

企业工会经费的收支管理，按照《中华全国总工会办公厅关于印发〈基层工会经费收支管理办法〉的通知》（总工办发［2017］32号）执行。

（四）职工教育经费的差异

根据新准则，职工教育经费仍实行计提、使用办法。计提基数的口径与工会经费一致，从2008年1月1日起，可按2.5%的比例计提。

企业职工教育培训经费列支范围包括：

（1）上岗和转岗培训；

（2）各类岗位适应性培训；

（3）岗位培训、职业技术等级培训、高技能人才培训；

（4）专业技术人员继续教育；

（5）特种作业人员培训；

（6）企业组织的职工外送培训的经费支出；

（7）职工参加的职业技能鉴定、职业资格认证等经费支出；

（8）购置教学设备与设施；

（9）职工岗位自学成才奖励费用；

（10）职工教育培训管理费用；

（11）有关职工教育的其他开支。

经单位批准或按国家和省、市规定必须到本单位之外接受培训的职工，与培训有关的费用由职工所在单位按规定承担。

经单位批准参加继续教育以及政府有关部门集中举办的专业技术、岗位培训、职业技术等级培训、高技能人才培训所需经费，可从职工所在企业职工教育培训经费中列支。

企业职工参加社会上的学历教育以及个人为取得学位而参加的在职教育，所需费用应由个人承担，不能挤占企业的职工教育培训经费。

对于企业高层管理人员的境外培训和考察，其一次性单项支出较高的费用应从其他管理费用中支出，避免挤占日常的职工教育培训经费开支。

矿山和建筑企业等聘用外来农民工较多的企业，以及在城市化进程中接受农村转移劳动力较多的企业，对农民工和农村转移劳动力培训所需的费用，可从职工教育培训经费中支出。

计提的职工教育经费不够开支的，可从企业工会年度内按规定留成的工会经费中列支。

《企业所得税法实施条例》第四十二条规定："除国务院财政、税务主管部门另有规定外，企业发生的职工教育经费支出，不超过工资薪金总额2.5%的部分，准予扣除；超过部分，准予在以后纳税年度结转扣除。"根据《财政部、税务总局关于企业职工教育经费税前扣除政策的通知》（财税［2018］51号）规定，自2018年1月1日起，企业发生的职工教育经费支出，不超过工资薪金总额8%的部分，准予在计算企业所得税应纳税所得额时扣除；超过部分，准予在以后纳税年度结转扣除。

职工教育经费规定了扣除限额和结转扣除，纳税调整方法如下：

每年实发工资总额的2.5%（2018年1月1日起调整为8%）作为扣除限额，首先按照提取数与实际使用数对比，按照孰低原则与扣除限额比较，确定可以在税前扣除的金额。如果提取数大于允许扣除的金额，调增所得。其中提取并使用的金额超过扣除限额的部分，允许在以后年度扣除。如果提取数小于允许扣除的金额，若动用了可递延抵扣的结余，则应调减所得，若动用了2007年底职工教育经费结余数，不得调减。对于可递延至以后年度扣除的金额对企业所得税的影响，应通过“递延所得税资产”科目核算该项可抵扣暂时性差异。

当以前年度调增的金额，在本年度纳税调减时，应当相应转回前期已确认的递延所得税资产，如果既不能在本年度调减所得，也不得结转以后年度调减，则应冲销递延所得税资产。

《财政部、国家税务总局关于进一步鼓励软件产业和集成电路产业发展企业所得税政策的通知》（财税［2012］27号）规定，集成电路设计企业和符合条件软件企业的职工培训费用，应单独进行核算并按实际发生额在计算应纳税所得额时扣除。《财政部、国家税务总局关于扶持动漫产业发展有关税收政策问题的通知》（财税［2009］65号）规定，经认定的动漫企业自主开发、生产动漫产品，可申请享受国家现行鼓励软件产业发展的所得税优惠政策。因此，这三类企业发生的培训费据实扣除，提取培训费大于实际支出的培训费的部分，调增所得，反之调减所得；三类企业的职工教育经费（不含培训费）的纳税调整按照前述办法处理。

（五）“五险一金”的差异

“五险一金”，即医疗保险费、养老保险费、失业保险费、工伤保险费、生育保险费和住房公积金。企业应当按照国务院、所在地政府或企业年金计划规定的标准，计量应付职工薪酬义务和应相应计入成本费用的薪酬金额。

《企业所得税法实施条例》第三十五条第1款规定：“企业依照国务院有关主管部门或者省级人民政府规定的范围和标准为职工缴纳的基本养老保险费、基本医疗保险费、失业保险费、工伤保险费、生育保险费等基本社会保险费和住房公积金，准予扣除。”

根据《社会保险费征缴暂行条例》第三条的规定，基本养老保险费的征缴范围为：国有企业、城镇集体企业、外商投资企业、城镇私营企业和其他城镇企业及其职工，实行企业化管理的事业单位及其职工；基本医疗保险费的征缴范围为：国有企业、城镇集体企业、外商投资企业、城镇私营企业和其他城镇企业及其职工，事业单位及其职工，民办非企业单位及其职工，社会团体及其专职人员；失业保险费的征缴范围为：国有企业、城镇集体企业、外商投资企业、城镇私营企业和其他城镇企业及其职工，事业单位及其职工。省、自治区、直辖市人民政府根据本地实际情况，可以决定《社会保险费征缴暂行条例》适用于本行政区域内工伤保险费和生育保险费的征收、缴纳。根据《住房公积金管理条例》的规定，国有企业、城镇集体企业、外商投资企业、城镇私营企业及其他城镇企业事业单位、民办非企业单位、社会团体应当每月为职工缴存职工本人上一年度月平均工资乘以职工住房公积金缴存比例后的数额的住房公积金。

执行“五险一金”税前扣除的规定，应注意下列问题：

1.基本社会保险费和住房公积金的扣除

扣除对象包括基本医疗保险费、基本养老保险费、失业保险费、工伤保险费和生育保险费等基本社会保险费和住房公积金，除此之外的保险费支出，都不能纳入本项范围予以税前扣除。

2.基本社会保险费和住房公积金的扣除范围和标准

扣除的范围和标准以国务院有关主管部门或省级人民政府的规定为依据，超出这个范围和标准的部分，不得在税前扣除。

3.只有实际缴纳的金额方可扣除

对于提而未缴的“五险一金”不得在税前扣除，本期实际缴纳数超过了提取数的部分，允许在实际缴纳的年度扣除，即前期调增的金额，允许在本年作纳税调减。

此外，为建立多层次的养老保险和医疗保险制度，更好地保障企业职工退休后的生活，依法参加基本养老保险、医疗保险，履行缴费义务、具有相应的经济负担能力并已建立集体协商机制的企业，经有关部门批准，可为其职工办理补充养老保险和补充医疗保险。《企业所得税法实施条例》第三十五条第2款规定：“企业为投资者或者职工支付的补充养老保险费、补充医疗保险费，在国务院财政、税务主管部门规定的范围和标准内，准予扣除。”根据《财政部、国家税务总局关于补充养老保险费补充医疗保险费有关企业所得税政策问题的通知》（财税［2009］27号）规定，企业根据国家有关政策规定，为在本企业任职或者受雇的全体员工支付的补充养老保险费、补充医疗保险费，分别在不超过职工工资总额5%标准内的部分，在计算应纳税所得额时准予扣除；超过的部分，不予扣除。超过标准的部分本期及以后年度均不得扣除，本期提而未缴的不得扣除，提取数未超过税法规定的标准，允许在实际缴纳的年度扣除。

（六）商业保险费的差异

企业按照有关法律、法规为特殊工种人员缴纳的法定人身安全保险费，属于商业保险的范畴，由于这部分保险费是必须要缴纳的，而且也是基于接受职工服务支付的对价，也应通过“应付职工薪酬”科目核算，由于法定人身安全保险属于强制保险，而且与生产经营有关，《企业所得税法实施条例》第三十六条规定，为特殊工种职工支付的人身安全保险费可以据实扣除。特殊工种人员是指《建筑法》、《煤炭法》等法律规定的高空作业、井下挖掘、海底勘探、远洋捕捞等高危作业人员。

应由股东或职工个人负担的其他商业保险费，属于个人消费性质，不得在企业列支，但企业可以通过提高职工（不含未在本企业任职或受雇的个人股东）的薪酬待遇，作为职工薪酬的一部分进行会计核算，相当于企业给职工支付薪酬，再由职工个人办理商业保险或企业代办。《企业所得税法实施条例》第三十六条规定：“除企业依照国家有关规定为特殊工种职工支付的人身安全保险费和国务院财政、税务主管部门规定可以扣除的其他商业保险费外，企业为投资者或者职工支付的商业保险费，不得扣除。”如前所述，如果企业以工资薪金的名义列支职工的商业保险，则可以视同工资薪金在税前扣除，但需并入个人工资薪金所得总额计征个人所得税。企业为个人股东支付的任何商业保险均不得扣除。国税函［2005］318号文件亦规定："依据《中华人民共和国个人所得税法》及有关规定，对企业为员工支付各项免税之外的保险金，应在企业向保险公司缴付时（即该保险落到被保险人的保险账户）并入员工当期的工资收入，按"工资、薪金所得"项目计征个人所得税，税款由企业负责代扣代缴。"对于职工出差而购买的人身意外险支出，根据《国家税务总局关于企业所得税有关问题的公告》（国家税务总局公告2016年第80号）规定，准予扣除。

（七）辞退福利的差异

辞退福利，属于职工薪酬核算的范围，但不属于企业所得税法中规定的工资薪金范畴。新准则从资产负债表观的角度出发，按照权责发生制原则，规定当辞退计划满足准则规定的预计负债确认条件时，应当确认一项预计负债；同时由于职工被辞退后不再为企业带来经济利益，所有辞退福利均应于满足确认条件时，计入当期费用，使财务报表使用者及时了解企业因根据辞退计划提供辞退福利所承担的义务情况。

企业与职工解除劳动合同而支付的合理的补偿费，属于与生产经营有关的必要而合理的支出，允许据实扣除。本期提而未付的金额，不得在本期扣除，实际支付时，作纳税调减处理。该项可抵扣暂时性差异，应当按规定进行所得税会计处理。

（八）股份支付的差异

股份支付分为权益结算和现金结算两种形式，其中现金结算的股份支付，纳入职工薪酬的核算范围，而权益结算的股份支付，在等待期资产负债表日，借记成本费用类科目，贷记"资本公积——其他资本公积"科目。无论是哪种形式的股份支付，均应计入工资薪金总额的范围，按照工资薪金税前扣除办法的有关规定处理。其会计与税法的差异及纳税调整方法，参见"第十一章股份支付准则与税法差异分析"。

（九）设定受益计划的差异

企业实施设定受益计划而计提的应付职工薪酬，包括因设定受益计划修改所导致与以前期间职工服务相关的设定受益计划义务现值增加或减少的，由于尚未实际支出或发生，因此税法不予认可，在计算企业所得税应纳税所得额时应作纳税调增。企业期末根据负债摊余成本和折现率计算的财务费用，其支出的事由为职工薪酬，未来到期后作为离职后福利支付给职工，因此属于税法规定的职工薪金支出，由于计提时未实际支付，因此同样不得于企业所得税税前扣除，而应作纳税调增。

企业为了消除设定受益计划所产生的部分或所有未来义务进行结算交易的，企业支付的结算价格属于与取得收入有关的、合理的支出，准予全额税前扣除。而会计计入利润总额的结算损失等于结算价格减去设定受益计划现值，因此需要就会计和税法的差额部分即设定受益计划现值作应纳税所得额的调减。

若企业未设立企业年金，尽管企业实际支付时员工已离职，但设定受益计划的本质是递延工资，企业的支付义务是基于职工在职时稳定长期的劳动投入而在其离职前产生的，只是支付时间滞后，因此该支出属于《企业所得税法》规定的企业实际发生的与取得收入有关的、合理的支出，准予在企业所得税税前扣除。由于企业实际支出时会计处理为冲减负债，未计入利润表，因此应作纳税调减处理。

若企业设立了企业年金，企业年金属于补充养老保险，根据《财政部、国家税务总局关于补充养老保险费补充医疗保险费有关企业所得税政策问题的通知》（财税［2009］27号）规定，企业为在本企业任职或者受雇的全体员工支付的补充养老保险，可以在职工工资总额5%标准内作限额扣除，但因会计上未计入损益项目，因此需作纳税调减处理。

第十一章

股份支付准则与税法差异分析

股权激励通常发生在上市前与上市后，方式主要有员工直接持股与间接持股，间接持股一般由员工设立有限责任公司、合伙企业、信托计划、代持股等方式实现。本章依据《上市公司股权激励管理办法》（中国证券监督管理委员会令第126号，2016年7月13日颁布）、《企业会计准则第11号——股份支付》、《国家税务总局关于我国居民企业实行股权激励计划有关企业所得税处理问题的公告》（国家税务总局公告2012年第18号）、《财政部、国家税务总局关于完善股权激励和技术入股有关所得税政策的通知》（财税［2016］101号）等文件，介绍股权激励会计与企业所得税、个人所得税处理。

第一节 股权激励的类型

股权激励方式主要有股票（权）期权、限制性股票、股票增值权、股权奖励等，分述如下：

一、股票（权）期权

股票（权）期权是指公司给予激励对象在一定期限内以事先约定的价格购买本公司股票（权）的权利。一般涉及授予日、可行权日、等待期、行权日、解禁日（如图11.1所示）。

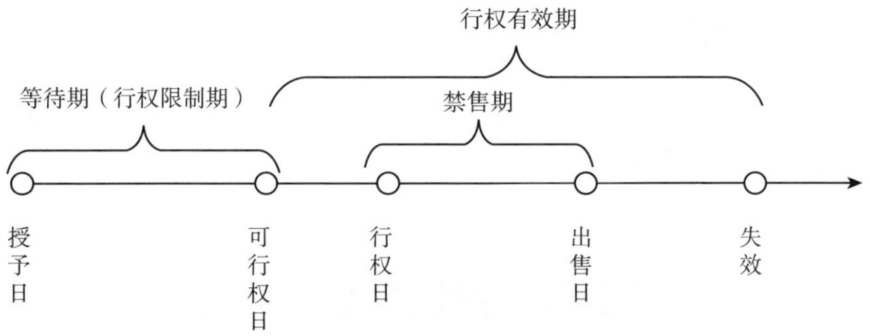

图 11.1 股票（权）期权实施步骤示意图

上市公司在授予激励对象股票期权时，应当确定行权价格或者行权价格的确定方法。行权价格不得低于股票票面金额，且原则上不得低于下列价格较高者：

1.股权激励计划草案公布前1个交易日的公司股票交易均价。

2.股权激励计划草案公布前20个交易日、60个交易日或者120个交易日的公司股票交易均价之一。

二、限制性股票

限制性股票是指公司按照预先确定的条件授予激励对象一定数量的本公司股权，激励对象只有工作年限或业绩目标符合股权激励计划规定条件的才可以处置该股权。一般涉及授予日、禁售期与解禁日。限制性股票与股票（权）期权的主要区别在于，股票（权）期权在授予日，被激励者取得的是未来可以拥有该股票（权）的一份期权，并不拥有该股票（权）的所有权。限制性股票在授予日，也称股票登记日，即拥有该股票的所有权，只是在禁售期内，所有权中的处分权等部分权限受到限制。对于授权日即行权的股票期权，相当于限制性股票。

上市公司在授予激励对象限制性股票时，应当确定授予价格或授予价格的确定方法。授予价格不得低于股票票面金额，且原则上不得低于下列价格较高者：

1.股权激励计划草案公布前1个交易日的公司股票交易均价的50%；

2.股权激励计划草案公布前20个交易日、60个交易日或者120个交易日的公司股票交易均价之一的50%。

三、股票增值权

股票增值权是一种虚拟的股权激励方式，是指上市公司授予公司员工在未来一定时期和约定条件下，获得规定数量的股票价格上升所带来收益的权利，其实质也是一种期权，通常涉及授予日与等待期。

四、股权奖励

技术入股是指企业或个人以技术成果投资入股到境内居民企业，被投资企业支付的对价全部为股票（权）。

第二节　股权激励的差异

股权激励带来的双赢结果使得越来越多的公司将股权激励作为激励员工的一种方式。股份支付交易的实质是企业以股份或者期权作为代价，接受了职工的服务。股权激励的财务处理可理解为企业给职工发放薪酬，同时企业再给职工发行股份或期权并收回现金，因此在财务报表中确认相应的成本费用和权益工具。对于股票期权、限制性股票，会计上按《企业会计准则第11号——股份支付》及其相关准则解释执行。

一、“一次授权、分期行权”股份支付计划的差异

（一）会计处理

除立即可行权的股份支付外，企业在授予日均不作会计处理。等待期内，股份支付准则第六条规定，“完成等待期内的服务或达到规定业绩条件才可行权的换取职工服务的以权益结算的股份支付，在等待期内的每个资产负债表日，应当以对可行权权益工具的最佳估计为基础，按照权益工具授予日的公允价值，将当期取得的服务计入相关成本或费用和资本公积。”待实际可行权日，根据实际行权的权益工具数量与金额，转入实收资本（股本）或资本溢价（股本溢

价）。账务处理如下：

（1）股权激励授予日：

企业不做任何账务处理。

（2）等待期内每个资产负债表日：

借：管理费用、生产成本等科目

　　贷：资本公积——其他资本公积

（3）实际行权日：

借：银行存款

　　资本公积——其他资本公积

　　贷：实收资本（或股本）

　　　　资本公积——资本溢价（或股本溢价）

需要注意的是，上述股权激励的股票（权）来源均是公司回购的库存股或定向增发的股份，如果股票（权）激励的标的股票（权）是由原股东让渡产生，公司账务处理如下：

（1）股权激励授予日：

企业不做任何账务处理。

（2）等待期内每个资产负债表日：

借：管理费用/生产成本等

　　贷：资本公积——其他资本公积

（3）实际行权日：

借：资本公积——其他资本公积

　　贷：资本公积——资本溢价（股本溢价）

借：实收资本（股本）——原股东

　　贷：实收资本（股本）——被激励员工

（二）税务处理

《国家税务总局关于我国居民企业实行股权激励计划有关企业所得税处理问题的公告》（国家税务总局公告2012年第18号）规定，企业建立的职工股权激励计划，其企业所得税的处理，按以下规定执行：

1.对股权激励计划实行后立即可以行权的，上市公司可以根据实际行权时该股票的公允价格与激励对象实际行权支付价格的差额和数量，计算确定作为当年上市公司工资薪金支出，依照税法规定进行税前扣除。

2.对股权激励计划实行后，需待一定服务年限或者达到规定业绩条件方可行权的。上市公司等待期内会计上计算确认的相关成本费用，不得在对应年度计算缴纳企业所得税时扣除。在股权激励计划可行权后，上市公司方可根据该股票实际行权时的公允价格与当年激励对象实际行权支付价格的差额及数量，计算确定作为当年上市公司工资薪金支出，依照税法规定进行税前扣除。

3.上述所称股票实际行权时的公允价格，以实际行权日该股票的收盘价格确定。

【例11-1】A公司为上市公司。2016年1月5日，A公司进行了限制性股票激励计划的授权，一次性授予A公司高级管理人员共计3 600万股限制性股票。2016—2018年的每年年末，在达到当年行权条件的前提下，每年解锁1 200万股。在解锁时职工应当在职。当年未满足条件不能解锁的股票作废。

A公司拟按照3 600万股限制性股票计算的股权激励费用在2016—2018年这3年平均分摊（见表11.1）。

问题：A公司将费用在3年中平均分摊的方法是否恰当？A公司各年度如何进行纳税调整？

解析：

从案例中的条款看，该股权激励计划属于一次授予、分期行权的股权激励计划，每期的结果相对独立，即第一期未达到可行权条件并不会直接导致第二期或第三期不能达到可行权条件，因此在会计处理时会将其作为三个独立的股份支付计划处理，即第一个计划的等待期是一年，第二个计划的等待期是两年，第三个计划的等待期是三年，各年应分摊的费用情况如表11.1（按股份数计算）：

表 11.1 2016—2018 年 A 公司股权激励费用分摊情况 单位：万股

分摊	第一期	第二期	第三期	合计
计入 2016 年	1 200	600（1 200/2）	400（1 200/3）	2 200
计入 2017 年	—	600（1 200/2）	400（1 200/3）	1 000
计入 2018 年	—	—	400（1 200/3）	400
合计	1 200	1 200	1 200	3 600

这样处理的原因是：由于要求职工在解锁时仍然在职，则对于第一期的奖励1 200万股股票要求职工必须在公司服务一年；对于第二期的奖励1 200万股股票要求职工在第二年年末仍在职，即要求职工必须在公司服务两年，因此相应的费用应当在两年内分摊；同理，第三期的奖励1 200万股股票应当在三年内分摊。

从表11.1中可以看到，公司确认的费用成阶梯形下降，即前期比后期要确认更多的费用。前期费用较高的原因是员工在前期为数个具有不同等待期的奖励计划而工作。

在各个资产负债表日，公司应根据最新取得的可行权人数变动、业绩指标完成情况等后续信息修正预计可行权的股票数量，并以此为依据确认各期应分摊的费用。

税务处理：假设各期可行权人数不变，且均实际行权。A公司各年度纳税调整金额计算如下：

2016年度纳税调整金额=2 200万股×授予日股票的公允价值−1 200万股×（实际行权时的公允价格−实际行权支付价格）

2017年度纳税调整金额=1 000万股×授予日股票公允价值–1 200万股×（实际行权时的公允价格–实际行权支付价格）

2018年度纳税调整金额=400万股×授予日股票的公允价值–1 200万股×（实际行权时的公允价格–实际行权支付价格）

上式计算结果大于零为纳税调增，计算结果小于零为纳税调减。

二、涉及集团内公司的股份支付计划的差异

公司在涉及股份支付安排时通常需要考虑员工被授予权益工具的退出机制，即职工将以何种方式实现权益工具的增值。如果集团内有一家公司是上市公司，这家上市公司的股票或者期权将是一个比较好的授予工具。因此，对于为集团内的非上市主体提供服务的员工，也有可能授予的是上市公司的股份或期权，这就产生了集团内公司股份支付的问题（例如，提供股份的上市公司和接受服务的非上市公司各自的会计处理）。在集团内，通常会有结算职工权益工具的一方和接受职工服务的一方，需要根据交易的安排考虑双方在其财务报表中的会计处理。

（一）会计处理

集团内股份支付主要考虑的是在集团内接受服务主体和结算的主体在各自报表中如何列报。关于企业集团内涉及不同企业股份支付交易的会计处理，企业会计准则解释第4号明确：企业集团（由母公司和其全部子公司构成）内发生的股份支付交易，应当按照以下规定进行会计处理：

1.结算企业以其本身权益工具结算的，应当将该股份支付交易作为权益结算的股份支付处理；除此之外，应当作为现金结算的股份支付处理。结算企业是接受服务企业的投资者的，应当按照授予日权益工具的公允价值或应承担负债的公允价值确认为对接受服务企业的长期股权投资，同时确认资本公积（其他资本公积）或负债。

2.接受服务企业没有结算义务或授予本企业职工的是其本身权益工具的，应当将该股份支付交易作为权益结算的股份支付处理；接受服务企业具有结算义务且授予本企业职工的是企业集团内其他企业权益工具的，应当将该股份支付交易作为现金结算的股份支付处理。

（二）税务处理

《国家税务总局关于我国居民企业实行股权激励计划有关企业所得税处理问题的公告》（国家税务总局公告2012年第18号）的具体规定是针对激励对象为上市公司的董事、监事、高级管理人员及其他员工。对上市公司子公司、孙公司员工进行激励的情形没有作出具体规定。笔者认为，由于费用分摊计入了接受服务的子公司、孙公司，则该项股权激励不得由上市公司税前扣除，而应当

在实际行权时由上市公司的子公司、孙公司扣除。扣除金额仍按照股票实际行权时的公允价格与当年激励对象实际行权支付价格的差额及数量计算确定。

【例11-2】A公司为上市公司。2010年A公司按照经批准的股权激励计划向A公司自身、子公司B公司及孙公司C公司的高管授予了A公司限制性股票。A公司持有B公司60%的股权，B公司持有C公司100%的股权。

问题：

（1）A公司、B公司、C公司如何进行会计处理？

（2）C公司的股权激励成本是否可以只在A公司和C公司层面进行会计处理？

（3）如果受激励高管在集团内调动，原接受服务企业的股权激励成本是否调整？

（4）B公司、C公司如何进行税务处理？

解析：

（1）本案例中，母公司A和子公司B、孙公司C均是按照以权益结算的股份支付处理。假设A公司授予B公司、C公司高管的限制性股票在2010年等待期内确认的费用总额分别为100万元、150万元，则A公司的会计处理为：

借：长期股权投资——B公司　　1 000 000
　　　　　　　　——C公司　　1 500 000
　贷：资本公积——其他资本公积　　2 500 000

子公司B会计处理为：

借：管理费用　　1 000 000
　贷：资本公积——其他资本公积　　1 000 000

孙公司C会计处理为：

借：管理费用　　1 500 000
　贷：资本公积——其他资本公积　　1 500 000

（2）对孙公司的股权激励仅涉及母公司和孙公司，子公司在个别报表中不应体现。其原因是：假如子公司做账，其会计处理应当是相应增加对孙公司的长期股权投资和资本公积，但是在子公司的个别报表中，对孙公司的投资是按照成本法核算，因为对孙公司的投资成本并没有真实发生改变，所以不应当确认对孙公司的长期股权投资的增加，故中间公司B不应当体现。值得一提的是，虽然可能母公司对孙公司没有直接的股权投资，但是在母公司的个别报表中会出现“长期股权投资——孙公司”。这样的结果也是合理的，因为在本案例中，母公司和孙公司直接发生了交易。母公司在编制合并财务报表时对孙公司的股权激励进行合并抵消调整。

（3）如果受到激励的高管在公司集团内调动导致接受服务的企业变更，但高管人员应取得的股权激励并未发生实质性变化，在等待期内应按合理的标准（例如按服务时间）在原接受服务的企业与新接受服务的企业间分摊股权激励成本，即谁受益，谁确认费用。

税务处理：子公司B、孙公司C在等待期内确认的成本费用不得扣除，作纳税调增处理。实际行权年度允许扣除的金额按照股票实际行权时的公允价格与实际行权支付价格的差额及数量计算，作纳税调减处理。

三、股份支付计划的取消与作废的差异

近些年来，随着股票市场价格的波动及受全球经济环境的影响，有的公司希望修改正在执行的股权激励计划。例如，有的公司授予员工的期权出现了"缩水"的状况，即股票的价格远低于行权价格，公司为了继续体现激励作用，会对原有的计划进行修改，比如降低行权价格。同时也有些情况下，公司可能出于对业绩的考虑，打算取消股权激励计划。这些对原计划的修改和取消都有可能对公司的财务报表产生影响。

（一）会计处理

在股份支付的会计处理中，我们会碰到作废、取消、修改、结算等不同的术语。这些术语所表达的含义不同其相应的会计处理也不尽相同，比较容易混淆的是作废和取消。

准则中没有对作废作出定义。对于作废，我们通常理解为：由于服务条件或者非市场的业绩条件没有得到满足，导致职工未能获得授予的权益工具的情形。

对于作废，准则中规定"在等待期内每个资产负债表日，企业应当根据最新取得的后续信息作出最佳估计，修正预计可行权的权益工具数量。在可行权日，最终预计可行权权益工具的数量应当与实际可行权工具的数量一致"。也就是说，如果没有满足服务或者非市场的业绩条件，则实际可行权的权益工具的数量为零，即接受的服务累计确认的费用为零。

取消通常源于公司的主动行为。《企业会计准则解释第3号》明确，"在等待期内如果取消了授予的权益工具，企业应当对取消所授予的权益性工具作为加速行权处理，将剩余等待期内应确认的金额立即计入当期损益，同时确认资本公积。职工或其他方能够选择满足非可行权条件但在等待期内未满足的，企业应当将其作为授予权益工具的取消处理"。也就是说，取消的会计处理结果视同加速行权。

从职工的角度看，无论是作废还是取消，职工都没有获得所授予的权益工具，但是两者的原因是不同的。作废是源于职工没有能够满足提前设定的可行权条件，故对于作废的股权激励会冲销以前确认的相关费用；取消往往源于企业的主动行为，为了防止企业随意取消股权激励计划，准则要求在等待期内如果取消了授予的权益工具，企业应当对取消所授予的权益性工具作为加速行权处理，将剩余等待期内应确认的金额立即计入当期损益，视同剩余等待期内的股权支付计划已经全部满足可行权条件。这一规定实质上是一项惩罚性的规定，为了防止企业随意取消计划而要求企业在取消的时候确认额外的费用。

（二）税务处理

对于作废，实际可行权的权益工具数量为零，即接受的服务累计确认费用为零，相应地，计算企业所得税时也不得扣除与股权激励相关的薪酬支出。

对于取消，实际可行权的权益工具数量也为零，但由于财务上视同加速行权确认了费用，则该项计入损益的费用不得在税前扣除，应作纳税调增处理。

【例11-3】A公司为上市公司。2011年1月20日，A公司向25名公司高级管理人员授予了1 500万股限制性股票，授予价格为8元，授予后锁定3年。2011年、2012年、2013年为申请解锁考核年，每年的解锁比例分别为30%、30%和40%，即450万股、450万股和600万股。经测算，授予日限制性股票的公允价值总额为15 000万元。该计划为一次授予、分期行权的计划，费用在各期的分摊如表11.2所示：

表11.2　　A公司一次授予、分期行权计划费用分摊情况　　单位：万元

分摊	第一期	第二期	第三期	合计
计入2011年	4 500	2 250	2 000	8 750
计入2012年	—	2 250	2 000	4 250
计入2013年	—	—	2 000	2 000
合计	4 500	4 500	6 000	15 000

各期解锁的业绩条件如表11.3所示：

表11.3　　A公司限制性股票各期解锁业绩条件

	业绩条件
第一期	2011年净利润较2009年增长率不低于25%
第二期	2011年和2012年两年净利润平均数较2009年增长率不低于30%
第三期	2011–2013年的3年净利润平均数较2009年增长率不低于40%

2011年10月25日，A公司公告预计2011年全年净利润较2010年下降20%—50%，较2009年下降10%—25%。

2011年12月13日，A公司召开董事会，由于市场需求大幅度萎缩，严重影响了公司当年以及未来一两年的经营业绩，公司预测股权激励计划解锁条件中关于经营业绩的指标无法实现，故决定终止实施原股权激励计划，激励对象已获授的限制性股票由公司回购并注销。2011年12月28日，A公司股东大会审议通过上述终止及回购方案。

问题：A公司终止实施原股权激励计划应该如何进行会计及税务处理？

解析：

（1）第一期解锁部分所对应的股权激励费用应该按照股份支付计划作废来

进行会计处理，2011年度不确认与这一部分相关的股权激励费用。原因是，在2011年年底，由于未能达到可行权条件“2011年净利润较2009年增长率不低于25%”而导致职工不能解锁相应的限制性股票，这属于作废。

（2）第二期和第三期应该作为取消股份支付计划，按照加速行权处理。对于取消日应当确认的金额，财政部在2012年3月的《关于取消股份支付计划会计处理问题的复函》（财办会［2012］11号）中指出：“企业在等待期内取消了所授予的权益工具（因未满足可行权条件而被取消的除外）的，应当按照《企业会计准则解释第3号》（财会［2009］8号）的规定作为加速可行权处理，即视同剩余等待期内的股权支付计划已经全部满足可行权条件，在取消所授予权益工具的当期确认剩余等待期内的所有费用”。根据该规定，在取消日加速确认第二、三期的费用10 500万元。

税务处理：2011年度第一期作废，未确认费用，不作纳税调整处理。同时2011年因取消股权支付计划确认了第二、三期的费用10 500万元，应作纳税调增处理。

四、技术入股的差异

个人以技术入股，被投资企业按照投资协议作价确认无形资产成本。所得税处理如下：以技术成果投资入股，属于非货币性资产投资，如果是企业作为投资主体，根据《财政部、国家税务总局关于非货币性资产投资企业所得税政策问题的通知》（财税［2014］116号），对于非货币性资产转让所得，可在5年内分期均匀计入应纳税所得额；如果是个人作为投资主体，根据《财政部、国家税务总局关于个人非货币性资产投资有关个人所得税政策的通知》（财税［2015］41号）规定，对个人以非货币性资产投资，可在5年内分期缴纳税款。如果在投资交易过程中取得现金补价的，现金部分应优先用于缴税；现金不足以缴纳的部分，可分期缴纳。个人在分期缴税期间转让其持有的上述全部或部分股权，并取得现金收入的，该现金收入应优先用于缴纳尚未缴清的税款。为鼓励大众创业、万众创新，支持科技力量的发展，财税［2016］101号文件对于技术投资入股给予更大的税收支持，文件规定，“对于技术企业或个人以技术成果投资入股到境内居民企业，被投资企业支付的对价全部为股票（权）的，企业或个人可选择继续按现行有关税收政策执行，也可选择适用递延纳税优惠政策。选择技术成果投资入股递延纳税政策的，经向主管税务机关备案，投资入股当期可暂不纳税，允许递延至转让股权时，按股权转让收入减去技术成果原值和合理税费后的差额计算缴纳所得税。”即对于投资者纳税义务发生的时间由原先的定期递延变为不定期递延，直至相应股权转让时，纳税义务发生。同时，作为被投资企业，仍按技术成果投资入股时的评估值入账并在企业所得税前摊销扣除。

第三节　股权激励的个人所得税处理

一、非上市公司股权激励的个人所得税处理

财税［2016］101号文件规定，“非上市公司授予本公司员工的股票期权、股权期权、限制性股票和股权奖励，符合规定条件的，经向主管税务机关备案，可实行递延纳税政策，即员工在取得股权激励时可暂不纳税，递延至转让该股权时纳税；股权转让时，按照股权转让收入减除股权取得成本以及合理税费后的差额，适用“财产转让所得”项目，按照20%的税率计算缴纳个人所得税。”对于取得股权的成本，股票（权）期权取得成本按行权价确定，限制性股票取得成本按实际出资额确定，股权奖励取得成本为零，适用递延纳税的股权成本按照加权平均法计算，不得与其他方式取得的股权成本合并计算。个人转让股权时，视同享受递延纳税优惠政策的股权优先转让。

（1）享受递延纳税税收优惠需符合的条件见表11.4：

表 11.4　　股权激励递延纳税优惠条件一览表

要求	具体标准
实施主体	境内居民企业，且公司所属行业不属于《股权奖励税收优惠政策限制性行业目录》范围，公司所属行业按公司上一纳税年度主营业务收入占比最高的行业确定。全国中小企业股份转让系统挂牌公司适用非上市公司的相关规定。
激励与奖励标的	激励标的为本公司股权。股权奖励的标的可以是技术成果投资入股到其他境内居民企业所取得的股权。
激励对象	技术骨干、高管，人数累计不得超过本公司最近6个月在职职工平均人数的30%，“最近6个月在职职工平均人数”按公司授予股权激励、奖励之上月起前6个月“工资薪金所得”项目全员全额扣缴明细申报的平均人数计算。
等待期、禁售期、有效期期限	股票（权）期权：等待期3年、行权后持有满1年、授予日至行权日不得超过10年； 限制性股票：授予日持有满3年，且解禁后持有满1年； 股权奖励：获得股权激励后持有满3年。
内部审批	股权激励需经公司董事会、股东（大）会审议通过，未设股东（大）会的国有单位，经上级主管部门审核批准。
备案资料	于股票（权）期权行权、限制性股票解禁、股权奖励获得之次月15日内，向主管税务机关报送“非上市公司股权激励个人所得税递延纳税备案表”（附件1）、股权激励计划、董事会或股东大会决议、激励对象任职或从事技术工作情况说明等。实施股权奖励的企业同时报送本企业及其奖励股权标的的企业上一纳税年度主营业务收入构成情况说明。未办理备案手续的，不得享受递延纳税优惠政策。

（2）对不符合递延纳税条件的股权激励，个人从任职受雇企业以低于公平

市场价格取得股票（权）的，应在获得股票（权）时，对实际出资额低于公平市场价格的差额，按照“工资薪金所得”项目，按下列公式计算缴纳个人所得税：

应纳税所得额=（行权股票的每股市场价-员工取得该股票期权支付的每股施权价）×股票数量

应纳税额=（股票期权形式的工资薪金应纳税所得额÷规定月份数×适用税率-速算扣除数）×规定月份数

员工将行权后的股票（权）再转让时获得的高于购买日公平市场价的差额，因转让的是非上市公司的股票（权），不属于证券二级市场交易的股票，故需按“财产转让所得”，适用20%的税率计算缴纳个人所得税。

这里“公平市场价格”依次按照净资产法、类比法和其他合理方法确定。

（3）员工取得符合条件、实行递延纳税政策的股权激励，与不符合递延纳税条件的股权激励需分别计算。在一个纳税年度中多次取得不符合递延纳税条件的股票（权）形式工资薪金所得的，按下列公式计算：

应纳税款=（本纳税年度内取得的股票期权形式工资薪金所得累计×应纳税所得额÷规定月份数×适用税率-速算扣除数）×规定月份数-本纳税年度内股票期权形式的工资薪金所得累计已纳税款

上款公式中的规定月份数，是指员工取得来源于中国境内的股票期权形式工资薪金所得的境内工作期间月份数，长于12个月的，按12个月计算。

（4）财税［2016］101号文规定的可以享受递延纳税的对象为本公司员工，如果股权激励的对象为非本公司员工，应视激励对象的身份确定按“工资薪金所得”或“劳务报酬所得”计算个人所得税。

（5）员工因股权激励、技术成果投资入股取得股权后，非上市公司在境内上市的，处置递延纳税的股权时，按照现行限售股有关征税规定执行，即按照“财产转让所得”，适用20%的比例税率征收个人所得税，计算公式如下：

应纳税所得额=本期限售股转让收入-（限售股原值+合理税费）÷限售股总股数×本期转让限售股股数

应纳税额=应纳税所得额×20%

此处合理税费是指转让限售股过程中发生的印花税、佣金、过户费等与交易相关的税费。需要注意的是，这里的限售股，含员工被授予股权之日至处置日期间孳生的送、转股。在授权日与处置日期间公司用留存收益转增股本的，被激励员工按“股息红利所得”计征个人所得税（上市公司可执行股息红利差别化税收待遇），并相应追加限售股原值；公司通过资本溢价（或股本溢价）转增股本的，被激励员工不征个人所得税，亦不增加限售股原价值。

二、上市公司股权激励的个人所得税处理

（一）股票期权的个人所得税处理

根据《财政部、国家税务总局关于个人股票期权所得征收个人所得税问题的通知》（财税［2005］35号）规定，员工取得股票期权的个人所得税计征方式如下：

1.授予日

一般情况下，员工被授予股票期权时不征个人所得税。但是，对于部分股票期权在授权时即约定可以转让，且在境内或境外存在公开市场及挂牌价格，员工接受该类股票期权时，属于员工已实际取得有确定价值的财产，应按授权日股票期权的市场价格，作为员工授权日所在月份的工资薪金所得，按以下公式计算缴纳个人所得税：

应纳税额=（股票期权形式的工资薪金应纳税所得额÷规定月份数×适用税率−速算扣除数）×规定月份数

如果员工以折价购入方式取得股票期权的，可以授权日股票期权的市场价格扣除折价购入股票期权时实际支付的价款后的余额，作为授权日所在月份的工资薪金所得。

员工取得上述股票期权，在授权日已缴纳个人所得税的，待实际行权时，不再缴纳个人所得税。

2.行权前转让股票期权

行权前转让股票期权应以股票期权的转让净收入，作为工资薪金所得征收个人所得税。

3.行权日

股票期权形式的工资薪金应纳税所得额=（行权股票的每股市场价−员工取得该股票期权支付的每股施权价）×股票数量

应纳税额=（股票期权形式的工资薪金应纳税所得额÷规定月份数×适用税率−速算扣除数）×规定月份数

这里的“规定月份数”是指员工取得来源于中国境内的股票期权形式工资薪金所得的境内工作期间月份数，长于12个月的，按12个月计算。

4.行权后转让股票

根据《财政部、国家税务总局关于个人转让股票所得继续暂免征收个人所得税的通知》（财税字［1998］61号）规定，员工行权后转让上市公司股票，免征个人所得税。

（二）限制性股票的个人所得税处理

依据《国家税务总局关于股权激励有关个人所得税问题的通知》（国税函

[2009]461号),被授权人取得限制性股票个人所得税计征方式如下:

应纳税所得额=(股票登记日股票市价+本批次解禁股票当日市价)÷2
×本批次解禁股票份数-被激励对象实际支付的资金总额
×(本批次解禁股票份数÷被激励对象获取的限制性股票总份数)

应纳税额=(限制性股票形式的工资薪金应纳税所得额÷规定月份数
×适用税率-速算扣除数)×规定月份数

纳税义务发生时间为每一批次限制性股票解禁的日期。

被授权人限制性股票解禁后再转让的,根据财税字[1998]61号文件免征个人所得税。

需要注意的是,限制性股票禁售期内,发生股本溢价转增股本(转股)的,需要相应调整"股票登记日股票市价"与"被激励对象获取的限制性股票总份数",若用未分配利润转增股本(送股),还需调整"被激励对象实际支付的资金总额"。

【例11-4】某上市公司经股东大会批准于2013年3月1日授予员工限制性股票1 000万股(其中员工李某工作5年,成绩优秀,被授予100万股),授予价格每股20元,股票登记日收盘价格为36元。2014年4月,公司实施2013年度利润分配方案,本次分配以2013年底公司总股本为基数,向全体股东每10股派发现金红利1元(含税),送3股,转增2股,股权登记日为2014年4月30日。2015年11月7日解禁(本批解禁30%),当日收盘价为41元。

李某2015年11月7日解禁时应缴纳个人所得税计算过程如下:

(1)授予100万股,送转后股数为150万股。

送股在税法中理解为"先分配,再投资",实际投资成本需追加调整为:100×20+30=2 030(万元)

实际每股投资成本=2 030÷150=13.5(元/股)

(2)本批次解禁30%,即150万股×30%=45(万股)

100万股股权登记日收盘价为36元,150万股股权登记日收盘价调整为:36×100÷150=24(元/股)

本批次解禁公允价=(24+41)÷2=32.5(元/股)

(3)应纳税所得额=(32.5-13.5)×45万股=855(万元)

应纳个人所得税=(8 550 000÷12×45%-13 505)×12=3 685 440(元)。

根据财税[2016]101号文件,上述税款可在限制性股票解禁之日起,在不超过12个月的期限内缴纳。

(三)股票增值权的个人所得税处理

根据国税函[2009]461号文件规定,被授权人取得股票增值权时,个人所得税计征方式如下:

股票增值权某次行权应纳税所得额=(行权日股票价格-授权日股票价格)
×行权股票份数。

应纳税额=（股票增值权形式的工资薪金应纳税所得额÷规定月份数×适用税率−速算扣除数）×规定月份数

纳税义务发生时间为上市公司向被授权人兑现股票增值权所得的日期。

根据财税［2016］101号文件规定，上市公司实施股权激励，经向主管税务机关备案后，员工可自股票期权行权、限制性股票解禁或取得股权奖励之日起，在不超过12个月的期限内缴纳个人所得税。

三、科技成果转化个人所得税处理

科技成果转化奖励主要有股权（股份）奖励和现金奖励两种。为鼓励科研机构和高等学校的科技人员，《国家税务总局关于促进科技成果转化有关个人所得税问题的通知》（国税发［1999］125号）规定，科技机构、高等学校转化职务科技成果以股份或出资比例等股权形式给予科技人员个人奖励，暂不征收个人所得税。在获奖人按股份、出资比例获得分红时，对其所得按“利息、股息、红利所得”应税项目征收个人所得税。获奖人转让股权、出资比例，对其所得按“财产转让所得”应税项目征收个人所得税，财产原值为零。

《财政部、税务总局、科技部关于科技人员取得职务科技成果转化现金奖励有关个人所得税政策的通知》（财税［2018］58号）规定，依法批准设立的非营利性研究开发机构和高等学校，根据《中华人民共和国促进科技成果转化法》规定，从职务科技成果转化收入中给予科技人员的现金奖励，可减按50%计入科技人员当月“工资、薪金所得”，依法缴纳个人所得税。

第一节 债务重组准则与税法差异概述

一、债务重组的主要会计处理

从债务人角度看，应当将重组债务的账面价值超过清偿债务的现金、非现金资产的公允价值、所转股份的公允价值，或者重组后债务账面价值之间的差额，在满足《企业会计准则第22号——金融工具确认和计量》规定的金融负债终止确认条件时，将其终止确认，计入营业外收入（债务重组利得）。非现金资产公允价值与账面价值的差额，应当分别不同情况进行处理：①非现金资产为存货的，应当视同销售处理，按照收入准则的有关规定，以其公允价值确认销售商品收入，同时结转相应的成本；②非现金资产为固定资产、无形资产的，其公允价值和账面价值的差额，计入资产处置损益；③非现金资产为长期股权投资的，其公允价值和账面价值的差额，计入投资收益。

从债权人角度看，债权人应当将重组债权的账面余额与受让资产的公允价值、所转股份的公允价值，或者重组后债权的账面价值之间的差额，在满足《企业会计准则第22号——金融工具确认和计量》所规定的金融资产终止确认条件时，将其终止确认，计入营业外支出（债务重组损失）等。重组债权已计提减值准备的，应当先将上述差额冲减已计提的减值准备，冲减后仍有损失的，计入营业外支出（债务重组损失）；冲减后减值准备仍有余额的，应予转回并抵减当期资产减值损失。债权人收到存货、固定资产、无形资产、长期股权投资等非现金资产的，应当以其公允价值入账。

以修改其他债务条件进行债务重组涉及或有应付金额，且该或有应付金额符合《企业会计准则第13号——或有事项》中有关预计负债确认条件的，债务人应将该或有应付金额确认为预计负债。或有应付金额在随后会计期间没有发生的，企业应当冲销已确认的预计负债，同时确认营业外收入。对债权人而言，修改后的债务条款中涉及或有应收金额的，不应当确认或有应收金额，不得将其计入重组后债权的账面价值。根据谨慎性原则，或有应收金额属于或有资产，或有资产不予确认。只有在或有应收金额实际发生时，才计入当期损益。

二、债务重组业务的税务处理

（一）流转税、契税处理

1.以债务重组方式取得的非现金资产，必须取得合法凭据方可确认计税基础。

2.以债务重组方式取得的房屋、土地使用权，在办理过户手续时，需缴纳契税。根据《财政部、税务总局关于继续支持企业事业单位改制重组有关契税政策的通知》（财税［2018］17号）规定，企业依照有关法律法规规定实施破产，债权人（包括破产企业职工）承受破产企业抵偿债务的土地、房屋权属，免征契税；对非债权人承受破产企业土地、房屋权属，凡按照《中华人民共和国劳动法》等国家有关法律法规政策妥善安置原企业全部职工规定，与原企业全部职工签订服务年限不少于三年的劳动用工合同的，对其承受所购企业土地、房屋权属，免征契税；与原企业超过30%的职工签订服务年限不少于三年的劳动用工合同的，减半征收契税。

3.增值税一般纳税人以债务重组方式取得的存货、设备、无形资产、不动产等，增值税专用发票的注明的增值税可作进项税额抵扣。

4.以非现金资产抵偿债务应当视同销售非现金资产的征免税规定，缴纳相关税费。

（1）以存货抵偿债务，应当视同销售计算增值税。如果是自产应税消费品，还需缴纳消费税。计算增值税时，按同期或最近时期同类存货的加权平均价格计算，如果同期或近期无同类售价，按组成计税价格计算。但计算消费税时，应按最高售价计算。

（2）一般纳税人以使用过的固定资产（不动产除外）抵偿债务，如果取得固定资产时按照税法规定未能抵扣进项税额，包括2008年12月31日前取得的固定资产、取得时为小规模纳税人、取得时为营业税纳税人等情形，应按照3%征收率并可减按2%计税，不得开具增值税专用发票。也可选择放弃减税按照3%征收率计税，则可以开具增值税专用发票。

（3）以无形资产、不动产、投资性房地产抵偿债务，应当视同销售照章计征增值税和土地增值税。

（二）企业所得税处理

1.根据《国家税务总局关于贯彻落实企业所得税法若干税收问题的通知》（国税函［2010］79号）、《国家税务总局关于企业取得财产转让等所得企业所得税处理问题的公告》（国家税务总局公告2010年第19号）、《财政部、国家税务总局关于企业重组业务企业所得税处理若干问题的通知》（财税［2009］59号）等文件规定，债务重组业务中，债务人应当按照支付的债务清偿额低于债务计税基础的差额，确认债务重组所得；债权人应当按照收到的债务清偿额低于债权计税基础的差额，确认债务重组损失。债务重组收入应在债务重组合同或协议生效时确认收入的实现。企业债务重组确认的应纳税所得额占该企业当年应纳税所得额50%以上，可以在5个纳税年度的期间内，均匀计入各年度的应纳税所得额，除此之外，债务重组收入均应一次性计入确认收入的年度计算缴纳企业所得税。

2.在债务重组中企业发生的以非现金资产清偿债务，应当分解为视同销售和清偿债务两项业务，确认有关资产的转让所得或损失。

3.在债务重组中企业发生的债权转股权业务，应当分解为债务的清偿和投资两项业务，确认有关债务重组的所得或损失。债转股方式的债务重组也可以适用特殊性税务处理，对债务清偿和股权投资两项业务暂不确认有关债务清偿所得或损失，股权投资的计税基础以原债权的计税基础确定。

（三）债务重组准则与所得税处理差异分析

1.债务重组准则要求，债权人对债务人作出的让步，债权人作为债务重组损失处理，债务人应作为债务重组利得，计入当期损益。税法要求，债权人对债务人作出的让步，允许在税前扣除，债务人应计入债务重组所得。两者从金额上是一致的，无需作纳税调整。但需注意，如果债务人确认的债务重组所得金额超过当年应纳税所得50%的，可分5年分期计入应纳税所得额。

需注意的是，由于债务重组损失，从本质上是一笔坏账损失。根据《财政部、国家税务总局关于企业资产损失税前扣除政策的通知》（财税［2009］57号）第四条规定，企业除贷款类债权外的应收款项，包括与债务人达成债务重组协议或法院批准破产重整计划后，无法追偿的应收账款，可以作为坏账损失在计算应纳税所得额时扣除。《企业资产损失所得税税前扣除管理办法》第二十二条规定，企业应收及预付款项坏账损失属于债务重组的，应将债务重组协议及其债务人重组收益纳税情况说明作为资产损失资料留存备查。

企业对外提供与本企业生产经营活动有关的担保，因被担保人不能按期偿还债务而承担连带责任，经追索，被担保人无偿还能力，对无法追回的金额，属于债务重组的，可以在税前扣除。与本企业生产经营活动有关的担保是指企业对外提供的与本企业应税收入、投资、融资、材料采购、产品销售等生产经营活动相关的担保。

2.换入资产的会计成本按公允价值计量。税法规定，以债务重组方式取得的存货、固定资产、无形资产、长期股权投资等非现金资产应以公允价值为基础确定计税基础。二者完全一致。但需注意，取得的非现金资产必须取得合法的凭据，否则计税基础为零。

3.以非现金资产抵偿债务，应当视同销售确认计税收入，这与会计处理是一致的，但如果非现金资产的账面价值与计税基础不同，应当作纳税调整。

4.由于坏账准备的计提以及坏账损失的会计确认与税法确认之间存在差异，需要年末对坏账准备作专项纳税调整。

5.附或有条件的债务重组，根据税前扣除的确认定原则，预计负债只有待实际发生时据实扣除。会计上将重组债务的账面价值与重组后债务的入账价值和预计负债金额之和的差额，作为债务重组利得，计入营业外收入。而税法应将重组债务的账面价值与重组后债务的入账价值之间的差额确认为债务重组所得。债务重组利得与债务重组所得之间的差额，应作纳税调整。因重组后债务的账面金额与计税基础之间形成的可抵扣暂时性差异，待预计负债实际发生时转回。

对债权人而言，修改后的债务条款中涉及或有应收金额的，不应当确认或有应收金额，不得将其计入重组后债权的账面价值。只有在或有应收金额实际发生时，才计入当期损益。这一点会计与税务处理相同。

6.税法对关联企业之间的债务重组有特别规定。企业按独立交易原则向关联企业转让资产而发生的损失，或向关联企业提供借款、担保而形成的债权损失，准予扣除，但企业应作专项说明，同时出具中介机构出具的专项报告及其相关的证明材料。

第二节　以现金清偿债务的差异

一、会计处理

以现金清偿债务的，债务人应当在满足金融负债终止确认条件时，终止确认重组债务，并将重组债务的账面价值与实际支付现金之间的差额，计入当期损益。

以现金清偿债务的，债权人应当将重组债权的账面余额与收到的现金之间的差额，计入当期损益（营业外支出）。债权人已对债权计提减值准备的，应当先将该差额冲减减值准备，冲减后尚有余额的，计入营业外支出（债务重组损失）；冲减后减值准备仍有余额的，应予转回并抵减当期资产减值损失。

二、税务处理

税法规定，企业在债务重组业务中，债务人应当按照支付的债务清偿额低于债务计税基础的差额，确认债务重组所得；债权人应当按照收到的债务清偿额低于债权计税基础的差额，确认债务重组损失。

如果债务人确认的债务重组所得金额超过当年应纳税所得额50%的，可分5年分期计入应纳税所得。

三、案例分析

【例12-1】甲企业于2018年6月20日销售一批材料给乙企业，不含税价格为200 000元。增值税税率为16%，按合同规定，乙企业应于2018年10月1日前偿付货款。由于乙企业发生财务困难，无法按合同规定的期限偿还债务，经双方协商于8月1日进行债务重组。债务重组协议规定，甲企业同意减免乙企业30 000元债务，余额用现金立即偿清。甲企业已于8月10日收到乙企业通过转账偿还的剩余款项。甲企业已为该项应收债权计提了20 000元的坏账准备。

（1）乙企业的账务处理。

借：应付账款　　232 000

　　贷：库存现金　　202 000

　　　　营业外收入——债务重组利得　　30 000

税务处理：债务重组所得30 000元，应当并入当期应纳税所得总额。

（2）甲企业的账务处理。

①计算债务重组损失：

应收账款账面余额	232 000
减：收到的现金	202 000
差额	30 000
减：已计提坏账准备	20 000
债务重组损失	10 000

②会计分录：

借：库存现金　　202 000

　　营业外支出——债务重组损失　　10 000

　　坏账准备　　20 000

　　贷：应收账款　　232 000

税务处理：债务重组损失10 000元，符合国家税务总局公告2011年第25号文件相关条款规定的，允许扣除。年终申报所得税时，需对坏账准备作纳税调整处理。

若甲企业应收款项年初账面余额2 200万元，"坏账准备"科目余额800万元，累计已扣除坏账损失300万元，计税基础1 900万元。"递延所得税资产-坏账准备"余额125万元。年末应收款项账面余额3 600万元，本年度会计确认坏账损失150万元，其中允许扣除的坏账损失为140万元。本期收回的以前年度已确认为坏账损失90万元，其中有40万元在以前年度已获得税前扣除，另50万元不符合税法规定的确认条件，未获得扣除。企业采用账龄分析法计提坏账准备，年末计提坏账准备210万元。

除税法另有规定外，计提的坏账准备不得在税前扣除。企业发生的坏账作资产损失据实扣除，相关资料留存备查。本期收到的前期已作坏账损失在税前扣除的应收款项，应当并入所得额征税。但是，对于前期会计上已作坏账损失处理但在税收上未能获得税前扣除的坏账损失，实际收到时，无需确认所得，否则会导致重复征税。

应调整应纳税所得额=（年末坏账准备余额－年初坏账准备余额）－（本期按税法规定允许扣除的坏账损失－本期收回前期已作为坏账损失在税前扣除的应收款项）=150－（140－40）=50（万元）。

第三节　以非现金资产清偿债务的差异

以非现金资产清偿债务，是指债务人转让其非现金资产给债权人以清偿债务的债务重组方式。债务人通常用于偿债的非现金资产主要有：债券投资、股权投资、存货、固定资产、无形资产等。

一、会计处理

债务人以非现金资产清偿债务的，应当在符合金融负债终止确认条件时，终止确认重组债务，并将重组债务的账面价值与转让的非现金资产的公允价值之间的差额，计入当期损益。转让的非现金资产的公允价值与其账面价值的差额为转让资产损益，计入当期损益。

债务人在转让非现金资产的过程中发生的一些税费，如资产评估费、运杂费等，直接计入转让资产损益。对于增值税应税项目，如债权人不向债务人另行支付增值税，则债务重组利得应为转让非现金资产的公允价值和该非现金资产的增值税销项税额与重组债务账面价值的差额；如债权人向债务人另行支付增值税，则债务重组利得应为转让非现金资产的公允价值与重组债务账面价值的差额。

债务人以非现金资产清偿债务，债权人在债务重组日，重组债权的账面余额与受让的非现金资产的公允价值之间的差额，在满足金融资产终止确认条件时，计入当期损益。债权人已对债权计提减值准备的，应当先将该差额冲减减值准备，冲减后尚有余额的，计入营业外支出，冲减后减值准备仍有余额的，应予转回并抵减当期资产减值损失。

对于增值税应税项目，如债权人不向债务人另行支付增值税，则增值税进项税额可以作为冲减重组债权的账面余额处理；如债权人向债务人另行支付增值税，则增值税进项税额不能作为冲减重组债权的账面余额处理。

债权人收到非现金资产时，应按受让的非现金资产的公允价值计量。债权人发生的运杂费、保险费等，也应计入相关资产的价值。

二、税务处理

税法规定，在债务重组中企业发生的以非现金资产清偿债务，应当分解为以公允价值视同销售非现金资产和以公允价值清偿债务两项业务，确认有关资产的转让所得（或损失）及债务重组损益。债权人应收债权的计税基础与取得非现金资产的公允价（包含按税法规定不得抵扣的增值税）之间的差额，作为债务重组损失处理。

通过比较可以发现，资产转让所得（或损失）及债务重组利得的计算与会计处理基本一致，但计算资产转让所得（或损失）是按计税基础净值扣除的，而会计上是按照资产的账面价值结转成本的，因此当存在资产减值准备等因素导致资产的计税基础与账面价值不同时，仍需作纳税调整。

资产转让所得（或损失）=处置收入－资产计税基础净值－相关税费

资产处置损益=处置收入－资产账面价值－相关税费

相关税费指消费税、城市维护建设税和教育费附加等，不含增值税。

债权人以债务重组方式取得的非现金资产的计税基础，应以非现金资产的公允价为基础确定。为取得该项资产支付的契税、评估费、手续费，以及按税法规定不得抵扣的增值税等，也应计入非现金资产的计税基础。

三、案例分析

1. 以库存材料、商品产品抵偿债务

债务人以库存材料、商品产品抵偿债务，应视同销售进行核算。企业可将该项业务分为两部分：一是将库存材料、商品产品出售给债权人，取得货款。出售库存材料、商品产品业务与企业正常的销售业务处理相同，其发生的损益计入当期损益；二是以取得的货币清偿债务。但在这项业务中并没有实际的货币流入与流出。

【例12-2】甲公司欠乙公司购货款350 000元。由于甲公司财务发生困难，短期内不能支付已于2018年5月1日到期的货款。2018年7月10日，经双方协商，乙公司同意甲公司以其生产的产品偿还债务。该产品的公允价值为200 000元，实际成本为120 000元。甲公司为增值税一般纳税人，适用的增值税税率为16%。乙公司于2018年8月10日收到甲公司抵债的产品，并作为产成品入库；乙公司对该项应收账款计提了50 000元的坏账准备。

（1）甲公司的账务处理。

①计算债务重组利得：

应付账款的账面余额	350 000
减：所转让产品的公允价值	200 000
增值税销项税额（200 000×16%）	32 000
债务重组利得	118 000

②会计分录：

借：应付账款	350 000	
贷：主营业务收入		200 000
应交税费——应交增值税（销项税额）		32 000
营业外收入——债务重组利得		118 000
借：主营业务成本	120 000	
贷：库存商品		120 000

税务处理：本例应确认资产转让所得80 000元和债务重组所得118 000元，由于会计处理与税务处理相同，因此无需作纳税调整。

（2）乙公司的账务处理。

借：库存商品	200 000	
应交税费——应交增值税（进项税额）	32 000	
坏账准备	50 000	
营业外支出——债务重组损失	68 000	
贷：应收账款		350 000

税务处理：取得库存商品的计税基础为200 000元，债务重组损失68 000元允许在税前扣除，不作纳税调整。对于坏账准备的会计与税法差异项目在年末汇算清缴时统一作纳税调整，调整方法参见本章第二节。

2.以固定资产抵偿债务

【例12-3】甲公司于2018年1月1日销售给乙公司一批材料，价值400 000元（包括应收取的增值税税额），按购销合同约定，乙公司应于2018年10月31日前支付货款，但至2019年1月31日乙公司尚未支付货款。由于乙公司发生财务困难，短期内不能支付货款。2019年2月3日，经过协商，甲公司同意乙公司以一台设备偿还债务。该项设备的账面原价为350 000元，已提折旧50 000元，设备的不含税公允价值为360 000元（假设企业取得该设备时为小规模纳税人）。甲公司对该项应收账款提取坏账准备20 000元。设备已于2019年3月10日运抵甲公司。假定不考虑与该项债务重组相关的其他税费。

（1）乙企业的账务处理。

首先，将固定资产净值转入固定资产清理：

借：固定资产清理	300 000	
累计折旧	50 000	
贷：固定资产		350 000

其次，结转债务重组利得：

借：应付账款	400 000	
贷：固定资产清理		360 000
营业外收入——债务重组利得		32 800
应交税费——简易计税		7 200

最后，结转转让固定资产的利得：

借：固定资产清理	60 000	
贷：资产处置损益		60 000

税务处理：乙企业应按规定计算资产转让所得和债务重组所得，其债务重组所得与债务重组利得相同，不作纳税调整。若用于清偿债务的固定资产的计税基础净值与账面价值相等，则资产转让所得和处置固定资产利得相同，也无需作纳税调整，反之，应对计税基础净值与账面价值的差额作纳税调整。

（2）甲公司的账务处理。

借：固定资产　　360 000
　　坏账准备　　20 000
　　营业外支出——债务重组损失　　20 000
　　贷：应收账款　　400 000

税务处理：债务重组损失20 000元允许在税前扣除。如果因坏账准备计提标准与税法存在差异，导致应收账款的计税基础与账面价值不同，应在汇缴时对公司全年计提（或冲销）的坏账准备金额与税法规定的标准之间的差额，统一作纳税调整。

3.以股票、债券等金融资产抵偿债务

债务人以股票、债券等金融资产抵偿债务，应按相关金融资产的公允价值与其账面价值的差额，作为转让金融资产的利得或损失处理；相关金融资产的公允价值与重组债务的账面价值的差额，作为债务重组利得。债权人收到的相关金融资产按公允价值计量。

【例12-4】甲公司于2017年7月1日销售给乙公司一批产品。价值450 000元（包括应收取的增值税税额），乙公司于当日开出六个月承兑的商业汇票。乙公司于2017年12月31日尚未支付货款。由于乙公司发生财务困难，短期内不能支付货款。经与甲公司协商，甲公司同意乙公司以其所拥有并作为以公允价值计量且其变动计入当期损益的某公司股票抵偿债务。该股票的账面价值400 000元（为取得时的成本），公允价值380 000元，乙公司将该股票作为交易性金融资产。假定甲公司为该项应收账款提取了坏账准备40 000元。用于抵债的股票已于2018年1月22日办理了相关转让手续；甲公司将取得的某公司股票作为以公允价值计量且其变动计入当期损益的金融资产。甲公司已将该项应收票据转入应收账款；乙公司已将应付票据转入应付账款。

（1）乙公司的账务处理。

借：应付账款　　450 000
　　投资收益　　20 000
　　贷：交易性金融资产　　400 000
　　　　营业外收入——债务重组利得　　70 000

税务处理：若交易性金融资产的计税基础与账面价值相等，则资产转让损失与交易性金融资产处置损失相等，损失额20 000元允许在税前扣除，同时债务重组所得70 000元应并入当期所得总额征税。

（2）甲公司的账务处理。

借：交易性金融资产　　380 000
　　营业外支出——债务重组损失　　30 000
　　坏账准备　　40 000
　　贷：应收账款　　450 000

税务处理：债务重组损失30 000元允许在税前扣除，坏账准备项目的差异，单独作纳税调整。交易性金融资产的计税基础按公允价值380 000元确定。

第四节　债务转为资本的差异

将债务转为资本，是指债务人将债务转为资本，同时债权人将债权转为股权的债务重组方式。但债务人根据转换协议，将应付可转换公司债券转为资本的，则属于正常情况下的债务转为资本，不能作为债务重组。

债务转为资本时，对股份有限公司而言，是将债务转为股本；对其他企业而言，是将债务转为实收资本。将债务转为资本的结果是，债务人因此而增加股本（或实收资本），债权人因此而增加股权。

一、会计处理

将债务转为资本，应分别以下情况处理：

1.债务人为股份有限公司的，债务人应当在满足金融负债终止确认条件时，终止确认重组债务，并将债权人因放弃债权而享有股份的面值总额确认为股本；股份的公允价值总额与股本之间的差额作为资本公积。重组债务的账面价值与股份的公允价值总额之间的差额作为债务重组利得，计入当期损益（营业外收入）。

2.债务人为其他企业的，债务人应当在满足金融负债终止确认条件时，终止确认重组债务，并将债权人因放弃债权而享有的股权份额确认为实收资本；股权的公允价值与实收资本之间的差额确认为资本公积。重组债务的账面价值与股权的公允价值之间的差额作为债务重组利得，计入当期损益（营业外收入）。

3.债权人在债务重组日，应当将享有股权的公允价值确认为对债务人的投资，重组债权的账面余额与因放弃债权而享有的股权的公允价值之间的差额，先冲减已提取的减值准备，减值准备不足冲减的部分，或未提取损失准备的，将该差额确认为债务重组损失。以债务转为资本的，债权人应将因放弃债权而享有的股权按公允价值计量。发生的相关税费，分别按照长期股权投资或者金融工具确认计量的规定进行处理。

二、税务处理

税法规定，企业在债务重组中发生的债权转股权业务，应当分解为债务的清偿和接受投资两项业务，确认有关债务重组所得或损失。

债权人取得股权的公允价与债权计税基础之间的差额，作为债务重组损失。债务人支付股权的公允价与应付债务计税基础之间的差额，作为债务重组所得。也可以适用特殊性税务处理，对债务清偿和股权投资两项业务暂不确认有关债务清偿所得或损失，股权投资的计税基础以原债权的计税基础确定。

三、案例分析

【例12-5】2018年7月1日，甲公司应收乙公司账款的账面余额为60 000元，由于乙公司发生财务困难，无法偿付该应付账款。经双方协商同意，乙公司以其普通股偿还债务。假定普通股的面值为1元，乙公司以20 000股抵偿该项债务，股票每股市价为2.5元。甲公司对该项应收账款计提了坏账准备2 000元。股票登记手续已于2018年8月9日办理完毕，甲公司将其作为长期股权投资核算。

（1）乙公司的账务处理。

借：应付账款	60 000	
贷：股本		20 000
资本公积——股本溢价		30 000
营业外收入——债务重组利得		10 000

税务处理：股本溢价不征企业所得税，债务重组所得10 000元，应并入当期所得征税。选择适用特殊性税务处理的，暂不确认债务重组所得，作纳税调减处理。

（2）甲公司的账务处理。

借：长期股权投资	50 000	
营业外支出——债务重组损失	8 000	
坏账准备	2 000	
贷：应收账款		60 000

税务处理：债务重组损失8 000元可以在税前扣除。坏账准备单独作纳税调整。选择适用特殊性税务处理的，暂不确认债务重组损失，作纳税调增处理，其取得股权的计税基础为60 000元。需要注意的是，甲公司和乙公司必须采用相同的税务处理办法。

第五节　修改其他债务条件下债务重组的差异

一、会计处理

修改其他债务条件，是指修改不包括资产清偿债务、债务转为股本在内的其他债务条件进行债务重组的方式，如减少债务本金、降低利率、免去应付未付的利息、延长偿还期限等。

以修改其他债务条件进行债务重组的，债务人和债权人应分别以下情况处理：

1.不附或有条件的债务重组

不附或有条件的债务重组，债务人应将重组债务的账面余额减记至将来应付金额，减记的金额作为债务重组利得，于当期确认计入损益。重组后债务的账面余额为将来应付金额。

以修改其他债务条件进行债务重组，如修改后的债务条款不涉及或有应收金额，则债权人在重组日，应当将修改其他债务条件后的债权的公允价值作为重组后债权的账面价值，重组债权的账面余额与重组后债权账面价值之间的差额确认为债务重组损失，计入当期损益。如果债权人已对该项债权计提了坏账准备，应当首先冲减已计提的坏账准备。

或有应收金额，是指需要根据未来某种事项出现而发生的应收金额，而且该未来事项的出现具有不确定性。

2.附或有条件的债务重组

附或有条件的债务重组，对于债务人而言，修改后的债务条款如涉及或有应付金额，且该或有应付金额符合或有事项中有关预计负债确认条件的，债务人应当将该或有应付金额确认为预计负债。重组债务的账面价值与重组后债务的入账价值和预计负债金额之和的差额，作为债务重组利得，计入营业外收入。

对债权人而言，修改后的债务条款中涉及或有应收金额的，不应当确认或有应收金额，不得将其计入重组后债权的账面价值。根据谨慎性原则，或有应收金额属于或有资产，或有资产不予确认。只有在或有应收金额实际发生时，才计入当期损益。

或有应付金额，是指需要根据未来某种事项出现而发生的应付金额，而且该未来事项的出现具有不确定性。或有应付金额在随后会计期间没有发生的，企业应当冲销已确认的预计负债，同时确认营业外收入。

二、税务处理

不附或有条件的债务重组的税务处理，与现金抵偿债务的处理原则基本相同。由于重组前后的债权债务的金额均是确定的，因此债务重组所得或损失的计算与会计处理是一致的。但如果重组后应收金额、应付金额超过了正常的信用条件，会计上按公允价计量，而税法不考虑货币的时间价值应按终值确认，因此也会导致债务重组所得或损失与会计核算的当期损益不一致，从而产生暂时性差异。

附或有条件的债务重组，根据税前扣除的确定性原则，预计负债只有待实际发生时据实扣除。会计上将重组债务的账面价值与重组后债务的入账价值和预计负债金额之和的差额，作为债务重组利得，计入营业外收入。而税法应将重组债务的账面价值与重组后债务的入账价值之间的差额确认为债务重组所得。债务重组利得与债务重组所得之间的差额，应作纳税调整。因重组后债务的账面金额与计税基础之间形成的可抵扣暂时性差异，待预计负债实际发生时转回。

对债权人而言，修改后的债务条款中涉及或有应收金额的，不应当确认或有应收金额，不得将其计入重组后债权的账面价值。只有在或有应收金额实际发生时，才计入当期损益。这一点会计与税务处理相同。

三、案例分析

【例12-6】甲公司2017年12月31日应收乙公司票据的账面余额为65 400元，其中，5 400元为累计应收的利息，票面年利率4%。由于乙公司连年亏损，资金周转困难，不能偿付应于2017年12月31日前支付的应付票据。经双方协商，于2018年1月5日进行债务重组。甲公司同意将债务本金减至50 000元；免去债务人所欠的全部利息；将利率从4%降低到2%（等于实际利率），并将债务到期日延至2019年12月31日，利息按年支付。该项债务重组协议从协议签订日起开始实施。甲、乙公司已将应收、应付票据转入应收、应付账款。甲公司已为该项应收款项计提了5 000元坏账准备。

（1）乙公司的账务处理

2018年1月5日债务重组时：

借：应付账款	65 400	
贷：应付账款——债务重组		50 000
营业外收入——债务重组利得		15 400

2018年12月31日支付利息：

借：财务费用	1 000	
贷：银行存款（50 000 × 2%）		1 000

2019年12月31日偿还本金和最后一年利息：

借：财务费用	1 000	
应付账款——债务重组	50 000	
贷：银行存款		51 000

税务处理：债务重组利得与债务重组所得相同，均为15 400元。财务费用允许在当期扣除。

（2）甲公司的账务处理

2018年1月5日债务重组时：

借：应收账款——债务重组	50 000	
营业外支出——债务重组损失	10 400	
坏账准备	5 000	
贷：应收账款		65 400

2018年12月31日收到利息：

借：银行存款	1 000	
贷：财务费用（50 000 × 2%）		1 000

2019年12月31日收到本金和最后一年利息：

借：银行存款	51 000	
贷：财务费用		1 000

应收账款——债务重组 50 000

税务处理：债务重组损失10 400元允许在税前扣除，应收利息并入当期所得征税。对公司全部坏账准备项目的差异，统一作纳税调整。

【例12-7】2013年6月30日，红星公司从某银行取得年利率10%、三年期的贷款1 000 000元。现因红星公司发生财务困难，各年贷款利息均未偿还。遂于2015年12月31日进行债务重组，银行同意延长到期日至2019年12月31日，利率降至7%，免除积欠利息250 000元，本金减至800 000元，利息按年支付，但附有一条件：债务重组后，如红星公司自第二年起有盈利，则利率恢复至10%，若无盈利，利率仍维持7%。债务重组协议于2015年12月31日签订。贷款银行已对该项贷款计提了30 000元的贷款损失准备。假定实际利率等于名义利率。

红星公司的账务处理：

2015年12月31日债务重组时：

借：长期借款 1 250 000

贷：长期借款——债务重组 800 000

预计负债 72 000［800 000×（10%-7%）×3］

营业外收入——债务重组利得 378 000

税务处理：债务重组所得=重组前应付债务计税基础-重组后应付债务计税基础（不含或有应付金额）=1 250 000-800 000=450 000元。调增应纳税所得额=450 000-378 000=72 000（元）。

2016年12月31日支付利息时：

借：财务费用 56 000

贷：银行存款（800 000×7%） 56 000

税务处理：财务费用据实扣除，不作纳税调整。

假设红星公司自债务重组后的第二年起盈利，2017年12月31日和2018年12月31日支付利息时，红星公司应按10%的利率支付利息，则每年需支付利息80 000元（800 000×10%），其中含或有应付金额24 000元。

借：财务费用 56 000

预计负债 24 000

贷：银行存款 80 000

2019年12月31日支付最后一次利息80 000元和本金800 000元时：

借：长期借款——债务重组 800 000

财务费用 56 000

预计负债 24 000

贷：银行存款 880 000

税务处理：财务费用据实扣除，预计负债在实际发生时据实扣除，2017年至2019年，分别调减应纳税所得额24 000元。

假设红星公司自债务重组后的第二年起均没有盈利，2017年12月31日和2018年12月31日支付利息时：

借：财务费用　　56 000
　贷：银行存款　　56 000
借：预计负债　　24 000
　贷：营业外收入——债务重组利得　　24 000

2019年12月31日支付最后一次利息80 000元和本金800 000元时：

借：长期借款——债务重组　　800 000
　财务费用　　56 000
　预计负债　　24 000
　贷：银行存款　　856 000
　　营业外收入——债务重组利得　　24 000

税务处理：财务费用据实扣除。预计负债计提时未获得税前扣除，冲回预计负债亦不得重复征税，2017年至2019年分别调减应纳税所得额24 000元。

第六节　混合重组方式的差异

一、会计处理

混合重组方式是指各种债务重组方式的综合运用。主要有以下几种情况：

1.债务人以现金、非现金资产两种方式的组合清偿某项债务。

2.债务人以现金、将债务转为资本两种方式的组合清偿某项债务。

3.债务人以非现金资产、将债务转为资本两种方式的组合清偿某项债务。

4.债务人以现金、非现金资产、将债务转为资本三种方式的组合清偿某项债务。

5.以资产、将债务转为资本等方式清偿某项债务的一部分，并对该项债务的另一部分以修改其他债务条件进行债务重组。

在混合重组方式下，债务人应当按照现金抵偿债务、非现金资产抵偿债务、债务转为资本、修改其他债务条件的重组顺序依次冲减重组债务的账面价值，余额与将来应付金额进行比较，据此计算债务重组利得。债权人因放弃债权而享有的股权的公允价值与股本（或实收资本）的差额作为资本公积；非现金资产的公允价值与其账面价值的差额作为转让资产损益，于当期确认。

债权人也应依次按照收到的现金、受让非现金资产的公允价值、因放弃债权而享有的股权的公允价值，冲减重组债权的账面价值，余额与将来应收金额进行比较，据此计算债务重组损失。

二、税务处理

混合重组方式下的税务处理原则不变。即债权人放弃的债权应当确认为债务重组损失，相应地，债务人应确认为债务重组所得。涉及非现金资产抵偿债务的，计算资产转让所得按照抵偿资产的计税基础扣除，如果用于抵偿债务的非现金资产的计税基础与账面价值不同，应当作纳税调整。涉及或有负债的债务重组，计算债务重组所得时，不应扣除预计负债，该项可抵扣暂时性差异，在后期将全部转回。企业年末计提（或冲销）的坏账准备与税法规定如果存在差异，单独对坏账准备作纳税调整。

三、案例分析

【例12-8】A企业和B企业均为增值税一般纳税人。A企业于2017年6月30日向B企业出售产品一批，产品销售价款1 000 000元，应收增值税税额170 000元：B企业于同年6月30日开出期限为6个月、票面年利率为4%的商业承兑汇票，抵冲购买该产品价款。在该票据到期日，B企业未按期兑付，A企业将该应收票据按其到期价值转入应收账款，不再计算利息。至2018年12月31日，A企业对该应收账款提取的坏账准备为5 000元。B企业由于发生财务困难，短期内资金紧张，于2018年12月31日经与A企业协商，达成债务重组协议如下：

（1）B企业以产品一批偿还部分债务。该批产品的账面价值为20 000元，公允价值为30 000元，应交增值税税额为4 800元。B企业开出增值税专用发票，A企业将该产品作为商品验收入库。

（2）A企业同意减免B企业所负全部债务扣除实物抵债后剩余债务的40%，其余债务的偿还期延至2019年12月31日。

分析如下：

（1）B企业的账务处理。

①计算债务重组时应付账款的账面余额=（1 000 000+170 000）×（1+4%÷2）=1 193 400（元）。

②计算债务重组后债务的公允价值=［1 193 400−30 000 ×（1+16%）］× 60%=695 160（元）。

③会计分录：

借：应付账款	1 193 400	
贷：主营业务收入		30 000
应交税费——应交增值税（销项税额）		4 800
应付账款——债务重组		695 160
营业外收入——债务重组利得		463 440
借：主营业务成本	20 000	

贷：库存商品 20 000

税务处理：资产转让所得、债务重组利得的金额与会计损益一致，不作纳税调整。

（2）A企业的账务处理。

①计算债务重组损失：

应收账款账面余额 1 193 400

减：受让资产的公允价值 34 800［30 000×（1+16%）］

重组后债权公允价值 695 160［（1 193 400−34 800）×60%］

坏账准备 5 000

债务重组损失 458 440

②会计分录：

借：库存商品 30 000

应收账款——债务重组 695 160

应交税费——应交增值税（进项税额） 4 800

坏账准备 5 000

营业外支出——债务重组损失 458 440

贷：应收账款 1 193 400

税务处理：取得库存商品的计税基础为30 000元，债务重组损失458 440元允许在税前扣除，不作纳税调整。对公司全部坏账准备项目的差异，统一作纳税调整。

第十三章

或有事项准则与税法差异分析

或有事项，是指过去的交易或者事项形成的，其结果须由某些未来事项的发生或不发生才能决定的不确定事项。或有事项准则对或有事项的确认、计量和信息披露作出详细规定。本章讲解《企业所得税法实施条例》与《企业会计准则第13号——或有事项》的差异及纳税调整方法。

第一节 或有事项的确认和计量

一、或有事项的特征

(一)或有事项的特征

或有事项，是指过去的交易或者事项形成的，其结果须由某些未来事项的发生或不发生才能决定的不确定事项。或有事项具有以下特征：①或有事项是由过去的交易或者事项形成的；②或有事项的结果具有不确定性；③或有事项的结果须由未来事项决定。常见的或有事项有：未决诉讼或仲裁、债务担保、产品质量保证(含产品安全保证)、环境污染整治、辞退福利、承诺、亏损合同、重组义务等。

(二)或有负债和或有资产

或有负债，是指过去的交易或事项形成的潜在义务，其存在须通过未来不确定事项的发生或不发生予以证实；或过去的交易或事项形成的现时义务，履行该义务不是很可能导致经济利益流出企业或该义务的金额不能可靠地计量。或有负债无论是潜在义务，还是现时义务均不符合负债的确认条件，因而不能在会计报表内予以确认，但应按相关规定在附注中披露。

或有资产，是指过去的交易或者事项形成的潜在资产，其存在须通过未来不确定事项的发生或不发生予以证实。正如或有负债不符合负债确认条件一样，或有资产也不符合资产确认条件，因而也不能在会计报表内确认。然而，需要指出的是，影响或有负债和或有资产的多种因素处于不断变化之中，企业应当持续地对这些因素予以关注。随着时间推移和事态的进展，或有负债对应的潜在义务可能转化为现时义务，原本不是很可能导致经济利益流出的现时义务也可能被证实将很可能导致企业流出经济利益，并且现时义务的金额也能够可靠计量。企业应当对或有负债相关义务进行评价，分析判断其是否符合负债确认条件。如符合，应将其确认为负债。类似地，或有资产对应的潜在权利也可能随着相关因素的改变而发生性质变化。如基本确定可以收到，应将其予以确认。

二、或有事项的确认

或有事项的确认指与或有事项相关义务的确认。根据企业会计准则的规定，与或有事项相关的义务同时满足下列条件的，应当确认为预计负债：①该义务是企业承担的现时义务；②履行该义务很可能导致经济利益流出企业；③该义务的金额能够可靠地计量。

（一）该义务是企业承担的现时义务

该义务是企业承担的现时义务，是指与或有事项相关的义务是在企业当前条件下已承担的义务，企业没有其他现实的选择，只能履行该现时义务。例如，甲公司的一名司机因违反交通规则造成严重交通事故，违规事项发生后，甲公司承担的赔偿义务就是一项现时义务。

这里所指的现时义务包括法定义务和推定义务。其中，法定义务，是指因合同、法规或其他司法解释等产生的义务，通常是企业在经济管理和经济协调中，依照经济法律、法规的规定必须履行的责任。例如，企业与另外的企业签订购货合同产生的义务，就属于法定义务。

推定义务，是指因企业的特定行为而产生的义务。企业的“特定行为”，泛指企业以往的习惯做法、已公开的承诺或已公开宣布的经营政策。并且，由于以往的习惯做法，或通过这些承诺或公开的声明，企业向外界表明了它将承担特定的责任，从而使受影响的各方形成了其将履行这些责任的合理预期。例如，甲公司是一家化工企业，因扩大经营规模，到A国创办了一家分公司。假定A国尚未针对甲公司这类企业的生产经营可能产生的环境污染制定相关法律，因而甲公司的分公司对在A国生产经营可能产生的环境污染不承担法定义务。但是，甲公司为在A国树立良好的形象，自行向社会公告，宣称将对生产经营可能产生的环境污染进行治理。甲公司的分公司为此承担的义务就属于推定义务。

（二）履行该义务很可能导致经济利益流出企业

履行该义务很可能导致经济利益流出企业，是指履行与或有事项相关的现时义务时，导致经济利益流出企业的可能性超过50%但尚未达到基本确定的程度。企业通常可以结合下列情况判断经济利益流出的可能性：

结果的可能性	对应的概率区间
基本确定	大于95%但小于100%
很可能	大于50%但小于或等于95%
可能	大于5%但小于或等于50%
极小可能	大于0但小于或等于5%

企业因或有事项承担了现时义务，并不说明该现时义务很可能导致经济利益流出企业。例如，2018年5月1日，甲企业与乙企业签订协议，承诺为乙企业的2年期银行借款提供全额担保。对于甲企业而言，由于担保事项而承担了一项现时义务，但这项义务的履行是否很可能导致经济利益流出企业，需依据乙企业的经营情况和财务状况等因素加以确定。假定2018年年末，乙企业的财务状况恶化，且没有迹象表明可能发生好转。此种情况出现，表明乙企业很可能违约，从而甲企业履行承担的现时义务将很可能导致经济利益流出企业。反之，如果乙企业财务状况良好，一般可以认定乙企业不会违约，从而甲企业履行承

担的现时义务不是很可能导致经济利益流出。

（三）该义务的金额能够可靠地计量

该义务的金额能够可靠地计量，是指与或有事项相关的现时义务的金额能够合理地估计。

由于或有事项具有不确定性，因此或有事项产生的现时义务的金额也具有不确定性，需要估计。要对或有事项确认一项负债，相关现时义务的金额应当能够可靠估计。

例如，甲企业（被告）涉及一起诉讼案。根据以往的审判案例推断，甲企业很可能败诉，相关的赔偿金额也可以估算出一个范围。这种情况下，可以认为甲企业因未决诉讼承担的现时义务的金额能够可靠地估计，从而应对未决诉讼确认一项预计负债。但如果没有以往的案例可与甲企业涉及的诉讼案作比照，而相关的法律条文又没有明确解释，那么即使甲企业预计可能败诉，在判决以前也很可能无法合理估计其须承担的现时义务的金额，这种情况下不应当确认预计负债。

三、或有事项的计量

或有事项的计量指与或有事项相关义务形成的预计负债的计量，主要涉及两方面：一是最佳估计数的确定；二是预期可获得补偿的处理。

（一）最佳估计数的确定

预计负债应当按照履行相关现时义务所需支出的最佳估计数进行初始计量。最佳估计数的确定应当分别以下两种情况处理：

1.所需支出存在一个连续范围，且该范围内各种结果发生的可能性相同，则最佳估计数应当按照该范围内的中间值，即上、下限金额的平均数确定。

【例13-1】2018年12月27日，甲企业因合同违约而涉及一起诉讼案。根据企业的法律顾问判断，最终的判决很可能对甲企业不利。2018年12月31日，甲企业尚未接到法院的判决，因诉讼须承担的赔偿金额也无法准确地确定。不过，据专业人士估计，赔偿金额可能是800 000—1 000 000元之间的某一金额，而且这个区间内每个金额发生的可能性都大致相同。

根据企业会计准则的规定，甲企业应在2018年12月31日的资产负债表中确认一项金额为900 000元［（800 000+1 000 000）÷2］的负债。

2.所需支出不存在一个连续范围，或者虽然存在一个连续范围但该范围内各种结果发生的可能性不相同。在这种情况下，最佳估计数按照如下方法确定：

（1）或有事项涉及单个项目的，按照最可能发生金额确定。“涉及单个项目”指或有事项涉及的项目只有一个，如一项未决诉讼、一项未决仲裁或一项债务担保等。

例如，甲公司涉及一起诉讼。根据类似案件的经验以及公司所聘律师的意见判断，甲公司在该起诉讼中胜诉的可能性有40%，败诉的可能性有60%。如果败诉，将要赔偿1 000 000元。

在上述情况下，甲公司应确认的负债金额（最佳估计数）应为最可能发生金额1 000 000元。

（2）或有事项涉及多个项目的，按照各种可能结果及相关概率计算确定。“涉及多个项目”指或有事项涉及的项目不止一个，如在产品质量保证中，提出产品保修要求的可能有许多客户。相应地，企业对这些客户负有保修义务，应根据发生质量问题的概率及相关的保修费用计算确认应予确认的负债金额。

【例13-2】2018年，乙企业销售产品30 000件，销售额120 000 000元。乙企业的产品质量保证条款规定：产品售出后一年内，如发生正常质量问题，乙企业将免费负责修理。根据以往的经验，如果出现较小的质量问题，则需发生的修理费为销售额的1%；而如果出现较大的质量问题，则需发生的修理费为销售额的2%。据预测，本年度已售产品中，有80%不会发生质量问题，有15%将发生较小质量问题，有5%将发生较大质量问题。

根据上述资料，2018年年末乙企业应确认的负债金额（最佳估计数）为：

（120 000 000 × 1%）× 15%+（120 000 000 × 2%）× 5%=300 000（元）

（二）预期可获得的补偿

企业清偿预计负债所需支出全部或部分预期由第三方补偿的，补偿金额只有在基本确定能够收到时才能作为资产单独确认。确认的补偿金额不应当超过预计负债的账面价值。

可能获得补偿的情况通常有：①发生交通事故等情况时，企业通常可以从保险公司获得合理的赔偿；②在某些索赔诉讼中，企业可以通过反诉的方式对索赔人或第三方另行提出赔偿要求；③在债务担保业务中，企业在履行担保义务的同时，通常可以向被担保企业提出额外追偿要求。

企业预期从第三方获得的补偿，是一种潜在资产，其最终是否会转化为企业真正的资产（即企业是否能够收到这项补偿）具有较大的不确定性，企业只能在基本确定能够收到补偿时才能对其进行确认。根据资产和负债不能随意抵销的原则，预期或获得的补偿在基本确定能够收到时才应当确认为一项资产，而不能作为预计负债金额的扣减。

补偿金额的确认涉及两个问题：一是确认时间，补偿只有在“基本确定”能够收到时才予以确认；二是确认金额，确认的金额是基本确定能够收到的金额，而且不能超过相关预计负债的金额。

例如，甲企业因或有事项确认了一项预计负债500 000元；同时，因该或有事项，甲企业还可以从乙企业获得350 000元的赔偿，且这项金额基本确定能够收到。在上述情况下，甲企业应分别确认一项预计负债500 000元和一项资产350 000元。

（三）预计负债计量需要考虑的其他因素

1.风险和不确定性

企业在确定最佳估计数时，应当综合考虑与或有事项有关的风险、不确定性和货币时间价值等因素。风险是对交易或事项结果的变化可能性的一种描述。风险的变动可能增加负债计量的金额。企业在不确定的情况下进行判断需要谨慎，使得收益或资产不会被高估，费用或负债不会被低估。但是，不确定性并不说明应当确认过多的预计负债和故意夸大负债。

企业需要谨慎从事，充分考虑与或有事项有关的风险和不确定性，既不能忽略风险和不确定性对或有事项计量的影响，也要避免对风险和不确定性进行重复调整，从而在低估和高估预计负债金额之间寻找平衡点。

2.货币时间价值

相关现时义务的金额通常应当等于未来应支付的金额。但是，因货币时间价值的影响，资产负债表日后不久发生的现金流出，要比一段时间之后发生的同样金额的现金流出负有更大的义务。所以，如果预计负债的确认时点距离实际清偿有较长的时间跨度，货币时间价值的影响重大，那么在确定预计负债的确认金额时，有必要考虑采用现值计量，即通过对相关未来现金流出进行折现后确认最佳估计数。例如，油气井或核电站的弃置费用等，应当按照未来应支付金额的现值确定。确定预计负债的金额不应考虑预期处置相关资产形成的利得。

将未来现金流出折算为现值时，需要注意以下三点：一是用来计算现值的折现率，应当是反映货币时间价值的当前市场估计和相关负债特有风险的税前利率。二是风险和不确定性既可以在计量未来现金流出时作为调整因素，也可以在确定折现率时予以考虑，但不能重复反映。三是随着时间的推移，即使在未来现金流出和折现率均不改变的情况下，预计负债的现值也将逐渐增长。企业应当在资产负债表日，对预计负债的现值进行重新计量。

3.未来事项

企业应当考虑可能影响履行现时义务所需金额的相关未来事项。也就是说，对于这些未来事项，如果有足够的客观证据表明它们将会发生，则应当在预计负债计量中予以反映。

预期的未来事项可能对预计负债的计量较为重要。例如，某核电企业预计在生产结束时清理核废料的费用将因未来技术水平的提高而显著降低。那么，该企业因此确认的预计负债金额应当反映有关专家对技术发展以及清理费用减少作出的合理预测。但是，这种预计需要得到相当客观的证据予以支持。

4.资产负债表日对预计负债账面价值的复核

企业应当在资产负债表日对预计负债的账面价值进行复核。有确凿证据表明该账面价值不能真实反映当前最佳估计数的，应当按照当前最佳估计数对该账面价值进行调整。

【例13-3】某化工企业对环境造成了污染，按照当时的法律规定，只需要对污染进行清理。随着国家对环境保护越来越重视，按照现行的法律规定，该企业不但需要对污染进行清理，还很可能要对企业附近的居民进行赔偿。这种法律要求的变化，会对企业预计负债的计量产生影响。企业应当在资产负债表日对为此确认的预计负债金额进行复核，相关因素发生变化表明预计负债金额不再能反映真实情况时，需要按照当前情况下企业清理和赔偿支出的最佳估计数对预计负债的账面价值进行相应的调整。

仍以未决诉讼为例。企业当期实际发生的担保诉讼损失金额与已计提的相关预计负债之间的差额，应分别情况处理：

1.企业在前期资产负债表日，依据当时实际情况和所掌握的证据合理预计了预计负债，应当将当期实际发生的诉讼损失金额与已计提的相关预计负债之间的差额，直接计入或冲减当期营业外支出。

2.企业在前期资产负债表日，依据当时实际情况和所掌握的证据原本应当能够合理估计诉讼损失，但企业所作的估计却与当时的事实严重不符（如未合理预计损失或不恰当地多计或少计损失），应当按照重大前期差错更正的方法进行处理。

3.企业在前期资产负债表日，依据当时实际情况和所掌握的证据，确实无法合理预计诉讼损失，因而未确认预计负债，则在该项损失实际发生的当期，直接计入当期营业外支出。

4.资产负债表日后至财务报告批准报出日之间发生的需要调整或说明的未决诉讼，按照《企业会计准则第29号——资产负债表日后事项》的有关规定进行处理。

5.关于固定资产弃置费用确认的预计负债发生变动的会计处理，《企业会计准则解释第6号》（财会［2014］1号）规定，弃置费用形成的预计负债在确认后，按照实际利率法计算的利息费用应当确认为财务费用；由于技术进步、法律要求或市场环境变化等原因，特定固定资产的履行弃置义务可能发生支出金额、预计弃置时点、折现率等变动而引起的预计负债变动，应按照以下原则调整该固定资产的成本：

（1）对于预计负债的减少，以该固定资产账面价值为限扣减固定资产成本。如果预计负债的减少额超过该固定资产账面价值，超出部分确认为当期损益。

（2）对于预计负债的增加，增加该固定资产的成本。

按照上述原则调整的固定资产，在资产剩余使用年限内计提折旧。一旦该固定资产的使用寿命结束，预计负债的所有后续变动应在发生时确认为损益。

第二节　或有事项的差异

依据《企业所得税法》第八条及其《实施条例》第二十八条规定，除税法另有规定外，企业只有实际发生的成本、费用、税金、损失和其他支出，方可按照税法的规定扣除。“税法另有规定的情形”，例如，为体现企业所得税政策对环境保护、生态恢复等的扶持和鼓励功能，《企业所得税法实施条例》第四十五条规定：“企业依照法律、行政法规有关规定提取的用于环境保护、生态恢复等方面的专项资金，准予扣除。上述专项资金提取后改变用途的，不得扣除。”执行该政策应注意下列问题：一是计提专项资金的企业、计提依据、计提比例必须有法律、行政法规的规定作为依据，排除了企业根据地方性法规、规章、其他规范性文件等提取的专项资金；二是提取专项资金的目的应限于环境保护、生态恢复等用途。按规定标准计提的专项资金直接计入当期损益，不作纳税调整，但如果改变用途，应按实际发生的金额，调增所得。

因或有事项而确认的预计负债，是纳税人根据有关情况预计的，尚未实际发生，金额也是合理估计的，这与税前扣除的真实发生原则和金额确定原则不符，不得在税前扣除。纳税调整方法如下：

（1）企业本期计提的预计负债，不得扣除，应当调增所得，并确认一项递延所得税资产。

（2）企业在前期资产负债表日，依据当时实际情况和所掌握的证据原本应当能够合理估计诉讼损失，但企业所作的估计却与当时的事实严重不符（如未合理预计损失或不恰当地多计或少计损失），应当按照重大前期差错更正的方法进行处理。由于预计负债不得在税前扣除，并且已作纳税调整，因此该项会计调整不会对以前年度的应纳税所得额产生影响。尽管如此，但由于会计调整影响了以前年度的会计利润，因此，仍需重新修改以前年度企业所得税年度申报表中的会计利润和纳税调整额。

（3）企业在前期资产负债表日，依据当时实际情况和所掌握的证据合理预计了预计负债，应当将当期实际发生的诉讼损失金额与已计提的相关预计负债之间的差额，直接计入或冲减当期营业外支出。前期已计提并调增应纳税所得的金额，允许在本年度作纳税调减处理，并相应转销递延所得税资产。

（4）企业在前期资产负债表日，依据当时实际情况和所掌握的证据，确实无法合理预计诉讼损失，因而未确认预计负债，则在该项损失实际发生的当期，直接计入当期营业外支出。实际发生的金额据实扣除，不作纳税调整。

（5）对于可能获得的补偿，会计准则要求在“基本确定能够收到”时，按照“基本确定能够收到的金额”确认，而税法要求在实际收到时确认所得。因此，如果在计提预计负债的同时，按会计准则的规定同时确认了一笔补偿的金额，则当年实际计入成本费用的金额只是预计负债与补偿金额的差额，只需对该笔差额作纳税调整，前期调增的金额在实际支出时，作纳税调减。

（6）企业发生的与应纳税所得额无关的担保支出，无论是确认预计负债时，还是实际支出时，均不得扣除。即计提的预计负债，应调增所得，实际支出时，不得作纳税调减处理。

以上，凡涉及后期调减应纳税所得额的预计负债，均需进行相应的所得税会计处理。

第三节　或有事项纳税调整案例分析

一、未决诉讼或未决仲裁

诉讼，是指当事人不能通过协商解决争议，因而在人民法院起诉、应诉，请求人民法院通过审判程序解决纠纷的活动。诉讼尚未裁决之前，对于被告来说，可能形成一项或有负债或者预计负债；对于原告来说，则可能构成一项或有资产。

仲裁，是指经济法律关系的各方当事人依照事先约定或事后达成的书面仲裁协议，共同选定仲裁机构并由其对争议依法作出具有约束力裁决的一种活动。作为当事人一方，仲裁的结果在仲裁决定公布以前是不确定的，会构成一项潜在义务或现时义务，或者潜在资产。

【例13-4】2018年11月20日，A银行批准B公司的信用贷款（无担保、无抵押）申请，同意向其贷款20 000 000元，期限1年，年利率7.2%。2019年11月20日，B公司的借款（本金和利息）到期。B公司具有还款能力，但因与A银行之间存在其他经济纠纷，而未按时归还A银行的贷款。A银行遂与B公司协商，但没有达成协议。2019年12月25日，A银行向法院提起诉讼。截至2019年12月31日，法院尚未对A银行提起的诉讼进行审理。

A银行：在本例中，如无特殊情况，A银行很可能在诉讼中获胜。因此，在2019年12月31日，A银行可以作“很可能胜诉”的判断，并预计除可以收回本金和利息外，还可能获得罚息等。假定A银行根据规定的标准估计，将来最可能获得包括罚息在内的收入为240 000元（这项金额在提起诉讼时已作估计）。根据企业会计准则的规定，A银行不应当确认这项或有资产，而应当在2019年12月31日于资产负债表附注中披露或有资产240 000元，同时说明很可能收回B公司所欠的贷款本金和利息21 440 000元。

税务处理：税法也不确认该项或有资产，应当并入实际收到年度的所得总额征税。本年度不作纳税调整。

B公司：同样地，如无特殊情况，B公司很可能败诉。为此，B公司不仅须偿还贷款本金和利息，还需要支付罚息、诉讼费等费用。假定B公司预计将要支付的罚息、诉讼费等费用为200 000—240 000元之间 。根据企业会计准则的规定，B公司应在2019年12月31日确认一项预计负债220 000元［（200 000+240 000）÷2=220 000（元），其中支付的诉讼费为30 000元］，同时在附注中进行披露。有关账务处理如下：

借：管理费用——诉讼费　　30 000
　　营业外支出——罚息支出　　190 000
　　贷：预计负债——未决诉讼　　220 000

税务处理：本期计提的预计负债不得在税前扣除，调增应纳税所得额220 000元。

【例13-5】2018年11月2日，A公司因与B公司签订了互相担保协议，成为相关诉讼的第二被告。截至2018年12月31日，诉讼尚未判决。但由于B公司经营困难，A公司很可能要承担还款连带责任。据预计，A公司承担还款金额2 000 000元责任的可能性为60%，而承担还款金额1 000 000元责任的可能性为40%。（假定不考虑诉讼费）

本例中，A公司因连带责任而承担了现时义务，该义务的履行很可能导致经济利益流出企业，且该义务的金额能够可靠地计量。根据企业会计准则的规定，A公司应在2018年12月31日确认一项预计负债2 000 000元（最可能发生金额），并在附注中作相关披露。有关账务处理如下：

借：营业外支出——赔偿支出　　2 000 000
　　贷：预计负债——未决诉讼　　2 000 000

税务处理：本期计提的预计负债不得在税前扣除，调增应纳税所得额2 000 000元。

【例13-6】华远公司于当年受到另一家计算机公司的起诉，原告声称华远公司侵犯了该公司的软件版权，要求华远公司予以赔偿，赔偿金额为50万元。在应诉过程中，华远公司发现，诉讼所涉及的软件主体部分是有偿委托第三家计算机公司开发的。如果这套软件确有侵权问题，第三家公司应当承担连带责任，对华远公司予以赔偿。企业在年末编制会计报表时，根据法律诉讼的进展情况以及律师的意见，认为对原告予以赔偿的可能性在50%以上，最有可能发生的赔偿金额为30万元；从第三方得到补偿基本上可以确定，最有可能获得的赔偿金额为20万元。假定诉讼费为3万元，同时确认一笔资产，金额为20万元，分录如下：

借：管理费用——诉讼费　　30 000
　　营业外支出——诉讼赔款　　300 000
　　贷：预计负债——未决诉讼　　330 000
借：其他应收款　　200 000
　　贷：营业外支出——诉讼赔款　　200 000

税务处理：调增应纳税所得额13万元。

次年：根据法院判决的结果进行账务处理，并根据该笔业务实际发生的损失确认税前扣除金额，进行纳税调整。假设，经法院判决，华远公司败诉，支付诉讼费4万元，向原告赔偿35万元，并收到第三家公司的补偿金额18万元。分录如下：

借：管理费用——诉讼费　　10 000

预计负债——未决诉讼　　330 000
营业外支出——诉讼赔偿　　50 000
贷：银行存款　　390 000
借：银行存款　　180 000
营业外支出——诉讼赔偿　　20 000
贷：其他应收款　　200 000

税务处理：前期调增的金额13万元应在本期作纳税调减处理。验证如下：该笔业务实际发生的损失：4+35-18=21（万元），已计入本期损益的金额为：1+5+2=8（万元），因此应调减应纳税所得额=21-8=13（万元）。

二、债务担保

债务担保在企业中是较为普遍的现象。作为提供担保的一方，在被担保方无法履行合同的情况下，常常承担连带责任。从保护投资者、债权人的利益出发，客观、充分地反映企业因担保业务而承担的潜在风险十分必要。

企业对外提供债务担保常常会涉及诉讼，这时可以分别以下不同情况进行处理：（1）企业已被判决败诉的，则应当按照法院判决的应承担的损失金额，确认为预计负债。（2）已判决败诉，但企业正在上诉，或者经上一级法院裁定暂缓执行，或者由上一级法院发回重审等，企业应当在资产负债表日根据已有判决结果合理估计损失金额，确认为预计负债。（3）法院尚未判决的，企业应当向其律师或法律顾问等咨询，估计败诉的可能性以及败诉后可能发生的损失金额，并取得有关书面意见。如果败诉的可能性大于胜诉的可能性，并且损失金额能够合理估计的，应当在资产负债表日将预计损失金额确认为预计负债。

【例13-7】2017年10月，B公司从银行贷款人民币2 000万元，期限2年，由A公司全额担保；2019年4月，C公司从银行贷款美元100万元，期限1年，由A公司担保50%；2019年6月，D公司通过银行从G公司贷款人民币1 000万元，期限2年，由A公司全额担保。

截至2019年12月31日的情况如下：B公司贷款逾期未还，银行已起诉B公司和A公司；C公司由于受政策影响和内部管理不善等原因，经营效益不如以往，可能不能偿还到期美元债务；D公司经营情况良好，预期不存在还款困难。

本例中，对B公司而言，A公司很可能需履行连带责任。但损失金额是多少，目前还难以预计；就C公司而言，A公司可能需履行连带责任；就D公司而言，A公司履行连带责任的可能性极小，根据企业会计准则的规定，这三项债务担保形成A公司的或有负债，不符合预计负债的确认条件，A公司应当在2019年12月31日的财务报表附注中披露相关债务担保的被担保单位、担保金额及财务影响等。

三、产品质量保证

产品质量保证，通常指销售商或制造商在销售产品或提供劳务后，对客户提供服务的一种承诺。在约定期内（或终身保修），若产品或劳务在正常使用过程中出现质量或与之相关的其他属于正常范围的问题，企业负有更换产品、免费或只收成本价进行修理等责任。按照权责发生制原则，上述相关支出符合一定的确认条件就应在销售成立时确认。

【例13-8】A公司为机床生产和销售企业。2018年第一季度、第二季度、第三季度和第四季度分别销售机床200台、300台、400台和350台，每台售价为50 000元。对购买其产品的消费者，A公司作出如下承诺：机床售出后3年内如出现非意外事件造成的机床故障和质量问题，A公司免费负责保修（含零部件更换）。根据以往的经验，发生的保修费一般为销售额的1%—1.5%之间。假定A公司2018年四个季度实际发生的维修费分别为20 000元、200 000元、180 000元和350 000元；同时，假定2017年“预计负债——产品质量保证”科目年末余额为120 000元。

本例中，A公司因销售机床而承担了现时义务，该义务的履行很可能导致经济利益流出A公司，且该义务的金额能够可靠地计量。A公司根据企业会计准则的规定在每季度末确认一项负债。

（1）第一季度。

发生产品质量保证费用（维修费）：

借：预计负债——产品质量保证　　20 000

　　贷：银行存款或原材料等　　20 000

第一季度末应确认的产品质量保证负债金额为：

200 × 50 000 ×（0.01+0.015）÷ 2=125 000（元）

借：销售费用——产品质量保证　　125 000

　　贷：预计负债——产品质量保证　　125 000

第一季度末，“预计负债——产品质量保证”科目余额为225 000元。

（2）第二季度。

发生产品质量保证费用（维修费）：

借：预计负债——产品质量保证　　200 000

　　贷：银行存款或原材料等　　200 000

第二季度末应确认的产品质量保证负债金额为：300 × 50 000 ×（0.01+0.015）÷ 2=187 500（元）

借：销售费用——产品质量保证　　187 500

　　贷：预计负债——产品质量保证　　187 500

第二季度末，“预计负债——产品质量保证”科目余额为212 500元。

（3）第三季度。

发生产品质量保证费用（维修费）：

借：预计负债——产品质量保证　　180 000

　　贷：银行存款或原材料等　　180 000

第三季度末应确认的产品质量保证负债金额为：400 × 50 000 ×（0.01+0.015）÷ = 250 000（元）

借：销售费用——产品质量保证　　250 000

　　贷：预计负债——产品质量保证　　250 000

第三季度末，“预计负债——产品质量保证”科目余额为282 500元。

（4）第四季度。

发生产品质量保证费用（维修费）

借：预计负债——产品质量保证　　350 000

　　贷：银行存款或原材料等　　350 000

第四季度末应确认的产品质量保证负债金额为：350 × 50 000 ×（0.01+0.015）÷ 2=218 750（元）

借：销售费用——产品质量保证　　218 750

　　贷：预计负债——产品质量保证　　218 750

第四季度末，“预计负债——产品质量保证”科目余额为151 250元。

税务处理：本期应调增应纳税所得额 = 预计负债期末余额 – 期初余额 = 151 250– 120 000=31 250（元）。

在对产品质量保证确认预计负债时，需要注意的是：

（1）如果发现保证费用的实际发生额与预计数相差较大，应及时对预计比例进行调整；

（2）如果企业针对特定批次产品确认预计负债，则在保修期结束时，应将“预计负债——产品质量保证”余额冲销，不留余额；

（3）已对其确认预计负债的产品，如企业不再生产了，那么应在相应的产品质量保证期满后，将“预计负债——产品质量保证”余额冲销，不留余额。由于计提预计负债时未作税前扣除，因此余额冲销应作纳税调减处理。

四、亏损合同

待执行合同变为亏损合同，同时该亏损合同产生的义务满足预计负债的确认条件，应当确认为预计负债。其中，待执行合同是指合同各方尚未履行任何合同义务，或部分地履行了同等义务的合同。企业与其他企业签订的尚未履行任何合同义务或部分地履行了同等义务的商品买卖合同、劳务合同、租赁合同等，均属于待执行合同，待执行合同不属于企业会计准则规范的内容。

但是，待执行合同变为亏损合同的，应当作为企业会计准则规范的或有事项。亏损合同，是指履行合同义务不可避免发生的成本超过预期经济利益的合同。这里所称“履行合同义务不可避免发生的成本”反映了履行该合同的最低净成本，即履行该合同的成本与未能履行该合同而发生的补偿或处罚两者之中的较低者。

企业对亏损合同进行处理，需要遵循以下两点原则：

（1）如果与亏损合同相关的义务不需支付任何补偿即可撤销，企业通常就不存在现时义务，不应确认预计负债；如果与亏损合同相关的义务不可撤销，企业就存在现时义务，同时满足该义务很可能导致经济利益流出企业和金额能够可靠地计量的，通常应当确认预计负债。

（2）待执行合同变为亏损合同时，合同存在标的资产的，应当对标的资产进行减值测试并按规定确认减值损失，此时，企业通常不需要确认预计负债；合同不存在标的资产的，亏损合同相关义务满足规定条件时，应当确认预计负债。

【例13-9】乙企业2018年1月1日与某外贸公司签订了一项产品销售合同，约定在2018年2月15日以每件产品150元的价格向外贸公司提供10 000件A产品，若不能按期交货，将对乙企业处以总价款30%的违约金。由于这批产品为定制产品，签订合同时产品尚未开始生产。但企业开始筹备原材料以生产这批产品时，原材料价格突然上升，预计生产每件产品需要花费成本175元。

假设乙企业产品成本为每件175元，而销售价格为每件150元，每销售1件亏损25元，共计损失250 000元。如果撤销合同，则需要交纳450 000元的违约金。因此，这项销售合同是一项亏损合同。

（1）由于该合同签订时不存在标的资产，乙企业应当按照履行合同所需成本与违约金中的较低者确认一项预计负债。

借：营业外支出　　250 000

　　贷：预计负债　　250 000

税务处理：本期计提预计负债不得扣除，调增应纳税所得额250 000元。

（2）待相关产品生产完成后，将已确认的预计负债冲减产品成本。

借：预计负债　　250 000

　　贷：库存商品　　250 000

税务处理：库存商品计税基础不得冲减转回的预计负债，仍以实际成本确定。在实际转让的年度，按照计税基础扣除，即调减应纳税所得额250 000元。

【例13-10】乙企业以生产A产品为主，目前企业库存积压较大，产品成本为每件175元。为了消化库存，盘活资金，乙企业2018年1月25日与某外贸公司签订了一项产品销售合同，约定在2018年2月5日以每件产品150元的价格向外贸公司提供10 000件产品，合同不得撤销。

本例中，乙企业产品成本为每件175元，而销售价格为每件150元，每销售1件亏损25元，共计损失250 000元。并且，合同不得撤销。因此，这项销售合同是一项亏损合同。

由于该合同签订时存在标的资产，乙企业应当按照《企业会计准则第1号——存货》的规定对A产品进行减值测试，计提减值准备，从而不需要对合同再确认预计负债。

税务处理：本期计提减值准备250 000元不得扣除，当存货跌价准备转回或在存货销售时，应作相反方向的纳税调整。

五、重组业务

重组，是指企业制定和控制的，将显著改变企业组织形式、经营范围或经营方式的计划实施行为。属于重组的事项主要包括：（1）出售或终止企业的部分经营业务；（2）对企业的组织结构进行较大调整；（3）关闭企业的部分营业场所，或将营业活动由一个国家或地区迁移到其他国家或地区。

企业应当将重组与企业合并、债务重组区别开。重组通常是企业内部资源的调整和组合，谋求现有资产效能的最大化；企业合并是在不同企业之间的资本重组和规模扩张；而债务重组是债权人对债务人作出让步，债务人减轻债务负担，债权人尽可能减少损失。

（一）重组义务的确认

企业因重组而承担了重组义务，并且同时满足或有事项的三项确认条件时，应当确认预计负债。

首先，同时存在下列情况的，表明企业承担了重组义务：①有详细、正式的重组计划，包括重组涉及的业务、主要地点、需要补偿的职工人数及其岗位性质、预计重组支出、计划实施时间等；②该重组计划已对外公告。

企业制定了详细、正式的重组计划，并且已经对外公告，使那些受其影响的其他单位或个人合理预期企业将实施重组，这就形成了企业的一项推定义务。而管理层或董事会在资产负债表日前作出的重组决定，在资产负债表日并不形成一项推定义务，除非企业在资产负债表日之前已经对外进行了公告，将重组计划传达给受其影响的各方，使他们形成了对企业将实施重组的合理预期。

其次，需要判断重组义务是否同时满足或有事项的三个确认条件。即：判断其承担的重组义务是否是现时义务、履行重组义务是否很可能导致经济利益流出企业、重组义务的金额是否能够可靠计量。只有同时满足这三个确认条件，才能将重组义务确认为预计负债。

【例13-11】2018年12月31日，甲上市公司董事会决定关闭A事业部。2018年度财务报告对外报出前，甲上市公司尚未将此项决定传达到受其影响的各方，也没有采取任何措施实施该项决定。在2018年12月31日，甲上市公司不应因此项决定确认预计负债。如果至2018年12月31日，关闭生产A产品事业部的决定已向社会公告，受影响的公司相关职工也已收到通知。若该义务很可能导致经济利益流出企业，且金额能够可靠计量，则在2018年12月31日，乙上市公司应因此项决定确认预计负债。

（二）重组义务的计量

企业应当按照与重组有关的直接支出确定预计负债金额。其中，直接支出是企业重组必须承担的，并且与主体继续进行的活动无关的支出，不包括留用职工岗位前培训、市场推广、新系统和营销网络投入等支出。因为这些支出与未来经营活动有关，在资产负债表日不是重组义务。

由于企业在计量预计负债时不应当考虑预期处置相关资产（厂房、店面，有时是一个事业部整体）可能形成的利得或损失，即使资产的出售构成重组的一部分也是如此。

企业可以参照表13.1判断某项支出是否属于与重组有关的直接支出：

表13.1　　重组直接支出判断表

支出项目	包括	不包括	不包括原因
自愿遣散	√		
强制遣散（如果自愿遣散目标未满足）	√		
将不再使用的厂房的租赁撤销费	√		
将职工和设备从拟关闭的工厂转移到继续使用的工厂		√	支出与继续进行的活动相关
剩余职工的再培训		√	支出与继续进行的活动相关
新经理的招募成本		√	支出与继续进行的活动相关
推广公司新形象的营销成本		√	支出与继续进行的活动相关
对新分销网络的投资		√	支出与继续进行的活动相关
重组的未来可辨认经营损失（最新预计值）		√	支出与继续进行的活动相关
特定不动产、厂场和设备的减值损失		√	资产减值准备应当按照《企业会计准则第8号——资产减值》进行计提，并作为资产的抵减项。

企业发生重组义务的税务处理，与其他预计负债一样，凡确认的预计负债均不得在税前扣除，实际发生数在发生的年度据实扣除，差额转回，前期已纳税调增的金额作相反方向的纳税调整，同时转回前期已确认的递延所得税资产。

六、安全生产费用和维简费

由于企业发生安全事故具有必然性，提取的安全生产费用应当属于负债或预计负债。但是，作为负债需要特定的债权人，而安全生产费用不具备这样的条件，因此不符合负债的性质。企业由于提取安全生产费用减少了企业的当期利润，为以后安全生产支出预留了财务资源，从这一角度考虑，提取的安全生产费用更接近所有者权益的性质，作为专项储备管理更为恰当。

虽然企业计提的安全生产费用计入了专项储备，但其本质上属于预计负债性质。以下简述安全生产费和维简费的会计与税务处理。

矿山企业的维简费和高危行业（含矿山企业）的安全生产费是两个不同的概念，计提标准和具体用途均有明确规定。少数企业财务人员对维简费和安全生产费的概念存在认识误区，具体表现为：将维简费和安全生产费概念相混淆；对费用性支出与资本性支出的界限划分不清；制造费用与期间费用划分不清；少数企业为了调节利润的需要，人为地提高维简费计提标准；故意混淆维简费与资产折旧的概念，从而达到调增或调减利润的目的；有的企业将维简费以奖金、补贴的名义随意发放。这些处理方法，既违背了会计信息的真实性，又给企业带来纳税方面的风险。

《关于印发〈煤炭生产安全费用提取和使用管理办法〉和〈关于规范煤矿维简费管理问题的若干规定〉的通知》（财建［2004］119号）规定，煤炭生产安全费用，是指煤炭生产企业按原煤实际产量从成本中提取，专门用于煤矿安全生产设施投入的资金。煤矿维简费（煤矿维持简单再生产费用），是指我国境内所有煤炭生产企业从成本中提取，专项用于维持简单再生产的资金。煤矿维简费与煤炭生产安全费用相互独立，煤矿维简费不包括安全费用，但包括井巷费用。

《企业安全生产费用提取和使用管理办法》（财企［2012］16号）规定，从2012年3月1日起，在我国境内直接从事煤炭生产、非煤矿山开采、建设工程施工、危险品生产与储存、交通运输、烟花爆竹生产、冶金、机械制造、武器装备研制生产与试验（含民用航空及核燃料）的企业以及其他经济组织允许按照本办法规定的标准和用途提取、使用安全生产费用。安全生产费用按照规定标准提取在成本中列支，专门用于完善和改进企业或项目安全生产条件的资金。煤炭生产企业和非煤矿山企业已提取维简费的，应当继续提取维简费，但其使用范围不再包含安全生产方面的用途。

（一）会计处理

1.会计处理历史沿革

（1）财政部在1993年发布的《关于工业企业会计制度若干问题的补充规定》（财会字［1993］29号）中明确，关于矿山维简费的会计处理：矿山企业提取维简费时，应按实际提取的金额，借记有关的费用科目，按固定资产的折旧方法计算的折旧，贷记“累计折旧”科目，按其差额，贷记“资本公积”科目。

财政部1993年发布的《关于国有工业、运输、邮电通信企业执行新的企业财务制度若干问题的通知》第一条规定，矿山企业实行新制度前的矿山维简费结余转作国家资本金，实行新制度以后提取的维简费，相当于折旧部分计入累计折旧，超过折旧部分转作资本公积金。（该文件于2003年失效）

煤炭工业部在1993年发布的《煤炭工业企业新旧会计制度衔接有关调账问题的处理意见》中规定，企业计提维简费时，从成本费用中提取，计入“维简及井巷费”。企业使用维简费时，属费用性支出的，直接核销“维简及井巷费”；

属于资本性支出的，资产完工交付后，核销“维简及井巷费”，增加“资本公积”。对形成的固定资产，按照规定使用年限计提折旧，计入相关成本费用。

（2）2004年财政部在《关于执行〈企业会计制度〉和相关会计准则有关问题解答（四）》的通知（财会［2004］3号）中规定，企业计提安全费用时，从成本费用中提取，计入“长期应付款”。企业使用安全费时，属费用性支出的，直接核销“长期应付款”；属资本性支出的，资产完工交付时一次全额提取折旧，核销“长期应付款”。

（3）2008年12月，财政部在《关于做好执行会计准则企业2008年年报工作的通知”（财会函［2008］60号）》中明确，安全费、维简费从未分配利润中提取，计入“盈余公积——专项储备”；企业使用安全费、维简费时，属费用性支出的计入成本费用，属资本性支出的核销“盈余公积——专项储备”；用安全费、维简费购建的固定资产，按规定计提折旧，计入成本费用。

《企业会计准则讲解（2008年）》第五章“固定资产”中进一步解释：企业依照国家有关规定提取的安全费用以及具有类似性质的各项费用，应当在所有者权益中的“盈余公积”项下以“专项储备”项目单独反映。企业按规定标准提取安全费用等时，借记“利润分配——提取专项储备”科目，贷记“盈余公积——专项储备”科目。按规定范围使用安全生产储备购建安全防护设备、设施等资产时，按应计入相关资产成本的金额，借记“固定资产”等科目，贷记“银行存款”等科目。对于作为固定资产管理和核算的安全防护设备等，企业应当按规定计提折旧，计入有关成本费用。按规定范围使用安全生产储备支付安全生产检查和评价支出、安全技能培训及进行应急救援演练支出等费用性支出时，应当计入当期损益，借记“管理费用”等科目，贷记“银行存款”等科目。企业按上述规定将安全生产储备用于购建安全防护设备或与安全生产相关的费用性支出等时，应当按照实际使用金额在所有者权益内部进行结转。借记“盈余公积——专项储备”科目，贷记“利润分配——提取专项储备”科目，但结转金额以“盈余公积——专项储备”科目余额冲减至零为限。企业未按上述规定进行会计处理的，应当进行追溯调整。

（4）2009年6月，财政部在《企业会计准则解释第3号》（财会［2009］8号）中对维简费及安全生产费用的会计处理作了修订，并将修订内容编入《企业会计准则讲解（2010版）》第五章“固定资产”。文件规定，高危行业企业按照国家规定提取的安全生产费，应当计入相关产品的成本或当期损益，同时计入“专项储备”科目。

企业使用提取的安全生产费时，属于费用性支出的，直接冲减专项储备。企业使用提取的安全生产费形成固定资产的，应当通过“在建工程”科目归集所发生的支出，待安全项目完工达到预定可使用状态时确认为固定资产。同时，按照形成固定资产的成本冲减专项储备，并确认相同金额的累计折旧。该固定资产在以后期间不再计提折旧。

“专项储备”科目期末余额在资产负债表所有者权益项下“减：库存股”

和“盈余公积”之间增设“专项储备”项目反映。

企业提取的维简费和其他具有类似性质的费用，比照上述规定处理。

本解释发布前未按上述规定处理的，应当进行追溯调整。

2.财会［2009］8号与财会函［2008］60号的主要变化

（1）安全费、维简费的计提由“税后”变为“税前”，明确了“企业按照国家规定提取的安全生产费和维简费，应当计入相关产品的成本或当期损益”。

（2）安全费、维简费的归集、使用科目由“盈余公积”变为“专项储备”。

（3）用安全费、维简费购建的固定资产计提的折旧由“按规定方法提取”改为“一次性全额计提，并冲减专项储备”。

3.财会［2009］8号与煤炭企业执行旧制度的主要变化

（1）安全费、维简费结余资金由在“负债”中反映，改为在“所有者权益”中反映。

（2）用维简费购建的固定资产计提的折旧由“分次计入成本费用”，改为“一次性全额计提，并冲减专项储备”，即用维简费购建的固定资产计提的折旧不能再由成本列支，同时，资产价值不能在财务账面中得到真实反映。

（3）用维简费购置的固定资产不再增加“资本公积”。

（二）税务处理

1.旧税法

矿山企业按规定标准计提的维简费和高危行业企业按规定标准计提的安全生产费用允许在税前扣除，实际发生的费用化支出及相关固定资产折旧不得重复扣除。

2.新税法

《国家税务总局关于煤矿企业维简费和高危行业企业安全生产费用企业所得税税前扣除问题的公告》（国家税务总局公告2011年第26号）规定，从2011年5月1日起，煤矿企业实际发生的维简费支出和高危行业企业实际发生的安全生产费用支出，属于收益性支出的，可直接作为当期费用在税前扣除；属于资本性支出的，应计入有关资产成本，并按企业所得税法规定计提折旧或摊销费用在税前扣除。企业按照有关规定预提的维简费和安全生产费用，不得在税前扣除。此前，企业按照有关规定提取的，且在税前扣除的煤矿企业维简费和高危行业企业安全生产费用，相关税务问题按以下规定处理：

（1）本公告实施前提取尚未使用的维简费和高危行业企业安全生产费用，应用于抵扣本公告实施后的当年度实际发生的维简费和安全生产费用，仍有余额的，继续用于抵扣以后年度发生的实际费用，至余额为零时，企业方可按本公告第一条规定执行。

（2）已用于资产投资、并计入相关资产成本的，该资产提取的折旧或费用摊销额，不得重复在税前扣除。已重复在税前扣除的，应调整作为2011年度应纳税所得额。

（3）已用于资产投资、并形成相关资产部分成本的，该资产成本扣除上述部分成本后的余额，作为该资产的计税基础，按照企业所得税法规定的资产折旧或摊销年限，从本公告实施之日的次月开始，就该资产剩余折旧年限计算折旧或摊销费用，并在税前扣除。

根据《国家税务总局关于企业维简费支出企业所得税税前扣除问题的公告》（国家税务总局公告2013年第67号）规定，从2013年1月1日起，非煤矿山企业提取的维简费扣除办法及纳税调整方法同上。

根据上述规定，煤矿企业2011年4月30日“专项储备——维简费”和高危行业（含煤矿企业）2011年4月30日“专项储备——安全生产费”，以及非煤矿山企业2012年12月31日“专项储备——维简费”科目贷方余额，由于在提取时已按规定在税前扣除，故实际使用时不得重复扣除。

【例13-12】某煤炭生产企业2011年4月30日“专项储备——安全生产费用”贷方余额1 200万元。

（1）2011年5月1日至2011年12月31日计提800万元，作：

借：生产成本　　8 000 000

　　贷：专项储备　　8 000 000

（2）2011年5月1日至2011年12月31日，用于费用性开支200万元，作：

借：专项储备　　2 000 000

　　贷：银行存款　　2 000 000

（3）2011年11月1日使用安全生产费用形成的固定资产1 100万元，作：

借：固定资产　　11 000 000

　　贷：在建工程　　11 000 000

借：专项储备　　11 000 000

　　贷：累计折旧　　11 000 000

2011年12月31日专项储备年末余额=1 200+800-1 300=700（万元）。

关于专项储备费用性支出、资本性支出的使用顺序，税法无特别规定，可由企业自行确定，企业可以选择“先资本化支出，后费用化支出”，一经选定，不得随意变更。

鉴于2011年4月30日“专项储备”余额1 200万元已获得税前扣除，故本期结转的固定资产1 100万元在当年及以后年度均不得扣除固定资产折旧，本期费用性支出200万元中，100万元不能在税前扣除，另100万元允许在税前扣除，本期应调增应纳税所得额=800-100=700（万元）。

所得税会计处理：

借：递延所得税资产　　1 750 000（7 000 000 × 25%）

　　贷：所得税费用——递延所得税费用 1 750 000（7 000 000 × 25%）

（4）假设2011年度会计利润为1 000万元，不考虑其他纳税调整因素，应纳企业所得税=（1 000+700）× 25%=425（万元），作：

借：所得税费用——当期所得税费用　　4 250 000

贷：应交税费——应交所得税　　　　4 250 000

以后年度的税务处理：本期贷方累计发生额调增，借方累计发生额，区别情况处理，其中费用性支出作纳税调减处理，资本化的金额（借“专项储备”，贷“累计折旧”），在折旧期限内分期作纳税调减处理。

本期纳税调整额=本期提取数-（费用性支出+本年度允许扣除的固定资产折旧）

若计算结果大于零，作纳税调增处理；反之，作纳税调减处理。

（5）假设2012年1—12月，计提安全生产费用1 000万元，实际发生750万元，其中费用性支出300万元，资本性支出450万元，年末贷方余额950万元（700+1 000-750），作：

借：生产成本　　　　10 000 000

贷：专项储备　　　　10 000 000

借：固定资产　　　　4 500 000

贷：在建工程　　　　4 500 000

借：专项储备　　　　7 500 000

贷：银行存款　　　　3 000 000

累计折旧　　　　4 500 000

假设固定资产于2012年6月份达到预定可使用状态，折旧年限10年，不考虑净残值，本年度允许扣除固定资产折旧=450万元 ÷ 10年 ÷ 12个月 × 6个月=22.5（万元）。

2012年度调增应纳税所得额=1 000-（300+22.5）=677.5（万元），作：

借：递延所得税资产　　　　1 693 800

贷：所得税费用——递延所得税费用　　　　1 693 800

若2012年度会计利润1 000万元，不考虑其他纳税调整因素，应纳企业所得税=（1 000+677.5）× 25%=419.38（万元），作：

借：所得税费用——当期所得税费用　　　　4 193 800

贷：应交税费——应交所得税　　　　4 193 800

第十四章

收入准则与税法差异分析

收入是指企业在日常活动中形成的、会导致所有者权益增加的、与所有者投入资本无关的经济利益的总流入。收入准则规范了收入的确认、计量和相关信息的披露要求，有助于如实反映企业的生产经营成果，准确核算企业实现的损益。收入准则着重解决了不同形式的收入，即销售商品收入、提供劳务收入和让渡资产使用权收入的确认条件和计量问题。长期股权投资、租赁、原保险合同、再保险合同等形成的收入的确认、计量和报告等问题不在本准则规范。企业所得税法实施条例不仅明确了应计入应纳税所得总额的全部收入（含利得性质的所得），还对各项收入确认的时间，以及不征税收入、免税收入、视同销售收入、关联交易的收入调整等内容作出具体规定。本章分析收入准则与税法的差异。

第一节 收入的会计核算

一、收入准则概述

管理活动论和信息系统论的争论旷日持久，财务会计和管理会计的交融一直难以完成。新收入准则的发布和实施，将大幅度提高业务管理与会计管理的有机融合程度，全面提升企业的管理水平。

在业财一体化的大趋势下，在国际趋同的大背景下，财政部参考《国际财务报告准则第15号——客户合同收入（IFRS 15，2014年）》，于2017年7月公布了修订的《企业会计准则第14号——收入》。2018年7月，财政部会计司编写组编著了《应用指南 2018》，进行了细化的指引并列举了一些实务案例。准则和指南的内容在保持与IFRS 15基本趋同的前提下，充分体现国内的实务需求，把2006年版本的《企业会计准则第14号——收入》和《企业会计准则第15号——建造合同》合并起来，为企业收入确认和计量方式的国际趋同提供了保障。

新收入准则适用于大多数与客户间合同，特别要求企业应用"五步法"模型来确定收入确认的时间和金额，本节将重点解读和分析新收入准则中的五步法模型，并分步骤介绍新旧收入准则的异同，以帮助企业预判经济后果。

二、收入确认与计量的"五步法"模型

（一）步骤1——识别合同

合同具有五个要件——被批准且双方承诺将履行义务、已明确各方的权利和义务、有明确的支付条款、具有商业实质、很可能收回对价。以上五个条件中第四、五两个条件需要管理层的判断，存在较大的难度。① 关于第四个条件（商业实质），需要关注履行合同会改变企业未来现金流量（风险、时间、金额等）。如果改变了，才有可能有商业实质。② 关于第五个条件（很可能收回对价），管理层需要重点考虑客户的能力和意愿。只有当客户既有能力又有支付意愿的时候，才能算是"很可能"收回对价。

特殊的情况包括合同合并和变更：

（1）特殊情况1：关于合同合并，当公司有以下几种情况时，需要将这些合同合并在一起考虑销售收入的确认：基于"同一商业目的"而订立一揽子交易；订立数份合同时，其中一份合同的对价金额取决于其他合同的定价或履行情况；数份合同里承诺的商品或服务构成了一个"单项履约义务"。

（2）特殊情况2：关于合同变更，公司如果对销售合同进行变更，需要考虑

变更的性质。

举例1：公司A以人民币100元的单价，销售100件产品给客户B，货款共计人民币10 000元。十天后，公司A交付了80件产品，并确认了收入共人民币8 000元。第二十天（即变更日），双方签订变更合同，除原合同规定的权利义务之外，公司A以人民币100元的单价再销售50件相同的产品给客户B。由于增加的商品和销售价款可以明确区分，且新增的价款反映了新增商品的单独售价，因此变更部分应该按新合同来进行会计处理。

举例2：如果改变条件，合同变更后的价格不能反映增加产品的单独售价，而且于变更日，"已转让产品"与"未转让产品"之间可以明确区分，应当视为原合同终止，同时将"原合同尚未提供的产品"及"合同变更部分"合并为新合同进行会计处理。

举例3：再次改变条件，如果合同变更后的价格不能反映增加产品的单独售价，而且于变更日"已转让产品"与"未转让产品"之间不能明确区分的，应当将变更部分作为原合同的组成部分，由此产生对已确认收入的影响，计入变更日财务报表。

（二）步骤2——识别履约义务

对于多重交易安排的合同，旧准则的处理比较模糊①，而新会计处理提供了明确指引，要求企业在合同开始日对合同进行评估，识别合同所包含的各单项履约义务，按照各单项履约义务所承诺商品（或服务）的单独售价的相对比例将交易价格分摊至各单项履约义务，进而在履行各单项履约义务时确认相应的收入。

之所以要做这个修正，这是源于一揽子产品的特性。在一揽子合同中，每一种商品和服务未必都是履约义务。需要仔细分析合同和公司惯例，才能知道它们是不是"可明确区分"。履约义务就是向客户转让"可明确区分的商品或服务"的承诺，这种承诺一般应当基于合同。

举例：会计师事务所和客户签订的合约里提到的，"完成审计服务并出具审计报告"，就是会计师事务所的履约义务。

1.可明确区分的两个要件

（1）有单独的使用价值。即客户能够从该商品本身的使用（或与其他易获得资源一起使用）中受益；

（2）基于合同是可区分的。除了书面合同里列明的承诺，也可能有一些未列明的服务，比如免费的维修。

举例："办话费流量套餐送手机"的业务通常包括三个履约义务：卖手机，卖话费和卖流量。这三个业务是可以分开的，因为手机可以单独使用，话费和流量能够令使用者通过对他们的使用而获益——说明它们"本身"是可区分的。在套餐合同上，这几项内容是分开注明的——说明运营商在合同中做出了可区

---

① 旧准则的指引过于原则性，仅对奖励积分等有限的多重业务进行了会计核算方面的规范。

分的承诺。

2. 不可区分的迹象

如果有以下情况，公司提供的商品或服务就有可能“不可区分”，即，可能不属于分列或单独的履约义务：需整合或组合——通常与建造合同有关。

举例：某施工单位A为客户D建造一个厂房。双方签署的合同包括建造厂房的具体事项，比如地面平整、奠基、采购材料和设备、构造建筑物、铺设管道和线路、安装设备等。这些商品和服务是合同的投入，厂房则是合同的产出。每一项产品都符合可明确区分的第一个条件——有单独使用价值。由于施工单位A经常向其他客户销售相同的产品（投入），因此，每一个产品都可以被单独或与其他商品一起使用，“本身”是有价值的。另外，客户D也可以从这些产品中获得经济利益。由于该合同未满足“可明确区分”的第二个条件，这些产品不能基于合同可区分。公司A并没有在合同内承诺“分别销售这些产品”，而是承诺将这些产品整合为一个能够发挥功能的厂房。因此公司A需要将所有的产品（商品和服务）合并起来作为一个履约义务。

3. 需要重大修改或定制——通常与软件合同相关

举例：审计公司E向软件公司F购买ERP系统，并要求软件公司F在标准ERP系统的基础上，设计特定的程序来汇集监管机构所需的报备资料。在这个例子里，“定制服务”虽然基于合同是可区分的，但没有单独使用价值，因此它是“不可明确区分”的，需和ERP系统合并起来作为一个履约义务。

4. 与其他商品高度关联——包括其他可能性

举例：公司C向客户D提供设计并制造样品的服务。该设计有一些重要功能尚未完成，需要不断地按照新的设计制造样品，来一步步完善。由于设计是不完善的，公司C也许需要在设计完善之后，对每一个样品再做重新加工。因为“设计”和“制造样品”高度关联，任何单独的一项对客户来说是无法获益且没有使用价值的，因此客户也不会只购买其中一项。由于“设计”和“制造样品”不可明确区分，需要被合并起来作为一个履约义务。

5. 保修或保证——根据保证的不同性质来处理

举例：比如某饮水机公司对每一个已销售的饮水机都有一年的保修义务，客户没有选择权。该保修是没有单独售价的，客户无法单独使用这个服务并获得收益。因此它不是一个可区分的服务，应该和原商品一起作为一个履约义务，根据第五步（收入确认的时点或期间）所述方法确认收入。如果客户拥有选择权，比如购买饮水机时可以选择是否需要额外的，第二年和第三年的保修服务。由于该保修有单独售价，可以单独使用并获得收益，因此属于一个可区分的服务，即，是一个单独的履约义务。它需要与原商品一起，根据第四步所述方法分摊交易价格，并根据第五步（收入确认的时点或期间）所述方法确认收入。

（三）步骤3——确定交易价格

交易价格指企业因向客户转让商品或提供服务而预期有权收取的对价，通常以合同条款为基础，结合以往习惯做法来确定。除此之外，对交易价格有影响的因素还包括：可变对价及其限制要求、重大融资成分、非现金对价、应付客户对价等。

影响因素之一：可变对价及其限制要求。交易中的可变对价的形式很多，包括基于销售收入的收费、折扣、返利、退款、奖励、赔偿或其他类似情况。可变对价的金额可能随着合同签订日之后事项的变化，而产生不可预计的变化。

举例1：商品厂家收入的可变对价如附有销售退回条款；向经销商或超市提供各类折扣或销售支持。

举例2：广告公司收入的可变对价如电视台根据发布广告的总金额，向广告公司支付一定比例的返利。

影响因素之二：重大融资成分。新收入准则引出一个较特殊的定义——交易价格。交易价格是假定客户在取得商品或服务时应支付的现金（现销价格）。“合同对价”与“交易价格”之间的差额如果有融资成分，需要在合同期间按实际利率法摊销。

举例：供应商E和客户F签署合同，以人民币10 000元的金额销售一组机械，并允许客户F分5年还款。如果客户F答应在收到机械的当天还款，销售金额可以下降为人民币8 000元。可看出，差价2 000元可能是融资成分，需要在合同期5年内按实际利率法摊销。

影响因素之三：非现金对价。非现金对价应当按照非现金对价的公允价值确定交易价格。如果不能可靠估计公允价值，可按转让商品的单独售价间接确定交易价格。

影响因素之四：应付客户对价。应付客户对价包括返利、折扣、优惠券等。除非该对价是为了向客户取得“能够明确区分”的商品或服务，应付客户对价应冲减交易价格，并在“确认收入”与“承诺支付对价”孰晚的时点冲减收入。

举例：供应商G向超市H销售货物，并第一次向超市H支付陈列费。按照惯例，供应商G并不能控制超市H员工布置柜台的行为。另外，陈列柜台的所有权也不会转移给供应商G。因此，供应商G无法通过陈列费控制商品或服务，即，陈列费不属于由超市H向供应商G提供的一项单独的商品或服务。所以，由于陈列费不是为了取得一个可明确区分的履约义务，它应该冲减供应商G对超市H的销售收入。

（四）步骤4——分摊交易价格

分摊交易价格时，不需要考虑各履约义务的公允价值，而需要考虑各履约义务的单独售价。如果合同中包含两项或多项履约义务，公司需要在合同生效日，按照商品或服务的单独售价的相对比例，将交易价格分摊到各个单项的履约义务。

第一环节：获得单独售价。公司在类似环境下销售该商品给类似客户的价格（即：可观察价格），就是“单独售价”的最佳证据。

第二环节：估计单独售价。如果没有单独售价，公司可以按照恰当的方法，估计单独售价。恰当的方法包括：市场调整法、成本加成法、余值法等。

第三环节：第三环节为分摊交易价格。公司按照各履约义务的单独售价，将交易价格分摊至各履约义务。在分摊交易价格时，公司还需要注意以下事项：

估计方法的选用：类似商品所运用的估计方法应该保持一致，同一合同中的不同商品可用不同方法估计单独售价。

余值法的合理性：使用余值法时，需要考虑结果是否合理。如果明显不合理，需要用其他方法重新计算。

合同折扣：除非仅和某个单项履约义务相关，合同折扣需要在各项履约义务之间按比例分摊。

举例：以“办话费流量套餐送手机”为例。假设该套餐有三个履约义务（话费，流量和手机），合同售价为人民币1 500元，而承诺的这三个履约义务的单独售价分别为人民币500元，人民币1 000元和人民币1 500元（总额为人民币3 000元）。那么，分摊交易价格如下：话费：人民币250元（500 × 1 500 ÷ 3 000），流量：人民币500元（1 000 × 1 500 ÷ 3 000），手机：人民币750元（1 500 × 1 500 ÷ 3 000）。

（五）步骤5——收入确认时点或期间

新准则在两个层面上打破区隔：一方面，新收入准则打破了旧收入准则和旧建造合同准则的人为区隔，就“在某一时段内”还是“在某一时点”确认收入提供具体指引；另一方面，新收入准则打破商品和劳务的界限，只看企业在履行合同中的履约义务和客户取得相关商品（或服务）控制权。上述两类界限的打破，都有助于更好地解决目前收入确认时点的问题，从而能够更加科学合理地反映企业的收入确认过程。

在这个判断问题上，新旧准则最大的差异就是“控制”——即企业在履行合同中的履约义务，或者在客户取得相关商品控制权。只有上述两个条件同时得到满足，才能够确认收入。需要注意的是，新收入准则中所指的“控制”指能从该商品的使用中获得“几乎全部”的经济利益。这里，获得经济利益的方法包括：用来生产商品或提供服务；用来提升其他资产的价值；用来减少负债或费用；用来买卖；用做借款的抵押；用做持有等。

判断“控制”关系时，需要明确主要责任人，这是一个重要概念。如果公司在转让商品前已经控制了该商品或服务，则公司在交易中是主要责任人，应该按照总额确认收入。公司可以作为主要责任人的迹象包括但不限于：负责提供相关商品和服务；有存货风险；有独立制定价格的权利。

在明确控制关系的基础上，需要在合同生效之日，判断每一个履约义务是“在某一时段内履行”还是“在某一时点履行”，然后分别确认销售收入。

1.某一时段内履行义务

需满足以下任一条件：

（1）客户不断收到并消耗企业履约所带来的经济利益，通常包括经常性或常规服务。

举例：清洁服务（如果第三方履行剩余的清洁服务，无须重做之前的服务）；健身房的服务（第一个月的服务不影响以后月份的服务）；专业公司的常年法律服务等。

（2）客户能够控制企业履约过程中在建的商品。

举例：在客户的土地上建造厂房，因此客户对它是有控制的。已提供的一部分服务/商品无可替代用途，且公司在整个合同期内有权就累计已完成的部分收取成本和合理利润。比如，由于商品是按照客户的特殊指示生产的，所以它的一部分是不能被单独卖掉。

2.某一时点履行的义务：不满足以上任一条件的履约义务

某一时点履行的义务，应该在对方取得控制权时确认。对方取得控制权的迹象包括：现时付款义务；转移法定所有权；转移实物；已转移主要风险和报酬；客户已接受该商品等。对于那些属于某一时段履行的业务，公司需要估计履约进度：产出法——根据已转移给客户的商品对于客户的价值确定。比如完工进度评估法，已实现的里程碑，已交付的商品或服务等；投入法——根据企业为履行义务的投入确定。比如发生的成本，耗用的工时，耗费的机器运转时数等。在不能合理确定履约进度的情况下，如预计将来可获得补偿，公司可以按已发生成本确认收入，直到履约进度能合理估计。

举例：团购餐馆优惠券，某团购网提供特定餐馆不可退款的优惠券。根据团购网与餐馆签订的合同，优惠券定价为人民币100元，可抵餐馆人民币150元的消费。对于收到的款项，团购网自留人民币20元，餐馆则获得人民币80元。团购网并不事先向餐馆购买餐饮服务或承诺优惠券的数量。团购网有一个客户满意度计划，接纳客户对餐饮服务提出的投诉，并协助客户与餐馆交涉。如交涉之后需赔偿客户损失，由餐馆支付。这个优惠券的交易不是通常意义上说的餐饮服务，因为餐饮服务是由餐馆提供的，餐馆并没有接到团购网的要求提供该服务。该团购网认为，优惠券交易给了客户“享受美食的权利”。考量主要责任人与代理人的时候，团购网需要考虑：“销售优惠券给客户之前，我控制了该优惠券吗？”由于以下两个原因，团购网认为自己是代理人。销售之前不控制：在销售优惠券之前，该优惠券根本不存在。因此，团购网在销售该优惠券之前，根本不可能“使用”该优惠券并获得经济利益，即，不控制该优惠券；没有存货风险：由于团购网并不事先向餐馆购买餐饮服务或承诺优惠券的数量，因此也没有存货风险。

三、关于新收入准则的其他考量

1.合同取得成本和合同履约成本

新准则在这个方面有明显的变化——为获得合同而直接增加的成本需要计入资产，考虑摊销年限。合同取得成本是指公司为取得合同发生的增量成本，如预期可收回，应当确认为一项资产。增量成本就是“不取得合同就不会发生的成本”。该资产需要摊销，摊销的期限与相关合同收入确认的时点或期间一致。如果相关合同收入确认期间不高于一年，合同取得成本可以在发生时计入当期损益。合同履约成本指公司为履行合同而发生的成本。如果不属于其他准则范围，且同时满足以下条件的，可作为合同履约成本确认为一项资产：该成本直接与取得的合同相关、该成本增加了公司未来用于履行义务的资源、该成本预期能够收回。

（1）支付给销售人员的佣金。如果合同未签订则无需支付。因此，它是为签订合同而增加的成本。另外，公司通常认为，佣金能够在将来对合同的执行过程中收回。

（2）尽职调查成本或差旅费：哪怕合同最终未签订，这些成本费用也会发生。因此，不能作为合同取得成本确认资产。

（3）支付给销售人员的年度奖金：它们不完全与获取合同相关。因此，不能作为合同取得成本确认资产。

（4）设计和测试费用：该成本增加了公司的履约资源，也符合合同履约成本的另两个条件，因此需要资本化，并在合同的有效期内（包括预计的续约期）摊销。

（5）雇佣的操作人员：由于操作人员的工资并不会增加公司的履约资源，因此不属于合同履约成本，应在发生时直接计入成本费用。

2.特殊事项的处理

新收入准则对于某些特定交易（或事项）的收入确认和计量给出了明确规定。例如，区分总额和净额确认收入、附有质量保证条款的销售、附有客户额外购买选择权的销售、向客户授予知识产权许可、售后回购、无需退还的初始费等，这些规定将有助于更好地指导实务操作。

此处，我们特别关心公司向客户提供额外优惠，构成客户的选择权，比如优惠券、客户忠诚计划、续约权等。

（1）关于优惠券，客户获赠下次购物时使用的优惠券，客户将自主决定是否使用这些优惠。对于“额外选择权”，公司需要评估它是否提供了一项重大权利，以及是否是一项单独的履约义务？如果它是一项重大权利，而且是一个单独履约义务，则需要计算单独售价并参与交易价格的分摊。重大权力在于优惠券的票面折扣是否比平时高很多？需要计算单独售价的是客户将来的“平均购买量”以及购买的可能性。

（2）关于续约权，重大权利在于续约所需要的价格是否比平时价格低很多？需要计算单独售价的是预计的续签率。

（3）关于客户忠诚计划，客户使用积分的可能性有多大？需要计算单独售价。电信运营商套餐外的服务：套餐外普通服务的定价并没有给客户一个重大权利，因此不属于“额外选择权”。

（4）新旧准则的衔接过渡。国际准则15号规定，公司可以选择完全追溯调整法、完全追溯简便调整法和累积影响法。但是，中国准则14号规定，公司应当根据累计影响数调整当年年初的留存收益以及财务报表其他相关项目金额。但是，对比期间的信息不予调整。对于某些符合要求的合同变更，公司可以予以简化处理，无需根据“合同变更”进行账务处理，而是根据变更的最终安排进行账务处理。

综上可知，新收入准则对不同类型企业将产生效果各异的影响。所有企业都需要评估其业务所受影响的方向和强度：对合同利润水平、系统和流程的影响等。对于捆绑销售商品和服务的企业或者涉及大型项目的企业（如电信通讯、软件、工程、建造和房地产行业等）而言，他们可能发现其收入确认时点将发生变化。

第二节　商品销售收入的差异

一、商品销售收入确认时点的差异

1.会计处理

企业与客户之间的合同同时满足下列条件的，企业应当在客户取得相关商品控制权时确认收入：

（1）合同各方已批准该合同并承诺将履行各自义务。该条件是指合同已经签字盖章。

（2）该合同明确了合同各方与所转让的商品相关的权利和义务。合作框架协议、战略合作协议，因为没有法律的约束力，不属于合同，企业应在合作框架协议的基础上签订可以用于实施的合同。

（3）该合同有明确的与所转让的商品相关的支付条款。如果没有支付条款则应理解为捐赠。

（4）该合同具有商业实质，即履行该合同将改变企业未来现金流量的风险、时间分布或金额。例如石油换石油业务，因为没有商业实质，故不能确认收入。

（5）企业因向客户转让商品而有权取得的对价很可能收回。

新旧收入准则对收入实现时间的区别主要在于前者强调控制权，后者强调风险报酬转移。例如，甲公司签订一项向乙公司出售平板玻璃产品的合同，交货地点为甲公司的仓库，即控制转移时确认收入。但是在风险报酬转移情况下，根据甲公司过去的惯例，如果平板玻璃在运输途中发生破损，均免费提供替换品，风险报酬转移情况下再确认收入。

2.税务处理

关于商品销售收入实现时间，企业所得税法采取了与收入准则近乎一致的规定，均强调商品的控制权发生转移。《国家税务总局关于确认企业所得税收入若干问题的通知》（国税函［2008］875号）规定，除企业所得税法及实施条例另有规定外，企业销售收入的确认，必须遵循权责发生制原则和实质重于形式原则。企业销售商品同时满足下列条件的，应确认收入的实现：

（1）商品销售合同已经签订，企业已将商品所有权相关的主要风险和报酬转移给购货方。

（2）企业对已售出的商品既没有保留通常与所有权相联系的继续管理权，也没有实施有效控制。

（3）收入的金额能够可靠地计量。

（4）已发生或将发生的销售方的成本能够可靠地核算。

符合上款收入确认条件，采取下列商品销售方式的，应按以下规定确认收入实现时间：

（1）销售商品采用托收承付方式的，在办妥托收手续时确认收入。

（2）销售商品采取预收款方式的，在发出商品时确认收入。

（3）销售商品需要安装和检验的，在购买方接受商品以及安装和检验完毕时确认收入。如果安装程序比较简单，可在发出商品时确认收入。

（4）销售商品采用支付手续费方式委托代销的，在收到代销清单时确认收入。

尽管税法与会计准则均强调控制权发生转移，但下列情况例外：

（1）《企业所得税法实施条例》第二十三条规定，以分期收款方式销售货物的，按照合同约定的收款日期确认收入的实现。如果会计收入与税收收入分属于两个不同的年度则会产生暂时性差异。

（2）《房地产开发经营业务企业所得税处理办法》（国税发［2009］31号）规定，房地产开发企业取得的预收账款按照规定的预计毛利率计算应纳税所得，这是为了加强税收管理，保证税款均衡入库的需要，纳税人只需按规定进行纳税调整即可。

二、销售商品收入计量的差异

（一）计量属性的差异

通常情况下，企业应按从购货方已收或应收的合同或协议价款确定销售商品收入金额。但是，合同或协议价款的收取采用递延方式，实质上具有融资性质的，应当按照应收的合同或协议价款的公允价值（通常为合同或协议价款的现值）确定销售商品收入金额。应收的合同或协议价款与其公允价值之间的差额，应当在合同或协议期间内采用实际利率法进行摊销，计入当期损益（冲减财务费用）。会计实务当中，基于重要性原则，应收的合同或协议价款与其公允价值之间的差额，若采用实际利率法进行摊销与采用直线法进行摊销结果相差不大的，也可以采用直线法进行摊销。

对于采用递延方式分期收款、具有融资性质的销售商品满足收入确认条件的，企业按应收合同或协议价款，借记“长期应收款”科目，按应收合同或协议价款的公允价值（折现值），贷记“主营业务收入”科目，按其差额，贷记“未实现融资收益”科目。

《企业所得税法实施条例》第十四条规定，销售货物收入，是指企业销售商品、产品、原材料、包装物、低值易耗品以及其他存货取得的收入。依据《中华人民共和国所得税法实施条例释义及适用指南》的解释，企业应当按照从购货方已收或应收的合同或协议价款确定销售货物收入的金额。可见，税法不对采用递延方式实质上具有融资性质的商品销售收入进行折现处理。

【例14-1】2017年1月1日，甲公司采用分期收款方式向乙公司销售一套大型设备，合同约定的销售价格为1 000 000元，分5次于每年12月31日等额收取。该大型设备成本为780 000元。在现销方式下，该大型设备的销售价格为800 000元。不考虑增值税因素，本例中甲公司应当确认的销售商品收入金额为800 000元；计算得出现值为800 000元、年金为200 000元、期数为5年的折现率为7.93%；每期计入财务费用的金额如表14.1所示。

表14.1　　财务费用和已收本金计算表　　单位：元

	未收本金 A=A−C	财务费用 B=A×7.93%	已收本金 C=200 000−B	收现总额
2017年1月1日	800 000			
2017年12月31日	800 000	63 440	136 560	200 000
2018年12月31日	663 440	52 611	147 389	200 000
2019年12月31日	516 051	40 923	159 077	200 000
2020年12月31日	356 974	28 308	171 692	200 000
2021年12月31日	185 282	14 718*	185 282	200 000
总额		200 000	800 000	1 000 000

* 尾数调整 14 718=200 000−63 440−52 611−40 923−28 308

根据表14.1的计算结果，甲公司各期的账务及税务处理如下：

（1）2017年1月1日销售实现：

借：长期应收款　　1 000 000

　　贷：主营业务收入　　800 000

　　　　未实现融资收益　　200 000

借：主营业务成本　　780 000

　　贷：库存商品　　780 000

（2）2017年12月31日收取货款：

借：银行存款　　200 000

　　贷：长期应收款　　200 000

借：未实现融资收益　　63 440
　　贷：财务费用　　63 440

税务处理：以分期收款方式销售货物的，按照合同约定的收款日期确认收入的实现。本年度只确认计税收入200 000元，确认计税成本156 000元（780 000/5），即确认应纳税所得额44 000元。同时调减应纳税所得额83 440元（800 000−780 000+63 440）。

（3）2018年12月31日收取货款：

借：银行存款　　200 000
　　贷：长期应收款　　200 000
借：未实现融资收益　　52 611
　　贷：财务费用　　52 611

税务处理：本年度应确认应纳税所得额44 000元，同时调减应纳税所得额52 611元。

（4）2019年12月31日收取货款：

借：银行存款　　200 000
　　贷：长期应收款　　200 000
借：未实现融资收益　　40 923
　　贷：财务费用　　40 923

税务处理：本年度应确认计税收入44 000元，同时调减应纳税所得额40 923元。

（5）2020年12月31日收取货款：

借：银行存款　　200 000
　　贷：长期应收款　　200 000
借：未实现融资收益　　28 308
　　贷：财务费用　　28 308

税务处理：本年度应确认计税收入44 000元，调减应纳税所得额28 308元。

（6）2021年12月31日收取货款：

借：银行存款　　200 000
　　贷：长期应收款　　200 000
借：未实现融资收益　　14 718
　　贷：财务费用　　14 718

税务处理：本年度应确认应纳税所得额44 000元，同时调减应纳税所得额14 718元。

（二）商业折扣、现金折扣、销售折让或退回的会计与税务处理比较

首先，商业折扣是企业为促进商品销售而在商品标价上给予的价格扣除，因而不影响销售商品收入的计量。

税法对商业折扣的定义与会计准则是一致的，均指企业为促进商品销售而

在商品标价上给予的价格扣除。依据《国家税务总局关于确认企业所得税收入若干问题的通知》(国税函[2008]875号)规定，企业为促进商品销售而在商品价格上给予的价格扣除属于商业折扣，商品销售涉及商业折扣的，应当按照扣除商业折扣后的金额确定销售商品收入金额。由此可见，商业折扣的税务处理与会计处理相同。

实务中，商业折扣有两种做法：一是折扣销售，即按照折扣后的金额开具发票，确认收入，计算销项税额；二是销售折扣，即将未折扣前的销售额与折扣额开在同一份发票上。两种做法，均符合现行流转税、所得税处理及会计处理的规定。

其次，现金折扣是在销售商品收入金额确定的情况下，债权人为鼓励债务人在规定的期限内付款而向债务人提供的债务扣除。也就是说，如债务人愿意提前付款，则可以比合同约定的总价款“少”付一部分款项。计算现金折扣额的依据是否包含销项税额应根据合同或协议的约定。关于现金折扣的会计核算有两种处理方法：一是按合同总价款扣除现金折扣后的净额计量收入；二是按合同总价款全额计量收入。我国企业会计准则采用的是第二种做法。这样，当现金折扣以后实际发生时，直接计入当期损益。

依据《国家税务总局关于确认企业所得税收入若干问题的通知》(国税函[2008]875号)规定，债权人为鼓励债务人在规定的期限内付款而向债务人提供的债务扣除属于现金折扣，销售商品涉及现金折扣的，应当按扣除现金折扣前的金额确定销售商品收入金额，现金折扣在实际发生时作为财务费用扣除。由此可见，现金折扣的税务处理与会计处理一致。现金折扣允许税前扣除的合法凭据应当是购销合同注明的折扣条件及有关收款单据。购货方获得的现金折扣，冲减财务费用，因其不属于增值税(贷款服务)的征税范围而无需取得对方开具的增值税发票。

再次，销售折让是企业由于售出商品的质量不合格等原因而在售价上给予的减让。销售行为在先，购货方希望售价减让在后。而且，通常情况下，销售折让发生在销售收入已经确认之后，因此，销售折让发生时，应直接冲减当期销售商品收入。

最后，销售退回，是指企业售出的商品由于质量、品种不符合要求等原因而发生的退货。对于销售退回，企业应分别不同情况进行会计处理：

(1)未确认收入的售出商品发生销售退回的，企业应按已计入“发出商品”科目的商品成本金额，借记“库存商品”科目，贷记“发出商品”科目。采用计划成本或售价核算的，应按计划成本或售价计入“库存商品”科目，同时计算产品成本差异或商品进销差价。

(2)已确认收入的售出商品发生销售退回的，企业一般应在发生时冲减当期销售商品收入，同时冲减当期销售商品成本。如该项销售退回已发生现金折扣的，应同时调整相关财务费用的金额；如该项销售退回允许扣减增值税税额，应同时调整“应交税费——应交增值税(销项税额)”科目的相应金额。

需要注意的是，已确认收入的售出商品发生的销售折让、销售退回属于资产负债表日后事项的，应当按照有关资产负债表日后事项的相关规定进行会计处理。

依据《国家税务总局关于确认企业所得税收入若干问题的通知》（国税函［2008］875号）规定，企业因售出商品的质量不合格等原因而在售价上给的减让属于销售折让；企业因售出商品质量、品种不符合要求等原因而发生的退货属于销售退回。企业已经确认销售收入的售出商品发生销售折让和销售退回，应当在发生当期冲减当期销售商品收入。销售折让的增值税、所得税处理与会计处理是完全一致的，均在实际发生时冲减当期销售收入和销项税额。

销售折让或退回，属于资产负债表日后事项的，会计上调整报告年度的损益，而税法要求在发生当期冲减销售商品收入，两者形成暂时性差异，在办理年度企业所得税申报时，需作纳税相反方向的纳税调整。

此外，有些企业为了促销，与客户协议约定，在销售货物并向购买方开具增值税专用发票后，由于购货方在一定时期内累计购买货物达到一定数量，或者由于市场价格下降等原因，销货方给予购货方相应的价格优惠或补偿等折扣、折让行为。对此，《国家税务总局关于纳税人折扣折让行为开具红字增值税专用发票问题的通知》（国税函［2006］1279号）规定，上述销货方给予购货方相应的价格优惠或补偿等折扣、折让行为，销货方可按现行《增值税专用发票使用规定》的有关规定开具红字增值税专用发票。会计及企业所得税处理比照销售折让。

三、特殊销售商品业务税务与会计处理比较

（一）售后回购业务会计与税务处理

1.会计处理

售后回购，是指销售商品的同时，销售方同意日后重新买回所销商品的销售。在售后回购交易中，通常情况下，所销商品所有权上的主要风险和报酬没有从销售方转移到购货方，因而不能确认相关的销售商品收入。

2.税务处理

《国家税务总局关于确认企业所得税收入若干问题的通知》（国税函［2008］875号）规定，除企业所得税法及实施条例另有规定外，企业销售收入的确认，必须遵循权责发生制原则和实质重于形式原则。采用售后回购方式销售商品的，销售的商品按售价确认收入，回购的商品作为购进商品处理。有证据表明不符合销售收入确认条件的，如以销售商品方式进行融资，收到的款项应确认为负债，回购价格大于原售价的，差额应在回购期间确认为利息费用。

通过比较可见，以融资为目的的售后回购业务，企业所得税处理与会计处理均按照实质重于形式原则，处理方法一致。

【例14-2】甲公司为增值税一般纳税企业，适用的增值税税率为17%。2017年5月1日，甲公司与乙公司签订协议，向乙公司销售一批商品，增值税专用发票上注明销售价格为1 000 000元，增值税额170 000元。协议规定，甲公司应在9月30日将所售商品购回，回购价为1 100 000元（不含增值税额）。商品已发出，货款已收到。假定：（1）该批商品的实际成本为800 000元；（2）除增值税外不考虑其他相关税费。

甲公司的会计分录如下：

①发出商品时：

借：银行存款	1 170 000	
贷：库存商品		800 000
应交税费——应交增值税（销项税额）		170 000
未确认融资收益		200 000

所得税处理：融资性售后回购，不确认资产转让所得，不作纳税调整。

②由于回购价大于原售价，应而应在销售与回购期间内按期计提利息费用，计提的利息费用直接计入当期财务费用。这样做的理由在于，此种售后回购本质上属于一种融资交易，回购价大于原价的差额相当于融资费用，因而应在计提时直接计入当期财务费用。

5月至9月，每月应计提的利息费用为20 000元（100 000元 ÷ 5个月），会计分录如下：

借：财务费用	20 000	
贷：未确认融资收益		20 000

所得税处理：财务费用可以在税前扣除，不作纳税调整。

③9月30日，甲公司购回5月1日销售的商品，增值税专用发票上注明的商品价款1 100 000元，增值税额187 000元。

借：库存商品	800 000	
应交税费——应交增值税（进项税额）	187 000	
未确认融资收益	300 000	
贷：银行存款		1 287 000

税务处理：回购时视同还本付息，利息已按权责发生制原则在销售与回购的期间通过财务费用列支方式在税前分期扣除，库存商品的计税基础仍为80万元。

（二）售后租回业务的会计与税务处理

1.会计处理

售后租回，是指销售商品的同时，销售方同意在日后再将同样的商品租回的销售方式。在这种方式下，销售方应根据合同或协议条款判断企业是否已将商品所有权上的主要风险和报酬转移给购货方，以确定是否确认销售商品收入。在大多数情况下，售后租回属于融资交易，企业不应确认销售商品收入，收到的款项应确认为负债，售价与资产账面价值之间的差额应当分别不同情况进行

会计处理：

（1）如果售后租回交易认定为融资租赁的，售价与资产账面价值之间的差额应当予以递延，并按照该项租赁资产的折旧进度进行分摊，作为折旧费用的调整。

（2）如果售后租回交易认定为经营租赁的，售价与资产账面价值之间的差额应当予以递延，并在租赁期内按照与确认租金费用相一致的方法进行分摊，作为租金费用的调整。但是，有确凿证据表明认定为经营租赁的售后租回交易是按照公允价值达成的，销售的商品按售价确认收入，并按账面价值结转成本。

2.差异分析

融资性售后回租业务是指承租方以融资为目的将资产出售给经批准从事融资租赁业务的企业后，又将该项资产从该融资租赁企业租回的行为。融资性售后回租业务中承租方出售资产时，资产所有权以及与资产所有权有关的全部报酬和风险并未完全转移。《国家税务总局关于融资性售后回租业务中承租方出售资产行为有关税收问题的公告》（国家税务总局公告2010年第13号）规定，融资性售后回租业务中，承租人出售资产的行为，不确认为销售收入，对融资性租赁的资产，仍按承租人出售前原账面价值作为计税基础计提折旧。租赁期间，承租人支付的属于融资利息的部分，作为企业财务费用在税前扣除。

（三）视同销售业务差异分析

企业将库存商品（外购、委托加工或自产）用于对外投资、抵债债务、换取其他资产、分配给股东、奖励给职工、作为样品送给他人等方面，由于非现金资产的所有权发生了转移，会计准则要求视同按公允价销售（或处置）处理，应当确认损益（货物）或利得（非流动资产）。对于将货物用于管理部门、在建工程、固定资产、对外出租、同一法人实体内部的各营业机构之间的转移等行为，因其所有权没有发生转移，不确认损益。

《企业所得税法实施条例》第二十五条规定："企业发生非货币性资产交换，以及将货物、财产、劳务用于捐赠、偿债、赞助、集资、广告、样品、职工福利或者利润分配等用途的，应当视同销售货物、转让财产或者提供劳务，但国务院财政、税务主管部门另有规定的除外。"

《关于企业处置资产所得税处理问题的通知》（国税函［2008］828号）第一条规定，企业发生将资产用于生产、制造、加工另一产品；改变资产形状、结构或性能；改变资产用途（如，自建商品房转为自用或经营）；将资产在总机构及其分支机构之间转移；其他不改变资产所有权属的用途的情形，除将资产转移至境外以外，由于资产所有权属在形式和实质上均不发生改变，可作为内部处置资产，不视同销售确认收入，相关资产的计税基础延续计算。

由此可见，所得税视同销售的规定与会计处理相一致，下列情况例外：

（1）企业以存货等非货币性资产对外捐赠，会计上不确认收入，但需视同销售计算资产转让所得。

（2）非货币性资产交换业务，采用成本模式核算时，换出资产没有视同销售确认损益，而是直接按照换出资产的账面价值结转，并以此为基础确定换入资产的会计成本。而税法要求，视同销售计算资产转让所得。此外，如果非货币性资产交换符合《财政部 国家税务总局关于企业重组业务企业所得税若干问题的通知》中资产收购或股权收购特殊性税务处理办法的，可暂不确认资产转让所得，相应地，转让方取得股权的计税基础按照所转让资产的计税基础确定。相关内容参见“第八章 非货币性资产交换准则与税法差异分析”。

（3）企业以存货等非货币性资产对外投资，会计处理一次性确认损益，但根据《财政部、国家税务总局关于企业重组业务企业所得税若干问题的通知》（财税［2009］59号）规定，符合资产收购或股权收购特殊性税务处理办法的，可以暂不确认资产转让所得，相应地转让方取得股权的计税基础按照投出资产的计税基础确定。

（4）《财政部、国家税务总局关于非货币性资产投资企业所得税政策问题的通知》（财税［2014］116号）规定，居民企业以存货等非货币性资产对外投资确认的非货币性资产转让所得，可在不超过5年期限内，分期均匀计入相应年度的应纳税所得额，按规定计算缴纳企业所得税。相应地，企业以非货币性资产对外投资而取得被投资企业的股权，应以非货币性资产的原计税成本为计税基础，加上每年确认的非货币性资产转让所得，逐年进行调整。企业在对外投资5年内转让上述股权或投资收回的，应停止执行递延纳税政策，并就递延期内尚未确认的非货币性资产转让所得，在转让股权或投资收回当年的企业所得税年度汇算清缴时，一次性计算缴纳企业所得税；企业在计算股权转让所得时，可将股权的计税基础一次调整到位。企业在对外投资5年内注销的，应停止执行递延纳税政策，并就递延期内尚未确认的非货币性资产转让所得，在注销当年的企业所得税年度汇算清缴时，一次性计算缴纳企业所得税。被投资企业取得非货币性资产的计税基础，应按非货币性资产的公允价值确定。

第三节　提供劳务收入的差异

一、劳务收入的企业所得税处理

企业劳务收入按收入准则规定的原则进行确定和计量，法对劳务收入的确认条件和计量与会计处理基本一致。《国家税务总局关于确认企业所得税收入若干问题的通知》（国税函［2008］875号）规定，企业在各个纳税期末，提供劳务交易的结果能够可靠估计的，应采用完工进度（完工百分比）法确认提供劳务收入。

1.提供劳务交易的结果能够可靠估计，是指同时满足下列条件：

（1）收入的金额能够可靠地计量；

（2）交易的完工进度能够可靠地确定；

（3）交易中已发生和将发生的成本能够可靠地核算。

2.企业提供劳务完工进度的确定，可选用下列方法：

（1）已完工作的测量；

（2）已提供劳务占劳务总量的比例；

（3）发生成本占总成本的比例。

3.企业应按照从接受劳务方已收或应收的合同或协议价款确定劳务收入总额，根据纳税期末提供劳务收入总额乘以完工进度扣除以前纳税年度累计已确认提供劳务收入后的金额，确认为当期劳务收入；同时，按照提供劳务估计总成本乘以完工进度扣除以前纳税期间累计已确认劳务成本后的金额，结转为当期劳务成本。

4.下列提供劳务满足收入确认条件的，应按规定确认收入：

（1）安装费。应根据安装完工进度确认收入。安装工作是商品销售附带条件的，安装费在确认商品销售实现时确认收入。

（2）宣传媒介的收费。应在相关的广告或商业行为出现于公众面前时确认收入。广告的制作费，应根据制作广告的完工进度确认收入。

（3）软件费。为特定客户开发软件的收费，应根据开发的完工进度确认收入。

（4）服务费。包含在商品售价内可区分的服务费，在提供服务的期间分期确认收入。

（5）艺术表演、招待宴会和其他特殊活动的收费。在相关活动发生时确认收入。收费涉及几项活动的，预收的款项应合理分配给每项活动，分别确认收入。

（6）会员费。申请入会或加入会员，只允许取得会籍，所有其他服务或商品都要另行收费的，在取得该会员费时确认收入。申请入会或加入会员后，会员在会员期内不再付费就可得到各种服务或商品，或者以低于非会员的价格销售商品或提供服务的，该会员费应在整个受益期内分期确认收入。

（7）特许权费。属于提供设备和其他有形资产的特许权费，在交付资产或转移资产所有权时确认收入；属于提供初始及后续服务的特许权费，在提供服务时确认收入。

（8）劳务费。长期为客户提供重复的劳务收取的劳务费，在相关劳务活动发生时确认收入。

二、劳务收入的差异

1.《企业所得税法实施条例》第二十三条规定，企业从事安装、装配工程业务或者提供其他劳务等，持续时间超过12个月的，按照纳税年度内完工进度或者完成的工作量确认收入的实现。根据该项规定，企业提供的劳务如果持续时间不超过12个月，即使跨年度也无须确认收入，而会计准则要求对安装费收入等在资产负债表日按照完工进度确认收入。

2.提供劳务交易结果不能可靠估计的业务，当劳务成本预计不能补偿需作为资产损失提供符合条件的备查资料方可扣除。

此外，提供劳务的收入为非货币性资产时，应按非货币性资产的公允价值确定。

主管税务机关应着重关注提供劳务收入金额的合理性，看有无人为调节利润的情况。审核要点：一是完工进度的确认依据是否合理，在采用已发生成本占估计总成本的比例确定完工进度时，应提供估计总成本的历史同类业务数据及预算报告；二是同类劳务确定完工进度的方法不得变更，除非采用其他方法更合理。

【例14-3】某造船企业与一客户签订了一项总金额为6 786 000元（含增值税）的固定造价合同，承建一艘船舶。工程已于2016年2月开工，预计2018年4月完工。最初预计的工程总成本为5 500 000元；至2017年年底，由于钢材价格上涨等因素调整了预计总成本，预计工程总成本已达到6 000 000元。该造船企业于2018年3月提前两个月完成了合同，工程质量优良，客户同意支付奖励款234 000元（含税）。增值税税率17%。建造该船舶的其他有关资料如下表所示。

表 14.2　　　　单位：元

	2016年	2017年	2018年
至目前为止已发生的成本	1 540 000	4 800 000	5 950 000
完成合同尚需发生的成本	3 960 000	1 200 000	--
已结算合同价款	2 035 800	3 463 200	2 748 400
实际收到价款	1 989 000	3 393 000	2 865 400

1.该造船企业2016年对本建造合同的账务处理（为简化起见，账务处理以汇总数反映）。

（1）登记发生的合同成本：

借：工程施工——合同成本　　1 540 000

　　贷：原材料、应付职工薪酬、累计折旧等　　1 540 000

（2）登记已结算的合同价款：

《增值税暂行条例实施细则》（财政部国家税务总局令第50号）第三十八条第（四）项规定，采取预收货款方式销售货物，为货物发出的当天，但生产销售生产工期超过12个月的大型机械设备、船舶、飞机等货物，为收到预收款或者书面合同约定的收款日期的当天。《国家税务总局货物和劳务税司关于做好增值税发票使用宣传辅导有关工作的通知》（税总货便函［2017］127号）规定，增值税专用发票应按照增值税纳税义务的发生时间开具。因此应按照合同约定的收款日期的当天计提销项税额并开具增值税专用发票。

借：应收账款　　2 035 800
　　贷：工程结算　　1 740 000
　　　　应交税费——应交增值税——销项税额
　　　　　　295 800（1 740 000 × 17%）

（3）登记实际收到的合同价款：

借：银行存款　　1 989 000
　　贷：应收账款　　1 989 000

（4）确认和计量当年的合同收入和合同费用，并登计入账。

2016年的完工进度=1 540 000 ÷（1 540 000+3 960 000）× 100%=28%

2016年应确认的合同收入=6 786 000 ÷ 1.17 × 28%=1 624 000（元）

2016年应确认的毛利=（6 786 000 ÷ 1.17−1 540 000−3 960 000）× 28%
=84 000（元）

2016年应确认的合同费用=1 624 000−84 000=1 540 000（元）

借：工程施工——合同毛利　　84 000
　　主营业务成本　　1 540 000
　　贷：主营业务收入　　1 624 000

税务处理：所得税处理与会计处理一致。

2. 2017年的账务处理。

（1）登记发生的合同成本：

借：工程施工——合同成本　　3 260 000
　　贷：原材料、应付职工薪酬、累计折旧等　　3 260 000

（2）登记已结算的合同价款：

借：应收账款　　3 463 200
　　贷：工程结算　　2 960 000
　　　　应交税费——应交增值税——销项税额　　503 200

（3）登记实际收到的合同价款：

借：银行存款　　3 393 000
　　贷：应收账款　　3 393 000

（4）确认和计量当年的合同收入和合同费用，并登计入账。

2017年的完工进度=4 800 000 ÷（4 800 000+1 200 000）× 100%=80%

2017年应确认的合同收入=6 786 000 ÷ 1.17 × 80%−1 624 000
=3 016 000（元）

2017年应确认的毛利=（6 786 000 ÷ 1.17−4 800 000−1 200 000）× 80%−84 000
=−160 000−84 000=−244 000（元）

2017年应确认的合同费用=3 016 000−（−244 000）=3 260 000（元）

2017年应确认的合同预计损失=（4 800 000+1 200 000−5 800 000）×（1−80%）=40 000（元）

在2017年年底，由于该合同预计总成本6 000 000元大于合同总收入

5 800 000元，预计发生损失总额为200 000元，因已在“工程施工——合同毛利”中反映了-160 000元（84 000-244 000）的亏损，因此，应将剩余的、为完成工程将发生的预计损失40 000元确认为当期损失。

借：主营业务成本　　3 260 000
　　贷：主营业务收入　　3 016 000
　　　　工程施工——合同毛利　　244 000

同时：

借：管理费用——合同预计损失　　40 000
　　贷：存货跌价准备——合同预计损失准备　　40 000

税务处理：合同预计损失准备不得扣除，年终申报所得税时调增应纳税所得额40 000元，并确认一项递延所得税资产。

借：递延所得税资产——合同预计损失准备
　　10 000（40 000 × 25%）
　　贷：所得税费用——递延所得税费用　　10 000（40 000 × 25%）

若2017年会计利润为5 000 000元，不考虑其他纳税调整因素，应纳所得税额=（5 000 000+40 000）× 25%=1 260 000（元）

借：所得税费用——当期所得税费用　　1 260 000
　　贷：应交税费——应交所得税　　1 260 000

3. 2018年的账务处理。

（1）登记发生的合同成本：

借：工程施工——合同成本　　1 150 000
　　贷：原材料、应付职工薪酬、累计折旧等　　1 150 000

（2）登记已结算的合同价款：

借：应收账款　　2 748 400
　　贷：工程结算　　2 349 060
　　　　应交税费——应交增值税——销项税额　　399 340

（3）登记实际收到的合同价款：

借：银行存款　　2 865 400
　　贷：应收账款　　2 865 400

（4）计量和确认当年的合同收入和合同费用，并登计入账。

2018年应确认的合同收入=（6 786 000 ÷ 1.17+200 000 ÷ 1.17）-（1 624 000+3 016 000）=488 205（元）

2018年应确认的毛利=（6 786 000 ÷ 1.17+200 000 ÷ 1.17）-5 950 000］-（84 000- 244 000）=210 000（元）

2018年应确认的合同费用=1 360 000-210 000=1 150 000（元）

借：主营业务成本　　1 150 000
　　工程施工——合同毛利　　210 000
　　贷：主营业务收入　　1 360 000

（5）2018年工程全部完工，应将“合同损失准备”相关余额冲减“主营业务成本”，将“工程施工”科目的余额与“工程结算”科目的余额相对冲

借：存货跌价准备——合同预计损失准备　　40 000

　　贷：主营业务成本　　40 000

借：工程结算　　6 000 000

　　贷：工程施工——合同成本　　5 950 000

　　　　　　　　——合同毛利　　50 000

税务处理：本期冲回的存货跌价准备40 000元应调减应纳税所得。前期确认的可抵扣暂时性差异，应在本期转回。

借：所得税费用——递延所得税费用　　10 000

　　贷：递延所得税资产——合同预计损失准备　　10 000

若2018年会计利润为6 000 000元，不考虑其他纳税调整因素，应纳所得税额=（6 000 000−40 000）×25%=1 490 000元

借：所得税费用——当期所得税费用　　1 490 000

　　贷：应交税费——应交所得税　　1 490 000

第四节　让渡资产使用权收入的差异

让渡资产使用权收入主要包括两类，即利息收入和使用费收入。企业对外出租资产收取的租金、进行债权投资收取的利息、进行股权投资取得的股利，也属于让渡资产使用权形成的收入，有关会计处理分别适用租赁准则、金融工具确认与计量准则、长期股权投资准则。

一、利息收入的确认与计量的差异

1. 会计处理

利息收入同时满足下列条件的，才能予以确认：一是相关的经济利益很可能流入企业；二是收入的金额能够可靠地计量。

企业应在资产负债表日，按照他人使用本企业货币资金的时间和实际利率计算确定利息收入金额。按计算确定的利息收入金额，借记“应收利息”、“贷款”、“银行存款”等科目，贷记“利息收入”、“其他业务收入”等科目。

金融企业发放的贷款，应按期计提利息并确认收入。发放贷款到期（含展期，下同）90天后尚未收回的，其应计利息停止计入当期利息收入，纳入表外核算；已计提的贷款应收利息，在贷款到期90天后仍未收回的，或在应收利息逾期90天后仍未收到的，冲减原已计入损益的利息收入，转作表外核算。

2. 税务处理

《中华人民共和国企业所得税法实施条例》（以下简称《企业所得税法实施

条例》)第十八条规定："利息收入，是指企业将资金提供他人使用但不构成权益性投资，或者因他人占用本企业资金取得的收入，包括存款利息、贷款利息、债券利息、欠款利息等收入。利息收入，按照合同约定的债务人应付利息的日期确认收入的实现。"

《国家税务总局关于金融企业贷款利息收入确认问题的公告》(国家税务总局公告2010年第23号)规定，金融企业按规定发放的贷款，属于未逾期贷款(含展期，下同)，应根据先收利息后收本金的原则，按贷款合同确认的利率和结算利息的期限计算利息，并于债务人应付利息的日期确认收入的实现；属于逾期贷款，其逾期后发生的应收利息，应于实际收到的日期，或者虽未实际收到，但会计上确认为利息收入的日期，确认收入的实现。金融企业已确认为利息收入的应收利息，逾期90天仍未收回，且会计上已冲减了当期利息收入的，准予抵扣当期应纳税所得额。金融企业已冲减了利息收入的应收未收利息，以后年度收回时，应计入当期应纳税所得额计算纳税。

通过比较，金融企业的所得税处理与会计处理趋于一致，非金融企业利息收入确认时间与合同约定的应收利息时间存在暂时性差异，若分属于不同年度，则需在计算应纳税所得额时进行纳税调整。

二、使用费收入的确认和计量的差异

1.会计处理

根据会计准则的规定，企业的特许权使用费收入同时满足下列条件的，应当确认收入：一是相关的经济利益能够流入企业，二是收入的金额能够可靠地计量。

使用费收入应当按照有关合同或协议约定的收费时间和方法计算确定。不同的使用费收入，收费时间和方法各不相同。一次性收取一笔固定金额的，如一次收取10年的场地使用费；在合同或协议规定的有效期内分期等额收取的，如合同或协议规定在使用期内每期收取一笔固定的金额；分期不等额收取的，如合同或协议规定按资产使用方每期销售额的百分比收取使用费等。

如果合同或协议规定一次性收取使用费，且不提供后续服务的，应当视同销售该项资产一次性确认收入；提供后续服务的，应在合同或协议规定的有效期内分期确认收入。如果合同或协议规定分期收取使用费的，应按合同或协议规定的收款时间和金额或规定的收费方法计算确定的金额分期确认收入。

2.税务处理

《企业所得税法实施条例》第二十条规定："特许权使用费收入，是指企业提供专利权、非专利技术、商标权、著作权以及其他特许权的使用权取得的收入。特许权使用费收入，按照合同约定的特许权使用人应付特许权使用费的日期确认收入的实现。"

特许权使用费计税收入的确认以合同约定的支付日期为依据。企业确认收入的时间和合同约定的支付日期如果分属于两个不同的年度，或者同一年度的会计收入与合同约定的支付金额不同，均需按照税法的规定进行纳税调整。

税法关于利息和特许权使用费所得税收入确认的条件有待改进。纳税人很可能利用实际支付日期与合同约定的日期不一致，达到递延纳税的目的，如果付款日期安排在定期减免税期间，便会人为地造成少缴税款。

第五节 所得税收入的特殊规定

收入准则规范的收入只包括销售商品收入、提供劳务收入、让渡资产使用权收入，对于股息收入、租赁费收入的确认和计量则分别在金融工具确认和计量准则、租赁准则、建造合同准则中加以规范。有关这些收入的差异，我们将在其他章节中加以介绍。

《企业所得税法》规定的收入总额包括，是指企业以货币形式和非货币形式从各种来源取得的收入，不仅包括销售货物收入、提供劳务收入、利息收入、特许权使用费收入，还包括转让财产收入、股息、红利等权益性投资收益、租金收入、接受捐赠收入和其他收入。

一、相关收入的税务与会计处理比较

1. 转让财产收入，是指企业转让固定资产、生物资产、无形资产、股权、债权等财产取得的收入。根据相关准则的规定，企业转让财产收入，在“资产处置损益”等科目反映，这部分收入是需要并入收入总额征收所得税的，同时允许按转让财产的计税基础扣除。如果资产的计税基础与账面价值不同，则需按规定进行纳税调整。

2. 股息、红利收入，是指企业因权益性投资从被投资方取得的收入。《企业所得税法实施条例》第十七条规定：“股息、红利等权益性投资收益，除国务院财政、税务主管部门另有规定外，按照被投资方作出利润分配决定的日期确认收入的实现。”

股息是指现金股利。红利收入是指股票股利，对股份公司而言，在账务上体现为以未分配利润或盈余公积转增股本，对于有限公司而言，则表现为以未分配利润或盈余公积转增实收资本。税法要求，当被投资方宣告分配，或者用留存收益转增股本时，投资方确认股息、红利收入，并相应增加该项长期股权投资的计税基础。被投资方用留存收益转增股本（实收资本），投资方不作账务处理，年终申报所得税时，纳税人应将被投资方企业的财务报告及股东会、董事会决议留存备查。需要注意的是，被投资企业将股权（票）溢价所形成的资本公积转为股本的，不作为投资方企业的股息、红利收入，投资方企业也不得增加该项长期投资的计税基础。

对股息、红利收入确认时间的规定也有例外的情况，例如，《企业所得税法》第四十五条规定的受控外国企业规则（CFC）中，由居民企业，或者由居民企业和中国居民控制的设立在实际税负明显低于我国法定税率水平的国家（地区）的企业，并非由于合理的经营需要而对利润不作分配或者减少分配的，上述利润中应归属于该居民企业的部分，应当计入该居民企业的当期收入。

3.接受捐赠的收入，是指企业接受的来自其他企业、组织或者个人无偿给予的货币性资产、非货币性资产。会计准则规定，接受捐赠的收入在“营业外收入——接受捐赠利得”科目核算。《企业所得税法实施条例》第二十一条规定：“接受捐赠收入，按照实际收到捐赠资产的日期确认收入的实现。”

4.其他收入，包括企业资产溢余收入、逾期未退包装物押金收入、确实无法偿付的应付款项、已作坏账损失处理后又收回的应收款项、债务重组收入、补贴收入、违约金收入、汇兑收益等。

（1）会计准则规定固定资产盘盈收入，通过“以前年度损益调整”科目核算，而不得直接计入盘盈当期损益，主要是因为固定资产盘盈通常是由于前期会计差错造成，因此，企业应当查明原因，并入原所属年度的应纳税所得额，涉及应补退税款的，还应进行相应的处理。如果实在无法查明原因，则必须并入盘盈年度的应纳税所得，由于会计准则要求冲减留存收益，而没有直接并入当期损益处理，因此必须进行纳税调整。存货盘盈，直接并入当期所得征税，这与会计处理是一致的。

（2）逾期未退包装物押金收入，会计上暂不作账务处理，只有取得足够的证据表明不再支付，或无法支付时，将其转入营业外收入。税法要求，逾期未退包装物押金必须并入当期所得额征税。如果在包装物押金逾期的当年，会计上没有进行账务处理，则需调增所得，将来实际退还押金或转作营业外收入时，还需作相反方向的纳税调整。

（3）确实无法偿付的应付款项，会计上作营业外收入处理，同时并入当期所得征税。

（4）已作坏账损失处理后又收回的应收款项，是指以前年度已作为坏账损失在税前扣除，并在本年度收回的应收款项。会计上应作冲减坏账准备处理，申报所得税时，可以直接考查坏账准备项目与税法的差异，针对坏账准备项目进行纳税调整。需要注意的是，如果前期会计上作坏账处理时，没有获得在税前扣除，则在实际收到时，也无需并入应纳税收入，否则会导致重复征税。

（5）债务重组收入。税法中对债务重组的概念是依据会计准则作出的，即债务重组是指在债务人发生财务困难的情况下，债权人按照其与债务人达到的协议或者法院裁定作出让步的事项。债务重组的方式主要包括以资产清偿债务、将债务转为资本、修改其他债务条件，以及以上三种方式的组合等。

账务上将债务重组收入作“营业外收入——债务重组利得”处理。税法要求将其并入应纳税所得征税，但符合税法规定条件的债务重组，可以适用特殊性税务处理办法，参见本书“第十二章　债务重组准则与税法差异分析”。

（6）补贴收入。补贴收入的确认与计量，属于《企业会计准则第16号——政府补助》规范的内容，参见本书“第十五章 政府补助准则与税法差异分析”。

（7）违约金收入和汇兑损益，账务上通过“营业外收入”和“财务费用”科目核算，税务处理与会计处理一致。

二、不征税收入

不征税收入与免税收入不同，是指从企业所得税原理上讲应永久不列入征税范围的收入范畴，这一概念与国际税法中的“所得不予计列项目”相对应。

《企业所得税法》第七条规定，收入总额中的下列收入为不征税收入：

（一）财政拨款；

（二）依法收取并纳入财政管理的行政事业性收费、政府性基金；

（三）国务院规定的其他不征税收入。

1.财政拨款，是指各级人民政府对纳入预算管理的事业单位、社会团体等组织拨付的财政资金，但国务院和国务院财政、税务主管部门另有规定的除外。

2.行政事业性收费，是指依照法律法规等有关规定，按照国务院规定程序批准，在实施社会公共管理，以及在向公民、法人或者其他组织提供特定公共服务过程中，向特定对象收取并纳入财政管理的费用。

3.政府性基金，是指企业依照法律、行政法规等有关规定，代政府收取的具有专项用途的财政资金。

4.国务院规定的其他不征税收入，是指企业取得的，由国务院财政、税务主管部门规定专项用途并经国务院批准的财政性资金。

关于企业取得的政府补助符合税法规定条件的，可以作为不征税收入，但不征税收入用于支出所形成的资产、其计算的折旧、摊销不得在计算应纳税所得额时扣除，其税法与会计差异参见本书第十五章 政府补助准则与税法差异分析。

三、免税收入

依据《企业所得税法》第二十六条规定，下列收入为免税收入。

（一）国债利息收入

国债利息收入，是指企业持有国务院财政部门发行的国债取得的利息收入。对于企业购买外国政府发行国债取得的利息收入，不得享受免税优惠。无论是从一级市场，还是二级市场购买的国债，其取得的利息收入均免征所得税。但国债持有期未满，通过二级市场转让取得的价差收入，属于财产转让收入，不得享受免税优惠。

（二）符合条件的居民企业之间的股息、红利等权益性投资收益

符合条件的居民企业之间的股息、红利等权益性投资收益，是指居民企业直接投资于其他居民企业取得的投资收益。居民企业投资于上市公司的股票，持有期不足12个月转让的，在持有期间取得的股息、红利收入，不得享受免税优惠。

（三）在中国境内设立机构、场所的非居民企业从居民企业取得与该机构、场所有实际联系的股息、红利等权益性投资收益

“与该机构、场所有实际联系”，是指该机构、场所拥有、控制据以取得所得的股权等，也就是说，非居民企业从居民企业取得的股息、红利等权益性投资收益，是通过其在境内设立的机构、场所拥有、控制的股权而取得的。与发生在居民企业之间的情况类似，这类股息、红利收益也是从被投资的居民企业的税后利润中分配的，因此已经缴纳过企业所得税，如果再将其并入前述非居民企业的应税收入中征税，会存在重复征税问题。如果不符合上述条件，应按规定征收预提所得税。

此外，非居民企业从居民企业取得的与其机构、场所有实际联系的股息、红利等权益性投资收益，能够享受免税优惠的，也不包括对居民企业公开发行并上市流通的股票持有期不足12个月取得的权益性投资收益。

（四）符合条件的非营利组织的收入

《财政部、国家税务总局关于非营利组织企业所得税免税收入问题的通知》（财税［2009］122号）规定，非营利组织的下列收入为免税收入：

1.接受其他单位或者个人捐赠的收入。

2.除《中华人民共和国企业所得税法》第七条规定的财政拨款以外的其他政府补助收入，但不包括因政府购买服务取得的收入。

3.按照省级以上民政、财政部门规定收取的会费。

4.不征税收入和免税收入孳生的银行存款利息收入。

5.财政部、国家税务总局规定的其他收入。

《财政部、税务总局关于非营利组织免税资格认定管理有关问题的通知》（财税［2018］13号）规定，符合条件的非营利组织，必须同时满足以下条件：

1.依照国家有关法律法规设立或登记的事业单位、社会团体、基金会、社会服务机构、宗教活动场所、宗教院校以及财政部、税务总局认定的其他非营利组织。

2.从事公益性或者非营利性活动。

3.取得的收入除用于与该组织有关的、合理的支出外，全部用于登记核定或者章程规定的公益性或者非营利性事业。

4.财产及其孳息不用于分配，但不包括合理的工资薪金支出。

5.按照登记核定或者章程规定，该组织注销后的剩余财产用于公益性或者

非营利性目的，或者由登记管理机关采取转赠给予该组织性质、宗旨相同的组织等处置方式，并向社会公告。

6.投入人对投入该组织的财产不保留或者享有任何财产权利，本款所称投入人是指除各级人民政府及其部门外的法人、自然人和其他组织。

7.工作人员工资福利开支控制在规定的比例内，不变相分配该组织的财产，其中：工作人员平均工资薪金水平不得超过税务登记所在地的地市级（含地市级）以上地区的同行业同类组织平均工资水平的两倍，工作人员福利按照国家有关规定执行。

8.对取得的应纳税收入及其有关的成本、费用、损失应与免税收入及其有关的成本、费用、损失分别核算。

第十五章

政府补助准则与税法差异分析

政府补助是指企业从政府无偿取得货币性资产或非货币性资产。《企业会计准则第16号——政府补助》规范了政府补助的确认、计量和相关信息的披露。本章介绍《中华人民共和国企业所得税法》及其实施条例与政府补助准则的差异及纳税调整方法。

第一节 政府补助的确认与计量

一、政府补助的特征与分类

政府补助是企业从政府无偿取得的货币性资产或非货币性资产，但不包括政府以投资者身份向企业投入资本。其主要形式包括政府对企业的无偿拨款、税收返还、财政贴息，以及无偿给予非货币性资产等。直接免征、增加计税抵扣额、抵免部分税额等不涉及资产直接转移的经济资源，不适用政府补助准则，增值税出口退税不属于政府补助。但对部分减免税款需要按照政府补助准则进行会计处理，如一般纳税人的加工型企业根据税法规定招用自主就业退役士兵，并按规定扣减的增值税，应借记“应交税费——应交增值税（减免税额）”，贷记“其他收益（减征的税额）”。

（一）政府补助的基本特征

政府补助具有下列特征：

1.政府补助是来源于政府的经济资源。

2.政府补助是无偿的。

企业从政府取得的经济资源，如果与企业销售商品或提供劳务等活动密切相关，且来源于政府的经济资源是企业商品或服务的对价或是对价的组成部分，应当按照收入准则进行会计处理，不适用政府补助准则。

【例15-1】C公司为上市公司，从20×1年开始受政府委托进口医药类特种原料M，再将M销售给国内的生产企业，加工出产品N销售给最终顾客。产品N的销售价格由政府确定。由于国际市场上原料M的价格上涨，而国内产品N的价格保持稳定不变，形成进销倒挂的局面。20×7年之前，C公司销售给生产企业的时候以原料M的进口价格为基础定价，国家财政对下游生产企业进行补贴；20×7年之后，国家规范补贴款管理，改为限定C公司对生产企业的销售价格，然后对C公司的进销差价损失由国家财政补助，差价补助金额以改革前一年加权平均销售价格减去加权平均采购成本的价差乘以销售给生产企业的数量计算。

问题：C公司收到的财政补助是否应作为政府补助进行处理?

解析：

C企业从政府无偿取得货币资产，从形式上看符合政府补助的定义，应当计入“其他收益”。但这样处理会导致C公司的报表呈现主营业务的负毛利和较大金额的其他收益，其结果不能反映企业的真实经营状况。

第一，从公司的风险看，公司经营该项业务的进销差价损失由国家财政给予补助，购销M材料的交易不会给C公司带来亏损，但是在C的报表中却呈现主营业务的亏损。

第二，20×7年之前财政补助给下游生产企业，20×7年之后改为补贴给C企业，转变的原因可能是直接补贴给贸易公司便于监管。转变前后，交易的性质没有发生变化，但是在C公司报表中20×7年之前体现为收入，之后却体现为一项政府补助。

第三，从交易的实质看，购销M原料业务是代替政府履行职能，因此不能机械地将财政补助理解为无偿取得，而应视同交易对价的一部分。如果将同一项交易从两处取得的对价一部分确认收入另一部分确认其他收益，在一定程度上不能公允地反映交易实质。

第四，从公司的经营模式看，从国外进口M材料，按照固定价格销售给指定企业，然后从政府获取差价，可看成是C企业的日常经营方式。结合收入的定义，从政府收取的对价属于企业的日常活动，更符合收入的界定。

综上，上述财政补助从形式上看符合政府补助的定义，但从反映交易的经济实质和企业的真实财务状况的角度，应作为主营业务收入处理。

（二）政府补助的分类

1.与资产相关的政府补助

与资产相关的政府补助，是指企业取得的、用于购建或以其他方式形成长期资产的政府补助。

2.与收益相关的政府补助

与收益相关的政府补助，是指除与资产相关的政府补助之外的政府补助。

二、政府补助的会计处理

政府补助的无偿性决定了其应当最终计入损益而非直接计入所有者权益。其会计处理方法有两种：一是总额法，将政府补助全额确认为收益；二是净额法，将政府补助作为相关资产账面价值或补偿费用的扣减。

与企业日常活动相关的政府补助，应当按照经济业务实质，计入其他收益或冲减相关的成本费用。与企业日常活动无关的政府补助，计入营业外收支。通常情况下，若政府补助补偿的成本费用是营业利润之中的项目，或该补助与日常销售行为密切相关如增值税即征即退等，则认为该政府补助与日常活动相关。

（一）与资产相关的政府补助

1.总额法

取得时：

借：银行存款（××资产）

　　贷：递延收益

如果企业先收资金再购建，则应在开始对相关资产计提折旧或摊销时开始将递延收益分期计入损益。如果企业先购建再收到资金，则应在相关资产剩余使用寿命内按合理、系统的方法将递延收益分期计入损益。相关资产在使用寿命期结束时或结束前被处置（出售、转让、投资、报废等），尚未分摊的递延收益余额应当一次性转入资产处置当期损益，不再递延。

2.净额法

将补助冲减相关资产账面价值。企业对某项经济业务选择总额法或净额法后，应当对该项业务一贯地运用该方法，不得随意变更。

实务中存在政府无偿给予企业长期非货币性资产的情况。如无偿给予的土地使用权和天然起源的天然林等。对无偿给予的非货币性资产，企业应当按照公允价值或名义金额（1元）对此类补助进行计量。企业在收到非货币性资产时，应当借记资产类科目，贷记“递延收益”科目。在相关资产使用寿命内按合理、系统的方法分期计入损益，借记“递延收益”，贷记“其他收益”科目。对以名义金额计量的政府补助，在取得时计入当期损益。

（二）与收益相关的政府补助

1.用于补偿企业以后期间的相关成本费用或损失的，企业收到补助时，客观情况表明企业能够满足政府补助所附条件，则应当确认递延收益，并在确认相关费用或损失的期间，计入当期损益或冲减相关成本。

2.用于补偿企业已发生的相关成本费用或损失的，直接计入当期损益或冲减相关成本。

（三）政府补助的退回

政府补助的退回应当分别下列情况进行会计处理：

1.初始确认时冲减相关资产成本的，应当调整资产账面价值。

2.存在尚未摊销的递延收益的，冲减相关递延收益账面余额，超出部分计入当期损益。

3.属于其他情况的，直接计入当期损益。

（四）特殊业务的会计处理

1.综合性项目的政府补助

综合性项目政府补助同时包含与资产相关的政府补助和与收益相关的政府补助，企业需要将其进行分解并分别进行会计处理；难以区分的，应当将其整体归类为与收益相关的政府补助进行处理。

2.政策性优惠贷款贴息

企业取得政策性优惠贷款贴息的，应当区分财政将贴息资金拨付给贷款银行和财政将贴息资金直接拨付给企业两种情况，分别进行会计处理。

（1）财政将贴息资金拨付给贷款银行的，由贷款银行以政策性优惠利率向企业提供贷款的，企业可以选择下列方法之一进行会计处理：

①以实际收到的借款金额作为借款的入账价值，按照借款本金和该政策性

优惠利率计算相关借款费用。

②以借款的公允价值作为借款的入账价值并按照实际利率法计算借款费用，实际收到的金额与借款公允价值之间的差额确认为递延收益。递延收益在借款存续期内采用实际利率法摊销，冲减相关借款费用。

企业选择了上述两种方法之一后，应当一致地运用，不得随意变更。

（2）财政将贴息资金直接拨付给企业，企业应当将对应的贴息冲减相关借款费用。

第二节　政府补助准则的差异

《财政部、国家税务总局关于财政性资金、行政事业性收费、政府性基金有关企业所得税政策问题的通知》（财税［2008］151号，以下简称“151号文”）明确，财政性资金是指企业取得的来源于政府及其有关部门的财政补助、补贴、贷款贴息，以及其他各类财政专项资金，包括直接减免的增值税和即征即退、先征后退、先征后返的各种税收，但不包括企业按规定取得的出口退税款；所称国家投资，是指国家以投资者身份投入企业、并按有关规定相应增加企业实收资本（股本）的直接投资。由此可见，财政性资金的口径与政府补助基本一致。

一、政府补助的税务处理

（一）应税收入与不征税收入的区分

151号文规定，企业取得的各类财政性资金，除属于国家投资和资金使用后要求归还本金的以外，均应计入企业当年收入总额。对企业取得的由国务院财政、税务主管部门规定专项用途并经国务院批准的财政性资金，准予作为不征税收入，在计算应纳税所得额时从收入总额中减除。纳入预算管理的事业单位、社会团体等组织按照核定的预算和经费报领关系收到的由财政部门或上级单位拨入的财政补助收入，准予作为不征税收入，在计算应纳税所得额时从收入总额中减除，但国务院和国务院财政、税务主管部门另有规定的除外。

《财政部、国家税务总局关于专项用途财政性资金有关企业所得税处理问题的通知》（财税［2009］87号）将不征税收入的政府补助范围有所扩大，执行期限从2008年1月1日至2010年12月31日。从2011年1月1日起，作为不征税收入的政府补助范围有所扩大。《财政部、国家税务总局关于专项用途财政性资金企业所得税处理问题的通知》（财税［2011］70号）规定，企业从县级以上各级人民政府财政部门及其他部门取得的应计入收入总额的财政性资金，凡同时符合以下条件的，可以作为不征税收入，在计算应纳税所得额时从收入总额中减除：

（1）企业能够提供规定资金专项用途的资金拨付文件；

（2）财政部门或其他拨付资金的政府部门对该资金有专门的资金管理办法或具体管理要求；

（3）企业对该资金以及以该资金发生的支出单独进行核算。

上述不征税收入用于支出所形成的费用，不得在计算应纳税所得额时扣除；用于支出所形成的资产，其计算的折旧、摊销不得在计算应纳税所得额时扣除。专项用途的财政性资金作不征税收入处理后，在5年（60个月）内未发生支出且未缴回财政部门或其他拨付资金的政府部门的部分，应计入取得该资金第六年的应税收入总额；计入应税收入总额的财政性资金发生的支出，允许在计算应纳税所得额时扣除。

此外，《国家税务总局关于企业研究开发费用税前加计扣除政策有关问题的公告》（国家税务总局公告2015年第97号）规定，企业取得作为不征税收入处理的财政性资金用于研发活动所形成的费用或无形资产，不得计算加计扣除或摊销。鉴于新准则对于政府补助的会计处理可以计入当期损益，也可以冲减成本费用，《国家税务总局关于研发费用税前加计扣除归集范围有关问题的公告》（国家税务总局公告2017年第40号）规定："企业取得的政府补助，会计处理时采用直接冲减研发费用方法且税务处理时未将其确认为应税收入的，应按冲减后的余额计算加计扣除金额。"对于政府补助用于研发活动的，纳税人如果将不征税收入改按应税收入处理，将享受更多的加计扣除。

（二）免征企业所得税优惠

有些政府补助，税法明文规定免征企业所得税的，在申报所得税时，应将计入损益的金额作纳税调减处理。例如《财政部、国家税务总局关于非营利组织企业所得税免税收入问题的通知》（财税［2009］122号）规定的非营利组织取得的除《中华人民共和国企业所得税法》第七条规定的财政拨款以外的其他政府补助收入，但不包括因政府购买服务取得的收入为免税收入。《财政部、国家税务总局关于中国清洁发展机制基金及清洁发展机制项目实施企业有关企业所得税政策问题的通知》（财税［2009］30号）对清洁基金取得CDM项目温室气体减排量转让收入上缴国家的部分免征企业所得税。

（三）名义金额计量的所得税处理

政府补助为非货币性资产且公允价不能可靠取得时，按名义金额计量，而税法必须按评估价确认，相应地，该项资产的计税基础应按评估价确定。

（四）政府补助的增值税处理

企业向政府销售货物、提供应税劳务、销售应税服务、无形资产、不动产，属于政府采购行为，企业需照章缴纳增值税，而政府补助是企业从政府无偿取得的经济资源，不属于增值税的征收范围，不征增值税。基于此，《国家税务总局关于中央财政补贴增值税有关问题的公告》（国家税务总局公告2013年第3号）明确了纳税人取得的中央财政补贴不缴纳增值税。对于地方财政补贴，也应参照执行，理由同上。

需要注意的是，根据现行增值税暂行条例规定，销售额为纳税人销售货物、劳务、服务、无形资产、不动产收取的全部价款和价外费用，但是不包括收取的销项税额。因此，如果政府补助是明确补贴给购买方的，无论是由购买方转付给销售方，还是为了便于补贴部门实际操作直接代购买方支付给销售方，均应由购买方按政府补助处理。对销售方而言，则属于向购买方收取的全部价款和价外费用并缴纳增值税。

二、政府补助的差异

（一）应纳税收入的纳税调整

与收益相关的政府补助，会计上一次性或分期计入其他收益或营业外收入，与资产相关的政府补助，会计上同样分期计入其他收益或冲减资产成本以折旧或摊销方式影响损益。以上两类补助在计算企业所得税时，均应于实际收到政府补助的当年确认收入，企业只需针对收入确认时间的差异作纳税调整即可。

（二）不征税收入的纳税调整

1. 与收益相关的政府补助

与收益相关的政府补助，其一次性或分期确认的其他收益或营业外收入作纳税调减处理，与之相应对的费用作纳税调增处理。

2. 与资产相关的政府补助

与资产相关的政府补助，采用总额法核算的，自相关资产达到预定可使用状态时起，在该资产使用寿命内平均分配，分次计入其他收益；采用净额法核算的，一次性计入成本并以减少折旧、摊销方式影响损益。计算企业所得税时，采用总额法核算的企业将计入其他收益科目的金额作纳税调减处理，并对当期相关资产折旧、摊销作纳税调增处理。资产折旧或摊销调增金额以不征税收入额为限。采用净额法核算的企业，为在纳税申报时体现不征税收入，应于会计上确认政府补助的当年，先将其并入收入总额作纳税调增处理，同时按照不征税收入作等额的纳税调减处理，以后期间与不征税收入相关的折旧、摊销不得在税前扣除，但因会计上已减少了折旧、摊销，故不再作纳税调整。

无论是与收益相关的政府补助，还是与资产相关的政府补助，凡政府补助已作不征税收入处理，如果从取得政府补助的次月起连续60个月未发生相关支出，也未缴回财政部门或其他拨付资金的政府部门，应于第61个月的当年将递延收益一次性调增所得，为避免重复征税，当年及以后期间将递延收益结转其他收益或营业外收入的金额应作纳税调减处理。以后期间发生的相关费用或相关资产折旧、摊销额，允许在税前扣除，不作纳税调整。

【例15-2】20×1年1月5日，政府拨付D企业450万元财政拨款（同日到账），要求用于购买大型科研设备1台。20×1年1月31日，D企业购入大型设备（假设不需安装），实际成本为480万元，其中30万元以自有资金支付，使用寿命10年，采用直线法计提折旧（假设无残值）。20×9年2月1日，D企业出售了这台设备，取得价款120万元。企业采用总额法核算政府补助，假定不考虑设备购进及转让过程中的其他税费等因素，现区分应税收入和不征税收入两种情形，分别作纳税调整如下：

（1）20×1年1月5日实际收到财政拨款，确认政府补助

借：银行存款　　4 500 000

　　贷：递延收益　　4 500 000

应税收入的处理：企业应于年度申报所得税时通过“未按权责发生制确认收入纳税调整明细表”一次性调增应纳税所得额450万元。

不征税收入的处理：因政府补助不影响本期损益，故不作纳税调整。

（2）20×1年1月31日购入设备

借：固定资产　　4 800 000

　　贷：银行存款　　4 800 000

（3）自20×1年2月起每个资产负债表日，计提折旧，同时分摊递延收益

①分摊递延收益

借：递延收益　　37 500（4 500 000÷120个月）

　　贷：其他收益　　37 500（4 500 000÷120个月）

应税收入的处理：由于政府补助已于收到时一次性调增应纳税所得额，为避免重复征税，后期财务上确认的其他收益3.75万元应作纳税调减处理。

不征税收入的处理：因符合不征税收入确认的三个条件，财务上分期确认的其他收益3.75万元，作纳税调减处理。

②计提折旧

借：研发支出　　40 000（4 800 000÷120个月）

　　贷：累计折旧　　40 000（4 800 000÷120个月）

应税收入的处理：设备折旧允许在税前扣除，不作纳税调整。

不征税收入的处理：设备折旧不得在税前扣除，各月研发支出中3.75万元在年度申报所得税时需通过《资产折旧、摊销及纳税调整明细表》作纳税调增处理。

（4）20×9年2月1日出售设备，同时转销递延收益余额（假设不考虑增值税）

①转销递延收益余额

借：递延收益　　900 000

　　贷：其他收益　　900 000

应税收入的处理：由于政府补助已于收到年度调增了应纳税所得额，为避免重复征税，本期其他收益90万元作纳税调减处理。

不征税收入的处理：因符合不征税收入确认的三个条件，本期其他收益90万元作纳税调减处理。

②出售设备

借：固定资产清理　　960 000

　　累计折旧　　3 840 000

　　贷：固定资产　　4 800 000

借：银行存款　　1 200 000

　　贷：固定资产清理　　960 000

　　　　资产处置损益　　240 000

应税收入的处理：固定资产净值96万元允许在税前扣除，不作纳税调整。

不征税收入的处理：固定资产净值中96万元中90万元不得在税前扣除，调增应纳税所得额90万元。

通过比较不难发现，应税收入在收到年度并入收入总额征税，后期固定资产折旧允许在税前扣除，而与不征税收入对应的后期固定资产折旧不得在税前扣除。在不涉及定期减免税、税率调整、弥补亏损等政策性因素下，两者的唯一区别就是前者提前纳税，后者递延纳税。

第十六章

借款费用准则与税法差异分析

借款费用是企业因借入资金所付出的代价，它包括借款利息、折价或者溢价的摊销、辅助费用以及因外币借款而发生的汇兑差额等。《企业会计准则第17号——借款费用》（以下简称“借款费用准则”）规范了借款费用的确认、计量和相关信息的披露要求，有助于如实反映企业资金成本，评估企业的财务状况和经营成果。本章分析借款费用会计准则与税前扣除的差异及纳税调整方法。

第一节 借款费用的确认

一、借款费用的概念

借款费用，是指企业因借款而发生的利息及其他相关成本。借款费用包括借款利息、折价或者溢价的摊销、辅助费用以及因外币借款而发生的汇兑差额等。

借款利息，包括企业向银行或者其他金融机构等借入资金发生的利息、发行公司债券发生的利息，以及为购建或者生产符合资本化条件的资产而发生的带息债务所承担的利息等。

折价或者溢价的摊销，主要包括发行公司债券等所发生的折价或者溢价在每期的摊销金额。

辅助费用，包括企业在借款过程中发生的诸如手续费、佣金、印刷费等交易费用。

因外币借款而发生的汇兑差额，是指由于汇率变动导致市场汇率与账面汇率出现差异，从而对外币借款本金及其利息的记账本位币金额所产生的影响金额。

二、借款费用的确认原则

企业发生的借款费用，可直接归属于符合资本化条件的资产的购建或者生产的，应当予以资本化，计入符合资本化条件的资产成本。其他借款费用，应当在发生时根据其发生额确认为财务费用，计入当期损益。

符合资本化条件的资产，是指需要经过相当长时间的购建或者生产活动才能达到预定可使用或者可销售状态的固定资产、投资性房地产和存货等资产。

符合借款费用资本化条件的存货，主要包括房地产开发企业开发的用于对外出售的房地产开发产品、企业制造的用于对外出售的大型机器设备等。这类存货通常需要经过相当长时间的建造或者生产过程，才能达到预定可销售状态。其中，“相当长时间”是指为资产的购建或者生产所必需的时间，通常为一年以上（含一年）。企业购入即可使用的资产，或者购入后需要安装但所需安装时间较短的资产，或者需要建造或者生产但所需建造或者生产时间较短的资产，均不属于符合资本化条件的资产。

三、借款费用应予资本化的借款范围

借款费用应予资本化的借款范围既包括专门借款，也可包括一般借款。其中，对于一般借款，只有在购建或者生产符合资本化条件的资产占用了一般借款时，才应将与该部分一般借款相关的借款费用资本化；否则，所发生的借款费用应当计入当期损益。

专门借款，是指为购建或者生产符合资本化条件的资产而专门借入的款项。专门借款应当有明确的专门用途，即为购建或者生产某项符合资本化条件的资产而专门借入的款项，通常应当有标明专门用途的借款合同。

一般借款，是指除专门借款之外的借款，一般借款在借入时，通常没有特指必须用于符合资本化条件的资产的购建或者生产。

四、借款费用资本化期间的确定

借款费用资本化期间的确定包括三个时间的确定，即借款费用开始资本化时点的确定、借款费用暂停资本化时间的确定和借款费用终止资本化时点的确定。

（一）借款费用开始资本化时点的确定

借款费用允许开始资本化必须同时满足三个条件，即资产支出已经发生、借款费用已经发生、为使资产达到预定可使用或者可销售状态所必要的购建或者生产活动已经开始。

1.资产支出的界定

资产支出包括支付现金、转移非现金资产和承担带息债务形式所发生的支出。其中：

（1）支付现金，是指用货币资金支付符合资本化条件的资产的购建或者生产支出。

（2）转移非现金资产，是指企业将自己的非现金资产直接用于符合资本化条件的资产的购建或者生产。

（3）承担带息债务，是指企业为了购建或者生产符合资本化条件的资产所需用物资等而承担的带息应付款项（如带息应付票据）。

2.借款费用已经发生的界定

借款费用已经发生，是指企业已经发生了因购建或者生产符合资本化条件的资产而专门借入款项的借款费用或者占用了一般借款的借款费用。

3.为使资产达到预定可使用或者可销售状态所必要的购建或者生产活动已经开始的界定

为使资产达到预定可使用或者可销售状态所必要的购建或者生产活动已经开始，是指符合资本化条件的资产的实体建造或者生产工作已经开始。例如，主体设备的安装、厂房的实际开工建造等。它不包括仅仅持有资产，但没有发生为改变资产形态而进行的实质上的建造或者生产活动。

【例16-1】某企业为了建造写字楼购置了建筑用地，但是尚未开工兴建房屋，有关房屋实体建造活动也没有开始，在这种情况下，即使企业为了购置建筑用地已经发生了支出，也不应认为为使资产达到预定可使用状态所必要的购建活动已经开始。

企业只有在上述三个条件同时满足的情况下，有关借款费用才可开始资本化，只要其中的任何一个条件没有满足，借款费用都不能开始资本化。

（二）借款费用暂停资本化时间的确定

符合资本化条件的资产在购建或者生产过程中发生非正常中断，且中断时间连续超过3个月的，应当暂停借款费用的资本化。中断的原因必须是非正常中断，属于正常中断的，相关借款费用仍可资本化。

非正常中断，通常是由于企业管理决策上的原因或者其他不可预见的原因等所导致的中断。例如，企业因与施工方发生了质量纠纷，或者工程、生产用料没有及时供应，或者资金周转发生了困难，或者施工、生产发生了安全事故，或者发生了与资产购建、生产有关的劳动纠纷等原因，导致资产购建或者生产活动发生的中断，均属于非正常中断。

非正常中断与正常中断有显著不同。正常中断通常仅限于因购建或者生产符合资本化条件的资产达到预定可使用或者可销售状态所必要的程序，或者事先可预见的不可抗力因素导致的中断。例如，某些工程建造到一定阶段必须暂停下来进行质量或者安全检查，检查通过后才可继续下一阶段的建造工作，这类中断是在施工前可以预见的，而且是工程建造必须经过的程序，属于正常中断。某些地区的工程在建造过程中，由于可预见的不可抗力因素（如雨季或冰冻季节等原因）导致施工出现停顿，也属于正常中断。

（三）借款费用停止资本化时点的确定

购建或者生产符合资本化条件的资产达到预定可使用或者可销售状态时，借款费用应当停止资本化。在符合资本化条件的资产达到预定可使用或者可销售状态之后所发生的借款费用，应当在发生时根据其发生额确认为费用，计入当期损益。

资产达到预定可使用或者可销售状态，是指所购建或者生产的符合资本化条件的资产已经达到建造方、购买方或者企业自身等预先设计、计划或者合同约定的可以使用或者可以销售的状态。企业在确定借款费用停止资本化的时点时需要运用职业判断，应当遵循实质重于形式的原则，针对具体情况，依据经济实质判断所购建或者生产的符合资本化条件的资产达到预定可使用或者可销售状态的时点，具体可从以下几个方面进行判断：

1.符合资本化条件的资产的实体建造（包括安装）或者生产活动已经全部完成或者实质上已经完成。

2.所购建或者生产的符合资本化条件的资产与设计要求、合同规定或者生产要求相符或者基本相符，即使有极个别与设计、合同或者生产要求不相符的地方，也不影响其正常使用或者销售。

3.继续发生在所购建或生产的符合资本化条件的资产上的支出金额很少或者几乎不再发生。

购建或者生产符合资本化条件的资产需要试生产或者试运行的，在试生产结果表明资产能够正常生产出合格产品，或者试运行结果表明资产能够正常运转或者营业时，应当认为该资产已经达到预定可使用或者可销售状态。

在符合资本化条件的资产的实际购建或者生产过程中，如果所购建或者生产的资产分别建造、分别完工，企业也应当遵循实质重于形式的原则，区别下列情况。界定借款费用停止资本化的时点：

1.所购建或者生产的符合资本化条件的资产的各部分分别完工，每部分在其他部分继续建造或者生产过程中可供使用或者可对外销售，且为使该部分资产达到预定可使用或可销售状态所必要的购建或者生产活动实质上已经完成的，应当停止与该部分资产相关的借款费用的资本化，因为该部分资产已经达到了预定可使用或者可销售状态。

2.购建或者生产的资产的各部分分别完工，但必须等到整体完工后才可使用或者对外销售的，应当在该资产整体完工时停止借款费用的资本化。在这种情况下，即使各部分资产已经分别完工，也不能认为该部分资产已经达到了预定可使用或者可销售状态，企业只能在所购建或者生产的资产整体完工时，才能认为资产已经达到了预定可使用或者可销售状态，借款费用才可停止资本化。

【例16-2】某企业利用借入资金建造由若干幢厂房组成的生产车间，每幢厂房完工时间不同，但每幢厂房在其他厂房继续建造期间均可单独使用。

在这种情况下，当其中的一幢厂房完工并达到预定可使用状态时，企业应当停止与该幢厂房相关的借款费用的资本化。

【例16-3】ABC公司借入一笔款项，于20×7年2月1日采用出包方式开工兴建一幢办公楼。20×8年10月10日工程全部完工，达到合同要求。10月30日工程验收合格，11月15日办理工程竣工结算，11月20日完成全部资产移交手续，12月1日办公楼正式投入使用。

在本例中，企业应当将20×8年10月10日确定为工程达到预定可使用状态的时点，作为借款费用停止资本化的时点。后续的工程验收日、竣工结算日、资产移交日和投入使用日均不应作为借款费用停止资本化的时间，否则会导致资产价值和当期利润的高估。

【例16-4】某企业在建设某一涉及数项工程的钢铁冶炼项目时，每个单项工程都是根据各道冶炼工序设计建造的，因此只有在每项工程都建造完工后，整个冶炼项目才能正式运转，达到生产和设计要求，所以每个单项工程的完工均不应认为资产已经达到了预定可使用状态，企业只有等到整个冶炼项目全部完工，达到预定可使用状态时，才能停止借款费用的资本化。

第二节　借款费用资本化金额的确定

一、借款利息资本化金额的确定

在借款费用资本化期间内，每一会计期间的利息（包括折价或溢价的摊销，下同）资本化金额，应当按照下列原则确定：

1.为购建或者生产符合资本化条件的资产而借入专门借款的，应当以专门借款当期实际发生的利息费用，减去将尚未动用的借款资金存入银行取得的利息收入或进行暂时性投资取得的投资收益后的金额确定。

2.为购建或者生产符合资本化条件的资产而占用了一般借款的，企业应当根据累计资产支出超过专门借款部分的资产支出加权平均数乘以所占用一般借款的资本化率，计算确定一般借款应予资本化的利息金额。资本化率应当根据一般借款加权平均利率计算确定。即企业占用一般借款购建或者生产符合资本化条件的资产时，一般借款的借款费用的资本化金额的确定应当与资产支出相挂钩。有关计算公式如下：

一般借款利息费用资本化金额＝累计资产支出超过专门借款部分的资产支出加权平均数×所占用一般借款的资本化率

所占用一般借款的资本化率＝所占用一般借款加权平均利率＝所占用一般借款当期实际发生的利息之和÷所占用一般借款本金加权平均数

所占用一般借款本金加权平均数＝∑（所占用每笔一般借款本金×每笔一般借款在当期所占用的天数÷当期天数）

3.借款存在折价或者溢价的，应当按照实际利率法确定每一会计期间应摊销的折价或溢价金额，调整每期利息金额。每一会计期间的利息资本化金额，不应当超过当期相关借款实际发生的利息金额。

【例16-5】ABC公司于20×7年1月1日正式动工兴建一幢厂房，工期预计为1年零6个月，工程采用出包方式，分别于20×7年1月1日、20×7年7月1日和20×8年1月1日支付工程进度款。

公司为建造厂房于20×7年1月1日专门借款2 000万元，借款期限为3年，年利率为6%。另外在20×7年7月1日又专门借款4 000万元，借款期限为5年，年利率为7%。借款利息按年支付（如无特别说明，本章例题中名义利率与实际利率均相同）。

闲置借款资金均用于固定收益债券短期投资，该短期投资月收益率为0.5%。

厂房于20×8年6月30日完工，达到预定可使用状态。公司为建造该厂房的支出金额如表16.1所示。

表 16.1　建造厂房支出金额一览表　单位：万元

日期	每期资产支出金额	资金支出累计金额	闲置借款资金用于短期投资金额
20×7年1月1日	1 500	1 500	500
20×7年7月1日	2 500	4 000	2 000
20×8年1月1日	1 500	5 500	500
总计	5 500	—	3 000

由于ABC公司使用了专门借款建造厂房，而且厂房建造支出没有超过专门借款金额，因此公司20×7年、20×8年为建造厂房应予资本化的利息金额计算如下：

（1）确定借款费用资本化期间为20×7年1月1日至20×8年6月30日。

（2）计算在资本化期间内专门借款实际发生的利息金额：

20×7年专门借款发生的利息金额=2 000×6%+4 000×7%×6÷12
=260（万元）

20×8年1月1日—6月30日专门借款发生的利息金额=2 000×6%×6÷12+4 000×7%×6÷12=200（万元）

（3）计算在资本化期间内利用闲置的专门借款资金进行短期投资的收益：

20×7年短期投资收益=500×0.5%×6+2 000×0.5%×6=75（万元）

20×8年1月1日—6月30日短期投资收益=500×0.5%×6=15（万元）

（4）由于在资本化期间内，专门借款利息费用的资本化金额应当以其实际发生的利息费用减去将闲置的借款资金进行短期投资取得的投资收益后的金额确定，因此：

公司20×7年的利息资本化金额=260−75=185（万元）

公司20×8年的利息资本化金额=200−15=185（万元）

有关账务处理如下：

20×7年12月31日：

借：在建工程　1 850 000
　　应收利息（或银行存款）　750 000
　　贷：应付利息　2 600 000

20×8年6月30日：

借：在建工程　1 850 000
　　应收利息（或银行存款）　150 000
　　贷：应付利息　2 000 000

【例16-6】仍引用【例16-5】资料。假定ABC公司为建造厂房于20×7年1月1日专门借款2 000万元，借款期限为3年，年利率为6%。除此之外，没有其他专门借款。

在厂房建造过程中占用了两笔一般借款，具体资料如下：

（1）向甲银行长期贷款2 000万元，期限为20×6年12月1日至20×9年12月1日，年利率为6%，按年支付利息。

（2）发行公司债券1亿元，于20×6年1月1日发行，期限为5年，年利率为8%，按年支付利息。假定全年按360天计算。

其他相关资料均同【例16-5】。

在这种情况下，公司应当首先计算专门借款利息的资本化金额，然后计算所占用一般借款利息的资本化金额。具体如下：

（1）计算专门借款利息资本化金额：

20×7年专门借款利息资本化金额=2 000×6%-500×0.5%×6=105（万元）

20×8年专门借款利息资本化金额=2 000×6%×180÷360=60（万元）

（2）计算一般借款资本化金额：

在建造厂房过程中，自20×7年7月1日起已经有2 000万元占用了一般借款，另外，20×8年1月1日支出的1 500万元也占用了一般借款。计算这两笔资产支出的加权平均数如下：

20×7年占用了一般借款的资产支出加权平均数=2 000×180÷360=1 000（万元）

一般借款利息资本化率（年）=（2 000×6%+10 000×8%）÷（2 000+10 000）=7.67%

20×7年应予资本化的一般借款利息金额=1 000×7.67%=76.70（万元）

20×8年占用了一般借款的资产支出加权平均数=（2 000+1 500）×180÷360=1 750（万元）

则20×8年应予资本化的一般借款利息金额=1 750×7.67%=134.23（万元）。

（3）根据上述计算结果，公司建造厂房应予资本化的利息金额如下：

20×7年利息资本化金额=105+76.70=181.70（万元）

20×8年利息资本化金额=60+134.23=194.23（万元）

（4）有关账务处理如下：

20×7年12月31日：

借：在建工程	1 817 000	
财务费用	8 433 000	
应收利息（或银行存款）	150 000	
贷：应付利息		10 400 000

注：20×7年实际借款利息=2 000×6%+2 000×6%+10 000×8%=1 040（万元）。

20×8年6月30日：

借：在建工程	1 942 300	
财务费用	3 257 700	
贷：应付利息		5 200 000

注：20×8年1月1日至6月31日的实际借款利息=1 040÷2=520（万元）

二、借款辅助费用资本化金额的确定

辅助费用是企业为了安排借款而发生的必要费用，包括借款手续费（如发行债券手续费）、佣金等。如果企业不发生这些费用，就无法取得借款，因此辅助费用是企业借入款项所付出的一种代价，是借款费用的有机组成部分。

对于企业发生的专门借款辅助费用，在所购建或者生产的符合资本化条件的资产达到预定可使用或者可销售状态之前发生的，应当在发生时根据其发生额予以资本化；在所购建或者生产的符合资本化条件的资产达到预定可使用或者可销售状态之后所发生的，应当在发生时根据其发生额确认为费用，计入当期损益。上述资本化或计入当期损益的辅助费用的发生额，是指根据《企业会计准则第22号——金融工具确认和计量》，按照实际利率法所确定的金融负债交易费用对每期利息费用的调整额。借款实际利率与合同利率差异较小的，也可以采用合同利率计算确定利息费用。一般借款发生的辅助费用，也应当按照上述原则确定其发生额并进行处理。

考虑到借款辅助费用与金融负债交易费用是一致的，其会计处理也应当保持一致。根据《企业会计准则第22号——金融工具确认和计量》的规定，除以公允价值计量且其变动计入当期损益的金融负债之外，其他金融负债相关的交易费用应当计入金融负债的初始确认金额。为购建或者生产符合资本化条件的资产的专门借款或者一般借款，通常都属于除以公允价值计量且其变动计入当期损益的金融负债之外的其他金融负债。对于这些金融负债所发生的辅助费用需要计入借款的初始确认金额，即抵减相关借款的初始金额，从而影响以后各期实际利息的计算。换句话说，由于辅助费用的发生将导致相关借款实际利率的上升，从而需要对各期利息费用作相应调整，在确定借款辅助费用资本化金额时可以结合借款利息资本化金额一起计算。

三、外币专门借款汇兑差额资本化金额的确定

当企业为购建或者生产符合资本化条件的资产所借入的专门借款为外币借款时，由于企业取得外币借款日、使用外币借款日和会计结算日往往并不一致，而外汇汇率又在随时发生变化，因此，外币借款会产生汇兑差额。相应地，在借款费用资本化期间内，为购建固定资产而专门借入的外币借款所产生的汇兑差额，是购建固定资产的一项代价，应当予以资本化，计入固定资产成本。出于简化核算的考虑，借款费用准则规定，在资本化期间内，外币专门借款本金及其利息的汇兑差额，应当予以资本化，计入符合资本化条件的资产的成本。而除外币专门借款之外的其他外币借款本金及其利息所产生的汇兑差额应当作为财务费用，计入当期损益。

【例16-7】甲公司于20×1年1月1日，为建造某工程项目专门以面值发行美元公司债券1 000万元，年利率为8%，期限为3年，假定不考虑与发行债券有关的辅助费用、未支出专门借款的利息收入或投资收益。合同约定，每年1月1日支付利息，到期还本。

工程于20×1年1月1日开始实体建造，20×2年6月30日完工，达到预定可使用状态，期间发生的资产支出如下：

20×1年1月1日，支出200万美元；

20×1年7月1日，支出500万美元；

20×2年1月1日，支出300万美元。

公司的记账本位币为人民币，外币业务采用外币业务发生时当日的市场汇率折算。相关汇率如下：

20×1年1月1日市场汇率为1美元=7.70元人民币；

20×1年12月31日，市场汇率为1美元=7.75元人民币；

20×2年1月1日，市场汇率为1美元=7.77元人民币；

20×2年6月30日，市场汇率为1美元=7.80元人民币。

本例中，公司计算外币借款汇兑差额资本化金额如下：

（1）计算20×1年汇兑差额资本化金额

①债券应付利息=1 000×8%×7.75=80×7.75=620（万元）

账务处理为：

借：在建工程　　6 200 000

　　贷：应付利息　　6 200 000

②外币债券本金及利息汇兑差额=1 000×（7.75-7.70）+80×（7.75-7.75）=50（万元）

账务处理为：

借：在建工程　　500 000

　　贷：应付债券　　500 000

（2）20×2年1月1日实际支付利息时，应当支付80万美元，折算成人民币为621.60万元。该金额与原账面金额之间的差额1.60元应当继续予以资本化，计入在建工程成本。账务处理为：

借：应付利息　　6 200 000

　　在建工程　　16 000

　　贷：银行存款　　6 216 000

（3）计算20×2年6月30日时的汇兑差额资本化金额

①债券应付利息=1 000×8%×1÷2×7.80=40×7.80=312（万元）

账务处理为：

借：在建工程　　3 120 000

　　贷：应付利息　　3 120 000

②外币债券本金及利息汇兑差额=1 000×（7.80−7.75）+40×（7.80−7.80）=50（万元）

账务处理为：

借：在建工程　　500 000

　　贷：应付债券　　500 000

第三节　借款费用准则的差异

借款费用企业所得税处理采用一次或分次扣除办法。其中，需要资本化的借款费用，应当计入有关资产的计税基础。其中，计入存货（特指允许资本化的开发产品等存货）计税基础的，在存货转让或处置时一次性扣除；计入固定资产计税基础的，采用折旧方式分次扣除；计入自行开发的无形资产计税基础的，采用摊销方式分次扣除，其中对用于研究开发的，按照无形资产计税基础的150%（2018—2020年按175%）摊销扣除。

一、借款费用会计与税务处理的共同点

1.允许资本化的资产的范围与会计准则一致

除固定资产外，还包括需要经过相当长时间的购建或者生产才能达到预定可使用（或可销售）状态的存货、投资性房地产等除固定资产之外的其他资产。投资性房地产在税法中没有单独列出，而是归入固定资产（以赚取租金为目的而出租的建筑物）或无形资产（以赚取租金或资本增值为目的而持有的土地使用权）处理。

2.允许资本化的借款范围也与会计准则一致

除了专门借款的借款费用之外，为购建或者生产符合资本化条件的资产而占用的一般借款的借款费用也允许资本化，计入相关资产的计税基础。借款费用是否资本化与借款期间长短无直接关系。如果某纳税年度企业发生长期借款，并且没有指定用途，当期也没有发生购置固定资产支出，则其借款费用可在实际发生的当期全额扣除。

3.税法没有详细规定借款费用资本化金额的计算方法

对于企业财务、会计处理办法有规定，而税收法律、行政法规没有规定的，总体处理原则是按照已有的财务会计规定处理。这既有利于缩小和协调税法与会计的差异，也有利于减轻纳税人财务核算成本、纳税遵从成本和降低税务机关的管理成本。据此，我们可以认为，借款费用资本化金额的计算方法与会计准则一致。即，借款费用开始资本化的时点、暂停资本化的时间、停止资本化的时点、专门借款资本化金额的确定、一般借款资本化金额的确定、借款辅助费用及外币专门借款汇兑差额资本化金额的确定采用会计准则规定的原则和方法确定。

此外，将尚未动用的专门借款资金存入银行取得的利息收入或进行暂时性投资取得的投资收益，会计上冲减了财务费用，实际已并入当期所得征税，税务处理与会计处理一致。

二、借款费用会计与税务处理的差异

1.《企业所得税法实施条例》第三十七条规定："企业在生产经营活动中发生的合理的不需要资本化的借款费用，准予扣除。企业为购置、建造固定资产、无形资产和经过12个月以上的建造才能达到预定可销售状态的存货发生借款的，在有关资产购置、建造期间发生的合理的借款费用，应当作为资本性支出计入有关资产的成本，并依照本条例的规定扣除。"

2.《企业所得税法实施条例》第三十八条规定："企业在生产经营活动中发生的下列利息支出，准予扣除：

（1）非金融企业向金融企业借款的利息支出、金融企业的各项存款利息支出和同业拆借利息支出、企业经批准发行债券的利息支出；

（2）非金融企业向非金融企业借款的利息支出，不超过按照金融企业同期同类贷款利率计算的数额的部分。"

企业在按照合同要求首次支付利息并进行税前扣除时，应提供"金融企业的同期同类贷款利率情况说明"，以证明其利息支出的合理性。《国家税务总局关于企业所得税若干问题的公告》（国家税务总局公告2011年第34号）规定，"金融企业的同期同类贷款利率情况说明"中，应包括在签订该借款合同当时，本省任何一家金融企业提供同期同类贷款利率情况。该金融企业应为经政府有关部门批准成立的可以从事贷款业务的企业，包括银行、财务公司、信托公司等金融机构。"同期同类贷款利率"是指在贷款期限、贷款金额、贷款担保以及企业信誉等条件基本相同下，金融企业提供贷款的利率。既可以是金融企业公布的同期同类平均利率，也可以是金融企业对某些企业提供的实际贷款利率。

3.《企业所得税法实施条例》第三十九条规定："企业在货币交易中，以及纳税年度终了时将人民币以外的货币性资产、负债按照期末即期人民币汇率中间价折算为人民币时产生的汇兑损失，除已经计入有关资产成本以及与向所有者进行利润分配相关的部分外，准予扣除。"

4. 混合性投资业务融资方利息扣除的条件。现行企业所得税制对权益性投资与债权性投资的处理办法不同。权益性投资取得回报，一般体现为股息收入，按照规定可以免征企业所得税；同时，被投资企业支付的股息不能作为费用在税前扣除；债权性投资取得回报为利息收入，按照规定应当缴纳企业所得税；同时，被投资企业支付的利息也准予在税前扣除。企业混合性投资业务，是指兼具权益和债权双重特性的投资业务。混合性投资业务，法律形式上采取名股实债，会计上采取实质重于形式原则，按照债务融资处理，计算企业所得税时只有满足了税法规定条件，融资费用方可在税前扣除。

《国家税务总局关于企业混合性投资业务企业所得税处理问题的公告》（国家税务总局公告2013年第41号）规定，混合性投资须同时符合下列条件：

（1）被投资企业接受投资后，需要按投资合同或协议约定的利率定期支付利息（或定期支付保底利息、固定利润、固定股息，下同）；

（2）有明确的投资期限或特定的投资条件，并在投资期满或者满足特定投资条件后，被投资企业需要赎回投资或偿还本金；

（3）投资企业对被投资企业净资产不拥有所有权；

（4）投资企业不具有选举权和被选举权；

（5）投资企业不参与被投资企业日常生产经营活动。

符合上述条件的混合性投资业务，按下列规定进行企业所得税处理：

（1）对于被投资企业支付的利息，投资企业应于被投资企业应付利息的日期，确认收入的实现并计入当期应纳税所得额，被投资企业应于应付利息的日期，确认利息支出，并按税法和《国家税务总局关于企业所得税若干问题的公告》（2011年第34号）第一条的规定，进行税前扣除。

（2）对于被投资企业赎回的投资，投资双方应于赎回时将赎价与投资成本之间的差额确认为债务重组损益，分别计入当期应纳税所得额。

5.为防止弱化资本，《国家税务总局关于企业投资者投资未到位而发生的利息支出企业所得税前扣除问题的批复》（国税函［2009］312号）规定，凡企业投资者在规定期限内未缴足其应缴资本额的，该企业对外借款所发生的利息，相当于投资者实缴资本额与在规定期限内应缴资本额的差额应计付的利息，其不属于企业合理的支出，应由企业投资者负担，不得在计算企业应纳税所得额时扣除。具体计算不得扣除的利息，应以企业一个年度内每一账面实收资本与借款余额保持不变的期间作为一个计算期，每一计算期内不得扣除的借款利息按该期间借款利息发生额乘以该期间企业未缴足的注册资本占借款总额的比例计算。

公式为：企业每一计算期不得扣除的借款利息＝该期间借款利息额×该期间未缴足注册资本额÷该期间借款额。其中，企业一个年度内不得扣除的借款利息总额为该年度内每一计算期不得扣除的借款利息额之和。

此外，《企业所得税法》第四十六条和《企业所得税法实施条例》第一百一十九条规定：“企业从其关联方接受的债权性投资与权益性投资的比例超过规定标准而发生的利息支出，不得在计算应纳税所得额时扣除。”其中：

债权性投资，是指企业直接或者间接从关联方获得的，需要偿还本金和支付利息或者需要以其他具有支付利息性质的方式予以补偿的融资。

企业间接从关联方获得的债权性投资，包括：

（1）关联方通过无关联第三方提供的债权性投资；

（2）无关联第三方提供的、由关联方担保且负有连带责任的债权性投资；

（3）其他间接从关联方获得的具有负债实质的债权性投资。

权益性投资，是指企业接受的不需要偿还本金和支付利息，投资人对企业净资产拥有所有权的投资。

《财政部、国家税务总局关于企业关联方利息支出税前扣除标准有关税收政策问题的通知》(财税［2008］121号)规定，在计算应纳税所得额时，企业实际支付给关联方的利息支出，不超过以下规定比例和税法及其实施条例有关规定计算的部分，准予扣除，超过的部分不得在发生当期和以后年度扣除。

企业实际支付给关联方的利息支出，企业如果能够按照税法及其实施条例的有关规定提供相关资料，并证明相关交易活动符合独立交易原则的，或者该企业的实际税负不高于境内关联方的，其实际支付给境内关联方的利息支出，在计算应纳税所得额时准予扣除，其余利息，其接受关联方债权性投资与其权益性投资比例为：金融企业5∶1，其他企业2∶1。企业同时从事金融业务和非金融业务，其实际支付给关联方的利息支出，应按照合理方法分开计算；没有按照合理方法分开计算的，一律按2∶1比例计算准予税前扣除的利息支出。

需要注意的是，上述关联方包括自然人，《国家税务总局关于企业向自然人借款的利息支出企业所得税税前扣除问题的通知》(国税函［2009］777号)规定，企业向股东或其他与企业有关联关系的自然人借款的利息支出，应根据《中华人民共和国企业所得税法》第四十六条及《财政部、国家税务总局关于企业关联方利息支出税前扣除标准有关税收政策问题的通知》(财税［2008］121号)规定的条件，计算企业所得税扣除额。

上述不得扣除的借款费用，如果已按借款费用准则进行资本化处理，会导致固定资产、开发产品等的计税基础小于会计成本，以后期间，按计税基础计算的固定资产折旧、营业成本与会计折旧、主营业务成本的差异，需作纳税调增处理。

三、关联方借款利息扣除办法

税法关于关联方利息扣除的政策比较复杂，具体操作方法如下：

第一步：计算应付给关联方的利息支出

无论是否符合独立交易原则，凡超过同期同类银行贷款利率(以下简称“一般贷款利率”)计算的利息，一律不得在税前扣除。如果低于一般贷款利率，按照实际应付利息确定，如果高于一般贷款利率，按照同期同类银行贷款利率计算。

第二步：计算关联方债资比例超过标准比例的利息总额

$$超过关联方债资比例的利息总额=年度实际支付的全部关联方利息\times(1-标准比例\div关联债资比例)$$

其中：

(1)年度实际支付的全部关联方利息，按照第一步计算的结果确定。

(2)金融企业标准比例=5；其他企业标准比例=2。

(3)关联债资比例=全部关联方债权性投资之和÷权益性投资。

关联债权投资包括关联方以各种形式提供担保的债权性投资。

权益投资为企业资产负债表所列示的所有者权益金额。如果所有者权益小于实收资本（股本）与资本公积之和，则权益投资为实收资本（股本）与资本公积之和；如果实收资本（股本）与资本公积之和小于实收资本（股本）金额，则权益投资为实收资本（股本）金额。

关联债资比例的具体计算方法如下：

关联债资比例=年度各月平均关联债权投资之和÷年度各月平均权益投资之和

其中：

各月平均关联债权投资=（关联债权投资月初账面余额+月末账面余额）÷2

各月平均权益投资=（权益投资月初账面余额+月末账面余额）÷2

（4）“实际支付利息”是指企业按照权责发生制原则计入相关成本、费用的利息。向关联方支付的利息支出包括直接或间接关联债权投资实际支付的利息、担保费、抵押费和其他具有利息性质的费用。

第三步：对债资比例超过标准比例的利息支出，按照实际应付给各关联方利息占关联方利息总额的比例，在各关联方之间进行分配

某关联方应分配金额=债资比例超过标准比例的利息支出×（应付给该关联方的利息÷应付给全部关联方利息总额）

第四步：纳税调整方法

（1）对各关联方分配的债资比例超过标准比例的利息支出，按下列方法进行税务处理：

①符合独立交易原则，且按照税务机关的要求将相关资料报备的，无论是向境外关联方支付的利息，还是向境内关联方支付的利息，均准予扣除。

②不符合独立交易原则，或者符合独立交易原则但未按规定向税务机关报送证明资料的，区别情况处理：

第一，分配给境外关联方的利息支出不得扣除。

第二，分配给实际税负大于等于本企业的境内关联方的利息准予扣除。分配给实际税负小于本企业的境内关联方利息不得扣除。

分配给境外关联方的利息应视同分配的股息，按照股息和利息分别适用的所得税税率差补征预提企业所得税，如已扣缴的所得税税款多于按股息计算应征所得税税款，多出的部分不予退税。

（2）纳税调增金额=超过一般贷款利率部分的利息支出+不允许扣除的债资比例超过标准比例的利息支出

本年度不得扣除的利息支出，不得结转至以后年度扣除。

【例16-8】公司分别有A、B、C、D四家关联公司，其中C公司为境外公司，A、B、D为境内居民企业。甲公司的所有者权益为3 000万元。同期同类商业银行贷款利率（以下简“一般贷款利率”）为6%。甲公司向A公司借款2 000万元，利率为6%，全年付利息120万元；向B公司借款3 000万元，利率为8%，全年应付利息240万元；向C公司借款4 000万元，利率为5%，全年应付利息为

200万元；向D借款4 500万元，利率为9%，全年应付利息405万元。

甲公司的税负率为25%，A公司税负率为25%，B公司税负率为20%（享受减免税），D公司税负为15%。D公司可以提供独立交易的证据。为便于比较，列表16.2如下：

表 16.2　　四家关联公司情况对照表

关联方	境内外	借款本金	实际利率	实际应付利息	不超过一般贷款利率计算的应付利息	税负	是否符合独立交易原则
A	境内	2 000 万元	6%	120 万元	120 万元	25%	否
B	境内	3 000 万元	8%	240 万元	180 万元	20%	否
C	境外	4 000 万元	5%	200 万元	200 万元		否
D	境内	4 500 万元	9%	405 万元	270 万元	15%	是
合计		13 500 万元		965 万元	770 万元		

第一步：计算超过一般贷款利率部分的应付利息

超过一般贷款利率部分的应付利息=［3 000×（8%-6%）］+［4 500×（9%-6%）］=195（万元）

第二步：计算关联方债资比例超过标准比例的利息总额

关联方债资比例超过标准比例的利息总额=770×［1-2÷（13 500÷3 000）］=427.78（万元）

第三步：对债资比例超过标准比例的利息总额分配至各关联方

A公司应分配金额=427.78×120÷770=66.67（万元）

B公司应分配金额=427.78×180÷770=100.00（万元）

C公司应分配金额=427.78×200÷770=111.11（万元）

D公司应分配金额=427.78×270÷770=150.00（万元）

第四步：纳税调整

（1）甲公司税负25%，小于等于境内关联方A公司税负25%，债资比例超过标准比例部分的利息，可以扣除；

（2）甲公司税负25%，大于境内关联方B公司税负20%，债资比例超过标准比例部分的利息100.00万元，不得扣除；

（3）C公司为境外关联方，因此债资比例超过标准比例部分的利息111.11万元不得扣除；

（4）D公司符合独立交易原则，无论是D公司在境内还是境外，均不受标准比例限制，其债资比例超过标准比例部分的利息150.00万元，均可扣除。

以上，债资比例超过标准比例部分的利息支出不得扣除金额合计数=100+111.11=211.11（万元）。

合计调增金额=195+211.11=406.11（万元）

此外，分配给境外关联方C公司的利息111.11万元，应视同股息缴纳预提所得税，若利息适用预提所得税税率为7%，股息适用预提所得税税率为10%，则应补缴预提所得税=111.11×（10%-7%）=3.33（万元），反之，如果利息适用预提所得税税率为10%，股息适用预提所得税税率为7%，则利息已纳预提所得税不予退还。

如果关联企业间发生资金借贷违背了独立交易原则，未按规定收取利息的，税务机关可以按照转让定价调查调整方法办理。

四、混合性投资业务的所得税处理

通常情况下，企业债务融资发生的利息支出，允许按照税法规定的标准和方法在税前扣除，如果为股权融资，则不得在税前扣除融资费用。近年来，随着我国金融工具交易和金融产品创新快速发展，出现了许多既具有传统业务特征，同时有别于传统业务的创新业务，例如明股暗债方式的房地产基金融资或信托融资就属于此种情形。根据当前税收实际征管需要，国家税务总局于2013年7月15日发布了《国家税务总局关于企业混合性投资业务企业所得税处理问题的公告》（国家税务总局公告2013年第41号）。

企业混合性投资业务，是指兼具权益和债权双重特性的投资业务。同时符合下列条件的混合性投资业务，按该公告进行企业所得税处理：

（1）被投资企业接受投资后，需要按投资合同或协议约定的利率定期支付利息（或定期支付保底利息、固定利润、固定股息，下同）；

（2）有明确的投资期限或特定的投资条件，并在投资期满或者满足特定投资条件后，被投资企业需要赎回投资或偿还本金；

（3）投资企业对被投资企业净资产不拥有所有权；

（4）投资企业不具有选举权和被选举权；

（5）投资企业不参与被投资企业日常生产经营活动。

符合公告第一条规定的混合性投资业务，按下列规定进行企业所得税处理：

（1）对于被投资企业支付的利息，投资企业应于被投资企业应付利息的日期，确认收入的实现并计入当期应纳税所得额；被投资企业应于应付利息的日期，确认利息支出，并在不超过同期同类金融企业贷款利率标准的范围内进行税前扣除。

（2）对于被投资企业赎回的投资，投资双方应于赎回时将赎价与投资成本之间的差额确认为债务重组损益，分别计入当期应纳税所得额。

上述文件部分解决了信托融资、投资基金的利息扣除问题。事实上，信托公司以股权方式对企业融资，但信托公司并不参与经营，不承担经营风险，其取得的收益是固定的，其实质属于贷款性质。根据《销售服务、不动产、无形资产注释》、《财政部、国家税务总局关于明确金融、房地产开发、教育辅助服务等增值税政策的通知》（财税［2016］140号）等文件规定，信托产品以名股实债方式取得的利息收入需缴纳增值税，纳税义务人为信托公司，因此信托公司需给融资方开具增值税发票。由于信托公司属于金融企业，根据《中华人民共和国企业所得税法实施条例》第三十八条规定，非金融企业在生产经营活动中发生向金融企业借款的利息支出可以扣除。

对于以股权“售后回购”方式融资的，根据《国家税务总局关于确认企业所得税收入若干问题的通知》(国税函［2008］875号)规定的精神，转让方收到的股权转让款项应确认为负债，回购价格大于原转让价的，差额应在回购期间确认为利息费用。

第十七章

外币折算准则与税法差异分析

外币交易，是指以外币计价或者结算的交易。外币是企业记账本位币以外的货币。外币交易包括：买入或者卖出以外币计价的商品或者劳务；借入或者借出外币资金；其他以外币计价或者结算的交易。《企业会计准则第19号——外币折算》规范了外币交易的会计处理、外币财务报表的折算和相关信息的披露。本章分析外币交易的会计处理与税法差异及其纳税调整方法。

第一节 外币交易的会计处理

外币折算准则规范的外币交易包括：①买入或者卖出以外币计价的商品或者劳务；②借入或者借出外币资金；③其他以外币计价或者结算的交易。

买入或者卖出以外币计价的商品或者劳务，通常情况下指以外币买卖商品，或者以外币结算劳务合同。这里所说的商品是一个泛指的概念，可以是有实物形态的存货、固定资产等，也可以是无实物形态的无形资产、债权或股权等。例如：以人民币为记账本位币的国内甲公司向国外乙公司出口商品，以美元结算货款；再如，甲企业购买境内某公司发行的B股股票，或者购买海外某公司发行的欧元债券等，上述交易均属于甲公司的外币交易。企业与银行发生货币兑换业务，包括与银行进行结汇或售汇，也属于外币交易。

借入或者借出外币资金，指企业向银行或非银行金融机构借入以记账本位币以外的货币表示的资金，或者银行或非银行金融机构向人民银行、其他银行或非银行金融机构借贷以记账本位币以外的货币表示的资金，以及发行以外币计价或结算的债券等。

其他以外币计价或者结算的交易，指以记账本位币以外的货币计价或结算的其他交易。例如，接受外币现金捐赠等。

外币交易折算的会计处理主要涉及两个环节：一是在交易日对外币交易进行初始确认，将外币金额折算为记账本位币金额；二是在资产负债表日对相关项目进行折算，因汇率变动产生的差额计入当期损益。

一、记账本位币

（一）企业记账本位币的确定

《中华人民共和国会计法》（以下简称《会计法》）规定，业务收支以人民币以外的货币为主的单位，可以选定其中一种货币作为记账本位币，但是编报的财务会计报告应当折算为人民币。《会计法》允许企业选择非人民币作为记账本位币，但是，究竟如何选择，《会计法》没有给出详细的说明，外币折算准则对如何选择记账本位币进行了规范。并规定了确定记账本位币需要考虑的因素。企业选定记账本位币，应当考虑下列因素：

1.该货币主要影响商品和劳务销售价格，通常以该货币进行商品和劳务销售价格的计价和结算。

2.该货币主要影响商品和劳务所需人工、材料和其他费用，通常以该货币进行上述费用的计价和结算。

企业在选定记账本位币时，上述两项因素应综合考虑，不能仅考虑其中一项。

在确定企业的记账本位币时，上述因素的重要程度因企业具体情况不同而不同，需要企业管理当局根据实际情况进行判断，但是，这并不能说明企业管理当局可以根据需要随意选择记账本位币，企业管理当局根据实际情况确定的记账本位币只有一种货币。企业选择的记账本位币一经确定，不得改变，除非与确定记账本位币相关的企业经营所处的主要经济环境发生重大变化。

（二）境外经营记账本位币的确定

境外经营是指企业在境外的子公司、合营企业、联营企业、分支机构。当企业在境内的子公司、联营企业、合营企业或者分支机构，选定的记账本位币不同于企业的记账本位币时，也应当视同境外经营。会计准则中所说的境外经营是个广义的概念，子公司、合营企业、联营企业、分支机构是否属于境外经营，不是以位置是否在境外为判定标准，而是要看其选定的记账本位币是否与企业相同。

企业选定境外经营的记账本位币，除考虑前面所讲的因素外，还应考虑下列因素：

1.境外经营对其所从事的活动是否拥有很强的自主性。如果境外经营所从事的活动是视同企业经营活动的延伸，该境外经营应当选择与企业记账本位币相同的货币作为记账本位币，如果境外经营所从事的活动拥有极大的自主性，境外经营不能选择与企业记账本位币相同的货币作为记账本位币。

2.境外经营活动中与企业的交易是否在境外经营活动中占有较大比重。如果境外经营与企业的交易在境外经营活动中所占的比例较高，境外经营应当选择与企业记账本位币相同的货币作为记账本位币，反之，应选择其他货币。

3.境外经营活动产生的现金流量是否直接影响企业的现金流量、是否可以随时汇回。如果境外经营活动产生的现金流量直接影响企业的现金流量，并可随时汇回，境外经营应当选择与企业记账本位币相同的货币作为记账本位币，反之，应选择其他货币。

4.境外经营活动产生的现金流量是否足以偿还其现有债务和可预期的债务。如果境外经营活动产生的现金流量在企业不提供资金的情况下，难以偿还其现有债务和正常情况下可预期的债务，境外经营应当选择与企业记账本位币相同的货币作为记账本位币，反之，应选择其他货币。

（三）记账本位币的变更

企业选择的记账本位币一经确定，不得改变，除非与确定记账本位币相关的企业经营所处的主要经济环境发生了重大变化。主要经济环境发生重大变化，通常是指企业主要产生和支出现金的环境发生重大变化，使用该环境中的货币最能反映企业的主要交易业务的经济结果。

企业因经营所处的主要经济环境发生重大变化，确需变更记账本位币的，应当采用变更当日的即期汇率将所有项目折算为变更后的记账本位币，折算后的金额作为新的记账本位币的历史成本。由于采用同一即期汇率进行折算，因此，不会产生汇兑差额。企业需要提供确凿的证据证明企业经营所处的主要经济环境确实发生了重大变化，并应当在附注中披露变更的理由。

企业记账本位币发生变更的，其比较财务报表应当以可比当日的即期汇率折算所有资产负债表和利润表项目。

二、折算汇率

无论是在交易日对外币交易进行初始确认时，还是在资产负债表日对外币交易余额进行处理，抑或对外币财务报表进行折算时，均涉及折算汇率的选择，外币折算准则规定了两种折算汇率，即：即期汇率和即期汇率的近似汇率。

（一）即期汇率

汇率指两种货币相兑换的比率，是一种货币单位用另一种货币单位所表示的价格。根据表示方式的不同，汇率可以分为直接汇率和间接汇率，直接汇率是一定数量的其他货币单位折算为本国货币的金额，间接汇率是指一定数量的本国货币折算为其他货币的金额。我们通常见到的人民币汇率是以直接汇率表示，通常在银行见到的汇率有三种表示方式：买入价、卖出价和中间价。买入价指银行买入其他货币的价格，卖出价指银行出售其他货币的价格，中间价是银行买入价与卖出价的平均价，银行的卖出价一般高于买入价，以获取其中的差价。

无论买入价，还是卖出价均是立即交付的结算价格，都是即期汇率，即期汇率是相对于远期汇率而言的，远期汇率是在未来某一日交付时的结算价格。为方便核算，准则中企业用于记账的即期汇率一般指当日中国人民银行公布的人民币汇率的中间价。但是，在企业发生单纯的货币兑换交易或涉及货币兑换的交易时，仅用中间价不能反映货币买卖的损益，需要使用买入价或卖出价折算。

中国人民银行每日仅公布银行间外汇市场人民币兑美元、欧元、日元、港元的中间价。企业发生的外币交易只涉及人民币与这四种货币之间折算的，可直接采用公布的人民币汇率的中间价作为即期汇率进行折算；企业发生的外币交易涉及人民币与其他货币之间折算的，应以国家外汇管理局公布的各种货币对美元折算率采用套算的方法进行折算，发生的外币交易涉及人民币以外的货币之间折算的，可直接采用国家外汇管理局公布的各种货币对美元折算率进行折算。

（二）即期汇率的近似汇率

当汇率变动不大时，为简化核算，企业在外币交易日或对外币报表的某些项目进行折算时也可以选择即期汇率的近似汇率折算。即期汇率的近似汇率是“按照系统合理的方法确定的、与交易发生日即期汇率近似的汇率”，通常是指当期平均汇率或加权平均汇率等。以人民币兑美元的周平均汇率为例，假定人民币兑美元每天的即期汇率为：周一7.8，周二7.9，周三8.1，周四8.2，周五8.15，周平均汇率为（7.8+7.9+8.1+8.2+8.15）÷5=8.03。月平均汇率的计算方法与周平均汇率的计算方法相同。月加权平均汇率需要采用当月外币交易的外币金额作为权重进行计算。

无论是采用平均汇率，还是加权平均汇率，抑或其他方法确定的即期汇率的近似汇率，该方法应在前后各期保持一致。如果汇率波动使得采用即期汇率的近似汇率折算不适当时，应当采用交易发生日的即期汇率折算。至于何时不适当，需要企业根据汇率变动情况及计算即期汇率的近似汇率的方法等进行判断。

三、交易日的会计处理

企业发生外币交易的，应当在初始确认时采用交易日的即期汇率或即期汇率的近似汇率将外币金额折算为记账本位币金额。

【例17-1】国内甲公司的记账本位币为人民币。20×8年12月4日，向国外乙公司出口商品一批，货款共计80 000美元，尚未收到，当日汇率为1美元=7.8元人民币。假定不考虑增值税等相关税费。甲公司应进行以下账务处理：

借：应收账款　　624 000

　　贷：主营业务收入　　624 000

【例17-2】国内某公司的记账本位币为人民币，属于增值税一般纳税企业。20×8年5月12日，从国外购入某原材料，共计50 000美元，当日的即期汇率为1美元=7.8元人民币，按照规定计算应缴纳的进口关税为39 000元人民币，支付的进口增值税为72 930元人民币，货款尚未支付，进口关税及增值税已由银行存款支付。相关会计分录如下：

借：原材料　　429 000

　　应交税费——应交增值税（进项税额）　　72 930

　　贷：应付账款——美元　　390 000

　　　　银行存款　　111 930

【例17-3】国内某企业选定的记账本位币是人民币。20×8年7月18日从中国工商银行借入欧元12 000元，期限为6个月，年利率为6%，当日的即期汇率为1欧元=10元人民币。假定借入的欧元暂存银行，相关会计分录如下：

借：银行存款——欧元　　120 000

　　贷：短期借款——欧元　　120 000

根据《关于外商投资企业的公司审批登记管理法律适用若干问题的执行意见》（工商外企字［2006］81号）的规定，外商投资公司的注册资本只能采用收到出资当日的即期汇率，不再使用合同汇率，也不使用即期汇率的近似汇率。这样，外币投入资本不会产生汇兑差额。

虽然“实收资本”账户的金额不能反映股权比例，但并不改变企业分配和清算的约定比例，这一约定比例通常已经包括在投资合同或公司章程当中。

【例17-4】国内甲公司的记账本位币为人民币。20×8年12月12日，与某外商签订投资合同，当日收到外商投入资本20 000美元，当日汇率为1美元=7.8元人民币，假定投资合同约定汇率为1美元=8.2元人民币。甲公司应进行以下账务处理：

借：银行存款　　156 000

　　贷：实收资本　　156 000

四、会计期末或结算日对外币交易余额的会计处理

资产负债表日，企业应当分别外币货币性项目和外币非货币性项目进行处理。

（一）货币性项目的处理

货币性项目是企业持有的货币和将以固定或可确定金额的货币收取的资产或者偿付的负债。货币性项目分为货币性资产和货币性负债，货币性资产包括库存现金、银行存款、应收账款和应收票据以及准备持有至到期的债券投资等；货币性负债包括应付账款、其他应付款、短期借款、应付债券、长期借款、长期应付款等。

对于外币货币性项目，资产负债表日或结算日，因汇率波动而产生的汇兑差额作为财务费用处理，同时调增或调减外币货币性项目的记账本位币金额。汇兑差额指的是对同样数量的外币金额采用不同的汇率折算为记账本位币金额所产生的差额。例如，资产负债表日或结算日，以不同于交易日即期汇率或前一资产负债表日即期汇率的汇率折算同一外币金额产生的差额即为汇兑差额。

【例17-5】国内甲公司的记账本位币为人民币。20×7年12月4日，向国外乙公司出口商品一批，货款共计80 000美元，货款尚未收到，当日即期汇率为1美元=7.8元人民币。假定20×7年12月31日的即期汇率为1美元=7.9元人民币（假定不考虑增值税等相关税费），则：

对该笔交易产生的外币货币性项目“应收账款”采用20×7年12月31日的即期汇率1美元=7.9元人民币折算为记账本位币为632 000元人民币（80 000×7.9），与其交易日折算为记账本位币的金额624 000元人民币的差额为8 000元人民币，应当计入当期损益，同时调整货币性项目的原记账本位币金额。相应的会计分录为：

借：应收账款　　8 000

　　贷：财务费用——汇兑差额　　8 000

假定20×8年1月31日收到上述货款（即结算日），当日的即期汇率为1美元=7.85元人民币，甲公司实际收到的货款80 000美元折算为人民币应当是628 000元人民币（80 000×7.85），与当日应收账款中该笔货币资金的账面金额632 000元人民币的差额为4 000元人民币。当日甲公司应作会计分录：

借：银行存款　　628 000
　　财务费用——汇兑差额　　4 000
　　贷：应收账款　　632 000

【例17-6】国内A公司的记账本位币为人民币。20×7年8月24日，向国外B供货商购入商品一批，商品已经验收入库。根据双方供货合同，货款共计100 000美元，货到后10日内A公司付清所有货款。当日即期汇率为1美元=7.8元人民币。假定20×7年8月31日的即期汇率为1美元=7.9元人民币（假定不考虑增值税等相关税费），则：

对该笔交易产生的外币货币性项目"应付账款"采用8月31日即期汇率1美元=7.9元人民币折算为记账本位币为790 000元人民币（100 000×7.9），与其交易日折算为记账本位币的金额780 000元人民币（100 000×7.8）的差额为10 000元人民币，应计入当期损益，相应的会计分录为：

借：财务费用——汇兑差额　　10 000
　　贷：应付账款　　10 000

9月3日，A公司根据供货合同以自有美元存款付清所有货款（即结算日）。当日的即期汇率为1美元=7.85元人民币。A公司应作会计分录：

借：应付账款　　790 000
　　贷：银行存款　　785 000
　　　　财务费用——汇兑差额　　5 000

【例17-7】沿用例3资料，假定20×7年7月31日的即期汇率为1欧元=10.5元人民币，则"银行存款——欧元"产生的汇兑差额为6 000元人民币[12 000×（10.5-10）]，"短期借款——欧元"产生的汇兑差额为6 000元人民币[12 000×（10.5-10）]，由于借贷方均为货币性项目，产生的汇兑差额相互抵销，相应会计分录为：

借：银行存款——欧元　　6 000
　　贷：短期借款——欧元　　6 000

20×8年1月18日以人民币归还所借欧元，当日银行的欧元卖出价为1欧元=11元人民币，假定借款利息在到期归还本金时一并支付，则当日应归还银行借款利息360欧元（12 000×6%÷12×6），按当日欧元卖出价折算为人民币为3 960元（360×11）。相关会计分录如下：

借：短期借款——欧元　　126 000
　　财务费用　　6 000
　　贷：银行存款——人民币　　132 000
借：财务费用　　3 960
　　贷：银行存款——人民币　　3 960

（二）非货币性项目的处理

非货币性项目是货币性项目以外的项目，如：存货、长期股权投资、交易性金融资产（股票；基金）、固定资产、无形资产等。

1.对于以历史成本计量的外币非货币性项目，已在交易发生日按当日即期汇率折算，资产负债表日不应改变其原记账本位币金额，不产生汇兑差额。

【例17-8】某外商投资企业的记账本位币是人民币。20×7年8月15日，进口一台机器设备，设备价款500 000美元，尚未支付，当日的即期汇率为1美元=7.8元人民币。20×7年8月31日的即期汇率为1美元=7.9元人民币。假定不考虑其他相关税费，该项设备属于企业的固定资产，在购入时已按当日即期汇率折算为人民币3 900 000元。由于“固定资产”属于非货币性项目，因此，20×7年8月31日，不需要按当日即期汇率进行调整。

但是，由于存货在资产负债表日采用成本与可变现净值孰低计量，因此，在以外币购入存货并且该存货在资产负债表日的可变现净值以外币反映的情况下，在计提存货跌价准备时应当考虑汇率变动的影响。

【例17-9】甲公司以人民币为记账本位币。20×7年11月20日以每台2 000美元的价格从美国某供货商手中购入国际最新型号H商品10台，并于当日支付了相应货款（假定甲公司有美元存款）。20×7年12月31日，已售出H商品2台，国内市场仍无H商品供应，但H商品在国际市场的价格已降至每台1 950美元。

11月20日的即期汇率是1美元=7.8元人民币，12月31日的汇率是1美元=7.9元人民币。假定不考虑增值税等相关税费，甲公司应作会计分录如下：

11月20日，购入H商品，

借：库存商品——H　　156 000

　　贷：银行存款　　156 000

12月31日，由于库存8台H商品市场价格下跌，表明其可变现净值低于成本，应计提存货跌价准备，

借：资产减值损失　　1 560

　　贷：存货跌价准备　　1 560

2 000×8×7.8-1 950×8×7.9=1 560元（人民币）

本例中，期末在计算库存商品—H商品的可变现净值时，在国内没有相应产品的价格，因此，只能依据H商品的国际市场价格为基础确定其可变现净值，但需要考虑汇率变动的影响，期末，以国际市场价格为基础确定的可变现净值应按照期末汇率折算，再与库存H商品的记账本位币成本相比较，确定其应提的跌价准备。

2.对于以公允价值计量且其变动计入当期损益的股票、基金等非货币性项目，如果期末的公允价值以外币反映，则应当先将该外币按照公允价值确定当日的即期汇率折算为记账本位币金额，再与原记账本位币金额进行比较，其差额作为公允价值变动损益，计入当期损益。

【例17-10】国内甲公司的记账本位币为人民币。20×8年12月5日以每股1.5美元的价格购入乙公司B股10 000股作为交易性金融资产，当日即期汇率为1美元=7.8元人民币，款项已付。20×8年12月31日，由于市价变动，当月购入的乙公司B股的市价变为每股2美元，当日即期汇率为1美元=7.6元人民币。

假定不考虑相关税费的影响。

20×8年12月5日，该公司对上述交易应作以下财务处理：

借：交易性金融资产　　117 000

　贷：银行存款　　117 000

根据《企业会计准则第22号——金融工具确认和计量》规定，交易性金融资产以公允价值计量。由于该项交易性金融资产是以外币计价，在资产负债表日，不仅应考虑美元市价的变动，还应一并考虑美元与人民币之间汇率变动的影响，上述交易性金融资产在资产负债表日的人民币金额为152 000（即2×10 000×7.6）元，与原账面价值117 000元（即1.5×10 000×7.8）的差额为35 000元人民币，应计入公允价值变动损益。相应的会计分录为：

借：交易性金融资产　　35 000

　贷：公允价值变动损益　　35 000

35 000元人民币既包含甲公司所购乙公司B股股票公允价值变动的影响，又包含人民币与美元之间汇率变动的影响。

20×9年2月27日，甲公司将所购乙公司B股股票按当日市价每股2.2美元全部售出（即结算日），所得价款为22 000美元，按当日汇率为1美元=7.4元人民币折算为人民币金额为162 800元，与其原账面价值人民币金额152 000元的差额为10 800元人民币，对于汇率的变动和股票市价的变动不进行区分，均作为投资收益进行处理。因此，售出当日，甲公司应作会计分录为：

借：银行存款　　162 800

　贷：交易性金融资产　　152 000

　　投资收益　　10 800

3.对于以公允价值计量且其变动计入其他综合收益的金融资产，如果期末的公允价值以外币反映，根据《企业会计准则第22号——金融工具确认和计量》第七十一条规定，应当将该金融资产公允价值变动中的汇兑差额部分，单独计入当期汇兑损益，而非一并计入其他综合收益。

（三）货币兑换的折算

企业发生的外币兑换业务或涉及外币兑换的交易事项，应当以交易实际采用的汇率，即银行买入价或卖出价折算。由于汇率变动产生的折算差额计入当期损益。

【例17-11】甲公司的记账本位币为人民币，20×7年6月18日以人民币向中国银行买入5 000美元，甲公司以中国人民银行公布的人民币汇率中间价作为即期汇率，当日的即期汇率为1美元=7.8元人民币，中国银行当日美元卖出价为1美元=7.85元人民币。甲公司当日应作会计分录为：

借：银行存款（美元）　　39 000

　财务费用——汇兑差额　　250

　贷：银行存款（人民币）　　39 250

五、分账制记账方法

分账制记账方法是一种外币交易的账务处理方法，我国的许多金融保险企业均采用分账制记账方法。外币折算准则没有提及分账制记账方法，但在外币折算准则应用指南中对此作出了相应规定。金融保险企业的外币交易频繁，涉及外币币种较多，可以采用分账制记账方法进行日常核算。资产负债表日，应当分别货币性项目和非货币性项目进行处理：货币性项目按资产负债表日即期汇率折算，非货币性项目按交易日即期汇率折算，产生的汇兑差额计入当期损益。

分账制记账方法下，为保持不同币种借贷方金额合计相等，需要设置“货币兑换”账户进行核算。实务中又可采取两种方法核算：

（一）所有外币交易均通过“货币兑换”科目处理

在这种方法下，会计处理包括以下内容：

1.企业发生的外币交易同时涉及货币性项目和非货币性项目的，按相同外币金额同时计入货币性项目和“货币兑换（外币）”科目，同时，按以交易发生日即期汇率折算为记账本位币的金额，计入非货币性项目和“货币兑换（记账本位币）”科目。

2.企业发生的交易仅涉及记账本位币外的一种货币反映的货币性项目的，按相同币种金额入账，不需要通过“货币兑换”科目核算；如果涉及两种以上货币，按相同币种金额计入相应货币性项目和“货币兑换（外币）”科目。

3.期末，应将所有以记账本位币以外的货币反映的“货币兑换”科目余额按期末汇率折算为记账本位币金额，并与“货币兑换（记账本位币）”科目余额相比较，其差额转入“汇兑损益”科目：如为借方差额，借记“汇兑损益”科目，贷记“货币兑换（记账本位币）”科目；如为贷方差额，借记“货币兑换（记账本位币）”科目，贷记“汇兑损益”科目。

4.结算外币货币性项目产生的汇兑差额计入“汇兑损益”。

【例17-12】假定甲银行采用分账制记账方法，选定的记账本位币为人民币并以人民币列报财务报表。20×7年9月，甲银行发生以下交易：

（1）9月5日，收到投资者投入的货币资本100 000美元，无合同约定汇率，当日汇率为1美元=7.8元人民币；

（2）9月10日，以2 000美元购入一台固定资产，当日汇率为1美元=7.75元人民币；

（3）9月15日，某客户以39 000元人民币购入5 000美元，当日美元卖出价为1美元=7.8元人民币；

（4）9月20日，发放短期贷款5 000美元，当日汇率为1美元=7.85元人民币；

（5）9月25日，向其他银行拆借资金10 000欧元，期限为1个月，年利率为

3%，当日的汇率为1欧元=9.5元人民币；

（6）9月30日的汇率为1美元=8元人民币，1欧元=10元人民币。

对于上述交易，企业应作如下会计分录：

（1）9月5日，收到美元资本投入

借：银行存款（美元）　　USD$100 000

　　贷：货币兑换（美元）　　USD$100 000

借：货币兑换（人民币）　　RMB780 000

　　贷：实收资本　　RMB ￥780 000

（2）9月10日，以美元购入固定资产

借：固定资产　　RMB ￥15 500

　　贷：货币兑换（人民币）　　RMB ￥15 500

借：货币兑换（美元）　　USD$2 000

　　贷：银行存款（美元）　　USD$2 000

（3）9月15日，售出美元

借：银行存款（人民币）　　RMB ￥39 000

　　贷：货币兑换（人民币）　　RMB ￥39 000

借：货币兑换（美元）　　USD$5 000

　　贷：银行存款（美元）　　USD$5 000

（4）9月20日，发放美元短期贷款

借：贷款（美元）　　USD$5 000

　　贷：银行存款（美元）　　USD$5 000

（5）9月25日，向其他银行拆借欧元资金

借：银行存款（欧元）　　E10 000

　　贷：拆入资金（欧元）　　E10 000

“货币兑换（美元）”账户的贷方余额为USD$93 000（USD$100 000-USD$2 000-USD$5 000），按月末汇率折算为人民币金额余额为RMB ￥744 000（93 000 × 8）；

“货币兑换（人民币）”账户有借方余额725 500（780 000-15 500-39 000）。“货币兑换”账户的借方余额合计为RMB ￥725 500，贷方余额合计为RMB ￥744 000，借贷方之间的差额为RMB ￥18 500，即为当期产生的汇兑差额，相应的会计分录为：

借：货币兑换（人民币）　　RMB ￥18 500

　　贷：汇兑损益　　RMB ￥18 500

（二）外币交易的日常核算不通过“货币兑换”科目，仅在资产负债表日结转汇兑损益时通过“货币兑换”科目处理

在外币交易发生时直接以发生的币种进行账务处理，期末，由于所有账户均需要折算为记账本位币列报，因此，所有以外币反映的账户余额均需要折算

为记账本位币余额，其中，货币性项目以资产负债表日即期汇率折算，非货币性项目以交易日即期汇率折算。折算后，所有账户借方余额之和与所有账户贷方余额之和的差额即为当期汇兑差额，应当计入当期损益。

【例17-13】仍以例12为例，日常核算中相应会计分录如下：

（1）9月5日，收到美元资本投入

借：银行存款（美元）　　USD$100 000

　　贷：实收资本　　USD$100 000

（2）9月10日，以美元购入固定资产

借：固定资产　　USD$2 000

　　贷：银行存款（美元）　　USD$2 000

（3）9月15日，售出美元

借：银行存款（人民币）　　RMB ￥39 000

　　贷：银行存款（美元）　　USD$5 000

（4）9月20日，发放美元短期贷款

借：贷款（美元）　　USD$5 000

　　贷：银行存款（美元）　　USD$5 000

（5）9月25日，向其他银行拆借欧元资金

借：银行存款（欧元）　　E10 000

　　贷：拆入资金（欧元）　　E10 000

资产负债表日，编制账户科目余额（人民币）的调节表：非人民币货币性项目以资产负债表日即期汇率折算，非人民币非货币性项目以交易日即期汇率折算。

借：货币兑换（人民币）　　RMB ￥18 500

　　贷：汇兑损益　　RMB ￥18 500

需要说明的是，无论是采用分账制记账方法，还是采用统账制记账方法，只是账务处理程序不同，但产生的结果应当相同，计算出的汇兑差额相同，相应的会计处理也相同，均计入当期损益。

第二节　外币折算的税务处理

一、相关税种外币折算规定

1.《中华人民共和国增值税暂行条例实施细则》第十五条规定：“纳税人按人民币以外的货币结算销售额的，其销售额的人民币折合率可以选择销售额发生的当天或者当月1日的人民币汇率中间价。纳税人应在事先确定采用何种折

合率，确定后1年内不得变更。”

2.《中华人民共和国消费税暂行条例实施细则》第十一条规定：“纳税人销售的应税消费品，以人民币以外的货币结算销售额的，其销售额的人民币折合率可以选择销售额发生的当天或者当月1日的人民币汇率中间价。纳税人应在事先确定采用何种折合率，确定后1年内不得变更。”

3.《财政部、国家税务总局关于全面推开营业税改征增值税试点的通知》第三十八条规定：“纳税人按照人民币以外的货币结算销售额的，应当折合成人民币计算，折合率可以选择销售额发生的当天或者当月1日的人民币汇率中间价。纳税人应当在事先确定采用何种折合率，确定后12个月内不得变更。”

4.《中华人民共和国土地增值税暂行条例实施细则》第二十条规定：“土地增值税以人民币为计算单位。转让房地产所取得的收入为外国货币的，以取得收入当天或当月1日国家公布的市场汇价折合成人民币，据以计算应纳土地增值税税额。”

5.《中华人民共和国车辆购置税暂行条例》第十条规定：“纳税人以外汇结算应税车辆价款的，按照申报纳税之日中国人民银行公布的人民币基准汇价，折合成人民币计算应纳税额。”

6.《中华人民共和国印花税暂行条例施行细则》第十九条规定：“应纳税凭证所载金额为外国货币的，纳税人应按照凭证书立当日的中华人民共和国国家外汇管理局公布的外汇牌价折合人民币，计算应纳税额。”

7.《中华人民共和国契税暂行条例》第五条规定：“应纳税额以人民币计算。转移土地、房屋权属以外汇结算的，按照纳税义务发生之日中国人民银行公布的人民币市场汇率中间价折合成人民币计算。”

8.《中华人民共和国个人所得税法实施条例》第四十三条规定：“所得为外国货币的，应当按照填开完税凭证的上一月最后一日人民币汇率中间价，折合成人民币计算应纳税所得额。依照税法规定，在年度终了后汇算清缴的，对已经按月或者按次预缴税款的外国货币所得，不再重新折算；对应当补缴税款的所得部分，按照上一纳税年度最后一日人民币汇率中间价，折合成人民币计算应纳税所得额。”

9.《中华人民共和国企业所得税法》第五十六条规定：“依照本法缴纳的企业所得税，以人民币计算。所得以人民币以外的货币计算的，应当折合成人民币计算并缴纳税款。”

《中华人民共和国企业所得税法实施条例》第三十九条规定：“企业在货币交易中，以及纳税年度终了时将人民币以外的货币性资产、负债按照期末即期人民币汇率中间价折算为人民币时产生的汇兑损失，除已经计入有关资产成本以及与向所有者进行利润分配相关的部分外，准予扣除。”

《中华人民共和国企业所得税法实施条例》第一百三十条规定：“企业所得以人民币以外的货币计算的，预缴企业所得税时，应当按照月度或者季度最后一日的人民币汇率中间价，折合成人民币计算应纳税所得额。年度终了汇算清缴时，对已经按照月度或者季度预缴税款的，不再重新折合计算，只就该纳税年度内未缴纳企业所得税的部分，按照纳税年度最后一日的人民币汇率中间价，折合成人民币计算应纳税所得额。

经税务机关检查确认，企业少计或者多计前款规定的所得的，应当按照检查确认补税或者退税时的上一个月最后一日的人民币汇率中间价，将少计或者多计的所得折合成人民币计算应纳税所得额，再计算应补缴或者应退的税款。”

二、外币折算准则的差异

依据《企业所得税法》及其实施条例规定，汇兑收益应当并入收入总额征收企业所得税，汇兑损失除应当计入有关资产成本（如借款费用资本化）或向所有者进行利润分配（应付股利）相关的部分外，也允许在税前扣除。外币折算业务与企业所得税法的差异主要表现在以下方面：

1.货币性项目汇兑差额的计算方法与会计准则相同，均采用期末即期汇率计算，《企业所得税法实施条例》第三十九条规定，企业在货币交易中，以及纳税年度终了时将人民币以外的货币性资产、负债按照期末即期人民币汇率中间价折算为人民币时产生的汇兑损失，除已经计入有关资产成本以及与向所有者进行利润分配相关的部分外，准予扣除。据此，对应付股利项目产生的汇兑损失不得在税前扣除。

2.在以外币购入存货并且该存货在资产负债表日的可变现净值以外币反映的情况下，在计提存货跌价准备时应当考虑汇率变动的影响。存货跌价准备不得在税前扣除，资产的计税基础以历史成本为原则确定。

3. 根据《企业会计准则第22号——金融工具确认和计量》规定，交易性金融资产以公允价值计量。如果交易性金融资产是以外币计价，在资产负债表日，不仅应考虑外币市价的变动，还应一并考虑外币与人民币之间汇率变动的影响。交易性金融资产在资产负债表日的人民币金额原账面价值的差额，应计入公允价值变动损益。交易性金融资产终止确认时，对于汇率的变动和股票市价的变动不进行区分，均作为投资收益进行处理。公允价值变动不影响应纳税所得额，交易性金融资产的计税基础，仍以历史成本为原则确定，终止确认时，按历史成本计算扣除。

4.根据《企业会计准则第22号——金融工具确认和计量》第七十一条规定，对于以公允价值计量且其变动计入其他综合收益的金融资产，如果期末的公允价值以外币反映，应当将该金融资产公允价值变动中的汇兑差额部分，单独计入当期汇兑损益，而非一并计入其他综合收益。该汇兑损益属于税法规定的汇兑收益或损失，无需作纳税调整。

5.对于源泉扣缴范围的涉税交易，根据《国家税务总局关于非居民企业所得税源泉扣缴有关问题的公告》（国家税务总局公告2017年第37号）规定，应根据税收征管方式不同作不同处理：

（1）扣缴义务人扣缴企业所得税的，应当按照扣缴义务发生之日人民币汇率中间价折合成人民币，计算非居民企业应纳税所得额。扣缴义务发生之日为相关款项实际支付或者到期应支付之日。

扣缴义务人确认扣缴税款负债而随后产生的汇兑损益，应当由纳税义务人承受，因此汇兑差额不应计入汇兑损益，而应调整相应负债金额。为了简化处理，建议企业待实际支付或到期应支付之日，再直接根据实缴税款金额冲减负债余额。如果合同以固定的税后外币价格约定价格条款的，则应将税款部分的汇兑差额纳入税前金额的换算。

（2）取得收入的非居民企业在主管税务机关责令限期缴纳税款前自行申报缴纳应源泉扣缴税款的，应当按照填开税收缴款书之日前一日人民币汇率中间价折合成人民币，计算非居民企业应纳税所得额。

（3）主管税务机关责令取得收入的非居民企业限期缴纳应源泉扣缴税款的，应当按照主管税务机关作出限期缴税决定之日前一日人民币汇率中间价折合成人民币，计算非居民企业应纳税所得额。

非居民企业转让财产的，根据《企业所得税法》第十九条第二项规定准予扣除财产净值。非居民企业以外国货币对价取得财产的，应按照上述规定确定外币折算汇率，并按照移动加权法计算财产净值。如果非居民企业采取分期收款方式取得应源泉扣缴所得税的同一项转让财产所得，其分期收取的款项可先视为收回以前投资财产的成本，待相关成本全部收回后，再计算并扣缴应扣缴税款。

需要强调的是，上述规定仅适用按次纳税的源泉扣缴涉税事项（不包括《企业所得税法》第三十八条规定的指定扣缴事项），应纳税额的计算原理是直接法而非间接法，因此不存在纳税调整问题。在中国境内设立机构、场所的非居民企业，取得的来源于中国境内的外币所得，以及发生在中国境外但与其所设机构、场所有实际联系的外币所得，其外币折算的处理应适用《企业所得税法实施条例》第一百三十条等规定。

【例17-14】境外a企业为非居民企业，境内b企业和c企业为居民企业。a企业经过前后两次投资c企业，合计持有c企业20%的股权，其中2008年8月1日第一次出资200万美元（假设当时人民币汇率中间价为：1美元=8.6元人民币），2010年9月1日第二次投资40万欧元（假设当时人民币汇率中间价为：1欧元=8.9元人民币）。

2018年1月10日a企业以300万美元将c企业10%股权转让给b企业，价款分3期支付，每半年支付一次，合同于当天生效。经审批，至2018年11月1日股权变更登记完毕，当日人民币汇率中间价为1美元=6.7元人民币和1欧元=8.6元人民币。

b企业分别于2018年1月11日、2018年7月11日和2019年1月11日支付了100万美元，美元对人民币汇率中间价分别为7、6.8、6.9，欧元对人民币汇率中间价分别为8.5、8.3和8.4。

解析：

（1）2018年1月11日，确认转让收入700万元（100×7），转让部分账面净值870万元［（200×7+40×8.5）÷20%×10%］，股权净值收回80.46%（700÷870），剩余19.54%尚未收回，源泉扣缴税款为零。

2018年7月11日，确认转让收入680万元（100×6.8），剩余收回股权净值165.31万元［（200×6.8+40×8.3）÷20%×10%×19.54%）］，源泉扣缴税款51.47万元［（680−165.31）×10%］。

2019年1月11日，确认转让收入690万元（100×6.9），股权净值已于2018年7月11日全部收回，源泉扣缴税款69万元（690×10%）。

第十八章

企业合并准则与税法差异分析

企业合并是经济生活中出现较多的交易事项，特别是在企业发展到一定阶段，为减少同业竞争、拓宽生产经营渠道、开辟新的投资领域或市场、降低成本等，往往通过收购、兼并其他企业的方式来实现。《企业会计准则第20号——企业合并》（以下简称“企业合并准则”）规范了对企业合并的会计处理。本章分析企业合并准则与税法差异及其纳税调整。

第一节 企业合并概述

一、企业合并的定义和范围

（一）企业合并准则规范的企业合并

企业合并是将两个或两个以上单独的企业合并形成一个报告主体的交易或事项。

从企业合并的定义看，是否形成企业合并，关键要看有关交易或事项发生前后，是否引起报告主体的变化。一般情况下，法律主体即为报告主体，但除法律主体以外，报告主体的涵盖范围更广泛一些，还包括从合并财务报告角度，由母公司及其能够实施控制的子公司形成的基于合并财务报告意义的报告主体。

报告主体的变化产生于控制权的变化。实务中，对于交易或事项发生前后是否形成控制权的转移，应当遵循实质重于形式原则，综合可获得的各方面情况进行判断。

假定在企业合并前A、B两个企业为各自独立的法律主体（在合并交易发生前，不存在任何投资关系），企业合并准则中所界定的企业合并，包括但不限于以下情形：

1.企业A通过增发自身的普通股自企业B原股东处取得企业B的全部股权，该交易事项发生后，企业B维持独立法人资格持续经营。

2.企业A向B企业原股东支付对价取得企业B的净资产，该交易事项发生后，撤销企业B的法人资格。

3.企业A以其资产作为出资投入企业B，取得对企业B的控制权，该交易事项发生后，企业B仍维持其独立法人资格继续经营。

（二）不包括在企业合并准则规范范围内的交易或事项

实务中，某些交易或事项因不符合企业合并的界定，不属于企业合并准则的规范范围，或者虽然从定义上属于企业合并，但因交易条件等各方面的限制，不包括在企业合并准则的规范范围之内。

1.购买子公司的少数股权

购买子公司的少数股权，是指在一个企业已经能够对另一个企业实施控制，双方存在母子公司关系的基础上，为增加持股比例，母公司自子公司的少数股东处购买少数股东持有的对该子公司全部或部分股权。

根据企业合并的定义，考虑到该交易或事项发生前后，不涉及控制权的转移，不形成报告主体的变化，不属于准则中所称的“企业合并”。

2.其他不按照企业合并准则核算的情况

（1）两方或多方形成合营企业的企业合并，主要是指作为合营方将其拥有的资产、负债等投入所成立的合营企业，按照合营企业章程或是合营合同、协议的规定，在合营企业成立以后，由合营各方对其生产经营活动实施共同控制的情况。

因合营企业的各合营方中，并不存在占主导作用的控制方，不属于准则中界定的企业合并。

（2）仅通过合同而不是所有权份额将两个或者两个以上的企业合并形成一个报告主体的交易或事项。某些情况下，一个企业能够对另一个企业实施控制，但该控制并非产生于持有另一个企业的股权，而是通过一些非股权因素产生的，例如通过签订委托受托经营合同，作为受托方虽不拥有受托经营企业的所有权，但按照合同协议的约定能够对受托经营企业的生产经营活动实施控制。这种情况下，因无法明确计量企业合并成本，某些情况下甚至不发生任何成本，虽然涉及控制权的转移，但不包括在企业合并准则的规范范围之内。

二、企业合并的类型

考虑到实务操作过程中出现的企业合并的特点，企业合并准则中将企业合并按照一定的标准划分为两大基本类型：同一控制下的企业合并与非同一控制下的企业合并。企业合并的类型划分不同，所遵循的会计处理原则也不同。

（一）同一控制下的企业合并

同一控制下的企业合并，是指参与合并的企业在合并前后均受同一方或相同的多方最终控制且该控制并非暂时性的。

判断某一企业合并是否属于同一控制下的企业合并，应注意以下几个方面：

1.能够对参与合并各方在合并前后均实施最终控制的一方通常指企业集团的母公司。

同一控制下的企业合并一般发生于企业集团内部，如集团内母子公司之间、子公司与子公司之间等。因为该类合并从本质上是集团内部企业之间的资产或权益的转移，一般不涉及自集团外购入子公司或是向集团外其他企业出售子公司的情况，能够对参与合并企业在合并前后均实施最终控制的一方为集团的母公司。

2.能够对参与合并的企业在合并前后均实施最终控制的相同多方，主要是指根据投资者之间的协议约定，为了扩大其中某一投资者对被投资单位的表决权比例，或者巩固某一投资者对被投资单位的控制地位，在对被投资单位的生产经营决策行使表决权时采用相同意思表示的两个或两个以上的法人或其他组织等。

3.实施控制的时间性要求，是指参与合并各方在合并前后较长时间内为最终控制方所控制。具体是指在企业合并之前（即合并日之前），参与合并各方在最终控制方的控制时间一般在1年以上（含1年），企业合并后所形成的报告主体在最终控制方的控制时间也应达到1年以上（含1年）。按照该时间性要求，对于在合并日已经按照同一控制下企业合并进行处理的，在合并日后相对较短的时间内（短于1年），合并方即将企业合并中取得的具有重要性的资产、负债等出售获得即期损益的，不符合准则中规定的继后时间性要求，合并方对于原已进行的企业合并处理应当按照非同一控制下企业合并的原则进行调整。

企业之间的合并是否属于同一控制下的企业合并，应综合构成企业合并交易的各方面情况，按照实质重于形式的原则进行判断。通常情况下，同一控制下的企业合并是指发生在同一企业集团内部企业之间的合并。除此之外，一般不作为同一控制下的企业合并。同受国家控制的企业之间发生的合并，不应仅仅因为参与合并各方在合并前后均受国家控制而将其作为同一控制下的企业合并。

实务中出现的如母公司将其持有的对某子公司的控股权用于交换另一子公司增加发行的股份、集团内某子公司自另一子公司处取得对某一孙公司的控制权等，原则上应作为同一控制下的企业合并。

（二）非同一控制下的企业合并

非同一控制下的企业合并，是指参与合并各方在合并前后不受同一方或相同的多方最终控制的合并交易，即除判断属于同一控制下企业合并的情况以外其他的企业合并。

（三）业务合并

除了一个企业对另一个或多个企业的合并以外，一个企业对其他企业某项业务的合并也视同企业合并，按照企业合并的原则处理。

业务是指企业内部某些生产经营活动或资产、负债的组合，该组合具有投入、加工处理过程和产出能力，能够独立计算其成本费用或所产生的收入，但不构成一个企业、不具有独立的法人资格。

有关资产、负债的组合要形成一项业务，通常应具备的要素包括：（1）投入，指原材料、人工、必要的生产技术等无形资产以及构成生产能力的机器设备等其他长期资产的投入；（2）加工处理过程，指具有一定的管理能力、运营过程，能够组织投入形成产出；（3）产出，最为典型的是生产出产成品，也可以是通过为其他部门提供服务来降低企业整体的运行成本等其他带来经济利益的方式。

有关资产、负债的组合要构成一项业务，不一定要同时具备上述三个要素，某些情况下具备投入和加工处理过程两个要素即可被认为构成一项业务。业务的持有目的，主要是为了向投资者提供回报，如生产的产品出售后形成现金流入，或是能够为企业的生产经营带来其他经济利益，如能够降低成本等。

有关资产或资产、负债的组合是否构成一项业务，应结合所取得资产、负债的内在联系及是否构成独立的投入、加工处理过程等进行综合判断。实务中出现的如一个企业对另一个企业某条具有独立生产能力的生产线的合并、一保险公司对另一保险公司寿险业务的合并等，一般构成业务合并。

企业合并准则着重解决了企业合并成本的确定、合并中取得有关资产、负债的确认和计量原则、合并差额的处理，以及在企业合并后形成母子公司关系的情况下，合并日或购买日财务报表的编制原则等问题。

第二节　同一控制下企业合并的会计处理

同一控制下的企业合并，是从合并方出发，确定合并方在合并日对于企业合并事项应进行的会计处理。主要包括确定合并方和合并日、确定企业合并成本、确定合并中取得有关资产、负债的入账价值及合并差额的处理。

同一控制下企业合并的合并方及合并日的确定，与本章中关于非同一控制下企业合并中购买方及购买日的确定原则相同，具体参见本章关于非同一控制下企业合并部分的介绍。

一、同一控制下企业合并的会计处理原则

对于同一控制下的企业合并，企业合并准则中规定的会计处理方法类似于权益结合法。该方法下，是将企业合并看作是两个或多个参与合并企业权益的重新整合，由于最终控制方的存在，从最终控制方的角度，该类企业合并一定程度上并不会造成构成企业集团整体的经济利益流入和流出，最终控制方在合并前后实际控制的经济资源并没有发生变化，有关交易事项不作为出售或购买。

对于同一控制下的企业合并，在合并中不涉及自少数股东手中购买股权的情况下，合并方应遵循以下原则进行相关的处理：

1.合并方在合并中确认取得的被合并方的资产、负债仅限于被合并方账面上原已确认的资产和负债，合并中不产生新的资产和负债。

同一控制下的企业合并，从最终控制方的角度，其在企业合并发生前后能够控制的净资产价值量并没有发生变化，因此即便是在合并过程中，取得的净资产入账价值与支付的合并对价账面价值之间存在差额，同一控制下的企业合并中一般也不产生新的商誉因素，即不确认新的资产，但被合并方在企业合并前账面上原已确认的商誉应作为合并中取得的资产确认。

2.合并方在合并中取得的被合并方各项资产、负债应维持其在被合并方的原账面价值不变。

被合并方在企业合并前采用的会计政策与合并方不一致的，应基于重要性原则，首先统一会计政策，即合并方应当按照本企业会计政策对被合并方资产、

负债的账面价值进行调整，并以调整后的账面价值作为有关资产、负债的入账价值。进行上述调整的一个基本原因是将该项合并中涉及的合并方及被合并方作为一个整体对待，对于一个完整的会计主体，其对相关交易、事项应当采用相对统一的会计政策，在此基础上反映其财务状况和经营成果。

3.合并方在合并中取得的净资产的入账价值相对于为进行企业合并支付的对价账面价值之间的差额，不作为资产的处置损益，不影响企业合并当期的利润表，有关差额应调整所有者权益相关项目。

同一控制下的企业合并，本质上不作为购买，而是两个或多个会计主体权益的整合。合并方在企业合并中取得的价值量相对于所放弃价值量之间存在差额的，应当调整所有者权益。在根据合并差额调整合并方的所有者权益时，应首先调整资本公积（资本溢价或股本溢价），资本公积（资本溢价或股本溢价）的余额不足冲减的，应冲减留存收益。

4.对于同一控制下的控股合并，应视同合并后形成的报告主体自最终控制方开始实施控制时一直是一体化存续下来的，体现在其合并财务报表上，即由合并后形成的母子公司构成的报告主体，无论是其资产规模还是其经营成果都应持续计算。编制合并财务报表时，无论该项合并发生在报告期的哪一时点，合并利润表、合并现金流量表均反映的是由母子公司构成的报告主体自合并当期期初至合并日实现的损益及现金流量情况，相对应地，合并资产负债表的留存收益项目，应当反映母子公司如果一直作为一个整体运行至合并日应实现的盈余公积和未分配利润的情况。

对于同一控制下的控股合并，在合并当期编制合并财务报表时，应当对合并资产负债表的期初数进行调整，同时应当对比较报表的相关项目进行调整，视同合并后的报告主体在以前期间一直存在。

二、同一控制下企业合并的会计处理

同一控制下的企业合并，视合并方式不同，应当分别按照以下规定进行会计处理。

（一）同一控制下的控股合并

同一控制下的控股合并中，合并方在合并日涉及两个方面的问题：一是对于因该项企业合并形成的对被合并方的长期股权投资的确认和计量；二是合并日合并财务报表的编制。由于企业所得税以独立的法人实体作为纳税义务人，本章将不涉及合并财务报表编制的有关内容。

按照《企业会计准则第2号——长期股权投资》的规定，同一控制下企业合并形成的长期股权投资，合并方应以合并日应享有被合并方账面所有者权益的份额作为形成长期股权投资的初始投资成本。关于该合并方式下形成长期股权投资初始投资成本与计税基础的差异，参见本书“第三章　长期股权投资准则与税法差异分析”。

（二）同一控制下的吸收合并

同一控制下的吸收合并中，合并方主要涉及合并日取得被合并方资产、负债入账价值的确定，以及合并中取得有关净资产的入账价值与支付的合并对价账面价值之间差额的处理。

1. 合并中取得资产、负债入账价值的确定

合并方对同一控制下吸收合并中取得的资产、负债应当按照相关资产、负债在被合并方的原账面价值入账。

应予注意的是，合并方与被合并方在企业合并前采用的会计政策不同的，首先应基于重要性原则，统一被合并方的会计政策，即应当按照合并方的会计政策对被合并方的有关资产、负债的账面价值进行调整，以调整后的账面价值确认。

2. 合并差额的处理

合并方在确认了合并中取得的被合并方的资产和负债后，以发行权益性证券方式进行的该类合并，所确认的净资产入账价值与发行股份面值总额的差额，应计入资本公积（资本溢价或股本溢价），资本公积（资本溢价或股本溢价）的余额不足冲减的，相应冲减盈余公积和未分配利润；以支付现金、非现金资产方式进行的该类合并，所确认的净资产入账价值与支付的现金、非现金资产账面价值的差额，相应调整资本公积（资本溢价或股本溢价），资本公积（资本溢价或股本溢价）的余额不足冲减的，应冲减盈余公积和未分配利润。

【例18-1】20×8年6月30日，P公司向S公司的股东定向增发1 000万股普通股（每股面值为1元，市价为4.34元）对S公司进行吸收合并，并于当日取得S公司净资产。

本例中假定P公司和S公司为同一集团内两家全资子公司，合并前其共同的母公司为A公司。该项合并中参与合并的企业在合并前及合并后均为A公司最终控制，为同一控制下的企业合并。自20×8年6月30日开始，P公司能够对S公司的净资产实施控制，该日即为合并日。20×8年6月30日S公司资产、负债、所有者权益如表18.1：

表 18.1　　S 公司资产负债表　　单位：万元

资产	账面价值	公允价值	负债及所有者权益	账面价值	公允价值
货币资金	180	180	短期借款	900	900
应收账款	800	800	应付账款	120	120
存货	102	180	其他负债	120	120
长期股权投资	860	1 520	负债合计	1 140	1 140
固定资产	1 200	2 200	实收资本（股本）	1 000	

续表

资产	账面价值	公允价值	负债及所有者权益	账面价值	公允价值
无形资产	200	600	资本公积	600	
商誉	0	0	盈余公积	200	
			未分配利润	402	
			所有者权益合计	2 202	
资产总计	3 342	5 480	负债及所有者权益总计	3 342	

因合并后S公司失去其法人资格，P公司应确认合并中取得的S公司的各项资产和负债，假定P公司与S公司在合并前采用的会计政策相同。P公司对该项合并应进行的会计处理为：

借：货币资金	1 800 000	
库存商品（存货）	1 020 000	
应收账款	8 000 000	
长期股权投资	8 600 000	
固定资产	12 000 000	
无形资产	2 000 000	
贷：短期借款		9 000 000
应付账款		1 200 000
其他应付款（其他负债）		1 200 000
股本		10 000 000
资本公积		12 020 000

3.合并当期期末比较报表的提供

因被合并方在合并后失去法人资格，其所有的资产、负债均并入合并方的账簿和报表进行核算，合并方在合并当期期末编制的是其个别财务报表。对于同一控制下的吸收合并，在编制比较报表时，无须对以前期间已经编制的比较报表进行调整。

（三）合并方为进行企业合并发生的有关费用的处理

合并方为进行企业合并发生的有关费用，指合并方为进行企业合并发生的各项直接相关费用，如为进行企业合并支付的审计费用、资产评估费用以及有关的法律咨询费用等增量费用。企业专设的购并部门发生的日常管理费用，如果该部门的设置并不是与某项企业合并直接相关，而是企业的一个常设部门，其设置目的是为了寻找相关的购并机会等，维持该部门日常运转的有关费用，不属于与企业合并直接相关的费用，应当于发生时费用化计入当期损益。

同一控制下企业合并进行过程中发生的各项直接相关费用，应于发生时费用化计入当期损益。借记“管理费用”等科目，贷记“银行存款”等科目。但以下两种情况除外：

1.以发行债券方式进行的企业合并，与发行债券相关的佣金、手续费等应按照《企业会计准则第22号——金融工具确认和计量》的规定进行核算。该部分费用，虽然与筹集用于企业合并的对价直接相关，但其核算应遵照金融工具准则的原则，有关的费用应计入负债的初始计量金额中。

2.发行权益性证券作为合并对价的，与所发行权益性证券相关的佣金、手续费等应按照《企业会计准则第37号——金融工具列报》的规定处理。即与发行权益性证券相关的费用，不管其是否与企业合并直接相关，均应自所发行权益性证券的发行收入中扣减，在权益性工具发行有溢价的情况下，自溢价收入中扣除，在权益性证券发行无溢价或溢价金额不足以扣减的情况下，应当冲减盈余公积和未分配利润。

第三节　非同一控制下企业合并的处理

非同一控制下的企业合并，主要涉及购买方及购买日的确定、企业合并成本的确定、合并中取得各项可辨认资产、负债的确认和计量以及合并差额的处理等。

一、非同一控制下企业合并的会计处理原则

非同一控制下的企业合并，是参与合并的一方购买另一方或多方的交易，基本处理原则是购买法。

（一）确定购买方

采用购买法核算企业合并的首要前提是确定购买方。购买方是指在企业合并中取得对另一方或多方控制权的一方。

非同一控制下的企业合并中，一般应考虑企业合并合同、协议以及其他相关因素来确定购买方。合并中一方取得了另一方半数以上有表决权股份的，除非有明确的证据表明不能形成控制，一般认为取得另一方半数以上表决权股份的一方为购买方。某些情况下，即使一方没有取得另一方半数以上有表决权股份，但存在以下情况时，一般也可认为其获得了对另一方的控制权，如：

1.通过与其他投资者签订协议，实质上拥有被购买企业半数以上表决权。比如，A公司拥有B公司40%的表决权资本，C公司拥有B公司30%的表决权资本，D公司拥有B公司30%的表决权资本。A公司与C公司达成协议，C公司在B公司的权益由A公司代表。在这种情况下，A公司实质上拥有B公司70%表决权资本的控制权，B公司的章程等没有特别规定的情况下，表明A公司实质上控制B公司。

2.按照法律或协议等的规定，具有主导被购买企业财务和经营决策的权力。比如，A公司拥有B公司45%的表决权资本，同时，根据法律或协议规定，A公

司可以决定B公司的生产经营等政策，达到对B公司的财务和经营政策实施控制。

3.有权任免被购买企业董事会或类似权力机构绝大多数成员。这种情况是指，虽然投资企业拥有被投资单位50%或以下表决权资本，但根据章程、协议等有权任免被投资单位董事会或类似机构的绝大多数成员，以达到实质上控制的目的。

4.在被购买企业董事会或类似权力机构中具有绝大多数投票权。这种情况是指，虽然投资企业拥有被投资单位50%或以下表决权资本，但能够控制被投资单位董事会等类似权力机构的会议，从而能够控制其财务和经营政策，达到对被投资单位的控制。

某些情况下可能难以确定企业合并中的购买方，如参与合并的两家或多家企业规模相当，这种情况下，往往可以结合一些迹象表明购买方的存在。在具体判断时，可以考虑下列相关因素：

1.以支付现金、转让非现金资产或承担负债的方式进行的企业合并，一般支付现金、转让非现金资产或是承担负债的一方为购买方。

2.考虑参与合并各方的股东在合并后主体的相对投票权，其中股东在合并后主体具有相对较高投票比例的一方一般为购买方。

3.参与合并各方的管理层对合并后主体生产经营决策的主导能力，如果合并导致参与合并一方的管理层能够主导合并后主体生产经营政策的制定，其管理层能够实施主导作用的一方一般为购买方。

4.参与合并一方的公允价值远远大于另一方的，公允价值较大的一方很可能为购买方。

5.企业合并是通过以有表决权的股份换取另一方的现金及其他资产的，则付出现金或其他资产的一方很可能为购买方。

6.通过权益互换实现的企业合并，发行权益性证券的一方通常为购买方。但如果有证据表明发行权益性证券的一方，其生产经营决策在合并后被参与合并的另一方控制，则其应为被购买方，参与合并的另一方为购买方。

在判断企业合并中的购买方时，应考虑所有相关的事实和情况，特别是企业合并后参与合并各方的相对投票权、合并后主体管理机构及高层管理人员的构成、权益互换的条款等。

（二）确定购买日

购买日是购买方获得对被购买方控制权的日期，即企业合并交易进行过程中，发生控制权转移的日期。

根据企业合并方式的不同，在控股合并的情况下，购买方应在购买日确认因企业合并形成的对被购买方的长期股权投资，在吸收合并的情况下，购买方应在购买日确认合并中取得的被购买方各项可辨认资产、负债等。

1.购买日的确定原则

确定购买日的基本原则是控制权转移的时点。企业在实务操作中，应当结合合并合同或协议的约定及其他有关的影响因素，按照实质重于形式的原则进行判断。同时满足了以下条件时，一般可认为实现了控制权的转移，形成购买日。有关的条件包括：

（1）企业合并合同或协议已获股东大会等内部权力机构通过。企业合并一般涉及的交易规模较大，无论是合并当期还是合并以后期间，均会对企业的生产经营产生重大影响，在能够对企业合并进行确认，形成实质性的交易前，该交易或事项应经过企业的内部权力机构批准，如对于股份有限公司，其内部权力机构一般指股东大会。

（2）按照规定，合并事项需要经过国家有关主管部门审批的，已获得相关部门的批准。按照国家有关规定，企业购并需要经过国家有关部门批准的，取得相关批准文件是对企业合并交易或事项进行会计处理的前提之一。

（3）参与合并各方已办理了必要的财产权交接手续。作为购买方，其通过企业合并无论是取得对被购买方的股权还是取得被购买方的全部净资产，能够形成与取得股权或净资产相关的风险和报酬的转移，一般需办理相关的财产权交接手续，从而从法律上保障有关风险和报酬的转移。

（4）购买方已支付了购买价款的大部分（一般应超过50%），并且有能力支付剩余款项。购买方要取得与被购买方净资产相关的风险和报酬，其前提是必须支付一定的对价，一般在形成购买日之前，购买方应当已经支付了购买价款的大部分，并且从其目前财务状况判断，有能力支付剩余款项。

（5）购买方实际上已经控制了被购买方的财务和经营政策，并享有相应的收益和风险。

2.分次实现的企业合并购买日的确定

企业合并涉及一次以上交换交易的，例如通过分阶段取得股份最终实现合并，企业应于每一交易日确认对被投资企业的各单项投资。“交易日”是指合并方或购买方在自身的账簿和报表中确认对被投资单位投资的日期。分步实现的企业合并中，购买日是指按照有关标准判断购买方最终取得对被购买企业控制权的日期。其具体判断原则和参考依据与通过单项交易实现的企业合并相同。

比如，A企业于20×7年10月20日取得B公司30%的股权（假定能够对被投资单位施加重大影响），在与取得股权相关的风险和报酬发生转移的情况下，A企业应确认对B公司的长期股权投资，与所取得股权相关的风险和报酬转移的日期即为交易日。在已经拥有B公司30%股权的基础上，A企业又于20×8年12月8日取得B公司30%的股权，在其持股比例达到60%的情况下，假定于当日开始能够对B公司实施控制，则20×8年12月8日为第二次购买股权的交易日，同时因在当日能够对B公司实施控制，形成企业合并的购买日。

（三）确定企业合并成本

企业合并成本包括购买方为进行企业合并支付的现金或非现金资产、发行或承担的债务、发行的权益性证券等在购买日的公允价值以及企业合并中发生的各项直接相关费用之和。具体来讲，企业合并成本包括购买方在购买日支付的下列项目的合计金额：

1.作为合并对价的现金及非现金资产的公允价值。有关资产公允价值的确定参见企业合并准则应用指南中的相关规定。

以非货币性资产作为合并对价的，其合并成本为所支付对价的公允价值，该公允价值与作为合并对价的非货币性资产账面价值的差额，作为资产的处置损益，计入合并当期的利润表。

2.发行的权益性证券的公允价值。所发行权益性证券存在公开市场，有明确市价可供遵循的，应以该证券的市价作为确定其公允价值的依据，同时应考虑该证券的交易量、是否存在限制性条款等因素的影响；发行的权益性证券不存在公开市场，没有明确市价可供遵循的，则应考虑以购买方或被购买方的公允价值为基础确定权益性证券的价值。在确定所发行权益性证券的公允价值时，应当考虑达成企业合并协议并且公开宣布前后一段合理时间内该权益性证券的市场价格。

3.因企业合并发生或承担的债务的公允价值。因企业合并而承担的各项负债，应采用按照适用利率计算的未来现金流量的现值作为其公允价值。

4.当企业合并合同或协议中提供了视未来或有事项的发生而对合并成本进行调整时，符合《企业会计准则第13号——或有事项》规定的确认条件的，应确认的支出也应作为企业合并成本的一部分。

某些情况下，合并各方可能在合并合同或协议中约定对合并成本进行一定的调整，例如，企业合并合同中规定，如果被购买方连续两年净利润超过一定水平，购买方需支付额外的对价。如果在购买日预计被购买方的盈利水平很可能会达到合同规定的标准，应将按照合同或协议约定需支付的金额计入企业合并成本。

企业在购买日对于可能需要支付的企业合并成本调整金额进行预计并且计入企业合并成本后，未来期间有关涉及调整成本的事项未实际发生或发生后需要对原估计计入企业合并成本的金额进行调整的，或者在购买日因未来事项发生的可能性较小、金额无法可靠计量等原因导致有关调整金额未包括在企业合并成本中，未来期间因合并合同或协议中约定的事项很可能发生、金额能够可靠计量，符合有关确认条件的，应对企业合并成本进行相应调整。

5.合并中发生的各项直接相关费用。非同一控制下企业合并中发生的与企业合并直接相关的费用，包括为进行合并而发生的会计审计费用、法律服务费用、咨询费用等，应当计入企业合并成本。与同一控制下企业合并进行过程中发生的有关费用相一致，这里所称合并中发生的各项直接相关费用，不包括与为进行企业合并发行的权益性证券或发行的债务相关的手续费、佣金等，该部分费用应比照本章关于同一控制下企业合并中类似费用的处理原则处理。

应予说明的是，对于通过多次交换交易分步实现的企业合并，其企业合并成本为每一单项交换交易的成本之和。

（四）企业合并成本在取得的可辨认资产和负债之间的分配

非同一控制下的企业合并中，购买方取得了对被购买方净资产的控制权，视合并方式的不同，应分别在合并财务报表或个别财务报表中确认合并中取得的各项可辨认资产和负债。

1.可辨认资产、负债的确认原则

（1）购买方在企业合并中取得的被购买方各项可辨认资产和负债，要作为本企业的资产、负债（或合并财务报表中的资产、负债）进行确认，在购买日，应当满足资产、负债的确认条件。有关的确认条件包括：

①合并中取得的被购买方的各项资产（无形资产除外），其所带来的未来经济利益预期能够流入企业且公允价值能够可靠计量的，应单独作为资产确认。

②合并中取得的被购买方的各项负债（或有负债除外），履行有关的义务预期会导致经济利益流出企业且公允价值能够可靠计量的，应单独作为负债确认。

（2）企业合并中取得无形资产的确认条件。企业合并中取得的无形资产在其公允价值能够可靠计量的情况下应单独予以确认。企业合并中取得的需要区别于商誉单独确认的无形资产一般是按照合同或法律产生的权利，某些并非产生于合同或法律规定的无形资产，需要区别于商誉单独确认的条件是能够对其进行区分，即能够区别于被购买企业的其他资产并且能够单独出售、转让、出租等。公允价值能够可靠计量的情况下，应区别于商誉单独确认的无形资产一般包括：商标、版权及与其相关的许可协议、特许权、分销权等类似权利、专利技术、专有技术等。

（3）企业合并中产生或有负债的确认条件。为了尽可能反映购买方因为进行企业合并可能承担的潜在义务，对于购买方在企业合并时可能需要代被购买方承担的或有负债，在其公允价值能够可靠计量的情况下，应作为合并中取得的负债单独确认。企业合并中对于或有负债的确认条件，与企业在正常经营过程中因或有事项需要确认负债的条件不同。在购买日，可能相关的或有事项导致经济利益流出企业的可能性还比较小，但其公允价值能够合理确定的情况下，即需要作为合并中取得的负债确认。

企业合并中取得的或有负债在初始确认以后，企业持续持有该项负债的期间之内，应当按照以下两项金额孰高进行后续计量：一是按照《企业会计准则第13号——或有事项》应予确认的金额；二是其初始确认金额减去按照《企业会计准则第14号——收入》的原则确认的累计摊销额后的余额。

2.可辨认资产、负债的计量

企业合并中取得的资产、负债在满足确认条件后，应以其公允价值计量。确定企业合并中取得的有关可辨认资产、负债公允价值时，应当遵循《企业会计准则第20号——企业合并》应用指南的规定。

应当说明的是，对于被购买方在企业合并之前已经确认的商誉和递延所得税项目，购买方在对企业合并成本进行分配、确认合并中取得可辨认资产和负债时不应予以考虑。

在按照规定确定了合并中应予确认的各项可辨认资产、负债的公允价值后，其计税基础与账面价值不同形成暂时性差异的，应当按照所得税会计准则的规定确认相应的递延所得税资产或递延所得税负债。

（五）企业合并成本与合并中取得的被购买方可辨认净资产公允价值份额之间差额的处理

购买方对于企业合并成本与确认的被购买方可辨认净资产公允价值份额的差额，应视情况分别处理：

1.企业合并成本大于合并中取得的被购买方可辨认净资产公允价值份额的差额，应确认为商誉。视企业合并方式不同，控股合并情况下，该差额是指合并财务报表中应列示的商誉；吸收合并情况下，该差额是购买方在其账簿及个别财务报表中应确认的商誉。

按照购买法核算的企业合并，存在合并差额的情况下，企业合并准则中要求首先要对企业合并成本及合并中取得的各项可辨认资产、负债的公允价值进行复核，在取得的各项可辨认资产和负债均以公允价值计量并且确认了符合条件的无形资产以后，剩余部分构成商誉。

商誉在确认以后，持有期间不要求摊销，每一会计年度年末，企业应当按照《企业会计准则第8号——资产减值》的规定对其进行减值测试，按照账面价值与可收回金额孰低的原则计量，对于可收回金额低于账面价值的部分，计提减值准备，有关减值准备在提取以后，不能够转回。

2.企业合并成本小于合并中取得的被购买方可辨认净资产公允价值份额的部分，应计入合并当期损益。

企业合并准则中要求该种情况下，首先要对合并中取得的资产、负债的公允价值、作为合并对价的非现金资产或发行的权益性证券等的公允价值进行复核，复核结果表明所确定的各项可辨认资产和负债的公允价值确定是恰当的，应将企业合并成本低于取得的被购买方可辨认净资产公允价值份额之间的差额，计入合并当期的营业外收入，并在会计报表附注中予以说明。

与商誉的确认相同，在吸收合并的情况下，上述企业合并成本小于合并中取得的被购买方可辨认净资产公允价值的差额，应计入合并当期购买方的个别利润表；在控股合并的情况下，上述差额应体现在合并当期的合并利润表中。

（六）企业合并成本或合并中取得的可辨认资产、负债公允价值暂时确定的情况

按照购买法核算的企业合并，基本原则是确定公允价值，无论是作为合并对价付出的各项资产的公允价值，还是合并中取得被购买方各项可辨认资产、负债的公允价值，如果在购买日或合并当期期末，因各种因素影响无法合理确定的，合并当期期末，购买方应以暂时确定的价值为基础进行核算。

1.购买日后12个月内对有关价值量的调整。合并当期期末以暂时确定的价值对企业合并进行处理的情况下，自购买日算起12个月内取得进一步的信息表明需对原暂时确定的企业合并成本或所取得的可辨认资产、负债的暂时性价值进行调整的，应视同在购买日发生，即应进行追溯调整，同时对以暂时性价值为基础提供的比较报表信息，也应进行相关的调整。

比如，A企业于20×6年9月20日对B公司进行吸收合并，合并中取得的一项固定资产不存在活跃市场，为确定其公允价值，A企业聘请了有关的资产评估机构对其进行评估。至A企业20×6年财务报告对外报出时，尚未取得评估报告。A企业在其20×6年财务报告中对该项固定资产暂估的价值为300 000元，预计使用年限为5年，净残值为0，按照直线法计提折旧。该项企业合并中A企业确认商誉1 200 000元。本例中假定A企业不编制中期财务报告。

20×7年4月，A企业取得了资产评估报告，确认该项固定资产的价值为450 000元。则A企业应视同在购买日确定的该项固定资产的公允价值为450 000元，相应调整20×6年财务报告中确认的商誉价值（调减150 000元）及利润表中的折旧费用（调增7 500元）。

进行有关调整后，A企业在其20×7年会计报表附注中应对有关情况作出说明，即有关固定资产的价值在20×6年财务报告中为暂时确定，其后的调整金额以及对比较报表已进行调整的事实。

2.超过规定期限后的价值量调整。自购买日算起12个月以后对企业合并成本或合并中取得的可辨认资产、负债价值的调整，应当按照《企业会计准则第28号——会计政策、会计估计变更和差错更正》的原则进行处理，即对于企业合并成本、合并中取得可辨认资产、负债公允价值等进行的调整，应视为会计差错更正，在调整相关资产、负债账面价值的同时，应调整所确认的商誉或是计入合并当期利润表中的金额，以及相关资产的折旧、摊销等。

3.购买日取得的被购买方在以前期间发生的经营亏损等可抵扣暂时性差异，按照税法规定可以用于抵减以后年度应纳税所得额的，如在购买日因不符合递延所得税资产的确认条件未确认所产生的递延所得税资产，以后期间有关的可抵扣暂时性差异所带来的经济利益预计能够实现时，企业应确认相关的递延所得税资产，减少利润表中的所得税费用，同时将商誉降低至假定在购买日即确认了该递延所得税资产的情况下应有的金额，减记的商誉金额作为利润表中的资产减值损失。按照上述过程确认递延所得税资产，原则上不应增加因企业合并成本小于合并中取得的被购买方可辨认净资产公允价值的份额而计入合并当期利润表的金额。

【例18-2】某非同一控制下的企业合并，因按照会计准则规定与按照适用税法规定处理方法不同在购买日产生可抵扣暂时性差异300万元。假定购买日适用的所得税税率为33%。

购买日因预计未来期间无法取得足够的应纳税所得额，未确认与可抵扣暂时性差异相关的递延所得税资产99万元。购买日确认的商誉金额为2 000万元。

该项合并一年以后，因情况发生变化，企业预计能够产生足够的应纳税所得额用来抵扣原合并时产生的300万元可抵扣暂时性差异的影响，企业应进行以下账务处理：

借：递延所得税资产 990 000

　　贷：所得税费用 990 000

借：资产减值损失 990 000

　　贷：商誉 990 000

本例中如果在合并发生1年以后，企业预计能够产生足够的应纳税所得额以利用可抵扣暂时性差异的影响时，因适用税收法规的变化导致适用税率变为25%，则企业应进行的账务处理为：

借：递延所得税资产 750 000

　　贷：所得税费用 750 000

借：资产减值损失 750 000

　　贷：商誉 750 000

（七）购买日合并财务报表的编制

非同一控制下的控股合并中，购买方一般应于购买日编制合并资产负债表，反映其于购买日开始能够控制的经济资源情况。在合并资产负债表中，合并中取得的被购买方各项可辨认资产、负债应以其在购买日的公允价值计量，长期股权投资的成本大于合并中取得的被购买方可辨认净资产公允价值份额的差额，体现为合并财务报表中的商誉；长期股权投资的成本小于合并中取得的被购买方可辨认净资产公允价值份额的差额，企业合并准则中规定应计入合并当期损益，因购买日不需要编制合并利润表，该差额体现在合并资产负债表上，应调整合并资产负债表的盈余公积和未分配利润。另外，应予说明的是，非同一控制下的企业合并中，作为购买方的母公司在进行有关会计处理后，应单独设置备查簿，记录其在购买日取得的被购买方各项可辨认资产、负债的公允价值以及因企业合并成本大于合并中取得的被购买方可辨认净资产公允价值的份额应确认的商誉金额，或因企业合并成本小于合并中取得的被购买方可辨认净资产公允价值的份额计入当期损益的金额，作为企业合并当期以及以后期间编制合并财务报表的基础。企业合并当期期末以及合并以后期间，应当纳入到合并财务报表中的被购买方资产、负债等，是以购买日确定的公允价值为基础持续计算的结果。

二、非同一控制下企业合并的会计处理

（一）非同一控制下的控股合并

该合并方式下，购买方涉及的会计处理问题主要是两个方面：一是购买日

因进行企业合并形成的对被购买方的长期股权投资初始投资成本的确定，该成本与作为合并对价支付的有关资产账面价值的差额处理；二是购买日合并财务报表的编制。

非同一控制下的控股合并中，购买方在购买日应当按照确定的企业合并成本（不包括应自被投资单位收取的现金股利或利润），作为形成的对被购买方长期股权投资的初始投资成本。具体参见本书第三章中的“长期股权投资”的相关介绍。

购买方为取得对被购买方的控制权，以支付非货币性资产为对价的，有关非货币性资产在购买日的公允价值与其账面价值的差额，应作为资产的处置损益，计入合并当期的利润表。

（二）非同一控制下的吸收合并

非同一控制下的吸收合并，购买方在购买日应当将合并中取得的符合确认条件的各项可辨认资产、负债，按其公允价值确认为本企业的资产和负债；作为合并对价的有关非货币性资产在购买日的公允价值与其账面价值的差额，应作为资产处置损益计入合并当期的利润表；确定的企业合并成本与所取得的被购买方可辨认净资产公允价值之间的差额，视情况分别确认为商誉或是计入企业合并当期的损益。其具体处理原则与非同一控制下的控股合并类似，不同点在于非同一控制下的吸收合并中，合并中取得的可辨认资产和负债是作为个别报表中的项目列示，合并中产生的商誉也是作为购买方账簿及个别财务报表中的资产列示。

三、通过多次交易分步实现的非同一控制下企业合并

通过多次交换交易分步实现的非同一控制下企业合并，企业在每一单项交换交易发生时，应确认对被购买方的投资。投资企业在持有被投资单位的部分股权后，通过增加持股比例等达到对被投资单位形成控制的，应分别每一单项交易的成本与该交易发生时应享有被投资单位可辨认净资产公允价值的份额进行比较，确定每一单项交易中产生的商誉。达到企业合并时应确认的商誉（或合并财务报表中应确认的商誉）为每一单项交易中应确认的商誉之和。

通过多次交易分步实现的非同一控制下企业合并，实务操作中，应按以下顺序处理：

1.对长期股权投资的账面余额进行调整。达到企业合并前长期股权投资采用成本法核算的，其账面余额一般无需调整；达到企业合并前长期股权投资采用权益法核算的，应进行调整，将其账面价值调整至取得投资时的初始投资成本，相应调整留存收益等。

2.比较每一单项交易的成本与交易时应享有被投资单位可辨认净资产公允价值的份额，确定每一单项交易应予确认的商誉或是应计入当期损益的金额。

3.对于被购买方在购买日与交易日之间可辨认净资产公允价值的变动，相对于原持股比例的部分，在合并财务报表（吸收合并是指购买方个别财务报表）中应调整所有者权益相关项目，其中属于原取得投资后被投资单位实现净损益增加的资产价值量，应调整留存收益，差额调整资本公积。

【例18-3】A公司于20×5年以2 000万元取得B公司10%的股份，取得投资时B公司净资产的公允价值为18 000万元。因未以任何方式参与B公司的生产经营决策，A公司对持有的该投资采用成本法核算。20×6年，A公司另支付10 000万元取得B公司50%的股份，从而能够对B公司实施控制。购买日B公司可辨认净资产公允价值为19 000万元。B公司自20×5年A公司取得投资后至20×6年购买进一步股份前实现的净利润为600万元（假定不存在需要对净利润进行调整的因素），未进行利润分配。

（1）购买日A公司首先应确认取得的对B公司的投资

借：长期股权投资　　　100 000 000

　　贷：银行存款等　　　100 000 000

（2）计算达到企业合并时应确认的商誉

原持有10%股份应确认的商誉=20 000 000−180 000 000×10%

=2 000 000（元）

进一步取得50%股份应确认的商誉=100 000 000−190 000 000×50%

=5 000 000（元）

合并财务报表中应确认的商誉=2 000 000+5 000 000=7 000 000（元）

（3）资产增值的处理

原持有10%股份在购买日对应的可辨认净资产公允价值=190 000 000×10%=19 000 000（元）

原取得投资时应享有被投资单位净资产公允价值的份额=180 000 000×10%=18 000 000（元）

两者之间差额1 000 000元（19 000 000−18 000 000）在合并财务报表中属于被投资企业在投资以后实现净利润的部分600 000元（6 000 000×10%），调整合并财务报表中的盈余公积和未分配利润，剩余部分400 000元（1 000 000−600 000）调整资本公积。

四、购买子公司少数股权的处理

企业在取得对子公司的控制权，形成企业合并后，自子公司的少数股东处取得少数股东拥有的对该子公司全部或部分少数股权，应当遵循以下原则分别母公司个别财务报表以及合并财务报表两种情况进行处理：

1.母公司个别财务报表中对于自子公司少数股东处新取得的长期股权投资，应当按照《企业会计准则第2号——长期股权投资》第四条的规定确定其入账价值。

2.在合并财务报表中，子公司的资产、负债应以购买日（或合并日）开始持续计算的金额反映。新增加的长期股权投资与按照新增持股比例计算应享有交易日被投资单位可辨认净资产公允价值份额的差额，确认为商誉；因购买少数股权新增加的长期股权投资成本与按照新取得的股权比例计算确定应享有子公司自购买日（或合并日）开始持续计算的可辨认净资产份额之间的差额，除确认为商誉的部分以外，应当调整合并财务报表中的资本公积（资本溢价或股本溢价），资本公积（资本溢价或股本溢价）的余额不足冲减的，调整留存收益。

【例18-4】A公司于20×5年12月29日以8 000万元取得对B公司70%的股权，能够对B公司实施控制，形成非同一控制下的企业合并。20×6年12月25日，A公司又出资3 000万元自B公司的少数股东处取得B公司20%的股权。本例中A公司与B公司的少数股东在交易前不存在任何关联方关系。

（1）20×5年12月29日，A公司在取得B公司70%股权时，B公司可辨认净资产公允价值总额为10 000万元。

（2）20×6年12月25日，B公司有关资产、负债的账面价值、自购买日开始持续计算的金额（对母公司的价值）以及在该日的公允价值情况如表18.2所示：

表18.2　　B公司有关资产价值明细表　　单位：万元

	B公司的账面价值	B公司资产、负债自购买日开始持续计算的金额（对母公司的价值）	B公司资产、负债在交易日20×6年12月25日的公允价值
存货	500	500	600
应收款项	2 500	2 500	2 500
固定资产	4 000	4 600	5 000
无形资产	800	1 200	1 300
其他资产	2 200	3 200	3 400
应付款项	600	600	600
其他负债	400	400	400
净资产	9 000	11 000	11 800

（1）确定A公司对B公司长期股权投资的成本

20×5年12月29日为该非同一控制下企业合并的购买日，A公司取得对B公司长期股权投资的成本为8 000万元。

20×6年12月25日，A公司在进一步取得B公司20%的少数股权时，支付价款3 000万元。

该项长期股权投资在20×6年12月25日的账面余额为11 000万元。

（2）编制合并财务报表时的处理（略）

五、被购买方的会计处理

非同一控制下的企业合并中，购买方通过企业合并取得被购买方100%股权的，被购买方可以按照合并中确定的可辨认资产、负债的公允价值调整其账面价值。除此之外，其他情况下被购买方不应因企业合并改记有关资产、负债的账面价值。

第四节 企业合并准则与税法差异分析

公司合并有控股合并、吸收合并、新设合并三种类型，控股合并的会计与税法差异参见本书第三章“长期股权投资的会计与税务差异分析”。本节重点解析吸收合并、新设合并业务的会计与税务处理差异。

《财政部、国家税务总局关于企业重组业务企业所得税处理若干问题的通知》(财税［2009］59号，以下简称“通知”)将合并业务的所得税处理按照一般重组和特殊重组区别对待，一方面对有合理商业目的的重组予以支持，同时对以合并方式利用亏损、税收优惠等避税行为加以规范。

一、企业合并适用一般性税务处理办法的差异

企业合并，当事各方应按下列规定处理：

1.被合并企业及其股东都应按清算进行所得税处理

被合并方在注销税务登记前，必须清理生产经营期间的各项欠税，适用一般重组规定的，还必须计算清算所得税。计算公式如下：

$$应纳所得税额=清算所得\times 25\%$$

$$清算所得=清算日全部资产变现收入-全部资产计税基础净值-清算费用以及相关税费+债务清偿损益-弥补亏损$$

被合并方纳税有困难的，可以由合并方承继，但被合并企业的亏损、税收优惠等所得税事项均不得结转至合并方弥补或享受。被合并方股东应分解为转让被合并企业的股权，再购买合并方的股权两项业务进行所得税处理。取得合并方股权的公允价及非股权支付额(现金及非现金资产公允价值)视为股权转让收入，其中相当于被清算方累计未分配利润和累计盈余公积中按该股东所占股份比例计算的部分，应确认为股息所得；扣除股息所得后的余额，超过或低于投资计税基础的部分，应确认为企业的投资转让所得或损失。

2.由于被合并企业已计算清算所得，对合并方而言，视同按公允价值购买资产处理，因此应按公允价值确认取得资产和负债的计税基础。企业合并一般重组方式下，合并方取得资产、负债的计税基础与初始计量的差异如表18.3所示：

表 18.3　　一般重组下资产及负债计税基础与初始计量对比表

会计分类	一般重组		备注
	初始计量	计税基础	
同一控制	原账面价值	公允价值	非同一控制下的企业合并，合并方确认的商誉的计税基础与初始计量金额相同。商誉不得摊销扣除，在合并方未来计算清算所得时一次性扣除。
非同一控制	公允价值	公允价值	

【例18-5】甲公司（股东A公司、B公司）吸收合并乙公司（股东C公司、D公司），乙公司注册资本1 000万元，C公司、D公司对乙公司投资的计税基础分别为700万元、300万元，股权比例分别为70%、30%。合并日乙公司有关数据如表18.4所示。

表 18.4　　合并日乙公司资产及负债账面价值、公允价值、计税基础对比表

会计要素	账面价值	公允价值	计税基础	备注
资产	8 000万元（其中现金1 000万元，非现金资产7 000万元）	10 000万元（其中现金1 000万元，非现金资产9 000万元）	非现金资产计税基础7 500万元	（1）因合并乙公司支付评估费10万元，无其他费用，合并基准日资产总额已剔除评估费。（2）乙公司计算清算所得无其他纳税调整项目。
负债	2 000万元	2 000万元	2 000万元	
实收资本	1 000万元	—	—	
留存收益	5 000万元	—	—	

甲公司拟向C、D支付甲公司20%的股权（公允价值3 000万元），其余用现金支付。乙公司应纳清算所得税=（9 000−7 500−10）×25%=372.5（万元），乙公司缴纳清算所得税后，将导致资产总额减少372.5万元。甲公司实际取得资产总额9 627.5万元，承担负债2 000万元，乙公司商誉作价1 500万元，应向C、D支付对价总额为9 127.5万元（9 627.5−2 000+1 500），其中，股权支付额3 000万元，银行存款6 127.5万元。若甲公司原实收资本为4 000万元，甲公司按照非同一控制下的公司合并作分录如下：

借：银行存款　　6 275 000

　　非现金资产　　90 000 000

　　商誉　　15 000 000

　　贷：负债　　20 000 000

　　　　实收资本——C公司　　7 000 000（40 000 000÷80%×20%×70%）

　　　　　　　　——D公司　　3 000 000（40 000 000÷80%×20%×30%）

　　　　资本公积——资本溢价　　20 000 000

　　　　银行存款　　61 275 000

由于乙公司已计算清算所得，甲公司取得非现金资产的计税基础为9 000万元，该计税基础应按照每项资产公允价值占全部资产公允价值的比例分配结转至各项资产。商誉资产的计税基础按1 500万元确定，商誉不得摊销，但可以计

提减值准备。根据《企业所得税法实施条例》第六十七条规定，外购的商誉计算公司清算所得时一次性扣除。

因清算所得产生的留存收益为：（9 000–7 000）–（9 000–7 500–10）×25%=1 627.50（万元）

留存收益合计=5 000+1 627.50=6 627.50（万元）。该金额应由C、D公司作为股息所得处理，并享受免征企业所得税优惠。其中：

C公司应确认的股息所得为：6 627.50×70%=4 639.25（万元）

D公司应确认的股息所得：6 627.50×30%=1 988.25（万元）

C公司应确认股权转让所得=股权支付额+非股权支付额–股息所得–投资计税基础=（3 000+6 127.50）×70%–4 639.25–700=1 050（万元）

D公司应确认股权转让所得=股权支付额+非股权支付额–股息所得–投资计税基础=（3 000+6 127.50）×30%–1 988.25–300=450（万元）

C公司取得甲公司股权比例为14%（20%×70%），投资计税基础为2 100万元（3 000×70%）；D公司取得甲公司股权比例为6%（20%×30%），投资计税基础为900万元（3 000×30%）。

3.一般重组方式下税收优惠的结转问题

《企业重组业务企业所得税管理办法》（国家税务总局公告2010年第4号）第十五条规定，企业合并，合并各方企业涉及享受《税法》第五十七条规定中就企业整体（即全部生产经营所得）享受的税收优惠过渡政策尚未期满的，仅就存续企业未享受完的税收优惠，按照《通知》第九条的规定执行。即，在企业吸收合并中，合并后的存续企业性质及适用税收优惠的条件未发生改变的，可以继续享受合并前该企业剩余期限的税收优惠，其优惠金额按存续企业合并前一年的应纳税所得额（亏损计为零）计算。

注销的被合并企业未享受完的税收优惠，不再由存续企业承继；新设合并中，新设企业也不得再承继或重新享受上述优惠。合并各方企业按照《企业所得税法》的税收优惠规定和税收优惠过渡政策中就企业有关生产经营项目的所得享受的税收优惠承继问题，按照《企业所得税法实施条例》第八十九条规定继续执行。

二、企业合并适用特殊性税务处理办法的差异

特殊重组应同时满足下列基本条件：

具有合理的商业目的，且不以减少、免除或者推迟缴纳税款为主要目的。

企业合并后的连续12个月内不改变重组资产原来的实质性经营活动。

企业合并中取得股权支付的原主要股东，在重组后连续12个月内，不得转让所取得的股权。

企业合并符合上述基本条件，并且被合并企业股东在该企业合并发生时取得的股权支付金额不低于其交易支付总额的85%，或者同一控制下且不需要支

付对价的企业合并，交易各方对交易中的股权支付部分，可以选择按下列办法进行税务处理：

1.被合并企业不计算清算所得，合并企业接受被合并企业资产和负债的计税基础，以被合并企业的原有计税基础确定。

企业合并特殊重组方式下，合并方取得资产、负债的计税基础与初始计量的差异如表18.5所示。

表 18.5　　特殊重组下资产及负债计税基础与初始计量对比表

<table>
<tr><th rowspan="2">会计分类</th><th colspan="2">特殊重组</th><th>备注</th></tr>
<tr><th>初始计量</th><th>计税基础</th><td rowspan="3">非同一控制下的企业合并，合并方确认的商誉的计税基础与初始计量金额相同。商誉不得摊销扣除，在合并方未来计算清算所得时一次性扣除。</td></tr>
<tr><td>同一控制</td><td>原账面价值</td><td>原计税基础＋非股权支付额所蕴含的应税所得或损失</td></tr>
<tr><td>非同一控制</td><td>公允价值</td><td>原计税基础＋非股权支付额所蕴含的应税所得或损失</td></tr>
</table>

2.被合并企业合并前的相关所得税事项由合并企业承继。

3. 可由合并企业弥补的被合并企业亏损的年限额=被合并企业净资产公允价值×截至合并业务发生当年年末国家发行的最长期限的国债利率。

4.被合并企业股东取得合并企业股权的计税基础，以其原持有的被合并企业股权的计税基础确定。

5.特殊重组交易中股权支付暂不确认有关资产的转让所得或损失的，其非股权支付仍应在交易当期确认相应的资产转让所得或损失，并调整相应资产的计税基础。

非股权支付对应的资产转让所得或损失=（被转让资产的公允价值–被转让资产的计税基础）×（非股权支付金额÷被转让资产的公允价值）

【例18-6】沿用【例18-5】资料，甲公司取得乙公司资产10 000万元、负债2 000万元、乙公司商誉1 500万元，甲公司应向C、D支付对价总额为9 500万元。拟以甲公司60%的股权（公允价值9 000万元）和现金500万元（实际支付额应扣除非股权支付额应纳的所得税）作为对价，股权支付额占交易总额的比例=9 000÷9 500×100%=94.73%＞85%，符合特殊重组条件，则乙公司不计算清算所得，但必须确认非股权支付额所蕴含的应纳税所得额，并相应调整有关资产的计税基础。

非股权支付额所蕴含的应纳税所得额=（10 000–8 500）×（500÷10 000）=75（万元）；

如果乙公司以前年度没有可供弥补的亏损，则乙公司应纳所得税额=75×25%=18.75（万元）。

乙公司当年及以前年度没有弥补完的亏损，在特殊重组下，可由甲公司在剩余的年限内继续弥补。

甲公司取得的资产总额应剔除18.75万元，甲公司作账务处理如下：

借：银行存款 9 812 500

非现金资产 90 000 000

商誉 15 000 000

贷：负债 20 000 000

实收资本——C公司

42 000 000（40 000 000 ÷ 40% × 60% × 70%）

——D公司

18 000 000（40 000 000 ÷ 40% × 60% × 30%）

资本公积——资本溢价 30 000 000

银行存款 4 812 500

甲公司取得非现金资产的计税基础=原计税基础+非股权支付额所蕴含的应税所得=7 500+75=7 575（万元）。甲公司取得的商誉属于合并成本的一部分，虽然乙公司暂不确认清算所得，但乙公司的股东C、D在未来处置甲公司股权时，商誉的价值会体现在股权转让收入之中，因此甲公司应确认商誉的计税基础1 500万元。

乙公司以前年度的亏损可以在税法规定的剩余的年限内由甲公司弥补，但不得超过税法规定的弥补限额。乙公司账面留存收益并入甲公司后，由全体股东享有，C、D公司未来从甲公司取得的税后分配，仍然享受免征企业所得税优惠。

乙公司的股东C、D，取得的非股权支付额属于税后收益，应按股息所得处理，C、D取得的股权支付额，不确认股权转让所得或损失，相应地，C、D对甲公司投资资产的计税基础，只能对原计税基础（而不是合并日公允价值）进行调整后确定。

C公司取得甲公司股权比例为42%（60% × 70%），投资计税基础=原计税基础-收到的非股权支付额+非股权支付额所蕴含的应纳税所得=700-481.25 × 70%+75 × 70%=310.625（万元）

D公司取得甲公司股权比例为18%（60% × 30%），投资计税基础为=原计税基础-收到的非股权支付额+非股权支付额所蕴含的应纳税所得=300-481.25 × 30%+75 × 30%=133.125（万元）

6.特殊重组方式下被合并企业税收优惠的结转问题。根据《通知》第六条第（四）项第2目规定，被合并企业合并前的相关所得税事项由合并企业承继，这些事项包括尚未确认的资产损失、分期确认收入的处理以及尚未享受期满的税收优惠政策承继处理问题等。其中，对税收优惠政策承继处理问题，凡属于依照《企业所得税法》第五十七条规定中就企业整体（即全部生产经营所得）享受税收优惠过渡政策的，合并后的企业性质及适用税收优惠条件未发生改变的，可以继续享受合并前各企业剩余期限的税收优惠。合并前各企业剩余的税收优惠年限不一致的，合并后企业每年度的应纳税所得额，应统一按合并日之前各企业资产占合并后企业总资产的比例进行划分，再分别按相应的剩余优惠计算应纳税额。合并前各企业按照《企业所得税法》的税收优惠规定以及税收优惠过渡政策中就有关生产经营项目所得享受的税收优惠承继处理问题，按照《企业所得税法实施条例》第八十九条规定继续执行。

【例18-7】生产性外商投资企业A公司于2009年1月1日吸收合并生产性外商投资企业B公司。合并后仍符合生产性外商投资企业条件。A公司“二免三减半”已享受到期满，B公司“二免三减半”优惠期为2006—2010年。合并后，B公司尚未享受到期满的税收优惠应结转至A公司继续享受。

A公司2009年、2010年允许享受减半优惠的应纳税所得额=当年实现的应纳税所得总额×［合并日B公司资产公允价÷（合并日A公司资产公允价+合并日B公司资产公允价）。

7.企业在重组发生前后连续12个月（指自重组日起计算的连续12个月内）内分步对其资产、股权进行交易，应根据实质重于形式原则将上述交易作为一项企业重组交易进行处理。

8.企业发生符合特殊重组条件并选择特殊性税务处理的，当事各方应在该重组业务完成当年企业所得税年度申报时，向主管税务机关提交书面备案资料，证明其符合各类特殊性重组规定的条件。企业未按规定书面备案的，一律不得按特殊重组业务进行税务处理。

三、合并商誉的会计与税务处理差异

由于商誉不可辨认，不符合会计准则关于无形资产的定义，因此会计上将商誉从无形资产中独立出来，作为一项独立的特殊资产处理。企业自创的商誉不得作价入账，外购的商誉可以作价入账。外购的商誉是指在非同一控制下的吸收合并当中，合并成本大于合并中取得的被购买方可辨认净资产公允价之间的差额。有一种特殊情况，同一控制下的吸收合并，按照被合并方资产的账面金额结转至合并方账下，因此，如果被合并方账面原来有商誉，也应当结转至合并方账下。

商誉在确认以后，持有期间不要求摊销，每一会计年度末，企业应当根据《企业会计准则第8号——资产减值》的规定对其进行减值测试，按照账面价值与可收回金额孰低的原则计量，对于可收回金额低于账面价值的部分，计提减值准备，有关减值准备在提取以后，不能够转回。

税法仍将商誉作为一项无形资产处理。由于商誉是指合并成本大于合并中取得的被购买方可辨认净资产公允价之间的差额，因此，企业合并业务无论是适用一般重组，还是特殊重组，其商誉的计税基础均以实际成本确定，与初始会计成本一致。《企业所得税法实施条例》第六十七条第四款规定：“外购商誉的支出，在企业整体转让或者清算时，准予扣除。”

清算所得中允许扣除的商誉，是指商誉的计税基础（不得扣除减值准备）。

依据《企业所得税法实施条例》第十一条规定，清算所得=清算日全部资产变现收入－全部资产计税基础净值－清算费用以及相关税费＋债务清偿损益－弥补亏损。这里，允许扣除的资产计税基础净值包括商誉的计税基础。

对于非同一控制下的控股合并形成的商誉，构成长期股权投资的会计成本，而没有在个别会计报表中单独反映。由于外购长期股权投资的计税基础是以取得该项投资发生的实际支出确定的，因此长期股权投资的计税基础包含商誉，长期股权投资成本在持有期间不得扣除，处置长期股权投资时，商誉作为投资计税基础的一部分，一并扣除。

四、企业合并适用特殊重组的税务管理

企业合并适用特殊重组税务处理办法的，应当按照《企业重组业务企业所得税管理办法》（国家税务总局公告2010年第4号）、《国家税务总局关于企业重组业务企业所得税征收管理若干问题的公告》（国家税务总局公告2015年第48号）的规定进行税务管理。

1.企业合并，以合并企业取得被合并企业资产所有权并完成工商登记变更日期为重组日。按规定不需要办理工商新设或变更登记的合并，以合并合同（协议）生效且当事各方已进行会计处理的日期为重组日。

重组业务完成年度的确定，可以按各当事方适用的会计准则确定，具体参照各当事方经审计的年度财务报告。由于当事方适用的会计准则不同导致重组业务完成年度的判定有差异时，各当事方应协商一致，确定同一个纳税年度作为重组业务完成年度。

2.被合并企业为企业合并的主导方，涉及同一控制下多家被合并企业的，以净资产最大的一方为主导方。

3.企业合并适用特殊性税务处理的，应按照税务机关要求进行备案；重组各方应在该重组业务完成当年，办理企业所得税年度申报时，分别向各自主管税务机关报送“企业重组所得税特殊性税务处理报告表及附表”和申报资料。合并中重组一方涉及注销的，应在尚未办理注销税务登记手续前进行申报。

重组主导方申报后，其他当事方向其主管税务机关办理纳税申报。申报时还应附送重组主导方经主管税务机关受理的“企业重组所得税特殊性税务处理报告表及附表”（复印件）。

申报资料包括：

（1）企业合并的总体情况说明，包括合并方案、基本情况，并逐条说明企业合并的商业目的；

（2）企业合并协议或决议，需有权部门（包括内部和外部）批准的，应提供批准文件；

（3）企业合并当事各方的股权关系说明，若属同一控制下且不需支付对价的合并，还需提供在企业合并前，参与合并各方受最终控制方的控制在12个月以上的证明材料；

（4）被合并企业净资产、各单项资产和负债的账面价值和计税基础等相关资料；

（5）12个月内不改变资产原来的实质性经营活动、原主要股东不转让所取得股权的承诺书；

（6）工商管理部门等有权机关登记的相关企业股权变更事项的证明材料；

（7）合并企业承继被合并企业相关所得税事项（包括尚未确认的资产损失、分期确认收入和尚未享受期满的税收优惠政策等）情况说明；

（8）涉及可由合并企业弥补被合并企业亏损的，需要提供其合并日净资产公允价值证明材料及主管税务机关确认的亏损弥补情况说明；

（9）重组当事各方一致选择特殊性税务处理并加盖当事各方公章的证明资料；

（10）涉及非货币性资产支付的，应提供非货币性资产评估报告或其他公允价值证明；

（11）重组前连续12个月内有无与该重组相关的其他股权、资产交易，与该重组是否构成分步交易、是否作为一项企业重组业务进行处理情况的说明；

（12）按会计准则规定当期应确认资产（股权）转让损益的，应提供按税法规定核算的资产（股权）计税基础与按会计准则规定核算的相关资产（股权）账面价值的暂时性差异专项说明。

4.《通知》第五条第（三）和第（五）项所称“企业重组后的连续12个月内”，是指自重组日起计算的连续12个月内。

5.《通知》第五条第（五）项规定的原主要股东，是指原持有转让企业或被收购企业20%以上股权的股东。

6.《通知》第六条第（四）项规定的同一控制，是指参与合并的企业在合并前后均受同一方或相同的多方最终控制，且该控制并非暂时性的。能够对参与合并的企业在合并前后均实施最终控制权的相同多方，是指根据合同或协议的约定，对参与合并企业的财务和经营政策拥有决定控制权的投资者群体。在企业合并前，参与合并各方受最终控制方的控制在12个月以上，企业合并后所形成的主体在最终控制方的控制时间也应达到连续12个月。

7.适用《通知》第五条第（三）项和第（五）项的当事各方应在完成重组业务后的下一年度的企业所得税年度申报时，向主管税务机关提交书面情况说明，以证明企业在重组后的连续12个月内，有关符合特殊性税务处理的条件未发生改变。

8.企业重组的当事各方应该取得并保管与该重组有关的凭证、资料，保管期限按照《税收征管法》的有关规定执行。

五、公司合并业务其他税种的处理

（一）流转税的处理

公司合并与资产收购不同。资产收购是指收购方购买目标公司的非现金资产（含投资资产），由于非现金资产的所有权转移给购买方，因而涉及流转税的缴纳问题，而公司合并是指合并方购买被合并企业的净资产向其股东支付对价，因此是不需要缴纳流转税的。

基于这样的理解，《国家税务总局关于纳税人资产重组有关增值税问题的公告》（国家税务总局公告2011年第13号）规定：“根据《中华人民共和国增值税暂行条例》及其实施细则的有关规定，纳税人在资产重组过程中，通过合并、分立方式，将全部或者部分实物资产以及与其相关联的债权、债务和劳动力一并转让给其他单位和个人的行为，不属于增值税征收范围，其中涉及的货物转移，不征收增值税。”《营业税改征增值税试点有关事项的规定》（财税［2016］36号附件二）规定：“在资产重组过程中，通过合并、分立、出售、置换等方式，将全部或者部分实物资产以及与其相关联的债权、负债和劳动力一并转让给其他单位和个人，其中涉及的不动产、土地使用权转让行为，不征增值税。”《国家税务总局关于纳税人资产重组有关增值税问题的公告》（国家税务总局公告2013年第66号）规定，纳税人在资产重组过程中，通过合并、分立、出售、置换等方式，将全部或者部分实物资产以及与其相关联的债权、负债经多次转让后，最终的受让方与劳动力接收方为同一单位和个人的，仍适用《国家税务总局关于纳税人资产重组有关增值税问题的公告》（国家税务总局公告2011年第13号）的相关规定，其中货物的多次转让行为均不征收增值税。资产的出让方需将资产重组方案等文件资料报其主管税务机关。营改增后，该文亦适用于不动产和土地使用税。

根据《国家税务总局关于增值税发票管理若干事项的公告》（国家税务总局公告2017年第45号）规定，自2018年1月1日起，纳税人通过增值税发票管理新系统开具增值税发票（包括：增值税专用发票、增值税普通发票、增值税电子普通发票）时，商品和服务税收分类编码对应的简称会自动显示并打印在发票票面“货物或应税劳务、服务名称”或“项目”栏次中。包含简称的《商品和服务税收分类编码表》见附件。而企业合并中不动产和土地使用权权属转移属于《商品和服务税收分类编码表》中编码的607“资产重组涉及的不动产”和608“资产重组涉及的土地使用权”项目，因此可开具税率为“不征税”的增值税普通发票。而同属于不征税的货物等其他实物资产未在《商品和服务税收分类编码表》“未发生销售行为的不征税项目”里，所以还需按照财产清单、评估报告作为原始凭据确认资产价值依据。

《国家税务总局关于发布〈企业所得税税前扣除凭证管理办法〉的公告》（国家税务总局公告2018年第28号）规定：“企业在境内发生的支出项目不属于应税项目的，对方为单位的，以对方开具的发票以外的其他外部凭证作为税前扣除凭证，企业在境内发生的支出项目虽不属于应税项目，但按税务总局规定可以开具发票的，可以发票作为税前扣除凭证。”因此在企业所得税扣除方面，合并转移的不动产和土地使用权，可以取得发票，也可以不取得发票。

此外，《国家税务总局关于纳税人资产重组增值税留抵税额处理有关问题的公告》(国家税务总局2012年第55号公告)规定，增值税一般纳税人在资产重组过程中，将全部资产、负债和劳动力一并转让给其他增值税一般纳税人，并按程序办理注销税务登记的，其在办理注销登记前尚未抵扣的进项税额可结转至新纳税人处继续抵扣。

值得注意的是，合并方支付的非股权支付额中如果涉及非现金资产，因其所有权发生转让，应当按规定进行流转税处理，其中涉及房地产转移的，还需缴纳土地增值税。

(二)土地增值税处理

如前所述，公司合并是指合并方购买被合并企业的净资产向其股东支付对价，而不是购买目标公司(被合并企业)的资产，向目标公司支付对价，因此，目标公司房地产转移到合并方名下时，不属于房地产转让行为，不应征收土地增值税。因此，《财政部、税务总局关于继续实施企业改制重组有关土地增值税政策的通知》(财税［2018］57号)规定，按照法律规定或者合同约定，两个或两个以上企业合并为一个企业，且原企业投资主体存续的，对原企业将房地产转移、变更到合并后的企业，暂不征土地增值税。投资主体存续，是指原企业出资人必须存在于改制重组后的企业，出资人的出资比例可以发生变动。

需要注意的是，企业会计准则关于资产初始计量的规定以及企业所得税法中有关计税基础的规定均不适用于土地增值税。以上改制重组过程中的房地产权属变更暂不征土地增值税的规定，并非免税政策，而是递延纳税优惠。根据财税［2018］57号文件第六条明确规定，企业改制重组后再转让国有土地使用权并申报缴纳土地增值税时，应以改制前取得该宗国有土地使用权所支付的地价款和按国家统一规定缴纳的有关费用，作为该企业“取得土地使用权所支付的金额”扣除。根据该规定，合并方以重组方式取得的土地使用权对外转让，应以合并前企业取得的土地成本计算扣除。为加强税务管理，文件强调，企业在申请享受上述土地增值税优惠政策时，应向主管税务机关提交房地产转移双方营业执照、改制重组协议或等效文件，相关房地产权属和价值证明、转让方改制重组前取得土地使用权所支付地价款的凭据(复印件)等书面材料。

(三)契税处理

根据《财政部、税务总局关于继续支持企业事业单位改制重组有关契税政策的通知》(财税［2018］17号)规定， 两个或两个以上的公司，依照法律规定、合同约定，合并为一个公司，且原投资主体存续的，对合并后公司承受原合并各方土地、房屋权属，免征契税。投资主体存续，是指原企业、事业单位的出资人必须存在于改制重组后的企业，出资人的出资比例可以发生变动。

(四)印花税处理

根据《财政部、国家税务总局关于企业改制过程中有关印花税政策的通知》(财税［2003］183号)规定，以合并方式成立的新企业，其新启用的资金账簿记载的资金，凡原已贴花的部分可不再贴花，未贴花的部分和以后新增加的资金按规定贴花。

六、母子公司合并的税务处理

母公司吸收合并全资子公司常见于企业集团内部资产重组，母公司吸收合并子公司，或者子公司吸收合并母公司，母公司注销长期股权投资时是否确认转让所得或损失，税法没有具体规定，实际操作中屡有争议。本节依据《财政部、国家税务总局关于企业重组业务企业所得税处理若干问题的通知》（财税［2009］59号）、《企业重组业务企业所得税管理办法》（国家税务总局公告2010年第4号，以下称“4号公告”）、《国家税务总局关于企业重组业务企业所得税征收管理若干问题的公告》（国家税务总局公告2015年第48号，以下称“48号公告”）分析合并过程中母子公司的税收政策及税务管理办法。

（一）母子公司合并过程中母公司注销投资的税务处理

公司合并业务，对母公司来说，属于处置股权收回投资，对子公司来说，属于股东减资。企业减资，被减资的企业不确认所得或损失，但其股东取得的价款，应视同转让了全部或部分股权，应按规定计算股权转让所得或损失。根据《国家税务总局关于企业所得税若干问题的公告》（国家税务总局2011年第34号公告）规定，投资企业从被投资企业撤回或减少投资，其取得的资产中，相当于初始出资的部分，应确认为投资收回；相当于被投资企业累计未分配利润和累计盈余公积按减少实收资本比例计算的部分，应确认为股息所得；其余部分确认为投资资产转让所得。

1.母公司吸收合并子公司的税务处理

母公司吸收合并子公司，适用特殊重组办法时，子公司不确认资产转让所得。即企业为合并而回购本公司股，回购价格与发行价格之间的差额，属于企业权益的增减变化，不属于资产转让损益，不得从应纳税所得中扣除，也不计入应纳税所得[①]。对母公司而言，属于股东减资行为，股东应确认股权转让所得或损失，母公司收回金额按照子公司净资产账面价值的份额确定。当合并适用一般重组办法时，子公司视同清算，需计算资产转让所得；母公司收回投资，应当应确认股权转让所得，收回金额按照子公司净资产公允价值的份额确定。

2.子公司吸收合并母公司的税务处理

子公司吸收合并母公司，适用特殊重组办法时，母公司除对子公司的长期股权投资需确认资产转让所得外，不确认其他资产转让所得，其收回金额按照子公司净资产账面价值的份额确定；子公司按减资处理，不确认资产转让所得。

---

① 参见原《国家税务总局关于执行〈企业会计制度〉需要明确的有关所得税问题的通知》（国税发［2003］45号）。

适用一般重组办法时，母公司需确认资产转让所得，其中长期股权投资的公允价应当按照子公司净资产的公允价值的份额确定。为便于比较，现将上述结论如表18.6所示：

表18.6　母子公司合并的所得税处理表

合并类型	特殊重组		一般重组	
	母公司	子公司	母公司	子公司
母公司吸收合并子公司	按子公司净资产账面价值份额计算股权转让所得，不确认其他资产转让所得	回购价与发行价的差额不计入应纳税所得	按子公司净资产公允价值计算股权转让所得，不确认其他资产转让所得	回购价与发行价的差额不计入应纳税所得，账面资产需视同转让计算资产转让所得
子公司吸收合并母公司	同上	同上	按子公司净资产公允价计算股权转让所得，同时确认其他资产转让所得	回购价与发行价的差额不计入应纳税所得，不确认账面资产转让所得

（二）案例分析

【例18-8】A、B两家公司于2003年分别出资9.8亿元和10.2亿元，注册成立C公司，A、B分别持有C公司49%和51%的股权。

（1）2014年6月，B公司将持有的C公司51%的股权挂牌出让，挂牌最高价格为25.4亿元，A公司行使股东优先购买权，按25.4亿元收购了C公司51%的股权。

（2）2015年8月，A公司拟吸收合并C公司，合并基准日拟确定为2015年12月31日。假设合并日C公司账面净资产40亿元（已出具年度审计报告并办理企业所得税汇算清缴），其中实收资本20亿元，留存收益20亿元。

（3）合并日C公司有关财务数据如表18.7所示。

表18.7　合并日C公司资产负债简表　单位：亿元

资产			负债			净资产		
类别	账面价值	公允价值	类别	账面价值	公允价值	类别	账面价值	公允价值
现金	3	3	长期借款	5	5	实收资本	20	
非现金资产	42	52				留存收益	20	
合计	45	55		5	5		40	50

税务处理：

（1）A公司购买B公司股权时，B公司确认投资收益及应税所得，A、B公司股权转让合同缴纳印花税，C公司股东变更，不作税务处理。

（2）A、C公司合并时，可以选择特殊性税务处理和一般性税务处理。

①特殊税务处理：

A公司接受C公司资产和负债的计税基础，以C公司的原有计税基础确定。

C公司合并前的相关所得税事项由合并企业承继。

可由A公司弥补的C公司亏损的限额=被合并企业C净资产公允价值×截至合并业务发生当年年末国家发行的最长期限的国债利率。

②一般性税务处理：

A公司应按公允价值确定接受C各项资产和负债的计税基础。

C公司及其股东A都应按清算进行所得税处理。

C公司的亏损不得在合并企业结转弥补。

问题：

（1）如果采用一般性税务处理，A公司取得资产的计税基础如何确定？A公司如何计算股息和股权转让所得？C公司如何计算清算所得？

（2）如何选择特殊性税务处理，A公司取得资产的计税基础如何确定？A公司如何计算股息和股权转让所得？

案例分析：

A公司收购C公司51%股权，应确认投资成本25.4亿元，A公司持有C公司100%股权投资计税基础=9.8+25.4=35.2（亿元）。

A公司吸收合并全资子公司，一般税务处理下，视同C公司清算，A公司收回投资。A公司长投资转让所得或损失的计算按照《财政部、国家税务总局关于企业清算业务企业所得税处理若干问题的通知》（财税［2009］60号）执行，即："被清算企业的股东分得的剩余资产的金额，其中相当于被清算企业累计未分配利润和累计盈余公积中按该股东所占股份比例计算的部分，应确认为股息所得；剩余资产减除股息所得后的余额，超过或低于股东投资成本的部分，应确认为股东的投资转让所得或损失。被清算企业的股东从被清算企业分得的资产应按可变现价值或实际交易价格确定计税基础。"

特殊税务处理办法下，A公司按撤资（100%减资）处理。《国家税务总局关于企业所得税若干问题的公告》（国家税务总局公告2011年第34号）规定："投资企业从被投资企业撤回或减少投资，其取得的资产中，相当于初始出资的部分，应确认为投资收回；相当于被投资企业累计未分配利润和累计盈余公积按减少实收资本比例计算的部分，应确认为股息所得；其余部分确认为投资资产转让所得。"

从上述规定可以看出，投资方在被投资方清算与撤资、减资方式下，股权投资处置应纳税所得额的计算公式有所不同。

现分析说明如下：

（1）一般性税务处理：若选择按一般性税务处理，视同C公司将资产转让给A公司，C公司清算所得为C公司账面非现金资产的公允价与计税基础的差额（弥补当年或以前年度的亏损，若有）。对A公司而言，一方面视为C公司清算，A公司收回投资，同时，A公司取得资产的计税基础按照C公司资产的公允价确认计税基础。

若C公司资产的计税基础与账面价值相等，不考虑弥补亏损等因素，C公司应纳清算所得税=（55-45）×25%=2.5（亿元）。C公司缴纳清算所得税后的现金为0.5亿元，A公司取得C公司资产账面价值42.5亿元（其中现金为0.5亿元，非现金资产42亿元），公允价52.5亿元（其中现金0.5亿元，非现金资产52亿元），非现金资产计税基础为52亿元。A公司收回投资的公允价（即C公司税后净资产公允价）为：52.5-5=47.5（亿元）。

C公司清算期间增加留存收益：（55-45）-2.5=7.5（万元），累计留存收益27.5万元。

A公司股权处置应纳税所得额计算：根据财税［2009］60号文件规定，A公司股权处置收入47.5亿元，确认股息所得27.5亿元（免征企业所得税），长期股权投资处置应纳税所得额=股权处置收入-股息性所得-投资计税基础=47.5-27.5-35.2=-15.2（亿元）。

（2）特殊性税务处理：该合并业务属于“同一控制下不需要支付对价的企业合并”，纳税人可以选择适用特殊重组税务处理办法。

C公司不视同清算，不确认资产转让所得，A公司取得资产的计税基础仍按C公司原有资产的计税基础确定，其中现金3亿元，非现金资产42亿元。根据国家税务总局2011年第34号公告及企业所得税纳税申报表A107011表，应确认的股息所得按“取得资产超过收回初始投资成本部分”与“撤回或减少投资应享有被投资企业累计留存收益”孰小金额确认。

A公司收回的40亿元净资产中，35.2亿元的初始投资成本相当于投资收回，剩余4.8亿元（40-35.2）小于股息所得20亿元，故应确认股息所得4.8亿元，并依据《企业所得税法》第二十六条享受免征企业所得税优惠。A公司股权转让所得为零。

【例18-9】国有独资公司A（以下称“A公司”）下属三家全资子公司甲、乙、丙，成立时间均为2010年，从成立至今均未做过股权变更。由于三家子公司经营传统产品，人力成本、财务成本高居不下，新产品尚处于研发阶段，为了优化资源配置，降低管理成本，A公司拟作机构精简，适当裁员，经报告其上级控股集团公司批准，吸收合并其下属三个全资子公司。A公司吸收合并后，再成立B分公司，上级控股集团批复吸收合并基准日为2014年8月31日。甲、乙、丙三家公司于2014年11月17日办理了营业执照注销手续，变更了A公司经营范围，同时领取B分公司营业执照。2014年11月30日，A公司及其B分公司完成相关账务处理。合并基准日甲、乙、丙2010年至2014年（截至8月31日）可供弥补的亏损分别为120万元、1 400万元、700万元。

问题：

（1）如何确定重组日和重组完成年度？

（2）如何理解“同一控制下不需要支付对价的企业合并”？A公司是否可选择特殊性税务处理？

（3）A公司若适用特殊性税务处理，需要向税务机关报送哪些资料？

（4）若适用特殊税务处理，合并年度母子公司如何办理所得税纳税申报？

甲乙丙三家公司以前年度亏损如何弥补?

案例分析:

(1)依据48号公告规定，合并重组日，以合并合同(协议)生效、当事各方已进行会计处理且完成工商新设登记或变更登记日为重组日。48号公告还规定，重组业务完成当年，是指重组日所属的企业所得税纳税年度。据此，2014年11月17日为合并重组日，2014年为重组完成年度。

(2)A公司持有甲、乙、丙各100%股权，甲、乙、丙除A股东外无其他股东，A公司吸收合并甲、乙、丙，应作收回投资处理，A公司无需向第三方支付对价，符合“不需要支付对价的企业合并”条件。

4号公告明确:《通知》第六条第(四)项规定的同一控制，是指参与合并的企业在合并前后均受同一方或相同的多方最终控制，且该控制并非暂时性的。能够对参与合并的企业在合并前后均实施最终控制权的相同多方，是指根据合同或协议的约定，对参与合并企业的财务和经营政策拥有决定控制权的投资者群体。在企业合并前，参与合并各方受最终控制方的控制在12个月以上，企业合并后所形成的主体在最终控制方的控制时间也应达到连续12个月。

本例中，甲、乙、丙三家公司均为A的全资子公司，A公司为国有独资，其实际控制方为控股集团，控股集团通过持有A公司100%股权间接控股甲、乙、丙，且甲、乙、丙存续期均超12个月，合并年度可暂按“同一控制”处理，若在12个月内控股集团将A公司股权转让或A公司因增资扩股而导致控股集团对A公司失去控股地位，则改按一般重组处理。

A公司吸收合并全资子公司的目的是为了优化资源配置、降低管理成本，提高经营效率，合并后将原属于甲、乙、丙的相关资产划拨成立分支机构，B分支机构与A公司属于同一法人，承续原公司资产、负债、接纳原公司员工，不改变重组资产原来的实质性经营活动，据此，可理解为具有合理的商业目的。尽管A公司适用特殊重组允许弥补被合并企业合并前的亏损，但毕竟不是以弥补亏损为主要目的，因为即使不合并，甲、乙、丙以前年度的亏损也允许在以后年度自行弥补。

综上，母公司吸收合并全资子公司属于“同一控制下不需要支付对价的企业合并”且具有合理的商业目的，可以选择特殊性税务处理办法。

需要注意的是，如果是甲公司吸收合并乙公司，因甲公司需以权益工具作为对价向乙公司的股东A公司支付对价，尽管也适用特殊性税务处理办法，但不属于“同一控制下不需要支付对价的企业合并”。

(3)依据48号公告，合并重组当事各方企业适用特殊性税务处理的，以被合并方为主导方，涉及同一控制下多家被合并企业的，以净资产最大的一方为主导方。

合并重组适用特殊性税务处理的，重组各方应在该重组业务完成当年，办理企业所得税年度申报时，分别向各自主管税务机关报送“企业重组所得税特殊性税务处理报告表及附表”和申报资料。合并中重组一方涉及注销的，应在尚未办理注销税务登记手续前进行申报。重组主导方申报后，其他当事方向其主管税务机关办理纳税申报。申报时还应附送重组主导方经主管税务机关受理的“企业重组所得税特殊性税务处理报告表及附表”复印件。

（4）《中华人民共和国企业所得税法》第五十三条规定“企业在一个纳税年度中间终止经营活动，使该纳税年度的实际经营期不足十二个月的，应当以其实际经营期为一个纳税年度。”《中华人民共和国企业所得税年度纳税申报表（A类，2014年版）》（现为A类，2017年版））填报说明：“纳税人年度中间发生合并、分立、破产、停业等情况的，“税款所属期间”填报公历当年1月1日至实际停业或法院裁定并宣告破产之日。”甲、乙、丙三家公司应当将2014年1月1日至2014年8月31日作为一个独立的纳税年度办理企业所得税汇算清缴。A公司办理2014年度企业所得税汇算清缴时，填报的会计利润总额为A公司全年会计利润（含合并前A公司1—8月利润及合并后9—12月全部利润）。

选择按特殊性税务处理的，A公司2009—2013年以及甲、乙、丙三家公司2010—2014年尚未弥补的亏损可由A公司在2014年及以后剩余年限内弥补，2010—2013年每年可由A公司弥补亏损的限额=被合并企业净资产公允价值×截至合并业务发生当年年末国家发行的最长期限的国债利率，2009年可由A公司弥补亏损的限额=被合并企业净资产公允价值×截至合并业务发生当年年末国家发行的最长期限的国债利率÷12×4。被合并企业净资产公允价值是指甲、乙、丙三家公司合并基准日2014年8月31日净资产公允价值。

A公司各年度的应纳税所得额用于弥补以前年度亏损时，最多可弥补金额为A公司以前年度亏损与甲、乙、丙弥补限额之和，且弥补后应纳税所得额以零为限。

第十九章

租赁准则与税法差异分析

租赁，是指在约定的期间内，出租人将资产使用权让与承租人，以获取租金的协议。租赁的主要特征是，在租赁期内转移资产的使用权，而不是转移资产的所有权，这种转移是有偿的，取得使用权以支付租金为代价。在市场经济条件下，租赁业务作为企业融资的重要形式，需求日益增长，越来越多的企业通过租赁的形式获取相关资产的使用权。《租赁准则》全面规范租赁业务的确认、计量以及相关信息的列报。由于经营租赁业务的会计与税务处理与融资租赁业务相比相对简单，本章专门分析融资租赁会计与税务处理。

融资租赁是指出租人根据承租人对出卖人、租赁物的选择，向出卖人购买租赁物，提供给承租人使用，承租人支付租金的交易活动。“营改增”全面试点后，融资租赁业务范围由有形动产扩展至不动产，本章依据《企业会计准则第21号——租赁》、《财政部、国家税务总局关于全面推开营业税改征增值税试点的通知》（财税［2016］36号，以下简称“36号文件”）及相关规定，对融资租赁业务的会计与税务处理作简要分析，希望对读者有所裨益。

第一节　融资租赁基础概念

一、融资租赁公司类型

在我国境内开展融资租赁业务的主体主要有内资融资租赁公司、外商投资融资租赁公司与金融租赁公司，三者的成立要件与业务范围有所区别（参见表19.1）。

表19.1　　　　融资租赁公司对比表

类别	审批部门	投资主体	设立条件	经营范围	政策依据
内资融资租赁公司	商务部、商务部授权的省级商务部门或国家经济技术开发区	无特别限制，参照公司法执行	（1）2001年8月31日（含）前设立的内资租赁企业最低注册资本金应达到4 000万元，2001年9月1日至2003年12月31日期间设立的内资租赁企业最低注册资本金应达到17 000万元； （2）具有健全的内部管理制度和风险控制制度； （3）拥有相应的金融、贸易、法律、会计等方面的专业人员，高级管理人员应具有不少于三年的租赁业从业经验； （4）近两年经营业绩良好，没有违法违规纪录； （5）具有与所从事融资租赁产品相关联的行业背景； （6）法律法规规定的其他条件。	以融资租赁等租赁业务为主营业务，开展与融资租赁和租赁业务相关的租赁财产购买、租赁财产残值处理与维修、租赁交易咨询和担保、向第三方机构转让应收账款、接受租赁保证金及经审批部门批准的其他业务。 不得从事下列业务： （1）吸收存款或变相存款； （2）向承租人提供租赁项下的流动资金贷款和其他贷款； （3）有价证券投资、金融机构股权投资； （4）同业拆借业务； （5）未经中国银行业监督管理委员会批准的其他金融业务。	《融资租赁企业监督管理办法》、《商务部、国家税务总局关于从事融资租赁业务有关问题的通知》
外商投资融资租赁公司	商务部	外国公司、企业和其他经济组织	（1）上述“内资融资租赁公司”（1）—（5）点； （2）有限责任公司形式的外商投资融资租赁公司的经营期限一般不超过30年。	同上。	《融资租赁企业监督管理办法》、《商务部、国家税务总局关于从事融资租赁业务有关问题的通知》、《外商投资租赁业管理办法》

续表

类别	审批部门	投资主体	设立条件	经营范围	政策依据
金融租赁公司	中国银行业监督管理委员会	（1）在中国境内外注册的具有独立法人资格的商业银行； （2）在中国境内注册的、主营业务为制造适合融资租赁交易产品的大型企业； （3）在中国境外注册的融资租赁公司以及银监会认可的其他发起人。	（1）有符合《中华人民共和国公司法》和银监会规定的公司章程； （2）有符合规定条件的发起人； （3）注册资本为一次性实缴货币资本，最低限额为1亿元人民币或等值的可自由兑换货币； （4）有符合任职资格条件的董事、高级管理人员，并且从业人员中具有金融或融资租赁工作经历3年以上的人员应当不低于总人数的50%； （5）建立了有效的公司治理、内部控制和风险管理体系； （6）建立了与业务经营和监管要求相适应的信息科技架构，具有支撑业务经营的必要、安全且合规的信息系统，具备保障业务持续运营的技术与措施； （7）有与业务经营相适应的营业场所、安全防范措施和其他设施； （8）银监会规定的其他审慎性条件。	经银监会批准，金融租赁公司可以经营下列部分或全部本外币业务： （1）融资租赁业务； （2）转让和受让融资租赁资产； （3）固定收益类证券投资业务； （4）接受承租人的租赁保证金； （5）吸收非银行股东3个月（含）以上定期存款； （6）同业拆借； （7）向金融机构借款； （8）境外借款； （9）租赁物变卖及处理业务； （10）经济咨询。 经银监会批准，经营状况良好、符合条件的金融租赁公司可以开办下列部分或全部本外币业务： （1）发行债券； （2）在境内保税地区设立项目公司开展融资租赁业务； （3）资产证券化； （4）为控股子公司、项目公司对外融资提供担保； （5）银监会批准的其他业务。	《金融租赁公司管理办法》

二、融资租赁业务形式

实务中，融资租赁业务包含多种形式，常见形式如下：

直租：即出租人根据承租人所要求的规格、型号、性能等条件购入有形动产或者不动产租赁给承租人，合同期内租赁物所有权属于出租人，承租人只拥有使用权，合同期满付清租金后，承租人有权按照残值购入租赁物，以拥有其所有权。不论出租人是否将租赁物销售给承租人，均属于融资租赁。

售后回租：是指承租方以融资为目的，将资产出售给从事融资性售后回租业务的企业后，从事融资性售后回租业务的企业将该资产出租给承租方的业务活动。

转租赁：转租赁业务是指以同一物件为标的物的多次融资租赁业务。在转租赁业务中，上一租赁合同的承租人同时是下一租赁合同的出租人，称为转租人。转租人从其他出租人处租入租赁物件再转租给第三人，转租人以收取租金差价为目的。

委托租赁：是指出租人接受委托人的资金或租赁标的物，根据委托人的书面委托，向委托人指定的承租人办理融资租赁业务。在租赁期内租赁标的物的所有权归委托人，出租人只收取手续费，不承担风险。

杠杆租赁：出租人以一部分自有资金以及贷款资金购买租赁物，并出租给承租人，出租人同时是借款人。

联合租赁：联合租赁是指多家有融资租赁资质的租赁公司对同一个融资租赁项目提供租赁融资，并以一家租赁公司的名义作为出租人。

三、融资租赁相关概念

1.融资租赁与经营租赁

融资租赁，无论租赁标的物最终的所有权是否转移给承租人，承租人支付的租金基本涵盖租赁物的全部价值，体现的是融资性。

经营租赁，是指在约定时间内将租赁标的物转让他人使用且标的物所有权不变更的业务活动，仅是一定期间内标的物使用价值的转让。

2.融资租赁与分期收款销售货物

两者在款项支付上有一定的相似性，但融资租赁业务在租赁期内，标的物所有权为出租人所有。然而，对于分期收款业务，分期付款期间，标的物所有权归买受人所有。

3.融资租赁与抵押贷款

两者的共性是都有融资性质，区别在于标的物所有权的归属，融资租赁标的物所有权在出租人（即资金融出方），抵押贷款标的物的所有权在资金融入方。

4.融资租赁保理业务

融资租赁保理业务是指融资租赁出租方将未到期债权转让给保理商，以提前获得资金的一种融资行为。

第二节　融资租赁业务的增值税处理

一、融资租赁与融资性售后回租

36号文件中的融资租赁仅指直租业务，无论是有形动产直租，还是不动产直租，均按“租赁服务”缴纳增值税。对于融资性售后回租业务，无论是有形动产回租，还是不动产回租，均按照“贷款服务”缴纳增值税。具体政策适用如表19.2所示：

表 19.2　　　　**直租与售后回租税务处理对比表**

<table>
<tr><th></th><th colspan="2">税收要素</th><th>一般纳税人</th><th>小规模纳税人</th></tr>
<tr><td rowspan="7">融资租赁</td><td colspan="2">计税方法</td><td>一般计税，其中有形动产适用税率：17%；不动产适用税率：11%</td><td>简易计税，征收率 3%</td></tr>
<tr><td colspan="2">计税依据</td><td colspan="2">符合条件的试点纳税人从事融资租赁的，以全部价款和价外费用扣除融资利息、车辆购置税后的余额为销售额；不符合条件的试点纳税人以全部价款和价外费用为销售额，按“租赁服务”计征增值税。</td></tr>
<tr><td rowspan="2">有形动产（境内使用）</td><td>税收优惠</td><td>符合条件的试点纳税人中的一般纳税人，提供有形动产融资租赁服务，对其增值税实际税负超过 3% 的部分实行即征即退政策。</td><td>不适用即征即退</td></tr>
<tr><td>跨期老合同</td><td>试点纳税人在本地区试点实施之日前签订的尚未执行完毕的有形动产租赁合同（包括融资租赁和经营租赁）可选择适用简易计税方法，征收率 3%。</td><td>征收率 3%</td></tr>
<tr><td>有形动产（境外使用）</td><td>税收优惠</td><td>免征增值税</td><td>免征增值税</td></tr>
<tr><td rowspan="2">不动产</td><td>跨期老合同或试点前取得不动产</td><td>2016 年 4 月 30 日前签订合同，或不动产于 2016 年 4 月 30 日前取得，可以选择适用简易计税方法，征收率 5%。</td><td>征收率 3%</td></tr>
<tr><td>试点后</td><td>2016 年 4 月 30 日后签订合同，且不动产于 2016 年 4 月 30 日后取得，适用一般计税方法，适用税率 11%</td><td>征收率 3%</td></tr>
<tr><td rowspan="4">融资性售后回租</td><td colspan="2">计税方法</td><td>一般计税方法，适用税率 6%</td><td>简易计税，征收率 3%</td></tr>
<tr><td colspan="2">计税依据</td><td colspan="2">无论是有形动产还是不动产，凡符合条件的从事售后回租服务的纳税人以全部价款和价外费用（不含本金）扣除融资利息后的余额为销售额，不符合条件的以全部价款和价外费用（不含本金）为销售额，按“贷款服务”计征增值税。</td></tr>
<tr><td colspan="2">跨期老合同</td><td colspan="2">2016 年 4 月 30 日前签订的有形动产售后回租合同，合同到期前可继续按有形动产租赁服务缴纳增值税（一般纳税人税率 17%、小规模纳税人征收率 3%）。其中符合条件的，合同到期前可以选择按以下方法之一计算销售额：
（1）全部价款和价外费用扣除本金（不得开增值税专用发票可以开增值税普通发票）及融资利息；
（2）全部价款和价外费用扣除融资利息。</td></tr>
<tr><td colspan="2">税收优惠</td><td>符合条件的试点纳税人中的一般纳税人，提供有形动产融资性售后回租，对其增值税实际税负超过 3% 的部分实行增值税即征即退政策。</td><td>不适用即征即退</td></tr>
</table>

注：2018 年 5 月 1 日后，上述表中 17% 税率调整为 16%，11% 税率调整为 10%。以下内容涉及 17% 税率和 11% 税率部分，仍用调整前税率，实务中涉及税率部分应做相应调整。

说明：

（1）“符合条件的试点纳税人”是指经人民银行、银监会或者商务部批准（含备案）的从事融资租赁或融资性售后回租业务的试点纳税人。经商务部授权的省级商务主管部门和国家经济技术开发区批准（含备案）的试点纳税人 2016 年 5 月 1 日—7 月 31 日实收资本未达到 1.7 亿元但注册资本达到 1.7 亿元；2016 年 8 月 1 日后实收资本达到 1.7 亿元。对于总机构符合资本金要求的融资租赁企业，分支机构可以享受上述优惠政策。

（2）即征即退计算方式。

①增值税实际税负，是指纳税人当期提供应税服务实际缴纳的增值税额占纳税人当期提供应税服务取得的全部价款和价外费用（售后回租不含本金，下同）的比例。

②计算公式：

即征即退税额 =（当期融资租赁服务应纳税额 + 当期融资性售后回租服务应纳税额）-（当融资租赁服务取得的全

部价款和价外费用＋当期融资性售后回租服务取得的全部价款和价外费用）×3%

当期融资租赁服务应纳税额＝当期融资租赁服务销项税额－当期融资租赁服务可抵扣进项税额

当期融资性售后回租服务应纳税额＝当期融资性售后回租销项税额－当期融资性售后回租可抵扣进项税额

当期融资租赁服务销项税额＝当期融资租赁服务销售额 ×17%

当期融资性售后回租服务销项税额＝当期融资性售后回租服务销售额 ×6%

（3）发票开具。《国家税务总局关于全面推开营业税改征增值税试点有关税收征收管理事项的公告》（国家税务总局公告 2016 年第 23 号）规定："按照现行政策规定适用差额征税办法缴纳增值税，且不得全额开具增值税发票的（财政部、税务总局另有规定的除外），纳税人自行开具或者税务机关代开增值税发票时，通过新系统中差额征税开票功能开具增值税专用发票。"根据该执行口径，凡税法未明确按照差额征税系统开票功能填开的，一律按全额计算的税额填开。因此，融资租赁应按全额计算的税额填写增值税专用发票。售后回租可以按照差额征税开票功能开具增值税专用发票（按剔除本金后的全部价款和价外费用计算增值税税额）。无论是融资租赁还是售后回租，增值税专用发票中的税额计算均不用扣除融资利息。

融资租赁业务的承租人取得的增值税专用发票可以作为扣税凭证抵扣销项税额。融资性售后回租业务，承租人支付的进项税额不得抵扣。实务中，由于融资性售后回租的进项税不能抵扣，通常开具增值税普通发票。

二、融资租赁资产证券化的增值税处理

融资租赁ABS是当下热点，融资租赁企业（出租人）将其对承租人的应收债权打包为基础资产，委托证券公司或基金子公司发行资产支持证券以提前回笼资金，资产支持专项计划设立之后，承租人便向专项计划按期支付租金，专项计划根据约定的期限向投资人分配收益。

上述业务模式中，虽然出租人将既有债权（应收租金）转让给专项计划并通知承租人，但是，当承租人未能履行租金偿还义务时，租赁公司仍对专项计划负有偿债义务。其实质是租赁公司以应收债权作为保证通过专项计划向投资人融资。

《国家税务总局关于营业税改征增值税试点期间有关增值税问题的公告》（国家税务总局公告2015年第90号）第四条规定，"提供有形动产融资租赁服务的纳税人，以保理方式将融资租赁合同项下未到期应收租金的债权转让给银行等金融机构，不改变其与承租方之间的融资租赁关系，应继续按照现行规定缴纳增值税，并向承租方开具发票。"

融资租赁ABS业务的原理与融资租赁保理类似，实务中可参照执行。

三、委托租赁业务的增值税处理

融资租赁业务形式多样，上表仅描述了直租与回租两种，对于其他未规定的融资租赁业务，需根据业务实质分析判断。例如，对于委托租赁业务，根据前述定义，区别下列情形处理：

1.租赁期满，标的物所有权归承租人的，委托人按销售货物或不动产缴纳增值税，并向融资租赁公司（出租人）开具增值税专用发票，融资租赁公司一般

纳税人取得增值税专用发票作进项抵扣，同时就向承租人取得的全部价款与价外费用按融资租赁服务计算缴纳增值税，并向承租方开具增值税发票；

2.租赁期满，标的物所有权归委托人的，委托人按经营租赁服务计算缴纳增值税并向出租人开具增值税发票，出租人也按经营租赁服务（转租）计算缴纳增值税并向承租人开具增值税发票。

四、非融资租赁企业从事的租赁业务的增值税处理

对于不具有融资租赁经营资质的企业不得从事融资租赁业务，根据《国家税务总局关于融资租赁业务征收流转税问题的通知》（国税函［2000］514号）规定，对其他单位或个人开展的形式上类似融资租赁业务，不能执行按差额计算销售额、即征即退等政策，并按下列情形分别处理：

1.租赁期满，租赁标的物所有权转让给承租人的，出租人按销售货物或不动产计算缴纳增值税；

2.租赁期满，租赁标的物所有权未转让给承租方的，出租人按经营租赁服务计算缴纳增值税。

五、其他税收优惠

1.信达、华融、长城、东方四大资产管理公司在收购、承接和处置剩余政策性剥离不良资产和改制银行剥离不良资产过程中以借款方抵充贷款本息的货物、不动产开展的融资租赁业务，免征增值税。

2.《财政部、国家税务总局关于跨境设备租赁合同继续实行过渡性营业税免税政策的通知》（财税［2011］48号）规定，对于2008年12月31日以前签订的跨境租赁设备租赁老合同（包括融资租赁与经营租赁），自2010年1月1日起至合同到期日，对境外单位或个人取得的租金收入，免征营业税。营改增试点后，境外单位或个人就尚未执行完毕的老合同取得的租金收入应继续免征增值税。

第三节　融资租赁业务的企业所得税处理

一、承租人的企业所得税处理

1.融资租入固定资产的计税基础

《企业所得税法实施条例》第五十八条第（三）项规定：“融资租入的固定资产，以租赁合同约定的付款总额和承租人在签订租赁合同过程中发生的相关费用为计税基础，租赁合同未约定付款总额的，以该资产的公允价值和承租人

在签订租赁合同过程中发生的相关费用为计税基础。”

2.融资租入固定资产的税前扣除办法

《企业所得税法实施条例》第四十七条第（二）项规定：“以融资租赁方式租入固定资产发生的租赁费支出，按照规定构成融资租入固定资产价值的部分应当提取折旧费用，分期扣除。”第六十条规定：“除国务院财政、税务主管部门另有规定外，固定资产计算折旧的最低年限如下：（一）房屋、建筑物，为20年；（二）飞机、火车、轮船、机器、机械和其他生产设备，为10年；（三）与生产经营活动有关的器具、工具、家具等，为5年；（四）飞机、火车、轮船以外的运输工具，为4年；（五）电子设备，为3年。对符合《国家税务总局关于企业固定资产加速折旧所得税处理有关问题的通知》（国税发［2009］81号）规定的固定资产，可以加速折旧。

需要注意的是，《财政部、国家税务总局关于完善固定资产加速折旧企业所得税政策的通知》（财税［2014］75号）、《财政部、国家税务总局关于进一步完善固定资产加速折旧企业所得税政策的通知》（财税［2015］106号）、《财政部、税务总局关于设备、器具扣除有关企业所得税政策的通知》（财税［2018］54号）规定的新购进固定资产允许加速折旧或一次性扣除政策只适用于以货币形式购进或自行建造的固定资产，不适用于以融资租赁方式购入的固定资产。

3.融资性售后回租

《国家税务总局关于融资性售后回租业务中承租方出售资产行为有关税收问题的公告》（国家税务总局公告2010年第13号）规定：“融资性售后回租业务中承租方出售资产时，资产所有权以及与资产所有权有关的全部报酬和风险并未完全转移。根据现行企业所得税法及有关收入确定规定，融资性售后回租业务中，承租人出售资产的行为，不确认为销售收入，对融资性租赁的资产，仍按承租人出售前原账面价值作为计税基础计提折旧。租赁期间，承租人支付的属于融资利息的部分，作为企业财务费用在税前扣除。”

融资租赁公司属于金融企业（非银行金融机构），根据《企业所得税法实施条例》第三十八条规定，非金融企业向融资租赁公司支付的利息不受比例限制，据实扣除。

二、出租人的企业所得税处理

1.融资租赁直租业务

《中华人民共和国企业所得税法实施条例》第四十七条及第五十八条规定：“融资租入的固定资产，以租赁合同约定的付款总额和承租人在签订租赁合同过程中发生的相关费用为计税基础，租赁合同未约定付款总额的，以该资产的公允价值和承租人在签订租赁合同过程中发生的相关费用为计税基础。”“以融资租赁方式租入固定资产发生的租赁费支出，按照规定构成融资租入固定资产价值的部分应当提取折旧费用，分期扣除。”

由此可见，融资租赁直租业务在企业所得税处理方面，承租方按照分期付款购买固定资产处理，并视为自有固定资产通过折旧方式分期扣除。与之相对应，出租方应按照分期收款销售有形动产或不动产处理。

《中华人民共和国企业所得税法实施条例》第二十三条第（一）项规定："以分期收款方式销售货物的，按照合同约定的收款日期确认收入的实现。"

实务中，融资租赁公司在收取租金的同时，还向承租方收取咨询费或租赁服务费。融资租赁业务本身就涉及租赁资产的转让及租赁期间的咨询服务，即便是租赁公司不另行收取租赁服务费，其租金收入已包含租赁服务费。换句话说，租赁公司收取的服务费属于租金收入的一部分，也正因为如此，该租赁服务费才作为有形动产的租金收入适用17%的增值税税率，而不是按照咨询服务适用税率6%。

综上，融资租赁公司应按分期收款销售货物，按照合同约定的收款日期分期确认收入。租赁服务费属于货款的一部分，应于合同约定的应收服务费的当天确认计税收入。

根据《中华人民共和国企业所得税法》第八条规定的配比性原则，融资租赁公司分期确认收入的同时，也应分期扣除租出资产的成本。

纳税年度应确认的资产转让所得=（本期应收租金+本期应收租赁服务费）－租出资产的计税基础×（本期应收租金+本期应收租赁服务费）÷合同确定的应收租金及租赁服务费总额

租赁期满，出租人收到的租赁资产购买款在实际收到时确认计税收入。

另外，依据《企业所得税法实施条例》第五十五条关于"不符合国务院财政、税务主管部门规定的各项资产减值准备、风险准备等准备金支出不得在税前扣除"的规定，未担保余值减值准备不得在税前扣除。

2.融资性售后回租业务

对于融资性售后回租业务，因承租方支付的租赁费属于利息支出计入"财务费用"，因此，出租方取得的收入属于利息收入，根据《企业所得税法实施条例》第十八条第二款，"利息收入，按照合同约定的债务人应付利息的日期确认收入的实现。"

第四节　融资租赁的会计与税法差异分析

一、租赁准则相关概念

1.租赁期，是指租赁协议规定的不可撤销的租赁期间。如果承租人有权选择续租该资产，并且在租赁开始日就可以合理确定承租人将会行使这种选择权，不论是否再支付租金，续租期也包括在租赁期之内。

2.租赁开始日，是指租赁协议日与租赁各方就主要条款作出承诺日中的较早者。在租赁开始日，承租人和出租人应当将租赁认定为融资租赁或经营租赁，并确定在租赁期开始日应确认的金额。

3.租赁期开始日，是指承租人有权行使其使用租赁资产权利的日期，表明租赁行为的开始。在租赁期开始日，承租人应当对租入资产、最低租赁付款额和未确认融资费用进行初始确认；出租人应当对应收融资租赁款、未担保余值和未实现融资收益进行初始确认。

4.担保余值，就承租人而言，是指由承租人或与其有关的第三方担保的资产余值；就出租人而言，是指就承租人而言的担保余值加上与承租人和出租人均无关、但在财务上有能力担保的第三方担保的资产余值。其中，资产余值是指在租赁开始日估计的租赁期届满时租赁资产的公允价值。为了促使承租人谨慎地使用租赁资产，尽量减少出租人自身的风险和损失，租赁协议有时要求承租人或与其有关的第三方对租赁资产的余值进行担保，此时的担保余值是针对承租人而言的。除此以外，担保人还可能是与承租人和出租人均无关，但在财务上有能力担保的第三方，如担保公司，此时的担保余值是针对出租人而言的。

5.未担保余值，指租赁资产余值中扣除就出租人而言的担保余值以后的资产余值。对出租人而言，如果租赁资产余值中包含未担保余值，表明这部分余值的风险和报酬并没有转移，其风险应由出租人承担，因此，未担保余值不能作为应收融资租赁款的一部分。

6.最低租赁付款额，是指在租赁期内，承租人应支付或可能被要求支付的款项（不包括或有租金和履约成本），加上由承租人或与其有关的第三方担保的资产余值。

如果租赁合同没有规定优惠购买选择权时，最低租赁付款额=各期租金之和+承租人或与其有关的第三方担保的资产余值+租赁期届满时承租人未能续租或展期而造成的任何应由承租人支付的款项。

如果租赁合同规定有优惠购买选择权时，最低租赁付款额=各期租金之和+承租人行使优惠购买选择权而支付的任何款项。

比如，甲企业采用融资租赁方式租入设备一台。租赁合同主要内容：①该设备租赁期为5年，每年支付租金5万元；②或有租金4万元；③履约成本3万元；④承租人有关的第三方担保的资产余值为2万元。则甲企业该设备的最低租赁付款额为：$5\times5+2=27$（万元）

又如，A租赁公司将一台大型设备以融资租赁方式租赁给B企业。双方签订合同，该设备租赁期4年，租赁期届满B企业归还给A公司设备。每6个月月末支付租金787.5万元，B企业担保的资产余值为450万元，B企业的母公司担保的资产余值为675万元，另外担保公司担保金额为675万元，未担保余值为225万元，则最低租赁付款额为：$787.5\times8+450+675=7\ 425$（万元）

7.最低租赁收款额，是指最低租赁付款额加上独立于承租人和出租人的第三方对出租人担保的资产余值。

若A租赁公司将一台大型设备以融资租赁方式租赁给B企业。双方签订合同，该设备租赁期4年，租赁期届满B企业归还给A公司设备。每6个月月末支付租金525万元，B企业担保的资产余值为300万元，B企业的母公司担保的资产余值为450万元，另外担保公司担保金额为450万元，未担保余值为150万元，则最低租赁收款额为：（525×8+300+450）+450=5 400（万元）

二、融资租赁直租业务的差异

（一）承租人的会计与税务差异

1.融资租入固定资产的初始计量

（1）会计处理。在租赁期开始日，承租人应当将租赁开始日租赁资产公允价值与最低租赁付款额现值两者中较低者作为租入资产的入账价值，将最低租赁付款额作为长期应付款的入账价值，其差额作为未确认融资费用。

承租人在计算最低租赁付款额的现值时，如果知悉出租人的租赁内含利率，应当采用出租人的租赁内含利率作为折现率，否则，应当采用租赁合同规定的利率作为折现率。如果出租人的租赁内含利率和租赁合同规定的利率均无法知悉，应当采用同期银行贷款利率作为折现率。其中，租赁内含利率，是指在租赁开始日，使最低租赁收款额的现值与未担保余值的现值之和等于租赁资产公允价值与出租人的初始直接费用之和的折现率。

（2）税务处理。《企业所得税法实施条例》第五十八条第（三）项规定："融资租入的固定资产，以租赁合同约定的付款总额和承租人在签订租赁合同过程中发生的相关费用为计税基础，租赁合同未约定付款总额的，以该资产的公允价值和承租人在签订租赁合同过程中发生的相关费用为计税基础。"

条例并未规定计算最低租赁付款额的现值，而是采用相对简化的处理方式，按照合同约定的付款总额作为计税基础，比会计准则的规定更直观、更简单，同时，为了防止有些租赁合同对付款总额没有约定，造成实际操作困难，可以按照该资产的公允价值和承租人在签订租赁合同过程中发生的相关费用为作为计税基础。

这里，需要注意两点：①最低租赁付款额与租赁合同约定的付款总额是两个不同的概念。租赁合同约定的付款总额不含承租人或与其有关的第三方担保的资产余值。②如果承租方有优惠购买选择权，租赁合同约定的付款总额应当包括承租人行使优惠购买选择权而支付的款项。

上述差异导致融资租入固定资产的计税基础大于初始会计成本，以后期间，会计折旧与财务费用（如果计提减值准备的，还应加上减值准备）之和，与税法折旧的差额，作纳税调整处理。

【例19-1】2×15年12月1日，甲公司与乙租赁公司签订了一份矿泉水生产线融资租赁合同。租赁合同规定：租赁期开始日为2×16年1月1日；租赁期为3年，每年年末支付租金200万元；租赁期届满，矿泉水生产线的估计残余价值为40万元，其中甲公司担保余值为30万元，未担保余值为10万元。该矿泉水生产线于2×15年12月31日运抵甲公司，当日投入使用；假定该矿泉水生产线为全新生产线，租赁开始日的公允价值为600万元。上述金额均不含增值税。

2×15年12月31日，租入固定资产最低租赁付款额现值=2 000 000×2.6730+300 000×0.8396=5 597 880（元），按照最低租赁付款额现值与租赁开始日租赁资产公允价值孰低原则，融资租入固定资产入账价值为5 597 880元。未确认融资费用=6 300 000–5 597 880=702 120（元）

借：固定资产——融资租入固定资产　　5 597 880

　　应交税费——待认证进项税额　　1 020 000（6 000 000×17%）

　　未确认融资费用　　702 120

　　贷：长期应付款　　732 000（6 000 000+300 000+6 000 000×17%）

这里的长期应付款，并非承租方未来应当支付的租金总额，其中还包括归还租赁资产时，应当冲减的担保余值。

税务处理：融资租入固定资产的计税基础为6 000 000元。

2.未确认融资费用的分摊

（1）会计处理。在融资租赁下，承租人向出租人支付的租金中，包含了本金和利息两部分。承租人支付租金时，一方面应减少长期应付款，另一方面应同时将未确认的融资费用按一定的方法确认为当期融资费用。在先付租金（即每期期初等额支付租金）的情况下，租赁期第一期支付的租金不含利息，只需减少长期应付款，不必确认当期融资费用。在分摊未确认的融资费用时，按照租赁准则的规定，承租人应当采用实际利率法。

在采用实际利率法的情况下，根据租赁开始日租赁资产和负债的入账价值基础不同，融资费用分摊率的选择也不同。未确认融资费用的分摊率的确定应区别情况处理：①以出租人的租赁内含利率为折现率将最低租赁付款额折现，且以该现值作为租赁资产入账价值的，应当将租赁内含利率作为未确认融资费用的分摊率；②以合同规定利率为折现率将最低租赁付款额折现，且以该现值作为租赁资产入账价值的，应当将合同规定利率作为未确认融资费用的分摊率；③以银行同期贷款利率为折现率将最低租赁付款额折现，且以该现值作为租赁资产入账价值的，应当将银行同期贷款利率作为未确认融资费用的分摊率；④以租赁资产公允价值为入账价值的，应当重新计算分摊率。该分摊率是使最低租赁付款额的现值等于租赁资产公允价值的折现率。

存在优惠购买选择权的，在租赁期届满时，未确认融资费用应全部摊销完毕，并且租赁负债也应当减少为优惠购买金额。在承租人或与其有关的第三方对租赁资产提供了担保或由于在租赁期届满时没有续租而支付违约金的情况下，在租赁期届满时，未确认融资费用应当全部摊销完毕，并且，租赁负债应减少至担保余值或该日应支付的违约金。

本期确认的融资费用=（“长期应付款”科目期初余额-“未确认融资费用”科目期初余额）×分摊率

（2）税务处理。《企业所得税法实施条例》第四十七条第二款规定：“以融资租赁方式租入固定资产发生的租赁费支出，按照规定构成融资租入固定资产价值的部分应当提取折旧费用，分期扣除。”

根据该项规定，融资费用的摊销额不得在税前扣除。纳税调整方法是，将本期计入财务费用的金额与本期会计折旧之和，与本期税法折旧对比，两者的差额调整应纳税所得额。

3.租赁资产折旧

（1）会计处理。承租人应对融资租入的固定资产计提折旧。

对于融资租入资产，计提租赁资产折旧时，承租人应采用与自有应折旧资产相一致的折旧政策。同自有应折旧资产一样，租赁资产的折旧方法一般有年限平均法、工作量法、双倍余额递减法、年数总和法等。如果承租人或与其有关的第三方对租赁资产余值提供了担保，则应计折旧总额为租赁期开始日固定资产的入账价值扣除担保余值后的余额。如果承租人或与其有关的第三方未对租赁资产余值提供担保，应计折旧总额为租赁开始日固定资产的入账价值。

确定租赁资产的折旧期间应视租赁合同的规定而论。如果能够合理确定租赁期届满时承租人将会取得租赁资产所有权，即可认为承租人拥有该项资产的全部使用寿命，因此应以租赁期开始日租赁资产的寿命作为折旧期间；如果无法合理确定租赁期届满后承租人是否能够取得租赁资产的所有权，应以租赁期与租赁资产寿命两者中较短者作为折旧期间。

（2）税务处理。《企业所得税法实施条例》第四十七条（二）项规定：“以融资租赁方式租入固定资产发生的租赁费支出，按照规定构成融资租入固定资产价值的部分应当提取折旧费用，分期扣除。”

融资租入固定资产计算折旧的方法与自有固定资产相同。残值率可由纳税人自行确定，折旧总额为融资租入固定资产的计税基础扣除预计净残值的差额。折旧年限不得低于税法规定的最低折旧年限，对于承租前已使用过的旧固定资产，可以根据固定资产的新旧磨损程度、使用情况等合理估计新旧程度，然后与该固定资产的法定折旧年限相乘确定。如果有关固定资产的新旧程度难以准确估计，主管税务机关有权采取其他合理方法。折旧方法采用直线法，对符合税法加速折旧条件的，可以采取缩短折旧年限或者双倍余额递减法、年数总和法。

纳税调整方法是，将本期计入财务费用的金额（未确认融资费用摊销额）与本期会计折旧之和，与本期税法折旧对比，两者的差额调整应纳税所得额。

4.履约成本

履约成本是指租赁期内为租赁资产支付的各种使用费用，如技术咨询和服务费、人员培训费、维修费、保险费等。承租人发生的履约成本通常应计入当期损益。

履约成本的所得税处理与会计处理相同，在实际发生的当期据实扣除。

5.或有租金

或有租金是指金额不固定、以时间长短以外的其他因素（如销售量、使用量、物价指数等）为依据计算的租金。由于或有租金的金额不固定，无法采用系统合理的方法对其进行分摊，因此或有租金在实际发生时计入当期损益。

或有租金的所得税处理与会计处理相同，由于或有租金金额具有不确定性，税法不允许计入融资租赁固定资产的计税基础，而应当在实际发生时据实扣除。

6.租赁期届满

租赁期届满时，承租人对租赁资产的处理通常有三种情况：返还、优惠续租和留购。

（1）返还。租赁期届满，承租人向出租人返还租赁资产时，通常借记“长期应付款——应付融资租赁款”、“累计折旧”科目，贷记“固定资产——融资租入固定资产”科目。

租赁期届满，承租人将租赁资产归还出租人，承租人不作任何税务处理。

（2）优惠续租。承租人行使优惠续租选择权，应视同该项租赁一直存在而作出相应的账务处理。如果租赁期届满时没有续租，根据租赁合同规定须向出租人支付违约金时，借记“营业外支出”科目，贷记“银行存款”等科目。

税务处理：如果租赁期届满时没有续租，承租人支付的违约金，允许据实扣除。需要注意的是，由于出租人取得的违约金属于其租赁资产取得的价外费用，所以承租人仍需取得出租人开具的增值税发票方可税前扣除。如果行使优惠续租选择权，应将续租期间应付租赁费金额增加固定资产的计税基础，并通过折旧方式在税前扣除。

（3）留购。在承租人享有优惠购买选择权的情况下，支付购买价款时，借记“长期应付款——应付融资租赁款”科目，贷记“银行存款”等科目；同时，将固定资产从“融资租入固定资产”明细科目转入有关明细科目。

税务处理：承租人享有优惠购买选择权，由于已将购买价款计入固定资产的计税基础，并通过折旧方式在税前扣除，因此在支付购买价款时，不作税务处理。

7.案例分析

【例19-2】2×12年12月1日，甲公司（承租人）与乙公司（出租人）签订了一份租赁合同。合同主要条款如下：

①租赁标的物：塑钢机。

②起租日：2×13年1月1日。

③租赁期：2×13年1月1日至2×15年12月31日，共36个月。

④租金支付：自2×13年1月1日起，每隔6个月于月末支付租金150 000元。

⑤该机器的保险、维护等费用均由甲公司负担，其中保险费6 000元，维护费4 000元。

⑥该机器在2×12年12月1日的公允价值为700 000元。

⑦租赁合同规定的利率为7%（6个月利率）（乙公司租赁内含利率未知）。

⑧甲公司在租赁谈判和签订租赁合同过程中发生可归属于租赁项目的手续费、差旅费1 000元。

⑨该机器的估计使用年限为8年，已使用3年，期满无残值。承租人采用年限平均法计提折旧。

⑩租赁期届满时，甲公司享有优惠购买该机器的选择权，购买价为100元，估计该日租赁资产的公允价值为80 000元。

2×14年和2×15年两年，甲公司每年按该机器所生产的产品——塑钢窗户的年销售收入的5%向乙公司支付经营分享收入。

以上收入均不含增值税。

承租人（甲公司）会计处理如下：

①租赁期开始日：

第一步，判断租赁类型。

本例存在优惠购买选择权，优惠购买价100元远低于行使选择权日租赁资产的公允价值80 000元，所以在租赁开始日，即2×12年12月1日就可合理确定甲公司将会行使这种选择权；另外，最低租赁付款额的现值为715 116.6元（计算过程见后）大于租赁资产公允价值的90%即630 000元（700 000元×90%），所以这项租赁应当认定为融资租赁。

第二步，计算租赁开始日最低租赁付款额的现值，确定租赁资产入账价值。

最低租赁付款额=各期租金之和+行使优惠购买选择权支付的金额

=150 000×6+100=900 100（元）

计算现值的过程如下：每期租金150 000元的年金现值=150 000×（P/A，7%，6）

优惠购买选择权行使价100元的复利现值=100×（P/F，7%，6）

查表得知

（P/A，7%，6）=4.767

（P/F，7%，6）=0.666

现值合计=150 000×4.767+100×0.666

=715 050+66.6

=715 116.6（元）>700 000（元）

根据公允价值与最低租赁付款额现值孰低原则，租赁资产的入账价值应为其公允价值700 000元。

第三步，计算未确认融资费用。

未确认融资费用=最低租赁付款额-租赁开始日租赁资产的公允价值

=900 100-700 000

=200 100（元）

第四步，将初始直接费用计入资产价值。

初始直接费用是指在租赁谈判和签订租赁合同的过程中发生的可直接归属于租赁项目的费用。承租人发生的初始直接费用，通常有印花税、佣金、律师费、差旅费、谈判费等。承租人发生的初始直接费用，应当计入租入资产价值。

第五步，会计分录。

2×13年1月1日：

借：固定资产——融资租入固定资产 701 000

未确认融资费用 200 100

应交税费——待认证进项税额 153 017（900 100×17%）

贷：长期应付款——应付融资租赁款1 053 117（900 100+153 017）

银行存款 1 000

税务处理：固定资产的计税基础=各期租金之和+行使优惠购买选择权支付的金额+初始直接费用=150 000×6+100+1 000=901 100（元）

②未确认融资费用的分摊：

第一步，确定融资费用分摊率。

由于租赁资产入账价值为其公允价值，因此应重新计算融资费用分摊率。

根据下列公式：

租赁开始日最低租赁付款额的现值=租赁开始日租赁资产公允价值

可以得出：150 000×（P/A，r，6）+100×（P/F，r，6）=700 000（元）

可在多次测试的基础上，用插值法计算融资费用分摊率。

当r=7%时

150 000×4.767+100×0.666=715 050+66.6

=715 116.6>700 000

当r=8%时

150 000×4.623+100×0.630=693 450+63=693 513<700 000

因此，7%<r<8%。用插值法计算如下：

现值	利率
715 116.6	7%
700 000	r
693 513	8%

（715 116.6−700 000）÷（715 116.6−693 513）=（7%−r）÷（7%−8%）

r=（21 603.6×7%+15 116.6×1%）÷21 603.6=7.70%

即，融资费用分摊率为7.70%。

第二步，在租赁期内采用实际利率法分摊未确认融资费用。

如表19.3所示：

表 19.3　　2×12 年 12 月 31 日未确认融资费用分摊表（实际利率法）　　单位：元

日期	租金	确认的融资费用	应付本金减少额	应付本金余额
（1）	（2）	（3）= 期初（5）× 7.70%	（4）=（2）-（3）	期末（5）= 期初（5）-（4）
2×12 年 12 月 31 日				700 000
2×13 年 6 月 30 日	150 000	53 900	96 100	603 900
2×13 年 12 月 31 日	150 000	46 500.3	103 499.7	500 400.3
2×14 年 6 月 30 日	150 000	38 530.82	111 469.18	388 931.12
2×14 年 12 月 31 日	150 000	29 947.70	120 052.30	268 878.82
2×15 年 6 月 30 日	150 000	20 703.67	129 296.33	139 582.49
2×15 年 12 月 31 日	150 000	10 517.51*	139 482.49*	100
2×15 年 12 月 31 日	100		100	0
合计	900 100	200 100	700 000	

* 做尾数调整：10 517.51=150 000−139 482.49；139 482.49=139 582.49−100

第三步，会计分录。

2×13年6月30，支付第一期租金：

借：长期应付款——应付融资租赁款　　175 500

　　贷：银行存款　　175 500

借：应交税费——应交增值税——进项税额

　　25 500（150 000×17%）

　　贷：应交税费——待认证进项税额　　25 500（150 000×17%）

以后各期支付租金及增值税处理分录同上。

借：财务费用　　53 900

　　贷：未确认融资费用　　53 900

2×13年12月31日，支付第二期租金及增值税处理分录略。

借：财务费用　　46 500.3

　　贷：未确认融资费用　　46 500.3

2×14年6月30日，支付第三期租金及增值税处理分录略。

借：财务费用　　38 530.82

　　贷：未确认融资费用　　38 530.82

2×14年12月31日，支付第四期租金及增值税处理分录略。

借：财务费用　　29 947.70

　　贷：未确认融资费用　　29 947.70

2×15年6月30日，支付第五期租金及增值税处理分录略。

借：财务费用　　20 703.67

贷：未确认融资费用　　20 703.67

2×15年12月31日，支付第六期租金及增值税处理分录略。

借：财务费用　　10 517.51

贷：未确认融资费用　　10 517.51

税务处理：每年末申报所得税时，将当年未确认融资费用分摊额与会计折旧之和与税法折旧的差额分别作纳税调整。

③租赁资产折旧的计提：

下面列示融资租入固定资产折旧的处理。

融资租入固定资产折旧计算如表19.4所示：

表19.4　2×13年1月1日融资租入固定资产折旧计算表（年限平均法）　单位：元

日期	固定资产原价	估计余值	折旧率	当年折旧费	累计折旧	固定资产净值
2×13年1月1日	701 000	0				701 000
2×13年12月31日			20%	140 200	140 200	560 800
2×14年12月31日			20%	140 200	280 400	420 600
2×15年12月31日			20%	140 200	420 600	280 400
2×16年12月31日			20%	140 200	560 800	140 200
2×17年12月31日			20%	140 200	701 000	0
合计	701 000	0	100%	701 000		

注：在租赁开始日（2×12年12月1日）可以合理地确定租赁期届满后承租人能够取得该项资产的所有权，因此在采用年限平均法计提折旧时，应按租赁期开始日租赁资产寿命5年（估计使用年限8年减去已使用年限3年）计提折旧。本例中租赁资产不存在担保余值，应全额计提折旧。

会计分录为：

2×13年12月31日，计提本年折旧（假定按年计提折旧）

借：制造费用——折旧费　　140 200

贷：累计折旧　　140 200

2×14年—2×17年各年分录同上。

税务处理：根据前面的计算结果已知该项固定资产计税基础为901 100元，由于该项固定资产已使用过，主管税务机关根据新旧程度确定税法折旧年限为5年，净残值为零。采用直线法计算税法折旧，则2×13年至2×17年每年允许扣除的折旧额为：901 100÷5=180 220（元）。各年纳税调整额如表19.5所示：

表 19.5　　2×13 年至 2×17 年纳税调整明细表　　单位：元

年度	未确认融资费用分摊额	会计折旧	税法折旧	纳税调整金额
2×13 年	100 400.3	140 200	180 220	+60 380.3
2×14 年	68 478.52	140 200	180 220	+28 458.52
2×15 年	31 221.18	140 200	180 220	−8 798.82
2×16 年		140 200	180 220	−40 020
2×17 年		140 200	180 220	−40 020
合计	200 100	701 000	901 100	0

各年度所得税会计分录（略）

④履约成本的处理：

甲公司支付该机器发生的保险费、维护费10 000元，会计分录为：

借：制造费用　　10 000

　　应交税费——应交增值税——进项税额

　　　　1 040（6 000×6%+4 000×17%）

　　贷：银行存款　　11 040

税务处理：企业发生的保险费、维护费10 000元，据实扣除，不作纳税调整。

⑤或有租金的处理：

假设2×14年、2×15年甲公司分别实现塑钢窗户销售收入100 000元和150 000元，根据租赁合同规定，这两年应支付给乙公司经营分享收入分别为5 000元和7 500元。

因乙公司取得的或有租金收入属于租赁收入的价外费用，需按17%计提销项税，故甲公司可以按取得的增值税专用发票做进项税额抵扣。

2×14年12月31日

借：销售费用　　5 000

　　应交税费——应交增值税（进项税额）　　850

　　贷：银行存款　　5 850

2×15年12月31日

借：销售费用　　7 500

　　应交税费——应交增值税（进项税额）　　1 275

　　贷：银行存款　　8 775

税务处理：或有租金在实际发生时据实扣除，企业所得税不作纳税调整。

⑥租赁期届满时的处理：

假设2×15年12月31日，甲公司向乙公司支付购买价款100元。会计分录为：

借：长期应付款——应付融资租赁款　　117

贷：银行存款 117

借：应交税费——应交增值税——进项税额 17

贷：应交税费——待认证进项税额 17

借：固定资产——塑钢机 700 000

贷：固定资产——融资租入固定资产 700 000

税务处理：与会计处理一致，不作纳税调整。

（二）出租人的会计与税务差异

1.租赁期开始日

出租人在租赁期开始日，将租赁开始日最低租赁收款额与初始直接费用之和作为应收融资租赁款的入账价值，并同时记录未担保余值，将最低租赁收款额、初始直接费用与未担保余值之和与其现值之和的差额记录为未实现融资收益。

计算过程如下：

首先，计算租赁内含利率。根据租赁内含利率的定义，即租赁内含利率是指在租赁开始日，使最低租赁收款额的现值与未担保余值的现值之和等于租赁资产公允价值与出租人的初始直接费用之和的折现率。

其次，计算租赁开始日最低租赁收款额及其现值和未实现融资收益，并编制会计分录。

①计算“最低租赁收款额+未担保余值”=（最低租赁付款额+无关第三方担保的余值）+未担保余值

②计算“最低租赁收款额的现值+未担保余值的现值+初始直接费用现值”=租赁资产的公允价+最（初）始直接费用

③计算未实现融资收益=（最低租赁收款额+未担保余值+初始直接费用）-（最低租赁收款额的现值+未担保余值的现值+初始直接费用的现值）=（最低租赁收款额+未担保余值+初始直接费用）-（租赁资产的公允价+初始直接费用）=（最低租赁收款额+未担保余值）-租赁资产的公允价

④在租赁开始日其会计处理为：在租赁开始日，应按租赁开始日最低租赁收款额与初始直接费用之和，借记“长期应收款”科目，按未担保余值，借记“未担保余值”科目，按融资租赁资产的账面价，贷记“融资租赁资产”科目，按融资租赁资产的公允价值（最低租赁收款额和未担保余值的现值之和）与账面价值的差额，借记或贷记“资产处置损益”科目，按发生的初始直接费用，贷记“银行存款”科目，按其差额，贷记“未实现融资收益”科目。

税务处理：从上述账务处理可见，会计上视为按公允价销售资产，同时将公允价作为本金分期收取利息。如前所述，企业所得税处理方面，由于租入方视为分期付款购买固定资产，故出租方应视为按分期收款销售固定资产处理。故“资产处置损益”及后期由“未实现融资收益”转入“租赁收入”的金额均应从“利润总额”中剔除，同时按照合同约定的应收价款的日期分期调增资产转让所得。

2.未实现融资收益的分配

根据租赁准则的规定，未实现融资收益应当在租赁期内各个期间进行分配，确认为各期的租赁收入。分配时，出租人应当采用实际利率法计算当期应当确认的租赁收入。出租人每期收到租金时，按收到的租金金额，借记“银行存款”科目，贷记“长期应收款——应收融资租赁款”科目。同时，每期确认租赁收入时，借记“未实现融资收益”科目，贷记“租赁收入”科目。

税务处理：将每期确认为“租赁收入”的“未实现融资收益”部分作纳税调减。

3.初始直接费用的处理

根据租赁准则规定，在融资租赁下，出租人发生的初始直接费用应当资本化。出租人在租赁期内确认各期租赁收入时，应当按照各期确认的收入与未实现融资收益的比例，对初始直接费用进行分摊，冲减租赁期内各期确认的租赁收入。

税务处理：出租人发生的初始直接费用允许在实际发生的当期据实扣除，计算所得税时作纳税调减处理

4.未担保余值发生变动时的处理

由于未担保余值的金额决定了租赁内含利率的大小，从而决定着未实现融资收益的分配，因此，为了真实地反映企业的资产和经营业绩，根据谨慎性原则的要求，在未担保余值发生减少和已确认损失的未担保余值得以恢复的情况下，均应当重新计算租赁内含利率，以后各期根据修正后的租赁投资净额和重新计算的租赁内含利率确定应确认的租赁收入。在未担保余值增加时，不做任何调整。其账务处理如下：

（1）期末，出租人的未担保余值的预计可收回金额低于其账面价值的差额，借记“资产减值损失”科目，贷记“未担保余值减值准备”科目。同时，将未担保余值减少额与由此所产生的租赁投资净额的减少额的差额，借记“未实现融资收益”科目，贷记“资产减值损失”科目。

（2）如果已确认损失的未担保余值得以恢复，应在原已确认的损失金额内转回，借记“未担保余值减值准备”科目，贷记“资产减值损失”科目。同时，将未担保余值恢复额与由此所产生的租赁投资净额的增加额的差额，借记“资产减值损失”科目，贷记“未实现融资收益”科目。

税务处理：计提的资产减值准备不得在税前扣除，“资产减值损失”科目借方发生额作纳税调增处理，贷方发生额作纳税调减处理。

5.或有租金的处理

出租人在融资租赁下收到的或有租金应计入当期损益。

税务处理：由于或有租金金额具有不确定性，对于或有租金，出租人应当在实际收到时确认计税收入，其税务处理与会计处理一致。

6. 租赁期届满时的处理

租赁期届满时出租人应区别以下情况进行会计处理：

（1）租赁期届满时，承租人将租赁资产交还出租人，并区别情况处理：

对资产余值全部担保的，出租人收到承租人交还的租赁资产时，应当借记“融资租赁资产”科目，贷记“长期应收款——应收融资租赁款”科目。如果收回租赁资产的价值低于担保余值，则应向承租人收取价值损失补偿金，借记“其他应收款”科目，贷记“资产处置损益”、“应交税费——应交增值税——销项税额”科目。

对资产余值部分担保的，出租人收到承租人交还的租赁资产时，借记“融资租赁资产”科目，贷记“长期应收款——应收融资租赁款”、“未担保余值”等科目。如果收回租赁资产的价值扣除未担保余值后的余额低于担保余值，则应向承租人收取价值损失补偿金，借记“其他应收款”科目，贷记“资产处置损益”、“应交增值税——应交增值税——销项税额”科目。

对资产余值全部未担保的，出租人收到承租人交还的租赁资产时，借记“融资租赁资产”科目，贷记“未担保余值”科目。

（2）优惠续租租赁资产：

①如果承租人行使优惠续租选择权，则出租人应视同该项租赁一直存在而作出相应的账务处理，如继续分配未实现融资收益等。

②如果租赁期届满时承租人没有续租，根据租赁合同规定应向承租人收取违约金时，应将其确认为营业外收入。同时，将收回的租赁资产按上述规定进行处理。

（3）留购租赁资产：租赁期届满时，承租人行使了优惠购买选择权。出租人应按收到的承租人支付的购买资产的价款，借记“银行存款”等科目，贷记“长期应收款——应收融资租赁款”科目。

税务处理：租赁期届满时，不再确认所得或损失，但如果出租人向承租人收取了租赁资产价值补偿金、违约金，则应于实际收到时计提销项税，并确认计税收入，这与会计上作为“营业外收入”的做法一致。

7. 应收融资租赁款发生减值

应收融资租赁款具有贷款性质，金融租赁公司对于应收融资租赁款可以提取贷款损失准备金。

借：资产减值损失

　　贷：贷款损失准备

税务处理：当应收融资租赁款发生减值时，依据《财政部、国家税务总局关于金融企业贷款损失准备金企业所得税税前扣除有关政策的通知》（财税［2015］9号）规定，金融租赁公司对于应收融资租赁款，允许按照贷款资产余额的1%提取贷款损失准备在税前扣除。准予税前提取贷款损失准备金的贷款资产范围包括：贷款（含抵押、质押、担保等贷款）；银行卡透支、贴现、信用垫款（含银行承兑汇票垫款、信用证垫款、担保垫款等）、进出口押汇、同业拆出、应收融资租赁款等各项具有贷款特征的风险资产；由金融企业转贷并承担对外还款责任的国外贷款，包括国际金融组织贷款、外国买方信贷、外国政府贷款、日本国际协力银行不附条件贷款和外国政府混合贷款等资产。

纳税调整方法如下：

本年度允许扣除的呆账准备A=本年末允许提取呆账准备的资产余额×税法规定的比例-（上年末已经扣除的呆账准备余额-金融企业符合规定核销条件允许在当期扣除的呆账损失+金融企业收回以前年度已扣除的呆账损失）

本年末实际计提的呆账准备B=年末贷款损失准备余额-年初贷款损失准备余额

若B＞A，应调增应纳税所得额=B-A，并确认递延所得税资产。

若A＞B，应首先在前期已调增的应纳税所得额范围内，调减所得，并相应转回递延所得税资产；当递延所得税资产余额为零时，说明企业实际计提数，没有超过税法规定的标准，只能按照计提数扣除，不再调减所得。

按2014版申报表，呆账准备与呆账损失应分别调整，方法如下：

①呆账准备纳税调整方法如下：

本年度允许扣除的呆账准备A=本年末允许提取呆账准备的资产余额×税法规定的比例-（截至上年末累计扣除的呆账准备余额+金融企业收回以前年度已扣除的呆账损失）

B=本年度贷款损失准备年末提取数或转回数+金融企业收回以前年度已冲销的呆账损失

纳税调整方法：如果B大于A，调增；反之，调减。调减额须以递延所得税资产余额至零为限。

②呆账损失纳税调整方法如下：

税法允许扣除的呆账损失M，即金融企业符合规定核销条件允许在当期扣除的呆账损失，与本年度金融企业自行核销的呆账损失N进行比较。

纳税调整方法：如果N大于M，调增；反之，调减。调减额须以递延所得税资产余额至零为限。

8.案例分析

【例19-3】2×12年12月1日，乙公司（出租人）与甲公司（承租人）签订了一份租赁合同。合同主要条款如下：

①租赁标的物：塑钢机。

②起租日：2×13年1月1日。

③租赁期：2×13年1月1日—2×15年12月31日，共36个月。

④租金支付：自2×13年1月1日起，每隔6个月于月末支付租金150 000元。

⑤乙公司为签订租赁合同发生初始直接费用10 000元。

⑥该机器在2×12年12月1日的账面价值（计税基础等于账面价值）、公允

价值分别为695 000元、700 000元。

⑦租赁合同规定的利率为7%（6个月利率）（乙公司租赁内含利率未知）。

⑧租赁期届满时，甲公司享有优惠购买该机器的选择权，购买价为100元，估计该日租赁资产的公允价值为80 000元。

⑨2×14年和2×15年两年，甲公司每年按该机器所生产的产品——塑钢窗户的年销售收入的5%向乙公司支付经营分享收入。

上述均为不含增值税收入。

①租赁期开始日的处理：

第一步，判断租赁类型。

本例存在优惠购买选择权，优惠购买价100元远远小于行使选择权日租赁资产的公允价值70 000元，因此在20×5年12月31日就可合理确定甲公司将会行使这种选择权；另外，在本例中，最低租赁收款额的现值=710 000元（计算过程见后），大于租赁开始日租赁资产公允价值的90%，即630 000元（700 000元×90%）；因此这项租赁应认定为融资租赁。

第二步，计算租赁内含利率。

最低租赁收款额=租金×期数十优惠购买价格=150 000×6+100=900 100（元）

因此有150 000×（P/A，r，6）+100×（P/F，r，6）=710 000（租赁资产的公允价值十初始直接费用）

根据这一等式，可在多次测试的基础上，用插值法计算租赁内含利率。

当r=7%时

150 000×4.767+100×0.666=715 050+66.6=715 116.6（元）>710 000（元）

当r=8%时

150 000×4.623+100×0.630=693 450+63=693 513（元）<710 000（元）

因此，7%<r<8%。用插值法计算如下：

现值	利率
715 116.6	7%
710 000	r
693 513	8%

（715 116.6−710 000）÷（715 116.6−693 513）=（7%−r）÷（7%−8%）

r=（21 603.6×7%+5 116.6×1%）÷21 603.6=7.24%，即，租赁内含利率为7.24%。

第三步，计算租赁开始日最低租赁收款额及其现值和未实现融资收益。

最低租赁收款额=最低租赁付款额+无关第三方对出租人担保的资产余值=各期租金之和+承租人或与其有关的第三方担保的资产余值+优惠购买价格=150 000×6+0+100=900 100（元）

应收融资租赁款入账价值=最低租赁收款额+初始直接费用=900 100+10 000=910 100（元）

最低租赁收款额现值+未担保余值的现值=租赁开始日租赁资产公允价值=

700 000（元）

未实现融资收益=（最低租赁收款额+未担保余值）-租赁资产的公允价=900 100-700 000=200 100（元）

第四步，会计分录。

2×13年1月1日：

借：长期应收款——应收融资租赁款　　910 100

　　贷：银行存款　　10 000

　　　　融资租赁固定资产　　695 000

　　　　未实现融资收益　　200 100

　　　　资产处置损益　　5 000

税务处理：初始直接费用10 000元（假设均取得增值税普通发票，无进项税抵扣）允许在当期扣除，作纳税调减处理。资产处置损益5 000元不确认所得，作纳税调减处理。

②未实现融资收益的分配：

第一步，计算租赁期内各期应分摊的融资收益。

如表19.6所示：

表19.6　　20×5年12月31日未确认融资收益分配表（实际利率法）　　单位：元

日期	租金	确认的融资收入	租赁投资净额减少额	租赁投资净额余额
①	②	③=期初⑤×7.24%	④=②-③	期末⑤=期初⑤-④
2×12年12月31日				700 000
2×13年6月30日	150 000	50 680	99 320	600 680
2×13年12月31日	150 000	43 489.23	106 510.77	494 169.23
2×14年6月30日	150 000	35 777.85	114 222.15	379 947.08
2×14年12月31日	150 000	27 508.17	122 491.83	257 455.25
2×15年6月30日	150 000	18 639.76	131 360.24	126 095.01
2×15年12月31日	150 000	24 004.99*	125 995.01*	100
2×15年12月31日	100		100	0
合计	900 100	200 100	700 000	

*做尾数调整：24 004.99=150 000-125 995.01；125 995.01=126 095.01-100

第二步，会计分录。

2×13年6月30日收到第一期租金时：

借：银行存款　　175 500

　　贷：长期应收款——应收融资租赁款　　150 000

　　　　应交税费——应交增值税（销项税额）　　25 500

以后各期收取定额租金分录同上。

借：未实现融资收益　　50 680

　　贷：租赁收入　　50 680

2×13年12月31日收到第二期租金分录略。

借：未实现融资收益　　43 489.23

　　贷：租赁收入　　43 489.23

2×13年税务处理：账面确认的租赁收入94 169.23元（50 680+43 489.23）作纳税调减处理，同时调增资产转让所得：300 000−695 000÷3=300 000−231 666.67=68 333.33（元）。

2×14年6月30日收到第三期租金分录略。

借：未实现融资收益　　35 777.85

　　贷：租赁收入　　35 777.85

2×14年12月31日收到第四期租金分录略。

借：未实现融资收益　　27 508.17

　　贷：租赁收入　　27 508.17

2×14年税务处理：账面确认的租赁收入63 286.02元（35 777.85+27 508.17）作纳税调减处理，同时调增资产转让所得：300 000−（695 000−231 666.67−231 666.67）=300 000−231 666.66=68 333.34（元）。

2×15年6月30日收到第五期租金分录略。

借：未实现融资收益　　18 639.76

　　贷：租赁收入　　18 639.76

2×15年12月31日收到第六期租金分录略。

借：未实现融资收益　　24 004.99

　　贷：租赁收入　　24 004.99

2×15年税务处理：账面确认的租赁收入42 644.75元（18 639.76+24 004.99）作纳税调减处理，同时调增资产转让所得：300 000−695 000÷3=300 000−231 666.67=68 333.33（元）。

③初始直接费用的处理：

2×13年6月30日收到第一期租金时，初始直接费用摊销额为：

50 680÷200 100×10 000=2 532.73（元）

借：租赁收入　　2 532.73

　　贷：长期应收款——应收融资租赁款　　2 532.73

2×13年12月31日收到第二期租金时，初始直接费用摊销额为：

43 489.23÷200 100×10 000=2 173.37（元）

借：租赁收入　　2 173.37

　　贷：长期应收款——应收融资租赁款　　2 173.37

2×13年税务处理：由于初始直接费用已于发生的当期扣除，故应纳税调增4 706.10元（2 532.73+2 173.37）。

2×14年6月30日收到第三期租金时，初始直接费用摊销额为：

35 777.85÷200 100×10 000=1 788（元）

借：租赁收入　　1 788

　　贷：长期应收款——应收融资租赁款　　1 788

2×14年12月31日收到第四期租金时，初始直接费用摊销额为：

27 508.17÷200 100×10 000=1 374.72（元）

借：租赁收入　　1 374.72

　　贷：长期应收款——应收融资租赁款　　1 374.72

2×14年税务处理：由于初始直接费用已于发生的当期扣除，故应纳税调增3 162.72元（1 788+1 374.72）。

2×15年6月30日收到第五期租金时，初始直接费用摊销额为：

18 639.76÷200 100×10 000=931.52（元）

借：租赁收入　　931.52

　　贷：长期应收款——应收融资租赁款　　931.52

2×15年12月31日收到第六期租金时，初始直接费用摊销额为：

24 004.99÷200 100×10 000=1 199.66（元）

借：租赁收入　　1 199.66

　　贷：长期应收款——应收融资租赁款　　1 199.66

2×15年税务处理：由于初始直接费用已于发生的当期扣除，故应纳税调增2 131.18元（931.52+1 199.66）。

综上，各年度纳税调整情况如表19.7所示：

表19.7　　各年度税合差异及纳税调整情况表　　单位：元

年度	租赁开始日资产处置损益（1）	未确认融资收益分摊租赁收入（2）	初始直接费用摊销抵减租赁收入（3）	会计损益（4)=(1）+（2)-(3）	应确认的计税收入（5）	应扣除的租赁资产计税基础和初始直接费用（6）	应纳税所得额（7）=(5)-(6）	纳税调整额（8）=（7）-（4）
2×13	5 000	94 169.23	4 706.10	94 463.13	300 000	241 666.67	58 333.33	−36 129.8
2×14		63 286.02	3 162.72	60 123.3	300 000	231 666.67	68 333.33	+8 210.03
2×15		42 644.75	2 131.18	40 513.57	300 000	231 666.66	68 333.34	+27 819.77
合计	5 000	200 100	10 000	195 100	900 000	705 000.00	195 000	−100*

*表中应纳税所得额比会计损益少100元，正是承租人在租赁期满优惠购买租赁资产的价款，出租人在实际收到购买款时确认计税收入。

通过上述计算可以发现，应纳税所得额与会计损益在总额上是相等的，只是由于税务和会计处理方法的不同产生了暂时性差异。

④或有租金的处理：

假设2×14年和2×15年，甲公司分别实现塑钢窗户年销售收入100 000元和150 000元。根据租赁合同的规定，两年应向甲公司收取的经营分享收入分别为5 000元和7 500元。

2×14年：

借：银行存款　　5 850

　　贷：租赁收入　　5 000

　　　　应交税费——应交增值税（销项税额）　　850

2×15年：

借：银行存款　　8 775

　　贷：租赁收入　　7 500

　　　　应交税费——应交增值税（销项税额）　　1 275

税务处理：或有租金收入在实际收到时确认，与会计处理一致，不作纳税调整。

⑤租赁期届满时的处理：

假设2×16年1月1日，乙公司收到甲公司支付的购买资产的价款100元。会计分录为：

借：银行存款　　100

　　贷：长期应收款——应收融资租赁款　　100

税务处理：出租人应于实际收到购买资产的价款时确认计税收入，2×16年调增应纳税所得额100元。

【例19-4】融资租赁业务取得的咨询收入确认时间问题。

基本情况：本公司为一家金融租赁公司。通常，我公司对于融资租赁直租业务，会向客户收取三笔费用：租金（一般以央行基准利率上浮10%）、咨询服务费（一般是项目总金额2%~3%，以下称租赁服务费）和保证金。其中租金收入我公司按租赁合同约定分期收取，于每次收取时确认收入并开具增值税专用发票；对于咨询服务费我公司按惯例一次性收取，并就其中70%部分于租赁起始时确认收入，剩余30%部分在租赁期内分摊确认，即30%部分我公司在会计上先计入“预收账款”，根据权责发生制的原则在租赁期内分期确认收入并缴纳企业所得税，这也是融资租赁行业普遍的做法。

在我公司内部税务审计时，观点一认为，剩余的30%咨询服务费也应一次性确认收入，理由如下：

第一，我公司签订融资租赁合同后，按合同约定一次性收取了租赁服务费，并全额开具了增值税专用发票（相应合同条款附后）；

第二，承租方取得服务费发票后，对于租赁服务费将一次性确认支出；

第三，有类似案例（某汽车金融公司），对于租赁服务费，税务机关不认可分期确认收入，要求企业调增应纳税所得额并缴纳企业所得税。

观点二认为，对于租赁服务费可分期确认收入，理由如下：

第一，《企业所得税法实施条例》第九条规定，“企业应纳税所得额的计算，以权责发生制为原则，属于当期的收入和费用，不论款项是否收付，均作为当期的收入和费用；不属于当期的收入和费用，即使款项已经在当期收付，均不作为当期的收入和费用。本条例和国务院财政、税务主管部门另有规定的除外。”虽然我公司在租赁起始日全额开具了发票，但是在租赁期开始后我公司需根据合同约定在整个租赁期内定期开展租后检查等工作，并提供相关服务，因此，应按照权责发生制原则在会计与企业所得税上分期确认收入；

第二，《国家税务总局关于贯彻落实企业所得税法若干税收问题的通知》（国税函［2010］79号）第一条关于租金收入确认问题，“根据《中华人民共和国所得税法实施条例》第十九条的规定，企业提供固定资产、包装物或者其他有形资产的使用权取得的租金收入，应按交易合同或协议规定的承租人应付租金的日期确认收入的实现。其中，如果交易合同或协议中规定租赁期限跨年度，且租金提前一次性支付的，根据《中华人民共和国所得税法实施条例》第九条规定的收入与费用配比原则，出租人可对上述已确认的收入，在租赁期内，分期均匀计入相关年度收入。”

第三，对于租赁服务费收入，我公司作为有形动产租赁收入按17%的税率全额计算缴纳增值税，并非作为手续费收入按6%的税率计算缴纳增值税；

第四，根据合同约定，如租赁项目发生提前还款、提前终止等情况，公司收取的租赁服务费将不予退还，但对于类似案例，法院曾判决出租方按照资金占用天数退还部分租赁服务费。

第五，实务中，承租方取得租赁服务费发票，如果金额较大，通常情况下，会在租赁期间分期计入“财务费用”并于税前列支；如果金额较小，则会选择一次性计入“财务费用”并于税前列支。

请问：上述观点哪种正确？

附：相关合同条款

第四条“租赁期、咨询服务费、保证金及租金”

4.1　鉴于甲方就乙方所开展金融租赁业务，提供了相关的融资安排和财务方案等咨询服务，乙方同意在起租日前一次性向甲方支付咨询服务费。合同解除或终止的，咨询服务费不予退还。

4.2　甲方支付租赁物转让款前，乙方应按本合同附表一的约定向甲方支付咨询服务费和保证金。咨询服务费和保证金也可以由甲方在支付租赁物转让款时扣收，乙方应出具相应的手续。

解析：《中华人民共和国企业所得税法实施条例》第四十七条及第五十八条规定：“融资租入的固定资产，以租赁合同约定的付款总额和承租人在签订租赁合同过程中发生的相关费用为计税基础，租赁合同未约定付款总额的，以该资产的公允价值和承租人在签订租赁合同过程中发生的相关费用为计税基础。”“以融资租赁方式租入固定资产发生的租赁费支出，按照规定构成融资租入固定资产价值的部分应当提取折旧费用，分期扣除。”

由此可见，融资租赁直租业务在企业所得税处理方面，承租方按照分期付款购买固定资产处理，并视为自有固定资产通过折旧方式分期扣除。与之相对应，出租方应按照分期收款销售有形动产或不动产处理。

《中华人民共和国企业所得税法实施条例》第二十三条第（一）项规定："以分期收款方式销售货物的，按照合同约定的收款日期确认收入的实现。"

融资租赁业务本身就涉及租赁资产的转让及租赁期间的咨询服务，即便是租赁公司不另行收取租赁服务费，其租金收入已包含租赁服务费。换句话说，租赁公司收取的服务费属于租金收入的一部分，也正因为如此，该租赁服务费才作为有形动产的租金收入适用17%的增值税税率，而不是按照咨询服务适用税率6%。

综上，融资租赁公司应按分期收款销售货物，按照合同约定的收款日期分期确认收入。租赁服务费属于货款的一部分，应于合同约定的应收服务费的当天确认计税收入。

根据《中华人民共和国企业所得税法》第八条规定的配比性原则，融资租赁公司分期确认收入的同时，也应分期扣除租出资产的成本。

纳税年度应确认的资产转让所得=（本期应收租金+本期应收租赁服务费）−租出资产的计税基础×（本期应收租金+本期应收租赁服务费）÷合同确定的应收租金及租赁服务费总额

租赁期满，出租人收到的租赁资产购买价款在实际收到时确认计税收入。

根据上述分析，剩余30%的咨询服务费也应于合同约定的应收价款的日期确认计税收入。

观点二不正确。原因如下：

第一，如前所述，出租方按照分期收款销售货物进行所得税处理，故不适用《中华人民共和国企业所得税法实施条例》第十九条及国税函［2010］79号关于租金收入确认时间的规定。

第二，权责发制是一般性原则。《中华人民共和国企业所得税法实施条例》第九条强调，凡企业所得税法实施条例和国务院财政、税务主管部门另有规定的，不适用权责发生制原则。鉴于《中华人民共和国企业所得税法实施条例》第二十三条第（一）项有特殊规定，故本例不适用权责发生制。

三、融资性售后回租的差异

（一）承租人的会计与税务差异

对承租人而言，其出售资产时与资产所有权有关的全部报酬和风险并未转移，并且售后租回交易的租金和资产的售价往往是以一揽子方式进行谈判的，应视为一项交易，因此，无论承租人所发生的销售收入高于还是低于出售前资产的账面价值，所发生的收益或损失都不应确认为当期损益，而应将其作为融资费用递延并按资产的折旧进度进行分摊，作为折旧费用的调整。

承租人对售后租回交易中售价与资产账面价值的差额应通过"递延收益——未实现售后租回损益(融资租赁)"科目进行核算，分摊时，按既定比例减少未实现售后租回损益，同时相应增加或减少折旧费用。

(1)销售固定资产

借：固定资产清理

累计折旧

贷：固定资产

借：银行存款

贷：固定资产清理

递延收益——未实现售后回租损益(融资租赁)

(2)回租固定资产

回租固定资产的会计及企业所得税处理参见固定资产直租业务。

(3)未实现融资收益分摊

借：递延收益——未实现售后回租损益(融资租赁)

贷：制造费用——折旧费

税务处理：根据《国家税务总局关于融资性售后回租业务中承租方出售资产行为有关税收问题的公告》(国家税务总局公告2010年第13号)："根据现行企业所得税法及有关收入确定规定，融资性售后回租业务中，承租人出售资产的行为，不确认为销售收入，对融资性租赁的资产，仍按承租人出售前原账面价值作为计税基础计提折旧。租赁期间，承租人支付的属于融资利息的部分，作为企业财务费用在税前扣除。"

纳税调整方法：售价与账面价的差额不确认所得或损失，因此"递延收益——未实现售后租回损益(融资租赁)"分摊调整折旧的金额应作纳税调整，同时回购价与售价之间的差额应在回租期间分期平均作纳税调减处理。这里应当注意：对于承租方因回租固定资产的入账价值与计税基础不一致而形成折旧差异，通过A105080(资产折旧、摊销情况及纳税调整明细表)进行纳税调整。

(3)案例分析

【例19-5】假设2×13年1月1日，甲公司将一台塑钢机按700 000元的价格销售给乙公司。该机器的公允价值为700 000元，账面原价为1 000 000元，已提折旧400 000元。同时又签订了一份融资租赁协议将机器租回。

甲公司对售后租回交易中售价与资产账面价值的差额会计处理如下(计算过程参见表19.8)：

表 19.8　　2×13 年 1 月 1 日未实现售后租回收益分摊表（年限平均法）　　单位：元

日期	售价	固定资产账面价值	摊销期	分摊率	摊销额	未实现售后租回损益
2×13 年 1 月 1 日	700 000	600 000	5 年			100 000
2×13 年 12 月 31 日				20%	20 000	80 000
2×14 年 12 月 31 日				20%	20 000	60 000
2×15 年 12 月 31 日				20%	20 000	40 000
2×16 年 12 月 31 日				20%	20 000	20 000
2×17 年 12 月 31 日				20%	20 000	0
合计	700 000	600 000		100%	100 000	

①2×13年1月1日，结转出售固定资产的成本。

借：固定资产清理　　600 000

　　累计折旧　　400 000

　　贷：固定资产——塑钢机　　1 000 000

②2×13年1月1日，向乙公司出售塑钢机。

借：银行存款　　700 000

　　贷：固定资产清理　　600 000

　　　　递延收益——未实现售后租回损益（融资租赁）　　100 000

其他会计分录及纳税调整略。

（二）出租人的会计与税务差异

（1）取得融资租赁固定资产

借：固定资产——融资租赁固定资产

　　贷：银行存款

（2）出租融资租赁固定资产

借：长期应收款——应收融资租赁款

　　贷：固定资产——融资租赁固定资产

　　　　未实现融资收益

（3）收到租金以及未实现融资收益的确认

借：银行存款

　　贷：长期应收款——应收融资租赁款

　　　　应交税费——应交增值税（销项税额）

需要注意的是，根据《营业税改征增值税试点有关事项的规定》（财税［2016］36号附件2），纳税人提供有形动产融资性售后回租服务，计算当期销售额时可以扣除的有形动产价款本金，为书面合同约定的当期应当收取的本金。无书面合同或者书面合同没有约定的，为当期实际收取的本金。融资性售后回租业务按“贷款服务”缴纳增值税，适用税率为6%。

借：未实现融资收益

　　贷：租赁收入

税务处理：“未实现融资收益”结转“租赁收入”作纳税调减处理，同时按合同约定的应收利息的日期确认收入并调增应纳税所得额。

第五节　融资租赁其他税种的处理

一、房产税

《财政部、国家税务总局关于房产税城镇土地使用税有关问题的通知》(财税［2009］128号)规定：“融资租赁的房产，由承租人自融资租赁合同约定开始日的次月起依照房产余值缴纳房产税。合同未约定开始日的，由承租人自合同签订的次月起依照房产余值缴纳房产税。”

二、契税

《财政部、国家税务总局关于企业以售后回租方式进行融资等有关契税政策的通知》(财税［2012］82号)规定：“对金融租赁公司开展售后回租业务，承受承租人房屋、土地权属的，照章征税。对售后回租合同期满，承租人回购原房屋、土地权属的，免征契税。”

三、印花税

根据《财政部、国家税务总局关于融资租赁合同有关印花税政策的通知》(财税［2015］144号)规定：“对开展融资租赁业务签订的融资租赁合同(含融资性售后回租)，统一按照其所载明的租金总额依照‘借款合同’税目，按万分之零点五的税率计税贴花。”该文同时明确：“在融资性售后回租业务中，对承租人、出租人因出售租赁资产及购回租赁资产所签订的合同，不征收印花税。”

四、出口退税

根据《财政部、海关总署、国家税务总局关于在全国开展融资租赁货物出口退税政策试点的通知》(财税［2014］62号)，有关融资租赁出口退税事项关注以下几点：

1.退税适用范围

对融资租赁企业、金融租赁公司及其设立的项目子公司（以下统称融资租赁出租方），以融资租赁方式租赁给境外承租人且租赁期限在5年（含）以上，并向海关报关后实际离境的货物，试行增值税、消费税出口退税政策。对融资租赁出租方购买的，并以融资租赁方式租赁给境内列名海上石油天然气开采企业且租赁期限在5年（含）以上的国内生产企业生产的海洋工程结构物，视同出口，试行增值税、消费税出口退税政策。

2.退税计算公式

（1）增值税：

增值税应退税额=购进融资租赁货物的增值税专用发票注明的金额或海关（进口增值税）专用缴款书注明的完税价格×融资租赁货物适用的增值税退税率

增值税退税率按照统一的出口货物适用退税率执行。从增值税一般纳税人购进的按简易办法征税的融资租赁货物和从小规模纳税人购进的融资租赁货物，其适用的增值税退税率，按照购进货物适用的征收率和退税率孰低的原则确定。

（2）消费税：

对融资租赁出租方退还上一环节已征的消费税。

消费税应退税额=购进融资租赁货物税收（出口货物专用）缴款书上或海关进口消费税专用缴款书上注明的消费税税额

3.补缴退税款

对承租期未满而发生退租的融资租赁货物，融资租赁出租方应及时主动向主管国家税务局报告，并按下列规定补缴已退税款：

（1）对已享受退税的融资租赁出口货物再复进口时，主管国家税务局应按规定追缴融资租赁出租方的已退税款，并对融资租赁出口货物出具货物已补税或未退税证明；

（2）对融资租赁海洋工程结构物发生退租的，主管国家税务局应按规定追缴融资租赁出租方的已退税款。

4.操作程序

按《国家税务总局关于发布〈融资租赁货物出口退税管理办法〉的公告》（国家税务总局公告2014年第56号）规定提交相关资质证明、办理退税。

《财政部　国家税务总局关于明确金融、房地产开发、教育辅助服务等增值税政策的通知》（财税［2016］140号）规定，自2017年1月1日起，融资租赁企业及其设立的项目子公司、金融租赁公司及其设立的项目子公司购买并以融资租赁方式出租的国内生产企业生产的海洋工程结构物，应按规定缴纳增值税，不再适用《财政部　国家税务总局关于出口货物劳务增值税和消费税政策的通知》（财税［2012］39号）或者《财政部　国家税务总局关于在全国开展融资租赁货物出口退税政策试点的通知》（财税［2014］62号）规定的增值税出口退税政策，但购买方或者承租方为按实物征收增值税的中外合作油（气）田开采企业的除外。2017年1月1日前签订的海洋工程结构物销售合同或者融资租赁合同，在合同到期前，可继续按现行相关出口退税政策执行。

五、预提所得税

《国家税务总局关于非居民企业所得税管理若干问题的公告》（国家税务总局公告2011年第24号）规定，“在中国境内未设立机构、场所的非居民企业，以融资租赁方式将设备、物件等租给中国境内企业使用，租赁期满后设备、物件所有权归中国境内企业（包括租赁期满后作价转让给中国境内企业），非居民企业按照合同约定的期限收取租金，应以租赁费（包括租赁期满后作价转让给中国境内企业的价款）扣除设备、物件价款后的余额，作为贷款利息所得计算缴纳企业所得税，由中国境内企业在支付时代扣代缴。”对于租金单笔支付金额等值5万美元以上（不含等值5万美元）的，需向所在地主管国税机关进行税务备案，主管税务机关仅为地税机关的，向所在地同级国税机关备案。

第二十章

金融工具确认和计量准则与税法差异分析

金融工具是指形成一个企业的金融资产，并形成其他单位的金融负债或权益工具的合同。金融工具包括金融资产、金融负债和权益工具。新《企业会计准则第22号——金融工具确认和计量》（财会[2017]7号，以下简称“金融工具确认和计量准则”）规范了包括金融企业在内的各类企业的金融工具交易的会计处理，要求企业将几乎所有金融工具尤其是衍生工具纳入表内核算，将有助于如实反映企业的金融工具交易，便于投资者更好地了解企业的财务状况和经营成果。本章分析企业所得税法与金融工具确认与计量准则的差异及纳税调整方法。

第一节　金融工具概述

一、金融工具的概念

金融工具是指形成一个企业的金融资产，并形成其他单位的金融负债或权益工具的合同。金融工具包括金融资产、金融负债和权益工具。其中，金融资产通常指企业的下列资产：现金、银行存款、应收账款、应收票据、贷款、股权投资、债权投资等；金融负债通常指企业的下列负债：应付账款、应付票据、应付债券等。从发行方看，权益工具通常指企业发行的普通股、在资本公积项下核算的认股权等。金融工具可以分为基础金融工具和衍生工具。

（一）基础金融工具

基础金融工具包括企业持有的现金、存放于金融机构的款项、普通股，以及代表在未来期间收取或支付金融资产的合同权利或义务等，如应收账款、应付账款、其他应收款、其他应付款、存出保证金、存入保证金、客户贷款、客户存款、债券投资、应付债券等。

（二）衍生工具

衍生工具是指具有下列特征的金融工具或其他合同：

1.其价值随着特定利率、金融价格、商品价格、汇率、价格指数、费率指数、信用等级、信用指数或其他类似变量的变动而变动，变量为非金融变量的，该变量与合同的任一方不存在特定关系。

2.不要求初始净投资，或与对市场情况变动有类似反应的其他类型合同相比，要求很少的初始净投资。

3.在未来某一日期结算。

衍生工具包括远期合同、期货合同、互换和期权，以及具有远期合同、期货合同、互换和期权中一种或一种以上特征的工具。

二、金融资产的内容

金融资产主要包括现金、应收账款、应收票据、贷款、其他应收款、应收利息、债权投资、股权投资、衍生金融资产等。

衍生金融资产包括远期合同、期货合同、互换和期权等，衍生工具不作为有效套期工具的，也属于交易性金融资产的内容。

三、金融资产和金融负债的分类

金融资产和金融负债的计量，与其分类密切相关。企业应当结合自身业务特点和风险管理要求，将取得的金融资产或承担的金融负债在初始确认时分为以下几类：①以公允价值计量且其变动计入当期损益的金融资产或金融负债（交易性金融资产、交易性金融负债）；②以摊余成本计量的金融资产（应收账款、贷款、债权投资）；③以公允价值计量且其变动计入其他综合收益的金融资产（其他权益工具投资、其他债权投资）；④其他金融负债。上述分类一经确定，不得随意变更。

（一）以公允价值计量且其变动计入当期损益的金融资产或金融负债

以公允价值计量且其变动计入当期损益的金融资产或金融负债，可以进一步分为交易性金融资产或金融负债和直接指定为以公允价值计量且其变动计入当期损益的金融资产或金融负债。

1.交易性金融资产或金融负债

按照金融工具确认和计量准则第十七条分类为以摊余成本计量的金融资产和第十八条分类为以公允价值计量且其变动计入其他综合收益的金融资产之外的金融资产，企业应当将其分类为以公允价值计量且其变动计入当期损益的金融资产。

满足下列条件之一的，表明企业持有该金融资产或承担该金融负债的目的是交易性的，应分类为交易性金融资产或金融负债（含属于金融资产或金融负债的衍生工具）：（1）取得相关金融资产或承担相关金融负债的目的，主要是为了近期出售或回购；（2）相关金融资产或金融负债在初始确认时属于集中管理的可辨认金融工具组合的一部分，且有客观证据表明近期实际存在短期获利模式；（3）相关金融资产或金融负债属于衍生工具。但符合财务担保合同定义的衍生工具以及被指定为有效套期工具的衍生工具除外。

2.直接指定为以公允价值计量且其变动计入当期损益的金融资产或金融负债

在初始确认时，如果能够消除或显著减少会计错配，企业可以将金融资产指定为以公允价值计量且其变动计入当期损益的金融资产。该指定一经做出，不得撤销。

在初始确认时，为了提供更相关的会计信息，企业可以将金融负债指定为以公允价值计量且其变动计入当期损益的金融负债，但该指定应当满足下列条件之一：（1）能够消除或显著减少会计错配；（2）根据正式书面文件载明的企业风险管理或投资策略，以公允价值为基础对金融负债组合或金融资产和金融负债组合进行管理和业绩评价，并在企业内部以此为基础向关键管理人员报告。该指定一经做出，不得撤销。

（二）以摊余成本计量的金融资产

金融资产同时符合下列条件的，应当分类为以摊余成本计量的金融资产：

（1）企业管理该金融资产的业务模式是以收取合同现金流量为目标；（2）该金融资产的合同条款规定，在特定日期产生的现金流量，仅为对本金和以未偿付本金金额为基础的利息的支付。

（三）以公允价值计量且其变动计入其他综合收益的金融资产

金融资产同时符合下列条件的，应当分类为以公允价值计量且其变动计入其他综合收益的金融资产：（1）企业管理该金融资产的业务模式既以收取合同现金流量为目标又以出售该金融资产为目标；（2）该金融资产的合同条款规定，在特定日期产生的现金流量，仅为对本金和以未偿付本金金额为基础的利息的支付。

在初始确认时，企业可以将非交易性权益工具投资指定为以公允价值计量且其变动计入其他综合收益的金融资产，并按照金融工具确认和计量准则第六十五条规定确认股利收入。该指定一经做出，不得撤销。

（四）其他金融负债

其他金融负债是指没有划分为以公允价值计量且其变动计入当期损益的金融负债。通常，企业购买商品形成的应付账款、长期借款、商业银行吸收的客户存款等，应划分为此类。

四、金融资产之间重分类的处理

企业改变其管理金融资产的业务模式时，应当按照规定对所有受影响的相关金融资产进行重分类。企业对所有金融负债均不得进行重分类。企业对金融资产进行重分类，应当自重分类日起采用未来适用法进行相关会计处理，不得对以前已经确认的利得、损失（包括减值损失或利得）或利息进行追溯调整。

企业将一项以摊余成本计量的金融资产重分类为以公允价值计量且其变动计入当期损益的金融资产的，应当按照该资产在重分类日的公允价值进行计量。原账面价值与公允价值之间的差额计入当期损益。企业将一项以摊余成本计量的金融资产重分类为以公允价值计量且其变动计入其他综合收益的金融资产的，应当按照该金融资产在重分类日的公允价值进行计量。原账面价值与公允价值之间的差额计入其他综合收益。该金融资产重分类不影响其实际利率和预期信用损失的计量。

企业将一项以公允价值计量且其变动计入其他综合收益的金融资产重分类为以摊余成本计量的金融资产的，应当将之前计入其他综合收益的累计利得或损失转出，调整该金融资产在重分类日的公允价值，并以调整后的金额作为新的账面价值，即视同该金融资产一直以摊余成本计量。该金融资产重分类不影响其实际利率和预期信用损失的计量。

企业将一项以公允价值计量且其变动计入其他综合收益的金融资产重分类

为以公允价值计量且其变动计入当期损益的金融资产的，应当继续以公允价值计量该金融资产。同时，企业应当将之前计入其他综合收益的累计利得或损失从其他综合收益转入当期损益。

企业将一项以公允价值计量且其变动计入当期损益的金融资产重分类为以摊余成本计量的金融资产的，应当以其在重分类日的公允价值作为新的账面余额。企业将一项以公允价值计量且其变动计入当期损益的金融资产重分类为以公允价值计量且其变动计入其他综合收益的金融资产的，应当继续以公允价值计量该金融资产。对金融资产重分类进行处理的，企业应当根据该金融资产在重分类日的公允价值确定其实际利率。

第二节　金融资产和金融负债的确认

金融资产的确认是指将符合金融资产定义和金融资产确认条件的项目计入和列入资产负债表的过程。金融负债的确认是指将符合金融负债定义和金融负债确认条件的项目计入和列入资产负债表的过程。

一、金融资产和金融负债确认条件

企业成为金融工具合同的一方时，应当确认一项金融资产或金融负债。根据此确认条件，企业应将金融工具确认和计量准则范围内的衍生工具合同形成的权利或义务，确认为金融资产或金融负债。但是，如果衍生工具涉及金融资产转移，且导致该金融资产转移不符合终止确认条件，则不应将其确认，否则会导致衍生工具形成的义务被重复确认。

二、金融资产的终止确认

金融资产终止确认，是指将金融资产从企业的账户和资产负债表内予以转销。金融工具确认和计量准则规定，收取金融资产现金流量的合同权利终止，或金融资产已经转移，且符合《企业会计准则第23号——金融资产转移》规定的金融资产终止确认条件的，应当终止确认该金融资产。

三、金融负债的终止确认

金融负债终止确认，是指将金融负债从企业的账户和资产负债表内予以转销。金融工具确认和计量准则规定，金融负债的现时义务全部或部分已经解除的，才能终止确认该金融负债或其一部分。

金融负债现时义务的解除可能还会涉及其他复杂情形，企业应当注重分析交易的法律形式和经济实质。

第三节 金融资产和金融负债的计量与税法差异概述

一、金融资产和金融负债的计量

(一)金融资产和金融负债的初始计量

企业初始确认金融资产或金融负债时，应当按照公允价值计量。对于以公允价值计量且其变动计入当期损益的金融资产或金融负债，相关交易费用应当直接计入当期损益；对于其他类别的金融资产或金融负债，相关交易费用应当计入初始确认金额。其中，金融资产或金融负债的公允价值，通常应当以市场交易价格为基础确定。

交易费用，是指可直接归属于购买、发行或处置金融工具新增的外部费用。新增的外部费用，是指企业不购买、发行或处置金融工具就不会发生的费用，包括支付给代理机构、咨询公司、券商等的手续费和佣金及其他必要支出，不包括债券溢价、折价、融资费用、内部管理成本及其他与交易不直接相关的费用。交易费用构成实际利息的组成部分。

企业取得金融资产所支付的价款中包含的已宣告但尚未发放的债券利息或现金股利，应当单独确认为应收项目进行处理。

(二)金融资产的后续计量

1.金融资产后续计量原则

金融资产的后续计量与金融资产的分类密切相关。企业应当按照以下原则对金融资产进行后续计量：

(1)以公允价值计量且其变动计入当期损益的金融资产，应当按照公允价值计量，且不扣除将来处置该金融资产时可能发生的交易费用；

(2)以摊余成本计量的金融资产，应当采用实际利率法，按摊余成本计量；

(3)以公允价值计量且其变动计入其他综合收益的金融资产，应当按公允价值计量，且不扣除将来处置该金融资产时可能发生的交易费用。

2.实际利率法及摊余成本

(1)实际利率法。实际利率法，是指按照金融资产或金融负债(含一组金融资产或金融负债)的实际利率计算其摊余成本及各期利息收入或利息费用的方法。

实际利率，是指将金融资产或金融负债在预期存续期间或适用的更短期间内的未来现金流量，折现为该金融资产或金融负债当前账面价值所使用的利率。

企业在初始确认以摊余成本计量的金融资产或金融负债时，就应当计算确定实际利率，并在相关金融资产或金融负债预期存续期间或适用的更短期间内保持不变。

在确定实际利率时，应当在考虑金融资产或金融负债所有合同条款（包括提前还款权、看涨期权或类似期权等）的基础上预计未来现金流量，但不应考虑未来信用损失。

金融资产或金融负债合同各方之间支付或收取的、属于实际利率组成部分的各项收费、交易费用及溢价或折价等，应当在确定实际利率时予以考虑。金融资产或金融负债的未来现金流量或存续期间无法可靠预计时，应当采用该金融资产或金融负债在整个合同期内的合同现金流量。

（2）摊余成本。金融资产或金融负债的摊余成本，是指该金融资产或金融负债的初始确认金额经下列调整后的结果：

①扣除已偿还的本金；

②加上或减去采用实际利率法将该初始确认金额与到期日金额之间的差额进行摊销形成的累计摊销额；

③扣除已发生的减值损失（仅适用于金融资产）。

需要说明的是，对于要求采用实际利率法摊余成本进行后续计量的金融资产或金融负债，如果有客观证据表明按该金融资产或金融负债的实际利率与名义利率分别计算的各期利息收入或利息费用相差很小，也可以采用名义利率摊余成本进行后续计量。

3.金融资产相关利得或损失的处理

（1）对于按照公允价值进行后续计量的金融资产，其公允价值变动形成利得或损失，除与套期保值有关外，应当按照下列规定处理：

①以公允价值计量且其变动计入当期损益的金融资产公允价值变动形成的利得或损失，应当计入当期损益。

②以公允价值计量且其变动计入其他综合收益的金融资产，其公允价值变动形成的利得或损失，除减值损失和外币货币性金融资产形成的汇兑差额外，应当直接计入所有者权益（其他综合收益），并且中国证券监督管理委员会会计部函［2008］50号要求："在相关法律法规有明确规定前，上述计入其他资本公积（相应改为其他综合收益）的公允价值变动部分，暂不得用于转增股份；以公允价值计量的相关资产，其公允价值变动形成的收益，暂不得用于利润分配。"在该金融资产终止确认时转出，计入当期损益。

以公允价值计量且其变动计入其他综合收益的外币货币性金融资产形成的汇兑差额，应当计入当期损益。以公允价值计量且其变动计入其他综合收益的金融资产的利息，应当计入当期损益；其他权益工具投资的现金股利，应当在被投资单位宣告发放股利时计入当期损益。

（2）以摊余成本计量的金融资产，在发生减值、摊销或终止确认时产生的利得或损失，应当计入当期损益。但是，该金融资产被指定为被套期项目的，相关的利得或损失的处理，适用《企业会计准则第24号——套期保值》。

二、税务处理

1.《企业所得税法实施条例》第七十一条规定，企业对外进行权益性投资和债权性投资形成的投资资产，以实际支付的购买价款作为计税基础。其中，通过支付现金方式取得的投资资产，以购买价款为成本；通过支付现金以外的方式取得的投资资产，以该资产的公允价值和支付的相关税费为成本。企业对外投资的成本在对外转让或处置前不得扣除，在转让、处置时，投资成本可从转让该资产的收入中扣除，据以计算财产转让所得或损失。

根据上述规定，投资资产在持有期间公允价与计税基础之间的差额，既不确认所得，也不确认损失。

对于企业外币货币性项目汇率变动损益的所得税处理问题，《企业所得税法实施条例》第二十二条、第三十九条规定，企业在货币交易中，以及纳税年度终了时将人民币以外的货币性资产、负债按照期末即期人民币汇率中间价折算为人民币时产生的汇兑收益应并入所得总额征税，产生的汇兑损失，除已经计入有关资产成本以及与向所有者进行利润分配相关的部分外，准予扣除。

2.《企业所得税法实施条例》第五十五条规定，未经核准的准备金不得在税前扣除。

3.《企业所得税法实施条例》第十七条、第八十三条规定，股息、红利等权益性投资收益，除国务院财政、税务主管部门另有规定外，按照被投资方作出利润分配决定的日期确认收入的实现。居民企业直接投资于其他居民企业取得的股息、红利等权益性投资收益，免征企业所得税。为鼓励长期投资，居民企业连续持有居民企业公开发行并上市流通的股票不足12个月取得的投资收益不得享受免税优惠。

4.关于债券利息的企业所得税优惠。《企业所得税法》第二十六条规定，国债利息收入免征企业所得税。

根据财税［2011］99号、财税［2014］2号、财税［2016］30号文件规定，对企业投资者持有2011—2018年发行的铁路债券取得的利息收入，减半征收企业所得税。铁路债券是指以中国铁路总公司为发行和偿还主体的债券，包括中国铁路建设债券、中期票据、短期融资券等债务融资工具。

根据财税［2011］76号、财税［2013］5号文件规定，对企业取得的2009年及以后年度发行的地方政府债券利息收入，免征企业所得税。地方政府债券是指经国务院批准同意，以省、自治区、直辖市、计划单列市政府为发行和偿还主体的债券。

根据财税［2015］150号文件规定，对邮储银行按照2015年国家专项债券发行计划定向购买国家开发银行、中国农业发展银行发行的专项债券取得的利息收入，减半征收企业所得税。

5.《财政部、国家税务总局关于企业所得税若干优惠政策的通知》（财税

[2008] 1号)规定，对证券投资基金从证券市场中取得的收入，包括买卖股票、债券的差价收入，股权的股息、红利收入，债券的利息收入及其他收入，暂不征收企业所得税；对投资者从证券投资基金分配中取得的收入，暂不征收企业所得税；对证券投资基金管理人运用基金买卖股票、债券的差价收入，暂不征收企业所得税。

6. 关于利息收入的确认时间，《企业所得税法实施条例》第十八条规定，利息收入是指企业将资金提供他人使用但不构成权益性投资，或者因他人占用本企业资金取得的收入，包括存款利息、贷款利息、债券利息、欠款利息等收入。利息收入，按照合同约定的债务人应付利息的日期确认收入的实现。

《国家税务总局关于金融企业贷款利息收入确认问题的公告》(国家税务总局公告2010年第23号)规定，金融企业按规定发放的贷款，属于未逾期贷款(含展期，下同)，应根据先收利息后收本金的原则，按贷款合同确认的利率和结算利息的期限计算利息，并于债务人应付利息的日期确认收入的实现；属于逾期贷款，其逾期后发生的应收利息，应于实际收到的日期，或者虽未实际收到，但会计上确认为利息收入的日期，确认收入的实现；金融企业已确认为利息收入的应收利息，逾期90天仍未收回，且会计上已冲减了当期利息收入的，准予抵扣当期应纳税所得额；金融企业已冲减了利息收入的应收未收利息，以后年度收回时，应计入当期应纳税所得额计算纳税。

一般而言，企业利息收入金额，应当按照有关借款合同或协议约定的金额确定。对于企业持有到期的长期债券或发放长期贷款取得的利息收入，会计准则要求按照实际利率法确认收入。《中华人民共和国企业所得税法实施条例释义及适用指南》(《中华人民共和国企业所得税法实施条例》立法起草小组，中国财政经济出版社，2007年12月第1版，p.90)明确："考虑到实际利率法的处理结果与现行税法规定的名义利率法(合同利率法)差异很小，且能够反映有关资产的真实报酬率，所以，税法也认同企业采用实际利率法来确认利息收入。"

第四节　以公允价值计量且变动计入当期损益金融资产的差异

一、以公允价值计量且其变动计入当期损益的金融资产的会计处理

以公允价值计量且其变动计入当期损益的金融资产的会计处理，着重于该金融资产与金融市场的紧密结合性，反映该类金融资产相关市场变量变化对其价值的影响，进而对企业财务状况和经营成果的影响。

相关的账务处理如下：

1.企业取得交易性金融资产，按其公允价值，借记“交易性金融资产——成本”科目，按发生的交易费用，借记“投资收益”科目，按已到付息期但尚未领取的利息或已宣告但尚未发放的现金股利，借记“应收利息”或“应收股利”科目，按实际支付的金额，贷记“银行存款”等科目。

2.交易性金融资产持有期间被投资单位宣告发放的现金股利，或在资产负债表日按分期付息、一次还本债券投资的票面利率计算的利息，借记“应收股利”或“应收利息”科目，贷记“投资收益”科目。

3.资产负债表日，交易性金融资产的公允价值高于其账面余额的差额，借记“交易性金融资产——公允价值变动”科目，贷记“公允价值变动损益”科目；公允价值低于其账面余额的差额做相反的会计分录。

4.出售交易性金融资产，应按实际收到的金额，借记“银行存款”等科目，按该金融资产的账面余额，贷记“交易性金融资产”科目，按其差额，贷记或借记“投资收益”科目。同时，将原计入该金融资产的公允价值变动转出，借记或贷记“公允价值变动损益”科目，贷记或借记“投资收益”科目。

二、差异分析

1.购入交易性金融资产发生的交易费用应借记“投资收益”科目，税法要求计入投资的计税基础。

2.股息所得的确认时间为被投资方宣告分配的当天，红利所得的确认时间为被投资方用留存收益转增股本的当天，利息收入为合同或协议约定的应付利息日期的当天。因此，已到付息期但尚未领取的利息或已宣告但尚未发放的现金股利，不应当确认所得，而应冲减应收股利，作为企业垫款的收回。其税务处理与会计处理相同。

3.交易性金融资产持有期间被投资单位宣告发放的现金股利，应当计入当期损益，按税法规定，此现金股息应当确认股息所得，但该股息所得可享受免税优惠，因此应作纳税调减处理。但如果属于持有期未满12个月的股票投资，在持有期间取得的股息应当计入所得总额征税，不作纳税调整。

交易性金融资产在资产负债表日按分期付息、一次还本债券投资的票面利率计算的利息，应当确认当期损益，由于交易性金融资产约定的付息日期与实际付息期一致，因此税法确认利息收入的日期和金额与会计处理一致，不作纳税调整。

被投资方发放股票股利，投资方作备查登记不作账务处理，但税法要求视同分配处理，相当于“先分配再投资”，应确认红利所得，同时追加投资计税基础。对红利所得还应区别情况处理：通常情况下，红利所得可以享受免税优惠，这与会计上不作账务处理的核算结果是一致的，因此无需作纳税调整。但如果属于持有期未满12月的股票投资，在持有期间取得的红利所得（送股），应当按面值调增应纳税所得额。

4.资产负债表日，交易性金融资产的公允价值与其账面余额的差额计入“公允价值变动损益”科目，不确认所得或损失，计算应纳所得税时应作纳税调整。

5.出售交易性金融资产，会计上按账面价值结转，计算资产转让所得应按计税基础扣除。账面价值与计税基础的差额应作纳税调整处理。“公允价值变动损益”科目结转“投资收益”，对损益无影响，不作纳税调整。

三、案例分析

【例20-1】2018年1月1日，甲企业从二级市场支付价款1 020 000元（含已到付息期但尚未领取的利息20 000元）购入某公司发行的债券，另发生交易费用20 000元。该债券面值1 000 000元，剩余期限为2年，票面年利率为4%，每半年付息一次，甲企业将其划分为交易性金融资产。其他资料如下：

（1）2018年1月5日，收到该债券2017年下半年利息20 000元；

（2）2018年6月30日，该债券的公允价值为1 150 000元（不含利息）；

（3）2018年7月5日，收到该债券半年利息；

（4）2018年12月31日，该债券的公允价值为1 100 000元（不含利息）；

（5）2019年1月5日，收到该债券2018年下半年利息；

（6）2019年3月31日，甲企业将该债券出售，取得价款1 180 000元（含1季度利息10 000元）。

企业所得税税率为25%，不考虑其他因素，甲企业的账务处理如下：

（1）2018年1月1日，购入债券：

借：交易性金融资产——成本	1 000 000	
应收利息	20 000	
投资收益	20 000	
贷：银行存款		1 040 000

（2）2018年1月5日，收到该债券2017年下半年利息：

借：银行存款	20 000	
贷：应收利息		20 000

税务处理与会计处理一致。

（3）2018年6月30日，确认债券公允价值变动和投资收益：

借：交易性金融资产——公允价值变动	150 000	
贷：公允价值变动损益		150 000
借：应收利息	20 000	
贷：投资收益		20 000

（4）2018年7月5日，收到该债券半年利息：

借：银行存款	20 000	
贷：应收利息		20 000

（5）2018年12月31日，确认债券公允价值变动和投资收益：

借：公允价值变动损益　　50 000

　　贷：交易性金融资产——公允价值变动　　50 000

借：应收利息　　20 000

　　贷：投资收益　　20 000

税务处理：债券投资计税基础为102万元（含交易费用2万元），计入当期损益的交易费用和公允价值变动应当作纳税调整，应调减所得=15-（5+2）=8（万元）。期末会计成本为：100+15-5=110（万元），因会计基础大于计税基础形成应纳税暂时性差异：（110-102）×25%=2（万元）。

借：所得税费用——递延所得税费用　　20 000

　　贷：递延所得税负债——某公司债券　　20 000

（6）2019年1月5日，收到该债券2018年下半年利息：

借：银行存款　　20 000

　　贷：应收利息　　20 000

（7）2019年3月31日，将该债券予以出售：

借：银行存款　　1 180 000

　　贷：交易性金融资产——成本　　1 000 000

　　　　　　　　　　　——公允价值变动　　100 000

　　　　投资收益　　80 000

借：公允价值变动损益　　100 000

　　贷：投资收益　　100 000

税务处理：债券处置收益80 000元，债券转让所得（含2019年1季度利息收入）=转让收入-计税基础=1 180 000-1 020 000=160 000（元），应调增应纳税所得额80 000元。

借：递延所得税负债——某公司债券　　20 000

　　贷：所得税费用——递延所得税费用　　20 000

【例20-2】某股份公司在2018年6月10日以每股15元的价格（其中包含已宣告但尚未发放的现金股利0.2元）购进某股票20万股确认为交易性金融资产，另支付相关税费1.2万元，6月15日如数收到宣告发放的现金股利，6月20日以每股13元又购进该股票10万股，支付相关税费0.6万元，6月30日该股票价格下跌到每股12元；9月20日以每股16元的价格将该股票18万股出售，支付相关税费1万元，2018年12月31日该股票剩余12万股，每股公允价值为17元。相关会计及税务处理如下（所得税会计处理省略）：

（1）2018年6月10日：

借：交易性金融资产——成本　　2 960 000

　　应收股利　　40 000

　　投资收益　　12 000

　　贷：银行存款　　3 012 000

税务处理：购入股票支付的相关税费12 000元不得在本期税前扣除，应调增应纳税所得额12 000元。该项股票投资计税基础为2 972 000元。

（2）2018年6月15日：

借：银行存款　　40 000

　　贷：应收股利　　40 000

税务处理与会计处理一致。

（3）2018年6月20日：

借：交易性金融资产——成本　　1 300 000

　　投资收益　　6 000

　　贷：银行存款　　1 306 000

税务处理：购入股票支付的相关税费6 000元不得在本期税前扣除，该项股票投资计税基础为4 278 000元（2 972 000+1 306 000）。

（4）2018年6月30日：

公允价值变动损益=公允价值-账面价值=300 000×12-（2 960 000+1 300 000）=-660 000（元）

借：公允价值变动损益　　660 000

　　贷：交易性金融资产——公允价值变动　　660 000

税务处理：公允价值变动损益借方金额不得税前扣除，应调增所得额660 000元。

（5）2018年9月20日：

借：银行存款　　2 870 000（180 000×16-10 000）

　　交易性金融资产——公允价值变动　396 000（660 000×18÷30）

　　贷：交易性金融资产——成本　　2 556 000（4 260 000×18÷30）

　　　　投资收益　　710 000

借：投资收益　　396 000

　　贷：公允价值变动损益　　396 000

税务处理：股票处置收益71 000元，资产转让所得=转让收入-计税基础-相关税费=2 880 000-4 278 000×18÷30-10 000=303 200（元）。应调减应纳税所得额=710 000-303 200=406 800（元）。剩余12万股计税基础为：4 278 000×12÷30=1 711 200（元）。

（6）2018年12月31日：

公允价值变动损益=公允价值-账面价值=120 000×17-（2 960 000+1 300 000-660 000-2 556 000+396 000）=2 040 000-1 440 000=600 000（元）

借：交易性金融资产——公允价值变动　　600 000

　　贷：公允价值变动损益　　600 000

税务处理："公允价值变动损益"贷方金额不确认所得，应调减应纳税所得额600 000元。

前期累计纳税调整金额：12 000+6 000+660 000-406 800-600 000=-328 800（元）。

截至2018年12月31日，剩余股票账面价值2 040 000元，计税基础1 711 200元，差额328 800元在处置时作纳税调整。

说明：纳税调整及所得税会计处理应在年末进行，本例是为了展示纳税调整的全过程，在每笔业务发生时作了分步调整。

第五节　以摊余成本计量的金融资产的差异

一、以摊余成本计量的金融资产概述

企业将以摊余成本计量的金融资产在到期前处置或重分类，通常表明其违背了将投资持有到期的最初意图。如果处置或重分类为其他类金融资产的金额相对于该类投资（即企业全部以摊余成本计量的金融资产）在出售或重分类前的总额较大，则企业在处置或重分类后应立即将其剩余的以摊余成本计量的金融资产（即全部以摊余成本计量的金融资产扣除已处置或重分类的部分）重分类为以公允价值计量且其变动计入其他综合收益的金融资产。

二、以摊余成本计量的金融资产的会计处理

以摊余成本计量的金融资产的会计处理主要应解决该金融资产实际利率的计算、摊余成本的确定、持有期间的收益确认及将其处置时损益的处理。

相关的账务处理如下：

1.企业取得的以摊余成本计量的金融资产，应按该投资的面值，借记“债权投资——成本”科目，按支付的价款中包含的已到付息期但尚未领取的利息，借记“应收利息”科目，按实际支付的金额，贷记“银行存款”等科目，按其差额，借记或贷记“债权投资——利息调整”科目。

2.资产负债表日，以摊余成本计量的金融资产为分期付息、一次还本债券投资的，应按票面利率计算确定的应收未收利息，借记“应收利息”科目，按债权投资摊余成本和实际利率计算确定的利息收入，贷记“投资收益”科目，按其差额，借记或贷记“债权投资——利息调整”科目。

债权投资为一次还本付息债券投资的，应于资产负债表日按票面利率计算确定的应收未收利息，借记“债权投资——应计利息”科目，按债权投资摊余成本和实际利率计算确定的利息收入，贷记“投资收益”科目，按其差额，借记或贷记“债权投资——利息调整”科目。

摊余成本=初始确认–已经偿还本金–实际利率法摊销–减值

债权投资摊余价值=期初摊余成本+实际利率计算的利息收益–票面利率计

算的票面利息。如果是首期计算，公式中期初摊余成本就是该投资的初始实际支付，即公允价值加相关费用。

3.企业将一项以摊余成本计量的金融资产重分类为以公允价值计量且其变动计入当期损益的金融资产的，应当按照该资产在重分类日的公允价值进行计量。原账面价值与公允价值之间的差额计入当期损益。企业将一项以摊余成本计量的金融资产重分类为以公允价值计量且其变动计入其他综合收益的金融资产的，应当按照该金融资产在重分类日的公允价值进行计量。原账面价值与公允价值之间的差额计入其他综合收益。该金融资产重分类不影响其实际利率和预期信用损失的计量。

4.出售以摊余成本计量的金融资产，应按实际收到的金额，借记“银行存款”等科目，按其账面余额，贷记“以摊余成本计量的金融资产——成本、利息调整、应计利息”科目，按其差额，贷记或借记“投资收益”科目。已计提减值准备的，还应同时结转减值准备。

三、差异分析

1.依据《中华人民共和国企业所得税法实施条例释义及适用指南》(《中华人民共和国企业所得税法实施条例》立法起草小组，中国财政经济出版社，2007年12月第1版，p.90)的解释：“会计准则要求对企业持有到期的长期债券或发放长期贷款取得的利息收入，按照实际利率法确认收入。考虑到实际利率法的处理结果与现行税法规定的名义利率法(合同利率法)差异较小，且能够反映有关资产的真实报酬率，所以，税法也认同企业采用实际利率法来确认利息收入的金额。”

企业取得以摊余成本计量的金融资产的计税基础是指实际支付的价款，包括与该项投资有关的税费。在税法认可实际利率法确认利息收入的前提下，“以摊余成本计量的金融资产——利息调整”也允许冲减以摊余成本计量的金融资产的计税基础。由此可见，以摊余成本计量的金融资产在初始计量(计税基础)、利息调整(计税基础调整)、利息收入的确认方面，会计处理与税务处理一致。但是，以摊余成本计量的金融资产为一次还本付息的债券投资，会计上在每个资产负债表日均需确认利息收入，而税法要求按照合同约定的付息日期确认计税收入。

2.将以摊余成本计量的金融资产重分类为以公允价值计量且其变动计入其他综合收益的金融资产，其计税基础应按重分类前的计税基础结转，而会计要求按公允价值确定。此外，以摊余成本计量的金融资产不因计提减值准备而改变计税基础。

3.出售以摊余成本计量的金融资产计算资产转让所得，应按计税基础扣除。账面价值与计税基础的差额，应作纳税调整。

4.《企业所得税法》第二十六条规定，企业持有国务院财政部门发行的国债取得的利息收入免征所得税。国债利息收入是指从一级市场或者二级市场购入的国债，持有至期满取得的利息收入。如果持有期未满通过二级市场转让取得的价差收入不得享受免税优惠。免税的国债利息收入仅指我国政府发行的国债，不包括企业持有外国政府发行的国债取得的利息收入。

5.以摊余成本计量的金融资产中的贷款和应收款项的会计处理与税务处理的差异，主要在于资产准备金的处理。

（1）坏账准备。税法规定，除特定金融企业准备金准予按规定税前扣除外，其他坏账准备不得在税前扣除。企业实际发生的坏账损失，根据《企业资产损失所得税税前扣除管理办法》（国家税务总局公告2011年第25号）和《国家税务总局关于企业所得税资产损失资料留存备查有关事项的公告》（国家税务总局公告2018年第15号）作资产损失扣除。本期收到的已作坏账损失在税前扣除的应收款项，应当并入所得额征税。但前期会计上已作坏账损失处理未获得税前扣除的坏账损失，实际收到时，无需确认所得，否则会导致重复征税。

本期按税法规定允许扣除的金额为：本期允许扣除的坏账损失－本期收回前期已作为坏账损失在税前扣除的应收款项

纳税调整方法为：

应调整应纳税所得额＝（年末坏账准备余额－年初坏账准备余额）－（本期允许扣除的坏账损失－本期收回前期已作为坏账损失在税前扣除的应收款项）

计算结果大于零，调增所得；反之，计算结果小于零，调减所得。

（2）贷款损失准备。根据《财政部、国家税务总局关于金融企业贷款损失准备金企业所得税税前扣除有关政策的通知》（财税［2015］9号）等规定，金融企业允许按照相关资产余额的规定比例计提呆账准备（即贷款损失准备）。金融企业符合规定核销条件的呆账损失，应先冲减已经扣除的呆账准备，呆账准备不足冲减的部分，准予直接扣除。金融企业收回已扣除的呆账损失时，应计入当期应纳税所得额。

纳税调整方法如下：

本年度允许扣除的呆账准备（A）＝本年末允许提取呆账准备的资产余额×税法规定的比例－（上年末已经扣除的呆账准备余额－金融企业符合规定核销条件允许在当期损除的呆账损失＋金融企业收回以前年度已扣除的呆账损失）

B=年末贷款损失准备余额－年初贷款损失准备余额

若B＞A，应调增应纳税所得=B−A，并确认递延所得税资产。

若A＞B，应首先在前期已调增的应纳税所得额范围内，调减所得，并相应转回递延所得税资产；当递延所得税资产余额为零时，说明企业实际计提数，没有超过税法规定的标准，只能按照计提数扣除，不再调减所得。

依据《国家税务总局关于金融企业涉农贷款和中小企业贷款损失税前扣除问题的公告》（国家税务总局公告2015年第25号）规定，金融企业涉农贷款、中小企业贷款逾期1年以上，经追索无法收回，应依据涉农贷款、中小企业贷款分类证明，按下列规定计算确认贷款损失进行税前扣除：

①单户贷款余额不超过300万元（含300万元）的，应依据向借款人和担保人的有关原始追索记录（包括司法追索、电话追索、信件追索和上门追索等原始记录之一，并由经办人和负责人共同签章确认），计算确认损失进行税前扣除。

②单户贷款余额超过300万元至1 000万元（含1 000万元）的，应依据有关原始追索记录（应当包括司法追索记录，并由经办人和负责人共同签章确认），计算确认损失进行税前扣除。

③单户贷款余额超过1 000万元的，仍按《国家税务总局关于发布〈企业资产损失所得税税前扣除管理办法〉的公告》（国家税务总局公告2011年第25号）有关规定计算确认损失进行税前扣除。

【例20-3】20×0年1月1日，甲公司支付价款1 000万元（含交易费用）从活跃市场上购入某公司5年期债券，面值1 250万元，票面年利率4.72%，按年支付利息（即每年59万元），本金最后一次支付。合同约定，该债券的发行方在遇到特定情况时可以将债券赎回，且不需要为提前赎回支付额外款项。甲公司在购买该债券时，预计发行方不会提前赎回。不考虑减值损失等因素。

计算实际利率R：

59×（P/A，R，5）+1 250×（P/F，R，5）=1 000（万元）

由此得出 r =10%。

表 20.1　　甲公司债券投资（分期付息）实际利息及摊余成本计算表　　单位：万元

年份	期初摊余成本（a）	实际利息（b）（按10%计算）	现金流入（c）	期末摊余成本（d = a + b − c）
20×0	1 000	100	59	1 041
20×1	1 041	104	59	1 086
20×2	1 086	109	59	1 136
20×3	1 136	113	59	1 190
20×4	1 190	119	1 250+59	0
合计	—	545	1 545	—

根据表20.1中的数据，甲公司的有关账务处理如下：

（1）20×0年1月1日，购入债券：

借：债权投资——成本　　12 500 000

　贷：银行存款　　10 000 000

　　债权投资——利息调整　　2 500 000

（2）20×0年12月31日，确认实际利息收入、收到票面利息等：

借：应收利息　　590 000
　　债权投资——利息调整　　410 000
　　贷：投资收益　　1 000 000
借：银行存款　　590 000
　　贷：应收利息　　590 000

（3）20×1年12月31日，确认实际利息收入、收到票面利息等：

借：应收利息　　590 000
　　债权投资——利息调整　　450 000
　　贷：投资收益　　1 040 000
借：银行存款　　590 000
　　贷：应收利息　　590 000

（4）20×2年12月31日，确认实际利息收入、收到票面利息等：

借：应收利息　　590 000
　　债权投资——利息调整　　500 000
　　贷：投资收益　　1 090 000
借：银行存款　　590 000
　　贷：应收利息　　590 000

（5）20×3年12月31日，确认实际利息收入、收到票面利息等：

借：应收利息　　590 000
　　债权投资——利息调整　　540 000
　　贷：投资收益　　1 130 000
借：银行存款　　590 000
　　贷：应收利息　　590 000

（6）20×4年12月31日，确认实际利息收入、收到票面利息和本金等：

借：应收利息　　590 000
　　债权投资——利息调整　　600 000
　　贷：投资收益　　1 190 000
借：银行存款　　590 000
　　贷：应收利息　　590 000
借：银行存款等　　12 500 000
　　贷：债权投资——成本　　12 500 000

税务处理：由于税法允许采用实际利率法确认利息收入，因此上述业务视同税务处理与会计处理一致，不作纳税调整。

假定甲公司购买的债券不是分次付息，而是到期一次还本付息，且利息不是以复利计算。此时，甲公司所购买债券的实际利率R计算如下：

（59×5+1 250）×（P/F，R，5）=1 000（万元）

由此得出R≈9.05%

据此，调整表20.1中相关数据后如表20.2：

表 20.2　　甲公司债券投资（到期一次付息）实际利息及摊余成本计算表

年份	期初摊余成本（A）	实际利息（B）（按 9.05% 计算）	现金流入（C）	期末摊余成本（D=A+B+C）
20×0	1 000	90.5	0	1 090.5
20×1	1 090.5	98.69	0	1 189.19
20×2	1 189.19	107.62	0	1 296.81
20×3	1 296.81	117.36	0	1 414.17
20×4	1 414.17	130.83*	1 545	0

注：标 * 数字考虑了计算过程中出现的尾差 2.85 万元。

根据上述数据，甲公司的有关账务处理如下：

（1）20×0年1月1日，购入债券：

借：债权投资——成本　12 500 000
　　贷：银行存款　10 000 000
　　债权投资——利息调整　2 500 000

（2）20×0年12月31日，确认实际利息收入：

借：债权投资——应计利息　590 000
　　　　　　——利息调整　315 000
　　贷：投资收益　905 000

（3）20×1年12月31日，确认实际利息收入：

借：债权投资——应计利息　590 000
　　　　　　——利息调整　396 900
　　贷：投资收益　986 900

（4）20×2年12月31日，确认实际利息收入：

借：债权投资——应计利息　590 000
　　　　　　——利息调整　486 200
　　贷：投资收益　1 076 200

（5）20×3年12月31日，确认实际利息收入：

借：债权投资——应计利息　590 000
　　　　　　——利息调整　583 600
　　贷：投资收益　1 173 600

（6）20×4年12月31日，确认实际利息收入、收到本金和名义利息等：

借：债权投资——应计利息　590 000
　　　　　　——利息调整　718 300
　　贷：投资收益　1 308 300

借：银行存款　15 450 000
　　贷：债权投资——成本　12 500 000
　　　　　　　　——应计利息　2 950 000

税务处理：税法要求按照合同约定的付息日期确认计税收入，即20×0至20×3年会计上确认的利息收入均可暂不缴纳企业所得税，而应于20×4年确认利息收入545万元，因此20×0至20×3年应分别调减应纳税所得额90.5万元、98.69万元、107.62万元、117.36万元，20×4年调增应纳税所得额414.17万元。

第六节　以公允价值计量且其变动计入其他综合收益的金融资产的差异

一、以公允价值计量且其变动计入其他综合收益的金融资产的会计处理

根据标的类型的不同，以公允价值计量且其变动计入其他综合收益的金融资产包括其他债权投资和其他权益工具投资，两者的会计处理原理相同，又与以公允价值计量且其变动计入当期损益的金融资产的会计处理有些类似，例如，均要求按公允价值进行后续计量。但是，也有一些不同。例如，以公允价值计量且其变动计入其他综合收益的金融资产取得时发生的交易费用应当计入初始入账金额、以公允价值计量且其变动计入其他综合收益的金融资产后续计量时公允价值变动计入所有者权益、可供出售外币股权投资因资产负债表日汇率变动形成的汇兑损益计入所有者权益等。

相关账务处理如下：

1.企业取得的以公允价值计量且其变动计入其他综合收益的金融资产为股权投资的，应按其公允价值与交易费用之和，借记“其他权益工具投资——成本”科目，按支付的价款中包含的已宣告但尚未发放的现金股利，借记“应收股利”科目，按实际支付的金额，贷记“银行存款”等科目。

企业取得的以公允价值计量且其变动计入其他综合收益的金融资产为债券投资的，应按债券的面值，借记“其他债权投资——成本”科目，按支付的价款中包含的已到付息期但尚未领取的利息，借记“应收利息”科目，按实际支付的金额，贷记“银行存款”等科目，按差额，借记或贷记“其他债权投资——利息调整”科目。

2.资产负债表日，可供出售债券为分期付息、一次还本债券投资的，应按票面利率计算确定的应收未收利息，借记“应收利息”科目，按可供出售债券的摊余成本和实际利率计算确定的利息收入，贷记“投资收益”科目，按其差额，借记或贷记“其他债权投资——利息调整”科目。债券为一次还本付息债券投资的，应于资产负债表日按票面利率计算确定的应收未收利息，借记“其他债权投资——应计利息”科目，按可供出售债券的摊余成本和实际利率计算确定的利息收入，贷记“投资收益”科目，按其差额，借记或贷记“其他债权

投资——利息调整”科目。

3.资产负债表日，以公允价值计量且其变动计入其他综合收益的金融资产的公允价值高于其账面余额的差额，借记“其他债权投资（股权投资的则为其他权益工具投资）——公允价值变动”科目，贷记“其他综合收益”科目；公允价值低于其账面余额的差额做相反的会计分录。

对于以公允价值计量且其变动计入其他综合收益的金融资产，企业应当在其他综合收益中确认其损失准备，并将减值损失或利得计入当期损益，且不应减少该金融资产在资产负债表中列示的账面价值。

4.将以摊余成本计量的金融资产重分类为以公允价值计量且其变动计入其他综合收益的金融资产的，应在重分类日按其公允价值，借记“以公允价值计量且其变动计入其他综合收益的金融资产”科目，按其账面余额，贷记“以摊余成本计量的金融资产”科目，按其差额，贷记或借记“其他综合收益”科目。

5.出售以公允价值计量且其变动计入其他综合收益的金融资产，应按实际收到的金额，借记“银行存款”、“存放中央银行款项”等科目，按其账面余额，贷记“其他债权投资（股权投资的则为其他权益工具投资）——成本、公允价值变动、利息调整、应计利息”科目，按应从所有者权益中转出的其他综合收益累计变动额，借记或贷记“其他综合收益”科目，按其差额，计入投资收益科目。

二、以公允价值计量且其变动计入其他综合收益的金融资产的差异

1.以公允价值计量且其变动计入其他综合收益的金融资产的初始计量与计税基础相同，均按照实际支付的价款（公允价值及交易费用之和），但不含已到付息期尚未领取的利息，或已宣告分配尚未支付的股息。

2.购入以公允价值计量且其变动计入其他综合收益的金融资产支付的价款中包含已到付息期而尚未支付的利息，或者包含已宣告分配尚未支付的股息，应作为应收利息或应收股息处理，不计入资产成本，实际收到时冲减应收利息或应收股息，这一点税务处理与会计处理相同。

3.以公允价值计量且其变动计入其他综合收益的金融资产公允价值变动，既不确认所得也不确认损失，计税基础不变。由于公允价值变动金额直接计入了所有者权益，不涉及损益的变化，因此无需作纳税调整。

4.以公允价值计量且其变动计入其他综合收益的金融资产发生减值，由于计入了企业当期损益，应将“资产减值损失”科目的金额，作纳税调增或调减处理。

5.以公允价值计量且其变动计入其他综合收益的金融资产在持有期间，被投资方宣告分配的股息，免征所得税。申报所得税时，应将“投资收益”科目的金额作纳税调减处理。

6.转让以公允价值计量且其变动计入其他综合收益的金融资产时，按账面

价值结转计算损益，同时将公允价值变动金额由“其他综合收益”科目余额转入“投资收益”。而资产转让所得按照转让收入扣除计税基础确定。两者的差额应作纳税调整处理。

7.以摊余成本计量的金融资产重分类为以公允价值计量且其变动计入其他综合收益的金融资产时，计税基础按照以摊余成本计量的金融资产的计税基础结转。公允价值与账面价值之间的差额计入所有者权益，不涉及当期损益，故不作纳税调整。

三、案例分析

【例20-4】乙公司于20×8年7月13日从二级市场购入股票1 000 000股，每股市价15元，手续费30 000元；初始确认时，该股票划分为以公允价值计量且其变动计入其他综合收益的金融资产。

乙公司至20×8年12月31日仍持有该股票，该股票当时的市价为16元。

20×9年2月1日，乙公司将该股票售出，售价为每股13元，另支付交易费用13 000元。假定不考虑其他因素，乙公司的账务处理如下：

（1）20×8年7月13日，购入股票：

借：其他权益工具投资——成本	15 030 000	
贷：银行存款		15 030 000

税务处理：与会计处理一致，股票计税基础为15 030 000元。

（2）20×8年12月31日，确认股票价格变动：

借：其他权益工具投资——公允价值变动	970 000	
贷：其他综合收益		970 000

税务处理：股票持有期间发生的增值，不确认所得，资产的计税基础不变，仍为15 030 000元。由于以公允价值计量且其变动计入其他综合收益的金融资产的增值计入了所有者权益，没有影响当期损益，因此不作纳税调整。

（3）20×9年2月1日，出售股票：

借：银行存款	12 987 000	
其他综合收益	970 000	
投资收益	2 043 100	
贷：其他权益工具投资——成本		15 030 000
——公允价值变动		970 000

税务处理：股票转让所得=转让收入－计税基础－相关税费=13 000 000－15 030 000－13 000=－2 043 000（元），与会计处理结果相同，不作纳税调整。

【例20-5】20×8年5月6日，甲公司支付价款10 160 000元（含交易费用10 000元和已宣告发放现金股利150 000元），购入乙公司发行的股票2 000 000股，占乙公司有表决权股份的0.5%。甲公司将其划分为以公允价值计量且其变动计入其他综合收益的金融资产。

20×8年5月10日，甲公司收到乙公司发放的现金股利150 000元。

20×8年6月30日，该股票市价为每股5.2元。

20×8年12月31日，甲公司仍持有该股票；当日，该股票市价为每股5元。

20×9年5月9日，乙公司宣告发放股利40 000 000元。

20×9年5月13日，甲公司收到乙公司发放的现金股利。

20×9年5月20日，甲公司以每股4.9元的价格将股票全部转让。

假定不考虑其他因素，甲公司的账务处理如下：

（1）20×8年5月6日，购入股票：

借：应收股利	150 000	
其他权益工具投资——成本	10 010 000	
贷：银行存款		10 160 000

税务处理：股票投资成本不含已宣告发放的现金股利，计税基础与会计基础一致，均为10 010 000元。

（2）20×8年5月10日，收到现金股利：

借：银行存款	150 000	
贷：应收股利		150 000

税务处理：收到现金股利，作为购买股票时暂垫款项的收回，不确认股息所得。

（3）20×8年6月30日，确认股票的价格变动：

借：其他权益工具投资——公允价值变动	390 000	
贷：其他综合收益		390 000

税务处理：股票在持有期间增值不确认应纳税所得额，由于以公允价值计量且其变动计入其他综合收益的金融资产的公允价值变动计入了所有者权益，未影响当期损益，故不作纳税调整。其他权益工具投资的计税基础不变，仍为10 010 000元。

（4）20×8年12月31日，确认股票价格变动：

借：其他综合收益	400 000	
贷：其他权益工具投资——公允价值变动		400 000

税务处理：股权持有期间发生的减值不确认损失，其他权益工具投资计税基础不变，仍为10 010 000元。由于股票减值冲减了所有者权益，对本期损益没有影响，故不作纳税调整。

（5）20×9年5月9日，确认应收现金股利：

借：应收股利	200 000	
贷：投资收益		200 000

税务处理：被投资方宣告分配股利，投资方应确认股息所得，由于该股票持有期已超过12个月，因此该股息所得可以享受免税优惠。根据公式“应纳税所得额=收入总额−不征税收入−免税收入−各项扣除−弥补亏损”，申报所得税时，先将其计入收入总额，然后再将免税收入从收入总额中剔除。由于会计利

润中已包含投资收益200 000元，因此应调减应纳税所得额200 000元。

（6）20×9年5月13日，收到现金股利：

借：银行存款　　200 000

　　贷：应收股利　　200 000

不作税务处理。

（7）20×9年5月20日，出售股票：

借：银行存款　　9 800 000

　　投资收益　　210 000

　　其他权益工具投资——公允价值变动　　10 000

　　贷：其他权益工具投资——成本　　10 010 000

　　　　其他综合收益　　10 000

税务处理：资产转让所得=转让收入-计税基础=9 800 000-10 010 000=-210 000（元），与投资收益金额相等，故不作纳税调整。

【例20-6】甲公司2016年1月1日从股票市场以每股15元的价格购入A公司发行的股票300 000股，划分为以公允价值计量且其变动计入其他综合收益的金融资产。2016年5月10日甲公司收到A公司发放的上年现金股利500 000元。2016年12月31日该股票的市场价格为每股12元。2017年，A公司因违犯相关证券法规，受到证券监管部门查处。受此影响，A公司股票2017年12月31日市场价格下跌到每股5元。2018年12月31日A公司整改完成，股票价格回升到每股10元。2019年3月2日，甲公司以每股18元将股票全部转让。有关会计及税务处理如下：

（1）2016年1月1日购入股票：

借：其他权益工具投资——成本　　4 500 000

　　贷：银行存款　　4 500 000

税务处理：其他权益工具投资计税基础与会计成本相同，均为4 500 000元。

（2）2016年5月确认现金股利：

借：应收股利　　500 000

　　贷：投资收益　　500 000

借：银行存款　　500 000

　　贷：应收股利　　500 000

税务处理：股息所得免征企业所得税。应调减应纳税所得额500 000元。

（3）2016年12月31日确认股票公允价值变动：

借：其他综合收益　　900 000

　　贷：其他权益工具投资——公允价值变动　　900 000

税务处理：公允价值变动，不确认损失，计税基础不变，仍为4 500 000元。由于公允价值变动直接计入所有者权益，故不作纳税调整。

（4）2017年12月31日，确认股票投资的减值损失：

借：资产减值损失　　3 000 000

贷：其他综合收益　　900 000

其他权益工具投资——公允价值变动　　2 100 000

税务处理：股票减值损失不得在税前扣除，应调增应纳税所得额3 000 000元，计税基础仍为4 500 000元。

（5）2018年12月31日确认股票价格上涨：

借：其他权益工具投资——公允价值变动　　1 500 000

贷：其他综合收益　　1 500 000

税务处理：公允价值变动不确认所得，计入其他综合收益的金额不作纳税调整，计税基础不变，仍为4 500 000元。

（6）2019年3月2日转让股票：

借：银行存款　　5 400 000

其他权益工具投资——公允价值变动　　1 500 000

其他综合收益　　1 500 000

贷：其他权益工具投资——成本　　4 500 000

投资收益　　3 900 000

税务处理：股权转让所得=转让收入-计税基础=5 400 000-4 500 000元=900 000（元），股权转让所得与“投资收益”科目的差额应作纳税调减处理，即调减所得3 000 000元。在申报所得税时，应按照纳税申报表的填写规则填写。

【例20-7】20×5年7月1日，甲银行从二级市场平价（不考虑交易费用）购入一批债券，面值10 000 000元，剩余期限3年，划分为以摊余成本计量的金融资产。20×6年7月1日，出于提高流动性考虑，甲银行决定将该批债券的10%出售。当日，该批债券整体的公允价值和摊余成本分别为9 500 000元和10 000 000元。

假定出售债券时不考虑交易费用及其他相关因素，甲银行出售该债券时账务处理如下：

（1）20×6年7月1日，出售债券：

借：存放中央银行款项　　950 000

投资收益　　50 000

贷：其他债权投资　　1 000 000

税务处理：资产转让所得=转让收入-计税基础=950 000-1 000 000=-50 000元。资产转让所得与投资收益科目金额相同，不作纳税调整。

（2）20×6年7月1日，重分类：

借：其他债权投资——成本　　8 550 000

其他综合收益　　450 000

贷：债权投资　　9 000 000

税务处理：重分类日，以公允价值计量且其变动计入其他综合收益的金融资产的计税基础按照以摊余成本计量的金融资产的计税基础结转，仍为9 000 000元。由于公允价与计税基础之间的差额计入了所有者权益，不影响当期损益，故不作纳税调整。

【例20-8】20×5年1月1日，ABC公司按面值从债券二级市场购入MNO公司公开发行的债券10 000张，每张面值100元，票面利率3%，划分为以公允价值计量且其变动计入其他综合收益的金融资产。

20×5年12月31日，该债券的市场价格为每张100元。

20×6年，MNO公司因投资决策失误，发生严重财务困难，但仍可支付该债券当年的票面利息。20×6年12月31日，该债券的公允价值下降为每张80元。ABC公司预计，如MNO公司不采取措施，该债券的公允价值预计会持续下跌。

20×7年，MNO公司调整产品结构并整合其他资源，致使上年发生的财务困难大为好转。20×7年12月31日，该债券（即MNO公司发行的上述债券）的公允价值已上升至每张95元。

假定ABC公司初始确认该债券时计算确定的债券实际利率为3%，且不考虑其他因素，则ABC公司有关的账务处理如下：

（1）20×5年1月1日购入债券：

借：其他债权投资——成本　　1 000 000

　　贷：银行存款　　1 000 000

税务处理：其他债权投资计税成本按实际成本确定，与初始计量金额一致均为100万元。

（2）20×5年12月31日确认利息、公允价值变动：

借：应收利息　　30 000

　　贷：投资收益　　30 000

借：银行存款　　30 000

　　贷：应收利息　　30 000

债券的公允价值变动为零，故不作账务处理。

税务处理：20×5年确认利息收入3万元，与会计处理一致。

（3）20×6年12月31日确认利息收入及减值损失：

借：应收利息　　30 000

　　贷：投资收益　　30 000

借：银行存款　　30 000

　　贷：应收利息　　30 000

借：资产减值损失　　200 000

　　贷：其他综合收益　　200 000

由于该债券的公允价值预计会持续下跌，ABC公司应确认减值损失。

税务处理：20×6年确认利息收入3万元，资产减值损失20万元不得在税前扣除，其他债权投资账面价值为120万元，而计税基础仍为100万元。

借：递延所得税资产——其他债权投资　　50 000（200 000×25%）

　　贷：所得税费用——递延所得税费用　　50 000（200 000×25%）

（4）20×7年12月31日确认利息收入及减值损失转回：

应确认的利息收入=（期初摊余成本1 000 000－发生的减值损失200 000）×3%=24 000（元）

借：应收利息　　30 000

　　贷：投资收益　　24 000

　　　　其他债权投资——利息调整　　6 000

借：银行存款　　30 000

　　贷：应收利息　　30 000

减值损失回转前，该债券的摊余成本=1 000 000－200 000－6 000=794 000（元）

20×7年12月31日，该债券的公允价值=950 000（元）

应回转的金额=950 000－794 000=156 000（元）

借：其他综合收益　　156 000

　　贷：资产减值损失　　156 000

税务处理：允许按实际利率法确认利息收入24 000元，资产减值损失回转应调减所得156 000元。

借：所得税费用——递延所得税费用　　39 000（156 000×25%）

　　贷：递延所得税资产——其他债权投资　　39 000（156 000×25%）

第七节　嵌入衍生工具的确认和计量与税法差异

一、嵌入衍生工具概念

衍生工具通常是独立存在的，但也可能嵌入到非衍生金融工具或其他合同中。嵌入衍生工具，是指嵌入到非衍生工具（即主合同）中的衍生工具。嵌入衍生工具与主合同构成混合合同。该嵌入衍生工具对混合合同的现金流量产生影响的方式，应当与单独存在的衍生工具类似，且该混合合同的全部或部分现金流量随特定利率、金融工具价格、商品价格、汇率、价格指数、费率指数、信用等级、信用指数或其他变量变动而变动，变量为非金融变量的，该变量不应与合同的任何一方存在特定关系。衍生工具如果附属于一项金融工具但根据合同规定可以独立于该金融工具进行转让，或者具有与该金融工具不同的交易对手方，则该衍生工具不是嵌入衍生工具，应当作为一项单独存在的衍生工具处理。

1.主合同通常包括租赁合同、保险合同、服务合同、特许权合同、债务工具合同、合营合同等。嵌入衍生工具与主合同构成混合工具，如企业持有的可转换公司债券等。

2.在混合工具中，嵌入衍生工具通常以具体合同条款体现。例如，甲公司签订了按通胀率调整租金的3年期租赁合同。根据该合同，第1年的租金先约定，从第2年开始，租金按前1年的一般物价指数调整。此例中，主合同是租赁合同，嵌入衍生工具体现为一般物价指数调整条款。除一般物价指数调整条款外，以下条款也可能体现嵌入衍生工具：可转换公司债券中嵌入的股份转换选择权条款（对应可转换公司债券）、与权益工具挂钩的本金或利息支付条款、与商品或其他非金融项目挂钩的本金或利息支付条款、看涨期权条款、看跌期权条款、提前还款权条款、信用违约支付条款等。

需要说明的是，附在主合同上的衍生工具，如果可以与主合同分开，并能够单独转让，则不能作为嵌入衍生工具，而应作为一项独立存在的衍生工具处理。

二、嵌入衍生工具的处理原则

混合合同包含的主合同属于金融工具确认和计量准则规范的资产的，企业不应从该混合合同中分拆嵌入衍生工具，而应当将该混合合同作为一个整体适用金融工具确认和计量准则关于金融资产分类的相关规定。

混合合同包含的主合同不属于金融工具确认和计量准则规范的资产，且同时符合下列条件的，企业应当从混合合同中拆嵌入衍生工具，将其作为单独存在的衍生工具处理：

1.嵌入衍生工具的经济特征和风险与主合同的经济特征和风险不紧密相关。

2.与嵌入衍生工具具有相同条款的单独工具符合衍生工具的定义。

3.该混合合同不是以公允价值计量且其变动计入当期损益进行会计处理。

嵌入衍生工具从混合合同中分拆的，企业应当按照适用的会计准则规定，对混合合同的主合同进行会计处理。企业无法根据嵌入衍生工具的条款和条件对嵌入衍生工具的公允价值进行可靠计量的，该嵌入衍生工具的公允价值应当根据混合合同公允价值和主合同公允价值之间的差额确定。使用了上述方法后，该嵌入衍生工具在取得日或后续资产负债表日的公允价值仍然无法单独计量的，企业应当将该混合合同整体指定为以公允价值计量且其变动计入当期损益的金融工具。

混合合同包含一项或多项嵌入衍生工具，且其主合同不属于金融工具确认和计量准则规范的资产的，企业可以将其整体指定为以公允价值计量且其变动计入当期损益的金融工具。但下列情况除外：

1.嵌入衍生工具不会对混合合同的现金流量产生重大改变。

2.在初次确定类似的混合合同是否需要分拆时，几乎不需分析就能明确其包含的嵌入衍生工具不应分拆如嵌入贷款的提前还款权，允许持有人以接近摊余成本的金额提前偿还贷款，该提前还款权不需要分拆。

三、嵌入衍生工具的税务处理

税务处理方面，目前，由于混合合同对价的拆分存在很大的不确定性，税法也从未对此作出规定，因此无需人为拆分出衍生工具部分。会计处理方面，若嵌入衍生工具从混合合同中作拆分的，则应作为单独存在的衍生工具处理，并根据金融工具确认和计量准则分类为特定金融资产或金融负债。由此，会计税法差异的纳税调整适用前述处理办法。

第八节　金融工具特殊业务的会计与税务处理

一、负债与权益的区分

企业会计准则基本准则要求企业应当按照交易或者事项的经济实质进行会计确认、计量和报告，不仅仅以交易或者事项的法律形式为依据。企业发生的交易或事项在多数情况下其经济实质和法律形式是一致的，但在有些情况下也会出现不一致。例如：有时投资方投入的资金，法律形式上是一项权益资本（如信托融资），但会计上可能被认定为一项负债。判定企业接受的资金投入是权益还是作为负债，对于正确地进行会计及税务处理至关重要。

（一）会计处理

1.会计准则的有关规定

《企业会计准则第22号——金融工具确认和计量》对金融负债作出了如下定义，“第五十七条：金融负债，是指企业的下列负债：（一）向其他单位交付现金或其他金融资产的合同义务；（二）在潜在不利条件下，与其他单位交换金融资产或金融负债的合同义务；（三）将来须用或可用企业自身权益工具进行结算的非衍生工具的合同义务，企业根据该合同将交付非固定数量的自身权益工具；（四）将来须用或可用企业自身权益工具进行结算的衍生工具的合同义务，但企业以固定金额的现金或其他金融资产换取固定数量的自身权益工具的衍生工具合同义务除外。其中，企业自身权益工具不包括本身就是在将来收取或支付企业自身权益工具的合同。”

对权益工具的定义则是：“第五十八条：权益工具，是指能证明拥有某个企业在扣除所有负债后的资产中的剩余权益的合同”。

《企业会计准则第37号——金融工具列报》中，对于负债和权益的区分，第五条规定：“企业发行金融工具，应当按照该金融工具的实质，以及金融资产、金融负债和权益工具的定义，在初始确认时将该金融工具或其组成部分确认为金融资产、金融负债或权益工具”。

2.政策解析

（1）如果企业发行的金融工具合同条款中包括交付现金或其他金融资产给其他单位的合同义务或者包括在潜在不利条件下与其他单位交换金融资产或金

融负债的合同义务，该金融工具为负债。例如，企业发行的优先股，虽然形式上是股权投资，但是由于该优先股合同规定无论当年是否盈利，企业要每年向出资方支付固定股利，且企业清算时，优先股股东可以优先拿回所投资的资本。该项优先股实质上是企业发行的一项负债。

（2）如果企业发行的金融工具合同条款中没有包括交付现金或其他金融资产给其他单位的合同义务，也没有包括在潜在不利条件下与其他单位交换金融资产或金融负债的合同义务，通常会确认为权益工具。

但是，如果企业发行的金融工具将来须用或可用自身权益工具进行结算，还需要继续区分不同情况进行判断：如发行的金融工具为非衍生工具，且该金融工具包括交付非固定数的发行方自身权益工具进行结算的合同义务，则分类为负债，否则为权益工具。例如，企业约定将来交付等值于100万元的本企业股票进行结算的合同，虽然该项合同不是以现金或其他金融资产结算的，但是交付的是非固定数量的股票（数量需视结算当时的股票市价而定）。该合同应当分类为一项负债。

（3）如发行的金融工具为衍生工具，且该金融工具不是只能通过交付固定数量的发行方自身权益工具换取固定数额的现金或其他金融资产进行结算的，则分类为负债，否则为权益工具。例如，企业发行的可转换公司债券，其中的可转换权是一项衍生工具，该衍生工具结算时需要交付企业自身股票，如果合同条款中已经约定，以每股10元的价格进行转股，则属于将来通过交付固定数量的发行方自身权益工具换取固定数额的现金进行结算的合同，该转换权应当分类为一项权益。

由此可见，法律形式上的债务，可能并不一定是会计上的债务，法律形式上的股权，也可能并不一定是股权，实务中应该根据准则的相关判断原则具体判断。

（二）税务处理

通常情况下，企业债务融资发生的利息支出，允许按照税法规定的标准和方法在税前扣除，如果为股权融资，则不得在税前扣除融资费用。近年来，随着我国金融工具交易和金融产品创新快速发展，出现了许多既具有传统业务特征，同时有别于传统业务的创新业务，例如明股暗债方式的房地产基金融资或信托融资就属于此种情形。根据当前税收实际征管需要，国家税务总局于2013年7月15日发布了《国家税务总局关于企业混合性投资业务企业所得税处理问题的公告》（国家税务总局公告2013年第41号）。

企业混合性投资业务，是指兼具权益和债权双重特性的投资业务。同时符合下列条件的混合性投资业务，按该公告进行企业所得税处理：

1.被投资企业接受投资后，需要按投资合同或协议约定的利率定期支付利息（或定期支付保底利息、固定利润、固定股息，下同）；

2.有明确的投资期限或特定的投资条件，并在投资期满或者满足特定投资条件后，被投资企业需要赎回投资或偿还本金；

3.投资企业对被投资企业净资产不拥有所有权；

4.投资企业不具有选举权和被选举权；

5.投资企业不参与被投资企业日常生产经营活动。

符合公告第一条规定的混合性投资业务，按下列规定进行企业所得税处理：

1.对于被投资企业支付的利息，投资企业应于被投资企业应付利息的日期，确认收入的实现并计入当期应纳税所得额；被投资企业应于应付利息的日期，确认利息支出，并在不超过同期同类金融企业贷款利率标准的范围内进行税前扣除。

2.对于被投资企业赎回的投资，投资双方应于赎回时将赎价与投资成本之间的差额确认为债务重组损益，分别计入当期应纳税所得额。

上述文件部分解决了信托融资、投资基金的利息扣除问题。事实上，信托公司以股权方式对企业融资，但信托公司并不参与经营，不承担经营风险，其取得的收益是固定的，其实质属于贷款性质。根据《销售服务、不动产、无形资产注释》规定，以货币资金投资但收取固定利润或保底利润的行为，按贷款服务缴纳增值税。由于信托公司属于金融企业，根据《中华人民共和国企业所得税法实施条例》第三十八条规定，非金融企业在生产经营活动中发生向金融企业借款的利息支出可以扣除。

对于以股权“售后回购”方式融资的，根据《国家税务总局关于确认企业所得税收入若干问题的通知》（国税函［2008］875号）规定的精神，转让方收到的股权转让款项应确认为负债，回购价格大于原转让价的，差额应在回购期间确认为利息费用。

（三）案例分析

【例20-9】A公司为上市公司，A公司与B公司合资设立房地产开发有限公司C公司，注册资本5亿元，其中A公司出资3亿元，占注册资本的60%，B公司出资2亿元，占注册资本的40%。

2011年3月，A公司、B公司与D信托公司签署了增资协议，由D信托公司发起设立“某股权投资集合信托计划”（以下简称“某信托计划”），某信托计划向C公司增资5亿元。增资完成后，C公司的注册资本增加至10亿元，其中A公司持有30%的股权、B公司持有20%，某信托计划持有50%。该信托规模为10亿元。根据相关协议安排，A公司仍然控制C公司。C公司定期向信托计划支付固定收益的利息，且3年后，信托计划收回所投入全部资金。

问题：

（1）A公司合并报表中对C公司的合并比例应该是60%还是30%？

（2）C公司向D信托公司支付的利息能否在税前扣除？

解析：

C公司需要定期向信托计划支付固定收益，且该信托有期限，到期需收回所有投资资金，因此，法律上虽然信托计划是作为股权投资方，但该交易实质上是A公司通过D信托公司从外部引入新的债权人。C公司应当将该信托计划分类为一项负债。因此，A公司仍旧享有C公司60%的权益，A公司应该将C公司作为持股比例为60%的子公司合并。

税务处理：尽管D信托公司对C公司的投资在法律形式上是股权投资，但由于D信托公司不承担风险，取得固定利息收入，D公司持有C公司50%的股权实际是C公司以50%股权质押给D信托公司，因此，D公司的投资行为应认定为债权投资。根据题意，该项行为满足国家税务总局2013年第41号公告规定的五个条件，C公司定期向信托计划支付固定利息应于应付利息的日期，确认利息支出。鉴于D信托公司属于非银行金融机构，故C公司向D信托公司支付的利息不受比例限制，允许全额税前扣除。

二、金融资产终止确认

实质重于形式，是企业进行会计处理，选择会计政策的前提。新的企业会计准则体系发布实施以后，引入了国际上通行的金融工具准则，其中对于金融资产的终止确认规定了一系列的条件。在实务中，往往需要结合具体合同条款，按照实质重于形式的原则，考虑在涉及金融资产转移的交易中，相关金融资产是否能够终止确认。

（一）会计处理

1.会计准则的相关规定

《企业会计准则第22号——金融工具确认和计量》对金融资产的终止确认作出了原则性的规定，“第二十五条金融资产满足下列条件之一的，应当终止确认：（一）收取该金融资产现金流量的合同权利终止。（二）该金融资产已转移，且符合《企业会计准则第23号——金融资产转移》规定的金融资产终止确认条件。终止确认，是指将金融资产或金融负债从企业的账户和资产负债表内予以转销”。

《企业会计准则第23号——金融资产转移》则对金融资产转移作出了更明确的规定，“第四条：企业金融资产转移，包括下列两种情形：（一）将收取金融资产现金流量的权利转移给另一方。（二）将金融资产转移给另一方，但保留收取金融资产现金流量的权利，并承担将收取的现金流量支付给最终收款方的义务，同时满足下列条件：（1）从该金融资产收到对等的现金流量时，才有义务将其支付给最终收款方。企业发生短期垫付款，但有权全额收回该垫付款并按照市场上同期银行贷款利率计收利息的，视同满足本条件。（2）根据合同约定，不能出售该金融资产或作为担保物，但可以将其作为对最终收款方支付现金流量的保证。（3）有义务将收取的现金流量及时支付给最终收款方。企业无权将该现金流量进行再投资，但按照合同约定在相邻两次支付间隔期内将所收到的现金流量进行现金或现金等价物投资的除外。企业按照合同约定进行再投资的，应当将投资收益按照合同约定支付给最终收款方”。

2.政策解析

金融资产属于金融工具，因此金融资产是以合同为基础而存在的。金融资产的终止确认，也是围绕着金融资产相关的合同权利展开的。企业会计准则规定金融资产在两种情形下应当终止确认：一种情形是收取金融资产现金流量的合同权利已终止。例如，应收账款到期收回欠款，该合同权利就自然终止了。另一种情形是金融资产已经转移且符合准则规定的终止确认条件。所谓金融资产已转移指的是以下两种情况之一：（1）企业将收取金融资产现金流量的权利转移给另一方。（2）将金融资产转移给另一方，但保留收取金融资产现金流量的权利，并承担收取的现金流量支付给最终收款方的义务（这种情况通常称为“过手协议”）。只有在金融资产已经转移的情况下，才能根据准则的规定进行是否应当终止确认的判断。因此，在收取金融资产合同现金流量的权利并未终止的情形下，金融资产转移是金融资产终止确认的一个必要前提。

在某些情况下，从形式上看，或许金融资产已经转移，但是实质上，该金融资产并未转移，因而无须再进行金融资产是否能够终止确认的判断，即可得出该金融资产不能终止确认的结论。另外，实质重于形式应该是一个优先于其他具体会计处理原则上的一个大原则。

（二）税务处理

关于金融资产终止确认条件的判断，除非税法有特别规定外，一般按照经济交易的法律形式作为依据，以减少人为判断。例如，税法对融资性售后回购、融资性售后回租业务已明确按融资业务处理，倘若税法没有这样的具体规定，则只能按照销售、回购或回租两笔业务处理。

（三）案例分析

【例20-10】A公司为上市公司，2013年6月，A公司与第三方B公司签订股权转让框架协议，将C公司20%的股权转让给B公司。协议明确此次股权转让标的为C公司20%的股权，总价款7.2亿元，B公司分三次支付，2013年支付了第一笔款项1.8亿元。为了保证B公司的利益，上市公司在2013年将C公司5%的股权变更登记为B公司，但B公司暂时并不拥有与该5%股权对应的表决权，也不拥有分配该5%股权对应的利润的权利。

问题：

（1）A公司是否应该在2013年度确认该5%股权的处置？

（2）A公司在计算2013年度企业所得税时是否确认该5%股权转让收入？

解析：

虽然本案例中，名义上A公司将5%的股权转让给B公司，但是实质上，B公司并没有拥有对应的表决权，B公司也并不享有对应的利润分配权。也就是说，A公司保留了收取金融资产现金流量的权利，且没有承担将收取的现金流量支付给B公司的义务。根据准则的规定，实质上该金融资产并未转移，并不符合金融资产终止确认的前提条件。A公司不应当确认该5%股权的处置损益，应将收到的款项作为预收处理。

税务处理：依据《国家税务总局关于贯彻落实企业所得税法若干税收问题的通知》(国税函［2010］79号)规定，企业转让股权收入，应于转让协议生效且完成股权变更手续时，确认收入的实现。据此，计算2013年度企业所得税时，应确认已转让5%股权，转让收入为：72 000 ÷ 20% × 5%=18 000（万元）。

第二十一章

套期会计准则与税法差异分析

套期，是指企业为管理外汇风险、利率风险、价格风险、信用风险等特定风险引起的风险敞口，指定金融工具为套期工具，以使套期工具的公允价值或现金流量变动，预期抵销被套期项目全部或部分公允价值或现金流量变动的风险管理活动。《企业会计准则第24号——套期会计》（以下简称"套期会计准则"）规范了企业的套期会计业务会计处理，有助于如实反映企业套期会计业务对其风险管理和财务状况的总体影响，便于投资者对企业的风险管理策略和风险管理水平作出综合评价。本章讲解套期会计准则与企业所得税法及其实施条例差异及纳税调整方法。

第一节 套期会计概述

一、套期的分类

套期会计方法，是指企业将套期工具和被套期项目产生的利得或损失在相同会计期间计入当期损益（或其他综合收益）以反映风险管理活动影响的方法。套期会计主要涉及套期工具和被套期项目的条件、套期会计方法的运用条件，以及公允价值套期、现金流量套期、境外经营净投资套期的会计处理规定等，套期会计的核心是被套期项目以及套期工具的会计处理。套期按套期关系（即套期工具和被套期项目之间的关系）可划分为公允价值套期、现金流量套期和境外净投资套期。套期会计准则区分不同的套期关系类型，分别规定了不同的确认和计量办法。

（一）公允价值套期

是指对已确认资产或负债、尚未确认的确定承诺，或上述项目组成部分的公允价值变动风险敞口进行的套期。该公允价值变动源于特定风险，且将影响企业的损益或其他综合收益。其中，影响其他综合收益的情形，仅限于企业对指定为以公允价值计量且其变动计入其他综合收益的非交易性权益工具投资的公允价值变动风险敞口进行的套期。

以下是公允价值套期的例子：

1.企业对承担的固定利率负债的公允价值变动风险进行套期。

2.航空公司签订了一项3个月后以固定外币金额购买飞机的合同（未确认的确定承诺），为规避外汇风险对该确定承诺的外汇风险进行套期。

3.电力公司签订了一项6个月后以固定价格购买煤炭的合同（未确认的确定承诺），为规避价格变动风险对该确定承诺的价格变动风险进行套期。

（二）现金流量套期

是指对现金流量变动风险敞口进行的套期。该现金流量变动源于与已确认资产或负债、极可能发生的预期交易，或与上述项目组成部分有关的特定风险，且将影响企业的损益。

以下是现金流量套期的例子：

1.企业对承担的浮动利率债务的现金流量变动风险进行套期。

2.航空公司为规避3个月后预期很可能发生的与购买飞机相关的现金流量变动风险进行套期。

3.商业银行对3个月后预期很可能发生的与以公允价值计量且其变动计入

其他综合收益的金融资产处置相关的现金流量变动风险进行套期。

（三）境外经营净投资套期

是指对境外经营净投资外汇风险敞口进行的套期。境外经营净投资，是指企业在境外经营净资产中的权益份额。对确定承诺的外汇风险进行的套期，企业可以作为现金流量套期或公允价值套期。

企业既无计划也无可能于可预见的未来会计期间结算的长期外币货币性应收项目（含贷款），应当视同境外经营净投资的组成部分。因销售商品或提供劳务等形成的期限较短的应收账款不构成境外经营净投资。

二、套期工具

（一）符合条件的套期工具

套期工具，是指企业为进行套期而指定的、其公允价值或现金流量变动预期可抵销被套期项目的公允价值或现金流量变动的金融工具。

无论是衍生工具还是某些非衍生金融资产或非衍生金融负债，其作为套期工具的基本条件就是其公允价值应当能够可靠地计量。因此，在活跃市场上没有报价的权益工具投资，以及与该权益工具挂钩并须通过交付该权益工具进行结算的衍生工具，由于其公允价值难以可靠地计量，不能作为套期工具。套期工具包括：

1.衍生工具通常可以作为套期工具。衍生工具包括远期合同、期货合同、互换和期权，以及具有远期合同、期货合同、互换和期权中一种或一种以上特征的工具。例如，某企业为规避库存铜价格下跌的风险，可以卖出一定数量铜期货合同。其中，铜期货合同即是套期工具。嵌入在混合合同中但未分拆的衍生工具不能作为单独的套期工具。

对于签出期权，企业只有在对购入期权（包括嵌入在混合合同中的购入期权）进行套期时，才可以作为套期工具。对于一项由签出期权和购入期权组成的期权（如利率上下限期权），或对于两项或两项以上金融工具（或其一定比例）的组合，其在指定日实质上相当于一项净签出期权的，不能将其指定为套期工具。只有在对购入期权（包括嵌入在混合合同中的购入期权）进行套期时，净签出期权才可以作为套期工具。

2.以公允价值计量且其变动计入当期损益的非衍生金融资产或非衍生金融负债可以作为套期工具，但指定为以公允价值计量且其变动计入当期损益，且其自身信用风险变动引起的公允价值变动计入其他综合收益的金融负债除外。例如，某种外币借款可以作为对同种外币结算的销售（确定）承诺的套期工具；又如，持有至到期投资可以作为规避外汇风险的套期工具。

对于外汇风险套期，企业可以将非衍生金融资产（选择以公允价值计量且其变动计入其他综合收益的非交易性权益工具投资除外）或非衍生金融负债的外汇风险成分指定为套期工具。

企业自身的权益工具既非企业的金融资产也非金融负债，因而也不能作为套期工具。

（二）对套期工具的指定

企业在确立套期关系时，应当将前述符合条件的金融工具整体指定为套期工具，因为企业对套期工具进行计量时，通常以该金融工具整体为对象，采用单一的公允价值基础对其进行计量。但是，由于期权的时间价值、远期合同的远期要素和金融工具的外汇基差通常可以单独计量，为便于提高某些套期关系的有效性，允许企业在对套期工具进行指定时，做出以下例外处理：

1.对于期权，企业可以将期权的内在价值和时间价值分开，只将期权的内在价值变动指定为套期工具。

2.对于远期合同，企业可以将远期合同的远期要素和即期要素分开，只将即期要素的价值变动指定为套期工具。

3.对于金融工具，企业可以将金融工具的外汇基差单独分拆，只将排除外汇基差后的金融工具指定为套期工具。

4.企业可以将套期工具的一定比例指定为套期工具，但不可以将套期工具剩余期限内某一时段的公允价值变动部分指定为套期工具。例如，某公司拥有一项支付固定利息、收取浮动利息的互换合同，打算将其用于对所发行的浮动利率债券进行套期。该互换合同的剩余期限为10年，而债券的剩余期限为5年。在这种情况下，甲公司不能在互换合同剩余期限中的某5年将互换指定为套期工具。

5.企业可以将两项或两项以上金融工具（或其一定比例）的组合指定为套期工具（包括组合内的金融工具形成风险头寸相互抵销的情形）。例如，A公司的功能性货币为欧元，发行了墨西哥比索的浮动利率债券。风险管理策略为将所有的浮动利率债项调换为其功能性货币的固定利率债项，则被套期对象为墨西哥比索浮动利率债券。由于墨西哥与欧元互换合约的流动性有限，主体选择签订两个互换合约组合作为套期工具，一个为支付美元浮动利率收取墨西哥比索浮动利率的互换合约，另个为支付欧元固定利率收一个为支付欧元固定利率收取美元浮动利率的互换合约。

三、被套期项目

（一）符合条件的被套期项目

被套期项目，是指使企业面临公允价值或现金流量变动风险，且被指定为被套期对象的、能够可靠计量的项目。企业可以将下列单个项目、项目组合或其组成部分指定为被套期项目：

1.已确认资产或负债。

2.尚未确认的确定承诺。确定承诺，是指在未来某特定日期或期间，以约定价格交换特定数量资源、具有法律约束力的协议；尚未确认，是指尚未在资产负债表中确认。例如，甲公司为我国境内机器生产企业，采用人民币作为记账本位币。甲公司与境外某公司签订了一项设备购买合同，约定6个月后按固定的外币价格购入设备，即甲公司与境外公司达成了一项确定承诺。同时，甲公司签订了一份外币远期合同，以对该项确定承诺产生的外汇风险进行套期。

3.极可能发生的预期交易。预期交易，是指尚未承诺但预期会发生的交易。例如，甲公司预期2个月后将购买200吨铜，用于2018年7月的生产。

4.境外经营净投资。境外经营净投资包括《企业会计准则第19号——外币折算》及其相关规定所定义的境外经营净投资及实质构成境外经营净投资的外币货币性项目。境外经营可以是企业的子公司、合营安排、联营企业或分支机构。在境内的子公司、合营安排、联营企业或分支机构，采用不同于企业记账本位币的，也视同境外经营。

（二）项目组成部分

项目组成部分是指小于项目整体公允价值或现金流量变动的部分，它仅反映其所属项目整体面临的某些风险，或仅反映一定程度的风险（例如对某项目的一定比例进行指定时）。企业只能将下列项目组成部分或其组合指定为被套期项目：

1.项目整体公允价值或现金流量变动中仅由某一个或多个特定风险引起的公允价值或现金流量变动部分（风险成分）。根据在特定市场环境下的评估，该风险成分应当能够单独识别并可靠计量。风险成分也包括被套期项目公允价值或现金流量的变动仅高于或仅低于特定价格或其他变量的部分。

2.一项或多项选定的合同现金流量。在企业风险管理活动中，企业有时会对一项或多项选定的合同现金流量进行套期，例如，企业有一笔期限为10年、年利率8%、按年付息的长期银行借款，企业出于风险管理需要，对该笔借款所产生的前5年应支付利息进行套期。按照规定，一项或多项选定的合同现金流量可以指定为被套期项目。

3.项目名义金额的组成部分，即项目整体金额或数量的特定部分，其可以是项目整体的一定比例部分，也可以是项目整体的某一层级部分。若某一层级部分包含提前还款权，且该提前还款权的公允价值受被套期风险变化影响的，企业不得将该层级指定为公允价值套期的被套期项目，但企业在计量被套期项目的公允价值时已包含该提前还款权影响的情况除外。

（三）集团内交易的处理

运用套期会计时，在合并财务报表层面，只有与企业集团之外的对手方之间交易形成的资产、负债、尚未确认的确定承诺或极可能发生的预期交易才能被指定为被套期项目；在合并财务报表层面，只有与企业集团之外的对手方签订的合同才能被指定为套期工具。

对于同一企业集团内的主体之间的交易，在企业个别财务报表层面可以运用套期会计，在企业集团合并财务报表层面不得运用套期会计，但下列情形除外：

1.在合并财务报表层面，符合《企业会计准则第33号——合并财务报表》规定的投资性主体与其以公允价值计量且其变动计入当期损益的子公司之间的交易，可以运用套期会计。

2.企业集团内部交易形成的货币性项目的汇兑收益或损失，不能在合并财务报表中全额抵销的，企业可以在合并财务报表层面将该货币性项目的外汇风险指定为被套期项目。

3.企业集团内部极可能发生的预期交易，按照进行此项交易的主体的记账本位币以外的货币标价，且相关的外汇风险将影响合并损益的，企业可以在合并财务报表层面将该外汇风险指定为被套期项目。

四、运用套期会计的条件

公允价值套期、现金流量套期或境外经营净投资套期同时满足下列条件的，才能运用本准则规定的套期会计方法进行处理。

（一）套期工具和被套期项目适格

套期关系仅由前述符合条件的套期工具和被套期项目组成。

（二）套期经正式指定

在套期开始时，企业正式指定了套期工具和被套期项目，并准备了关于套期关系和企业从事套期的风险管理策略和风险管理目标的书面文件。该文件至少载明了套期工具、被套期项目、被套期风险的性质以及套期有效性评估方法（包括套期无效部分产生的原因分析以及套期比率确定方法）等内容。

（三）套期有效

套期有效性，是指套期工具的公允价值或现金流量变动能够抵销被套期风险引起的被套期项目公允价值或现金流量变动的程度。套期工具的公允价值或现金流量变动大于或小于被套期项目的公允价值或现金流量变动的部分为套期无效部分。

套期同时满足下列条件的，企业应当认定套期关系符合套期有效性要求：①被套期项目和套期工具之间存在经济关系，该经济关系使得套期工具和被套期项目的价值因面临相同的被套期风险而发生方向相反的变动；②被套期项目和套期工具经济关系产生的价值变动中，信用风险的影响不占主导地位；③套期关系的套期比率，应当等于企业实际套期的被套期项目数量与对其进行套期的套期工具实际数量之比，但不应当反映被套期项目和套期工具相对权重的失衡，这种失衡会导致套期无效，并可能产生与套期会计目标不一致的会计结果。例如，企业确定拟采用的套期比率是为了避免确认现金流量套期的套期无效部分，但若为了创造更多的被套期项目进行公允价值调整以达到增加使用公允价值会计的目的，可能会产生与套期会计目标不一致的会计结果。

企业应当在套期开始日及以后期间持续地对套期关系是否符合套期有效性要求进行评估，尤其应当分析在套期剩余期限内预期将影响套期关系的套期无效部分产生的原因。企业至少应当在资产负债表日及相关情形发生重大变化将影响套期有效性要求时对套期关系进行评估。

套期关系由于套期比率的原因而不再符合套期有效性要求，但指定该套期关系的风险管理目标没有改变的，企业应当进行套期关系再平衡。套期关系再平衡，是指对已经存在的套期关系中被套期项目或套期工具的数量进行调整，以使套期比率重新符合套期有效性要求。基于其他目的对被套期项目或套期工具所指定的数量进行变动，不构成本准则所称的套期关系再平衡。企业在套期关系再平衡时，应当首先确认套期关系调整前的套期无效部分，并更新在套期剩余期限内预期将影响套期关系的套期无效部分产生原因的分析，同时相应更新套期关系的书面文件。

五、套期会计的终止

（一）终止情形

企业发生下列情形之一的，应当终止运用套期会计：

1. 因风险管理目标发生变化，导致套期关系不再满足风险管理目标。

2. 套期工具已到期、被出售、合同终止或已行使。

3. 被套期项目与套期工具之间不再存在经济关系，或者被套期项目和套期工具经济关系产生的价值变动中，信用风险的影响开始占主导地位。

4. 套期关系不再满足本准则所规定的运用套期会计方法的其他条件。在适用套期关系再平衡的情况下，企业应当首先考虑套期关系再平衡，然后评估套期关系是否满足本准则所规定的运用套期会计方法的条件。终止套期会计可能会影响套期关系的整体或其中一部分，在仅影响其中一部分时，剩余未受影响的部分仍适用套期会计。

企业发生下列情形之一的，不作为套期工具已到期或合同终止处理：

1. 套期工具展期或被另一项套期工具替换，而且该展期或替换是企业书面文件所载明的风险管理目标的组成部分。

2. 由于法律法规或其他相关规定的要求，套期工具的原交易对手方变更为一个或多个清算交易对手方（如清算机构或其他主体），以最终达成由同一中央交易对手方进行清算的目的。如果存在套期工具其他变更的，该变更应当仅限于达成此类替换交易对手方所必须的变更。

（二）终止的例外情形

套期关系同时满足下列条件的，企业不得撤销套期关系的指定并由此终止套期关系：

1.套期关系仍然满足风险管理目标。

2.套期关系仍然满足本准则运用套期会计方法的其他条件。在适用套期关系再平衡的情况下，企业应当首先考虑套期关系再平衡，然后评估套期关系是否满足本准则所规定的运用套期会计方法的条件。

第二节　套期确认和计量与税法差异分析

一、公允价值套期会计与税法差异

（一）公允价值套期的会计处理

套期工具产生的利得或损失应当计入当期损益。如果套期工具是对选择以公允价值计量且其变动计入其他综合收益的非交易性权益工具投资（或其组成部分）进行套期的，套期工具产生的利得或损失应当计入其他综合收益。

被套期风险敞口形成的利得或损失应当计入当期损益，同时调整未以公允价值计量的已确认被套期项目的账面价值。被套期项目为按照《企业会计准则第22号——金融工具确认和计量》第十八条分类为以公允价值计量且其变动计入其他综合收益的金融资产（或其组成部分）的，其因被套期风险敞口形成的利得或损失应执行套期会计，计入当期损益而非其他综合收益，其账面价值已经按公允价值计量，不需要调整；被套期项目为企业选择以公允价值计量且其变动计入其他综合收益的非交易性权益工具投资（或其组成部分）的，其因被套期风险敞口形成的利得或损失应当计入其他综合收益，其账面价值已经按公允价值计量，不需要调整。

被套期项目为尚未确认的确定承诺（或其组成部分）的，其在套期关系指定后因被套期风险引起的公允价值累计变动额应当确认为一项资产或负债，相关的利得或损失应当计入各相关期间损益。当履行确定承诺而取得资产或承担负债时，应当调整该资产或负债的初始确认金额，以包括已确认的被套期项目的公允价值累计变动额。

（二）公允价值套期会计与税法差异分析

套期工具及被套期项目按照实际成本作为计税基础，因公允价值变动形成的相关利得或损失并计入当期损益的，不计入应纳税所得额，在实际处置时，按照计税基础扣除。套项工具终止确认产生的损失与资产转让所得之间的差额，应作纳税调整处理。

（三）公允价值套期会计及税务处理举例

【例21-1】2018年1月1日，甲公司为规避所持有存货X公允价值变动风险，与某金融机构签订了一项衍生工具合同（即衍生工具Y），并将其指定为2018年上半年存货X价格变化引起的公允价值变动风险的套期。衍生工具Y的标的资产与被套期项目存货在数量、质次、价格变动和产地方面相同。

2018年1月1日，衍生工具Y的公允价值为零，被套期项目（存货X）的账面价值和成本均为1 000 000元，公允价值是1 100 000元。2018年6月30日，衍生工具Y的公允价值上涨了25 000元，存货X的公允价值下降了25 000元。当日，甲公司将存货X出售，并将衍生工具Y结算。

甲公司采用比率分析法评价套期有效性，即通过比较衍生工具Y和存货X的公允价值变动评价套期有效性。甲公司预期该套期完全有效。

假定不考虑衍生工具的时间价值、商品销售相关的增值税及其他因素，甲公司的账务处理如下：

（1）2018年1月1日

借：被套期项目——库存商品X	1 000 000	
贷：库存商品X		1 000 000

税务处理：被套项目的计税基础，按照库存商品X的计税基础结转，这里应按1 000 000元确认计税基础。

（2）2018年6月30日

借：套期工具——衍生工具Y	25 000	
贷：套期损益		25 000
借：套期损益	25 000	
贷：被套期项目——库存商品X		25 000
借：应收账款或银行存款	1 075 000	
贷：主营业务收入		1 075 000
借：主营业务成本	975 000	
贷：被套期项目——库存商品X		975 000
借：银行存款	25 000	
贷：套期工具——衍生工具Y		25 000

注：由于甲公司采用了套期策略，规避了存货公允价值变动风险，因此其存货公允价值下降没有对预期毛利额100 000元（1 100 000–1 000 000）产生不利影响。

税务处理：由于套期工具与被套期项目公允价值变动金额相等，方向相反，故不需作纳税调整。处置套期工具及被套期项目产生的损失，与资产转让所得相等，无需作纳税调整。

假定2018年6月30日，衍生工具Y的公允价值上涨了22 500元，存货X的公允价值下降了25 000元。其他资料不变，甲公司的账务处理如下：

（1）2018年1月1日

借：被套期项目——库存商品X　　1 000 000

　　贷：库存商品X　　1 000 000

税务处理：被套期项目的计税基础，按照库存商品X的计税基础结转。

（2）2018年6月30日

借：套期工具——衍生工具Y　　22 500

　　贷：套期损益　　22 500

借：套期损益　　25 000

　　贷：被套期项目——库存商品X　　25 000

借：应收账款或银行存款　　1 075 000

　　贷：主营业务收入　　1 075 000

借：主营业务成本　　975 000

　　贷：被套期项目——库存商品X　　975 000

借：银行存款　　22 500

　　贷：套期工具——衍生工具Y　　22 500

说明：两种情况的差异在于，前者不存在“无效套期损益”，后者存在“无效套期损益”2 500元，从而对甲公司当期利润总额的影响相差2 500元。

税务处理：套期工具公允价值上涨、存货X公允价值下降的差额，均不确认应纳税所得额，由于在同一纳税年度企业将被套期项目出售同时将衍生工具结算，公允价值对所得额的影响在同一年度中转回，故不作纳税调整。

验证如下：

当期损益=22 500−25 000+1 075 000−975 000=97 500（元）

资产转让所得=1 075 000+22 500−1 000 000=97 500（元）

二、现金流量套期会计与税法差异

（一）现金流量套期会计处理原则

1.现金流量套期的储备

套期工具产生的利得或损失中属于套期有效的部分，作为现金流量套期储备，应当计入其他综合收益。每期计入其他综合收益的现金流量套期储备的金额应当为当期现金流量套期储备的变动额。

现金流量套期储备的金额，应当按照下列两项的绝对额中较低者确定：①套期工具自套期开始的累计利得或损失；②被套期项目自套期开始的预计未来现金流量现值的累计变动额。

套期工具产生的利得或损失中属于套期无效的部分（即扣除计入其他综合

收益后的其他利得或损失），应当计入当期损益。

2.现金流量套期储备的结转

（1）被套期项目为预期交易，且该预期交易使企业随后确认一项非金融资产或非金融负债的，或者非金融资产或非金融负债的预期交易形成一项适用于公允价值套期会计的确定承诺时，企业应当将原在其他综合收益中确认的现金流量套期储备金额转出，计入该资产或负债的初始确认金额。

（2）对于不属于上条涉及的现金流量套期，企业应当在被套期的预期现金流量影响损益的相同期间，将原在其他综合收益中确认的现金流量套期储备金额转出，计入当期损益。

（3）如果在其他综合收益中确认的现金流量套期储备金额是一项损失，且该损失全部或部分预计在未来会计期间不能弥补的，企业应当在预计不能弥补时，将预计不能弥补的部分从其他综合收益中转出，计入当期损益。

3.现金流量套期终止的会计处理

当企业对现金流量套期终止运用套期会计时，在其他综合收益中确认的累计现金流量套期储备金额，应当按照下列规定进行处理：

（1）被套期的未来现金流量预期仍然会发生的，累计现金流量套期储备的金额应当予以保留，并按照前述现金流量套期储备的结转进行会计处理。

（2）被套期的未来现金流量预期不再发生的，累计现金流量套期储备的金额应当从其他综合收益中转出，计入当期损益。被套期的未来现金流量预期不再极可能发生但可能预期仍然会发生，在预期仍然会发生的情况下，累计现金流量套期储备的金额应当予以保留，并按照现金流量套期储备的结转进行会计处理。

（二）现金流量套期会计及税务处理举例

【例21-2】2017年1月1日，DEF公司预期在2017年2月28日销售一批商品X，数量为100吨，预期售价为110万元。为规避该预期销售中与商品价格有关的现金流量变动风险，DEF公司于2017年1月1日与某金融机构签订了一项商品期货合同Y，将于2017年2月28日以总价110万元的价格销售100吨商品X，且将其指定为对该预期商品销售的套期工具。商品期货合同Y的标的资产与被套期预期销售商品在数量、质次、价格变动和产地等方面相同，并且商品期货合同Y的结算日和预期商品销售日均为2017年2月28日。

DEF公司认为该套期符合套期有效性的条件。假定不考虑商品销售相关的增值税及其他因素，且商品期货合约自套期开始的累计利得或损失与被套斯项目自套期开始因商品价格变动引起未来现金流量现值的累计变动额一致。同时，假定不考虑期货市场每日无负债结算制度的影响。DEF公司的账务处理如下：

（1）2017年1月1日，商品期货合同Y的公允价值为零，DEF公司不作账务处理。

（2）2017年1月31日，商品期货合同Y的公允价值涨了2.5万元，预期销售价格下降了2.5万元。

借：套期工具——商品期货合同Y　　　　25 000

贷：其他综合收益——套期储备　　25 000

（3）2×17年2月28日，商品期货合同Y的公允价值上涨了1万元，商品销售价格下降了1万元。当日，DEF公司将商品X出售，并结算了商品期货合同Y。

借：套期工具——商品期货合同Y　　10 000

　　贷：其他综合收益——套期储备　　10 000

套期工具自套期开始的累计利得或损失与被套期项目自套期开始的预计未来现金流量现值的累计变动额一致，因此将套期工具公允价值变动作为现金流量套期储备计入其他综合收益。

确认商品X的销售收入，“套期工具——商品期货合同Y”科目借方余额35 000元

借：应收账款（或银行存款）　　1 065 000

　　贷：主营业务收入　　1 065 000

确认衍生工具Y的结算：

借：银行存款　　35 000

　　贷：套期工具——商品期货合同Y　　35 000

将现金流量套期储备金额转出，计入当期收入

借：其他综合收益——套期储备　　35 000

　　贷：主营业务收入　　35 000

税务处理：套期工具公允价值变动，不确认所得或损失，套期工具的计税基础为零。套期工具结算取得的收益35 000元应当确认资产转让所得，商品X实际转让价差应并入当期所得征收企业所得税。由于商品转让和套期工具结算在同一纳税年度，因此无需作纳税调整。

三、境外经营净投资套期会计与税法差异

（一）境外经营净投资套期会计处理原则

对境外经营净投资的套期，企业应按类似于现金流量套期会计的规定处理：

1.套期工具形成的利得或损失中属于有效套期的部分，应当直接确认为所有者权益，并单列项目反映。

处置境外经营时，上述在所有者权益中单列项目反映的套期工具利得或损失应当转出，计入当期损益。

2.套期工具形成的利得或损失中属于无效套期的部分，应当计入当期损益。

（二）境外经营净投资套期的税务处理

套期工具及被套期项目按照实际成本作为计税基础，因公允价值变动形成的相关利得或损失并计入当期损益的，不计入应纳税所得额，在实际处置时，按照计税基础扣除。

第二十二章

会计政策、会计估计变更和差错更正准则与税法差异分析

会计政策，是指企业在会计确认、计量和报告中所采用的原则、基础和会计处理方法。会计估计，是指企业对其结果不确定的交易或事项以最近可利用的信息为基础所作的判断。前期差错，是指由于没有运用或错误运用下列两种信息，而对前期财务报表造成省略或错报：一是编报前期财务报表时预期能够取得并加以考虑的可靠信息；二是前期财务报告批准报出时能够取得的可靠信息。本章分别对会计政策、会计估计变更和差错更正业务与税法差异作具体分析，并研究解决税务处理办法。

第一节 会计政策变更与税法差异分析

一、会计政策变更的会计处理

（一）会计政策的概念

会计政策，是指企业在会计确认、计量和报告中所采用的原则、基础和会计处理方法。企业采用的会计计量基础（或称“会计计量属性”）也属于会计政策。

企业应当对相同或者相似的交易或事项采用相同的会计政策进行处理，另有规定的除外。企业会计实务中某些交易或事项的会计处理，具体会计准则或应用指南未作规范的，应当根据《企业会计准则——基本准则》规定的原则、基础和方法进行处理；待作出具体规定时，从其规定。

企业应当披露重要的会计政策，不具有重要性的会计政策可以不予披露。判断会计政策是否重要，应当考虑与会计政策相关项目的性质和金额。企业应当披露的重要会计政策包括：

1.发出存货成本的计量，是指企业确定发出存货成本所采用的会计处理。例如，企业发出存货成本的计量是采用先进先出法，还是采用其他计量方法。

2.长期股权投资的后续计量，是指企业取得长期股权投资后的会计处理。例如，企业对被投资单位的长期股权投资是采用成本法，还是采用权益法核算。

3.投资性房地产的后续计量，是指企业对投资性房地产进行后续计量所采用的会计处理。例如，企业对投资性房地产的后续计量是采用成本模式，还是公允价值模式。

4.固定资产的初始计量，是指对取得的固定资产初始成本的计量。例如，企业取得的固定资产初始成本是以购买价款，还是以购买价款的现值为基础进行计量。

5.生物资产的初始计量，是指对取得的生物资产初始成本的计量。例如，企业为取得生物资产而产生的借款费用，应当予以资本化，还是计入当期损益。

6.无形资产的确认，是指对无形项目的支出是否确认为无形资产。例如，企业内部研究开发项目开发阶段的支出是确认为无形资产，还是在发生时计入当期损益。

7.非货币性资产交换的计量，是指非货币性资产交换事项中对换入资产成本的计量。例如，非货币性资产交换是以换出资产的公允价值作为确定换入资产成本的基础，还是以换出资产的账面价值作为确定换入资产成本的基础。

8.收入的确认，是指收入确认所采用的会计方法。例如，企业确认收入时是按照从购货方已收或应收的合同或协议价款确定销售商品收入金额，还是按照应收的合同或协议价款的公允价值确定销售商品收入金额。

9.合同收入与费用的确认，是指确认建造合同的收入和费用所采用的会计处理方法。例如，企业确认建造合同的合同收入和合同费用是采用完工百分比法。

10.借款费用的处理，是指借款费用的会计处理方法，即是采用资本化，还是采用费用化。

11.合并政策，是指编制合并财务报表所采纳的原则。例如，母公司与子公司的会计年度不一致的处理原则；合并范围的确定原则等。

12.其他重要会计政策。

(二)会计政策变更的概念

会计政策变更，是指企业对相同的交易或事项由原来采用的会计政策改用另一会计政策的行为。

企业的会计政策一经确定，不得随意变更。如果需要变更，应重新履行上述程序，并按企业会计准则的规定处理。

(三)会计政策变更的条件

企业采用的会计政策，在每一会计期间和前后各期应当保持一致，不得随意变更。会计政策变更，并不意味着以前期间的会计政策是错误的，只是由于情况发生了变化，或者掌握了新的信息、积累了更多的经验，使得变更会计政策能够更好地反映企业的财务状况、经营成果和现金流量。如果以前期间会计政策的选择和运用是错误的，则属于前期差错，应按前期差错更正的会计处理方法进行处理。

符合下列条件之一，企业可以变更会计政策：

1.法律、行政法规或国家统一的会计制度等要求变更。

2.会计政策的变更能够提供更可靠、更相关的会计信息。

下列情况不属于会计政策变更：

1.本期发生的交易或者事项与以前相比具有本质差别而采用新的会计政策。

2.对初次发生的或不重要的交易或者事项采用新的会计政策。

(四)会计政策变更的会计处理

1.企业依据法律、行政法规或者国家统一的会计制度等的要求变更会计政策的，应当按照国家相关规定执行。

会计政策变更能够提供更可靠、更相关的会计信息的，应当采用追溯调整法处理，将会计政策变更累积影响数调整列报前期最早期初留存收益，其他相关项目的期初余额和列报前期披露的其他比较数据也应当一并调整，但确定该项会计政策变更累积影响数不切实可行的除外。留存收益包括当年及以前年度的未分配利润和按照相关法律规定提取并累积的盈余公积。调整期初留存收益是指对期初未分配利润和盈余公积两个项目进行调整。

追溯调整法，是指对某项交易或事项变更会计政策，视同该项交易或事项初次发生时即采用变更后的会计政策，并以此对财务报表相关项目进行调整的方法。

会计政策变更累积影响数，是指按照变更后的会计政策对以前各期追溯计算的列报前期最早期初留存收益应有金额与现有金额之间的差额。

2.确定会计政策变更对列报前期影响数不切实可行的，应当从可追溯调整的最早期间期初开始应用变更后的会计政策。

在当期期初确定会计政策变更对以前各期累积影响数不切实可行的，应当采用未来适用法处理。

未来适用法，是指将变更后的会计政策应用于变更日及以后发生的交易或者事项，或者在会计估计变更当期和未来期间确认会计估计变更影响数的方法。

在未来适用法下，不需要计算会计政策变更产生的累积影响数，也无须重编以前年度的财务报表。企业会计账簿记录及财务报表上反映的金额，变更之日仍保留原有的金额，不因会计政策变更而改变以前年度的既定结果，一并在现有金额的基础上再按新的会计政策进行核算。企业如果因账簿、凭证超过法定保存期限而销毁，或因不可抗力而毁坏、遗失，如火灾、水灾等，或因人为因素，如盗窃、故意毁坏等，也可能使会计政策变更的累积影响数无法计算。在这种情况下，会计政策变更可以采用未来适用法进行处理。

二、会计政策变更与税法差异分析

《企业所得税法》第二十一条规定："在计算应纳税所得额时，企业财务、会计处理办法与税收法律、行政法规的规定不一致的，应当依照税收法律、行政法规的规定计算。"

纳税调整方法应区别情况处理：

1.采用追溯调整法时，因会计政策变更而调整留存收益，不会影响以前年度应纳税所得额的变动，也就是说，不会影响以前年度应纳所得税额的调整，但追溯调整时如果涉及暂时性差异，则应考虑递延所得税的调整，这种情况应考虑前期所得税费用的调整。

【例22-1】某上市公司于2017年12月建造完工的办公楼作为投资性房地产对外出租，至2019年1月1日，该办公楼的原价为3 300万元，残值为300万元，按25年计提折旧，2018年计提折旧120万元，2018年12月31日计提减值准备180万元。2019年1月1日，该公司决定采用公允价值对出租的办公楼进行后续计量。该办公楼2019年1月1日的公允价值为2 800万元，该公司按净利润的10%提取盈余公积，适用的所得税税率为25%。2019年12月31日，该办公楼的公允价值为2 900万元。假定2019年1月1日前无法取得该办公楼的公允价值，会计折旧与税法折旧相同。2018年、2019年会计利润分别为1 000万元、1 200万元，不考虑其他纳税调整因素。

（1）2018年度计提减值准备不得在税前扣除，应纳所得税额=（1 000+180）×

25%=295（万元）

借：递延所得税资产——投资性房地产减值准备

450 000（1 800 000 × 25%）

贷：所得税费用——递延所得税费用 450 000

借：所得税费用——当期所得税费用 2 950 000

贷：应交税费——应交所得税 2 950 000

2018年12月31日，投资性房地产账面价值为3 000万元，计税基础为3 180万元。

（2）2019年1月1日

借：投资性房地产——成本 28 000 000

投资性房地产累计折旧 1 200 000

投资性房地产减值准备 1 800 000

递延所得税资产 500 000

利润分配——未分配利润 1 500 000

贷：投资性房地产 33 000 000

借：盈余公积 150 000

贷：利润分配——未分配利润 150 000

税务处理：公允价值低于账面价值的差额200万元，由于直接调整了期初留存收益，没有影响2018年、2019年会计利润，故涉及纳税调整。至于2018年计提减值准备不得在税前扣除，属于2018年度的纳税调整事项，与会计政策调整无关。需要注意的是，经过上述账务处理后，投资性房地产账面价值为2 800万元，而计税基础为3 180万元。

（3）2019年12月31日

借：投资性房地产——公允价值变动 1 000 000

贷：公允价值变动损益 1 000 000

借：所得税费用——递延所得税费用 550 000

贷：递延所得税资产——公允价值变动 250 000

——投资性房地产折旧 300 000

税务处理：2019年度应纳税所得额=（会计利润+纳税调整）× 税率=（会计利润-公允价值变动损益-调减允许扣除的折旧）× 25%=（1 200-100-120）× 25%=245（万元）。

2019年12月31日，投资性房地产账面价值为2 900万元，计税基础为3 060万元（3 300-240或者3 180-120）。

2.采用未来适用法时，是将变更后的会计政策应用于变更日、变更当期，以及以后发生的交易或事项。因此这种变更，对以前年度的会计损益、以前年度应纳税所得额、期初留存收益均无影响，不涉及以前年度递延税款、应交所得税的调整。只需对变更后的会计处理方法与税法存在差异的金额，作纳税调整即可。

如果发生税法变更（税收政策调整），按照“实体从旧，程序从新”原则，按照变更后的政策计算应纳税所得额和应纳所得税额，税收法规另有规定的除外。

无论是会计政策变更，还是税法变更，或者会计政策与税法同时变更，只要会计损益与应纳税所得额存在差异且税法有规定时，就必须按照税法的规定计算税款。

第二节 会计估计变更与税法差异分析

一、会计估计变更的概念

（一）会计估计的概念

会计估计，是指企业对其结果不确定的交易或事项以最近可利用的信息为基础所作的判断。会计估计具有以下特点：

1.会计估计的存在是由于经济活动中内在的不确定性因素的影响

2.会计估计应当以最近可利用的信息或资料为基础

3.进行会计估计并不会削弱会计核算的可靠性

下列各项属于常见的需要进行估计的项目：①坏账；②存货遭受毁损、全部或部分陈旧过时；③固定资产的耐用年限与净残值；④无形资产的受益期；⑤或有事项中的估计；⑥收入确认中的估计，等等。

企业应当披露重要的会计估计，不具有重要性的会计估计可以不披露。判断会计估计是否重要，应当考虑与会计估计相关项目的性质和金额。企业应当披露的重要会计估计包括：

1.存货可变现净值的确定。

2.采用公允价值模式下的投资性房地产公允价值的确定。

3.固定资产的预计使用寿命与净残值；固定资产的折旧方法。

4.生物资产的预计使用寿命与净残值；各类生产性生物资产的折旧方法。

5.使用寿命有限的无形资产的预计使用寿命与净残值。

6.可收回金额按照资产组的公允价值减去处置费用后的净额确定的，确定公允价值减去处置费用后的净额的方法。可收回金额按照资产组预计未来现金流量的现值确定的，预计未来现金流量及其折现率的确定。

7.合同完工进度的确定。

8.权益工具公允价值的确定。

9.债务人债务重组中转让的非现金资产的公允价值、由债务转成的股份的公允价值和修改其他债务条件后债务的公允价值的确定。

债权人债务重组中受让的非现金资产的公允价值、由债权转成的股份的公允价值和修改其他债务条件后债权的公允价值的确定。

10.预计负债初始计量的最佳估计数的确定。

11.金融资产公允价值的确定。

12.承租人对未确认融资费用的分摊；出租人对未实现融资收益的分配。

13.探明矿区权益、井及相关设施的折耗方法。与油气开采活动相关的辅助设备及设施的折旧方法。

14.非同一控制下企业合并成本的公允价值的确定。

15.其他重要会计估计。

（二）会计估计变更的概念

由于企业经营活动中内在不确定因素的影响，某些财务报表项目不能精确地计量，而只能加以估计。如果赖以进行估计的基础发生了变化，或者由于取得新的信息、积累更多的经验以及后来的发展变化，可能需要对会计估计进行修订。

会计估计变更，是指由于资产和负债的当前状况及预期经济利益和义务发生了变化，从而对资产或负债的账面价值或者资产的定期消耗金额进行调整。

通常情况下，企业可能由于以下原因而发生会计估计变更：

1.赖以进行估计的基础发生了变化。企业进行会计估计，总是依赖于一定的基础，如果其所依赖的基础发生了变化，则会计估计也应相应作出改变。例如，企业某项无形资产的摊销年限原定为10年，以后发生的情况表明，该资产的受益年限已不足10年，则应相应调减摊销年限。

2.取得了新的信息，积累了更多的经验。企业进行会计估计是就现有资料对未来所作的判断，随着时间的推移，企业有可能取得新的信息、积累更多的经验，在这种情况下，也需要对会计估计进行修订。例如，企业原对固定资产采用年限平均法按15年计提折旧，后来根据新得到的信息——固定资产经济使用寿命不足15年，只有10年，企业改按10年采用年限平均法计提固定资产折旧。

如果以前期间的会计估计是错误的，则属于差错，按前期差错更正的规定进行会计处理。

二、会计估计变更的会计处理

会计估计变更应采用未来适用法处理，即在会计估计变更当期及以后期间，采用新的会计估计，不改变以前期间的会计估计，也不调整以前期间的报告结果。

1.如果会计估计的变更仅影响变更当期，有关估计变更的影响应于当期确认。

2.如果会计估计的变更既影响变更当期又影响未来期间，有关估计变更的影响在当期及以后各期确认。例如，应计提折旧的固定资产，其有效使用年限或预计净残值的估计发生的变更，常常影响变更当期及资产以后使用年限内各个期间的折旧费用。因此，这类会计估计的变更，应于变更当期及以后各期确认。

会计估计变更的影响数应计入变更当期与前期相同的项目中。为了保证不同期间的财务报表具有可比性，会计估计变更的影响如果以前包括在企业日常活动的损益中，则以后也应包括在相应的损益类项目中，如果会计估计变更的影响数以前包括在特殊项目中，则以后也应作为特殊项目反映。

3.企业难以对某项变更区分为会计政策变更或会计估计变更的，应当将其作为会计估计变更处理。

三、会计估计变更与税法差异分析

由于会计估计变更采用未来适用法核算，故不涉及以前年度的会计损益、应纳税所得额。除非税收政策调整，无论会计估计如何变更，应纳税所得额的计算方法是不变的。企业只需对会计估计变更的当年及以后年度的会计利润与应纳税所得额的差额，进行纳税调整即可。

【例22-2】ABC公司拥有于2014年1月1日起开始计提折旧的管理用设备一台，价值84 000元，预计使用年限为8年，预计净残值为4 000元，按直线法计提折旧。至2018年初，由于新技术发展等原因，需要对原估计的使用年限和净残值作出修正，修改后设该设备预计尚可使用年限为2年，预计净残值为2 000元。税法采用直线法计算折旧，净残值也为4 000元，折旧年限为10年。企业所得税税率为25%。

ABC公司对上述会计估计变更的处理方式如下：

（1）不调整以前各期折旧，也不计算累积影响数。

按原估计，每年折旧额为10 000元，已提折旧4年，共计40 000元，固定资产账面价值为44 000元，则第五年相关科目的期初余额如下：

固定资产	84 000
减：累计折旧	40 000
固定资产账面价值	44 000

税务处理：2014年至2017年，每年税法折旧为：（84 000−4 000）÷ 10= 8 000（元）。每年调增应纳税所得额2 000元，4年共调增所得额8 000元（2 000 × 4），至2017年底递延所得税资产借方余额为2 000元（8 000 × 25%）。

（2）变更日以后发生的经济业务改按新的估计提取折旧。

改变预计使用年限后，每年计提的折旧费用为：21 000元［（44 000−2 000）÷ 2］。2018年不必对以前年度已提折旧进行调整，只需按重新预计的尚可使用年限和净残值计算确定年折旧费用，有关会计处理如下：

借：管理费用　　21 000

　　贷：累计折旧　　21 000

税务处理：2018年允许扣除的税法折旧仍为8 000元，应调增应纳税所得额=

21 000-8 000=13 000（元）。

借：递延所得税资产——折旧　　　　　　3 250（13 000 × 25%）

　　贷：所得税费用——递延所得税费用　　　　　　　　3 250

若2018年度会计利润为100万元，不考虑其他纳税调整因素，应纳税额=（1 000 000+13 000）× 25%=253 250（元）。

借：所得税费用——当期所得税费用　　　　　　253 250

　　贷：应交税费——应交所得税　　　　　　　　253 250

（3）附注说明。

由于会计估计变更对应纳所得税额没有影响，因此会计估计变更对本年度净利润的影响数实质就是按原预计使用年限、预计净残值计算的会计折旧与按新预计使用年限、预计净残值计算的会计折旧两者之间的差额。验算如下：

按原预计使用年限、预计净残值计算，2018年会计利润应为：100+2.1-1=101.1（万元），应纳所得税=（101.1+0.2）× 25%=25.325（万元），净利润为：101.1-25.325=75.775（万元）。

按重新估计的预计使用年限、预计净残值计算，会计利润为100万元，应纳所得税=（100+1.3）× 25%=25.325（万元），净利润为=100-25.325=74.675（万元）。

对净利润的影响为：75.775-74.675=1.1（万元）。

附注说明：本公司一台管理用设备，成本为84 000元，原预计使用年限为8年，预计净残值为4 000元，按直线法计提折旧。由于新技术发展，该设备已不能按原预计使用年限计提折旧，本公司于2018年初将该设备的预计尚可使用年限变更为2年，预计净残值变更为2 000元，以反映该设备在目前情况下的预计尚可使用年限和净残值。此估计变更影响本年度净利润减少数为11 000元（21 000-10 000）。

《国家税务总局关于企业所得税应纳税所得额若干问题的公告》（国家税务总局公告2014年第29号）规定，企业固定资产会计折旧年限已期满且会计折旧已提足，但税法规定的最低折旧年限尚未到期且税收折旧尚未足额扣除，其未足额扣除的部分准予在剩余的税收折旧年限继续按规定扣除。对于上述截至2019年度会计已提足折旧，但税收折旧尚未获得扣除的金额，将在2010—2013年每年扣除8 000元。

第三节　前期差错更正与税法差异分析

一、前期差错的概念

前期差错，是指由于没有运用或错误运用下列两种信息，而对前期财务报表造成省略或错报。

1.编报前期财务报表时预期能够取得并加以考虑的可靠信息。

2.前期财务报告批准报出时能够取得的可靠信息。

前期差错通常包括以下方面：

1.计算以及账户分类错误。例如，企业购入的五年期国债，意图长期持有，但在记账时计入了交易性金融资产，导致账户分类上的错误，并导致在资产负债表上流动资产和非流动资产的分类也有误。

2.采用法律、行政法规或者国家统一的会计制度等不允许的会计政策。例如，按照《企业会计准则第17号——借款费用》的规定，为购建固定资产的专门借款而发生的借款费用，满足一定条件的，在固定资产达到预定可使用状态前发生的，应予资本化，计入所购建固定资产的成本；在固定资产达到预定可使用状态后发生的，计入当期损益。如果企业固定资产已达到预定可使用状态后发生的借款费用，也计入该项固定资产的价值，予以资本化，则属于采用法律或会计准则等行政法规、规章所不允许的会计政策。

3.对事实的疏忽或曲解，以及舞弊。例如股东会作出利润分配的决议，企业为规避个人股东应纳个人所得税，以股东借款方式记账。

4.在期末对应计项目与递延项目未予调整。例如，企业应在本期摊销的费用在期末未予摊销。

5.漏记已完成的交易。例如，企业销售一批商品，商品已经发出，开出增值税专用发票，商品销售收入确认条件均已满足，但企业在期末未将已实现的销售收入入账。

6.提前确认尚未实现的收入或不确认已实现的收入。例如，企业在仍然拥有商品控制权的情况下，提前确认商品销售收入。

7.资本性支出与收益性支出划分差错，等等。例如，企业发生的管理人员的工资一般作为收益性支出，而发生的在建工程人员工资一般作为资本性支出。如果企业将发生的在建工程人员工资计入了当期损益，则属于资本性支出与收益性支出的划分差错。

8.存货、固定资产盘盈等。例如，企业本期期末对财产进行清查盘点时，出现存货盘盈3 000万元、固定资产盘盈5 000万元，分别占企业当年末存货和固定资产余额的10%以上。

二、前期差错重要性的判断

如果财务报表项目的遗漏或错误表述可能影响财务报表使用者根据财务报表所做出的经济决策，则该项目的遗漏或错误是重要的。

重要的前期差错，是指足以影响财务报表使用者对企业财务状况、经营成果和现金流量做出正确判断的前期差错。不重要的前期差错，是指不足以影响财务报表使用者对企业财务状况、经营成果和现金流量做出正确判断的前期差错。

前期差错的重要性取决于在相关环境下对遗漏或错误表述的规模和性质的判断。前期差错所影响的财务报表项目的金额或性质，是判断该前期差错是否具有重要性的决定性因素。一般来说，前期差错所影响的财务报表项目的金额越大、性质越严重，其重要性水平越高。

企业应当严格区分会计估计变更和前期差错更正，对于前期根据当时的信息、假设等作了合理估计，在当期按照新的信息、假设等需要对前期估计金额作出变更的，应当作为会计估计变更处理，不应作为前期差错更正处理。

三、前期差错更正的会计处理

会计差错产生于财务报表项目的确认、计量、列报或披露的会计处理过程中，如果财务报表中包含重要差错，或者差错不重要但是故意造成的（以便形成对企业财务状况、经营成果和现金流量等会计信息某种特定形式的列报），即应认为该财务报表未遵循企业会计准则的规定进行编报。在当期发现的当期差错应当在财务报表发布之前予以更正。当重要差错直到下一期间才被发现，就形成了前期差错。

企业应当采用追溯重述法更正重要的前期差错，但确定前期差错累积影响数不切实可行的除外。追溯重述法，是指在发现前期差错时，视同该项前期差错从未发生过，从而对财务报表相关项目进行更正的方法。

（一）不重要的前期差错的处理

对于不重要的前期差错，企业不需调整财务报表相关项目的期初数，但应调整发现当期与前期相同的相关项目。属于影响损益的，应直接计入本期与上期相同的净损益项目；属于不影响损益的，应调整本期与前期相同的相关项目。

（二）重要的前期差错的处理

对于重要的前期差错，企业应当在其发现当期的财务报表中，调整前期比较数据。具体地说，企业应当在重要的前期差错发现当期的财务报表中，通过下述处理对其进行追溯更正：①追溯重述差错发生期间列报的前期比较金额；②如果前期差错发生在列报的最早前期之前，则追溯重述列报的最早前期的资产、负债和所有者权益相关项目的期初余额。

对于发生的重要前期差错，如影响损益，应将其对损益的影响数调整发现当期的期初留存收益，财务报表其他相关项目的期初数也应一并调整；如不影响损益，应调整财务报表相关项目的期初数。

在编制比较财务报表时，对于比较财务报表期间的重要的前期差错，应调整各该期间的净损益和其他相关项目，视同该差错在产生的当期已经更正；对于比较财务报表期间以前的重要的前期差错，应调整比较财务报表最早期间的期初留存收益，财务报表其他相关项目的数字也应一并调整。

确定前期差错影响数不切实可行的，可以从可追溯重述的最早期间开始调整留存收益的期初余额，财务报表其他相关项目的期初余额也应当一并调整，也可以采用未来适用法。当企业确定前期差错对列报的一个或者多个前期比较信息的特定期间的累积影响数不切实可行时，应当追溯重述切实可行的最早期间的资产、负债和所有者权益相关项目的期初余额（可能是当期）；当企业在当期期初确定前期差错对所有前期的累积影响数不切实可行时，应当从确定前期差错影响数切实可行的最早日期开始采用未来适用法追溯重述比较信息；当企业确定所有前期差错（例如，采用错误的会计政策）累积影响数不切实可行时，应当从确定前期差错影响数切实可行的最早日期开始采用未来适用法追溯重述比较信息，为此在该日期之前的资产、负债和所有者权益相关项目的累积重述部分可以忽略不计。

需要注意的是，为了保证经营活动的正常进行，企业应当建立健全内部稽核制度，保证会计资料的真实、完整。但是，在日常会计核算中也可能由于各种原因造成会计差错，如抄写差错、可能对事实的疏忽和误解以及对会计政策的误用。企业发现会计差错时，应当根据差错的性质及时纠正。对于当期发现的、属于当期的会计差错，应调整本期相关项目。例如，企业将本年度在建工程人员的工资计入了管理费用，则应将计入管理费用的在建工程人员工资调整计入工程成本。

对于年度资产负债表日至财务报告批准报出日之间发现的报告年度的会计差错及报告年度前不重要的前期差错，应按照《企业会计准则第29号——资产负债表日后事项》的规定进行处理。

四、前期差错更正的披露

企业应当在附注中披露与前期差错更正有关的下列信息：①前期差错的性质；②各个列报前期财务报表中受影响的项目名称和更正金额；③无法进行追溯重述的，说明该事实和原因以及对前期差错开始进行更正的时点、具体更正情况。

在以后期间的财务报表中，不需要重复披露在以前期间的附注中已披露的前期差错更正的信息。

五、前期差错与税法差异分析

1.应纳所得税的调整

应纳所得税额按照税法的规定执行。具体来说，当会计准则和税法对涉及的损益调整事项处理的口径相同时，则应考虑应交所得税和所得税费用的调整。根据《国家税务总局关于企业所得税应纳税所得额若干税务处理问题的公告》（国家税务总局公告2012年第15号）规定，企业发现以前年度实际发生的、按照税收规定应在企业所得税前扣除而未扣除或者少扣除的支出，企业做出专项申报及说明后，准予追补至该项目发生年度计算扣除，但追补确认期限不得超过5年。企业由于上述原因多缴的企业所得税税款，可以在追补确认年度企业所得税应纳税款中抵扣，不足抵扣的，可以向以后年度递延抵扣或申请退税。亏损企业追补确认以前年度未在企业所得税前扣除的支出，或盈利企业经过追补确认后出现亏损的，应首先调整该项支出所属年度的亏损额，然后再按照弥补亏损的原则计算以后年度多缴的企业所得税款，并按前款规定处理。

当会计准则和税法对涉及的损益类调整事项处理的口径不同时，则不应考虑应交所得税的调整。

2.递延所得税资产和递延所得税负债的调整

若调整事项涉及暂时性差异，则应调整递延所得税资产或递延所得税负债。

3.对不重要的前期差错纳税调整方法

会计准则按照“重要性”原则，对不重要的前期差错和重要的前期差错给予了不同的更正方法。而税法不执行“重要性”原则，必须严格按照税收政策的规定准确计算各期应纳税所得额。对于以前年度的非重大会计差错，涉及损益的，仍然并入差错年度的所得额。这一条被更多的适用于税务机关检查时的处理。

首先，一家企业在不同的年度适用的税率可能不同，例如企业在2017年符合条件的小型微利企业条件，所得税减按20%的税率征收，2018年条件变化，不属于小型微利企业，只能适用法定税率25%。纳税人自查或税务部门检查出的以前年度的所得额，应按被查出年度的适用税率补征所得税。由此看来，对于查出的以前年度的涉及损益的差错，不管重大会计差错与非重大会计差错，一律并入差错年度的所得额。

其次，由于所得税减免税政策的存在，也决定着以前年度的非重大会计差错，必须并入原所属年度的应纳税所得额确定减免税。

最后，由于税法对亏损弥补规定了5年的期限限制，因此必须准确地计算出各年度的所得额（亏损额或盈利额）。对于差错期原认定为亏损的，应重新确定应由以后年度弥补的亏损额。《国家税务总局关于查增应纳税所得额弥补以前年度亏损处理问题的公告》（国家税务总局公告2010年第20号）亦规定：“税务机关对企业以前年度纳税情况进行检查时调增的应纳税所得额，凡企业以前年度发生亏损，且该亏损属于企业所得税法规定允许弥补的，应允许调增的应纳税所得额弥补该亏损。弥补该亏损后仍有余额的，按照企业所得税法规定计算缴纳企业所得税。”对于差错期原为盈利的，需要对差错额计算补缴税款。与此同时，会计上已调整至发现期损益的金额，应作相应的调增或调减处理，即原更正差错的结果为增加发现期利润的，应调减发现期所得；原会计更正结果为减少发现期利润的，应调增发现期所得。

实际操作中，如果会计和税法对涉及的损益的调整事项处理的口径相同时，也可作简化处理：本期发现的以前年度的非重大会计差错，凡因涉及损益而影响所得额的，会计上也应采用“以前年度损益调整”科目予以调整账务，然后将“以前年度损益调整”科目金额结转至“利润分配——未分配利润”科目。

这种做法是将“不重要”的非重大会计差错，看作重大会计差错处理，以减少发现期所得额调整的工作量。

需要强调的是，税务稽查时往往只注重查补税款的执行，忽略了有关账务调整。必须首先对会计差错予以更正，然后补提税款。如果不对会计差错进行账务调整，可能会出现多缴税款。例如，前期将固定资产作为费用化处理，若是只调增所得补交所得税，而不作账务调整，必须会导致以后少提折旧，多缴所得税。同样的道理，如果不对查补税款作补提处理，只是直接借记“应交税费”，贷记“银行存款”科目，那么其缴纳的所得税只是冲减了前期的欠税或者抵顶以后期间的应纳税额。

4.不重要的前期差错的会计与税务处理举例

【例22-3】ABC公司在2018年12月31日发现管理部门使用的设备一台，该设备价值9 600元，应于2017年2月1日开始计提折旧。公司在2017年将该设备计入了当期费用。该公司固定资产折旧采用直线法，该资产估计使用年限为4年，假设不考虑净残值因素。则在2018年12月31日更正此差错的会计分录为：

借：固定资产	9 600	
贷：管理费用		5 000
累计折旧		4 600

假设该项差错直到2021年2月后才发现，则不需要做任何分录，因为该项差错已经抵销了。

税务处理：若税法净残值为5%，折旧年限为5年，采用直线法计算折旧。2017年适用高新技术企业优惠税率为15%、2018年适用税率为25%，不考虑其他因素，2017年度应补所得税=（9 600−9 600 × 95% ÷ 5 ÷ 12 × 11）× 15%=（9 600−1 672）× 15%=1 189.2（元）。

2018年应调减应纳税所得额=5 000+9 600 × 95% ÷ 5=6 824（元）

以后年度可仅就当期会计折旧与税法折旧的差额进行纳税调整即可。

5.重要的前期差错的会计与税务处理举例

【例22-4】甲公司为增值税一般纳税人。所得税采用债务法核算，适用所得税税率为25%，按净利润的10%提取法定盈余公积。2018年5月20日，甲公司发现在2017年12月31日计算A库存产品的可变现净值时发生差错，该库存产品的成本为1 000万元，预计可变现净值为700万元。2017年12月31日，甲公司误将A库存产品的可变现净值预计为900万元。

（1）补提存货跌价准备

借：以前年度损益调整	2 000 000	
贷：存货跌价准备		2 000 000

（2）虽然存货跌价准备不得在税前扣除，但由于补提跌价准备结转了留存收益，因此对2017年度应纳税额没有影响，故不涉及应补退税问题，但由于存货跌价准备的补提导致存货的账面价值与计税基础产生可抵扣性暂时性差异，故必须确认递延所得税资产。

借：递延所得税资产——存货跌价准备　　500 000

　　贷：以前年度损益调整　　500 000

将来存货跌价准备转回时，应当作纳税调减处理，同时结转递延所得税资产。

（2）结转“以前年度损益调整”科目余额，同时调整盈余公积。

借：利润分配——未分配利润　　1 500 000

　　贷：以前年度损益调整　　1 500 000

借：盈余公积——法定盈余公积　　150 000

　　贷：利润分配——未分配利润　　150 000

【例22-5】A公司2018年度的财务会计报告于2019年4月20日批准报出。A公司按净利润的10%提取法定盈余公积。2019年3月20日，A公司发现2017年和2018年行政管理部门的固定资产少提折旧200万元和100万元（达到重要性要求），会计折旧与税法折旧相同，尚未办理2018年度企业所得税汇算清缴，2017年、2018年会计利润分别为1 000万元、1 200万元，适用企业所得税税率分别为15%、25%。2018年度已计提所得税300万元。不考虑其他纳税调整因素则：

（1）会计分录

借：以前年度损益调整　　3 000 000

　　贷：累计折旧　　3 000 000

借：应交税费——应交所得税

　　550 000（200万元×15%+100万元×25%）

　　贷：以前年度损益调整　　550 000

借：利润分配——未分配利润　　2 450 000

　　贷：以前年度损益调整　　2 450 000

借：盈余公积——法定盈余公积　　245 000

　　贷：利润分配——未分配利润　　245 000

（2）财务报表调整和重述（财务报表略）

①2018年12月31日资产负债表项目的调整：

年初数调增累计折旧200万元；盈余公积调减17万元；未分配利润调减153万元；应交税费调减30万元。

期末数调增累计折旧300万元；盈余公积调减24.5万元；未分配利润调减220.5万元；应交税费调减55万元。

②2018年度利润表项目的调整：

上年数管理费用调增200万元；所得税费用减少30万元。

本年数管理费用调增100万元；所得税费用减少25万元。

③股东权益变动表项目的调整：

调减盈余公积项目下前期差错更正影响数24.5万元。

（3）附注说明（略）

第二十三章

资产负债表日后事项准则与税法差异分析

由于财务报告的编制需要一定的时间，因此，资产负债表日与财务报告的批准报出日之间往往存在时间差，这段时间发生的一些事项可能对财务报告使用者有重要影响。《企业会计准则第29号——资产负债表日后事项》（以下简称“资产负债表日后事项准则”）规范了资产负债表日后事项的确认、计量和相关信息的披露要求。本章分析资产负债表日后事项准则与税法差异及纳税调整方法。

第一节 资产负债表日后事项概述

一、资产负债表日后事项的概念

资产负债表日后事项是指资产负债表日至财务报告批准报出日（有时也包括实际报出日）之间发生的有利或不利事项。

（一）资产负债表日

资产负债表日是指会计年度末和会计中期期末。其中，年度资产负债表日是指公历12月31日；会计中期通常包括半年度、季度和月度等，会计中期期末相应地是指公历半年末、季末和月末等。

如果母公司或者子公司在国外，无论该母公司或子公司如何确定会计年度和会计中期，其向国内提供的财务报告都应根据我国《会计法》和会计准则的要求确定资产负债表日。

（二）财务报告批准报出日

财务报告批准报出日是指董事会或类似机构批准财务报告报出的日期。通常是指对财务报告的内容负有法律责任的单位或个人批准财务报告对外公布的批准日期。

（三）有利或不利事项

资产负债表日后事项准则所称“有利或不利事项”的含义是，资产负债表日后事项肯定对企业财务状况和经营成果具有一定影响（既包括有利影响，也包括不利影响）。如果某些事项的发生对企业并无任何影响，那么，那些事项既不是有利事项也不是不利事项，也就不属于准则所称资产负债表日后事项。

二、资产负债表日后事项涵盖的期间

资产负债表日后事项涵盖的期间是自资产负债表日次日起至财务报告批准报出日止的一段时间，具体是指：报告年度次年的1月1日或报告期下一期间的第一天至董事会或类似机构批准财务报告对外公布的日期。财务报告批准报出以后、实际报出之前又发生与资产负债表日后事项有关的事项，并由此影响财务报告对外公布日期的，应以董事会或类似机构再次批准财务报告对外公布的日期为截止日期。

三、资产负债表日后事项的内容

资产负债表日后事项包括资产负债表日后调整事项（以下简称调整事项）和资产负债表日后非调整事项（以下简称非调整事项）两类。

（一）调整事项

资产负债表日后调整事项，是指对资产负债表日已经存在的情况提供了新的或进一步证据的事项。

（二）非调整事项

资产负债表日后非调整事项，是指表明资产负债表日后发生的情况的事项。其中重要的非调整事项要予以披露。

（三）调整事项与非调整事项的区别

如何确定资产负债表日后发生的某一事项是调整事项还是非调整事项，是运用资产负债表日后事项准则的关键。某一事项究竟是调整事项还是非调整事项，取决于该事项表明的情况在资产负债表日或资产负债表日以前是否已经存在。若该情况在资产负债表日或之前已经存在，则属于调整事项；反之，则属于非调整事项。

（四）表明持续经营假设不再适用的事项

资产负债表日后事项表明持续经营假设不再适用的，企业不应当在持续经营基础上编制财务报表。即企业不得在原有基础上调整会计报表金额，也不得仅仅在会计报表附注中做出说明。资产负债表日后事项准则在总则部分单独列出一个条款，对该事项做出规定，既明确了企业在发生该种事项情况下的处理要求，同时也表明，准则对调整事项、非调整事项处理方法的规定主要适用于符合持续经营假设的企业。

本准则着重解决了资产负债表日后调整事项和非调整事项的界定及其会计处理问题。

第二节　资产负债表日后调整事项的会计与税务处理

一、资产负债表日后调整事项的会计处理

企业发生资产负债表日后调整事项，应当调整资产负债表日已编制的财务报表。对于年度财务报告而言，由于资产负债表日后事项发生在报告年度

的次年，报告年度的有关账目已经结转，特别是损益类科目在结账后已无余额。因此，年度资产负债表日后发生的调整事项，应分别按以下情况进行处理：

1.涉及损益的事项，通过“以前年度损益调整”科目核算。调整增加以前年度利润或调整减少以前年度亏损的事项，计入“以前年度损益调整”科目的贷方；反之，计入“以前年度损益调整”科目的借方。

2.涉及利润分配调整的事项，直接在“利润分配——未分配利润”科目核算。

3.不涉及损益及利润分配的事项，调整相关科目。

4.通过上述账务处理后，还应同时调整财务报表相关项目的数字，包括：①资产负债表日编制的财务报表相关项目的期末数或本年发生数；②当期编制的财务报表相关项目的期初数或上年数；③经过上述调整后，如果涉及报表附注内容的，还应当调整报表附注相关项目的数字。

二、资产负债表日后调整事项的税务处理

由于企业所得税汇算清缴期满的时间为次年5月31日之前，而上市公司年报披露的最后期限是次年4月30日，因此，调整事项通常是发生在汇算清缴期满之前。凡涉及损益的调整事项如果发生在资产负债表日所属年度（即报告年度）所得税汇算清缴前的，应按准则要求调整报告年度应纳税所得额、应纳所得税税额；发生在报告年度所得税汇算清缴后的，应按准则要求调整本年度（即报告年度的次年）应纳所得税税额。

如果调整事项发生在所得税汇算清缴之后，例如，某上市公司2017年的年度财务报告于2018年3月15日编制完成，注册会计师完成年度审计工作并签署审计报告的日期为2018年4月12日。该公司于2018年4月15日办理年度企业所得税申报。2018年4月20日董事会批准财务报告对外公布。资产负债表日涵盖的期间为2018年1月1日至2018年4月20日。如果调整事项发生在4月18日，这时已办理了年度所得税汇算清缴，因调整事项而影响的应纳税额应当计入报告年度还是报告年度的次年呢？根据《企业所得税汇算清缴管理办法》（国税发［2009］79号）第十条规定：“纳税人在汇算清缴期内发现当年企业所得税申报有误的，可在汇算清缴期内重新办理企业所得税年度纳税申报。”因此，纳税人可以重新办理纳税申报，仍将调整事项对所得额的影响计入报告年度。

涉及报告年度应补退税款的，仍通过“以前年度损益调整”科目核算。

对于发生在财务报告批准报出之后的事项（如报告期销售业务次年退回），不属于资产负债表日后事项，无论是否办理所得税汇算清缴，均直接计入退回年度的损益，其税务处理与会计处理一致。

三、资产负债表日后调整事项案例分析

（一）资产负债表日后诉讼案件结案，法院判决证实了企业在资产负债表日已经存在现时义务，需要调整原先确认的与该诉讼案件相关的预计负债，或确认一项新负债

这一事项是指导致诉讼的事项在资产负债表日已经发生，但尚不具备确认负债的条件而未确认，因此法院判决后应确认一项新负债；或者虽已确认，但需要调整已确认负债的金额。

【例23-1】甲公司因违约，于2017年12月被乙公司告上法庭，要求甲公司赔偿80万元。2017年12月31日法院尚未判决，甲公司按或有事项准则对该诉讼事项确认预计负债50万元。2018年3月10日，经法院判决甲应赔偿乙公司60万元，甲、乙双方均服从判决。判决当日，甲向乙支付赔偿款60万元。甲、乙两公司2017年所得税汇算清缴在2018年4月10日完成。假定甲、乙公司适用税率均25%；财务报告批准报出日均为2018年3月31日，按10%提取法定盈余公积后不作其他分配。

甲公司已于2017年12月31日计提预计负债50万元，并确认递延所得税资产12.5万元（50×25%），若2017年度会计利润为500万元，不考虑其他纳税调整因素，应纳税额=（500+50）×25%=137.5（万元）。账务处理为：

借：递延所得税资产——预计负债	125 000	
贷：所得税费用——递延所得税费用		125 000
借：所得税费用——当期所得税费用	1 375 000	
贷：应交税费——应交所得税		1 375 000

本例中，2018年3月10日的判决证实了甲、乙两公司在资产负债表日（即2017年12月31日）分别存在现时赔偿义务和获赔权利，因此两公司都应将“法院判决”这一事项作为调整事项进行处理。

1.甲公司的账务处理如下：

（1）2018年3月10日，记录支付的赔款，并调整递延所得税资产

借：以前年度损益调整	100 000	
贷：其他应付款		100 000
借：预计负债	500 000	
贷：其他应付款		500 000
借：其他应付款	600 000	
贷：银行存款		600 000

由于2017年末因确认预计负债50万元时已确认递延所得税资产，日后事项发生后递延所得税不复存在，故应冲销相应记录。

借：以前年度损益调整	125 000	

贷：递延所得税资产——预计负债 125 000

由于调整事项发生在所得税汇算清缴之前，企业应在报告年度扣除诉讼赔偿60万元，其中已计提的预计负债50万元应不作纳税调整，同时调减已计入“以前年度损益调整”科目的金额10万元。合计调减所得税=60×25%=15（万元）。

借：应交税费——应交所得税 150 000

贷：以前年度损益调整 150 000

（2）将“以前年度损益调整”科目余额转入未分配利润

借：利润分配——未分配利润 75 000

贷：以前年度损益调整 75 000

（3）因净利润变动，调整盈余公积

借：盈余公积 7 500

贷：利润分配——未分配利润 7 500

（4）调整报告年度报表（略）

办理所得税汇算清缴时，实际应纳所得税=（500–10）×25%=122.5（万元），这与“应交税费——应交所得税”科目核算的结果是一致的。

2. 乙公司的账务处理如下：

（1）2018年3月10日，记录收到的赔款

借：银行存款 600 000

贷：以前年度损益调整 600 000

乙公司收到的赔款应计入报告年度的所得，调增应纳税所得额60万元。

借：以前年度损益调整 150 000（600 000×25%）

贷：应交税费——应交所得税 150 000

（2）将“以前年度损益调整”科目余额转入未分配利润

借：以前年度损益调整 450 000

贷：利润分配——未分配利润 450 000

（3）因净利润增加，补提盈余公积

借：利润分配——未分配利润 45 000

贷：盈余公积 45 000（450 000×10%）

（4）调整报告年度报表（略）

通过本例可见，调整事项只涉及报告年度的税务处理问题，对报告年度的次年的应纳税额没有影响。

（二）资产负债表日后取得确凿证据，表明某项资产在资产负债表日发生了减值或者需要调整该项资产原先确认的减值金额

【例23-2】2018年4月甲公司销售给乙公司一批产品，货款为58 000元（含增值税），乙公司于5月份收到所购物资并验收入库，按合同规定，乙公司应于收到所购物资后一个月内付款。由于乙公司财务状况不佳，到2018年12月31日仍未付款。甲公司于12月31日编制2018年度财务报表时，已为该项应收账

款提取坏账准备2 900元；12月31日资产负债表上“应收账款”项目的金额为76 000元，其中55 100元为该项应收账款。甲公司于2019年2月2日（所得税汇算清缴前）收到法院通知，乙公司已宣告破产清算，无力偿还所欠部分货款。甲公司预计可收回应收账款的40%，企业所得税率为25%。财务报告批准报出日为2019年3月31日。

本例中，甲公司在收到法院通知后，首先可判断该事项属于资产负债表日后调整事项，应根据调整事项的处理原则进行处理。具体过程如下：

（1）补提坏账准备

应补提的坏账准备=58 000 × 60%-2 900=31 900（元）

借：以前年度损益调整　　31 900

　　贷：坏账准备　　31 900

（2）调整递延所得税资产

借：递延所得税资产——坏账准备　　7 975

　　贷：以前年度损益调整　　7 975（31 900 × 25%）

（3）将“以前年度损益调整”科目的余额转入利润分配

借：利润分配——未分配利润　　23 925

　　贷：以前年度损益调整　　23 925（31 900-7 975）

（4）调整利润分配有关数字

借：盈余公积　　2 392.50

　　贷：利润分配——未分配利润　　2 392.50

（5）调整报告年度财务报表相关项目的数字（财务报表略）

①资产负债表项目的调整：调减应收账款净值31 900元，调增递延所得税资产7 975元，调减盈余公积2 392.50元，调减未分配利润21 532.50元。

②利润表项目的调整：调增资产减值损失31 900元，调减所得税费用7 975元。

③所有者权益变动表项目的调整：调减净利润23 925元，调减提取盈余公积2 392.50元。

（6）调整2019年2月份资产负债表相关项目的年初数（资产负债表略）

甲公司在编制2019年1月份的资产负债表时，按照调整前2018年12月31日的资产负债表的数字作为资产负债表的年初数，由于发生了资产负债表日后调整事项，甲公司除了调整2018年年度资产负债表相关项目的数字外，还应当调整2019年2月份及以后月份资产负债表相关项目的年初数，其年初数按照2018年12月31日调整后的数字填列。

（三）资产负债表日后进一步确定了资产负债表日前购入资产的成本或售出资产的收入

这类调整事项包括两方面的内容：一是若资产负债表日前购入的资产已经按暂估金额等入账，资产负债表日后获得证据，可以进一步确定该资产的成本，则应该对已入账的资产成本进行调整。二是企业在资产负债表日已根据收入确认条件确认资产销售收入，但资产负债表日后获得关于资产收入的进一步证据，如发生销售退回等，此时也应调整财务报表相关项目的金额。需要说明的是，资产负债表日后发生的销售退回，既包括报告年度或报告中期销售的商品在资产负债表日后发生的销售退回，也包括以前期间销售的商品在资产负债表日后发生的销售退回。

资产负债表所属期间或以前期间所售商品在资产负债表日后退回的，应作为资产负债表日后调整事项处理。发生于资产负债表日后至财务报告批准报出日之间的销售退回事项，可能发生于年度所得税汇算清缴之前，也可能发生于年度所得税汇算清缴之后，其会计处理分别为：

1.涉及报告年度所属期间的销售退回发生于报告年度所得税汇算清缴之前，应调整报告年度利润表的收入、成本等，而《关于确认企业所得税收入若干问题的通知》（国税函［2008］875号）规定："企业已经确认销售收入的售出商品发生销售折让和销售退回，应当在发生当期冲减当期销售商品收入。"根据该文件，属于资产负债表日后事项的销售退回，汇缴时应对报告年度所属期间的销售退回作销售收入和销售成本的纳税调增处理，办理次年企业所得税汇缴时作相反方向的调整。

【例23-3】甲公司2017年12月20日销售一批商品给丙企业，取得收入100 000元（不含税，增值税率17%）。甲公司发出商品后，按照正常情况已确认收入，并结转成本80 000元。此笔货款到年末尚未收到，甲公司按应收账款的4%计提了坏账准备4 680元。2018年1月18日，由于产品质量问题，本批货物被退回。本年度除应收丙企业账款计提的坏账准备外，无其他纳税调整事项。企业于2018年2月28日完成2017年所得税汇算清缴。财务报告批准报出日为2018年3月31日，按10%计提法定盈余公积，企业所得税税率为25%。

本例中，销售退回业务发生在资产负债表日后事项涵盖期间内，应属于资产负债表日后调整事项。

甲公司的账务处理如下：

（1）2018年1月18日，甲公司开具了负数的防伪税控系统增值税专用发票，调整销售收入

借：以前年度损益调整	100 000	
应交税费——应交增值税（销项税额）	17 000	
贷：应收账款		117 000

（2）调整坏账准备余额

借：坏账准备	4 680	
贷：以前年度损益调整		4 680

（3）调整销售成本

借：库存商品	80 000	
贷：以前年度损益调整		80 000

（4）调整应缴纳的所得税

坏账准备不能在税前扣除，在年末按会计利润计算企业所得税时，也未作纳税调整，由于年报时坏账准备已冲回，故不作纳税调整。但需对货物退回的收入和成本同时作纳税调增，调增应纳税所得额100 000-80 000=20 000（元），即20 000元对应的所得税20 000×25%=5 000（元）不能冲回。

（5）将“以前年度损益调整”科目余额转入未分配利润

借：利润分配——未分配利润	15 320	
贷：以前年度损益调整		15 320

（6）调整盈余公积

借：盈余公积	1 532	
贷：利润分配——未分配利润		1 532

（7）调整相关财务报表（略）

2.资产负债表日后事项中涉及报告年度所属期间的销售退回发生于报告年度所得税汇算清缴之后，应调整报告年度会计报表的收入、成本等。前面已经讨论过，只要汇算清缴期未满，纳税人可以重新办理所得税纳税申报，这种情况与调整事项发生在所得税汇算清缴之前的处理是一致的。但如果财务报告批准报出日在次年5月31日（汇算清缴期满）之后（这种情况非常少见），按照税法规定在此期间的销售退回所涉及的应缴所得税，应作为本年度的纳税调整事项。

【例23-4】仍引用【例23-3】的资料，假定销售退回的时间改为2018年6月4日，财务报告批准报出之日为2018年6月10日（即报告期所得税汇算清缴期满后）。因销售退回而涉及的所得额在计算2018年度所得税时，作纳税调减处理，而不直接调减2017年度应纳税额。【例23-3】中第（4）笔分录不作。

（四）资产负债表日后发现了财务报表舞弊或差错

这一事项是指资产负债表日后发现报告期或以前期间存在的财务报表舞弊或差错。企业发生这一事项后，应当将其作为资产负债表日后调整事项，调整报告年度的年度财务报告或中期财务报告相关项目的数字。

税务处理同上。

第三节　资产负债表日后非调整事项的处理

一、资产负债表日后非调整事项的处理原则

资产负债表日后发生的非调整事项，是表明资产负债表日后发生的情况的事项，与资产负债表日存在状况无关，不应当调整资产负债表日的财务报表。

但有的非调整事项对财务报告使用者具有重大影响，如不加以说明，将不利于财务报告使用者做出正确估计和决策，因此，资产负债表日后事项准则要求在附注中披露“重要的资产负债表日后非调整事项的性质、内容，及其对财务状况和经营成果的影响。”

二、资产负债表日后非调整事项的具体会计处理

资产负债表日后发生的非调整事项，应当在报表附注中披露每项重要的资产负债表日后非调整事项的性质、内容，及其对财务状况和经营成果的影响。无法做出估计的，应当说明原因。

资产负债表日后非调整事项的主要例子有：

1.资产负债表日后发生重大诉讼、仲裁、承诺。

2.资产负债表日后资产价格、税收政策、外汇汇率发生重大变化。

3.资产负债表日后因自然灾害导致资产发生重大损失。

4.资产负债表日后发行股票和债券以及其他巨额举债。

5.资产负债表日后资本公积转增资本。

6.资产负债表日后发生巨额亏损。

7.资产负债表日后发生企业合并或处置子公司。

8.资产负债表日后，企业利润分配方案中拟分配的以及经审议批准宣告发放的股利或利润。

三、资产负债表日后非调整事项的税务处理

资产负债表日后非调整事项，与报告年度的应纳税所得额无关。企业在实际发生时，按照会计准则的规定进行账务处理，并按照税法的规定计算缴纳税款。

第二十四章

关联方披露准则与特别纳税调整

随着我国市场经济和证券市场的进一步发展，企业的投资者、债权人，以及其他会计信息使用者对关联方关系及其交易的披露要求日益迫切。对关联方关系及其交易的披露，有助于会计信息使用者了解企业真实的财务状况和经营成果。《企业会计准则第36号——关联方披露》（以下简称“关联方披露准则”），对保证企业会计信息的充分披露、加强证券市场和税务监管、促进与国际财务报告准则的实质趋同等都具有重要意义。税法对关联方关系的认定、关联交易的税务处理是基于反避税的需要而设定的。两者之间既相互联系、相互促进，又存在着必然的差异。

第一节　关联方披露准则概述

关联方披露准则规范关联方关系及其交易的披露。关联方一般是指有关联的各方，关联方关系是指有关联的各方之间存在的内在联系。关联方披露准则规定：一方控制、共同控制另一方或对另一方施加重大影响，以及两方或两方以上同受一方控制、共同控制或重大影响的，构成关联方。因此，关联方关系往往存在于控制或被控制、共同控制或被共同控制、施加重大影响或被施加重大影响的各方之间。关联方具有以下特征：一是关联方涉及两方或多方。关联方关系是有关联的双方或多方之间的相互关系。关联方关系必须存在于两方或多方之间，任何单独的个体不能构成关联方关系。例如，一个企业不能构成关联方关系。二是关联方以各方之间的影响为前提。这种影响包括控制或被控制、共同控制或被共同控制、施加重大影响或被施加重大影响的各方之间。即，建立控制、共同控制和施加重大影响是关联方存在的主要特征。

控制，是指有权决定一个企业的财务和经营政策，并能据以从该企业的经营活动中获取利益。

共同控制，是指按照合同约定对某项经济活动所共有的控制，仅在与该项经济活动相关的重要财务和经营决策需要分享控制权的投资方一致同意时存在。

重大影响，是指对一个企业的财务和经营政策有参与决策的权力，但并不能够控制或者与其他方一起共同控制这些政策的制定。

关联方披露准则着重解决了关联方关系的判断标准、关联方交易的类型、信息披露应包含的内容等问题。

一、关联方关系的认定

关联方关系的存在是以控制、共同控制或重大影响为前提条件的。在判断是否存在关联方关系时，尤其应当遵守实质重于形式的原则。关联方披露准则第三条是判断关联方关系是否存在的基本标准，界定了构成企业关联方关系的有关方面。

（一）根据关联方披露准则的规定，关联方关系存在于下列各方

1.该企业的母公司，不仅包括直接或间接地控制该企业的其他企业，也包括能够对该企业实施直接或间接控制的单位等。

（1）某一个企业直接控制一个或多个企业。例如，母公司控制一个或若干个子公司，则母公司与子公司之间即为关联方关系。

（2）某一个企业通过一个或若干个中间企业间接控制一个或多个企业。例如，母公司通过其子公司，间接控制子公司的子公司，表明母公司与其子公司

的子公司存在关联方关系。

（3）一个企业直接地和通过一个或若干中间企业间接地控制一个或多个企业。例如，母公司对某一企业的投资虽然没有达到控股的程度，但由于其子公司也拥有该企业的股份或权益，如果母公司与其子公司对该企业的投资之和达到拥有该企业一半以上表决权资本的控制权，则母公司直接或间接地控制该企业，表明母公司与该企业之间存在关联方关系。

2.该企业的子公司，包括直接或间接地被该企业控制的其他企业，也包括直接或间接地被该企业控制的单位、信托基金等。

3.与该企业受同一母公司控制的其他企业。因为两个或多个企业有相同的母公司，对它们都具有控制能力，即两个或多个企业如果有相同的母公司，它们的财务和经营政策都由相同的母公司决定，各个被投资企业之间由于受相同母公司的控制，可能为自身利益而进行的交易受到某种限制。因此，关联方披露准则规定与该企业受同一母公司控制的两个或多个企业之间构成关联方关系。例如，该企业与受其母公司控制的其他公司之间构成关联方关系。

4.对该企业实施共同控制的投资方。这里的共同控制包括直接的共同控制和间接的共同控制。需要强调的是，对企业实施直接或间接共同控制的投资方与该企业之间是关联方关系，但这些投资方之间并不能仅仅因为共同控制了同一家企业而视为存在关联方关系。例如，A、B、C三个企业共同控制D企业，从而A和D、B和D以及C和D成为关联方关系。如果不存在其他关联方关系，A和B、A和C以及B和C之间不构成关联方关系。

5.对该企业施加重大影响的投资方。这里的重大影响包括直接的重大影响和间接的重大影响。对企业实施重大影响的投资方与该企业之间是关联方关系，但这些投资方之间并不能仅仅因为对同一家企业具有重大影响而视为存在关联方关系。例如，A企业和C企业均能够对B企业施加重大影响，如果A和C不存在其他关联方关系，则A和C不构成关联方关系。

6.该企业的合营企业。合营企业，指按照合同规定经营活动由投资双方或若干方共同控制的企业。合营企业的主要特点在于投资各方均不能对被投资企业的财务和经营政策单独作出决策，必须由投资各方共同作出决策。因此，合营企业是以共同控制为前提的，两方或多方共同控制某一企业时，该企业则为投资者的合营企业。例如，A、B、C、D企业各占F企业表决权资本的25%，按照合同规定，投资各方按照出资比例控制F企业，由于出资比例相同，F企业由A、B、C、D企业共同控制，在这种情况下，A和F、B和F、C和F以及D和F之间构成关联方关系。

7.该企业的联营企业。联营企业，指投资方对其具有重大影响，但不是投资者的子公司或合营企业的企业。联营企业和重大影响是相联系的，如果投资者能对被投资企业施加重大影响，则该被投资企业视为投资者的联营企业。

8.该企业的主要投资者个人及与其关系密切的家庭成员。主要投资者个人，是指能够控制、共同控制一个企业或者对一个企业施加重大影响的个人投资者。

（1）某一企业与其主要投资者个人之间的关系。例如，张三是A企业的主要投资者，则A企业与张三构成关联方关系。

（2）某一企业与其主要投资者个人关系密切的家庭成员之间的关系。例如，A企业的主要投资者张三的儿子张小三与A企业构成关联方关系。

9.该企业或其母公司的关键管理人员及与其关系密切的家庭成员。关键管理人员，是指有权力并负责计划、指挥和控制企业活动的人员。通常情况下，企业关键管理人员负责管理企业的日常经营活动，并且负责制定经营计划、战略目标、指挥调度生产经营活动等，主要包括董事长、董事、董事会秘书、总经理、总会计师、财务总监、主管各项事务的副总经理以及行使类似职能的人员等。

（1）某一企业与其关键管理人员之间的关系。例如，A企业的总经理与A企业构成关联方关系。

（2）某一企业与其关键管理人员关系密切的家庭成员之间的关系。例如，A企业的总经理张三的儿子张小三与A企业构成关联方关系。

10.该企业主要投资者个人、关键管理人员或与其关系密切的家庭成员控制、共同控制或施加重大影响的其他企业。与主要投资者个人或关键管理人员关系密切的家庭成员，是指在处理与企业的交易时可能影响该个人或受该个人影响的家庭成员，例如父母、配偶、兄弟、姐妹和子女等。判断与主要投资者个人或关键管理人员关系密切的家庭成员是否为一个企业的关联方，应当视他们在处理与企业交易时的互相影响程度而定。对于这类关联方，应当根据主要投资者个人、关键管理人员或与其关系密切的家庭成员对两家企业的实际影响力具体分析判断。

（1）某一企业与受该企业主要投资者个人控制、共同控制或施加重大影响的其他企业之间的关系。例如，A企业的主要投资者H拥有B企业60%的表决权资本，则A和B存在关联方关系。

（2）某一企业与受该企业主要投资者个人关系密切的家庭成员控制、共同控制或施加重大影响的其他企业之间的关系。例如，A企业的主要投资者Y的妻子拥有B企业60%的表决权资本，则A和B存在关联方关系。

（3）某一企业与受该企业关键管理人员控制、共同控制或施加重大影响的其他企业之间的关系。例如，A企业的关键管理人员H控制了B企业，则A和B存在关联方关系。

（4）某一企业与受该企业关键管理人员关系密切的家庭成员控制、共同控制或施加重大影响的其他企业之间的关系。例如，A企业的财务总监Y的妻子是B企业的董事长，则A和B存在关联方关系。

（二）控制、共同控制和重大影响是判断关联方关系的基本标准，仅与企业存在下列关系的各方，不构成关联方

1.与该企业发生日常往来的资金提供者、公用事业部门、政府部门和机构，

以及与该企业发生大量交易而存在经济依存关系的单个客户、供应商、特许商、经销商和代理商之间，不构成关联方关系。因为，企业在日常经营活动中，往往与资金提供者，公用事业部门，与企业发生大量交易的供应商、代理商、购买者等往来比较密切，特别是国有企业与政府部门和机构也有较多的联系，如果他们之间不存在控制和被控制、共同控制和被共同控制、施加重大影响和被施加重大影响，通常情况下不构成关联方关系。

2.与该企业共同控制合营企业的合营者之间，通常不构成关联方关系。因为，如果两个企业按照合同分享一个合营企业的控制权，某个企业单方面无法做出合营企业的经营和财务的决策，而合营企业是一个独立的法人，合营方各自对合营企业有重大影响，但各合营者无法影响其他合营者。在没有其他关联关系的情况下，仅因为某一合营企业的共同合营者，不能认定各合营者之间是关联方。

3.仅仅同受国家控制而不存在控制、共同控制或重大影响关系的企业，不构成关联方关系。因为，在我国，国有经济规模大，国有企业仍然占有相当的比重，包括上市公司，国有企业之间的交易数量往往占重要部分。如果我们把这一部分国有企业都视为关联方，这些企业之间的交易都作为关联交易来处理，在现实当中是无法操作的。特别是我们的国有商业银行，由于涉及的面更加广，如果把它们都作为关联方，就扭曲了关联方及其交易的本质，掩盖了真正的关联方及其交易。所以，如果将同受国家控制的企业之间视为关联方，在不存在控制、共同控制和重大影响时，则所有的国有企业由于其拥有共同的所有者而都成为关联方，这就扩大了关联方的范围，对国家控制的企业之间的交易予以披露，既无必要，又增加了企业的信息披露成本。

二、关联方交易的确认

关联方交易，是指关联方之间转移资源、劳务或义务的行为，而不论是否收取价款。这一定义的要点有：

1.按照关联方定义，构成关联方关系的企业之间、企业与个人之间的交易，即通常是在关联方关系已经存在的情况下，关联各方之间的交易。

2.资源或义务的转移是关联方交易的主要特征，通常情况下，在资源或义务转移的同时，风险和报酬也相应地转移。

3.关联方之间资源或义务的转移价格，是了解关联方交易的关键。

关联方披露准则举例说明了关联方交易的例子，这些例子只是各种交易形式的一部分。判断是否属于关联方交易，应以交易是否发生为依据，而不是以是否收取价款为前提。关联方的交易类型主要有：

1.购买或销售商品。购买或销售商品是关联方交易较常见的交易事项，例如，企业集团成员之间互相购买或销售商品，从而形成了关联方交易。

2.购买或销售除商品以外的其他资产。例如，母公司出售给其子公司设备或建筑物等。

3.提供或接受劳务。例如，A企业是B企业的联营企业，A企业专门从事设备维修服务，B企业的所有设备均由A企业负责维修，B企业每年支付设备维修费用300万元。

4.担保。担保包括在借贷、买卖、货物运输、加工承揽等经济活动中，为了保障其债权实现而实行的担保等。当存在关联方关系时，一方往往为另一方提供为取得借款、买卖等经济活动中所需要的担保。

5.提供资金（贷款或股权投资）。例如，企业从其关联方取得资金，或权益性资金在关联方之间的增减变动等。

6.租赁。租赁通常包括经营租赁和融资租赁等，关联方之间的租赁合同也是主要的交易事项。

7.代理。代理主要是依据合同条款，一方可为另一方代理某些事务，如代理销售货物，或代理签订合同等。

8.研究与开发项目的转移。在存在关联方关系时，有时某一企业所研究与开发的项目会由于一方的要求而放弃或转移给其他企业。例如，B公司是A公司的子公司，A公司要求B公司停止对某一新产品的研究和试制，并将B公司研究的现有成果转给A公司最近购买的、研究与开发能力超过B公司的C公司继续研制，从而形成关联方交易。

9.许可协议。当存在关联方关系时，关联方之间可能达成某项协议，允许一方使用另一方商标等，从而形成了关联方之间的交易。

10.代表企业或由企业代表另一方进行债务结算。

11.关键管理人员薪酬。企业支付给关键管理人员的报酬，也是一项主要的关联方交易。

三、关联方的披露

大多数关联方交易是在真实、公允的基础上进行的，但是在某些情况下，为了某种目的，也存在通过关联方之间的非公允交易达到粉饰其财务状况和经营成果的情况。因此，关联方披露准则要求，在企业财务报表中披露所有关联方关系及其交易的相关信息，具体内容包括：

1.企业无论是否发生关联方交易，均应当在附注中披露与该企业之间存在控制关系的母公司和子公司有关的信息。

披露母公司和子公司的名称。母公司不是该企业最终控制方的，还应当披露企业集团内对该企业享有最终控制权的企业（或主体）的名称。母公司和最终控制方均不对外提供财务报表的，还应当披露母公司之上与其最相近的对外提供财务报表的母公司名称。

2.企业与关联方发生关联方交易的，应当在附注中披露该关联方关系的性质、交易类型及交易要素。

关联方关系的性质，是指关联方与该企业的关系，即关联方是该企业的子公司、合营企业、联营企业等；交易类型通常包括购买或销售商品、购买或销售商品以外的其他资产、提供或接受劳务、担保、提供资金（贷款或股权投资）、租赁、代理、研究与开发项目的转移、许可协议、代表企业或由企业代表另一方进行债务结算等；交易要素至少应当包括：交易的金额；未结算项目的金额、条款和条件，以及有关提供或取得担保的信息；未结算应收项目坏账准备金额；定价政策。关联方交易的金额应当披露两年期的比较数据。

关联方交易的披露应遵循重要性原则。对企业财务状况和经营成果有影响的关联方交易，应当分别关联方以及交易类型披露；不具有重要性的，类型相似的非重大交易可合并披露，但以不影响财务报表阅读者正确理解企业财务状况、经营成果为前提。判断关联方交易是否重要，不应以交易金额的大小作为判断标准，而应当以交易对企业财务状况和经营成果的影响程度来确定。

3.对外提供合并财务报表的，对于已经包括在合并范围内各企业之间的交易不予披露。

合并财务报表是将集团作为一个整体来反映与其有关的财务信息，在合并财务报表中，企业集团作为一个整体看待，企业集团内的交易已不属于交易，并且已经在编制合并财务报表时予以抵销。因此，关联方披露准则规定对外提供合并财务报表的，对于已经包括在合并范围内并已抵销的各企业之间的交易不予披露。

第二节　特别纳税调整

会计准则对关联交易的规范逻辑，是合规披露，而非评价交易的公平性，警惕利益相关者关注关联交易问题，实践了会计信息论原理。在税收领域，由于关联交易是侵蚀本国税基的基础性工具，因此各国税法均制定了严密的关联交易反避税体系。中国税法对关联交易的管理，可以总结为分级披露制度，以及特别纳税调整即反避税制度。

一、特别纳税调整的基本逻辑

税务合规仅仅是关联交易决策的考量因素之一，关联交易是否公平、独立并不一定会损害中国税收利益。并且，市场交易以经济利益为焦点，关联交易的公平性、独立性本身不具有独立价值。因此，我国特别纳税调整的关注焦点是关联交易有无导致中国税收利益损失。

（一）无损中国税收利益不调整

只要关联交易没有直接或者间接导致国家总体税收收入的减少，税务机关原则上不作特别纳税调整。该原则在《特别纳税调整实施办法》（国税发［2009］2号）第三十条、《国家税务总局关于2008年反避税工作情况的通报》（国税函［2009］106号）第二条第三款、《财政部、国家税务总局关于企业关联方利息支出税前扣除标准有关税收政策问题的通知》（财税［2008］121号）第二条、《特别纳税调查调整及相互协商程序管理办法》（国家税务总局公告2017年第6号）第三十八条中均有体现。上述条款规定，实际税负相同的境内关联方之间的交易，只要该交易没有直接或者间接导致国家总体税收收入的减少，原则上不作特别纳税调整。

（二）有损中国税收利益有权调整

无论避税的具体形式如何，只要不公平的关联交易损害了中国税收利益，税务机关均有权作特别纳税调整。尤其针对跨境避税行为，《一般反避税管理办法（试行）》（国家税务总局令第32号）第四条和第五条赋予了税务机关实施特别纳税调整的一般性权力。

对于跨境关联交易，即使跨国企业集团整体税负因为不公平关联交易整体税负增加，但只要导致向中国政府负有的纳税义务减少，中国税务机关也有权依法采取特别纳税调整措施。例如，A跨国企业是诞生于甲国的一家非上市家族企业，该家族有着强烈的爱国主义情怀，转让定价以向甲国分配更多税基为宗旨。尽管甲国税率高于25%，转让定价并非出于避税考虑，但客观上损害了中国税收利益，因此我国的转让定价条款并未排除此种情形下的特别纳税调整权力。

（三）避税行为具有合法性

因为不存在少计、隐瞒收入，虚列成本费用等逃税行为，纳税义务的履行符合交易的法律事实，符合相关税收法律法规，利用关联交易等实施的避税行为具有合法性。根据信赖利益原则，税法规定对基于特别纳税调整补缴的税款，不加收滞纳金，而加收税收利息，利息率按照同期中国人民银行人民币贷款基准利率加5个百分点计算。鉴于当前税法并未规定不合规披露关联交易的法律后果，税法又规定按照有关规定提供同期资料及有关资料的，或者按照有关规定不需要准备同期资料但根据税务机关要求提供其他相关资料的，可以只按照基准利率加收利息，通过正向激励间接规定了违规披露的法律后果。

二、分级披露制度

消除信息不对称是有效税收征管的前提，由于会计准则规定的披露信息难以满足税收征管需要，且披露义务的法律强制性不足，因此税法规定了纳税人对关联交易的分级披露义务，关联交易尤其是跨境关联交易年度金额越大，披露要求越高。《国家税务总局关于完善关联申报和同期资料管理有关事项的公告》（国家税务总局公告2016年第42号，下文简称“42号公告”）对此作了详尽规定。

（一）关联业务往来报告

实行查账征收的居民企业和在中国境内设立机构、场所并据实申报缴纳企业所得税的非居民企业，无论关联交易金额多少，向税务机关报送年度企业所得税纳税申报表时，均应当就其与关联方之间的业务往来进行关联申报，附送“中华人民共和国企业年度关联业务往来报告表”。该表主要披露关联关系，以及区分交易类型（有形资产、无形资产、金融资产转让，提供劳务等）、区分境内和境外等，报告统计关联交易的绝对金额和相对占比。

企业与其他企业、组织或者个人具有下列关系之一的，构成关联关系：

1.一方直接或者间接持有另一方的股份总和达到25%以上；双方直接或者间接同为第三方所持有的股份达到25%以上。如果一方通过中间方对另一方间接持有股份，只要其对中间方持股比例达到25%以上，则其对另一方的持股比例按照中间方对另一方的持股比例计算。两个以上具有夫妻、直系血亲、兄弟姐妹以及其他抚养、赡养关系的自然人共同持股同一企业，在判定关联关系时持股比例合并计算。

2.双方存在持股关系或者同为第三方持股，虽然比例未达到25%，但双方之间借贷资金总额占任一方实收资本比例达到50%以上，或者一方全部借贷资金总额的10%以上由另一方担保（与独立金融机构之间的借贷或者担保除外）。

借贷资金总额占实收资本比例=年度加权平均借贷资金÷年度加权平均实收资本，其中：

年度加权平均借贷资金=i笔借入或者贷出资金账面金额×i笔借入或者贷出资金年度实际占用天数÷365

年度加权平均实收资本=i笔实收资本账面金额×i笔实收资本年度实际占用天数÷365

3.双方存在持股关系或者同为第三方持股，虽然比例未达到25%，但一方的生产经营活动必须由另一方提供专利权、非专利技术、商标权、著作权等特许权才能正常进行。

4.双方存在持股关系或者同为第三方持股，虽然比例未达到25%，但一方的购买、销售、接受劳务、提供劳务等经营活动由另一方控制。上述控制是指一方有权决定另一方的财务和经营政策，并能据以从另一方的经营活动中获取利益。

5.一方半数以上董事或者半数以上高级管理人员（包括上市公司董事会秘书、经理、副经理、财务负责人和公司章程规定的其他人员）由另一方任命或者委派，或者同时担任另一方的董事或者高级管理人员；或者双方各自半数以上董事或者半数以上高级管理人员同为第三方任命或者委派。

6.具有夫妻、直系血亲、兄弟姐妹以及其他抚养、赡养关系的两个自然人分别与双方具有第1至5项关系之一。

7.双方在实质上具有其他共同利益。

仅因国家持股或者由国有资产管理部门委派董事、高级管理人员而存在第1至5项关系的，不构成关联关系。

(二)同期资料

同期资料包括主体文档、本地文档和特殊事项文档。

主体文档主要披露最终控股企业所属企业集团的全球业务整体情况，包括组织架构、企业集团业务、无形资产、融资活动、财务与税务状况。符合下列条件之一的企业，应当准备主体文档：①年度发生跨境关联交易，且合并该企业财务报表的最终控股企业所属企业集团已准备主体文档；②年度关联交易总额超过10亿元。

本地文档主要披露企业关联交易的详细信息，包括企业概况、关联关系、关联交易、可比性分析、转让定价方法的选择和使用。年度关联交易金额符合下列条件之一的企业，应当准备本地文档：①有形资产所有权转让金额（来料加工业务按照年度进出口报关价格计算）超过2亿元；②金融资产转让金额超过1亿元；③无形资产所有权转让金额超过1亿元；④其他关联交易金额合计超过4 000万元。

特殊事项文档包括成本分摊协议特殊事项文档和资本弱化特殊事项文档。企业签订或者执行成本分摊协议的，应当准备成本分摊协议特殊事项文档。企业关联债资比例超过标准比例需要说明符合独立交易原则的，应当准备资本弱化特殊事项文档。

企业仅与境内关联方发生关联交易的，可以不准备主体文档、本地文档和特殊事项文档。企业执行预约定价安排的，可以不准备预约定价安排涉及关联交易的本地文档和特殊事项文档，且关联交易金额不计入本地文档准备义务条款中的关联交易金额范围。

(三)国别报告

国别报告是BEPS第13项行动计划《转让定价文档和国别报告》中的一项重要内容，42号公告是对该项行动计划的国内法转化。国别报告主要披露最终控股企业所属跨国企业集团所有成员实体的全球所得、税收和业务活动的国别分布情况。国别报告属于税收情报交换的对象，税务机关可以按照我国对外签订的协定、协议或者安排实施国别报告的信息交换。

存在下列情形之一的居民企业，应当在报送年度关联业务往来报告表时，填报国别报告：①该居民企业为跨国企业集团的最终控股企业，且其上一会计年度合并财务报表中的各类收入金额合计超过55亿元；②该居民企业被跨国企业集团指定为国别报告的报送企业；③最终控股企业为中国居民企业的跨国企业集团，其信息涉及国家安全的，可以按照国家有关规定，豁免填报部分或者全部国别报告。

如果居民企业所属跨国企业集团按照其他国家有关规定应当准备国别报告，且符合下列条件之一的，税务机关可以在实施特别纳税调查时要求企业提供国别报告：①跨国企业集团未向任何国家提供国别报告；②虽然跨国企业集团已向其他国家提供国别报告，但我国与该国尚未建立国别报告信息交换机制；③虽然跨国企业集团已向其他国家提供国别报告，且我国与该国已建立国别报告信息交换机制，但国别报告实际未成功交换至我国。

三、特别纳税调整

特别纳税调整是税务机关反避税管理的总称，包括转让定价、预约定价安排、成本分摊协议、受控外国企业、资本弱化以及一般反避税。

（一）转让定价管理

转让定价管理是指税务机关对企业与其关联方之间的业务往来是否符合独立交易原则进行审核评估和调查调整等工作的总称。转让定价管理的核心是关联交易定价是否符合独立交易原则，以及是否因此损害中国税收利益。

如果企业实际税负高于境内关联方税负，税务机关可以对该企业进行转让定价调查调整，但为了避免各地之间开展转让定价相应调整谈判，应按照该企业与其关联方的实际税负差补税，关联方不退税；对于跨境关联交易的转让定价调整，为了避免调整带来的重复征税问题，企业应根据税收协定中联属企业条款予以解决。

【例24-1】中国A公司销售给中国B公司单价100元，而销售给境外关联方C公司单价90元，则转让定价很可能违反独立交易原则，且损害了中国税收利益，税务机关有权力作特别纳税调整，即按照100元的单价重新确定关联交易收入。如果销售C公司单价110元的，尽管不符合独立交易原则，但并未损害中国税收利益，因此不存在特别纳税调整的风险。

【例24-2】A、B、C公司均是中国居民企业，且具有关联关系。其中，A公司是从事研发和生产企业的高新技术企业，B公司是A公司和C公司的原料供应商，C公司从事大宗商品的生产销售。税务机关经调查，发现B公司销售给A公司的单价显著低于销售给C公司单价。

分析：对于B公司和C公司的关联交易而言，双方的实际税负均为25%，因此转让定价的多少一般并不影响国家的整体税收，无论定价是否合理公允，税务机关不应作特别纳税调整。但若B公司亏损，C公司盈利的，则双方实际税负并不相同，若交易定价高于独立交易价格的，则面临转让定价调整。

对于A公司和B公司的关联交易，由于A公司实际税负15%低于B公司25%，因此若关联交易定价低于独立交易价格的，B公司面临转让定价管理风险。

注意的是，实际税负的比较不能简单地理解为税负率的比较。例如一方享受项目所得减免优惠，而关联交易又不涉及减免项目的，尽管最终来看两者实际税负不同，但就关联交易部分的实际税负而言，两者是相同的，因此不应作转让定价调整。此外，关于地方税收返还是否应纳入实际税负的计算问题，有观点认为地方税收返还属于地方财政纪律问题，应通过严肃财政纪律予以解决，而非通过税法予以规范。笔者认为上述观点符合立法原理，但鉴于地方财政返还问题当前非常凸出，严格税法规定，多管齐下并无大碍。

纳税调整的合理方法包括：可比非受控价格法、再销售价格法、成本加成法、交易净利润法、利润分割法以及其他符合独立交易原则的方法。这些纳税调整方法由税务机关按照下列标准选择采用：一是方法的运用满足了方法本身对可比性条件的要求；二是在同等信息资料获取的条件下，没有其他更适当的方法；三是该方法的运用能够被税企双方所接受。表24.1列举的选择方法可供读者参考：

表 24.1 转让定价调整方法的选择

转让定价方法	适用交易形式	比较条件	适用范围
可比非受控价格法	全部交易类型	非受控交易价格	有高度可比的非受控交易
再销售价格法	分销商	再销售价格的利润率	再销售方没有改变产品性能、大幅度地提高产品的价值或使用无形资产
成本加成法	销售产品或半成品、提供劳务	成本加成率	有准确的成本资料，产品中不含无形资产
交易净利润率法	全部交易类型	净利润率	上述办法不适用时才使用，对拥有无形资产的纳税人不适用
利润分割法	全部交易类型	职能分析	上述所有办法都不适用时才用

1. 可比非受控价格法

可比非受控价格法，是指按照没有关联关系的交易各方进行相同或者类似业务往来的价格进行定价的方法。即将企业与其关联企业之间的业务往来价格，与其与非关联企业之间的业务往来价格进行分析、比较，从而确定公平成交价格。

采用这种方法，必须考虑选用的交易与关联企业之间交易具有可比性因素：

（1）购销过程的可比性，包括交易的时间与地点、交货条件、交货手续、支付条件、交易数量、售后服务的时间和地点等；

（2）购销环节的可比性，包括出厂环节、批发环节、零售环节、出口环节等；

（3）购销货物的可比性，包括品名、品牌、规格、型号、性能、结构、外形、包装等；

（4）购销环境的可比性，包括社会环境（民族风俗、消费者偏好等）、政治环境（政局稳定程度等）、经济环境（财政、税收、外汇政策等）。

可比非受控价格法调整公式为：

$$\text{公平交易收入}=\text{可比非受控价格}\times\text{受控销售数量}$$

$$\text{调增收入}=\text{公平交易收入}-\text{受控价格}\times\text{受控销售数量}$$

2.再销售价格法

再销售价格法，是指按照从关联方购进商品再销售给没有关联关系的交易方的价格，减除相同或者类似业务的销售毛利进行定价的方法。即对关联企业的买方将从关联企业的卖方购进的商品（产品）再销售给无关联关系的第三者时所取得的销售收入，减去关联企业中买方从非关联企业购进类似商品（产品）再销售给无关联的第三者时所发生的合理费用和按正常利润水平计算的利润后的余额，为关联企业中卖方的正常销售价格。

采用这种方法，应限于再销售者未对商品（产品）进行实质性增值加工（如改变外形、性能、结构、更换商标等），仅是简单加工或单纯的购销业务，并且要合理地选择确定再销售者应取得的利润水平。

再销售价格法调整公式为：

公平交易采购成本=再销售收入－再销售利润率×再销售收入

调减成本=公平交易采购成本－不公允的实际采购成本

3.成本加成法

成本加成法，是指按照成本加合理的费用和利润进行定价的方法。即将关联企业中卖方的商品（产品）成本加上正常的利润作为公平成交价格。

采用这种方法，应注意成本费用的计算必须符合我国税法的有关规定。并且要合理地选择确定所适用的成本利润率。

成本加成法一般应用于资产或劳务的提供方转让资产或提供劳务给一个关联的购方，此方法最适用于在关联方之间销售半成品或是在受控交易中提供劳务时使用。

成本加成法调整公式为：

公平交易收入=成本+成本加成率×成本

调增收入=公平交易收入－不公允的关联交易收入

4.交易净利润法

交易净利润法，是指按照没有关联关系的交易各方进行相同或者类似业务往来取得的净利润水平确定利润的方法。交易净利润法是指相对于一个合理的基数而言，纳税人从受控交易中实现的边际净利润。其运用的方式与再销售价格法和成本加成法一致。但交易净利润法是一种完全的净利润法，是剔除了所有的经营费用后的利润。在毛利无法确定时，才考虑采用交易净利润法。选择正确的“净利润”是运用交易净利润法的关键，在对经营劳务与分销业务的关联企业调整转让定价时，一般采用销售额收益率来计算调整额；在对生产制造商调整转让定价时，一般采用成本收益率来计算调整额。

5.利润分割法

利润分割法，是指将企业与其关联方的合并利润或者亏损在各方之间采用合理标准进行分配的方法。应用利润分割法一般应进行贡献分析或残值分析。贡献分析是通过计算综合净利，检验关联企业在关联交易中的功能，通过分析财务数据资料来规定利润分割的百分比，再进行转让定价的调整。残值分析是通过计算综合净利，检验关联企业在关联交易中的功能，按贡献分割残值，如对关联企业研究与开发费的分割问题。运用利润分割法通常分割净利润，在不可能确定受控交易的费用分摊时，分割毛利再分摊费用。

6.其他符合独立交易原则的方法

其他符合独立交易原则的方法，主要包括以下几种：

（1）核定利润率法。在掌握有限资料的基础上，可根据同行业利润水平，企业生产、经营状况等情况予以核定利润调整。

核定利润率法的调整公式为：

$$调整后计税所得额=销售收入\times核定利润率$$

（2）出口产值利润率法。产值利润率参照国内同行业或类似行业的平均利润水平核定。

出口产值利润率法调整公式为：

$$应调整的产品销售收入=出口产品销售收入\times（1+核定的产值利润率-账面的产值利润率）$$

（3）内销价格比照调整法。针对有同类产品内销价格的出口商品，在无特殊原因，外销价格低于内销价格的情况下，按不含税价格换算成外销价格进行调整的一种方法。

内销价格比照法调整公式为：

$$调整单位价格=内销不含税人民币单价-出口外汇单价\times记账汇率$$

（4）可比利润法。可比利润法是指在未涉及使用重要的无形资产且企业生产经营活动可比情况下，对至少4家非受控企业从事同样或类似的经营活动取得的利润水平进行财务分析，计算出有关利润水平指数，如资本利润率、成本利润率、费用利润率等形成一个最高利润率与最低利润率的可比区间。同时对受控企业至少3年以上的财务状况进行分析，计算出上述利润水平指数，与非受控企业的利润水平指数进行对比，如果受控企业的利润水平指数是在可比利润区间内的，税务机关将按4家可比独立企业中利润水平居中的企业调整。

（5）总利润分割法。总利润分割法是指税务机关对受控集团公司内部各关联企业交易活动取得的总利润，根据公司内部各关联企业的职责，承担风险的大小，按公平交易原则，对公司总利润进行分割，从而调整关联企业利润水平，据以征收企业所得税的一种方法。这种利润的分割也同样适用亏损的分摊。

（6）安全港规则法。由于关联企业之间的价格和收费标准经常变动，税务机关规定出这些费用和收费标准的上限和下限，如果关联企业之间的价格和收费标准不在这个范围之内，将予以调整。

（7）毛利测算法。毛利测算法是一种适用于成本真实且计算正确，但收入明显偏低的一种调整方法。它是以同行业毛利水平为基础，正确计算企业在生产、经营中应获得的毛利水平。运用毛利测算法应首先确定同行业毛利水平，而后将企业销售成本倒算销售收入。

毛利测算法调整公式为：

$$销售收入=销售成本\div(1-毛利率)$$

（二）预约定价安排

预约定价安排管理是指税务机关按照《企业所得税法》第四十二条和征管法实施细则第五十三条的规定，对企业提出的未来年度关联交易的定价原则和计算方法进行审核评估，并与企业协商达成预约定价安排等工作的总称。

实务中，各方交易的条款不尽相同，并且在全球化分工下可能集团内某一成员企业的交易全部为关联交易，缺乏作可比性分析的样本，因此转让定价是否符合独立交易原则更多地依赖于个人主观判断，企业面临极大的税务不确定性风险。为此，我国引入了国际税收中的预约定价制度，即税务机关和纳税人预先就转让定价签订协议，只要纳税人的转让定价符合协议规定，税务机关应当予以认可。

（三）成本分摊协议

成本分摊协议管理是指税务机关按照《企业所得税法》第四十一条第二款的规定，对企业与其关联方签署的成本分摊协议是否符合独立交易原则进行审核评估和调查调整等工作的总称。成本分摊协议管理的核心问题，同样属于转让定价范畴。

（四）受控外国企业

受控外国企业管理是指税务机关按照《企业所得税法》第四十五条的规定，对受控外国企业不作利润分配或减少分配进行审核评估和调查，并对归属于中国居民企业所得进行调整等工作的总称。受控外国企业是指由居民企业，或者由居民企业和居民个人控制的设立在实际税负低于《企业所得税法》第四条第一款规定税率水平50%的国家（地区），并非出于合理经营需要对利润不作分配或减少分配的外国企业。例如，中国A公司在避税天堂设立了B公司，且通过关联交易将集团绝大多数税前利润转移至B公司，若B公司长期不分配利润，则客观上形成了无限递延纳税义务的结果。如果B公司的长期不分配行为并非出于合理经营需要，则根据受控外国企业规则，我国税务机关有权核定，视同作出利润分配对A公司自境外B公司取得的股息红利缴纳企业所得税。

当然，为了避免重复征税，税法又规定计入中国居民企业股东当期所得已在境外缴纳的企业所得税税款，可按照《企业所得税法》或税收协定的有关规定抵免。受控外国企业已视同分配征税的，未来实际分配时，不再重复计入中国居民企业股东的当期所得。

（五）向境外关联方支付费用

企业向境外关联方支付费用，若属于预提所得税征收范围的，非居民企业向我国政府负担的实际税负水平低于居民企业，存在税基侵蚀风险；若我国对境外关联方取得的该笔收入不具有课税权的（如发生在境外劳务服务），税基侵蚀风险更为突出。因此，2015年出台的《国家税务总局关于企业向境外关联方支付费用有关企业所得税问题的公告》（国家税务总局公告2015年第16号）专门就居民企业向境外关联方支付费用的税前扣除问题作了规定。目前，上述文件已于2017年被修订整合至《国家税务总局关于发布《特别纳税调查调整及相互协商程序管理办法》（国家税务总局公告2017年第6号）。

居民企业向境外关联方支付费用的特别纳税调整，其要义包括：一是受益性原则，如果居民企业并未从付费中获得经济利益，税务机关可以按照已税前扣除的金额全额实施特别纳税调整；二是独立交易原则，即支付费用的定价应符合转让定价要求；三是特别关注无形资产交易。例如税法规定企业向仅拥有无形资产所有权而未对其价值创造做出贡献的关联方支付特许权使用费，不符合独立交易原则的，税务机关可以按照已税前扣除的金额全额实施特别纳税调整；例如又规定，企业以融资上市为主要目的在境外成立控股公司或者融资公司，仅因融资上市活动所产生的附带利益向境外关联方支付特许权使用费，不符合独立交易原则的，税务机关可以按照已税前扣除的金额全额实施特别纳税调整。

（六）一般反避税

一般反避税是指对企业实施的不具有合理商业目的而获取税收利益的避税安排，实施的特别纳税调整。一般反避税只适用于与跨境交易或者支付相关的安排。税务机关应当以具有合理商业目的和经济实质的类似安排为基准，按照实质重于形式的原则实施特别纳税调整。调整方法包括：①对安排的全部或者部分交易重新定性；②在税收上否定交易方的存在，或者将该交易方与其他交易方视为同一实体；③对相关所得、扣除、税收优惠、境外税收抵免等重新定性或者在交易各方间重新分配；④其他合理方法。

避税安排具有以下特征：①以获取税收利益为唯一目的或者主要目的；②以形式符合税法规定、但与其经济实质不符的方式获取税收利益。常见的避税安排有间接转让财产以及滥用税收协定。

间接转让中国应税财产，是指非居民企业通过转让直接或间接持有中国应税财产的境外企业（不含境外注册中国居民企业）股权及其他类似权益，产生与直接转让中国应税财产相同或相近实质结果的交易，包括非居民企业重组引起境外企业股东发生变化的情形。非居民企业通过实施不具有合理商业目的的安排，间接转让中国居民企业股权等财产，规避企业所得税纳税义务的，应重新定性该间接转让交易，确认为直接转让中国居民企业股权等财产。

【例24-3】A公司是美国税收居民，B公司是A公司设立在香港的全资子公司，C公司是B公司在中国香港设立的全资子公司，C公司又持有中国境内外商投资企业D公司100%股权。2016年，B公司与美国某公司签订股权转让协议，将其持有的C公司股权全部转让，取得股权转让收益10亿元。

分析：B公司转让非居民企业C公司股权，根据我国税法规定，不属于取得来自于中国境内的所得。但是，C公司股权对应的资产，是C公司持有的境内D公司股权，因此B公司的股权转让行为，客观上产生了间接转让中国境内D公司股权的结果。根据《国家税务总局关于非居民企业间接转让财产企业所得税若干问题的公告》（国家税务总局公告2015年第7号）规定，若该项交易被认定为不具有合理商业目的的避税安排，中国税务机关有权对其股权转让所得征税，B公司可以适用税收协定。

【例24-4】承【例24-3】，重新假设A公司是中国税收居民，其他条件不变。

分析：首先，A公司的税收居民身份不影响非居民企业间接转让股权的适用。与此同时，由于A公司是中国税收居民，B公司受A公司控制，且B公司所在地香港是税负低于12.5%的低税负地区，假设税务机关认定不分配利润并非出于合理的经营需要，则B公司同样满足受控外国企业规则的适用条件，税务机关有权对其作视同分配处理，A公司应就视同取得的股息所得向我国政府缴纳企业所得税。

可见，本案既符合间接转让中国境内财产的征税条件，也符合受控外国企业视同分配的征税条件，但根据《一般反避税管理办法（试行）》（国家税务总局令第32号）第六条规定，受控外国企业规则的适用具有更高的优先级，因此应当适用受控外国企业规则作税务处理。

第二十五章

金融工具列报准则与税法差异分析

金融工具列报是金融工具会计处理的重要组成部分，主要涉及权益工具的确认和计量，以及金融工具在附注中的披露（即金融工具披露）。《企业会计准则第37号——金融工具列报》（以下简称“金融工具列报准则”）规范了金融工具列报的要求，有助于如实地反映企业存在的金融工具风险、风险管理策略和风险管理水平等信息，便于投资者对企业进行综合评价。本章讲解权益工具的确认和计量与税法差异。

第一节　金融工具列报概述

金融工具是指形成一个企业的金融资产，并形成其他单位的金融负债或权益工具的合同。金融工具包括金融资产、金融负债和权益工具。其中，金融资产通常指企业的下列资产：库存现金、银行存款、应收账款、应收票据、贷款、股权投资、债权投资等；金融负债通常指企业的下列负债：应付账款、应付票据、应付债券等。从发行方看，权益工具通常指企业发行的普通股、在资本公积项下核算的认股权等。

权益工具的确认和计量，主要涉及了权益工具和所有者权益的关系、权益工具的回购、权益工具和金融负债的区别、混合工具的分拆等问题。

企业在披露金融工具（包括已确认和未确认的金融工具）信息时，应当根据所披露金融工具的性质和特征将金融工具进行恰当归类，同时还应提供足够的信息使之与财务报表内的项目反映的信息有机地联系起来。例如，在对金融资产和金融负债进行披露时，应当将其归为以摊余成本后续计量和以其他基础后续计量的金融资产和金融负债。又如，对衍生工具进行披露时，也应当将其恰当归类，如按外汇衍生工具、利率衍生工具、信用衍生工具等归类。

第二节　权益工具的确认和计量与税法差异分析

权益工具是指能证明拥有某个企业在扣除负债后的资产中的剩余权益的合同。例如，企业发行的普通股，企业发行的、使持有者有权以固定价格购入固定数量该企业普通股的认股权证等。

企业发行权益工具所收到的对价扣除交易费用后，应当确认为股本（或实收资本）、股本溢价（或资本溢价）等。

企业自身的权益工具确认后，其公允价值变动不予确认。如企业的权益工具是外部投资者以外币货币性资产投入形成的，在所有者权益项下反映的这部分权益工具的汇率变动影响也不予确认。企业对权益工具持有方的各种分配（不包括股票股利），如现金股利，应当减少所有者权益。

企业发行的权益工具构成所有者权益的重要组成内容。所有者权益包括股本（或实收资本）、其他权益工具、资本公积（含股本溢价或资本溢价、其他资本公积）、其他综合收益、盈余公积和未分配利润。商业银行、保险公司等金融机构在税后利润中提取的一般风险准备，也构成其所有者权益。本节重点讲解其他综合收益科目的会计核算及税务处理。

一、其他综合收益的会计处理

自2014年7月1日起，财政部修订了《企业会计准则第30号——财务报表列报》，对综合收益的核算作出具体的规定。财务报表列表准则，在利润表中增设了“其他综合收益”和“综合收益总额”两个项目。“其他综合收益”作为利润表中的一级科目，主要反映的是报告期内满足所有者权益确认和计量条件、能引起所有者权益发生增减变动、由企业与非所有者方面进行交易或发生其他事项和情况所产生的、当期不确认为损益，但未来影响损益的利得和损失。“综合收益总额”项目，则反映了企业净利润与其他综合收益的合计金额。在资产负债表中，“其他综合收益”以前并没有作为一个单独的科目，而是计入资本公积中，而现在作为了一个单独的科目，以便于和资本公积区分。这种核算方式，有利于使资本公积的核算内容明晰化。

（一）其他综合收益与资本公积科目核算内容的主要区别

从此表可见，资本公积的核算主要与股本投入相关，而其他综合收益属于已经实现但暂时不能计入本年利润或费用的项目。一般来说，资本公积属于已经确定的一个事实，后续期间不会再予以转出。而其他综合收益类似于一个过渡科目，在未来期间还需要予以转出。

（二）以后期间不能重分类进损益的其他综合收益的会计处理

1.重新计量设定受益计划净负债或净资产导致的变动

根据《企业会计准则第9号——职工薪酬》，有设定受益计划形式离职后福利的企业应当将重新计量设定受益计划净负债或净资产导致的变动计入其他综合收益，并且在后续会计期间不允许转回至损益，在原设定受益计划终止时应当在权益范围内将原计入其他综合收益的部分全部结转至未分配利润。计划终止，指该计划已不存在，即本企业已解除该计划所产生的所有未来义务。

2.按照权益法核算的在被投资单位不能重分类进损益的其他综合收益变动中所享有的份额

根据《企业会计准则第2号——长期股权投资》，投资方取得长期股权投资后，应当按照应享有或应分担的被投资单位其他综合收益的份额，确认其他综合收益，同时调整长期股权投资的账面价值。投资单位在确定应享有或应分担的被投资单位其他综合收益的份额时，该份额的性质取决于被投资单位的其他综合收益的性质，即如果被投资单位的其他综合收益属于“以后会计期间不能重分类进损益”类别，则投资方确认的份额也属于“以后会计期间不能重分类进损益”类别。在终止对被投资单位投资时，在权益范围内将原计入其他综合收益的部分全部结转至未分配利润。

（三）以后期间需重分类进损益的其他综合收益的会计处理

1. 权益法下长期股权投资的其他权益变动

根据长期股权投资准则，对于不受控制，但受重大影响的投资单位，采用权益法核算。投资方取得长期股权投资后，应当按照应享有或应分担的被投资单位其他综合收益的份额，确认其他综合收益，同时调整长期股权投资的账面价值。如果被投资单位的其他综合收益属于“以后会计期间在满足规定条件时将重分类进损益”类别，则投资方确认的份额也属于“以后会计期间在满足规定条件时将重分类进损益”类别。在终止对被投资单位投资时，在权益范围内将原计入其他综合收益的部分全部结转至相关的损益。

2. 以公允价值计量且其变动计入其他综合收益的金融资产公允价值变动形成的利得或损失及以摊余成本计量的金融资产重分类为以公允价值计量且其变动计入其他综合收益的金融资产形成的利得或损失

根据《企业会计准则第22号——金融工具确认和计量》，以公允价值计量且其变动计入其他综合收益的金融资产公允价值变动形成的利得或损失，除减值损失和外币货币性金融资产形成的汇兑差额外，应当直接计入所有者权益（其他综合收益），在该金融资产终止确认时转出，计入当期损益；根据金融工具确认和计量准则规定将以摊余成本计量的金融资产重分类为以公允价值计量且其变动计入其他综合收益的金融资产的，在重分类日，该投资的账面价值与其公允价值之间的差额计入其他综合收益，在该其他权益工具投资发生减值或终止确认时转出，计入当期损益。

3. 现金流量套期工具产生的利得或损失中属于有效套期的部分

根据《企业会计准则第4号——套期保值》，现金流量套期利得或损失中属于有效套期的部分，应当直接确认为其他综合收益；属于无效套期的部分，应当计入当期损益。对于前者，套期保值准则规定在一定的条件下，将原直接计入所有者权益中的套期工具利得或损失转出，计入当期损益。

4. 外币财务报表折算差额

根据《企业会计准则第19号——外币折算》，企业对境外经营的财务报表进行折算时，应当将外币财务报表折算差额在其他综合收益中列示；企业在处置境外经营时，应当将资产负债表中所有者权益项目下列示的、与该境外经营相关的外币报表折算差额，自所有者权益项目转入处置当期损益，部分处置境外经营的，应当按处置的比例计算处置部分的外币财务报表折算差额，转入处置当期损益。投资单位对于采用外币作为记账本位币的子公司，在合并报表时，需要编制折算为本币报表，根据外币折算准则，产生的外币财务报表折算差额，在编制合并财务报表时，应在合并资产负债表中所有者权益项目下单独作为“外币报表折算差额”项目列示。投资单位可能通过出售、清算、返还股东或放弃全部或部分权益等方式处置其在境外经营中的利益。企业应在处置境外经营的当期，将已列入合并财务报表所有者权益的外币报表折算差额中与该境外经营相关部分，自所有者权益项目转入处置当期损益。

5. 根据相关会计准则规定的其他项目

比如根据《企业会计准则第3号——投资性房地产》，自用房地产或作为存货的房地产转换为以公允价值模式计量的投资性房地产在转换日公允价值大于账面价值部分计入其他综合收益；待该投资性房地产处置时，将该部分转入当期损益。

二、权益工具回购、注销的会计与税务处理

（一）会计处理

企业回购自身权益工具支付的对价和交易费用，应当减少所有者权益。

股份有限公司按法定程序经批准采用收购本公司股票方式减资的，按注销股票面值总额减少股本，购回股票支付的价款（含交易费用）超过面值总额的部分，应依次冲减资本公积（股本溢价）、盈余公积和未分配利润；购回股票支付的价款（含交易费用）低于面值总额的，低于面值总额的部分增加资本公积（股本溢价）。

企业（公司）发行、回购、出售或注销自身权益工具，均不应当确认任何利得或损失。

1.公司回购的股份在注销或者转让之前，作为库存股管理，回购股份的全部支出转作库存股成本。但是，与持有本公司股份的其他公司合并而导致的股份回购，库存股成本按参与合并的其他公司持有本公司股份的相关投资账面价值确认；如不属于同一控制下的企业合并，库存股成本按参与合并的其他公司持有本公司股份的相关投资公允价值确认。

2.库存股转让时，转让收入高于库存股成本的部分，增加资本公积（股本溢价）；低于库存股成本的部分，依次冲减资本公积（股本溢价）、盈余公积、未分配利润。

3.公司回购其普通股形成的库存股不得参与公司利润分配，股份有限公司应当将其作为在资产负债表中所有者权益的备抵项目列示。

4.企业（中外合作经营）根据合同规定在合同期间归还投资者的投资，减少股本（已归还投资），同时，利润归还投资的金额，减少利润分配（利润归还投资），增加盈余公积（利润归还投资）。

（二）税务处理

权益工具的回购、注销，对持有方而言，按照股权处置进行所得税处理，对公司而言则属于权益的变化，不确认应纳税所得额。

三、权益工具确认和计量与税法差异分析

（一）其他综合收益的会计与税务差异

其他综合收益作为企业不计入当期损益的利得或损失，与税法处理存在差异。税法规定，会计处理与税法规定不一致的，应在企业税前利润（利润总额）基础上，按照税法规定进行纳税调整。在会计上，则规定属暂时性差异的，要按准则规定确认和转回递延所得税资产或递延所得税负债。企业产生按规定未在当期损益中确认的各项利得或损失，不论以后会计期间是否能够重分类进入损益，都应在确认其他综合收益的同时确认递延所得税负债或资产，并在以后会计期间按相关会计准则的规定转回。具体做法是对未计入当期损益的各项利得，在发生时按照预期税率确认递延所得税负债；对于未计入当期损益的各项损失，则在发生时按照预期税率确认递延所得税资产，除非企业经营状况不具备确认递延所得税资产的条件。其他综合收益产生时无须作纳税调整，待相关资产终止确认时再作纳税调整。对于具体的税务事项的处理，应遵循配比原则。对在未来期间不可以重分类计入损益的其他综合收益，其递延所得税的确认时计入其他综合收益，在转回时不予计入所得税费用，而是直接计入未分配利润。而对于未来期间可以重分类计入损益的其他综合收益，其递延所得税在确认时计入其他综合收益，在相关的损益实现时，递延所得税资产或负债予以转回，则确认为当期的所得税费用。举例来说，目前，我国的《企业所得税法》尚未对重新计量设定受益计划净负债或净资产导致的变动的纳税作出相应规定。但根据税法的基本原则，应付职工薪酬只有在实际发放时才能予以税前扣除。因此，在确认应付职工薪酬时，应同时确认递延所得税资产或负债。由于在以后的会计期间不允许转回至损益，那么递延所得税资产或负债的转回也不予计入所得税费用，而是直接计入未分配利润。又如，对于以公允价值计量且其变动计入其他综合收益的金融资产的公允价值变动，在变动当期并不直接确认为损益，而是将公允价值的变动计入其他综合收益，同时将公允价值变动收益确认递延所得税负债，将公允价值变动损失确认递延所得税资产，对应科目为其他综合收益，在损益表中则体现为其他综合收益的税后净额。只有在以公允价值计量且其变动计入其他综合收益的金融资产处置时才将已经确认的递延所得税资产或负债予以转回，确认为当期的所得税费用。

（二）资本公积转增资本的个人所得税处理

资本公积转增资本，个人股东是否需要确认股息、红利所得，并追加投资计税基础，取决于资本公积的来源。其中，“资本公积——资本溢价或股本溢价”（以下简称“投资溢价”）转增 实收资本或股本（以下简称“转增资本”）不征个人所得税，执行新会计准则之前形成的“资本公积——其他资本公积”

及原准则和制度下形成的“股权投资准备”、“接受捐赠非现金资产准备”在相关资产处置后转入“资本公积——其他资本公积”的金额用于转增个人资本，视同留存收益转增资本，按照“利息、股息、红利所得”项目计征个人所得税，并相应增加投资计税基础。

1.资本公积会计处理历史沿革

从会计制度设计“资本公积”科目以来，我国对资本公积的核算内容进行了数次变更，梳理如下：

（1）原会计准则和会计制度中资本公积的核算内容。

①1993年7月1日实施的《企业会计准则——基本准则》中规定的资本公积包括股本溢价、法定资产重估增值、接受捐赠的资产价值等三项内容。

②1998年1月开始实施的《股份制公司会计制度》中资本公积包括股本溢价、接受捐赠实物资产、住房周转金转入、资产评估增值和投资准备等五项内容。

③2000年12月29日财政部公布的《企业会计制度》以及陆续出台的相关补充规定，对资本公积的核算内容作了较大调整，主要包括资本溢价（有限公司）或股本溢价（股份公司）、接受捐赠非现金资产准备、关联交易差价、股权投资准备、拨款转入、外币资本折算差额和其他资本公积等七项内容。其中其他资本公积包括资本公积现金捐赠、准备转入、债务重组和确实无法支付的应付款项。2001年12月财政部出台的《关联方之间出售资产等有关会计处理问题暂行规定》（财会［2001］64号）进一步明确，关联方之间的资产交易所产生的显失公允的交易价格部分计入“资本公积——关联交易差价”科目。

（2）新准则体系中资本公积的核算内容。2006年2月财政部发布了包括1项基本准则和38项具体准则在内的全新的会计准则（以下称“新准则体系”）。新会计准则体系中对资本公积的解释是：资本公积是企业收到投资者的超出其在企业注册资本（或股本）中所占份额的投资，以及直接计入所有者权益的利得和损失等。资本公积包括资本溢价（或股本溢价）和直接计入所有者权益的利得和损失等，总账科目下只设两个二级明细科目，即：“资本溢价”和“其他资本公积”。原计入资本公积科目的债务重组利得、政府补助利得、接受捐赠利得、无法支付的应付款项改在“营业外收入”科目核算。另外，根据外币折算准则，外币投入资本属于外币非货币性项目，企业收到投资者以外币投入的资本，采用交易日即期汇率折算，不再采用合同约定的汇率折算。由此外币投入资本与相应的货币性项目的记账本位币金额之间也就不再产生外币资本折算差额。新会计准则体系中资本公积核算的主要内容如下：

①新准则体系中，企业接受投资者投入的资本、可转换公司债券持有人行使转换权利、将债务转为资本、发行权益性证券直接相关的手续费及佣金、同一控制下控股合并和吸收合并形成的长期股权投资，以及股份有限公司采用收购本公司股票方式减资，计入和调整相应的“资本公积——资本溢价或股本溢价”科目。

②《企业会计准则第2号——长期股权投资》规定，投资企业对于被投资

单位除净损益以外所有者权益的其他变动，企业按持股比例计算应享有的份额，贷记或借记“资本公积——其他资本公积”科目。根据第十六条规定，处置权益法核算的长期股权投资，还应结转原已计入“资本公积——其他资本公积”科目中相关的金额。

③《企业会计准则第3号——投资性房地产》规定，自用房地产或作为存货的房地产转换为采用公允价值模式计量的投资性房地产时，按照“投资性房地产”科目的相关规定进行处理，相应调整“资本公积——其他资本公积”。处置该项投资性房地产时，转销与其相关的“资本公积——其他资本公积”，计入当期损益。

④《企业会计准则第11号——股份支付》规定，以权益结算的股份支付换取职工或其他方提供服务的，应按权益工具授予日的公允价值，借记“管理费用”等科目，贷记“资本公积——其他资本公积”。在行权日，企业根据实际行权的权益工具数量，借记“资本公积——其他资本公积”，贷记“实收资本”或“股本”，按其差额，借记或贷记“资本公积——资本溢价或股本溢价”。

⑤《企业会计准则第22号——金融工具确认和计量》中，将持有至到期投资重分类为可供出售金融资产，或将可供出售金融资产重分类为持有至到期投资，按相关规定调整“资本公积——其他资本公积”科目。可供出售金融资产重分类为采用成本或摊余成本计量的金融资产，对于原计入“资本公积”的相关金额，还应分别不同情况，相应调整“资本公积——其他资本公积”科目。可供出售金融资产的后续计量，按相关规定，相应调整“资本公积——其他资本公积”。

⑥《企业会计准则第24号——套期保值》中，资产负债表日，满足运用套期会计方法的现金流量套期和境外经营净投资套期产生的利得或损失，属于有效套期的，按规定应调整“资本公积——其他资本公积”科目。

（3）新准则体系资本公积核算的再次调整。新准则体系实施以来，财政部陆续作出修订和完善，其中不乏涉及资本公积核算的调整，例如金融工具确认和计量准则。2014年7月1日，财政部相应修订了《企业会计准则第30号——财务报表列报》，在利润表中增设了“其他综合收益”和“综合收益总额”两个项目。“其他综合收益”作为一级科目核算未在损益中确认的各项利得和损失扣除所得税影响后的净额，即原来计入“资本公积——其他资本公积”科目核算的业务，新准则将其进行了分类梳理，将部分项目归入“其他综合收益”科目核算，主要反映的是报告期内满足所有者权益确认和计量条件、能引起所有者权益发生增减变动、由企业与非所有者方面进行交易或发生其他事项和情况所产生的、当期不确认为损益，但未来影响损益的利得和损失。“净利润”与“其他综合收益”合计为“综合收益总额”。

①以后期间不能转入损益的其他综合收益的会计处理。重新计量设定受益计划净负债或净资产导致的变动。根据《企业会计准则第9号——职工薪酬》，实施设定受益计划的企业应当将重新计量设定受益计划净负债或净资产导致的

变动计入其他综合收益，并且在后续会计期间不允许转回至损益，在原设定受益计划终止时应当在权益范围内将原计入其他综合收益的部分全部结转至未分配利润。计划终止指该计划已不存在，企业已解除该计划所产生的所有未来义务。

按照权益法核算的在被投资单位不能重分类进损益的其他综合收益变动中所享有的份额。根据《企业会计准则第2号——长期股权投资》，投资方取得长期股权投资后，应当按照应享有或应分担的被投资单位其他综合收益的份额，确认其他综合收益，同时调整长期股权投资的账面价值。投资单位在确定应享有或应分担的被投资单位其他综合收益的份额时，该份额的性质取决于被投资单位的其他综合收益的性质，即如果被投资单位的其他综合收益属于“以后会计期间不能重分类进损益”类别，则投资方确认的份额也属于“以后会计期间不能重分类进损益”类别。在终止对被投资单位投资时，在权益范围内将原计入其他综合收益的部分全部结转至未分配利润。

②以后期间需重分类进损益的其他综合收益的会计处理。权益法下长期股权投资的其他权益变动。根据长期股权投资准则，对于不受控制，但受重大影响的投资单位，采用权益法核算。投资方取得长期股权投资后，应当按照应享有或应分担的被投资单位其他综合收益的份额，确认其他综合收益，同时调整长期股权投资的账面价值。如果被投资单位的其他综合收益属于“以后会计期间在满足规定条件时将重分类进损益”类别，则投资方确认的份额也属于“以后会计期间在满足规定条件时将重分类进损益”类别。在终止对被投资单位投资时，在权益范围内将原计入其他综合收益的部分全部结转至相关的损益。

资产负债表日，以公允价值计量且其变动计入其他综合收益的金融资产的公允价值高于其账面余额的差额，借记“其他债权投资（股权投资的则为其他权益工具投资）——公允价值变动”科目，贷记“其他综合收益”科目；公允价值低于其账面余额的差额做相反的会计分录。待出售时应按实际收到的金额，借记“银行存款”、“存放中央银行款项”等科目，按其账面余额，贷记“其他债权投资（股权投资的则为其他权益工具投资）——成本、公允价值变动、利息调整、应计利息”科目，按应从所有者权益中转出的其他综合收益累计变动额，借记或贷记“其他综合收益”科目，按其差额，计入投资收益科目。

现金流量套期工具产生的利得或损失中属于有效套期的部分。根据《企业会计准则第4号——套期保值》，现金流量套期利得或损失中属于有效套期的部分，应当直接确认为其他综合收益；属于无效套期的部分，应当计入当期损益。对于前者，套期保值准则规定在一定的条件下，将原直接计入所有者权益中的套期工具利得或损失转出，计入当期损益。

外币财务报表折算差额。根据《企业会计准则第19号——外币折算》，企业对境外经营的财务报表进行折算时，应当将外币财务报表折算差额在其他综合收益中列示；企业在处置境外经营时，应当将资产负债表中所有者权益项目下列示的、与该境外经营相关的外币报表折算差额，自所有者权益项目转入处置当期损益，部分处置境外经营的，应当按处置的比例计算处置部分的外币财务报表折算差额，转入处置当期损益。

根据相关会计准则规定的其他项目。比如根据《企业会计准则第3号——投资性房地产》，自用房地产或作为存货的房地产转换为以公允价值模式计量的投资性房地产，在转换日公允价值大于账面价值部分计入其他综合收益。待该投资性房地产处置时，将该部分转入当期损益。

③股份支付所形成的所有者权益变动以及企业发行可转换债券所形成的所有者权益变动不能作为其他综合收益列报。

2.资本公积转增资本的个人所得税处理

如前所述，资本公积的来源很多，目前企业会计制度与企业会计准则并存，实行企业会计制度的企业和适用企业会计准则的企业“资本公积”科目的核算内容不同，但相同的是投资溢价可用于转增资本，执行新会计准则之前形成的“资本公积——其他资本公积”及原准则和制度下形成的“股权投资准备”、“接受捐赠非现金资产准备”在相关资产处置后转入“资本公积——其他资本公积”的金额可用于转增资本。执行新会计准则之后，新发生的经济业务形成的“其他资本公积”不能用于转增资本。

（1）资本公积转增资本个人所得税的两种观点。关于资本公积转增个人股本是否视同分配股息红利计征个人所得税的政策，国家税务总局曾多次发文，由于文件用词口径不一，导致实务中争议不断。典型的争议有二：

①股份公司用股本溢价转增个人股本不征个人所得税，但有限公司用资本溢价转增资本是否征收个人所得税存在分歧。《国家税务总局关于股份制企业转增股本和派发红股征免个人所得税的通知》（国税发［1997］198号）规定：“股份制企业用资本公积金转增股本不属于股息、红利性质的分配，对个人取得的转增股本数额，不作为个人所得，不征收个人所得税。”《国家税务总局关于原城市信用社在转制为城市合作银行过程中个人股增值所得应纳个人所得税的批复》（国税函［1998］289号）进一步解释：“《国家税务总局关于股份制企业转增股本和派发红股征免个人所得税的通知》（国税发［1997］198号）中所表述的‘资本公积金’是指股份制企业股票溢价发行收入所形成的资本公积金。将此转增股本由个人取得的数额，不作为应税所得征收个人所得税。而与此不相符合的其他资本公积金分配个人所得部分，应当依法征收个人所得税。”

主张对有限公司用资本溢价转增资本征收个人所得税的依据是上文中的“与此不相符合的其他资本公积分配个人所得部分，应当依法征收个人所得税”。而分歧的另一方认为，资本溢价与股本溢价均为投资溢价，其性质相同，应适用相同的税收待遇，不应将其归类于“与此不相符合的其他资本公积”。

②不论是有限公司还是股份公司，凡是用“资本公积——其他资本公积”转增资本均需征收个人所得税，但用投资溢价转增资本是否征收个人所得税也同样存在分歧。《财政部、国家税务总局关于将国家自主创新示范区有关税收试点政策推广到全国范围实施的通知》（财税［2015］116号）第三条关于企业

转增股本个人所得税政策规定："自2016年1月1日起，全国范围内的中小高新技术企业以未分配利润、盈余公积、资本公积向个人股东转增股本时，个人股东一次缴纳个人所得税确有困难的，可根据实际情况自行制定分期缴税计划，在不超过5个公历年度内（含）分期缴纳，并将有关资料报主管税务机关备案。"《国家税务总局关于股权奖励和转增股本个人所得税征管问题的公告》（国家税务总局公告2015年第80号）进一步规定："非上市及未在全国中小企业股份转让系统挂牌的中小高新技术企业以未分配利润、盈余公积、资本公积向个人股东转增股本，并符合财税［2015］116号文件有关规定的，纳税人可分期缴纳个人所得税；非上市及未在全国中小企业股份转让系统挂牌的其他企业转增股本，应及时代扣代缴个人所得税；上市公司或在全国中小企业股份转让系统挂牌的企业转增股本（不含以股票发行溢价形成的资本公积转增股本），按现行有关股息红利差别化政策执行。"

由于上述文件未对资本公积解释，故有观点认为不论是投资溢价还是其他资本公积，均需缴纳个人所得税。反对者认为国税发［1997］198号文件并未作废，因此所称资本公积不含投资溢价。

（2）资本公积转增资本税理分析。股东持有股权（或股份）的收益包括持有收益和处置收益，持有收益来自于缴纳（享受企业所得税优惠的企业视同缴纳）企业所得税后的利润，持有收益在被投资企业宣告分配时确认，包括股息和红利。其中，股息是指税后利润以现金方式分配给股东，红利是指税后利润直接转增资本，或转入资本和资本公积（资本溢价或股本溢价）。

有限公司改制为股份公司需按净资产折股，会计处理为借记所有者权益类科目，贷记"股本"科目或"股本"和"资本公积——股本溢价"科目，理论上等价于将留存收益全部分配给股东，然后由股东再投资于股份公司，对投资额超过股本（股本数额由全体股东确定）的部分作为股本溢价处理。

由于转增资本（或转增资本和资本公积）的金额来自于税后利润（盈余公积或未分配利润），故视同将税后利润分配给股东，再由股东投资于企业。《中华人民共和国个人所得税法实施条例》第八条对"利息、股息、红利所得"的解释是"个人拥有债权、股权而取得的利息、股息、红利所得。"由此可见，红利所得与股息所得的税收待遇一致，因此，对个人取得的股息、红利，无论来自于有限公司还是股份公司，均需计征个人所得税。

资本公积不可以用于分配给股东，但可以转增资本（会计准则规定不得用于转增资本的资本公积除外）。投资溢价来自于股东投入企业的资金，而非企业的税后利润，因此用资本溢价或股本溢价转增资本，不符合"利息、股息、红利所得"的定义，不应对此征税。但如果用于转增资本的其他资本公积来自于接受捐赠、政府拨款转入、关联交易差价、债务重组利得等，因其需要计入应纳税所得总额征收企业所得税，故应视同税后利润。基于此，国税函［1998］289号文件强调与股本溢价不相符合的其他资本公积转增资本，需缴纳个人所得税。需要说明的是，国税发［1997］198号文件只是根据《中华人民共和国个人所得税法》及其实施条例对基层请示的法律适用答复，而非对个人所得税法的修正，且该文与个人所得税法及其实施条例并无抵触，不能由此得出有限公司用资本溢价转增股本要征税的结论，因为投资溢价转增资本，不符合“红利所得”的定义。

由此，我们还可以得到结论，《财政部、国家税务总局关于将国家自主创新示范区有关税收试点政策推广到全国范围实施的通知》（财税［2015］116号）以及《国家税务总局关于股权奖励和转增股本个人所得税征管问题的公告》（国家税务总局公告2015年第80号）意在于出台税收优惠，而非重申征税范围，因此其中规定的向个人股东转增股本需要征收个人所得税的资本公积是指需要缴纳企业所得税的其他资本公积，不含投资溢价。

以下，我们通过实例进一步佐证上述观点：

【例25-1】张先生于2015年6月1日出资100万元成立一人有限公司A。A公司2015年亏损100万元，2016年盈利100元，弥补亏损后留存收益为零，但此时A公司生产技术日趋成熟，且已积累一部分客户。2017年8月，A公司因不满足银行信贷条件，A公司引进投资者李先生，并根据公司估值，出资400万元持有A公司50%股权。A公司账务处理如下：

借：银行存款	4 000 000	
贷：实收资本——李先生		1 000 000
资本公积——资本溢价		3 000 000

李先生增资时，张先生投资成本不变仍为100万元，持股比例由原来的100%稀释到50%，该股权的公允价值已由100万元上涨到400万元，但该股权增值并未实现，故张先生无需按“财产转让所得”缴纳个人所得税。

2018年6月，因银行融资对注册资本的要求，A公司将资本溢价全部转增股本，账务处理为：

借：资本公积——资本溢价	3 000 000	
贷：实收资本——张先生		1 500 000
——李先生		1 500 000

有观点认为，A公司用资本公积转增资本过程中，张先生和李先生分别获得了150万元的注册资本，并将其理解为非货币性资产所得。根据《中华人民共和国个人所得税法》第十条“个人所得的形式，包括现金、实物、有价证券和其他形式的经济利益。所得为实物的，应当按照取得的凭证上所注明的价格计算应纳税所得额；无凭证的实物或者凭证上所注明的价格明显偏低的，参照市场价格核定应纳税所得额。所得为有价证券的，根据票面价格和市场价格核定应纳税所得额。所得为其他形式的经济利益的，参照市场价格核定应纳税所得额”之规定，要求对张先生、李先生征收个人所得税。按照上述推论，则张先生、李先生获得的150万元注册资本应当按照公允价值72万元［240万元×（150/500）］确认应纳税所得额，这与《国家税务总局关于印发〈征收个人所得税若干问题的规定〉的通知》（国税发［1994］089号）规定的“股份制企业

派发红利应以股票票面金额为收入额”不符。尽管从账面上看，因资本公积转增股本，张先生拥有的资本金由100万元增加到250万元，但转增前后股权比例不变，A公司净资产金额不变，股权公允价值亦不变，两位股东不因资本公积增资而获得任何所得。

综上，无论是有限公司还是股份公司，资本公积转增资本应适用相同的税收政策，是否对个人股东按“利息、股息、红利所得”征收个人所得税，取决于资本公积的来源，其中，投资溢价转增资本不征个人所得税，对其余资本公积转增资本，或者转增资本和资本公积（资本溢价或股本溢价），应视同留存收益转增，按照“先分配，再投资”进行税务处理，个人股东按照“利息、股息、红利所得”计征个人所得税，并相应增加个人投资的计税基础。

第二十六章

所得税会计

第一节 所得税会计概述

企业的会计核算和税务处理分别遵循不同的原则，服务于不同的目的。在我国，会计的确认、计量、报告应当遵从企业会计准则的规定，目的在于真实、完整地反映企业的财务状况、经营成果和现金流量等，为投资者、债权人以及其他会计信息使用者提供对其决策有用的信息。税法则是以课税为目的，根据国家有关税收法律、法规的规定，确定一定时期内纳税人应交纳的税额，从所得税的角度，主要是确定企业的应纳税所得额，以对企业的经营所得征税。

所得税会计的形成和发展是所得税法和会计准则规定相互分离的必然结果，两者分离的程度和差异的种类、数量直接影响和决定了所得税会计处理方法的改进。《企业会计准则第18号——所得税》(以下简称"所得税准则")是从资产负债表出发，通过比较资产负债表上列示的资产、负债按照会计准则规定确定的账面价值与按照税法规定确定的计税基础，对于两者之间的差异分别应纳税暂时性差异与可抵扣暂时性差异，确认相关的递延所得税负债与递延所得税资产，并在此基础上确定每一会计期间利润表中的所得税费用。

对暂时性差异统一采用资产负债表债务法进行会计核算，对应纳税暂时性差异和可抵扣暂时性差异分别确认递延所得税负债和递延所得税资产，以后年度申报所得税时可依据账面应转回的金额分析填制企业所得税纳税申报表。

运用资产负债表债务法明细核算每一项暂时性差异，可以彻底取代纳税调整台账(或备查簿)，会计与所得税法的差异问题将迎刃而解。

一、资产负债表债务法

所得税会计是会计与税收规定之间的差异在所得税会计核算中的具体体现。所得税准则采用资产负债表债务法核算所得税。

资产负债表债务法较为完全地体现了资产负债观，在所得税的会计核算方面贯彻了资产、负债的界定。从资产负债表角度考虑，资产的账面价值代表的是企业在持续持有及最终处置某项资产的一定期间内，该项资产为企业带来的未来经济利益，而其计税基础代表的是在这一期间内，就该项资产按照税法规定可以税前扣除的金额。一项资产的账面价值小于其计税基础的，表明该项资产于未来期间产生的经济利益流入低于按照税法规定允许税前扣除的金额，产生可抵减未来期间应纳税所得额的因素，减少未来期间以应交所得税的方式流出企业的经济利益，从其产生时点来看，应确认为资产。反之，一项资产的账面价值大于其计税基础的，两者之间的差额将会于未来期间产生应税金额，增加未来期间的应纳税所得额及应交所得税，对企业形成经济利益流出的义务，应确认为负债。

二、所得税会计核算的一般程序

采用资产负债表债务法核算所得税的情况下，企业一般应于每一资产负债表日进行所得税的核算。发生特殊交易或事项时，如企业合并，在确认因交易或事项取得的资产、负债时即应确认相关的所得税影响。企业进行所得税核算一般应遵循以下程序：

1.按照相关会计准则规定确定资产负债表中除递延所得税资产和递延所得税负债以外的其他资产和负债项目的账面价值。其中资产、负债的账面价值，是指企业按照相关会计准则的规定进行核算后在资产负债表中列示的金额。例如，企业持有的应收账款账面余额为2 000万元，企业对该应收账款计提了100万元的坏账准备，其账面价值为1 900万元，为该应收账款在资产负债表中的列示金额。

2.按照准则中对于资产和负债计税基础的确定方法，以适用的税收法规为基础，确定资产负债表中有关资产、负债项目的计税基础。

3.比较资产、负债的账面价值与其计税基础，对于两者之间存在差异的，除准则中规定的特殊情况外，分别以应纳税暂时性差异与可抵扣暂时性差异并乘以所得税税率，确定资产负债表日递延所得税负债和递延所得税资产的应有金额，并与期初递延所得税负债和递延所得税资产的余额相比，确定当期应予进一步确认的递延所得税资产和递延所得税负债金额或应予转销的金额，作为构成利润表中所得税费用的其中一个组成部分——递延所得税。

4.按照适用的税法规定计算确定当期应纳税所得额，将应纳税所得额与适用的所得税税率计算的结果确认为当期应交所得税，作为利润表中应予确认的所得税费用的另外一个组成部分——当期所得税。

5.确定利润表中的所得税费用。利润表中的所得税费用包括当期所得税和递延所得税两个组成部分，企业在计算确定了当期所得税和递延所得税后，两者之和（或之差），是利润表中的所得税费用。

第二节　资产、负债的计税基础及暂时性差异

所得税会计的关键在于确定资产、负债的计税基础。在确定资产、负债的计税基础时，应严格遵循税收法规中对于资产的税务处理以及可税前扣除的费用等的规定进行。

一、资产的计税基础

资产的计税基础，是指企业收回资产账面价值过程中，计算应纳税所得额

时按照税法规定可以自应税经济利益中抵扣的金额，即某一项资产在未来期间计税时按照税法规定可以税前扣除的金额。

资产在初始确认时，其计税基础一般为取得成本，即企业为取得某项资产支付的成本在未来期间准予税前扣除。在资产持续持有的过程中，其计税基础是指资产的取得成本减去以前期间按照税法规定已经税前扣除的金额后的余额，该余额代表的是按照税法规定，就涉及的资产在未来期间计税时仍然可以税前扣除的金额。如固定资产、无形资产等长期资产在某一资产负债表日的计税基础是指其成本扣除按照税法规定已在以前期间税前扣除的累计折旧额或累计摊销额后的金额。

现结合《企业所得税法》及其《实施条例》对资产负债表中部分资产项目计税基础的确定介绍如下：

（一）固定资产

以各种方式取得的固定资产，初始确认时按照会计准则规定确定的入账价值基本上是被税法认可的，即取得时其账面价值一般等于计税基础。

固定资产在持有期间进行后续计量时，会计准则规定按照“成本—累计折旧—固定资产减值准备”进行计量，税收是按照“成本—按照税法规定已在以前期间税前扣除的折旧额”进行计量。由于会计与税收处理规定的不同，固定资产的账面价值与计税基础的差异主要产生于折旧方法、折旧年限的不同、固定资产减值准备的提取，以及不征税收入形成固定资产的计税基础与账面原值的差异。

1.折旧方法、折旧年限的差异

会计准则规定，企业应当根据与固定资产有关的经济利益的预期实现方式合理选择折旧方法，如可以按直线法计提折旧，也可以按照双倍余额递减法、年数总和法等计提折旧，前提是有关的方法能够反映固定资产为企业带来经济利益的消耗情况。税法一般会规定固定资产的折旧方法，以往除了某些按照规定可以加速折旧的情况外，基本上可以税前扣除的是按照直线法计提的折旧，但随着经济的发展，固定资产可以实行加速折旧的行业越来越多，两者分歧也越来越大。

另外税法还就每一类固定资产的折旧年限作出了规定，《关于完善固定资产加速折旧企业所得税政策的通知》（财税［2014］75号）规定，自2014年1月1日起，对所有行业企业持有的单位价值不超过5 000元的固定资产，允许一次性计入当期成本费用在计算应纳税所得额时扣除，不再分年度计算折旧。《财政部、税务总局关于设备、器具扣除有关企业所得税政策的通知》（财税［2018］54号）则规定，企业在2018年1月1日至2020年12月31日期间新购进的设备、器具，单位价值不超过500万元的，允许一次性计入当期成本费用在计算应纳税所得额时扣除，不再分年度计算折旧。而会计处理时按照准则规定折旧年限是由企业根据固定资产的性质和使用情况合理确定的。会计处理时确定的折旧年限与税法规定不同，也会产生固定资产持有期间账面价值与计税基础的差异。

2.因计提固定资产减值准备产生的差异

持有固定资产的期间内，在对固定资产计提了减值准备以后，因税法规定按照会计准则规定计提的资产减值准备在资产发生实质性损失前不允许税前扣除，也会造成固定资产的账面价值与计税基础的差异。

【例26-1】A企业于20×7年年末以600万元购入一项生产用固定资产，按照该项固定资产的预计使用情况，A企业估计其使用寿命为20年，按照直线法计提折旧，预计净残值为0。假定税法规定的折旧年限、折旧方法及净残值与会计规定相同。20×9年12月31日，A企业估计该项固定资产的可收回金额为500万元。

该项固定资产在20×9年12月31日的账面价值=600-600÷20×2-40
=500（万元）

该项固定资产在20×9年12月31日的计税基础=600-600÷20×2
=540（万元）

该项固定资产的账面价值500万元与其计税基础540万元之间产生的40万元差额，在未来期间会减少企业的应纳税所得额和应交所得税。

（二）使用寿命不确定的无形资产

无形资产在后续计量时，会计与税收的差异主要产生于对无形资产是否需要摊销及无形资产减值准备的提取。

会计准则规定，无形资产在取得以后，应根据其使用寿命情况，区分为使用寿命有限的无形资产与使用寿命不确定的无形资产。对于使用寿命不确定的无形资产，不要求摊销，但持有期间每年应进行减值测试。税法规定，企业取得的无形资产成本，应在一定期限内摊销。即税法中没有界定使用寿命不确定的无形资产，所有的无形资产成本均应在一定期间内摊销。

对于使用寿命不确定的无形资产，会计处理时不予摊销，但计税时其按照税法规定确定的摊销额允许税前扣除，造成该类无形资产的账面价值与计税基础的差异。

在对无形资产计提减值准备的情况下，因税法对按照会计准则规定计提的无形资产减值准备在形成实质性损失前不允许税前扣除，即无形资产的计税基础不会随减值准备的提取发生变化，但其账面价值会因资产减值准备的提取而下降，从而造成无形资产的账面价值与计税基础的差异。

【例26-2】甲公司于20×8年1月1日从外单位购入某项专利权的成本为600万元，其使用寿命难以确定。《企业所得税法实施条例》第六十七条规定，作为投资或者受让的无形资产，在协议、合同或有关法律中规定使用年限的，可以按照协议、合同或有关法律规定使用年限分期摊销。税法同时规定，如果协议、合同或有关法律没有规定使用年限的，摊销期不得少于10年。20×8年12月31日，无形资产账面价值为600万元，而计税基础为：600-

600 ÷ 10=540（万元）。

（三）以公允价值计量且其变动计入当期损益的金融资产

按照《企业会计准则第22号——金融工具确认和计量》的规定，对于以公允价值计量且其变动计入当期损益的金融资产，其于某一会计期末的账面价值为该时点的公允价值。

由于税法规定资产在持有期间市价变动损益在计税时不予考虑，即有关金融资产在某一会计期末的计税基础为其取得成本，会造成在公允价值变动的情况下，该类金融资产的账面价值与计税基础之间的差异。

企业持有的以公允价值计量且其变动计入其他综合收益的金融资产计税基础的确定，与以公允价值计量且其变动计入当期损益的金融资产类似，可比照处理。

【例26-3】20 × 8年10月20日，A公司自公开市场取得一项权益性投资，支付价款1 600万元，作为交易性金融资产核算。20 × 8年12月31日，该项权益性投资的市价为1 760万元。

该项交易性金融资产的期末市价为1 760万元，其按照会计准则规定进行核算在20 × 8年资产负债表日的账面价值为1 760万元。因税法规定交易性金融资产在持有期间的公允价值变动不计入应纳税所得额，其在20 × 8年资产负债表日的计税基础应维持原取得成本不变，即为1 600万元。

该交易性金融资产的账面价值1 760万元与其计税基础1 600万元之间产生了160万元的暂时性差异，该暂时性差异在未来期间转回时会增加未来期间的应纳税所得额，导致企业应交所得税的增加。

（四）其他资产

因会计准则规定与税收法规规定不同，企业持有的其他资产，可能造成其账面价值与计税基础之间存在差异的，如采用公允价值模式计量的投资性房地产以及其他计提了资产减值准备的各项资产，如应收账款、存货等。

【例26-4】A公司20 × 8年购入原材料成本为4 000万元，因部分生产线停工，当年未领用任何该原材料，20 × 8年资产负债表日考虑到该原材料的市价及用其生产产成品的市价情况，估计其可变现净值为3 200万元。假定该原材料在20 × 8年的期初余额为0。

该项原材料因期末可变现净值低于其成本，应计提存货跌价准备，其金额=4 000-3 200=800（万元），计提该存货跌价准备后，该项原材料的账面价值为3 200万元。

因计算交纳所得税时，按照会计准则规定计提的资产减值准备不允许税前扣除，该项原材料的计税基础不会因存货跌价准备的提取而发生变化，其计税基础应维持原取得成本4 000万元不变。

该存货的账面价值3 200万元与其计税基础4 000万元之间产生了800万元

的暂时性差异，该差异会减少企业在未来期间的应纳税所得额和应交所得税。

【例26-5】A公司20×8年12月31日应收账款余额为6 000万元，该公司期末对应收账款计提了600万元的坏账准备。税法规定，企业计提的坏账准备不得在税前扣除。假定该公司期初应收账款及坏账准备的余额均为0。

该项应收账款在20×8年资产负债表日的账面价值为5 400万元（6 000-600）。其计税基础为账面余额6 000万元减去按照税法规定可予税前扣除的坏账准备0，即仍为6 000万元，计税基础6 000万元与其账面价值5 400万元之间产生的600万元暂时性差异，在应收账款发生实质性损失时，会减少未来期间的应纳税所得额和应交所得税。

二、负债的计税基础

负债的计税基础，是指负债的账面价值减去未来期间计算应纳税所得额时按照税法规定可予抵扣的金额。用公式表示即：

负债的计税基础=账面价值-未来期间按照税法规定可予税前扣除的金额

负债的确认与偿还一般不会影响企业的损益，也不会影响其应纳税所得额，未来期间计算应纳税所得额时按照税法规定可予抵扣的金额为0，计税基础即为账面价值。例如企业的短期借款、应付账款等。但是，某些情况下，负债的确认可能会影响企业的损益，进而影响不同期间的应纳税所得额，使得其计税基础与账面价值之间产生差额，如按照会计规定确认的某些预计负债。

（一）企业因销售商品提供售后服务等原因确认的预计负债

按照或有事项准则规定，企业对于预计提供售后服务将发生的支出在满足有关确认条件时，销售当期即应确认为费用，同时确认预计负债。税法规定，与销售产品相关的支出应于发生时税前扣除。因该类事项产生的预计负债在期末的计税基础为其账面价值与未来期间可税前扣除的金额之间的差额，因有关的支出实际发生时可全部税前扣除，其计税基础为0。

因其他事项确认的预计负债，应按照税法规定的计税原则确定其计税基础。某些情况下，因有些事项确认的预计负债，税法规定其支出无论是否实际发生均不允许税前扣除，即未来期间按照税法规定可予抵扣的金额为0，账面价值等于计税基础。

【例26-6】甲企业20×8年因销售产品承诺提供3年的保修服务，在当年度利润表中确认了400万元的销售费用，同时确认为预计负债，当年度未发生任何保修支出。假定按照税法规定，与产品售后服务相关的费用在实际发生时允许税前扣除。

该项预计负债在甲企业20×8年12月31日资产负债表中的账面价值为400万元。

因税法规定与产品保修相关的支出在未来期间实际发生时允许税前扣除，

则该项负债的计税基础=账面价值-未来期间计算应纳税所得额时按照税法规定可予抵扣的金额，未来期间计算应纳税所得额时按照税法规定可予抵扣的金额为400万元，该项负债的计税基础=400-400=0（万元）。

（二）预收账款

企业在收到客户预付的款项时，因不符合收入确认条件，会计上将其确认为负债。税法中对于收入的确认原则一般与会计规定相同，即会计上未确认收入时，计税时一般亦不计入应纳税所得额，该部分经济利益在未来期间计税时可予税前扣除的金额为0，计税基础等于账面价值。某些情况下，因不符合会计准则规定的收入确认条件，未确认为收入的预收款项，按照税法规定应计入当期应纳税所得额时，有关预收账款的计税基础为0，即因其产生时已经计算交纳所得税，未来期间可全额税前扣除。

【例26-7】A公司（房地产开发企业）于20×8年12月20日自客户收到一笔合同预付款，金额为2 000万元，因不符合收入确认条件，将其作为预收账款核算。按照适用税法规定，该款项应于收到的当期按照计税毛利率确认应纳税所得额。若主管税务机关规定的预计计税毛利率为15%，在不考虑增值税的情况下，该笔预收账款应确认应纳税所得额=2 000×15%=300（万元）。

该预收账款在A公司20×8年12月31日资产负债表中的账面价值为2 000万元。

该预收账款的计税基础=账面价值-未来期间计算应纳税所得额时按照税法规定可予抵扣的金额=2 000-300=1 700（万元）。

该项负债的账面价值2 000万元与其计税基础1 700万元之间产生的300万元暂时性差异，会减少企业于未来期间的应纳税所得额，使企业未来期间以应交所得税的方式流出经济利益减少。

（三）应付职工薪酬

会计准则规定，企业为获得职工提供的服务给予的各种形式的报酬以及其他相关支出均应作为企业的成本费用，在未支付之前确认为负债。《企业所得税法实施条例》第三十四条规定："企业发生的合理的工资薪金支出，准予扣除。"

【例26-8】某企业20×8年1~12月计入成本费用的职工工资总额为3 200万元，本期实发工资为3 000万元，应付职工薪酬贷方余额为200万元。应付职工薪酬账面价值200万元。假设至20×9年5月31日，该企业未发放任何工资。

应付职工薪酬计税基础=账面价值-未来期间计算应纳税所得额时按照税法规定可予抵扣的金额=200-200=0（万元）

该项负债的账面价值200万元与其计税基础0之间的差额200万元形成暂时性差异。

（四）其他负债

企业的其他负债项目，如应交的罚款和税收滞纳金等，在尚未支付之前按照会计规定确认为费用，同时作为负债反映。税法规定，罚款和税收滞纳金不能税前扣除，即该部分费用无论是在发生当期还是在以后期间均不允许税前扣除，其计税基础为账面价值减去未来期间计税时可予税前扣除的金额之间的差额，即计税基础等于账面价值。

其他交易或事项产生的负债，其计税基础应当按照适用税法的相关规定确定。

【例26-9】天华公司20×8年12月因违反当地有关环保法规的规定，接到环保部门的处罚通知，要求其支付罚款400万元。税法规定，企业因违反国家有关法律法规规定支付的罚款和税收滞纳金，计算应纳税所得额时不允许税前扣除。至20×8年12月31日，该项罚款尚未支付。

对于该项罚款，天华公司应计入20×8年利润表，同时确认为资产负债表中的负债。

因按照《企业所得税法》第十条的规定，企业违反国家有关法律法规规定支付的罚款和税收滞纳金不允许税前扣除，与该项负债相关的支出在未来期间计税时按照税法规定准予税前扣除的金额为0，其计税基础=账面价值-未来期间计算应纳税所得额时按照税法规定可予抵扣的金额=400-0=400（万元）。

该项负债的账面价值400万元与其计税基础400万元相同，不形成暂时性差异。

三、特殊交易或事项中产生资产、负债计税基础的确定

除企业在正常生产经营活动过程中取得的资产和负债以外，对于某些特殊交易中产生的资产、负债，其计税基础的确定应遵从税法规定，如企业合并过程中取得资产、负债计税基础的确定。

《企业会计准则第20号——企业合并》中，视参与合并各方在合并前及合并后是否为同一方或相同的多方最终控制，分为同一控制下的企业合并与非同一控制下的企业合并两种类型。对于同一控制下的企业合并，合并中取得的有关资产、负债基本上维持其原账面价值不变，合并中不产生新的资产和负债；对于非同一控制下的企业合并，合并中取得的有关资产、负债应按其在购买日的公允价值计量，企业合并成本大于合并中取得可辨认净资产公允价值的份额部分确认为商誉，企业合并成本小于合并中取得可辨认净资产公允价值的份额部分计入合并当期损益。

对于企业合并的税收处理，一般性税务处理下，被合并企业应视为按公允价值转让、处置全部资产，计算资产的转让所得，依法缴纳所得税。合并企业接受被合并企业的有关资产，计税时可以按经评估确认的价值确定计税基础。适用特殊性税务处理的，只确认非股权支付部分比例的资产转让所得。对于股

权支付的部分比例暂不确认，计税基础仍延续原有计税基础，其与合并后账面价值的差异形成暂时性差异。

由于会计准则与税收法规对企业合并的划分标准不同，处理原则不同，某些情况下，会造成企业合并中取得的有关资产、负债的入账价值与其计税基础的差异。

四、暂时性差异

暂时性差异是指资产、负债的账面价值与其计税基础不同产生的差额。由于资产、负债的账面价值与其计税基础不同，产生了在未来收回资产或清偿负债的期间内，应纳税所得额增加或减少并导致未来期间应交所得税增加或减少的情况，形成企业的递延所得税资产和递延所得税负债。

应予说明的是，资产负债表债务法下，仅确认暂时性差异的所得税影响，原按照利润表下纳税影响会计法核算的永久性差异，因从资产负债表角度考虑，不会产生资产、负债的账面价值与其计税基础的差异，即不形成暂时性差异，对企业在未来期间计税没有影响，不产生递延所得税。

根据暂时性差异对未来期间应纳税所得额的影响，分为应纳税暂时性差异和可抵扣暂时性差异。

除因资产、负债的账面价值与其计税基础不同产生的暂时性差异以外，按照税法规定可以结转以后年度的未弥补亏损和税款抵减，也视同可抵扣暂时性差异处理。

（一）应纳税暂时性差异

应纳税暂时性差异，是指在确定未来收回资产或清偿负债期间的应纳税所得额时，将导致产生应税金额的暂时性差异，该差异在未来期间转回时，会增加转回期间的应纳税所得额，即在未来期间不考虑该事项影响的应纳税所得额的基础上，由于该暂时性差异的转回，会进一步增加转回期间的应纳税所得额和应交所得税金额。在应纳税暂时性差异产生当期，应当确认相关的递延所得税负债。

应纳税暂时性差异通常产生于以下情况：

1.资产的账面价值大于其计税基础。一项资产的账面价值代表的是企业在持续使用或最终出售该项资产时将取得的经济利益的总额，而计税基础代表的是一项资产在未来期间可予税前扣除的金额。资产的账面价值大于其计税基础，该项资产未来期间产生的经济利益不能全部税前抵扣，两者之间的差额需要交税，产生应纳税暂时性差异。例如，一项无形资产账面价值为200万元，计税基础如果为150万元，两者之间的差额会造成未来期间应纳税所得额和应交所得税的增加。在其产生当期，符合确认条件的情况下，应确认相关的递延所得税负债。

2.负债的账面价值小于其计税基础。一项负债的账面价值为企业预计在未来期间清偿该项负债时的经济利益流出，而其计税基础代表的是账面价值在扣除税法规定未来期间允许税前扣除的金额之后的差额。因负债的账面价值与其计税基础不同产生的暂时性差异，本质上是税法规定就该项负债在未来期间可以税前扣除的金额（即与该项负债相关的费用支出在未来期间可予税前扣除的金额）。负债的账面价值小于其计税基础，则意味着就该项负债在未来期间可以税前抵扣的金额为负数，即应在未来期间应纳税所得额的基础上调增，增加应纳税所得额和应交所得税金额，产生应纳税暂时性差异，应确认相关的递延所得税负债。

（二）可抵扣暂时性差异

可抵扣暂时性差异，是指在确定未来收回资产或清偿负债期间的应纳税所得额时，将导致产生可抵扣金额的暂时性差异。该差异在未来期间转回时会减少转回期间的应纳税所得额，减少未来期间的应交所得税。在可抵扣暂时性差异产生当期，应当确认相关的递延所得税资产。

可抵扣暂时性差异一般产生于以下情况：

1.资产的账面价值小于其计税基础，从经济含义来看，资产在未来期间产生的经济利益少，按照税法规定允许税前扣除的金额多，则就账面价值与计税基础之间的差额，企业在未来期间可以减少应纳税所得额并减少应交所得税，符合有关条件时，应当确认相关的递延所得税资产。例如，一项资产的账面价值为200万元，计税基础为260万元，则企业在未来期间就该项资产可以在其自身取得经济利益的基础上多扣除60万元。从整体上来看，未来期间应纳税所得额会减少，应交所得税也会减少，形成可抵扣暂时性差异，符合确认条件时，应确认相关的递延所得税资产。

2.负债的账面价值大于其计税基础，负债产生的暂时性差异实质上是税法规定就该项负债可以在未来期间税前扣除的金额。即：

负债产生的暂时性差异＝账面价值－计税基础
＝账面价值－（账面价值－未来期间计税时按照税法规定可予税前扣除的金额）
＝未来期间计税时按照税法规定可予税前扣除的金额

一项负债的账面价值大于其计税基础，意味着未来期间按照税法规定与该项负债相关的全部或部分支出可以自未来应税经济利益中扣除，减少未来期间的应纳税所得额和应交所得税。例如，企业对将发生的产品保修费用在销售当期确认预计负债200万元，但税法规定有关费用支出只有在实际发生时才能够税前扣除，其计税基础为0；企业确认预计负债的当期相关费用不允许税前扣除，但在以后期间有关费用实际发生时允许税前扣除，使得未来期间的应纳税所得额和应交所得税减少，产生可抵扣暂时性差异，符合有关确认条件时，应确认相关的递延所得税资产。

（三）特殊项目产生的暂时性差异

1.未作为资产、负债确认的项目产生的暂时性差异

某些交易或事项发生以后，因为不符合资产、负债的确认条件而未体现为资产负债表中的资产或负债，但按照税法规定能够确定其计税基础的，其账面价值与计税基础之间的差异也构成暂时性差异。

比如，企业为扩大其产品或劳务的影响而在各种媒体上作广告宣传所发生的广告费，应于相关广告见诸媒体时，作为期间费用，直接计入当期营业费用，不得预提和待摊。如果有确凿证据表明（按照合同或协议约定等）企业实际支付的广告费，其相对应的有关广告服务将在未来几个会计年度内获得，则本期实际支付的广告费应作为预付账款，在接受广告服务的各会计年度内，按照双方合同或协议约定的各期接受广告服务的比例分期计入损益。如果没有确凿的证据表明当期发生的广告费是为了在以后会计年度取得有关广告服务，则应将广告费于相关广告见诸媒体时计入当期损益。而《企业所得税法实施条例》第四十四条规定"企业发生的符合条件的广告费和业务宣传费支出，除国务院财政、税务主管部门另有规定外，不超过当年销售（营业）收入15%的部分，准予扣除；超过部分，准予在以后纳税年度结转扣除。"由此可见，广告宣传费在媒体发布时或媒体发布的期间据实列支，而税法将其作为一项资产处理。

【例26-10】A公司于20×8年3月1日成立，当年实现销售及营业收入250万元，发生广告及宣传费支出50万元，该项费用支出因按照会计准则规定在发生时已计入当期损益，不体现为资产负债表中的资产，即如果将其视为资产，其账面价值为0。

按照税法规定，该费用可以在当年度扣除37.50万元（250×15%），其于未来期间可税前扣除的金额为12.5万元（50−37.5），即其在20×8年12月31日的计税基础为12.5万元。

该项资产的账面价值0与其计税基础12.5万元之间产生了12.5万元的暂时性差异，该暂时性差异在未来期间可减少企业的应纳税所得额，为可抵扣暂时性差异，符合确认条件时，应确认相关的递延所得税资产。

2.可抵扣亏损及税款抵减产生的暂时性差异

对于按照税法规定可以结转以后年度的未弥补亏损及税款抵减，虽不是因资产、负债的账面价值与计税基础不同产生的，但本质上可抵扣亏损和税款抵减与可抵扣暂时性差异具有同样的作用，均能够减少未来期间的应纳税所得额和应交所得税，视同可抵扣暂时性差异，在符合确认条件的情况下，应确认与其相关的递延所得税资产。

【例26-11】甲公司于20×8年因政策性原因发生经营亏损4 000万元，按照《企业所得税法》第十八条规定，该亏损可用于抵减以后5个年度的应纳税所得额。该公司预计其于未来5年期间能够产生足够的应纳税所得额利用该经营亏损。

该经营亏损虽不是因比较资产、负债的账面价值与其计税基础产生的，但从其性质上来看可以减少未来期间的应纳税所得额和应交所得税，视同可抵扣暂时性差异。在企业预计未来期间能够产生足够的应纳税所得额利用该可抵扣亏损时，应确认相关的递延所得税资产。

五、暂时性差异项目

1.未按权责发生制原则确认的收入

（1）跨期收取的租金、利息、特许权使用费收入。利息、租金、特许权使用费收入会计按权责发生制确认收入；税法按照合同约定的应付利息、租金、特许权使用费的日期确认。但对于租金收入如果交易合同或协议中规定租赁期限跨年度，且租金提前一次性支付的，出租人可对上述已确认的收入，在租赁期内，分期均匀计入相关年度收入。

（2）分期确认收入。分期收款方式销售货物收入，会计上于商品发出时一次性确认收入；税法以分期收款方式销售货物的，按照合同约定的收款日期确认收入的实现。

（3）政府补助递延收入。

①与收益相关的政府补助。会计上用于补偿企业以后期间的相关成本费用或损失的，确认为递延收益；税法不符合不征税收入的，需在收到当期一次性确认应税收入。

②与资产相关的政府补助。会计上与资产相关的政府补助，应当冲减相关资产的账面价值或确认为递延收益；税法不符合不征税收入的，需在收到当期一次性确认应税收入。

2.投资收益

（1）持有收益。交易性金融资产、可供出售金融资产（现已改为“其他债权投资”等）、持有至到期投资（现已改为“债权投资”）、衍生工具、交易性金融负债、短期投资、长期债券投资在持有期间的持有收益会计金额和税收金额是一致的。长期股权投资在持有期间：

①在成本法核算下，被投资方宣告分配，投资方确认投资收益时应首先按会计准则规定的办法计算本期应当冲减的投资成本；被投资方用留存收益转增股本，投资方不作账务处理。税法规定，计税基础按照历史成本确定，被投资方用留存收益转增股本，税务处理的逻辑是作先分配现金股利再投资理解，投资方相应追加投资计税基础。

②在权益法核算下，长期股权投资的账面价值随着被投资方所有者权益的变动而作相应调整；被投资方用留存收益转增股本，投资方不作账务处理。税法规定，计税基础按照历史成本确定，被投资方用留存收益转增股本，投资方相应追加投资计税基础。被投资企业发生的经营亏损，由被投资企业按规定结

转弥补；投资企业不得调整减低其投资成本，也不得将其确认为投资损失。

（2）处置收益。由于交易性金融资产、可供出售金融资产（现已改为“其他债权投资”等）、持有至到期投资（现已改为“债权投资”）、衍生工具、交易性金融负债、短期投资、长期债券投资的账面价值存在着会计初始确认时交易费用是否计入金融资产成本、减值准备的计提、公允价值变动等因素，导致上述金融资产处置时账面价值和初始计量存在差异。

税收上根据《企业所得税法实施条例》第七十一条规定，企业对外进行权益性投资和债权性投资形成的投资资产，以实际支付的购买价款作为计税基础。其中，通过支付现金方式取得的投资资产，以购买价款为成本；通过支付现金以外的方式取得的投资资产，以该资产的公允价值和支付的相关税费为成本。企业对外投资的成本在对外转让或处置前不得扣除，在转让、处置时，投资成本可从转让该资产的收入中扣除，据以计算财产转让所得或损失。投资资产在持有期间公允价与计税基础之间的差额，既不确认所得，也不确认损失。因此上述金融资产处置时的计税基础和取得时一致。

3.按权益法核算长期股权投资对初始投资成本调整确认收益

会计上长期股权投资的初始投资成本小于投资时应享有被投资单位可辨认净资产公允价值份额的差额计入当期损益。税收上不确认所得，作纳税调减处理，也不调整股权投资的计税基础。

4.交易性金融资产初始投资调整

会计核算上企业初始确认金融资产或金融负债时，应当按照公允价值计量。对于以公允价值计量且其变动计入当期损益的金融资产或金融负债，相关交易费用应当直接计入当期损益；对于其他类别的金融资产或金融负债，相关交易费用应当计入初始确认金额。其中，金融资产或金融负债的公允价值，通常应当以市场交易价格为基础确定。

税收上《企业所得税法实施条例》第七十一条规定，企业对外进行权益性投资和债权性投资形成的投资资产，以实际支付的购买价款作为计税基础。其中，通过支付现金方式取得的投资资产，以购买价款为成本；通过支付现金以外的方式取得的投资资产，以该资产的公允价值和支付的相关税费为成本。

如果交易费用直接计入当期损益，则会导致计税基础与初始计量不同。

5.公允价值变动净损益

会计上核算企业交易性金融资产、交易性金融负债，以及采用公允价值模式计量的投资性房地产、衍生工具、套期保值业务等公允价值变动形成的应计入当期损益的利得或损失。

税收上上述项目计税基础按照历史成本确定，投资资产在持有期间公允价与计税基础之间的差额，既不确认所得，也不确认损失，公允价值变动损益不计入当期应纳税所得额。税收需作与会计等额方向相反的纳税调整。

6.不征税收入

会计上核算上符合收入和利得确认条件的都应计入收入总额。

税收上符合条件的不征税收入在计算应纳税所得额时从收入总额中减除。下列收入为税收上的不征税收入：

（1）财政拨款。财政拨款是指各级人民政府对纳入预算管理的事业单位、社会团体等组织拨付的财政资金，但国务院和国务院财政、税务主管部门另有规定的除外。

纳入预算管理的事业单位、社会团体等组织按照核定的预算和经费报领关系收到的由财政部门或上级单位拨入的财政补助收入，准予作为不征税收入，在计算应纳税所得额时从收入总额中减除，但国务院和国务院财政、税务主管部门另有规定的除外。

（2）依法收取并纳入财政管理的行政事业性收费、政府性基金。行政事业性收费，是指依照法律法规等有关规定，按照国务院规定程序批准，在实施社会公共管理，以及在向公民、法人或者其他组织提供特定公共服务过程中，向特定对象收取并纳入财政管理的费用；政府性基金，是指企业依照法律、行政法规等有关规定，代政府收取的具有专项用途的财政资金。注意下列问题：

①企业按照规定缴纳的、由国务院或财政部批准设立的政府性基金以及由国务院和省、自治区、直辖市人民政府及其财政、价格主管部门批准设立的行政事业性收费，准予在计算应纳税所得额时扣除。企业缴纳的不符合上述审批管理权限设立的基金、收费，不得在计算应纳税所得额时扣除。

②企业收取的各种基金、收费，应计入企业当年收入总额。

③对企业依照法律、法规及国务院有关规定收取并上缴财政的政府性基金和行政事业性收费，准予作为不征税收入，于上缴财政的当年在计算应纳税所得额时从收入总额中减除；未上缴财政的部分，不得从收入总额中减除。

（3）国务院规定的其他不征税收入。国务院规定的其他不征税收入是指企业取得的，由国务院财政、税务主管部门规定专项用途并经国务院批准的财政性资金。

上述专项用途财政性资金是指企业从县级以上各级人民政府财政部门及其他部门取得的应计入收入总额的财政性资金，凡同时符合以下条件的，可以作为不征税收入，在计算应纳税所得额时从收入总额中减除：

①企业能够提供规定资金专项用途的资金拨付文件；

②财政部门或其他拨付资金的政府部门对该资金有专门的资金管理办法或具体管理要求；

③企业对该资金以及以该资金发生的支出单独进行核算。

符合本上述条件的财政性资金作不征税收入处理后，在5年（60个月）内未发生支出且未缴回财政部门或其他拨付资金的政府部门的部分，应计入取得该资金第六年的应税收入总额；计入应税收入总额的财政性资金发生的支出，允许在计算应纳税所得额时扣除。

因企业的不征税收入用于支出所形成的费用，不得在计算应纳税所得额时扣除；企业的不征税收入用于支出所形成的资产，其计算的折旧、摊销不得在计算应纳税所得额时扣除。

由于不征税收入对应的费用、折旧、摊销不允许在税前扣除，或因在5年（60个月）内未发生支出且未缴回财政部门或其他拨付资金的政府部门的部分，应计入取得该资金第六年的应税收入总额。因此，不征税收入对税收的影响并非是永久性差异，而是暂时性差异。

7.销售退回

企业发生的资产负债表日后事项涉及报告年度所属期间的销售退回发生于报告年度所得税汇算清缴之前，应调整报告年度利润表的收入、成本等。

税收上《关于确认企业所得税收入若干问题的通知》（国税函［2008］875号）规定“企业因售出商品的质量不合格等原因而在售价上给的减让属于销售折让；企业因售出商品质量、品种不符合要求等原因而发生的退货属于销售退回。企业已经确认销售收入的售出商品发生销售折让和销售退回，应当在发生当期冲减当期销售商品收入。”根据该文件，属于资产负债表日后事项的销售退回，汇缴时应对报告年度所属期间的销售退回作销售收入和销售成本的纳税调增处理，办理次年企业所得税汇缴时作相反方向的调整。在汇算清缴时，需将收入减成本的净调整额填入“企业所得税年度纳税申报表”附表“A105000纳税调整项目明细表”第10行“（八）销售折扣、折让和退回”行列里。

8.职工薪酬

（1）工资薪金支出。

①除权益结算外的工资薪金支出会计上作为“应付职工薪酬”的组成部分，核算计入成本费用的职工工资、奖金、津贴和补贴金额。

工资薪金实际发放的允许税前扣除，是收付实现制，并且根据《国家税务总局关于企业工资薪金和职工福利费等支出税前扣除问题的公告》（国家税务总局公告2015年第34号）规定，已预提汇缴年度工资薪金，只要企业在年度汇算清缴结束前向员工实际支付，准予在汇缴年度按规定扣除。

因此如果会计上计提但没有在汇算清缴内发放的，不允许扣除，需作纳税调增，等实际发放时在发放年度作纳税调减。

②股权激励：权益结算的股份支付，资产负债表日计提额计入所有者权益（资本公积-其他资本公积），税法将其作为负债处理，根据实际行权时股权的公允价格与激励对象实际行权支付价格的差额和数量计算确定的金额作为税收金额，在实际行权时扣除。

（2）职工教育经费。除国务院财政、税务主管部门另有规定外，企业发生的职工教育经费支出，不超过工资薪金总额2.5%（自2018年1月1日起，比例调整为8%）的部分，准予扣除；超过部分，准予在以后纳税年度结转扣除。

集成电路设计企业、符合条件软件企业、动漫企业这三类企业的职工培训费用可全额扣除。

9.广告费和业务宣传费支出

（1）根据《财政部、国家税务总局关于广告费和业务宣传费支出税前扣除政策的通知》（财税［2017］41号），自2016年1月1日起至2020年12月31日，对对化妆品制造或销售、医药制造和饮料制造（不含酒类制造）企业发生的广告费和业务宣传费支出，不超过当年销售（营业）收入30%的部分；除上述行业外，其他行业准予扣除的广告与宣传费不得超过销售（营业）收入的15%，超过部分无限期结转扣除，超过部分，准予在以后纳税年度结转扣除。

（2）对签订广告费和业务宣传费分摊协议（以下简称分摊协议）的关联企业，其中一方发生的不超过当年销售（营业）收入税前扣除限额比例内的广告费和业务宣传费支出可以在本企业扣除，也可以将其中的部分或全部按照分摊协议归集至另一方扣除。另一方在计算本企业广告费和业务宣传费支出企业所得税税前扣除限额时，可将按照上述办法归集至本企业的广告费和业务宣传费不计算在内。

（3）企业在筹建期间，发生的广告费和业务宣传费，可按实际发生额计入企业筹办费，并按有关规定在税前扣除。

10. 与未实现融资收益相关在当期确认的财务费用

（1）企业融资租入的固定资产，在租赁期开始日，按应计入固定资产成本的金额（租赁开始日租赁资产公允价值与最低租赁付款额现值两者中较低者，加上初始直接费用），借记“在建工程”或“固定资产”科目，按最低租赁付款额，贷记“长期应付款”科目，按发生的初始直接费用，贷记“银行存款”等科目，按其差额，借记“未确认融资费用”。采用实际利率法分期摊销未确认融资费用，借记“财务费用”、“在建工程”等科目，贷记本“未确认融资费用”。

税收上，《企业所得税法实施条例》第四十七条第二款规定：“以融资租赁方式租入固定资产发生的租赁费支出，按照规定构成融资租入固定资产价值的部分应当提取折旧费用，分期扣除。”《企业所得税法实施条例》第五十八条第（三）项规定：“融资租入的固定资产，以租赁合同约定的付款总额和承租人在签订租赁合同过程中发生的相关费用为计税基础，租赁合同未约定付款总额的，以该资产的公允价值和承租人在签订租赁合同过程中发生的相关费用为计税基础。”条例并未规定计算最低租赁付款额的现值，而是采用相对简化的处理方式，按照合同约定的付款总额作为计税基础，比会计准则的规定更直观、更简单。

根据该项规定，未确认融资费用的摊销额计入财务费用不得在税前扣除，需作纳税调增。同时由于会计初始计量和计税基础存在差异，税收上通过计提固定资产税收折旧的方式获得了税前扣除。

（2）购入有关资产超过正常信用条件延期支付价款、实质上具有融资性质的，应按购买价款的现值，借记“固定资产”、“在建工程”等科目，按应支付的金额，贷记“长期应付款”科目，按其差额，借记“未确认融资费用”。采用实际利率法分期摊销未确认融资费用，借记“在建工程”、“财务费用”等科目，贷记“未确认融资费用”。

税收上，《企业所得税法实施条例》第五十六条规定：“资产的计税基础指企业取得该项资产时，以实际发生的支出作为历史成本计价。”由此可见，固定资产的计税基础不按现值计价，不对支付价款折现。

根据该项规定，未确认融资费用的摊销额计入财务费用不得在税前扣除，需作纳税调增。同时由于会计初始计量和计税基础存在差异，税收上通过计提固定资产税收折旧的方式获得了税前扣除。

（3）对于采用递延方式分期收款、具有融资性质的销售商品满足收入确认条件的，企业按应收合同或协议价款，借记“长期应收款”科目，按应收合同或协议价款的公允价值（折现值），贷记“主营业务收入”科目，按其差额，贷记“未实现融资收益”科目。采用实际利率法分期摊销未确认融资收益，借记“未实现融资收益”，贷记“财务费用”。

税收上，《企业所得税法实施条例》第十四条规定，销售货物收入，是指企业销售商品、产品、原材料、包装物、低值易耗品以及其他存货取得的收入。依据《中华人民共和国所得税法实施条例释义及适用指南》的解释，企业应当按照从购货方已收或应收的合同或协议价款确定销售货物收入的金额。可见，税法不对采用递延方式实质上具有融资性质的商品销售收入进行折现处理。

根据该项规定，未确认融资收益的摊销额冲减财务费用不计入当期应纳税所得，需作纳税调减。税收上则提前实现了商品销售收入。

11.不征税收入用于支出所形成的费用

税收相关性要求为限制取得的不征税收入所形成的支出不得扣除提供了依据。实施条例规定，企业的不征税收入用于支出所形成的费用或财产，不得扣除或计算对应的折旧、摊销扣除。由于不征税收入是企业非营利性活动取得的收入，不属于企业所得税的应税收入，与企业的应税收入没有关联，因此，对取得的不征税收入所形成的支出，不符合相关性原则，不得在税前扣除。

12.跨期扣除项目

主要涉及维简费、安全生产费用、预提费用、预计负债等跨期扣除项目调整。

这些费用是按照政府部门或企业会计准则要求计提的，其中：维简费和安全生产费用是根据国家安全生产监督部门的要求根据不同行业相应标准计提的费用；预计负债和预提费用是实行企业会计准则和实行企业会计制度企业计提的企业应该承担的，目前尚未发生但很可能导致经济利益流出企业且金额能够可靠计量的或有债务。

根据《企业所得税法》第八条及其《实施条例》第二十八条规定，除税法另有规定外，企业只有实际发生的成本、费用、税金、损失和其他支出，方可按照税法的规定扣除。因此对上述预提性质的跨期扣除项目在计提时不允许税前扣除，需作纳税调增，实际发生时再作纳税调减。

对维简费、安全生产费用除已在永久性差异中表述的情况外，其他情形的均为暂时性差异。

13.固定资产折旧

（1）账面原值和计税基础。两者一般相同，如遇到下列情况会有差异。

①资本化利息：

a.向非金融部门取得，并且超过了同期同类银行贷款利率部分，不得扣除；

b.凡企业投资者在规定期限内未缴足其应缴资本额的，该企业对外借款所发生的利息，相当于投资者实缴资本额与在规定期限内应缴资本额的差额应计付的利息，不得在计算企业应纳税所得额时扣除；

c.企业从其关联方接受的债权性投资与权益性投资的比例超过规定标准而发生的利息支出，不得在计算应纳税所得额时扣除。

②如果该固定资产是不用征税收入购买的，则其固定资产计税基础为0。

③企业购买固定资产发生超过正常信用条件购买固定资产的经济业务事项，会计上会产生未确认融资费用，结转至财务费用。税收上以实际发生的支出作为历史成本计价。

④租赁准则中规定承租人应当将租赁开始日租赁资产的公允价值与最低租赁付款额现值两者中较低者作为租入资产的入账价值，税法规定融资租入资产应当按照租赁合同或协议约定的付款额以及在取得租赁资产过程中支付的有关费用作为其计税基础。

上述第①项和第②项会导致固定资产账面原值大于计税基础；第③项和第④项会导致固定资产账面原值小于计税基础。

（2）弃置费、残值、减值准备。

①弃置费：会计上对于特定行业的特定固定资产，确定其成本时，还应考虑预计弃置费用因素，如核电站核废（设施）的处置等，属于预计负债。税法不允许考虑预计负债。

②残值：会计预计净残值，是指假定固定资产预计使用寿命已满并处于使用寿命终了时的预期状态，企业目前从该项资产处置中获得的扣除预计处置费用后的金额。税法规定，企业应当根据固定资产的性质和使用情况，合理确定固定资产的预计净残值。固定资产的预计净残值一经确定，不得变更。

两者一般相同；如果不同，则需调整。

③减值准备：企业按会计规定提取的固定资产减值准备，不得税前扣除，其折旧仍按税法确定的固定资产计税基础计算扣除。减值准备计提时需作纳税调增处理。

（3）折旧。

①会计上企业应对所有固定资产计提折旧，但是已提足折旧仍继续使用的固定资产和单独计价入账的土地除外。税法上除对已提足折旧仍继续使用的固定资产和单独计价入账的土地外，对房屋、建筑物以外未投入使用的固定资产也不允许计提折旧。

②会计上办理了竣工决算手续后调整原来的暂估价值时，不需要调整原已计提的折旧额。税收上由于企业所得税存在定期减免税、弥补亏损等政策性因素，税收上必须准确计算每一纳税年度的应纳税所得额，税法规定，企业固定资产投入使用后，由于工程款项尚未结清且未取得全额发票的，可暂按合同规

定的金额计入固定资产计税基础计提折旧，待发票取得后进行调整。

③全民所有制企业改制中资产评估增值不计入应纳税所得额，资产的计税基础按其原有计税基础确定，资产增值部分的折旧或者摊销不得在税前扣除。

④石油天然气开采企业在计提油气资产折耗（折旧）时，由于会计与税法规定计算方法不同导致的折耗（折旧）差异，应按税法规定进行纳税调整。

⑤固定资产加速折旧或一次性扣除。详见“税收优惠”部分。

另外，企业固定资产会计折旧年限如果长于税法规定的最低折旧年限，其折旧应按会计折旧年限计算扣除，税法另有规定除外。

14.生产性生物资产折旧

生产性生物资产税会差异主要体现在资产减值准备和公允价值变动方面，会计核算的税法不认可，需做纳税调整，从而间接导致二者计提的折旧额存在差异。

15.无形资产摊销

税会差异主要表现在：

（1）存在资本化利息的，税会差异和固定资产一样。

（2）超过正常信用条件购买的税会差异和固定资产一样。

（3）形资产减值准备不得在税前扣除。

（4）使用寿命不确定的无形资产不得摊销，但税法可在不少于10年的期限分期扣除。

（5）商誉在非同一控制下的企业合并时产生。商誉不得摊销，但可计提减值准备。税法规定，外购的商誉在整体转让或公司清算时一次性扣除。

（6）企业购买的软件最短可按2年期限扣除。

16.长期待摊费用摊销

该项税会差异主要体现在开办费，会计上将开始试生产、试营业的新办企业发生的开办费，计入“管理费用”科目，一次性在利润总额中减除。税法则规定，开办费未明确列作长期待摊费用，企业可以在开始经营之日的当年一次性扣除，也可以按照新税法有关长期待摊费用的处理规定处理，但一经选定，不得改变。

17.资产减值准备金

会计上计提的坏账准备、存货跌价准备、理赔费用准备金等各类资产减值准备金，税法不允许税前扣除应作纳税调整。

具体详见“资产减值准则与税法差异分析”。

18.企业重组及递延纳税事项纳税

（1）债务重组。税会差异详见“债务重组准则与税法差异分析”。

（2）股权收购和资产收购。税会差异详见“非货币性资产交换准则与税法差异分析”。

（3）企业合并。税会差异详见“企业合并准则与税法差异分析”。

（4）企业分立。适用特殊性税务处理的，会计核算和税法一致；适用一般性税务处理的，被分立出去的资产在税收上按公允价值确认资产转让所得或损失，分立企业应按公允价值确认接受资产的计税基础。被分立企业继续存在时，其股东取得的对价应视同被分立企业分配进行处理；被分立企业不再继续存在时，被分立企业及其股东都应按清算进行所得税处理。两者产生税会差异。

（5）非货币性资产对外投资。税会差异详见“长期股权投资准则与税法差异分析”。

（6）技术入股。税会差异详见“股份支付准则与税法差异分析”。

（7）股权划转、资产划转。税会差异详见“长期股权投资准则与税法差异分析”。

19.政策性搬迁纳税调整

会计上企业因城镇整体规划、库区建设、棚户区改造、沉陷区治理等公共利益进行搬迁，收到政府从财政预算直接拨付的搬迁补偿款，应作为专项应付款处理。其中，属于对企业在搬迁和重建过程中发生的固定资产和无形资产损失、有关费用性支出、停工损失及搬迁后拟新建资产进行补偿的，应自专项应付款转入递延收益，并按照《企业会计准则第16号——政府补助》进行会计处理。企业取得的搬迁补偿款扣除转入递延收益的金额后如有结余的，应当作为资本公积处理。

税收上则是按照《国家税务总局关于发布〈企业政策性搬迁所得税管理办法〉的公告》（国家税务总局公告2012年第40号）、《国家税务总局关于企业政策性搬迁所得税有关问题的公告》（国家税务总局公告2013年第11号）等相关规定进行所得税处理。

会计上搬迁结余作为资本公积处理，税收上要求搬迁所得要并入应纳税所得额中，两者存在差异。

20.特殊行业准备金

会计上对保险公司、证券行业、期货行业、金融企业（包括小额贷款公司）、中小企业融资（信用）担保机构等行业要按照国家统一会计制度规定计提特殊行业准备金。税法上对这些行业准备金的计提有规定的范围和标准。二者存在差异的需作纳税调整。

21.房地产开发企业特定业务计算的纳税调整额

企业销售未完工开发产品取得的预售房款，会计上计入“预收账款”科目核算。

税收上企业销售未完工开发产品取得的收入，应先按预计计税毛利率分季（或月）计算出预计毛利额，计入当期应纳税所得额，作纳税调增；产品完工结转，会计核算确认为销售收入，转回原按税收规定预计计税毛利率计算的金额，作纳税调减。

22.弥补以前年度亏损

企业纳税年度发生的亏损，准予向以后年度结转，用以后年度的所得弥补，但结转年限最长不得超过5年。自2018年1月1日起，当年具备高新技术企业或科技型中小企业资格的企业，其具备资格年度之前5个年度发生的尚未弥补完的亏损，准予结转以后年度弥补，最长结转年限由5年延长至10年。

23.其他暂时性差异

（1）由于债权人原因导致债务不能清偿或不需清偿的部分，应并入所得征税，实际支付时纳税调减；

（2）逾期包装物押金或超过12月未退还的包装物押金，应并入所得征税，实际支付时纳税调减。

第三节 递延所得税负债及递延所得税资产

企业在计算确定了应纳税暂时性差异与可抵扣暂时性差异后，应当按照所得税准则规定的原则确认与应纳税暂时性差异相关的递延所得税负债以及与可抵扣暂时性差异相关的递延所得税资产。

一、递延所得税负债的确认和计量

递延所得税负债产生于应纳税暂时性差异。因应纳税暂时性差异在转回期间将增加企业的应纳税所得额和应交所得税，导致企业经济利益的流出，在其发生当期，构成企业应支付税金的义务，应作为负债确认。

确认应纳税暂时性差异产生的递延所得税负债时，交易或事项发生时影响到会计利润或应纳税所得额的，相关的所得税影响应作为利润表中所得税费用的组成部分；与直接计入所有者权益的交易或事项相关的，其所得税影响应减少所有者权益（如以公允价值计量且其变动计入其他综合收益的金融资产的公允价值变动、作为存货或固定资产的房地产转换为按公允价值计量的投资性房地产、权益结算的股份支付等）；与企业合并中取得资产、负债相关的，递延所得税影响应调整购买日应确认的商誉。

（一）递延所得税负债的确认

企业在确认因应纳税暂时性差异产生的递延所得税负债时，应遵循以下原则：

1.除所得税准则中明确规定可不确认递延所得税负债的情况以外，企业对于所有的应纳税暂时性差异均应确认相关的递延所得税负债

基于谨慎性原则，为了充分反映交易或事项发生后，对未来期间的计税影响，除特殊情况可不确认相关的递延所得税负债外，企业应尽可能地确认与应纳税暂时性差异相关的递延所得税负债。

【例26-12】沿用【例26-3】中有关资料，假定A公司20×8年除该交易性金融资产外，当期发生的交易和事项不存在其他会计与税收的差异。

20×8年资产负债表日，该项交易性金融资产的账面价值1 760万元与其计税基础1 600万元之间产生160万元应纳税暂时性差异，A公司应确认相关的递延所得税负债。

2.不确认递延所得税负债的特殊情况

有些情况下，虽然资产、负债的账面价值与其计税基础不同，产生了应纳税暂时性差异，但出于各方面考虑，所得税准则中规定不确认相应的递延所得税负债，主要包括：

（1）商誉的初始确认。非同一控制下的企业合并中，企业合并成本大于合并中取得的被购买方可辨认净资产公允价值份额的差额，按照会计准则规定应确认为商誉。因会计与税收的划分标准不同，适用特殊性税务处理办法的企业合并，计税时不认可商誉的价值，即从税法角度，商誉的计税基础为0，两者之间的差额形成应纳税暂时性差异。对于商誉的账面价值与其计税基础不同产生的该应纳税暂时性差异，准则中规定不确认与其相关的递延所得税负债，原因在于：

①确认该部分暂时性差异产生的递延所得税负债，则意味着购买方在企业合并中获得的可辨认净资产的价值量下降，企业应增加商誉的价值，商誉的账面价值增加以后，可能很快就要计提减值准备，同时其账面价值的增加还会进一步产生应纳税暂时性差异，使得递延所得税负债和商誉价值量的变化不断循环。

②商誉本身即是企业合并成本在取得的被购买方可辨认资产、负债之间进行分配后的剩余价值，确认递延所得税负债进一步增加其账面价值会影响到会计信息的可靠性。

【例26-13】A企业以增发市场价值为6 000万元的自身普通股为对价购入B企业100%的净资产，对B企业进行非同一控制下的吸收合并。假定该项合并符合税法规定的免税合并条件，购买日B企业各项可辨认资产、负债的公允价值及其计税基础如表26.1所示：

表26.1　　B企业可辨认资产、负债的计税基础及公允价值明细表　　单位：万元

	公允价值	计税基础	暂时性差异
固定资产	2 700	1 550	1 150
应收账款	2 100	2 100	-
存货	1 740	1 240	500
其他应付款	（300）	0	（300）
应付账款	（1 200）	（1 200）	0
合计	5 040	3 690	1 350

本例中企业适用的所得税税率为25%，该项交易中应确认递延所得税负债及商誉的金额（单位：万元）计算如下：

可辨认净资产公允价值	5 040
递延所得税资产（300 × 25%）	75

递延所得税负债（1 650 × 25%）	412.50
考虑递延所得税后：	
可辨认资产、负债的公允价值	4 702.50
商誉	1 297.50
企业合并成本	6 000

因该项合并符合税法规定的免税合并条件，如果当事各方选择进行免税处理，则作为购买方其在免税合并中取得的被购买方有关资产、负债应维持其原计税基础不变。被购买方原账面上未确认商誉，即商誉的计税基础为0。

该项合并中所确认的商誉金额1 297.50万元与其计税基础0之间产生的应纳税暂时性差异，按照准则中规定，不再进一步确认相关的所得税影响。

（2）除企业合并以外的其他交易或事项中，如果该项交易或事项发生时既不影响会计利润，也不影响应纳税所得额，则所产生的资产、负债的初始确认金额与其计税基础不同，形成应纳税暂时性差异的，交易或事项发生时不确认相应的递延所得税负债。

该规定主要是考虑到由于交易发生时既不影响会计利润，也不影响应纳税所得额，确认递延所得税负债的直接结果是增加有关资产的账面价值或是降低所确认负债的账面价值，使得资产、负债在初始确认时，违背历史成本原则，影响会计信息的可靠性。

比如，固定资产应当资本化的借款费用，如果是向非金融部门取得，并且利率超过了同期同类银行贷款利率，会导致固定资产的会计成本大于计税基础，由于该项暂时性差异的确认会导致固定资产初始计量违背历史成本原则，故实务中不确认递延所得税负债。又如以公允价值计量且其变动计入其他综合收益的金融资产的公允价值变动计入其他综合收益，也不确认该项递延所得税负债。

（3）与子公司、联营企业、合营企业投资等相关的应纳税暂时性差异，一般应确认相关的递延所得税负债，但同时满足以下两个条件的除外：一是投资企业能够控制暂时性差异转回的时间；二是该暂时性差异在可预见的未来很可能不会转回。满足上述条件时，投资企业可以运用自身的影响力决定暂时性差异的转回，如果不希望其转回，则在可预见的未来该项暂时性差异即不会转回，从而对未来期间不会产生所得税影响，无须确认相应的递延所得税负债。企业在运用上述条件不确认与联营企业、合营企业等投资相关的递延所得税负债时，应有明确的证据表明其能够控制有关暂时性差异转回的时间。一般情况下，企业对联营企业的生产经营决策仅能够实施重大影响，并不能够主导被投资单位包括利润分配政策在内的主要生产经营决策的制定，满足所得税准则规定的能够控制暂时性差异转回时间的条件一般是通过与其他投资者签订协议等，达到能够控制被投资单位利润分配政策等情况下。

【例26-14】甲公司持有乙公司30%的股权，因能够参与乙公司的生产经营决策，对该项投资采用权益法核算。购入投资时，实际支付价款2 000 万元，取得投资当年年末，乙公司实现净利润600万元，假定不考虑相关的调整因素，甲公司按其持股比例计算应享有180万元。甲公司适用的所得税税率为25%，乙公司适用的所得税税率为15%。乙公司在会计期末未制定任何利润分配方案，除该事项外，不存在其他会计与税收的差异。递延所得税资产及负债均不存在期初余额。

①按照权益法的核算原则，取得投资当年年末，甲公司长期股权投资账面价值增加180万元，确认投资收益180万元。税法规定长期股权投资的计税基础在持有期间不变，产生应纳税暂时性差异180万元。甲公司应按适用税率的差额确认相应的递延所得税负债45万元（180×25%）。

借：所得税费用　　450 000

　　贷：递延所得税负债　　450 000

②如果甲公司取得乙公司股权的目的并非为从乙公司分得利润，而是希望从乙公司持续得到原材料供应，同时与其他投资者签订协议，在被投资单位制定利润分配方案时作相同的意思表示，控制被投资单位利润分配的时间，从各方的协议情况看，不希望被投资单位在可预见的未来进行利润分配。因符合不确认递延所得税负债的条件，对该部分180万元的应纳税暂时性差异不确认相关的递延所得税负债。

（二）计量

1.所得税准则规定，资产负债表日，对于递延所得税负债，应当根据适用税法规定，按照预期清偿该负债期间的适用税率计量。即递延所得税负债应以相关应纳税暂时性差异转回期间按照税法规定适用的所得税税率计量。

在我国，除享受优惠政策的情况以外，企业适用的所得税税率在不同年度之间一般不会发生变化，企业在确认递延所得税负债时，可以现行适用税率为基础计算确定。对于享受优惠政策的企业，如正在审批的符合国家重点支持的高新技术企业认定管理办法的企业，享受15%的优惠税率，则所产生的暂时性差异应以预计其转回期间的适用所得税税率15%为基础计量。

2.无论应纳税暂时性差异的转回期间如何，准则中规定递延所得税负债不要求折现。对递延所得税负债进行折现，企业需要对相关的应纳税暂时性差异进行详细的分析，确定其具体的转回时间表，并在此基础上，按照一定的利率折现后确定递延所得税负债的金额。实务中，要求企业进行类似的分析工作量较大、包含的主观判断因素较多，且很多情况下无法合理确定暂时性差异的具体转回时间，准则中规定递延所得税负债不予折现。

二、递延所得税资产的确认和计量

（一）递延所得税资产的确认

1.确认的一般原则

递延所得税资产产生于可抵扣暂时性差异。资产、负债的账面价值与其计税基础不同产生可抵扣暂时性差异的，在估计未来期间能够取得足够的应纳税所得额用以利用该可抵扣暂时性差异时，应当以很可能取得用来抵扣可抵扣暂时性差异的应纳税所得额为限，确认相关的递延所得税资产。

同递延所得税负债的确认相同，有关交易或事项发生时，对税前会计利润或是应纳税所得额产生影响的，所确认的递延所得税资产应作为利润表中所得税费用的调整；有关的可抵扣暂时性差异产生于直接计入所有者权益的交易或事项的，确认的递延所得税资产也应计入所有者权益（以公允价值计量且其变动计入其他综合收益的金融资产的公允价值变动、作为存货或固定资产的房地产转换为按公允价值计量的投资性房地产、权益结算的股份支付等）；企业合并中取得的有关资产、负债产生的可抵扣暂时性差异，其所得税影响应相应调整合并中确认的商誉或是应计入合并当期损益的金额。

确认递延所得税资产时，应关注以下问题：

（1）递延所得税资产的确认应以未来期间很可能取得的用来抵扣可抵扣暂时性差异的应纳税所得额为限。在可抵扣暂时性差异转回的未来期间内，企业无法产生足够的应纳税所得额用以利用可抵扣暂时性差异的影响，使得与可抵扣暂时性差异相关的经济利益无法实现的，则不应确认递延所得税资产；企业有明确的证据表明其于可抵扣暂时性差异转回的未来期间能够产生足够的应纳税所得额，进而利用可抵扣暂时性差异的，则应以很可能取得的应纳税所得额为限，确认相关的递延所得税资产。

在判断企业于可抵扣暂时性差异转回的未来期间是否能够产生足够的应纳税所得额时，应考虑以下两个方面的影响：一是通过正常的生产经营活动能够实现的应纳税所得额，如企业通过销售商品、提供劳务等所实现的收入，扣除有关的成本费用等支出后的金额。该部分情况的预测应当以经企业管理层批准的最近财务预算或预测数据以及该预算或者预测期之后年份稳定的或者递减的增长率为基础。二是以前期间产生的应纳税暂时性差异在未来期间转回时将增加的应纳税所得额。

考虑到可抵扣暂时性差异转回的期间内可能取得应纳税所得额的限制，因无法取得足够的应纳税所得额而未确认相关的递延所得税资产的，应在会计报表附注中进行披露。

（2）对与子公司、联营企业、合营企业的投资相关的可抵扣暂时性差异，同时满足下列条件的，应当确认相关的递延所得税资产：一是暂时性差异在可预见的未来很可能转回；二是未来很可能获得用来抵扣可抵扣暂时性差异的应纳税所得额。

对联营企业和合营企业等的投资产生的可抵扣暂时性差异，主要产生于权益法下被投资单位发生亏损时，投资企业按照持股比例确认应予承担的部分相应减少长期股权投资的账面价值，但税法规定长期股权投资的成本在持有期间不发生变化，造成长期股权投资的账面价值小于其计税基础，产生可抵扣暂时性差异。可抵扣暂时性差异还产生于对长期股权投资计提减值准备的情况下。

（3）对于按照税法规定可以结转以后年度的未弥补亏损（可抵扣亏损）和税款抵减，应视同可抵扣暂时性差异处理。在预计可利用可弥补亏损或税款抵减的未来期间内很可能取得足够的应纳税所得额时，应当以很可能取得的应纳税所得额为限，确认相应的递延所得税资产，同时减少确认当期的所得税费用。

应予说明的是，可抵扣亏损是指企业按照税法规定计算确定准予用以后年度的应纳税所得弥补的亏损。与可抵扣亏损和税款抵减相关的递延所得税资产，其确认条件与其他可抵扣暂时性差异产生的递延所得税资产相同，在估计未来期间是否能够产生足够的应纳税所得额用以利用该部分可抵扣亏损或税款抵减时，应考虑以下相关因素的影响：

①在可抵扣亏损到期前，企业是否会因以前期间产生的应纳税暂时性差异转回而产生足够的应纳税所得额；

②在可抵扣亏损到期前，企业是否可能通过正常的生产经营活动产生足够的应纳税所得额；

③可抵扣亏损是否产生于一些在未来期间不可能重复发生的特殊原因；

④是否存在其他的证据表明在可抵扣亏损到期前能够取得足够的应纳税所得额。

企业在确认与可抵扣亏损和税款抵减相关的递延所得税资产时，应当在会计报表附注中说明在可抵扣亏损和税款抵减到期前，企业能够产生足够的应纳税所得额的估计基础。

2.不确认递延所得税资产的特殊情况

某些情况下，如果企业发生的某项交易或事项不属于企业合并，并且交易发生时既不影响会计利润也不影响应纳税所得额，且该项交易中产生的资产、负债的初始确认金额与其计税基础不同，产生可抵扣暂时性差异的，所得税准则中规定在交易或事项发生时不确认相关的递延所得税资产。其原因同该种情况下不确认递延所得税负债相同，如果确认递延所得税资产，则需调整资产、负债的入账价值，对实际成本进行调整将有违会计核算中的历史成本原则，影响会计信息的可靠性。

【例26-15】甲企业当期以融资租赁方式租入一项固定资产，该项固定资产在租赁日的公允价值为4 000万元，最低租赁付款额的现值为3 920万元。租赁合同中约定，租赁期内总的付款额为4 400万元。假定不考虑在租入资产过程中发生的相关费用。

租赁准则中规定承租人应当将租赁开始日租赁资产的公允价值与最低租赁付款额现值两者中较低者作为租入资产的入账价值，即甲企业该融资租入固定资产的入账价值应为3 920万元。税法规定融资租入资产应当按照租赁合同或协议约定的付款额以及在取得租赁资产过程中支付的有关费用作为其计税基础，即其计税基础应为4 400万元。

租入资产的入账价值3 920万元与其计税基础4 400万元之间的差额，在取得资产时既不影响会计利润，也不影响应纳税所得额，如果确认相应的所得税影响，直接结果是减记资产的初始计量金额，所得税准则中规定该种情况下不确认相应的递延所得税资产。

（二）计量

1.适用税率的确定

同递延所得税负债的计量原则相一致，确认递延所得税资产时，应当以预期收回该资产期间的适用所得税税率为基础计算确定。另外，无论相关的可抵扣暂时性差异转回期间如何，递延所得税资产均不要求折现。

2.递延所得税资产的减值

所得税准则规定，资产负债表日，企业应当对递延所得税资产的账面价值进行复核。如果未来期间很可能无法取得足够的应纳税所得额用以利用可抵扣暂时性差异带来的经济利益，应当减记递延所得税资产的账面价值。

同其他资产的确认和计量原则相一致，递延所得税资产的账面价值应当代表其为企业带来未来经济利益的能力。企业在确认了递延所得税资产以后，因各方面情况变化，导致按照新的情况估计，在有关可抵扣暂时性差异转回的期间内，无法产生足够的应纳税所得额用以利用可抵扣暂时性差异，使得与递延所得税资产相关的经济利益无法全部实现的，对于预期无法实现的部分，应当减记递延所得税资产的账面价值。除原确认时计入所有者权益的递延所得税资产，其减记金额亦应计入所有者权益外，其他的情况应增加减记当期的所得税费用。

因无法取得足够的应纳税所得额利用可抵扣暂时性差异而减记递延所得税资产账面价值的，继后期间根据新的环境和情况判断能够产生足够的应纳税所得额利用可抵扣暂时性差异，使得递延所得税资产包含的经济利益能够实现的，应相应恢复递延所得税资产的账面价值。

另外，应当说明的是，无论是递延所得税资产还是递延所得税负债的计量，均应考虑资产负债表日企业预期收回资产或清偿负债方式的所得税影响，在计量递延所得税资产和递延所得税负债时，应当采用与收回资产或清偿债务的预期方式相一致的税率和计税基础。

三、适用税率变化对已确认递延所得税资产和递延所得税负债的影响

因适用税收法规的变化，导致企业在某一会计期间适用的所得税税率发生变化的，企业应对已确认的递延所得税资产和递延所得税负债按照新的税率进行重新计量。递延所得税资产和递延所得税负债的金额代表的是有关可抵扣暂时性差异或应纳税暂时性差异于未来期间转回时，导致应交所得税金额的减少或增加的情况。因国家税收法律法规等的变化导致适用税率变化的，必然导致应纳税暂时性差异或可抵扣暂时性差异在未来期间转回时产生应交所得税金额

的变化，在适用税率变动的情况下，应对原已确认的递延所得税资产及递延所得税负债的金额进行调整，反映税率变化带来的影响。

除直接计入所有者权益的交易或事项产生的递延所得税资产及递延所得税负债，相关的调整金额应计入所有者权益以外，其他情况下产生的递延所得税资产及递延所得税负债的调整金额应确认为变化当期的所得税费用（或收益），但企业合并中取得的资产、负债，其账面价值与计税基础不同，应确认相关递延所得税资产的，该递延所得税的确认影响合并中产生的商誉或是计入合并当期损益的金额，不影响所得税费用。

第四节　企业所得税优惠

2018年4月25日，国家税务总局发布了《国家税务总局关于发布修订后的〈企业所得税优惠政策事项办理办法〉的公告》（国家税务总局公告2018年第23号），文件规定企业所得税优惠事项全部采用“自行判别、申报享受、相关资料留存备查”的办理方式。企业在年度纳税申报及享受优惠事项前无需再履行备案手续、报送“企业所得税优惠事项备案表”“汇总纳税企业分支机构已备案优惠事项清单”和享受优惠所需要的相关资料，原备案资料全部作为留存备查资料，保留在企业，以备税务机关后续核查时根据需要提供。文件所称优惠事项是指企业所得税法规定的优惠事项，以及国务院和民族自治地方根据企业所得税法授权制定的企业所得税优惠事项，包括免税收入、减计收入、加计扣除、加速折旧、所得减免、抵扣应纳税所得额、减低税率、税额抵免等。上述八类优惠事项中，除加速折旧对企业所得税的影响是时间性差异外，其余七类产生的差异全部为永久性差异。现将这八类企业所得税优惠事项包含的具体政策列举如下：

一、免税收入

（一）国债利息收入免征企业所得税

企业投资国债从国务院财政部门（以下简称发行者）取得的国债利息收入，具体按以下规定执行：

1.企业从发行者直接投资购买的国债持有至到期，其从发行者取得的国债利息收入，全额免征企业所得税。

2.企业到期前转让国债，或者从非发行者投资购买的国债，其按“国债金额×（适用年利率÷365）×持有天数”计算的国债利息收入，免征企业所得税。

（二）符合条件的居民企业之间的股息、红利等权益性投资收益免征企业所得税

包括：①内地居民企业通过沪港通投资且连续持有H股满12个月取得的股息红利所得；②内地居民企业通过深港通投资且连续持有H股满12个月取得的股息红利所得。

符合条件的居民企业之间的股息、红利等权益性投资收益，是指居民企业直接投资于其他居民企业取得的投资收益。免税的股息、红利等权益性投资收益，不包括连续持有居民企业公开发行并上市流通的股票不足12个月取得的投资收益。

（三）符合条件的非营利组织（包括符合条件的科技企业孵化器和国家大学科技园）的收入免征企业所得税

符合条件的非营利组织取得的捐赠收入、不征税收入以外的政府补助收入（但不包括政府购买服务取得的收入）、会费收入、不征税收入和免税收入孳生的银行存款利息收入等为免税收入。免税收入不包括非营利组织从事营利性活动取得的收入。

（四）中国清洁发展机制基金取得的收入免征企业所得税

中国清洁发展机制基金取得的CDM项目温室气体减排量转让收入上缴国家的部分，国际金融组织赠款收入，基金资金的存款利息收入、购买国债的利息收入，国内外机构、组织和个人的捐赠收入，免征企业所得税。

（五）投资者从证券投资基金分配中取得的收入免征企业所得税

对投资者从证券投资基金分配中取得的收入，暂不征收企业所得税。

（六）取得的地方政府债券利息收入免征企业所得税

纳税人取得的2009年、2010年和2011年发行的地方政府债券利息所得，2012年及以后年度发行的地方政府债券利息收入。

（七）中国保险保障基金有限责任公司取得的保险保障基金等收入免征企业所得税

对中国保险保障基金有限责任公司取得的境内保险公司依法缴纳的保险保障基金，依法从撤销或破产保险公司清算财产中获得的受偿收入和向有关责任方追偿所得，以及依法从保险公司风险处置中获得的财产转让所得，接受捐赠收入，银行存款利息收入，购买政府债券、中央银行、中央企业和中央级金融机构发行债券的利息收入，国务院批准的其他资金运用取得的收入免征企业所得税。

（八）中央电视台的广告费和有线电视费收入免征企业所得税

中央电视台的广告费和有线电视费收入，免予征收企业所得税。

（九）中国奥委会取得北京冬奥组委支付的收入免征企业所得税

对按中国奥委会、主办城市签订的《联合市场开发计划协议》和中国奥委会、主办城市、国际奥委会签订的《主办城市合同》规定，中国奥委会取得的由北京冬奥组委分期支付的收入、按比例支付的盈余分成收入免征企业所得税。

（十）中国残奥委会取得北京冬奥组委分期支付的收入免征企业所得税

对中国残奥委会根据《联合市场开发计划协议》取得的由北京冬奥组委分期支付的收入免征企业所得税。

二、减计收入

（一）综合利用资源生产产品取得的收入在计算应纳税所得额时减计收入

企业以《资源综合利用企业所得税优惠目录》规定的资源作为主要原材料，生产国家非限制和非禁止并符合国家及行业相关标准的产品取得的收入，减按90%计入企业当年收入总额。

（二）金融、保险等机构取得的涉农利息、保费减计收入

1.金融机构取得的涉农贷款利息收入在计算应纳税所得额时减计收入

对金融机构农户小额贷款的利息收入在计算应纳税所得额时，按90%计入收入总额。

2.保险机构取得的涉农保费收入在计算应纳税所得额时减计收入

对保险公司为种植业、养殖业提供保险业务的保费收入，在计算应纳税所得额时，按90%计入收入总额。

3.小额贷款公司取得的农户小额贷款利息收入在计算应纳税所得额时减计收入

对经省级金融管理部门（金融办、局等）批准成立的小额贷款公司取得的农户小额贷款利息收入，在计算应纳税所得额时，按90%计入收入总额。

（三）取得铁路债券利息收入减半征收企业所得税

对企业持有中国铁路建设债券、中期票据、短期融资券等债务融资工具等企业债券取得的利息收入，减半征收企业所得税。

三、加计扣除

（一）开发新技术、新产品、新工艺发生的研究开发费用加计扣除

企业为开发新技术、新产品、新工艺发生的研究开发费用，未形成无形资产计入当期损益的，在按照规定据实扣除的基础上，按照研究开发费用的50%

（2018年1月1日—2020年12月31日期间，比例为75%）加计扣除；形成无形资产的，按照无形资产成本150%（在2018年1月1日—2020年12月31日期间，比例为175%）摊销。对从事文化产业支撑技术等领域的文化企业，开发新技术、新产品、新工艺发生的研究开发费用，允许按照税收法律法规的规定，在计算应纳税所得额时加计扣除。

（二）科技型中小企业开发新技术、新产品、新工艺发生的研究开发费用加计扣除

在2017年1月1日至2019年12月31日期间，科技型中小企业开展研发活动中实际发生的研发费用，未形成无形资产计入当期损益的，在按规定据实扣除的基础上，再按照实际发生额的75%在税前加计扣除；形成无形资产的，在上述期间按照无形资产成本的175%在税前摊销。

（三）企业为获得创新性、创意性、突破性的产品进行创意设计活动而发生的相关费用加计扣除

企业为获得创新性、创意性、突破性的产品进行创意设计活动而发生的相关费用，可以按照规定进行税前加计扣除。创意设计活动是指多媒体软件、动漫游戏软件开发，数字动漫、游戏设计制作；房屋建筑工程设计（绿色建筑评价标准为三星）、风景园林工程专项设计；工业设计、多媒体设计、动漫及衍生产品设计、模型设计等。

（四）安置残疾人员所支付的工资加计扣除

企业安置残疾人员的，在按照支付给残疾职工工资据实扣除的基础上，按照支付给残疾职工工资的100%加计扣除。残疾人员的范围适用《中华人民共和国残疾人保障法》的有关规定。

四、所得减免

（一）从事农、林、牧、渔业项目的所得减免征收企业所得税

企业从事蔬菜、谷物、薯类、油料、豆类、棉花、麻类、糖料、水果、坚果的种植，农作物新品种选育，中药材种植，林木培育和种植，牲畜、家禽饲养，林产品采集，灌溉、农产品初加工、兽医、农技推广、农机作业和维修等农、林、牧、渔服务业项目，远洋捕捞项目所得免征企业所得税。企业从事花卉、茶以及其他饮料作物和香料作物种植，海水养殖、内陆养殖项目所得减半征收企业所得税。“公司+农户”经营模式从事农、林、牧、渔业项目生产企业，可以按照《中华人民共和国企业所得税法实施条例》第八十六条的有关规定，享受减免企业所得税优惠政策。

（二）从事国家重点扶持的公共基础设施项目投资经营的所得定期减免企业所得税

企业从事《公共基础设施项目企业所得税优惠目录》规定的港口码头、机场、铁路、公路、城市公共交通、电力、水利等项目的投资经营的所得，自项目取得第一笔生产经营收入所属纳税年度起，第一年至第三年免征企业所得税，第四年至第六年减半征收企业所得税；企业承包经营、承包建设和内部自建自用的项目，不得享受上述规定的企业所得税优惠。饮水工程运营管理单位从事《公共基础设施项目企业所得税优惠目录》规定的饮水工程新建项目投资经营的所得，自项目取得第一笔生产经营收入所属纳税年度起，第一年至第三年免征企业所得税，第四年至第六年减半征收企业所得税。

（三）从事符合条件的环境保护、节能节水项目的所得定期减免企业所得税

企业从事符合条件的公共污水处理、公共垃圾处理、沼气综合开发利用、节能减排技术改造、海水淡化等环境保护、节能节水项目的所得，自项目取得第一笔生产经营收入所属纳税年度起，第一年至第三年免征企业所得税，第四年至第六年减半征收企业所得税。

（四）符合条件的技术转让所得减免征收企业所得税

一个纳税年度内，居民企业将其拥有的专利技术、计算机软件著作权、集成电路布图设计权、植物新品种、生物医药新品种，以及财政部和国家税务总局确定的其他技术的所有权或5年以上（含5年）全球独占许可使用权、5年以上（含5年）非独占许可使用权转让取得的所得，不超过500万元的部分，免征企业所得税；超过500万元的部分，减半征收企业所得税。居民企业从直接或间接持有股权之和达到100%的关联方取得的技术转让所得，不享受技术转让减免企业所得税优惠政策。

（五）实施清洁发展机制项目的所得定期减免企业所得税

清洁发展机制项目（以下简称“CDM项目”）实施企业将温室气体减排量转让收入的65%上缴给国家的HFC和PFC类CDM项目，以及将温室气体减排量转让收入的30%上缴给国家的N20类CDM项目，其实施该类CDM项目的所得，自项目取得第一笔减排量转让收入所属纳税年度起，第一年至第三年免征企业所得税，第四年至第六年减半征收企业所得税。

（六）符合条件的节能服务公司实施合同能源管理项目的所得定期减免企业所得税

对符合条件的节能服务公司实施合同能源管理项目，符合企业所得税税法有关规定的，自项目取得第一笔生产经营收入所属纳税年度起，第一年至第三年免征企业所得税，第四年至第六年按照25%的法定税率减半征收企业

所得税。

（七）线宽小于65纳米或投资额超过150亿元的集成电路生产项目的所得减免企业所得税

2018年1月1日后投资新设的集成电路线宽小于65纳米或投资额超过150亿元，且经营期在15年以上的集成电路项目，第一年至第五年免征企业所得税，第六年至第十年按照25%的法定税率减半征收企业所得税，并享受至期满为止。

（八）线宽小于130纳米的集成电路生产项目的所得减免企业所得税

2018年1月1日后投资新设的集成电路线宽小于130纳米，且经营期在10年以上的集成电路项目，第一年至第二年免征企业所得税，第三年至第五年按照25%的法定税率减半征收企业所得税，并享受至期满为止。

五、抵扣应纳税所得额

（一）创业投资企业直接投资按投资额一定比例抵扣应纳税所得额

1.创业投资企业采取股权投资方式投资于未上市的中小高新技术企业2年以上的，可以按照其投资额的70%在股权持有满2年的当年抵扣该创业投资企业的应纳税所得额；当年不足抵扣的，可以在以后纳税年度结转抵扣。

2.公司制创业投资企业采取股权投资方式直接投资于种子期、初创期科技型企业满2年（24个月）的，可以按照投资额的70%在股权持有满2年的当年抵扣该公司制创业投资企业的应纳税所得额；当年不足抵扣的，可以在以后纳税年度结转抵扣。

（二）通过有限合伙制创业投资企业投资按一定比例抵扣分得的应纳税所得额

1.有限合伙制创业投资企业采取股权投资方式投资于未上市的中小高新技术企业2年（24个月）以上，该有限合伙制创业投资企业的法人合伙人可按照其对未上市中小高新技术企业投资额的70%抵扣该法人合伙人从该有限合伙制创业投资企业分得的应纳税所得额，当年不足抵扣的，可以在以后纳税年度结转抵扣。

2.有限合伙制创业投资企业采取股权投资方式直接投资于种子期、初创期科技型企业满2年的，该合伙创投企业的法人合伙人可以按照对种子期、初创期科技型企业投资额的70%抵扣法人合伙人从有限合伙制创业投资企业分得的所得；当年不足抵扣的，可以在以后纳税年度结转抵扣。

六、减免所得税

（一）符合条件的小型微利企业减免企业所得税

自2018年1月1日至2020年12月31日，对从事国家非限制和禁止行业的企业，并符合工业企业，年度应纳税所得额不超过100万元，从业人数不超过100人，资产总额不超过3 000万元；其他企业，年度应纳税所得额不超过50万元，从业人数不超过80人，资产总额不超过1 000万元条件的，其所得减按50%计入应纳税所得额，按20%的税率缴纳企业所得税。

（二）国家需要重点扶持的高新技术企业减按15%的税率征收企业所得税

国家需要重点扶持的高新技术企业，减按15%的税率征收企业所得税。国家需要重点扶持的高新技术企业，是指拥有核心自主知识产权，产品（服务）属于国家重点支持的高新技术领域规定的范围、研究开发费用占销售收入的比例不低于规定比例、高新技术产品（服务）收入占企业总收入的比例不低于规定比例、科技人员占企业职工总数的比例不低于规定比例，以及高新技术企业认定管理办法规定的其他条件的企业。对从事文化产业支撑技术等领域的文化企业，按规定认定为高新技术企业的，减按15%的税率征收企业所得税。

（三）经济特区和上海浦东新区新设立的高新技术企业在区内取得的所得定期减免企业所得税

经济特区和上海浦东新区内，在2008年1月1日（含）之后完成登记注册的国家需要重点扶持的高新技术企业，在经济特区和上海浦东新区内取得的所得，自取得第一笔生产经营收入所属纳税年度起，第一年至第二年免征企业所得税，第三年至第五年按照25%法定税率减半征收企业所得税。经济特区和上海浦东新区新设立的高新技术企业定期减免税期满后，只享受15%税率优惠的。

（四）受灾地区农村信用社免征企业所得税

1.芦山受灾地区农村信用社免征企业所得税

自2013年4月20日起至2017年12月31日，芦山受灾地区农村信用社免征企业所得税。

2.鲁甸受灾地区农村信用社免征企业所得税

自2014年1月1日至2018年12月31日，鲁甸受灾地区农村信用社免征企业所得税。

（五）动漫企业自主开发、生产动漫产品定期减免企业所得税

经认定的动漫企业自主开发、生产动漫产品，可申请享受国家现行鼓励软件产业发展的所得税优惠政策。即在2017年12月31日前自获利年度起，第一

年至第二年免征企业所得税，第三年至第五年按照25%的法定税率减半征收企业所得税，并享受至期满为止。

（六）线宽小于0.8微米（含）的集成电路生产企业减免企业所得税

集成电路线宽小于0.8微米（含）的集成电路生产企业，在2017年12月31日前自获利年度起计算优惠期，第一年至第二年免征企业所得税，第三年至第五年按照25%的法定税率减半征收企业所得税，并享受至期满为止。

（七）线宽小于0.25微米的集成电路生产企业减按15%税率征收企业所得税

线宽小于0.25微米的集成电路生产企业，减按15%的税率征收企业所得税。

（八）投资额超过80亿元的集成电路生产企业减按15%税率征收企业所得税

投资额超过80亿元的集成电路生产企业，减按15%的税率征收企业所得税。

（九）线宽小于0.25微米的集成电路生产企业减免企业所得税

线宽小于0.25微米的集成电路生产企业，经营期在15年以上的，在2017年12月31日前自获利年度起计算优惠期，第一年至第五年免征企业所得税，第六年至第十年按照25%的法定税率减半征收企业所得税，并享受至期满为止。

（十）投资额超过80亿元的集成电路生产企业减免企业所得税

投资额超过80亿元的集成电路生产企业，经营期在15年以上的，在2017年12月31日前自获利年度起计算优惠期，第一年至第五年免征企业所得税，第六年至第十年按照25%的法定税率减半征收企业所得税，并享受至期满为止。

（十一）线宽小于65纳米或投资额超过150亿元的集成电路生产企业减免企业所得税

2018年1月1日后投资新设的集成电路线宽小于65纳米或投资额超过150亿元，且经营期在15年以上的集成电路生产企业，第一年至第五年免征企业所得税，第六年至第十年按照25%的法定税率减半征收企业所得税，并享受至期满为止。

（十二）线宽小于130纳米的集成电路生产企业减免企业所得税

2018年1月1日后投资新设的集成电路线宽小于130纳米，且经营期在10年以上的集成电路生产企业，第一年至第二年免征企业所得税，第三年至第五年按照25%的法定税率减半征收企业所得税，并享受至期满为止。

（十三）新办集成电路设计企业减免企业所得税

我国境内新办的集成电路设计企业，在2017年12月31日前自获利年度起，第一年至第二年免征企业所得税，第三年至第五年按照25%的法定税率减半征收企业所得税，并享受至期满为止。

（十四）国家规划布局内集成电路设计企业可减按10%的税率征收企业所得税

国家规划布局内的集成电路设计企业，如当年未享受免税优惠的，可减按10%的税率征收企业所得税。

（十五）符合条件的软件企业减免企业所得税

我国境内符合条件的软件企业，在2017年12月31日前自获利年度起，第一年至第二年免征企业所得税，第三年至第五年按照25%的法定税率减半征收企业所得税，并享受至期满为止。

（十六）国家规划布局内重点软件企业可减按10%的税率征收企业所得税

国家规划布局内的重点软件企业，如当年未享受免税优惠的，可减按10%的税率征收企业所得税。

（十七）符合条件的集成电路封装、测试企业定期减免企业所得税

符合条件的集成电路封装、测试企业，在2017年（含2017年）前实现获利的，自获利年度起，第一年至第二年免征企业所得税，第三年至第五年按照25%的法定税率减半征收企业所得税，并享受至期满为止；2017年前未实现获利的，自2017年起计算优惠期，享受至期满为止。

（十八）符合条件的集成电路关键专用材料生产企业、集成电路专用设备生产企业定期减免企业所得税

符合条件的集成电路关键专用材料生产企业、集成电路专用设备生产企业，在2017年（含2017年）前实现获利的，自获利年度起，第一年至第二年免征企业所得税，第三年至第五年按照25%的法定税率减半征收企业所得税，并享受至期满为止；2017年前未实现获利的，自2017年起计算优惠期，享受至期满为止。

（十九）经营性文化事业单位转制为企业的免征企业所得税

从事新闻出版、广播影视和文化艺术的经营性文化事业单位转制为企业的，自转制注册之日起免征企业所得税。

（二十）符合条件的生产和装配伤残人员专门用品企业免征企业所得税

对符合条件的生产和装配伤残人员专门用品企业，免征企业所得税。

（二十一）技术先进型服务企业减按15%的税率征收企业所得税

对经认定的技术先进型服务企业，减按15%的税率征收企业所得税。

（二十二）服务贸易创新发展试点地区符合条件的技术先进型服务企业减按15%的税率征收企业所得

在服务贸易创新发展试点地区，符合条件的技术先进型服务企业减按15%的税率征收企业所得税。

（二十三）设在西部地区的鼓励类产业企业减按15%的税率征收企业所得税

对设在西部地区的鼓励类产业企业减按15%的税率征收企业所得税。对设在赣州市的鼓励类产业的内资企业和外商投资企业减按15%的税率征收企业所得税。2010年12月31日前新办的符合规定的交通、电力、水利、邮政、广播电视企业，执行原政策到期满为止。

（二十四）新疆困难地区新办企业定期减免企业所得税

对在新疆困难地区新办的属于《新疆困难地区重点鼓励发展产业企业所得税优惠目录》范围内的企业，自取得第一笔生产经营收入所属纳税年度起，第一年至第二年免征企业所得税，第三年至第五年减半征收企业所得税。

（二十五）新疆喀什、霍尔果斯特殊经济开发区新办企业定期免征企业所得税

对在新疆喀什、霍尔果斯两个特殊经济开发区内新办的属于《新疆困难地区重点鼓励发展产业企业所得税优惠目录》范围内的企业，自取得第一笔生产经营收入所属纳税年度起，五年内免征企业所得税。

（二十六）广东横琴、福建平潭、深圳前海等地区的鼓励类产业企业减按15%税率征收企业所得税

对设在广东横琴新区、福建平潭综合实验区和深圳前海深港现代服务业合作区的鼓励类产业企业减按15%的税率征收企业所得税。

（二十七）北京冬奥组委、北京冬奥会测试赛赛事组委会免征企业所得税

对北京冬奥组委免征应缴纳的企业所得税。北京冬奥组委全面负责和组织举办北京2022年冬残奥会，其取得的北京2022年冬残奥会收入及其发生的涉税支出比照执行北京2022年冬奥会的税收政策。北京冬奥会测试赛赛事组委会取得的收入及发生的涉税支出比照执行北京冬奥组委的税收政策。

（二十八）享受过渡期税收优惠定期减免企业所得税

自2008年1月1日起，原享受企业所得税“五免五减半”等定期减免税优惠的企业，新税法施行后继续按原税收法律、行政法规及相关文件规定的优惠办法及年限享受至期满为止，但因未获利而尚未享受税收优惠的，其优惠期限从2008年度起计算。

（二十九）支持和促进重点群体创业就业企业限额减征企业所得税

商贸企业、服务型企业、劳动就业服务企业中的加工型企业和街道社区具有加工性质的小型企业实体，在新增加的岗位中，当年新招用在人力资源社会保障部门公共就业服务机构登记失业半年以上且持《就业创业证》或《就业失业登记证》（注明“企业吸纳税收政策”）人员，与其签订1年以上期限劳动合同并依法缴纳社会保险费的，在3年内按实际招用人数予以定额依次扣减增值税、城市维护建设税、教育费附加、地方教育附加和企业所得税优惠。定额标准为每人每年4 000元，最高可上浮30%。按上述标准计算的税收扣减额应在企业当年实际应缴纳的增值税、城市维护建设税、教育费附加、地方教育附加和企业所得税税额中扣减，当年扣减不完的，不得结转下年使用。

（三十）扶持自主就业退役士兵创业就业企业限额减征企业所得税

对商贸企业、服务型企业、劳动就业服务企业中的加工型企业和街道社区具有加工性质的小型企业实体，在新增加的岗位中，当年新招用自主就业退役士兵，与其签订1年以上期限劳动合同并依法缴纳社会保险费的，在3年内按实际招用人数予以定额依次扣减增值税、城市维护建设税、教育费附加、地方教育附加和企业所得税优惠。定额标准为每人每年4 000元，最高可上浮50%。纳税年度终了，如果企业实际减免的增值税、城市维护建设税、教育费附加和地方教育附加小于核定的减免税总额，企业在企业所得税汇算清缴时扣减企业所得税。当年扣减不完的，不再结转以后年度扣减。

（三十一）民族自治地方的自治机关对本民族自治地方的企业应缴纳的企业所得税中属于地方分享的部分减征或免征

依照《中华人民共和国民族区域自治法》的规定，实行民族区域自治的自治区、自治州、自治县的自治机关对本民族自治地方的企业应缴纳的企业所得税中属于地方分享的部分，可以决定减征或者免征。自治州、自治县决定减征或者免征的，须报省、自治区、直辖市人民政府批准。

七、税额抵免

（一）购置用于环境保护、节能节水、安全生产等专用设备的投资额按一定比例实行税额抵免

企业购置并实际使用《环境保护专用设备企业所得税优惠目录》《节能节水专用设备企业所得税优惠目录》和《安全生产专用设备企业所得税优惠目录》规定的环境保护、节能节水、安全生产等专用设备的，该专用设备的投资额的10%可以从企业当年的应纳税额中抵免；当年不足抵免的，可以在以后5个纳税年度结转抵免。享受上述规定的企业所得税优惠的企业，应当实际购置并自

身实际投入使用前款规定的专用设备；企业购置上述专用设备在5年内转让、出租的，应当停止享受企业所得税优惠，并补缴已经抵免的企业所得税税款。

八、加速折旧、摊销

（一）固定资产或购入软件等可以加速折旧或摊销

由于技术进步，产品更新换代较快的固定资产及常年处于强震动、高腐蚀状态的固定资产，企业可以采取缩短折旧年限或者采取加速折旧的方法。集成电路生产企业的生产设备，其折旧年限可以适当缩短，最短可为3年（含）。企业外购的软件，凡符合固定资产或无形资产确认条件的，可以按照固定资产或无形资产进行核算，其折旧或摊销年限可以适当缩短，最短可为2年（含）。

（二）固定资产加速折旧或一次性扣除

对生物药品制造业，专用设备制造业，铁路、船舶、航空航天和其他运输设备制造业，计算机、通信和其他电子设备制造业，仪器仪表制造业，信息传输、软件和信息技术服务业，轻工、纺织、机械、汽车等行业企业新购进的固定资产，可缩短折旧年限或采取加速折旧的方法。对所有行业企业新购进的专门用于研发的仪器、设备，单位价值不超过100万元（2018年1月1日至2020年12月31日间500万元）的，允许一次性计入当期成本费用在计算应纳税所得额时扣除，不再分年度计算折旧；单位价值超过100万元元（2018年1月1日至2020年12月31日间500万元）的，可缩短折旧年限或采取加速折旧的方法。对所有行业企业持有的单位价值不超过5 000元的固定资产，允许一次性计入当期成本费用在计算应纳税所得额时扣除，不再分年度计算折旧。对所有行业企业在2018年1月1日至2020年12月31日期间新购进的设备、器具，单位价值不超过500万元的，允许一次性计入当期成本费用在计算应纳税所得额时扣除，不再分年度计算折旧；单位价值超过500万元的，仍按《中华人民共和国企业所得税法实施条例》、《财政部、国家税务总局关于完善固定资产加速折旧企业所得税政策的通知》（财税［2014］75号）、《财政部、国家税务总局关于进一步完善固定资产加速折旧企业所得税政策的通知》（财税［2015］106号）等相关规定执行。

第五节　所得税费用的确认和计量

企业核算所得税，主要是为确定当期应交所得税以及利润表中应确认的所得税费用。按照资产负债表债务法核算所得税的情况下，利润表中的所得税费用由两个部分组成：当期所得税和递延所得税。

一、当期所得税

（一）计算公式

当期所得税是指企业按照税法规定计算确定的针对当期发生的交易和事项，应交纳给税务部门的所得税金额，即应交所得税，当期所得税应以适用的税收法规为基础计算确定。

企业在确定当期所得税时，对于当期发生的交易或事项，会计处理与税收处理是不同的，应在会计利润的基础上，按照适用税收法规的规定进行调整，计算出当期应纳税所得额，按照应纳税所得额与适用所得税税率计算确定当期应交所得税，涉及减免所得税额、抵免所得税额的，还应作相应扣减。

应纳税所得额＝利润总额－境外所得＋纳税调整增加额－纳税调整减少额－免税、减计收入及加计扣除＋境外应税所得抵减境内亏损－所得减免－弥补以前年度亏损－抵扣应纳税所得额

实际应纳所得税额＝应纳税所得额×25%－减免所得税额－抵免所得税额＋境外所得应纳所得税额－境外所得抵免所得税额

（二）永久性差异

永久性差异是指某一会计期间，由于会计准则和税法在计算收益、费用或损失时的口径不同，所产生的税前会计利润与应纳税所得额之间的差异。这种差异在本期发生，不会在以后各期转回。在仅存在永久性差异的情况下，按照税前利润加减永久性差额调整为应纳税所得额，按照应纳税所得额和现行税率计算的应纳所得税额减去减免所得税额、抵免所得税额加上境外所得应纳所得税额减去境外所得抵免所得税额后的余额作为当期所得税费用。

现结合企业所得税法及其实施条例等文件，对永久性差异项目分述如下：

1.工资薪金

属于国有性质的企业，其工资薪金，不得超过政府有关部门给予的限定数额；超过部分，不得计入企业工资薪金总额，也不得在计算企业应纳税所得额时扣除。

国有企业因雇用季节工、临时工、实习生、返聘离退休人员以及接受外部劳务派遣用工所实际发生的费用，应区分为工资薪金支出和福利费支出，其中工资薪金支出应并入企业工资薪金总额，不得超过政府有关部门给予的限定数额，超过的部分，不得在税前扣除。

依据国税函［2009］3号规定，税务机关在对工资薪金进行合理性确认时，可按以下原则掌握：

（1）企业制订了较为规范的员工工资薪金制度；

（2）企业所制订的工资薪金制度符合行业及地区水平；

（3）企业在一定时期所发放的工资薪金是相对固定的，工资薪金的调整是有序进行的；

（4）企业对实际发放的工资薪金，已依法履行了代扣代缴个人所得税义务；

（5）有关工资薪金的安排，不以减少或逃避税款为目的。

2.工会经费

企业拨缴的工会经费，凭工会组织开具的“工会经费收入专用收据”或工会经费代收凭据，就不超过工资薪金总额2%的部分，准予扣除。超过部分不得扣除。

3.职工福利费

企业发生的职工福利费支出，不超过工资薪金总额14%的部分，准予扣除。超过部分不得扣除。需要说明的是，《国家税务总局关于企业工资薪金及职工福利费扣除问题的通知》（国税函［2009］3号）第三条仅列举了职工福利费的部分内容。没有列举的费用项目如确实是为企业全体属于职工福利性质的费用支出目的，且符合《企业所得税法》规定的权责发生制原则，以及对支出税前扣除合法性、真实性、相关性、合理性和确定性要求的，可以作为职工福利费按规定在企业所得税前扣除。

4.各类基本社会保障性缴款、住房公积金

企业按照国务院有关主管部门或者省级人民政府规定的范围和标准为职工缴纳的基本养老保险费、基本医疗保险费、失业保险费、工伤保险费、生育保险费等基本社会保险费和住房公积金，准予扣除。超过标准缴纳的部分，不得扣除。

5.补充养老保险、补充医疗保险

为在本企业任职或者受雇的全体员工支付的补充养老保险费、补充医疗保险费，分别在不超过职工工资总额5%标准内的部分，在计算应纳税所得额时准予扣除；超过的部分，不予扣除。需要注意的是，仅为本企业部分人员支付的补充养老保险费、补充医疗保险费不能税前扣除。

6.业务招待费支出

企业发生的与生产经营活动有关的业务招待费支出，按照发生额的60%扣除，但最高不得超过当年销售（营业）收入的5‰，超过部分不得扣除。业务招待费的税前扣除还应注意下列问题：

（1）业务招待费核算的范围仅指交际应酬费用。交际应酬费用是指在生产经营过程中发生的与交际应酬有关的费用或对外馈赠的一次性消耗性礼品，如餐饮费、娱乐费、烟、酒、茶、咖啡、食品、保健品等。企业对外赠送的带有本公司标识（商标、公司名称、注册地址、联系方式等）的自产产品或专门制作的外购礼品，应作为业务宣传费处理。若无任何公司标识，则应作为捐赠支出，除属于《中华人民共和国企业所得税法》第九条规定的公益性捐赠外，不得在税前扣除。

（2）业务招待费在管理费用科目列支，不得在其他科目列支。

（3）销售（营业）收入是指销售或营业收入净额，通常是指主营业务收入、其他业务收入、视同销售收入，不含营业外收入、投资收益。对从事股权投资业务的企业（包括集团公司总部、创业投资企业等），其从被投资企业所分配的股息、红利以及股权转让收入，可以按规定的比例计算业务招待费扣除限额。

（4）企业在筹建期间，发生的与筹办活动有关的业务招待费支出，可按实际发生额的60%计入企业筹办费，并按有关规定在税前扣除。

（5）企业在清算期间发生的业务招待费，不受比例限制，在计算清算所得时全额扣除。

7.捐赠支出

企业通过公益性社会组织或者县级（含县级）以上人民政府及其组成部门和直属机构，用于慈善活动、公益事业的捐赠支出，在年度利润总额12%以内的部分，准予在计算应纳税所得额时扣除；超过年度利润总额12%的部分，准予结转以后三年内在计算应纳税所得额时扣除。超过期限部分仍未获得税前扣除的，将不能再扣除。公益性捐赠要获得税前扣除还需注意下列问题：

（1）未取得法定扣除凭据不允许税前扣除；

（2）直接捐赠给个人或单位不能税前扣除；

（3）不在捐赠支出名单内或不属于名单所属年度不得扣除；

（4）非公益性捐赠不得税前扣除；

（5）可全额扣除的公益性捐赠支出不受比例限制。

8.利息支出

（1）非金融企业向非金融企业借款的利息支出，不超过按照金融企业同期同类贷款利率计算的数额的部分，超过部分的利息支出，不得扣除。

企业在按照合同要求首次支付利息并进行税前扣除时，应提供“金融企业的同期同类贷款利率情况说明”，以证明其利息支出的合理性。“金融企业的同期同类贷款利率情况说明”中，应包括在签订该借款合同当时，本省任何一家金融企业提供同期同类贷款利率情况。该金融企业应为经政府有关部门批准成立的可以从事贷款业务的企业，包括银行、财务公司、信托公司等金融机构。“同期同类贷款利率”是指在贷款期限、贷款金额、贷款担保以及企业信誉等条件基本相同下，金融企业提供贷款的利率，既可以是金融企业公布的同期同类平均利率，也可以是金融企业对某些企业提供的实际贷款利率。

企业向除股东以外的内部职工或其他人员借款的利息支出，其借款情况同时符合下列条件的准予扣除：企业与个人之间的借贷是真实、合法、有效的，并且不具有非法集资目的或其他违反法律、法规的行为；企业与个人之间签订了借款合同这两个条件的，其利息支出在不超过按照金融企业同期同类贷款利率计算的数额的部分，准予扣除。不符合上述条件的不允许扣除。

（2）企业实际支付给关联方的利息支出，企业如果能够按照税法及其实施条例的有关规定提供相关资料，并证明相关交易活动符合独立交易原则的，或者该企业的实际税负不高于境内关联方的，其实际支付给境内关联方的利息支出，在计算应纳税所得额时准予扣除。除上述情形外，企业实际支付给关联方的利息支出，接受关联方债权性投资与其权益性投资不超过以下比例的部分，准予扣除，超过的部分不得在发生当期和以后年度扣除，其中金融企业为5∶1，其他企业为2∶1。企业同时从事金融业务和非金融业务，其实际支付给关联方的利息支出，应按照合理方法分开计算；没有按照合理方法分开计算的，一律按2∶1比例计算准予税前扣除的利息支出。该规定也适用于企业向股东或其他与企业有关联关系的自然人借款的利息支出。

（3）凡企业投资者在规定期限内未缴足其应缴资本额的，该企业对外借款所发生的利息，相当于投资者实缴资本额与在规定期限内应缴资本额的差额应计付的利息，其不属于企业合理的支出，应由企业投资者负担，不得在计算企业应纳税所得额时扣除。

（4）非银行企业内营业机构间支付利息，不得扣除。

9.罚金、罚款和被没收财物的损失

企业向行政部门支付的罚款、向司法部门支付的罚金以及因违法经营被上述部门被没收财物的损失不得扣除。该项不包括纳税人按照经济合同规定支付的违约金（包括银行罚息）、罚款和诉讼费。行政相对人依据《行政和解试点实施办法》交纳的行政和解金，不得在所得税税前扣除。

10.税收滞纳金、加收利息

税收滞纳金和关联企业间业务往来未按照独立交易原则定价，导致少缴企业所得税款，被纳税调整补缴税款而加收的利息，不得在税前扣除。除税收滞纳金外，纳税人支付的其他滞纳金，如报关滞纳金等允许税前扣除。

11.赞助支出

不符合税收规定的公益性捐赠的赞助支出的金额，包括直接向受赠人的捐赠、赞助支出等（不含广告性的赞助支出），不得税前扣除。

12.佣金和手续费支出

（1）一般企业按与具有合法经营资格中介服务机构或个人所签订服务协议或合同确认的收入金额的5%计算限额；财产保险企业按当年全部保费收入扣除退保金等后余额的15%计算限额；人身保险企业按当年全部保费收入扣除退保金等后余额的10%计算限额。超出限额部分支付的佣金和手续费不得在税前扣除。

（2）除委托个人代理外，企业以现金等非转账方式支付的手续费及佣金不得在税前扣除。

（3）企业为发行权益性证券支付给有关证券承销机构的手续费及佣金不得在税前扣除。

（4）对无保险营销证营销员发放佣金不得税前扣除。

13.与取得收入无关的支出

（1）企业为员工负担的个人所得税款，凡单独作为企业管理费列支的，在计算企业所得税时不得税前扣除。

（2）代垫代扣税款或者合同明确的负担对方税金支出不能税前扣除。

（3）企业向退休人员发放的补助不得税前扣除。

（4）纳税人为其他独立纳税人提供与本身应纳税收入无关的贷款担保等，因被担保方不清偿贷款而由该担保纳税人承担的本息等，不得在担保企业税前扣除。

（5）属于个人的下列支出不得在税前扣除。包括：①娱乐、健身、旅游、招待、购物、馈赠等支出；②购买商业保险、证券、股权、收藏品等支出；③个人行为导致的罚款、赔偿等支出；④购买住房、支付物业管理费等支出；⑤企业职工参加社会上的学历教育以及个人为取得学位而参加的在职教育，所需费用应由个人承担，不能挤占企业的职工教育培训经费；⑥应由个人承担的其他支出。

14. 党组织工作经费

党组织工作经费，实际支出不超过职工年度工作薪金总额1%的部分，可以据实在企业所得税前扣除。超过部分不得扣除。

15. 商业保险费

除企业依照国家有关规定为特殊工种职工支付的人身安全保险费和国务院财政、税务主管部门规定可以扣除的其他商业保险费外，企业为投资者或者职工支付的商业保险费，不得扣除。关于商业保险费的扣除，还需注意的是：

（1）企业按照有关法律、法规为特殊工种人员缴纳的法定人身安全保险费，虽属于商业保险的范畴，但这部分保险费属于强制保险是企业必须要缴纳的，而且与生产经营有关，所以根据《企业所得税法实施条例》第36条规定，为特殊工种职工支付的人身安全保险费可以据实扣除。特殊工种人员是指《建筑法》、《煤炭法》等法律规定的高空作业、井下挖掘、海底勘探、远洋捕捞等高危作业人员。

（2）企业为职工因公出差乘坐交通工具而购买的人身意外保险费支出，属于与企业取得收入直接相关的支出，准予在计算应纳税所得额时扣除。

（3）“为投资者或者职工支付”，是指受益人为投资者或职工。企业投保的雇主责任险、公众责任险等，受益人是投保人，因此不属于“为投资者或者职工支付的商业保险费”。企业支付的保险费，是为了减少未来可能面临的侵权责任赔偿损失，属于与生产经营有关的合理支出，准予扣除。

16. 向投资者支付的股息、红利等权益性投资收益款项不得在税前扣除

17. 企业所得税税款不得在税前扣除

18. 贿赂、回扣等非法支出不得在税前扣除

19. 企业内营业机构之间支付的租金和特许权使用费，不得扣除

20. 企业间管理费支出

企业之间支付的管理费，包括母公司以管理费形式向子公司提取费用，子公司因此支付给母公司的管理费，不得在税前扣除。

21. 保险保障基金

保险公司超标准缴纳的保险保障基金不得在税前扣除，包括：（1）财产保险公司的保险保障基金余额达到公司总资产6%的；（2）人身保险公司的保险保障基金余额达到公司总资产1%的。

22.未取得合法有效凭据支出

企业未能按照《企业所得税税前扣除凭证管理办法》(国家税务总局公告2018年第28号，以下简称《办法》)规定取得合法的企业所得税税前扣除凭证，按下列情况处理：

(1)企业在汇缴期满前应取得未取得税前扣除凭证的，应主动作纳税调整。企业在汇算清缴期间(次年1月1日—5月31日)发现纳税年度允许扣除的金额应取得未取得税前扣除凭证的，应当要求对方补开、换开税前扣除凭证。如果能够在汇缴期满前取得补开、换开的税前扣除凭证，允许扣除，不作纳税调整。

企业在补开、换开发票、其他外部凭证过程中，因对方注销、撤销、依法被吊销营业执照、被税务机关认定为非正常户等特殊原因无法补开、换开发票、其他外部凭证的，可凭《办法》第十四条要求提供的资料证实支出真实性后，其支出允许作税前扣除。

若未能在汇缴期满前取得补开、换开的税前扣除凭证，或者属于特殊原因无法补开、换开税前扣除凭证又不能提供《办法》第十四条规定的能够证实支出真实性资料的，暂不允许税前扣除，作纳税调增处理。

(2)企业在汇缴期满后五年内自行取得补开或换开税前扣除凭证的，允许追补扣除。

企业以前年度应当取得而未取得税前扣除凭证，且相应支出在该年度没有税前扣除的，在以后年度取得补开、换开的税前扣除凭证或者属于特殊原因无法补开、换开税前扣除凭证但能够提供《办法》第十四条规定的可以证实其支出真实性相关资料的，相应支出可以追补至该支出发生年度税前扣除，但追补年限不得超过五年。追补期五年是指从支出发生年度的次年起连续计算的五年，超过期限的不得税前扣除。

(3)汇缴期满之后税务机关发现企业应取得未取得税前扣除凭证并告知企业限期补开、换开期限届满仍未取得的，不得在税前扣除。

企业汇算清缴结束后，被税务机关发现纳税年度已作税前扣除的金额应取得未取得税前扣除凭证的，由税务机关书面告知企业60日内补开、换开税前扣除凭证，企业补开、换开期限届满仍未取得税前扣除凭证，或者属于特殊原因无法补开、换开税前扣除凭证自被告知之日起60日内未能提供《办法》第十四条规定的可以证实其支出真实性相关资料的，相应支出不得在发生年度税前扣除。

值得注意的是，一经税务机关告知限期补开、换开税前扣除凭证仍未取得被纳税调整的，不再适用追补期五年的规定。此外，凡是应取得而未取得税前扣除凭证，未作纳税调整而减少了应纳税所得额，并且导致支出年度少缴企业所得税的，即便是在追补期内取得了补开、换开的税前扣除凭证或被税务机关告知60日内取得了补开、换开税前扣除凭证，也应从税款滞纳之日起加收滞纳金。

23.固定资产折旧

下列固定资产不得计算折旧扣除：

(1)以经营租赁方式租入的固定资产；

（2）以融资租赁方式租出的固定资产；

（3）已足额提取折旧仍继续使用的固定资产；

（4）与经营活动无关的固定资产；

（5）单独估价作为固定资产入账的土地；

（6）2011年5月1日前，企业按照有关规定提取的，且在税前扣除的煤矿企业维简费和高危行业企业安全生产费用，已用于资产投资、并计入相关资产成本的，该资产提取的折旧或费用摊销额，不得重复在税前扣除；

（7）2013年1月1日前，企业按照有关规定提取且已在当期税前扣除的维简费，已用于资产投资并形成相关资产全部成本的，该资产提取的折旧或费用摊销额，不得税前扣除；已用于资产投资并形成相关资产部分成本的，该资产提取的折旧或费用摊销额中与该部分成本对应的部分，不得税前扣除。

24.无形资产摊销

下列无形资产不得计算摊销费用扣除：

（1）自行开发的支出已在计算应纳税所得额时扣除的无形资产；

（2）自创商誉；

（3）与经营活动无关的无形资产；

（4）其他不得计算摊销费用扣除的无形资产。

25.政府补助用于研究开发

《国家税务总局关于企业研究开发费用税前加计扣除政策有关问题的公告》（国家税务总局公告2015年第97号）规定："企业取得作为不征税收入处理的财政性资金用于研发活动所形成的费用或无形资产，不得计算加计扣除或摊销。"鉴于新准则对于政府补助的会计处理可以计入当期损益，也可以冲减成本费用，《国家税务总局关于研发费用税前加计扣除归集范围有关问题的公告》（国家税务总局公告2017年第40号）补充规定："企业取得的政府补助，会计处理时采用直接冲减研发费用方法且税务处理时未将其确认为应税收入的，应按冲减后的余额计算加计扣除金额。"

尽管国家税务总局公告2015年第97号规定的情形和国家税务总局公告2017年第40号规定的情形不一样，但对研发费加计扣除的最终影响金额是一致的，即政府补助未计入应税收入作税务处理的，相应的研发费用不得计算加计扣除或摊销。

26.未经核定的准备金

除财政部和国家税务总局核准计提的准备金可以税前扣除外，其他行业、企业计提的各项资产减值准备、风险准备等准备金均不得税前扣除。

27.提取专项资金

企业依照法律、行政法规有关规定提取的用于环境保护、生态恢复等方面的专项资金，准予扣除。上述专项资金提取后改变用途的，不得扣除。

28.资产损失

（1）企业发生的资产损失，由于备查资料不符合《国家税务总局关于发布〈企业资产损失所得税税前扣除管理办法〉的公告》（国家税务总局公告2011年第25号）的相关规定，不得税前扣除。

（2）企业以前年度发生的资产损失未能在当年税前扣除的，可以向税务机关说明并进行专项申报扣除。其中，属于实际资产损失，准予追补至该项损失发生年度扣除，其追补确认期限一般不得超过五年，但因计划经济体制转轨过程中遗留的资产损失、企业重组上市过程中因权属不清出现争议而未能及时扣除的资产损失、因承担国家政策性任务而形成的资产损失以及政策定性不明确而形成资产损失等特殊原因形成的资产损失，其追补确认期限经国家税务总局批准后可适当延长。超过上述期限的，不得税前扣除。

29.成本分摊支出

企业与其关联方签署成本分摊协议，有下列情形之一的，其自行分摊的成本不得税前扣除：

（1）不具有合理商业目的和经济实质；

（2）不符合独立交易原则；

（3）没有遵循成本与收益配比原则；

（4）未按本办法有关规定备案或准备、保存和提供有关成本分摊协议的同期资料；

（5）自签署成本分摊协议之日起经营期限少于20年。

30.向境外关联方支付费用

企业向境外关联方支付的下列费用不符合独立交易原则的，税务机关可以按照已税前扣除的金额实施特别纳税调整：

（1）企业与其关联方转让或者受让无形资产使用权而收取或者支付的特许权使用费，应当与无形资产为企业或者其关联方带来的经济利益相匹配。与经济利益不匹配而减少企业或者其关联方应纳税收入或者所得额的，税务机关可以实施特别纳税调整。未带来经济利益，且不符合独立交易原则的，税务机关可以按照已税前扣除的金额全额实施特别纳税调整。

企业向仅拥有无形资产所有权而未对其价值创造做出贡献的关联方支付特许权使用费，不符合独立交易原则的，税务机关可以按照已税前扣除的金额全额实施特别纳税调整。

（2）企业以融资上市为主要目的在境外成立控股公司或者融资公司，仅因融资上市活动所产生的附带利益向境外关联方支付特许权使用费，不符合独立交易原则的，税务机关可以按照已税前扣除的金额全额实施特别纳税调整。

（3）企业与其关联方发生劳务交易支付或者收取价款不符合独立交易原则而减少企业或者其关联方应纳税收入或者所得额的，税务机关可以实施特别纳税调整。

（4）企业向其关联方支付非受益性劳务的价款，税务机关可以按照已税前扣除的金额全额实施特别纳税调整。

（5）企业向未执行功能、承担风险，无实质性经营活动的境外关联方支付费用，不符合独立交易原则的，税务机关可以按照已税前扣除的金额全额实施特别纳税调整。

31.以前年度发生应扣未扣支出超过5年的不得扣除

根据《中华人民共和国税收征收管理法》的有关规定，对企业发现以前年度实际发生的、按照税收规定应在企业所得税前扣除而未扣除或者少扣除的支出，企业做出专项申报及说明后，准予追补至该项目发生年度计算扣除，但追补确认期限不得超过5年，超过5年期限不得追补扣除。

二、递延所得税

递延所得税是指按照所得税准则规定应予确认的递延所得税资产和递延所得税负债在期末应有的金额相对于原已确认金额之间的差额，即递延所得税资产及递延所得税负债当期发生额的综合结果。用公式表示即为：

递延所得税=（期末递延所得税负债-期初递延所得税负债）-（期末递延所得税资产-期初递延所得税资产）

应予说明的是，企业因确认递延所得税资产和递延所得税负债产生的递延所得税，一般应当计入所得税费用，但以下两种情况除外：

一是某项交易或事项按照会计准则规定应计入所有者权益的，由该交易或事项产生的递延所得税资产或递延所得税负债及其变化亦应计入所有者权益，不构成利润表中的递延所得税费用（或收益）。

【例26-16】企业持有的某项以公允价值计量且其变动计入其他综合收益的金融资产，成本为400万元，会计期末，其公允价值为480万元，该企业适用的所得税税率为25%。除该事项外，该企业不存在其他会计与税收之间的差异，且递延所得税资产和递延所得税负债不存在期初余额。

会计期末在确认80万元的公允价值变动时：

借：其他权益工具投资	800 000	
贷：其他综合收益		800 000

确认应纳税暂时性差异的所得税影响时：

借：其他综合收益	200 000	
贷：递延所得税负债		200 000

二是企业合并中取得的资产、负债，其账面价值与计税基础不同，应确认相关递延所得税的，该递延所得税的确认影响合并中产生的商誉或是计入合并当期损益的金额，不影响所得税费用。

三、所得税费用

计算确定了当期所得税及递延所得税以后，利润表中应予确认的所得税费用为两者之和，即：

所得税费用=当期所得税+递延所得税

【例26-17】A公司2017年度利润表中利润总额为2 400万元，2017年该公司适用的所得税税率为25%，2018年被认定为高新技术企业，适用的企业所得税税率为15%。递延所得税资产及递延所得税负债不存在期初余额。与所得税核算有关的情况如下：

1. 2017年发生的有关交易和事项中，会计处理与税收处理存在差别的有

（1）2017年1月开始计提折旧的一项固定资产，成本为1 200万元，使用年限为10年，净残值为0，会计处理按双倍余额递减法计提折旧，税收处理按直线法计提折旧。假定《企业所得税法》规定的使用年限及净残值与会计规定相同。

（2）向关联企业捐赠现金400万元。按照《企业所得税法》规定，企业向关联方的捐赠不允许税前扣除。

（3）违反环保规定应支付罚款200万元。

（4）期末对持有的存货计提了60万元的存货跌价准备。

2. 2017年度应交所得税

应纳税所得额=24 000 000+1 200 000+4 000 000+2 000 000+600 000=31 800 000（元）

应交所得税=31 800 000 × 25%=7 950 000（元）

3. 2017年度递延所得税

递延所得税资产=（1 200 000+600 000）× 15%=270 000（元）

4. 利润表中应确认的所得税费用

借：所得税费用　　7 680 000（7 950 000−270 000）
　　递延所得税资产　　270 000
　　贷：应交税费——应交所得税　　7 950 000

【例26-18】沿用【例26-17】中有关资料，假定A公司2018年当期应交所得税为924万元。资产负债表中有关资产、负债的账面价值与其计税基础相关资料如表26.2所示，除所列项目外，其他资产、负债项目不存在会计和税收的差异。

表 26.2　　A 公司资产、负债的账面价值与计税基础差异明细表　　单位：万元

项目	账面价值	计税基础	差异	
			应纳税暂时性差异	可抵扣暂时性差异
存货	3 200	3 360		160
固定资产原价	1 200	1 200		
减：累计折旧	432	240		
减：固定资产减值准备	40	0		
固定资产账面价值	728	960		232
预计负债	200	0		200
总计				592

分析：

1.当期所得税=当期应交所得税=9 240 000（元）

借：所得税费用——当期所得税费用　　9 240 000

　　贷：应交税费——应交所得税　　9 240 000

2.递延所得税

期末递延所得税资产　　888 000（5 920 000 × 15%）

期初递延所得税资产　　270 000

递延所得税资产增加　　618 000

借：递延所得税资产　　618 000

　　贷：所得税费用——递延所得税费用　　618 000

所得税费用=当期所得税费用+递延所得税费用=9 240 000-618 000=8 622 000（元）

第六节　首次执行

一、新旧比较

所得税准则是在财政部2001年发布的《企业会计制度》等会计制度有关规定（以下简称原制度）的基础上修订完成的，原制度规定，企业可以选择采用应付税款法或以利润表为基础的纳税影响会计法核算所得税。新准则规定，企业所得税会计应采用资产负债表债务法计算所得税费用。资产负债表债务法下，按税法规定，在利润总额的基础上计算确定应纳税所得额时，对于会计与税收规定不同产生的永久性差异，其调整方法与原做法相同。

二、新旧衔接

企业应当根据《企业会计准则第38号——首次执行企业会计准则》的规定，在首次执行日，分别原采用应付税款法或以利润表为基础的纳税影响会计法的情况，确定其自原制度转为资产负债表债务法时应进行的处理。

对于原采用应付税款法核算所得税的企业，在首次执行日，应以按照《企业会计准则第38号——首次执行企业会计准则》中规定的衔接办法为基础，首先调整相关资产、负债的账面价值，以资产、负债调整后的账面价值为基础，比较其与计税基础之间的差异，对于形成应纳税暂时性差异和可抵扣暂时性差异的，应确认相关的递延所得税负债及递延所得税资产，有关影响相应调整盈余公积和未分配利润。

对于原采用以利润表为基础的纳税影响会计法核算所得税的企业，在首次执行日应以按照《企业会计准则第38号——首次执行企业会计准则》中规定的衔接办法为基础，首先调整相关资产、负债的账面价值，以调整后的账面价值为基础，比较其与计税基础之间的差异，对于形成应纳税暂时性差异和可抵扣暂时性差异的，确定应予确认的递延所得税负债及递延所得税资产，同时冲减资产负债表中原已确认的递延税款贷项及递延税款借项，上述调整的结果增加（或减少）盈余公积和未分配利润。

企业在首次执行日确认递延所得税资产或递延所得税负债时，应以现行国家有关税收法规为基础确定适用税率。未来期间适用税率发生变更的，应当按照新的税率对原已确认的递延所得税资产和递延所得税负债进行调整，有关调整金额计入变更当期的所得税费用等。

在首次执行日，企业对于能够结转以后年度的可抵扣亏损和税款抵减，应以很可能获得用来抵扣可抵扣亏损和税款抵减的未来应纳税所得额为限，确认相应的递延所得税资产，同时调整期初留存收益。首次执行日后，企业应当按照所得税准则核算所得税。

三、例题

【例26-19】假设某企业原采用应付税款法核算所得税，从2018年执行新准则，改按资产负债表债务法核算，2018年适用所得税税率为25%，所有暂时性差异项目均符合递延所得税确认的条件。有关暂时性差异项目及会计核算如下：

（一）逾期包装物押金

1. 以前年度逾期已作纳税调整但尚未退还的包装物押金40万元。2018年1月1日作：

借：递延所得税资产——逾期包装物押金
　　100 000（400 000 × 25%）
　贷：盈余公积——法定盈余公积　　10 000
　　　利润分配——未分配利润　　90 000

2. 2018年度发生的逾期包装物押金30万元，2018年12月31日作：

借：递延所得税资产——逾期包装物押金
　　75 000（300 000 × 25%）
　贷：所得税费用——递延所得税费用　　75 000（300 000 × 25%）

3. 2019年度退还包装物押金20万元，应调减所得20万元。

借：所得税费用——递延所得税费用　　50 000
　贷：递延所得税资产——逾期包装物押金　　50 000

如果全额退还，“递延所得税资产-逾期包装物押金”科目余额为零。

若2019年度会计利润为600万元，不考虑其他纳税调整因素，应纳所得税额=（600−20）× 25%=145（万元）。

借：所得税费用——当期所得税费用　　1 450 000

　贷：应交税费——应交所得税　　1 450 000

编制财务报告，所得税费用=50 000+1 450 000=1 500 000（元）。

（二）存货跌价准备

1. 2017年存货跌价准备贷方余额1 500万元。

借：递延所得税资产——存货跌价准备

3 750 000（15 000 000 × 25%）

　贷：盈余公积——法定盈余公积　　375 000

　　利润分配——未分配利润　　3 375 000

2. 2018年末，存货跌价准备科目贷方余额1 700万元。

借：递延所得税资产——存货跌价准备

500 000（2 000 000 × 25%）

　贷：所得税费用——递延所得税费用　　500 000

若2018年会计利润为1 000万元，不考虑其他纳税调整因素，应纳所得税=1 200 × 25%=300（万元）。

借：所得税费用——当期所得税费用　　3 000 000

　贷：应交税费——应交所得税　　3 000 000

编制财务报告，所得税费用=3 000 000−500 000=2 500 000（元）。

如果2018年末存货跌价准备科目贷方余额1 300万元，会计利润为1 000万元，不考虑其他纳税调整因素，则：

借：所得税费用——递延所得税费用　　500 000

　贷：递延所得税资产——存货跌价准备

500 000（2 000 000 × 25%）

应纳所得税额=（1 000−200）× 25%=200（万元）

借：所得税费用——当期所得税费用　　2 000 000

　贷：应交税费——应交所得税　　2 000 000

编制财务报告，所得税费用=500 000+2 000 000=2 500 000（元）。

（三）固定资产

1.2017年12月31日固定资产原价1 060万元，其中60万元无法取得发票，按税法规定计税基础为1 000万元。

（1）根据准则规定，除企业合并外的其他交易或事项中，如果该项交易或事项发生时既不影响会计利润，也不影响应纳税所得额，则所产生的资产、负债的初始确认金额与其计税基础不同，形成应纳税暂时性差异的，交易或事项发生时不确认相应的递延所得税负债。60万元差异额不确认递延税款。

（2）若会计折旧年限、残值率、折旧方法与税法均相同，则只需要在各会计折旧年限内，作纳税调增即可。

比如，残值率是10%，折旧年限10年，时间：2018—2027年。

2018—2027年每年会计折旧=1 060 × 90% ÷ 10年=95.4（万元）

2018—2027年每年税法折旧=1 000 × 90% ÷ 10年=90（万元）

两者差额，每年调增所得。

若2018年会计利润为600万元，不考虑其他纳税调整因素，则：应纳所得税额=（600+5.4）× 25%=151.35（万元）。

借：所得税费用——当期所得税费用　　　　　　　　　1 513 500

　　贷：应交税费——应交所得税　　　　　　　　　　　1 513 500

2.因会计折旧年限与税法年限不同、计提减值准备等因素导致固定资产会计基础与计税基础产生差异。

（1）若生产性设备会计使用年限为12年，而税法强调“不少于10年”。按照税法规定，企业固定资产会计折旧年限如果长于税法规定的最低折旧年限，其折旧应按会计折旧年限计算扣除，税法另有规定除外。

只有企业固定资产会计折旧年限短于税法规定的最低折旧年限，其按会计折旧年限计提的折旧高于按税法规定的最低折旧年限计提的折旧部分，才会导致固定资产会计基础与计税基础产生差异。

比如，2010年12月固定资产达到预定可使用状态，固定资产原价111.11万元，计税基础等于会计成本，折旧方法均采用直线法，会计残值率5%，预计使用年限为8年，税法残值率按10%，折旧年限按10年，该项固定资产于2022年报废。企业所得税税率为25%。

会计残值=111.11 × 5%=5.56（万元）；会计年折旧额=（111.11−5.56）÷ 8=13.19（万元）

税法残值=111.11 × 10%=11.11（万元）；税法年折旧额=（111.11−11.11）÷ 10=10（万元）

2015年末计提固定资产减值准备39.6万元。

纳税调整如表26.3所示：

表 26.3　　固定资产折旧纳税调整明细表　　单位：万元

年份	2011	2012	2013	2014	2015	2016	2017	2018	2019	2020	2021	2022	合计
会计折旧	13.19	13.19	13.19	13.19	会计折旧13.19 减值准备39.6							残值5.56	111.11
税法折旧	10	10	10	10	10	10	10	10	10	10		残值11.11	111.11
纳税调整	+3.19	+3.19	+3.19	+3.19	+42.79	−10	−10	−10	−10	−10		−5.55*	0

注：* 号为尾数调整。

2011年至2014年，分别作如下分录：

借：递延所得资产——××设备折旧　　7 975（31 900×25%）

　　贷：所得税费用——递延所得税费用　　7 975（31 900×25%）

2015年：

借：递延所得资产——××设备折旧　　106 975（427 900×25%）

　　贷：所得税费用——递延所得税费用　　106 975（427 900×25%）

2016年至2020年，分别作：

借：所得税费用——递延所得税费用　　25 000（100 000×25%）

　　贷：递延所得税资产——××设备折旧　　25 000（100 000×25%）

2011年不作处理。

2022年：

借：所得税费用——递延所得税费用　　13 875（55 500×25%）

　　贷：递延所得税资产——××设备折旧　　13 875（55 500×25%）

2022年底，“递延所得税资产——××设备折旧”科目余额为零。

若固定资产提前报废或转让，则：固定资产账面价值=固定资产原价-累计折旧-固定资产减值准备；固定资产计税基础=固定资产初始计税基础-已累计扣除的折旧额。固定资产账面价值与计税基础之间的差额，应作纳税调整，固定资产报废处置或转让后，递延税款科目余额为零。

(四)无形资产

2017年12月31日，按照无形资产的账面价值与计税基础的差额，乘以25%，确认递延税款。其中，无形资产计税基础=无形资产初始计税基础-已累计扣除的税法摊销额。

比如，无形资产原值1 000万元，累计摊销300万元，税法已累计扣除250万元，则账面价值为700万元，计税基础净值为750万元。作：

借：递延所得税资产——无形资产　　125 000（500 000×25%）

　　贷：盈余公积——法定盈余公积　　12 500

　　　　利润分配——未分配利润　　112 500

以后递延所得税资产确认、转回分录、当期应交所得税分录略。

换一种情况，若无形资产1 000万元，累计摊销250万元，税法已累计扣除300万元，则账面价值为750万元，计税基础为700万元。作：

借：盈余公积——法定盈余公积　　12 500

　　利润分配——未分配利润　　112 500

　　贷：递延所得税负债——无形资产　　125 000（500 000×25%）

以后递延所得税资产确认、转回分录、当期应交所得税分录略。

(五)预计负债

《企业所得税法》规定，预计负债不得扣除，待实际发生时扣除。

1.2017年底，“预计负债——产品质量保证”400万元，作：

借：递延所得税资产——预计负债——产品质量保证

1 000 000（4 000 000 × 25%）

贷：盈余公积——法定盈余公积　　100 000

利润分配——未分配利润　　900 000

2.如果2018年末增加预计负债，分录同上。

3.如果2018年实际发生，并导致年末预计负债减少，作：

借：预计负债——产品质量保证

贷：银行存款等科目

借：所得税费用——递延所得税费用

贷：递延所得税资产——预计负债——产品质量保证

年末“预计负债”科目余额为零，则“递延所得税资产——预计负债——产品质量保证”余额也为零。